# 路面行为力学

Mechanics of Behavior for Asphalt Pavements

孙立军 等著

同济大学出版社
TONGJI UNIVERSITY PRESS

## 内 容 提 要

本书以路面结构行为和路面结构评价的研究成果为基础，结合最新的研究进展，构建了一种适用于多层结构的新力学的初步框架。本书的主要内容包括路面结构的受力特点和刚度协调原理、结构响应正逆向分析和参数体系，结构损伤特征、疲劳规律和行为演化过程，同时还阐述了研究中常用的桥渡原理，给出了行为演化动力学方程的初步形式，并对试验方法做了一些讨论。本书可供公路、城市道路、机场工程以及工程力学领域的研究人员和高等院校相关专业的教师、研究生参考使用。

**图书在版编目(CIP)数据**

路面行为力学 / 孙立军等著. —上海：同济大学出版社，2021.11

ISBN 978-7-5608-9990-9

Ⅰ.①路… Ⅱ.①孙… Ⅲ.①路面—结构力学 Ⅳ.①U416.2

中国版本图书馆 CIP 数据核字(2021)第 233456 号

**路面行为力学**

孙立军　等 著

**责任编辑** 陆克丽霞　**责任校对** 徐春莲　**封面设计** 陈益平

出版发行　同济大学出版社　www.tongjipress.com.cn

(地址:上海市四平路 1239 号　邮编:200092　电话:021-65985622)

经　　销　全国各地新华书店

排　　版　南京文脉图文设计制作有限公司

印　　刷　常熟市华顺印刷有限公司

开　　本　787 mm×1092 mm　1 /16

印　　张　23.5

字　　数　587 000

版　　次　2021 年 11 月第 1 版　2021 年 11 月第 1 次印刷

书　　号　ISBN 978-7-5608-9990-9

定　　价　98.00 元

# 序｜路面分析需要什么样的力学？

“那是什么?”

天空碧蓝碧蓝的。透过车窗，邻座老人目不转睛地看着路面，似乎看到路面上有一条裂缝。老人眼睛不是很好，但看较远处的东西还比较清楚。前两年沥青路面刚刚通到了家乡，彻底改变了祖祖辈辈雨天泥泞、晴天扬尘的出行条件，老人欣喜爱护之情溢于言表。通车不久啊，路面怎么就坏了呢，还能用下去吗?

这个问题令我吃惊！问题如此简单，却难以回答。我国拥有大量的基础设施，不仅路面，许多在役的其他设施上也或多或少地都存在裂缝或某种损坏，它们还能继续使用吗？作为专业人员，我们能够“计算”出这个简单问题的明确答案吗?

能还是不能？这是个问题！

实际上，试图寻找这个问题答案的努力已经持续了超过半个世纪，并已形成借以回答这个问题的三种常用手段:试验、观测和分析。如果说试验和观测是早期的主要手段，分析则在现代路面研究中扮演着越来越重要的角色，而在分析中，力学分析随着基础力学和计算技术的进步日趋占据关键地位。时至今日，力学不仅在路面领域，而且在土木工程的其他领域以及机械、航空、空间技术中都有更加广泛的应用，成为这些领域不可或缺的理论基础，发挥着比在路面领域更强的作用；而这些领域的发展又反过来为力学的发展提供了广阔的舞台和丰富的给养，有力地促进了力学的进步，可谓相得益彰。

力学在解决上述多个领域的梁、拱、板、索、杆以及框架等结构问题时可谓威风八面、得心应手，也在这些领域的应用中长足地发展了自己，但在路面这种多层复合结构领域却步履维艰、差强人意，似乎水土不服，分析效果大失水准。我们甚至不知道问题出在哪里，是未能恰当地使用既有力学，还是弹性假设过于简单？是路面结构太过复杂，还是材料性能太难把握？路面结构分析到底需要什么样的力学?

像土木工程其他分支一样，路面结构的分析和设计对力学尤其是对工程力学的依赖性很强。我们将路面结构看成多层结构去计算其应力、应变、位移、变形等力学响应，所采用的力学方法属于结构力学。结构力学主要研究工程结构的受力和传力规律，以及如何进行结构优化；内容包括结构的组成规则，结构在各种效应(外力、温度效应、施工误差及支座变形等)作用下的响应(包括轴力、剪力、弯矩、扭矩等内力，线位移、角位移等位移)以及结构在动荷载作用下的响应等。结构力学通常有三种分析方法:能量法、力法和位移法。由位移法衍生出的矩阵位移法后来发展出了有限元法，成为利用计算机进行结构计算的理论基础，也是路面结构分析中常用的方法。采用这类力学方法计算路面结构在荷载和/或环境作用下的力学响应，是整个分析工作的第一步。接下来第二步是采用材料力学的基本原理和方法，判断路面各结构层(相同材料的构件)材料在各种外力作用下产生的应变、应力和位移等响应是否超过了该材料固有的强度、刚度、变形等破坏极限，即研究路面各结构层材料是否会发生破坏。

进行路面结构响应分析和各结构层材料破坏极限验算构成了目前路面结构设计的主要内容。即便是这类简单的分析涉及的也不仅仅是一门力学，而是多门力学的分步或分段使用；如果要进行整个过程的分析，所涉及的内容更为复杂。路面常常被认为是一种低风险结构；因为风险低，分析的重要性就被看轻了，所以分析的难度也被错误地低估了。路面结构组成看上去简单，结构安全风险也并不复杂，但路面结构力学响应分析这一非常简单、又是基础力学最为擅长的问题，效果却远不是那么理想，实际误差可达±200%。力学响应分析所凭借的理论和过程与其他工程结构相似，且带有路面结构的鲜明特点，材料性能十分复杂、难以把握，三维结构难以简化，力学计算的结果与实际相差甚大，以至于无法判断计算结果到底是否正确。不知理论结果是否正确，自然就没有理论结果的参照，而实测结果变异性又太大，也无法根据实测结果判断其正确性，因此就形成了一种尴尬的局面，实测结果和理论结果的正确性竟然都无法判断。路面远不像看上去那样简单！

即便如此，我们也从未怀疑力学的科学性，始终坚信力学方法的有效性。对于计算结果和实际结果之间存在如此大的偏差，最终我们只能无奈地将其归结为参数的准确性问题。为了解决参数的准确性问题，人们研发了各种试验方法，以准确测定路面材料的力学参数，从静态试验到动态试验，从模型试验、原型试验到现场试验，从简单试验到复杂试验。不幸的是，这些努力不仅未能解决参数问题，反而造成了参数的混乱：不同的测试方法测得的同一参数的数值不仅不相同，而且相差很大。为了兼顾试验方法的简单性和实用性，不同的试验方法都设定了各自的试验条件和参数定义，由于尚未形成关于这些参数或性能试验的共同准则，因此不同的试验方法各自设定的试验条件和参数定义缺少一致性。这样一来，试验结果的不一致性就更加无法解释了，似乎都有其合理性，都符合力学基本原理和基本定义，但结果就是千差万别，也无法统一且合理地解释这种差别。这种糟糕的局面困扰了人们半个多世纪。最初，人们还兴致勃勃地尝试各种试验方法或理论解释，但一直没有进展，最终几乎放弃了，现在很少还有人再继续关注这个问题。

这种现实并未能改变设计理论上依然采用损伤力学这一根深蒂固的基本框架，考虑重复荷载的疲劳作用，因循着"应力不大于抗力"的损坏准则；只是应用中采取了一种"掩耳盗铃"的处理方法，要么对计算结果不做验证，盲目地假定和实际结果一致，要么只对容易实测的指标进行简单的修正，对其他指标视而不见。久而久之，力学分析在路面领域逐渐沦落为一种可有可无的过程，充其量只是作为相对比较时的参考，成为经验的"婢女"，这与力学在其他工程结构中所起到的核心作用形成了鲜明对比。可以说，力学虽然完美地解决了梁、板、杆、拱、索和框架等多种工程结构的力学响应计算问题，但是在路面这种多层复合结构的分析中未表现出应有的威力。人们严重低估了路面结构和材料的复杂性。看来，路面分析照搬既有的力学理论和计算过程是远远不够的。

准确计算路面力学响应对于路面的后续分析和设计是极其重要的，因为这是路面分析和设计的第一步。若第一步就不准确，后续分析则难以想象。目前，将计算结果与实际结果一致性差的原因归结为参数问题只是一种无奈的推测，并且这个推测可能过于简单化了——参数测定并不是一个孤立的问题，而是建立在力学理论的基础上的，仅将其归结为参数问题反而没有抓住问题的本质，误导了解决问题的方向。要将目前经验性的路面工程学发展为一门精确的科学，就应该设法建立一套完整的力学计算和参数体系，使计算结果和实际工程测定结果在工程允许的误差范围内具有天然的一致性。这是路面领域面临的第一类科学问题，也是路面分析所需要的第一类力学，即路面结构力学。

若上述问题得以解决，是否就能满足后续路面分析的需求？事实上，这只是问题的第一步。与一些高风险结构工程不同，路面结构的安全风险低，并不是当某个结构层发生断裂时就不能继续使用，而是允许结构在整个服役期间出现某种程度的损坏，只需力学上重新平衡，结构就能“带伤服役”。当路面某结构层开裂时，按照材料力学的标准，结构已经破坏，但路面一般并未丧失其承载能力，依然能够提供稳定甚至是优良的现时性能和服务。只是随着外部荷载和环境因素的持续作用，路面结构中的损坏量累积得越来越多，现时性能不断衰减，直至达到某个不可接受的阈值，才宣判路面结构寿命的终结。这个“不可接受的阈值”既可能是结构的客观标准，如整体损坏标准，也可能是人们的主观标准，如服务能力标准，目前一般是二者兼而有之。所以，在对整个路面行为演变进行整体分析和判断是否达到“不可接受的阈值”的过程中，如何定量描述这个演变的一般规律并充分利用这种规律就成了关键。

对比一下结构力学、材料力学的研究重点和路面分析的上述需求特征，我们发现目前的结构力学和材料力学似乎并不擅长对这种演变过程（即行为）进行准确的分析和预测。传统的力学理论，如 Burmister 的弹性多层结构分析理论和有限元方法，都可以分析路面结构在外部因素作用下的各种力学响应，甚至还可以进一步考虑材料的黏弹性、黏塑性等非线性特征，擅长解决结构非线性响应分析问题。即便解决了上述第一类科学问题，使力学响应计算结果和实际一致，但依然无法描述行为演化过程。这些结果仅仅是这个时刻的响应，给出的是微观的力学指标。我们也可以借助材料力学的原理来判断路面结构中的材料是否发生了破坏，但这仅仅是某一点在这个时刻的状态，也无法给出未来的演变。我们可以根据材料性能随时间的变化来计算结构响应的变化，但所计算的仍然只是路面在那个时间断面空间维度上的微观力学参数，而无法延伸到宏观性能及其在时间维度上的演变。路面结构的微观力学响应及其宏观行为演化处于不同的维度上，前者的研究不能反映后者的时变性能，这便是目前路面分析理论的关键症结所在，也是难点所在。路面的力学响应与行为演化关系如图 1 所示。

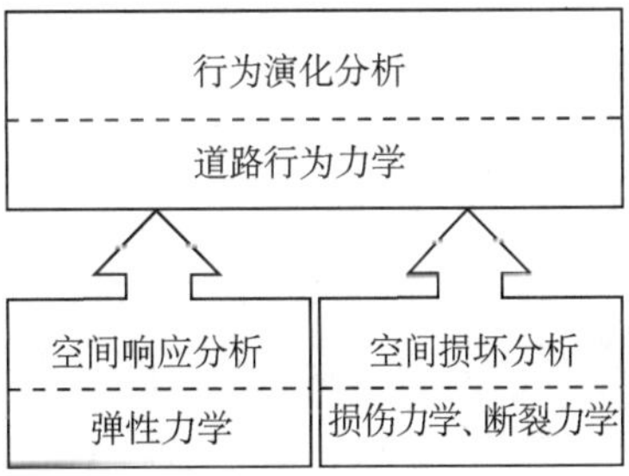

**图 1　路面的力学响应与行为演化**

不过，路面行为在时间维度上的宏观演化确实与路面结构在空间维度上的微观响应直接相关。但除此之外，演化过程还与荷载的重复作用、材料特性、温度和湿度、老化以及愈合等诸多因素的长期综合作用有关，从损伤的产生、累积到损坏，再从损坏的累积到功能失效，具有十分复杂的宏观表现，是一个漫长的过程。结构空间维度上的局部损坏并不等价于结构整体功能的失效，后者与损坏自身在时间维度上的演化密切相关，而时间维度上的演化又与荷载-环境耦合因素的反复作用密切相关。在路面的实际使用过程中，从损坏到失效的持续时间可能占路面全寿命的 2/3 甚至 3/4，而从完好状态产生损伤到某一结构层出现损坏的持续时间仅占路面全寿命的 1/3 甚至更少。如果只考虑从损伤的产生、发展到损坏的过程而忽略了从损坏到失效的过程，则不能覆盖路面宏观表现的整个周期，也难以反映路面这类工程结构的行为特点。这严重影响了人们对力学方法在路面分析中的有效性的判断，严重制约了力学方法在路面全寿命分析中发挥应有的作用，以至于长期以来人们不相信力学分析的结论，宁可采用经验方法来处理路面问题。

不仅对于路面这种低风险结构是这样，一些风险较大的基础设施，如桥梁、隧道和管道等，甚至其他工程结构，也有类似的特征。这似乎指向了一个共性的科学问题，即某个构件或结构局部的力学损坏是否等价于结构整体的功能失效？如果答案是不，那如何在结构响应分析和构件损坏分析的基础上构建新的力学方法以描述从损坏到失效的演化过程？这就是本书所倡议并试图建构的(路面)行为力学，也是路面分析所要面对的第二类科学问题。

要构建一个能够完整描述从损伤、损坏到失效整个过程的力学理论无疑是一项复杂的科学难题，甚至是一项硕大的科学工程。实际上，对这个科学问题的关注并不仅仅只是路面领域，力学领域早已开始研究，并已经形成了相应的力学分支——损伤力学和断裂力学。

损伤是指在外部荷载或环境作用下，由结构的缺陷(如微裂纹、微孔隙等)萌生、扩展等不可逆变化引起的材料或结构宏观力学性能的劣化。损伤力学研究的是材料或构件在各种加载条件下，其损伤随变形而演化发展并最终导致破坏的过程中的力学规律。损伤力学认为，构件材料内部存在着分布的微缺陷，如位错、微裂纹、微空洞等，这些不同尺度的微细结构是损伤的典型表现。损伤在热力学中被视为不可逆的耗散过程。材料或构件中的损伤有多种，如脆性损伤、塑性损伤、蠕变损伤和疲劳损伤等。损伤力学选取合适的损伤变量(可以是标量、矢量或张量)，利用连续介质力学的唯象方法或细观力学、统计力学的方法，导出含损伤的材料的损伤演化方程，形成损伤力学的初值、边值问题，并求解物体的应力场、变形场和损伤场。

断裂力学出现得更早一些，是研究材料和工程结构中裂纹扩展规律的一个力学分支。断裂力学所说的裂纹是指宏观的、肉眼可见的裂纹，工程材料中的各种缺陷可近似地看作裂纹。其基本研究内容包括：①裂纹的萌生条件；②裂纹在外部载荷和/或其他因素作用下的扩展过程；③裂纹扩展到什么程度物体会发生断裂。

从上述定义可以看出，损伤力学和断裂力学关注了损伤及断裂的产生和发展的过程。与材料力学只关注破坏的发生与否相比，这无疑是一个很大的进步。损伤力学(疲劳)的概念在路面分析中具有较多的应用，但由于沥青材料固有的自愈合性能及其影响因素的复杂性，断裂力学并没有得到广泛应用。不过，如果深入分析，可以发现其关注的重点与路面的要求仍然有较大的不同或错位。损伤力学研究的是材料损伤产生、发展至裂纹萌生(启裂)的过程，而断裂力学研究的是裂纹萌生(启裂)到裂缝发展直至贯穿整个构件、发生断裂的过程。路面行为力学则不同，其关心的不仅是损伤的发展、损坏的发生直至结构层材料破坏的过程，更关注从结构层损坏、损坏累积到整个结构功能失效的过程，这个关注点是目前损伤力学、断裂力学等基础力学未能覆盖的领域，如图 2 所示。

现代线弹性断裂理论大约形成于 1948—1957 年间，是在当时生产实践需求的强烈推动下，在经典 Griffith 理论的基础上发展起来的，20 世纪 60 年代是其大发展时期，时间上略早于 AASHO(American Association of States Highway Officials)的路面性能研究。围绕应力强度因子(Stress Intensity Factor, SIF)等概念，建立了以 SIF 为参量的裂纹扩展准则；继

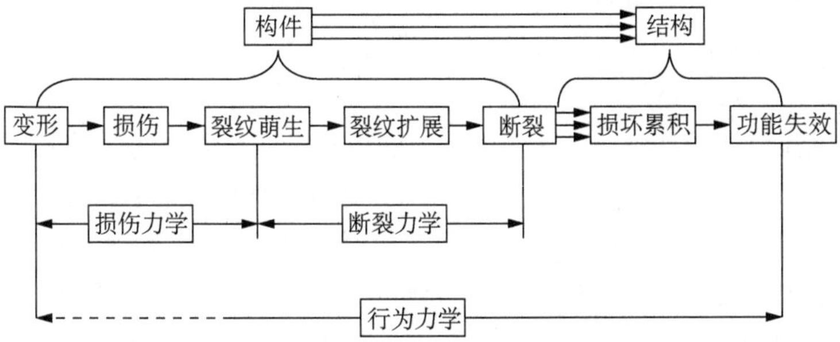


**图 2 损伤力学、断裂力学和行为力学的分析对象和范围**

而发展出了弹塑性断裂力学和断裂动力学等力学方法。损伤力学的概念是 20 世纪 50 年代末形成的，其宏观方法围绕损伤变量概念，在本构关系中引入损伤变量，采用带有该变量的本构关系真实地描述受损材料的宏观力学行为；模拟宏观力学行为的方程及其参数的确定往往是半经验半理论的，且具有明确的物理意义，可直接反映结构的受力状态和裂缝的萌生过程。相比之下，关于路面性能的研究始于 1958—1962 年的 AASHO 试验，迄今也有较长的历史了，但始终未能建立起一种稳定的知识体系。再考察一下作为近邻学科的土力学的发展，自 1923 年 Terzaghi 在其著名的论文《黏土中动水应力的消散计算》中提出了土体一维固结理论、接着又提出了有效应力原理至今，经过几代人的努力，尤其是 20 世纪 60 年代初（与路面性能研究的开始时间相近）剑桥模型的建立，也形成了一门比较独立、完整的学科。即便相较于这个近邻学科，路面的理论研究也是起步晚了、进展慢了。尽快形成具有自己专业特色的理论和知识体系，具有迫切性，也一直是路面学人的共同愿望。

为了实现这样的愿望，路面学人进行了不懈的努力。20 世纪 50 年代以来，伴随着道路设施建设的高速发展，路面研究进入了一个高速发展的黄金时代。围绕结构设计等实用目标，大约每隔十年，就有一个划时代的路面设计方法出现。这些研究基本上是沿着两个独立的理念开展的，一个是基于路面的服务能力和使用性能，另一个是围绕路面的力学性能。前者依据观测和试验数据，采用唯象学方法建立路面性能与其影响因素之间的关系，后者采用力学方法分析路面结构在外部因素作用下的响应和损坏可能性，称为基于力学的方法；这两种方法的研究结果也是彼此独立的。这些研究较好地解决了大量工程技术问题，满足了工程设计的需求，但美中不足的是对路面基础性问题的关注不够，一些闪光的思想和方法未能得到深入挖掘，并上升为普适的科学理论。直至 2005 年我们在《沥青路面结构行为理论》中提出了一种在两类研究结果之间建立联系的方法（2013 年出版的《沥青路面结构行为学》中将该方法命名为桥渡原理）之前，二者之间几乎没有交集。

直到今天，上述两种学术理念一直在不断地争论和竞争中各自发展。对基于力学方法的有效性的怀疑干扰了人们对自身基础性问题的专注，争论本身不仅没能启发彼此的心智，反而常常成为探索的阻力，消磨了人们前进的意志；问题本身的复杂性遮蔽了人们前进的方向，即使是那些极力主张力学前景的人们也未能发展出适用的力学框架，剩下的只有抽象的信念和日渐无力的呐喊。无疑，人们普遍感到了力学方法的局限，但即便是那些毕生致力于发展基于力学的方法的先驱们也没有意识到，目前讨论的那些即使十分复杂的力学框架可能也无法解决我们所关注的路面行为的演化和失效问题。

面对基础力学在路面这种低风险、带伤服役设施的行为演化分析中的无力和无为，国际同行们终于将眼光回归到路面工程需求本身，根据路面的使用特点提出了“基于性能”的准则，并将其置于路面研究的核心，以此作为研究的指导思想和成果优劣的判据。这集中体现在美国的 SHRP(Strategic Highway Research Program)研究计划中。“基于性能”抓住了路面这类设施的特点，反映了从损伤、损坏到失效的完整过程。这个理念得到了同行们的认可，迅速成为广泛的共识，并对此开展了大量研究。遗憾的是，多年来人们没能发展出系统化的理论，一直停留在理念的层面上，没有严格的定义和定量，在实践上不断泛化，影响日渐式微。

要建立基于性能的理论，首先要准确把握路面结构行为的基本演变规律。为此，SHRP 计划中专门设立了“路面长期性能(Long-Term Pavement Performance，LTPP)”的研究项目，在广阔的范围内对路面性能数据进行长期的检测、积累和研究。30 多年来，LTPP 项目积累了大量数据，为相关研究提供了较好的数据基础。但是，如何根据这些数据建立一个能够一般地描述路面行为复杂演变规律的稳定技术框架或基本方程，仍然前路漫漫，研究始终停留在经验层面上——这种经验甚至还不是系统性的，而是局部的、孤立的、碎片化的，未能取得理论框架上的突破。这一现实反映了问题自身的困难和复杂性，且严重阻滞了“基于性能”的方法的健康发展。

“基于性能”是如此深入人心，以至于还被广泛应用于路面材料的研究中。由于不清楚路面材料性能与路面结构使用性能之间的关系，所谓的基于性能的材料研究，实际上只是一些基于路面材料的试验室指标的研究，或基于沥青混合料试验室性能指标的研究，如基于车辙试验、汉堡试验、疲劳试验等，与真正的基于“路面使用性能”尚有本质区别。正因为缺乏试验室结果与路面性能之间的定量转换关系，Superpave(Superior Performance Pavement)的结构设计方法迄今未能建立起来。实际上，这方面的努力几乎已经停止了。

也许是鉴于“基于性能”在理论方面取得突破的前景难以把握，美国路面设计方法的研究又回到了力学与经验相结合的老路上，并正式提出了力学-经验(Mechanical-Empirical，ME)法。事实上，ME 方法和 SHRP 的 Superpave 方法都未能摆脱材料力学中抗力验算这一根深蒂固的基本思路，无法刻画路面损坏累积和行为变化的过程，也就依然无法解决现实中的关键问题。

始于 1991 年、1994 年获得的“沥青路面损坏机理分析和使用性能模拟”及“沥青路面结构行为研究”两个国家自然科学基金项目的资助，我们开始了路面行为的研究。采用我们之前在路面评价和管理研究中积累的数据，1992 年年底，我们建立了结构行为方程的初期形式；1994 年年底，完成了结构行为方程比较完整的形式；1995 年拓展到了行驶质量领域。从 1996 年开始，我们进行了路面早期损坏原因的大量调查和试验研究，发现了高速行车-雨水-空隙造成的沥青迁移现象，并着手开展剪应力影响和 Top-down 开裂机理的研究，开始研发 NAAPS 软件。令人遗憾的是，当我们完成该软件时，通用力学分析软件已经较为流行，价格也比较低廉，所以后来的分析主要采用通用的力学分析软件。2002 年，结合交通部西部科研课题的申请，我们明确提出在概念上应区分材料(室内试验测试)参数和结构中参数，结构中参数后来又被称为结构的响应参数。2003 年，我们出版了《沥青路面结构行为理论》，正式公开采用“行为”这个术语来描述从路面损伤累积到损坏、从损坏累积到功能失效的漫长宏观过程及其与力学肇因的关系，即任意时刻路面品质与力学肇因之间的关系。2003 年“非典”疫情期间，我们提出了建立结构行为方程与疲劳方程之间关系的方法，这个方法在后来被称为“桥渡原理”，旨在解决力学计算结果与实际结果可能不一致时如何将力学结果作为桥渡介质进行分析和建模，有效地拓展了力学的使用方式，突破了计算结果与实际结果不一致所带来的局限。这个原理还具有更一般的意义，即可以帮助人们在经验方程之间进行理论推演。结合 2004 年完成的路面全寿命性能模型，2005 年我们出版了《沥青路面结构行为理论》。之后，在持续验证前述模型的同时，我们的研究重点转移到路面变形方程的建立上，2013 年出版了《沥青路面结构行为学》，2016 年出版了 *Structural Behavior of Asphalt Pavement*。我们在连续出版的著作中阐述了路面结构行为方程(Structural Behavior Equation，SBE)的建立，阐释了 SBE 作为描述路面行为的稳定的基本方程的可行性。随着路面实测数据的不断积累，SBE 的适用性、一致性和稳定性被一再检验。我们发现了沥青层拉伸、剪切效应随结构层间刚度比的不同变化趋势，提出了刚度协调原理，建立了结构设计的双向控制准则；考虑温度等因素的共同作用，澄清了路面弯拉疲劳损伤的临界点范围；阐述了路面结构中“压伸”应变与传统“拉伸”应变的异同；建立了桥渡原理，将路面结构行为方程和路面疲劳方程(Pavement Fatigue Equation，PFE)统一起来。同时，我们还发现了影响路面永久变形的新因素；借助桥渡原理，采用结构的剪应力和材料的抗剪强度来反映路面结构和材料的影响，采用其相对值作为桥渡变量消除因材料的颗粒效应带来的力学计算上的系统误差，逐步建立了路面永久变形方程。书中还提出了结构-材料一体化的目标，建立了荷载、环境影响的一体化方程。借助桥渡原理能够将路面性能和设计相关的疲劳响应关联起来。似乎一个全链条的分析方法已经建立起来了，路面学人梦寐以求的路面全过程、全寿命分析可以实现了。

但是，从科学的视角来看，这种关联终究只是建立了彼此间的宏观转换关系，链条中各个环节依然还是采用分阶段(环节)、各自独立的指标和方法，诸多因素的考虑带有强烈的经验色彩。路面性能分析、路面结构设计和路面评价指标与方法依然是孤立的，彼此之间不相通。各环节之间的不一致不得不靠工程师的经验来解决，环节之间的转换过程还需借助桥渡原理，缺少浑然天成的一致性。理论上似乎不够完美。

我们在另一个研究方向——路面评价系统的研究过程中，1994 年发现了路面弯沉盆上存在一个惰性点，并提出了基于惰性点的路面结构反演分析方法，以此作为路面无损评价的基础。虽然后来没有条件开展这方面的集中研究，但一直以为这个发现将使路面结构的反演评价变得非常简单，未料只是“赚得行人空喜欢”，前路却是“一山放出一山拦”，困难完全出乎预料。2004 年，在渝湛高速公路路面基层试验中，我们发现根据分层弯沉测试结果计算的分层模量十分反常，同一材料的模量相差甚远。同样地，FWD 反算结果也存在类似的诡异情况，随着路面结构层数的增加，逐层反算的同一路基的模量越来越大。人们容易将导致这种现象的原因归结为路基的非线性性能或更大的侧向约束，但研究表明仅采用非线性特性是难以定量解释的。多年来，我们一直无法对这种现象给出圆满的答案。2007 年，我们继续进行了这方面的探索，试图解释这类现象，但因无力安排足够的试验而未能取得完整的进展。直到 2016 年，我们发现了荷载影响的刚性反射面，由此定义了该反射面的压应变常数或荷载对路面结构作用范围的下边界，在结构反演方面取得了较大研究进展。不过，在我们发现将模量相对值（损伤度）作为路面无损评价的桥渡变量具有很好的容差性并将其作为评价指标之前，无损评价方法一直未有实质性的进展。后来，我们发现了层间刚度（变形）不协调对反演结果的显著影响，进一步加深了对路面结构力学体系的理解。

桥渡原理给我们提供了在归纳方程之间进行演绎推理的科学方法。使用这个方法可以将宏观的路面行为方程与微观的疲劳方程统一起来。但当我们采用这个原理对路面性能、结构分析、材料试验、结构评价的过程进行进一步分析时，发现各自的研究成果和对路面的理解是如此的不一致，甚至如此的混乱，哪怕是最基本的指标、标准和方法，其内涵和外延都比较含糊，以至于任何一个问题似乎都经不起追问，停留在就事论事的经验性权宜层面上，而没有建立在科学定义的基础上。这种混乱并非始于今日，只是在路面荷载愈加繁重的今天变得如此凸显，甚至造成了路面学人的信心危机和业界同侪的信任危机。要提高路面研究的科学化水平，要进一步保证和提高越来越繁重的交通作用下的路面耐久性，就需要尽快建立适合路面特点的知识体系和科学范式，建立起能够涵盖从结构层材料的损伤、损坏到结构的损坏、结构功能失效整个过程的力学方法。

不过，这种关注从结构层材料的损伤、损坏到结构的损坏、结构功能失效整个过程的方法超出了目前的力学范式，正如图 2 所示。一个自然而然的问题是，描述损伤产生、积累到损坏、结构失效过程的研究属于力学吗？

要回答这个问题，我们首先需要反思一下到底什么是力学。力学可视为建立在试验、观察和数学基础上的、可靠的知识体系，是最早开始的科学，一度是科学的代名词。其影响曾是如此之广泛，以至于许多并非直接相关领域的现象也都以“力”字描述，如意志力、影响力、公信力、生命力，等等。西方的“力学”一词来自希腊文，字面上是指发明、巧思、机械的意思，其英文“mechanics”与机械学、机制、机理是同一个字根，意指“一切工艺的改进”，继而发展为“对自然运动规律的理性探讨”。牛顿在他的著作《自然哲学的数学原理》第一版的序言中指出，“由于古人（如帕普斯 Papus，公元前 3 世纪）所告诉我们的，在研究自然事物方面，把力学看得最为重要，而今人则舍弃其实体形状和隐蔽性质，力图以数学定律说明自然现象……古人从两个方面来研究力学，一方面是理性的，用论证来精确地进行，另一方面则是实用的。一切手艺都属于实用力学，力学之得名就是这个缘故”。

武际可先生在《力学史》一书中，归纳出关于经典力学的如下认识：

(1) 力学起源于对工具、工艺的改进，同时也是人类追求认识自然界客观运动的普遍规律，特别是追求对天体运动规律认识的必然归宿。

(2) 在力学研究上，从古代开始就有两种传统。如牛顿所说，一方面是理性的或理论的，另一方面是应用的，可见理论力学与应用力学的分工早在牛顿时代就有了。

(3) 对力学的研究对象有一个逐步拓宽的过程。早期着重于重力、平衡，即静力学，后来着重于运动，即动力学。到了牛顿这，对力学就有了最一般的认识，将力同运动相联系，而且这里的“运动”是最一般意义的运动，它包含一切变化。

(4) 数学是同力学密不可分的，牛顿将几何学看作力学，达·芬奇将力学看作数学，而邓玉函将数、度、力三学看为亲密三兄弟，不可分离。自古以来，力学同数学一直紧密联系，它们是人类认识客观事物运动的质与量的两个不可分的侧面。

力学内涵的不断延展必然形成不同的分支。按照研究重点的不同，力学可以分为静力学、运动学和动力学三个分支。静力学研究力的平衡或静止物体的相互作用问题；运动学研究的是物体怎样运动，不讨论它与所受力的关系；动力学则研究物体运动和受力的关系。力学的这种常规分类在工程领域普遍采用。

观察一下力学的发展过程可知，力学自身的内涵和外延也随着实践的深入不断延展。根据学科的发展，周培源先生认为力学“是关于物质宏观运动规律的科学”。李家春和方岱宁先生给出了关于力学的更具体的定义：“力学是有关力、运动和介质（固体、液体、气体和等离子体）宏、细/微观力学性质的学科，研究以机械运动为主及其同物理、化学、生物运动耦合的现象。”钱学森先生则认为，力学就是将纯自然科学方面的研究成果应用到实际中去的科学（大意）。这个解释有一个很大的特点，就是不含一个“力”字。与此同时，许多名称中带“力学”的学科，如热力学、统计力学、相对论力学、量子力学，甚至关注生产管理和库存管理等企业问题的系统动力学等，却与我们通常理解的力学看上去有较大的不同。鉴于此，北京大学的力学专家给出了力学的新定义：“发现或者建立反映事物的数学模式，利用和发展数学工具对它进行分析、推理，从而获得对事物运动机理的认识，以至能达到预测和控制事物运动的目的。”

从上述定义可以看出，一切介于纯自然科学和实际应用之间的基础性研究都属于力学，其任务就是研究物质间的相互作用、探索运动的机理并实现预测和应用，其内涵和外延都是与时俱进的。但是，在汉语语境中，许多被称为力学的科学内容所对应的英文词汇并不都是 mechanics。例如，热力学的英文是 Thermodynamics，电动力学的英文是 Electrodynamics，英文单词 dynamics 也被译为力学，与 mechanics 的译文相同。当然，dynamics 还被翻译成动力学，研究运动与受力的关系。广义上说，热力学和电动力学似乎也确实符合“运动与受力的关系”这个动力学内在含义，但热力学毕竟是从宏观角度研究物质的热运动性质及其规律的，电动力学则是研究电磁场的基本属性、演化规律以及电磁场和带电物质的相互作用的，与人们对力学的传统理解似乎并不形似。确切地说，dynamics 是变动、变化、演化、演变的意思，强调的是演化运动和演变，不一定是直接的力，这与上文武际可先生所归纳的关于经典力学中“运动是最一般意义的运动，它包含一切变化”的认识是一致的。所以，力学并不完全等同于“力的科学（Science of Force）”。随着研究的深入，关于力学的内涵和外延都已变得更加宽泛，体现了更大的包容性，既包括相互作用、运动及其与受力关系的研究，也包括演变、演化规律的研究。本书书名中的“行为力学”就是后一种意义上的力学，即（路面）行为的演变规律。这是路面领域中的第二类力学问题，也是一种新的力学范式。

在 2005 年《沥青路面结构行为理论》出版之后，我们就在时断时续地思考着上述那些问题。尽管多年来一直不太清楚那些问题的关键到底是什么，但总也挥之不去，不甘放弃，潜意识中隐隐地感觉问题就快要解决了。多年来不懈地思考，无数次地无功而返，仿佛那就是世界的尽头，再也无法前进了。周围的一草一木早已成了老朋友，每次强迫症似的来这里徜徉，只是为了和这些老朋友打个招呼，然后悻悻地回去。习惯性地重复着，日复一日，都已经麻木了。终于有一天，有一瞬间灵光乍现，那道盼望已久的神光毫无征兆地破缝而出，照亮了淤浊的时空，一切就这样轻松地解决了。正如加拿大诗人莱昂纳德·科恩所说：“万物皆有裂痕，那是光进来的地方。”经过十几年的思考，到了职业生涯的末期，我们总算“得了个体歇处”,可以比较明晰地提出并界定我们需要解决的问题及其特点,同时将其置于现代力学体系的相应位置上。

与此同时,我们也清楚地意识到这个问题是否太过宏大,我们提得可能不够到位,既非我们的学识所能驾驭,也可能超出了路面工程的研究范围;现实的认识又是如此不一致,没有共识,没有良好的基础。但是,如果我们想到早期(如哥白尼、伽利略、开普勒时代)的力学、燃素说时代的化学和 1900 年前后亚原子物理学的混乱甚至危机的局面,想到麦克斯韦伟大的方程组也是脱胎于高斯、安培和法拉第等的经验公式,想到损伤力学、断裂力学的建立过程也带有基于经验规律进行理论化的明显色彩,似乎也无须气馁。辉煌的大厦也是始于荒芜,由微不足道的砖石瓦片建成,混乱可能是前科学时代的普遍现象,甚至是进入科学轨道或进行范式转换的前奏和良机。亥姆霍兹(H. Von Helmholtz)曾经说过:“一切自然科学的最后目的,就是把自己变成力学。”与亥姆霍兹的时代相比,时间已经过去了大约 150 年,科学和技术早已天翻地覆、日新月异,力学也不再拥有昔日的光环,但路面研究却仍徘徊在前科学阶段,尚未形成符合现代科学范式的知识体系,未能进入科学的正殿。其他领域的研究人员——哪怕是基础学科的研究人员,他们并不了解我们的需求,在当今的这种研究生态中,没有义务来帮助我们解决我们所面临的问题。遥看现代、当代科技的发展轨迹,隐约可以发现越来越多的基础性学术理论或方法脱胎于应用领域的研究,甚至就是由应用研究推动建立起来的。总结应用领域专业人员的研究成果,不再拘泥于严苛的公理化方法或强求所谓的普适性,形成适用于某个或某些特定领域的基础性理论,似乎是一种新的趋势和潮流。这种趋势和潮流在概率论、模糊数学、数据处理、控制算法、人工智能、深度学习、计算力学乃至经济研究领域都表现得尤为明显,并且成效显著。在这样的背景下,我们与其固守传统理念,坐等基础学科为我们建立能够分析路面响应和行为演变的基础性理论,不如解放思想,放松约束,着手建构自己领域的知识体系。康德曾说,“在自然科学的各个领域中,只有在包含有数学的那些领域中才能找到真正的科学”。黑格尔曾说,“数学是上帝描述自然的语言”。既然这样,我们何不借助数学手段,采取与损伤力学中的宏观方法类似的半经验半理论路线,将目前基于经验规则的专业知识普适化、定量化,赋予科学的定义并“把自己变成力学”,早日把路面工程学推进科学的正殿,跟上时代的步伐。这可能是学科发展中难以逾越的技术路线,也是无法回避的学术阶段。

拥抱和推动这个进程,尝试形成我们自己的学术范式的初步蓝本,不仅是路面学人的愿望,也是时代赋予我们这代路面工作者的使命。我们不能只是满足于力学研究对道路领域的帮助,还应该通过我们的专业理论研究来推动力学的进步。我们已经站在了这个新时代的入口,何必自我设限,哪怕不够完美,那又何妨!

这是一个宏大的任务,我们知道自己无法完成,当然也无须完成,我们只需要给未来一个开始。

孙立军<br>2018 年 6 月

# 前　言

我于 2013 年出版了《沥青路面结构行为学》之后，又在 2016 年出版了 *Structural Behavior of Asphalt Pavements*。书中系统总结了之前关于沥青路面的一系列研究成果，主要目的是想详细阐述我及我的团队深化路面认识的过程和建模的过程，也便于同行检验和验证，所以书的篇幅较长。书中展现了基于性能的方法，提供了分析、设计路面结构和材料的系统性、一体化的新框架以及结构化的新知识，给出了路面全寿命分析的新思路和新模型。但我总感觉体系上不够紧凑，且书中的设计理论和路面评价管理领域中的结构评价理论依然是两个孤立的体系。

一些长期和偶然的因素促使我们整合了团队已有的研究，更多地转向一些基础性的问题，以求将这两个孤立的体系联系在一起。最近，我们的研究取得了一些进展，包括更精确的路面结构反演、重新认识荷载作用的瞬时性、建立路面结构和材料模量体系，以及不同结构的新建和现役路面的疲劳特性试验等。这些进展联通了传统上属于路面结构与材料、道路设施管理系统两个领域的一些基本理论，与传统的路面响应计算方法相结合，推进了路面结构响应的精确计算模型和理论，形成了路面响应的正逆向仿真力学新领域。2017 年 1 月，我们提出了结构行为方程的动力学形式；结合室内和现役路面结构 APT 疲劳试验，研究了现役路面的疲劳性能，进行了疲劳性能回溯（逆向仿真）研究；结合具体工程，根据路面行为方程成功推断了造成路面严重破坏的隐性原因。这些工作不仅对进一步理解路面结构行为演化过程具有裨益，而且对进一步理解我们建立的路面方程的作用和研究价值具有一定的启发。既往研究被梳理成上述两部分内容，恰好对应路面分析的两个关键方面，形成了一种新的力学范式的雏形。一些研究还在进行中，但为了满足正在承担的项目的要求，这里先行出版。

书中内容的研究历时很长，参与的研究人员众多，部分研究人员虽已在相应的内容中列出，但难免还有疏漏。历年的研究先后得到了诸如北京市公路管理处/路政局、国家自然科学基金委员会、上海市科学技术委员会、教育部“长江学者奖励计划”、上海市市政工程管理处、上海市市政工程管理局、交通运输部、国家 863 计划、广东省公路管理局、广东省交通集团有限公司、江西赣粤高速公路股份有限公司、上海市教育委员会科研创新计划以及科技部国家重点研发计划重点专项（2018YFB1600100）等众多单位及项目的支持，在此一并致谢！

书中难免有疏漏、不完善之处，欢迎广大同行批评指正！来信请寄上海曹安公路 4800 号同济大学交通运输工程学院，邮政编码 201804，或发送电子邮件至 ljsun@tongji.edu.cn。

孙立军

2020 年 6 月

# 目　　录

序
前言

1　序论 …… 1
1.1　路面的力学计算 …… 1
1.2　结构试验和响应测试 …… 4
1.3　沥青层的设计模量 …… 5
1.4　路面的疲劳损伤与变形 …… 9
1.5　路面性能 …… 12
1.6　路面结构研究的基本问题 …… 16

2　路面力学响应与刚度协调原理 …… 21
2.1　计算参数 …… 21
2.1.1　路面结构及计算模型 …… 21
2.1.2　轮地接触形状及压力的简化 …… 22
2.2　拉压应力应变响应特征 …… 33
2.2.1　重型轮胎荷载作用下的拉压响应 …… 34
2.2.2　轻型轮胎荷载作用下的拉压响应 …… 38
2.2.3　温度场的影响 …… 40
2.3　剪切响应特征 …… 45
2.3.1　重型轮胎荷载作用下的剪切响应 …… 45
2.3.2　轻型轮胎荷载作用下的剪切响应 …… 52
2.3.3　温度场的作用 …… 56
2.4　刚度协调原理 …… 59
2.4.1　基层模量影响的进一步分析 …… 60
2.4.2　刚度协调原理 …… 65
2.5　小结 …… 67
2.5.1　路面结构受力状况小结 …… 67
2.5.2　对车辆超载的重新定义 …… 68

3　路面结构的反分析 …… 70
3.1　常用反演分析方法 …… 70

3.2 基于惰性点的反演分析 …… 73
3.2.1 惰性弯沉点 …… 73
3.2.2 基于惰性点的模量反演分析方法 …… 77
3.3 虚拟刚性层设置 …… 80
3.3.1 刚性层影响分析 …… 80
3.3.2 土基模量估计值 …… 83
3.3.3 基于匹配法的刚性层深度设置 …… 85
3.3.4 基于惰性点法的刚性层深度设置 …… 88
3.4 弯沉盆上的特征点 …… 90
3.4.1 不同位置弯沉对基层反演模量影响分析 …… 90
3.4.2 最佳特征点位置选取 …… 92
3.5 匹配法与特征点法对比分析 …… 95
3.5.1 弯沉盆检测范围对比 …… 95
3.5.2 反演的土基模量变异性对比 …… 96
3.6 刚性层位置的优化 …… 100
3.7 变形协调性的影响 …… 101

**4 路面模量体系和路面结构力学** …… 104
4.1 模量测定方法 …… 105
4.2 荷载性能 …… 106
4.2.1 试验 …… 106
4.2.2 加载时间的定义 …… 108
4.2.3 荷载大小、移动速度和温度对瞬时加载频率的影响 …… 113
4.3 结构响应模量 …… 119
4.3.1 沥青层特征应变值 …… 119
4.3.2 路面响应模量反演 …… 122
4.3.3 沥青层响应模量主曲线 …… 124
4.4 试验室模量 …… 126
4.4.1 瞬时加载频率 …… 126
4.4.2 模量主曲线 …… 127
4.4.3 间歇时间的影响 …… 131
4.5 沥青层模量体系 …… 132
4.5.1 移动荷载与FWD荷载作用下响应模量的一致性 …… 132
4.5.2 响应模量与室内模量的一致性 …… 135
4.6 从弹性层状结构计算理论到多层复合结构力学 …… 136
4.6.1 关于材料试验和参数体系的讨论 …… 136
4.6.2 多层复合结构力学模型 …… 136

**5　沥青路面损坏特征和机理** …… 141
5.1　损坏类型与基本特征 …… 141
5.1.1　裂缝 …… 141
5.1.2　变形 …… 143
5.1.3　表面损坏 …… 145
5.2　路面开裂机理 …… 149
5.2.1　自下而上的开裂 …… 149
5.2.2　自上而下的开裂 …… 150
5.3　车辙成因 …… 158
5.4　早期损坏 …… 162
5.4.1　动水压力 …… 162
5.4.2　沥青在路面中的迁移 …… 164
5.4.3　对于路面初期损坏的解释 …… 166
5.5　初期损坏的综合分析 …… 167

**6　路面的疲劳** …… 174
6.1　新沥青混合料的疲劳 …… 174
6.2　现役沥青混合料现象学疲劳模型 …… 175
6.2.1　4PB试验疲劳损坏标准 …… 175
6.2.2　现役沥青混合料的现象学疲劳模型 …… 176
6.2.3　基于耗散能变化率的疲劳性能模型 …… 177
6.3　路面结构中沥青混合料疲劳性能(基于足尺APT试验) …… 181
6.3.1　试验概况 …… 181
6.3.2　基于地震波模量的疲劳损伤演化 …… 181
6.3.3　前期性能的逆向(回溯)分析 …… 183
6.3.4　高温条件下的疲劳损伤演化 …… 185
6.4　现役沥青混合料剩余疲劳寿命预估 …… 187
6.4.1　Miner疲劳叠加法则 …… 187
6.4.2　现役沥青混合料弯拉疲劳寿命预估 …… 188
6.5　疲劳损坏临界点分析 …… 192
6.5.1　基于PSPA频散曲线的沥青层损伤状况评价 …… 192
6.5.2　现役沥青混合料Top-down开裂疲劳寿命预估分析 …… 197
6.5.3　基于室内试验的现役沥青混合料Top-down裂缝评价 …… 197
6.5.4　劈裂疲劳规律 …… 199

**7　路面结构行为方程** …… 206
7.1　路面性能指标及其计算 …… 206
7.1.1　路面性能表征 …… 206

7.1.2 路面损坏状况指数 *PCI* …… 207
7.1.3 路面行驶质量指数 *RQI* …… 210
7.1.4 路面弯沉 …… 211
7.2 路面行为方程形式的构造 …… 211
7.2.1 国际上代表性的方程形式 …… 211
7.2.2 方程形式构造 …… 212
7.2.3 统一模型形式的意义 …… 215
7.3 路面行为方程的建立 …… 216
7.3.1 分析方法 …… 216
7.3.2 数据准备 …… 217
7.3.3 *PCI* 衰变方程 …… 219
7.3.4 *RQI* 衰变方程 …… 220
7.3.5 路面弯沉的变化规律 …… 221
7.4 环境因素的影响 …… 223
7.4.1 环境参数 …… 224
7.4.2 地区系数的确定 …… 226
7.4.3 环境参数和地区系数的关系模型 …… 228
7.5 综合方程 …… 229
7.6 不同因素对路面性能的影响分析 …… 230
7.6.1 外部因素的影响 …… 230
7.6.2 内部因素的影响 …… 230
7.7 路面结构行为图 …… 232
7.7.1 行为图的含义 …… 232
7.7.2 行为函数曲线作法 …… 233
7.8 复合沥青层的耦合行为 …… 235
7.8.1 复合沥青层的结构行为模型 …… 235
7.8.2 有效厚度系数的反算和建模 …… 236
7.9 路面结构的全寿命设计 …… 241
7.9.1 设计指标、标准和流程 …… 241
7.9.2 全寿命费用计算 …… 243
7.9.3 厚度设计示例 …… 246

**8 力学性能与损伤行为** …… 252
8.1 "桥渡原理"——在经验方程间推演的基本原理 …… 252
8.1.1 方法和流程 …… 253
8.1.2 疲劳方程的建立与比较 …… 254
8.1.3 基层类型的影响 …… 257
8.1.4 路面分析理论的综合 …… 257

8.2 材料、环境因素对疲劳特性的影响 …… 258
8.2.1 技术路线 …… 258
8.2.2 材料性能影响系数 …… 259
8.2.3 环境因素的影响 …… 260
8.3 试验室材料疲劳寿命与现场结构疲劳寿命的关系 …… 262
8.3.1 技术路线 …… 262
8.3.2 室内疲劳方程 …… 263
8.3.3 室内外疲劳寿命比较 …… 266
8.3.4 路面结构综合疲劳方程 …… 266
8.4 基于 SBE 的反分析和无损诊断 …… 267
8.4.1 技术路线 …… 267
8.4.2 分析示例 …… 268

9 路面变形行为 …… 273
9.1 预估模型的基本结构 …… 274
9.1.1 目前的车辙预估模型 …… 274
9.1.2 预估模型的基本形式 …… 275
9.2 模型形式确定 …… 276
9.2.1 室内轮辙试验 …… 276
9.2.2 室内轮辙试验数据的处理方法 …… 278
9.2.3 变形模型形式的确定 …… 280
9.2.4 预估模型参数的敏感性分析 …… 285
9.3 预估模型 …… 285
9.3.1 环道试验 …… 285
9.3.2 环道永久变形预估模型的确定 …… 289
9.3.3 变形模型向车辙模型的转换 …… 291
9.4 预估模型的改进与验证 …… 297
9.4.1 变形模型的比较 …… 297
9.4.2 模型的改进 …… 298
9.5 模型的简化 …… 302
9.5.1 路面剪应力的简化计算方法 …… 302
9.5.2 车辙预估模型的简化 …… 305

10 结构行为方程动力学形式探讨 …… 310
10.1 引言 …… 310
10.1.1 问题与挑战 …… 310
10.1.2 研究背景 …… 311
10.2 基本构思 …… 314

10.2.1 现状问题 …… 314
10.2.2 指标选择 …… 315
10.3 路面疲劳损伤动力学方程的构建 …… 317
10.3.1 动力学方程的构建 …… 317
10.3.2 方程的意义 …… 320
10.4 有关参数的进一步讨论 …… 321
10.4.1 关于 $D_s$ 与 $D_m$ …… 321
10.4.2 关于日损伤率 …… 321
10.4.3 关于结构影响函数 $\varphi$ …… 322
10.4.4 关于参数 $\eta$ 和 $\zeta$ …… 323
10.5 有关动力学方程的进一步讨论 …… 323
10.5.1 损伤函数 …… 323
10.5.2 湿度影响 …… 323
10.5.3 方程的求解 …… 324
10.6 变形模型的动力学形式 …… 325
10.6.1 基于车辙预估模型的新预估方程 …… 325
10.6.2 新方程的构建 …… 326

**11 单轴贯入剪切试验** …… 328
11.1 抗剪试验方案设计 …… 328
11.1.1 试验方案设计 …… 328
11.1.2 试验参数的初步确定 …… 330
11.2 试验数据处理 …… 336
11.2.1 贯入试验模型的基本力学参数 …… 336
11.2.2 试验参数确定 …… 337
11.2.3 试验变异性检验 …… 338
11.3 不同尺寸试件的抗剪试验参数 …… 342
11.3.1 不同尺寸试件模型的有限元分析 …… 342
11.3.2 非标准高度试件的剪应力系数 …… 345
11.4 单轴贯入试验参数小结 …… 348
11.5 单轴贯入剪切试验比较 …… 350
11.5.1 冲压模问题的屈服条件 …… 350
11.5.2 双冲模试验 …… 351
11.5.3 劈裂试验 …… 352
11.5.4 压缩试验 …… 353

# 1 序　　论

路面结构是一种多层复合结构。但多层复合结构的应用领域并不仅仅只有路面工程，像桥梁的桥面板-铺装结构、隧道的拱圈-衬砌-岩石结构、轨道交通的基础工程、多层坝体结构、多层金属板材复合结构、金属材料涂层等，都是和路面类似的复合结构，其结构分析都可以采用类似的力学原理。路面无疑是多层复合结构应用最多的工程场景，对它的研究也最多、最深入。早期的路面采用 Boussinesq 弹性半空间理论进行分析，根据经验进行设计。1943 年，Burmister 提出了 2 层结构的理论解；美国 WASHO(Western Association of State Highway Officials)试验中 Benkelman 发明了弯沉仪；1955 年，Hveem 在路面分析中引入疲劳概念，奠定了路面设计的基础理念。之后，路面分析和设计便一直坚定地向着理论法、力学法的方向发展，大大促进了多层复合结构力学分析方法的进步。

路面领域的研究长期以来更多关注的是工程应用，在探索了荷载、温度作用下路面结构的应力、应变和变形的基本算法之后，研究基本上围绕着路面结构和材料的设计、施工开展，建立了各种路面设计方法，实际路面寿命也大大延长，甚至出现了长寿命路面或永久路面，可以说成就卓著，但对多层复合结构基本分析理论的进一步改进和对结构自身性能的研究却进展缓慢。

## 1.1 路面的力学计算

路面领域系统性、大规模、高强度的研究始于 1958 年。1962 年，在美国 Ann Arbor 召开了第一届国际沥青路面结构设计会议，标志着路面研究和交流在全球范围内走上了学术轨道。第一届会议的重点集中于 AASHO 道路试验，还讨论了美国陆军工程师兵团(US Army Corps of Engineers, USACE)提出的加州承载比(California Bearing Ratio, CBR)方法，同时也提出了用弹性多层系统表示路面结构、采用路基应变作为控制路面车辙的指标。之后，Monismith[1, 2]发现，1962 年以来理论分析的使用显著增加，在路面研究、设计和评价方法方面，多层弹性体理论和有限元方法成了十分有用的工具。之后，人们研发了一种方便的路面弯沉测试设备——落锤式弯沉仪(Falling Weight Deflectometer, FWD)，并开始取代 Benkelman 梁用于路面评价。1977 年，路面分析系统的研究达到了高潮，出现了诸如 BISAR, BISTRO, CHEV, PSAD, ELSYM 以及 ALIZE Ⅲ等分析软件，这些软件大大增强了人们进行路面分析的能力。根据软件分析结果，人们在设计中主要限制沥青层底面的拉应变以考虑路面的疲劳、限制路基顶面的竖向压应变以控制变形。之后经过多年的研究，在加拿大魁北克召开的第十届国际沥青路面结构设计会议上，根据力学分析进行路面设计(力学-经验法)的方法引起了人们的关注，美国也正式开始试图采用力学-经验(Mechanical-

Empirical，ME)设计法取代已经使用了数十年的经验设计法。

在此期间,人们研制了多种路面分析软件以获得多层弹性结构的理论解,如表 1-1 所列。

**表 1-1　常用的多层弹性体系分析软件**[2, 3]

| 软件 | 指标 | | | | 开发者 | 说明 |
|---|---|---|---|---|---|---|
| | 能分析的最大层数 | 能分析的最大荷载数 | 层间接触条件 | 可靠度考虑 | | |
| BISAR | 10 | 10 | 从完全连续到完全滑动 | 无 | Shell 公司 | ① 由于为每一点提供完整的应力应变信息,所以软件运行时间较长;<br>② 可考虑水平向和竖向荷载 |
| CHEV | 5 | 2 | 完全连续 | 无 | 契夫隆公司 | 在使用 CHEV 软件的 AI 的 DAMA 系统中考虑了非线性反应 |
| ELSYM | 10 | 100 | 从完全连续到完全滑动 | 无 | Berkeley 加州大学 | 对特定的点,运行速度很快 |
| PDMAP (PSAD) | 5 | 2 | 完全连续 | 有 | NCHRP | ① 当可靠度不是 50%(确定型模式)时,软件运行时间很长;<br>② 采用试算法确定未处治粒料的模量 |
| VESYS | 5 | 2 | 完全连续 | 有 | FHWA | ① 当采用可靠度模式时,软件运行时间很长;<br>② 考虑了材料的弹性和黏弹性 |
| CHEVIT | 5 | 2 | 完全连续 | 有 | 美国陆军工程师兵团水道试验站 | ① CHEV 程序的改进型;<br>② 包括粒料层应力敏感性内容 |
| CIRCLY | 5+ | 10+ | 从完全连续到完全滑动 | 无 | ARRB | ① 可考虑竖向和水平荷载,特殊情况下可考虑径向荷载;<br>② 可考虑应变能;<br>③ 能考虑各向异性材料 |
| EV | 20+ | 不限 | 从完全连续到完全滑动 | 无 | 同济大学 | 可考虑水平荷载 |
| NAAPS | 不限 | 不限 | 从完全连续到完全滑动 | 无 | 同济大学 | 可考虑材料的各类非线性,如黏性、塑性、黏弹性、黏塑性和弹塑性等 |
| APAS-WIN | — | | | | — | 多层弹性体系,能分析气候、轴载谱、轮胎特性、温度和疲劳的影响 |

（续表）

| 软件 | 指标 | | | | 开发者 | 说明 |
|---|---|---|---|---|---|---|
| | 能分析的最大层数 | 能分析的最大荷载数 | 层间接触条件 | 可靠度考虑 | | |
| AXYDIN | — | | | | — | 轴对称有限元，可以分析动荷载 |
| CAPA-3D | — | | | | — | 三维有限元，可以分析非线性、流变、各向异性、层间接触条件、动荷载、轮胎特性、裂缝传播、温度、累积损伤、疲劳和永久变形 |
| KENLAYER | — | | | | — | 多层弹性体系，可以分析非线性、流变性、层间接触条件、动荷载、轮胎特性、累积损伤、疲劳和永久变形 |
| MICHPAVE | — | | | | — | 轴对称有限元，可以考虑非线性特性，能考虑疲劳 |
| MMOPP | — | | | | — | 多层弹性体系，可以进行非线性、气候作用、动荷载、轴载谱、轮胎特性、可靠度、裂缝传播、累积损伤、疲劳和永久变形分析 |
| NOAH | — | | | | | 多层弹性体系，可以进行各向异性、层间接触条件、气候作用、轴载谱、可靠度、疲劳和永久变形分析 |
| SYSTUS | — | | | | — | 三维有限元，可以进行非线性、流变性、各向异性、层间接触条件、动荷载、轮胎特性和裂缝传播 |
| VGADIM95 | — | | | | — | 多层弹性体系，可以进行气候作用、温度作用、累积损伤、疲劳和永久变形分析 |
| VEROAD | — | | | | — | 多层弹性体系，可以进行气候作用、轴载谱、轮胎特性、可靠度、累积损伤、疲劳和永久变形分析 |

和其他工程结构相比，采用力学方法进行路面分析和设计的发展历程十分曲折，这固然与路面结构建设和使用中的低风险、工程界较多的反对声音有关，但关键原因是路面结构和材料性能复杂。现代力学对路面这种多层复合结构的研究甚少，人们在 Burmister 的 2 层结构理论解的基础上完成了多层结构的理论解，之后的研究重点就转向了黏弹性等非线性问题。非线性解的计算结果和弹性解一样都不能反映路面结构在复杂受力状况下的准确力学响应，即便是在各种力学分析中作用强大的有限元方法，和弹性层状体系理论一样也无法给

出符合路面实际的计算结果。这种状况导致我们无法像其他工程结构那样借助现代力学理论去分析、认识路面结构和材料的准确特征,不能根据力学分析结果去解释和处理工程问题。同时,这又反过来制约了路面结构和材料模型的改进和力学的发展。

尽管如此,像其他工程结构一样采用力学方法解决路面问题的发展方向却从未改变且坚定不移,并已渐成潮流、逐步占据主导地位。只是,迄今为止人们尚未找到有效的方法,也尚未取得实质性的进展。

## 1.2 结构试验和响应测试

了解路面结构在荷载作用下力学性能的另一个有效方法是试验测定。1962 年,英国道路研究所利用压电传感器在试验环道中检测了沥青路面结构中基层与土基的竖向应力,所检测的环道路面结构中只包含一层面层结构,其厚度为 4 cm, 6 cm 或 8 cm。检测结果发现基层和土基顶部竖向应力与加载车辆的车轮荷载成正比[4]。1983 年,芬兰技术研究中心道路交通实验室基于 Virttaa 试验场实测了行车荷载作用下沥青路面结构内部的力学响应,获得了沥青层底拉应力、基层层底拉应力以及路基底部水平及竖向压应力数据[5]。1991 年,美国联邦公路局在 FHWA 试验路上进行了路面结构响应研究,实测了柔性基层路面沥青面层底部的应变、应力及顶部弯沉,并分析了路面动态结构响应与行车速度之间的关系[6]。

1991 年,美国明尼苏达州开展了 MnROAD 试验路项目[7-9],旨在考察车辆荷载、温度、湿度、路面结构形式及不同结构层的性质对路面性能和行车性能的影响。针对 MnROAD 试验路监测了各面层层底应变、基层顶部竖向应力及土基顶部的竖向应力。该研究发现,路面应变响应受行车速度、轮迹横向偏移及路表平整度的影响,现场实测应变数据与“WESLEA”弹性层状理论软件计算得到的应变理论数值相关性较好,并提出了基于多层弹性体系的沥青路面设计方法 MnPave[10]。1996 年,Chatti 等利用现场加载车对华盛顿 PACCAR 技术中心的试验环道进行动态加载试验,实测了柔性基层路面中沥青层底部的应变响应。实测结果表明,加载车行驶速度对沥青层底纵向应变影响显著,对横向应变极值影响较小;同时,加载车胎压的影响也十分显著。1998 年,美国弗吉尼亚州开始建设 Smart Road 试验路[11, 12]。Smart Road 试验路包括 12 种不同的柔性基层路面结构,在路面建设过程中,内部预埋了大量的土压力盒、应变传感器、湿度传感器及冰冻深度传感器等。2000 年,Smart Road 试验路开始进行加载试验,试验包含了不同的路面温度、加载车轴型、轮胎接地压强及加载速度,以全面获取路面结构的动态响应。自 2000 年起,美国国家沥青技术研究中心(NCAT)开展路面环道试验,迄今已进行了二十多年。在过去的三阶段研究中,共 18 个试验段埋设了应力及应变传感器[13, 14],用以检测路面结构在荷载作用及环境变化下的应力-应变变化情况。实测结果用来校正目前使用较广的力学-经验设计方法,其中包括 PerRoad 和 MEPDG 设计法。同时,通过对现场埋设的传感器所获取的数据进行分析,结果显示,路面能够抵抗比试验室更高的应变水平,而不发生疲劳开裂[15]。加拿大安大略省修建了 CPATT 试验路,并开展了类似研究。

20 世纪 60 年代后期,同济大学林绣贤等在环道上埋设了传感器,实测了路面的响应性能。2000 年,为研究半刚性基层路面结构设计指标,查旭东等[16]在室内修建了四种典型的半刚性基层路面结构，并埋设了压力盒、应变计以检测路面的应力和应变，同时也检验我国规范的计算结果。2004年，山东省交通科学研究院与NACT展开全面合作，在滨大高速公路修建了试验路[17, 18]，该试验路包含五种不同的路面结构，并埋设了土压力盒、应变传感器、温度探测器与轴载传感器，以对路面的力学响应进行监测。根据监测结果，构建了几种路面结构的力学响应经验模型，提出了适用于山东乃至华北地区的典型路面结构等。杨果岳等[19]、董忠红等[20, 21]、廖公云等[22]、谭忆秋等[23]、肖川等[24]、张静等[25]、韩文扬等[26]分别开展了类似研究，验证了实验结果对温度和行车速度的依赖性。

2015—2017年，同济大学张慧中等[27, 28]在江西昌泰高速公路试验段实测了路面在行车作用下的应变响应，采用有限元方法实现了对移动荷载作用下应变响应过程的准确拟合，分析了基层有裂缝结构及完好结构的沥青路面在动态荷载下的应变响应规律，研究了基层裂缝对沥青路面面层拉应变分布及面层最大拉应变等的影响。

2015年，我国交通运输部公路科学研究院建成了RIOHTRACK足尺路面试验环道，该环道共包含38个试验路段，其中沥青路面结构共19种，基本覆盖了我国常用的沥青路面结构形式。RIOHTRACK环道内部埋设了大量沥青应变计、竖向应变计、土压力计和多点位移计，这些力学传感器可以实时反馈动/静荷载作用下沥青路面结构的受力情况及变形信息。2016年11月，交通运输部公路科学研究院发布了《足尺路面试验环道2016年度报告》[29]，该报告中公布了详细的路表弯沉检测数据。截至目前，RIOHTRACK足尺环道已经运行了六年多，积累了大量的路面响应数据，可为我国典型沥青路面的力学行为研究提供良好的数据支持。

综上所述，通过对沥青路面内部应力/应变响应及表面弯沉的实测，人们对沥青路面力学响应形成了基本认知，推动了路面力学响应预估模型与结构设计方法的发展。但也可以发现，实测的路面响应数据并未得到充分应用，人们只对实测响应数据本身进行了一些简单的分析或对比，或者只选用特定温度下的实测数据对力学模型进行简单的检验，而没有以实测数据为基础量化分析现场沥青层的真实力学参数，甚至经常无法判断实测结果的正确与否。由于缺少理论指导，实测数据难以发挥较大作用。

## 1.3　沥青层的设计模量

沥青路面力学响应的实测数据展示了路面结构层的部分受力特性，使人们对路面结构在荷载作用下的响应有了初步了解。但要全面了解荷载作用下不同材料与结构组合而成的路面结构的力学状态，为基于力学或基于力学-经验的沥青路面设计方法提供全面的数据支持，还需进行广泛的力学计算。目前，常用的力学响应计算模型为弹性层状体系理论和有限元方法，需要以沥青层的本构模型作为输入参数。而沥青层的本构模型主要分为弹性模型与黏弹性模型两类。

在弹性理论中，采用弹性模量(杨氏模量)来表征材料的力学行为，参数简单。但在不同的设计方法中，沥青层设计弹性模量仍存在很大差别，本节将简要介绍不同路面设计方法中沥青层设计模量的确定方法，并讨论这些确定方法的合理性。

CBR设计方法中主要考虑材料的抗力(CBR值)[30]，关注的层位也主要为路基，并未专门针对沥青层模量展开研究与讨论。AASHTO 设计法的核心设计方程引入了结构数的概念,以反映路面各层的等效厚度;可根据材料的弹性模量、马歇尔稳定度、CBR 值、三轴试验结果或无侧限压缩试验结果换算得到。1993 年版的 AASHTO 规范中,计算结构数时采用了沥青层的间接拉伸回弹模量,但并未很好地考虑环境因素对沥青层模量的影响。SUPERPAVE 设计法制定了路面的损坏标准,通过损坏预测模型把材料设计与路面结构设计联系起来。该设计方法中一个重要的模型为路面响应模型,即路面在交通轴载作用和环境影响下的力学响应,可通过材料参数和力学模型计算得到。

SHELL 设计方法中,路面结构分为三层,即路基、基层和沥青层,各层材料以厚度、模量和泊松比作为设计参数。[31]混合料的黏弹性性质通过弯拉劲度模量来体现,其值取决于沥青含量、沥青劲度和沥青混合料的空隙率。路基模量可以通过现场动态弯沉试验测定,也可在室内通过三轴仪测定。无机结合料的基层模量依赖于它的受力状态,其值取决于路基模量和基层厚度。环境因素的影响以温度对沥青混合料材料特性的影响来表征。因此,SHELL 设计方法无论是对沥青层模量、基层模量还是土基模量均采用了动态模量,并考虑了温度对沥青层模量的影响。

AI 设计法[32]中沥青混合料的动态模量由室内 60 种不同的沥青混合料通过试验得到的计算公式确定。环境影响通过温度对沥青混合料劲度值的影响来体现,并以面层厚度 1/3 处的温度作为沥青层的设计温度。

法国设计法在沥青层模量的选取方面,选用了温度为 10 ℃时的沥青混合料的模量作为设计模量,加载频率选用了 25 Hz。

在南非设计方法中[33],1985 年版的设计规范采用了 20 ℃时沥青混合料室内压缩模量作为设计模量,沥青混合料模量取值范围为 4 000~9 000 MPa。1995 年版的规范中,选用基于路面弯沉反算得到的弹性模量作为设计模量,此时 20 ℃时的沥青混合料模量取值范围为1 000~6 000 MPa,较 1985 年版规范中的模量值有所降低。

美国 ME 设计指南中沥青层模量采用动态模量表征,该指南不仅考虑了温度对试验室测定的沥青混合料模量的影响,还考虑了路面结构的等效加载频率对试验室测定的沥青混合料模量的影响。它标志着设计方法在进行路面力学响应预测时真正将沥青层的加载时间及温度依赖性全部考虑在内,但采用的是室内动态压缩试验模量。

我国 2006 年版《公路沥青路面设计规范》(JTG D50—2006)选用 15 ℃与 20 ℃时沥青混合料的抗压回弹模量作为沥青层的弹性模量值,沥青层的模量取值范围为 400~2 200 MPa。我国 2017 年版《公路沥青路面设计规范》(JTG D50—2017)采用动态压缩模量来表征沥青层的模量特性,采用 20 ℃、10 Hz 加载条件下室内测定的模量值,取值范围为 7 000~13 500 MPa。

除上述规范中的方法外,其他研究人员也针对沥青层设计模量的选择及其合理性进行了相应的研究。1998 年,Daniel 和 Kim[34]对五种测试方法(剪切柔量试验、表面波试验、动态模量试验、FWD 弯沉盆反算和冲击共振试验)得到的沥青混合料模量进行了分析,发现模量与对应的加载频率数值在双对数坐标上能很好地分布在一条直线上,由此证明几种方法得到的模量数值在频域上有很好的相关性。

2002 年,P. Ullidtz[35]基于欧洲"Advanced Models for Analytical Design of European

Pavement Structures”[3]项目成果，整理了西班牙 CEDEX 试验路、丹麦 DTU 试验路以及瑞士 LAVOC 试验路的现场实测路面力学响应结果，并将这些实测结果与 BISAR，CAPA3D，CIRCLY，KENLAYER 等模型的计算结果相比较。在这些计算模型中，沥青层的输入模量值为室内试验获得的混合料回弹模量或动态模量参数。各模型计算结果与实测结果比较如表 1-2 所列。由表 1-2 可知，计算模型的计算结果与实测值在很多情况下不相符合，这表明直接采用室内试验所获得的沥青层模量值进行响应计算，其结果并不可靠。

**表 1-2　　不同模型计算结果与实测结果比较[35]**

| 模型 | CEDEX 试验路 | | | DTU 试验路 | | | LAVOC 试验路 | | |
|---|---|---|---|---|---|---|---|---|---|
| | $\varepsilon_x$ | $\sigma_z$ | $d$ | $\varepsilon_x$ | $\varepsilon_z$ | $\sigma_z$ | $\varepsilon_x$ | $\varepsilon_z$ | $d$ |
| BISAR | ↓ | ↓ | ↕ | ↓ | ↓ | ↓ | ↔ | ↓ | ↑ |
| CAPA3D | ↓ | ↓ | ↑ | ↓ | ↓ | ↓ | ↔ | ↓ | ↔ |
| CIRCLY | ↔ | ↓ | ↕ | ↓ | ↓ | ↓ | ↔ | ↓ | ↑ |
| KENLAYER | ↔ | ↓ | ↔ | ↔ | ↓ | ↔ | ↔ | ↓ | ↔ |
| MICHPAVE | — | — | — | — | — | — | ↔ | ↓ | ↔ |
| NOAH | ↕ | ↓ | ↔ | ↔ | — | — | ↔ | ↓ | ↑ |

表 1-2 中，$\varepsilon_x$ 表示沥青层底横向应变；$\varepsilon_z$ 表示沥青层竖向应变；$\sigma_z$ 表示基层顶部竖向应力；$d$ 表示路表弯沉；↔表示计算值与实测值拟合较好；↓表示计算值偏低；↑表示计算值偏高；↕表示计算值偏高或偏低。

2006 年，Loulizi 等[36]研究了间接拉伸回弹模量与单轴压缩动态模量之间的关系，回弹模量试验方法依照 ASTM D4123 规范进行，采用间接拉伸的加载模式；为了与 FWD 加载模式相匹配，采用的加载时间为 0.03 s，回弹时间为 0.97 s。研究结果表明，当以角频率为确定依据时，回弹模量与动态模量可以在一定频率下重合。Loulizi 等[36]进一步比较了美国弗吉尼亚州的 Smart Road 试验路力学响应实测结果与理论计算结果之间的关系，所比较的响应为不同温度下沥青层底横向应变及竖向压应力。理论计算数据则包含了四类基于弹性层状体系的分析程序及两类有限元程序的计算结果。在这些程序中，沥青层模量参数值为不同温度下的室内回弹模量。研究发现，对于沥青层底横向应变或竖向压应力，六类软件的计算结果均不能很好地拟合实测结果。当温度较低时，计算结果高于实测结果；当温度较高时，计算结果则明显低于实测结果。因此，室内回弹模量并不能很好地表征不同温度下现场路面的实际模量特征。

谢军[37]在研究重载交通路面结构设计指标时，采用沥青混合料 15 ℃、10 Hz 时的动态模量值作为计算参数对路面结构进行力学计算，之后铺筑现场试验路对计算结果进行验证。验证结果表明，现场实测应变值普遍大于计算值，且部分测点测得的拉/压应变类型与计算结果相反。

西部交通科技项目“沥青路面设计指标和参数研究”的相关研究报告[38]提出以 20 ℃、10 Hz 条件下的室内单轴压缩动态模量值作为沥青层的设计模量，但报告中并未利用相应的试验路实测力学响应来对提出的设计模量的可靠性进行验证。

赵延庆等[39]、姚连军等[40]的研究分析了混合料动态模量和抗压回弹模量之间的关系，研究分析认为，动态模量能综合反映温度和频率的影响，能更合理地反映沥青混合料的动态特性。在相同温度下，抗压回弹模量对应于频率较低时的动态模量，对应频率在 0.01～0.1 Hz。白琦峰等[41]利用实测应变数据对沥青路面的几种力学模型及参数组合的可靠性进行了验证。研究发现，当模量输入参数相同时，三种模型计算得到的应变值相差不大；规范推荐的模量更适用于柔性基层路面，当被用于半刚性路面及组合式路面时会产生很大的误差；采用动态模量作为输入参数时，其计算结果与实测值最为接近，但仍存在较大误差。庄传仪[42]基于柔性路面加速加载试验，分析了六类不同的路面结构层模量组合产生的路面响应理论计算结果与实测结果之间的相似性。其中，土基模量考虑了三轴压缩回弹模量、FWD 反算模量，级配碎石层模量考虑了静态回弹模量、重复加载三轴压缩回弹模量及 FWD 反算模量，沥青层考虑了静态回弹模量、动态模量及 FWD 反算模量。研究发现，土基采用重复加载三轴压缩回弹模量、级配碎石层采用静态模量、沥青层采用现场 FWD 反算模量的结构组合更符合现场实际情况。武金婷等[43]对半刚性基层沥青路面结构进行足尺加速加载试验，测定了不同厚度处沥青层的应变状态，同时采用弹性层状体系对试验路结构层底部的应变进行了相应计算。计算结果表明，面层底部应变计算值要小于实测值，且沿厚度方向应变的分布规律也与实测值有所不同。

很多学者和研究机构都基于路面落锤式弯沉（FWD）的模量反算结果探讨了沥青层设计模量参数的合理取值。Newcomb 等[44]基于美国华盛顿州的试验路，比较了沥青路面的 FWD 反算模量与室内回弹模量之间的关系，发现实验室模量与现场反算模量的比值在 0.3～4.0 之间波动。1992 年，Houston 等[45]选取了美国亚利桑那州的 20 个试验路段，比较了 FWD 反算模量与室内回弹模量之间的关系，发现不同路段两种模量之间的相关性较弱。2002 年，Ullidtz[35]总结了 4 条试验路不同温度下沥青路面的 FWD 反算模量与室内三点小梁弯拉模量之间的关系，发现反算模量与小梁弯拉模量在不同温度下的相关性都较好。2007 年，Loulizi 等[46]在进行旧路改扩建研究时发现，基于现场路面 FWD 弯沉盆反算得到的路面模量值要小于路面芯样的动态模量值，而直接使用芯样的动态模量值作为路面的弹性模量无法很好地反映路面结构的力学行为。

2009 年，张慧昕[47]对比了路面结构中面层混合料室内回弹模量与现场反算模量之间的关系，结果表明沥青层反算模量值要小于混合料室内间接拉伸回弹模量值。2010 年，Gedafa 等[48]研究了基于 FWD 弯沉盆数据反算的现场沥青层模量与其对应的室内动态模量之间的关系，该研究共包括五种不同的柔性基层路面结构，并选用了 MODCOMP，MODULUS，EVERCALC 三类反算软件对路面面层模量进行反算，通过比较发现，三类反算软件反算得出的现场路面面层模量值均小于室内动态模量值，相应的修正系数在 1.23～3.7 之间。2011 年，谢国栋[49]同样对比了 FWD 现场反算模量与室内动态模量，发现温度较低时，反算模量值较室内动态模量值大；温度较高时，反算模量值较室内动态模量值小。相应的修正系数在 0.69～2.22 之间。

Bodin[50]，Denneman[51]和 Chupin[52]等主张采用等效弹性模量来表征沥青路面在不同服役环境下的力学特征：首先，利用黏弹性模型计算在不同温度及加载速度下的路面响应;其次,依据应变等同原则得到等效弹性模量。该研究提供了一个思路,即应当从路面力学响应本身出发得到沥青层在不同服役环境下的实际模量特性。不过,该研究的计算结果完全源于黏弹性模型的理论计算,研究结论成立的前提是其黏弹性模型是准确的,且能够完全反映现场路面的实际情况。这就产生了一个矛盾,如果黏弹性模型是准确的,就没有必要再计算路面的等效弹性模量,直接使用黏弹性模型进行预估反而更方便。

综上所述,现阶段国内外的设计方法主要是使用沥青层室内试验模量值作为设计参数,包括回弹模量与动态模量,且倾向于使用动态模量参数。动态模量参数较回弹模量参数而言可以更全面地表征沥青层在不同服役环境下力学特性的差异,但室内动态模量结果的现场适用性很差,无论是对沥青层底应变响应还是路表弯沉盆响应,基于室内动态模量的计算结果都无法与实测结果稳定匹配;如果从现场实测数据出发,以实测力学响应数据为基础对沥青层现场模量进行反算,则能更准确地确定沥青层的实际模量值。

但是,如果从定量的角度来看,目前各种研究得到的结果其实是非常混乱的,彼此间相差很大。作为同一类参数,不同试验条件下的不同试验方法,两两之间找出关系,或寻找一个能大致符合实测结果的组合并不是很困难,但这种组合并不适用于另一种场合,即没有普遍性,无法说明到底应该怎样测试和取值。所以,迄今为止如何形成一致的模量体系一直是道路领域的一个难题,这大大制约了路面计算结果的可靠性和可信性。

## 1.4　路面的疲劳损伤与变形

荷载引起的疲劳开裂是沥青路面最主要的损坏类型之一。过去一般认为疲劳开裂始于沥青层底部,再向路表面发展,即自下而上的开裂(Bottom-Up Cracking, BUC),这是因为路面沥青层底部产生最大弯曲应变或应力。但是,近期的研究清楚地表明,疲劳开裂也会先出现在路面顶面(部)再向下蔓延,即自上而下的开裂(Top-Down Cracking, TDC)。这种类型的开裂不像经典的“自下而上”疲劳开裂那样容易解释。一般来说,这可能是由轮胎边缘和路面接触面处的过大压力、老化了的薄面层内的拉应力和/或剪切应力引起的。

关于沥青路面的疲劳已有很多研究。沥青混合料疲劳试验有两种加载模式,即应力控制模式和应变控制模式。Monismith 认为,当路面中沥青层厚度较小时,如小于或等于 5 cm,沥青路面的疲劳符合应变控制的加载模式;当沥青层厚度较大时,如大于 20 cm,沥青路面的疲劳符合应力控制的加载模式。根据大量试验,Monismith 给出了沥青路面疲劳方程的一般形式:

$$N_f = a_1 (1/\varepsilon_t)^{b_1} S_m^{c_1} \tag{1-1}$$

式中　$S_m$——沥青材料的劲度模量;

$\varepsilon_t$——沥青层底面的拉应变;

$a_1$, $b_1$, $c_1$——常数。

2003 年,美国颁布的力学-经验(ME)设计指南[53]中采用的疲劳方程是在式(1-1)的基础上进行修正后的形式,同时考虑了传统的自下而上(Bottom-Up)开裂和新型的自上而下

(Top-Down)开裂。

ME 指南采用了 BUC(自下而上)和 TDC(自上而下)两种损坏模式,以 Miner 定律为基础来估计疲劳损伤:

$$D=\sum_{i=1}^{T}\frac{n_i}{N_i} \tag{1-2}$$

式中 $D$ ——疲劳损伤;

$T$ ——总的增量时段数;

$n_i$ ——时段 $i$ 的实际交通量;

$N_i$ ——时段 $i$ 条件下的疲劳寿命。

ME 指南中沥青混合料疲劳方程采用式(1-1)的形式,综合了美国和欧洲的大量试验结果,最终得到的疲劳方程如下:

$$N_{\mathrm{f}}=0.00432\times k_1'\times 10^{M}\left(\frac{1}{\varepsilon_{\mathrm{t}}}\right)^{3.9492}\left(\frac{1}{E}\right)^{1.281} \tag{1-3}$$

式中 $\varepsilon_{\mathrm{t}}$ ——临界点的拉应变;

$E$ ——材料的模量;

$M$ ——与沥青含量、空隙率有关的参数:

$$M=4.84\left(\frac{v_{\mathrm{b}}}{v_{\mathrm{b}}+v_{\mathrm{a}}}-0.69\right) \tag{1-4}$$

$k_1'$ ——与开裂模式有关的系数:

(1) 对于 BUC 开裂

$$k_1'=\frac{1}{0.000398+\dfrac{0.003602}{1+\mathrm{e}^{(11.02-3.49h_{\mathrm{ac}})}}} \tag{1-5}$$

(2) 对于 TDC 开裂

$$k_1'=\frac{1}{0.0001+\dfrac{29.844}{1+\mathrm{e}^{(30.544-5.7357h_{\mathrm{ac}})}}} \tag{1-6}$$

$h_{\mathrm{ac}}$——沥青层总厚度。

最后,根据疲劳损伤所计算的疲劳开裂转换函数表示如下:

(1) 对于 BUC 裂缝(占总车道面积的百分比)

$$FC_{\mathrm{bottom}}=\frac{6\ 000}{1+\mathrm{e}^{[C_1\times C_1'+C_2\times C_2'\lg(D\times 100)]}}\times\frac{1}{60}\times 100\% \tag{1-7}$$

式中 $FC_{\mathrm{bottom}}$ ——BUC 疲劳开裂占车道面积的百分比;

$D$ ——BUC 疲劳损伤;

$C_1$, $C'_1$, $C_2$, $C'_2$—— 参数,$C_1=1.0$, $C'_1=-2\times C'_2$, $C_2=1.0$,

$C'_2=-2.40874-39.748\times(1+h_{ac})^{-2.856}$;

(2) 对于 TDC 裂缝(ft/mile)

$$FC_{top}=\frac{1\ 000}{1+e^{[2.8-1.4\times\lg(D\times100)]}}\times10.56 \tag{1-8}$$

式中 $FC_{top}$ ——TDC 疲劳开裂,ft/mile;

$D$ ——TDC 疲劳损伤。

此外,ME 指南还提供了半刚性层的疲劳开裂预估方法以及低温开裂预估模型。

疲劳虽然是研究历史很长的领域,但目前研究遇到的困难依然很多。同模量测定结果类似,疲劳的试验室测定结果与实际路面的疲劳寿命之间也存在很大差异。不过,与模量测定不同的是,造成室内外疲劳寿命差异的原因比较明确。对于疲劳而言,损坏标准难以准确确定,损坏标准的差异造成显著的疲劳寿命的差异。损坏标准对普通沥青的适用性较好,但对改性沥青而言,差异相当显著。对于在役沥青混合料而言,由于目前对其疲劳性能所知甚少,故影响了对在役路面剩余寿命的评价。不同的路面结构厚度,尤其是对于沥青层厚度在5～20 cm的路面结构而言,到底适用什么疲劳试验模式,以及疲劳损伤如何影响路面性能等问题,都有待进一步研究。

ME 指南中还给出了路面变形的计算方法,采用了分层总和法:

$$PD=\sum_{i=1}^{n_{sublayers}}\varepsilon_p^i h^i \tag{1-9}$$

式中 $PD$ —— 路面永久变形;

$n_{sublayers}$ —— 分层数量;

$\varepsilon_p^i$ —— 第 $i$ 层的塑性变形;

$h^i$ —— 第 $i$ 层的厚度。

(1) 沥青混合料的永久变形

ME 指南建立的沥青材料永久变形预估方程为

$$\frac{\varepsilon_p}{\varepsilon_r}=k_1\times10^{-3.51108}T^{1.5606}N^{0.479244} \tag{1-10}$$

式中 $\varepsilon_p$ ——$N$ 次重复荷载作用下的累积塑性应变(in/in);

$\varepsilon_r$ ——沥青材料的回弹应变(in/in),它是混合料性质、温度和加载时间的函数;

$N$ ——重复荷载作用次数;

$T$ ——温度(degF);

$k_1$ ——沥青层总厚度和计算点深度的函数,是对不同深度侧向压力的修正。

$$k_1=(C_1+C_2\times depth)\times0.328196^{depth} \tag{1-11}$$

$$C_1=-0.1039\times h_{ac}^2+2.4868\times h_{ac}-17.342 \tag{1-12}$$

$$C_2 = 0.0172 \times h_{ac}^2 - 1.7331 \times h_{ac} + 27.428 \tag{1-13}$$

（2）无黏结材料的永久变形

ME 指南给出的粒料和土基永久变形模型为

$$\delta_a(N) = \beta_{GB}\left(\frac{\varepsilon_0}{\varepsilon_r}\right)e^{-\left(\frac{\rho}{N}\right)^{\beta}}\varepsilon_v h \tag{1-14}$$

式中 $\delta_a$ ——该层或该子层在标准轴载作用 $N$ 次后的永久变形(in)；

$N$ ——荷载重复作用次数；

$\varepsilon_v$ ——从主要响应模型中获得的该层或该子层的平均竖向回弹应变(in/in)；

$\varepsilon_r$ ——室内实测回弹应变(in/in)；

$\varepsilon_0$，$\beta$，$\rho$ ——材料参数；

$h$ ——该层或该子层的厚度(in)；

$\beta_{GB}$ ——标定参数，粒料基层取 2.2，路基土取 8.0。

实际上，路面变形是每次荷载作用微小永久变形累积的结果。永久变形累积的规律除了与温度、结构性能、材料性能等因素有关外，还应与荷载作用的历史有关，即先作用较小的荷载和先作用较大的荷载，最终的变形量可能是不同的。所以，不同荷载和环境耦合作用下的微变形叠加规律依然是一个值得深入研究的问题。另一个问题是，永久变形是由剪切引起的，但在目前的变形预估方法中，如式(1-10)所示，并没有考虑剪切的影响，而是考虑了压缩变形 $\varepsilon_r$ 的影响，这也是值得改进的地方。

## 1.5 路面性能

路面结构行为决定了路面的使用性能，所以对路面使用性能的研究最终都可归结为对路面结构行为的研究。在 AASHO 道路试验之后，最具影响力的路面性能研究当数 SHRP 研究计划中的路面长期使用性能(Long-Term Pavement Performance, LTPP)研究子计划，以及目前使用较多的路面加速加载试验(Accelerated Pavement Test, APT)研究。

1. LTPP 研究

LTPP 是 SHRP 研究计划的一个子项，其目的是对当前的路面技术进行全面客观的评价，从而提出能够解释路面使用性能变化过程的模型，弄清不同的设计特点、交通、环境、材料、施工质量和养护水平对路面性能的影响。由于完成这一目标需要能够覆盖各种路面结构的大量数据，所以与 SHRP 计划中其他研究课题不同的是，LTPP 计划的研究期限是 20 年(1987—2007 年)。LTPP 的具体研究目标是：

(1) 评价现有的设计方法；

(2) 研究和改进路面设计方法和老路面的维修策略；

(3) 研究并提出新建和重建道路路面的设计方程；

(4) 确定荷载、环境、材料特性和变异性、施工质量和养护水平对路面性能及损坏的影响；

(5) 确定具体的设计特点对路面性能的影响；

(6) 建立全美国路面长期性能数据库以支持 SHRP 的研究目标和将来的需求。

LTPP 计划中包括两类研究，即一般路面研究（General Pavement Studies，GPS）和特定路面研究（Specific Pavement Studies，SPS）。GPS 在美国、加拿大等国选择了能够覆盖各种影响因素的大约 900 条正在使用的道路作为试验路，以进行数据观测并建立数据库；SPS 有其特定的、在 GPS 中无法实现的目标，即对一些具体变量的深入研究，在约 200 个试验路段进行。还有一些独立的计划专门研究环境因素对路面性能的影响，如 65 个 GPS 路段用于季节影响研究，这些路段的数据采集频率比其他 GPS 路段更高一些。LTPP 数据库中包含的数据有：一般信息、静态（清单）数据（inventory data）、气候数据、材料试验数据、养护数据、维修数据、交通数据和路面检测数据。

LTPP 试验路段中包含的路面类型十分广泛，除了新建的沥青路面、水泥路面外，还包括旧沥青路面上加罩沥青路面、旧沥青路面上加罩水泥路面、旧水泥路面上加罩沥青路面、旧水泥路面上加罩不同的水泥路面等各种复杂的路面结构。LTPP 计划已经积累了海量的路面技术数据，由于数据量大、采集人员多和持续时间长，致使数据的可比性并不理想，数据分析困难。迄今为止，LTPP 尚未发表过较为系统完整的分析报告或模型报告。为了尽快建立优秀的路面模型，使海量数据得到充分利用，美国发布了一个名为“DataPave”的软件，并于 1998 年发起了全球性的数据分析竞赛。LTPP 所积累的大量数据为标定、验证 SHRP 和 ME 设计方法中的各类设计模型以及其他理论模型提供了必要的数据基础。

对路面进行长期性能监测和研究无疑是十分必要的，但由于问题的复杂性，选择合适的技术路线就显得尤为重要。同时，想要充分分析海量数据、建立能够合理解释并预见路面行为演变过程的方程，就需要研究者具有驾驭全局的能力、娴熟的数据分析能力和忠于事实的科学精神，否则，上述目标是难以实现的。

从今天的角度来看，影响长期性能数据分析的因素还要更为复杂、隐蔽。路面结构的参数（如结构层模量）不能准确、一致地测定，疲劳标准的差异以及无损评价结果的不唯一，这些都会直接导致路面分析结果的不一致，给准确建立使用性能模型带来潜在的困难。

2. APT 研究

足尺路面加速加载试验是指在很短的时间内和控制条件下，采用原型轮载重复施加于原型或实际的多层路面结构上，以了解路面性能和路面响应的试验。多年来，路面研究人员已成功地使用足尺加速路面试验来研究和验证试验方法以及评价材料和路面的性能。

早期的足尺路面加速加载试验使用的是模拟的或实际的交通荷载。美国最早的足尺路面加速加载试验始于 1919—1930 年的 Arlington 环道试验[54]，该试验对混凝土路面设计做出了突出贡献。1920 年的 Illinois 试验道路长 4 km，共有 68 个试验段，首次在试验中控制了交通荷载，并给出了砖块、沥青混凝土和水泥混凝土等不同材料的基本试验数据。之后，1920—1923 年在匹兹堡、1949 年在马里兰以及 1944—1954 年 Hybla Valley Non 的刚性路面试验中都产生了较大的影响。这些早期的道路试验的主要目的在于路面（柔性和刚性）的结构设计[55]。1944 年，一个为期 5 年的研究计划提出了沥青混合料的马歇尔试验方法；20 世纪 50 年代，开展了第一个采用 CBR 法表征路面材料特性的研究。这些试验改变了路面厚度和混合料设计方法；在刚性路面设计方面，渐渐趋向于使用 1942 年提出的 Wastergaard 理论。

1951 年，WASHO 道路试验产生了很大的影响。试验发现[54]：当路面总厚度相同时，面层厚度为 100 mm 的沥青路面，其性能远远优于面层厚度为 50 mm 的路面；外轮迹带路面的损坏比内轮迹带的严重，较强的路肩支撑有利于路面性能；轮载越重，路面损坏越严重；路面层的车辙源于横向位移，而不是源于压缩；大部分损坏产生于路基最潮湿的春季；与单轴车辆相比，双轴车辆可以增加50%的载重量而不增加路面的损坏。

1958—1960年进行的AASHO道路试验是第一个现代意义上的道路足尺试验，该试验建立了路面设计参数、荷载和累计轴载作用次数之间的统计关系，全面提高了路面研究和实践的水平，并在世界范围内产生了深远影响。与此同时，英国也在一些主要道路上修筑了400个道路试验段，该试验虽然没有控制交通荷载，但对英国日后采用的路面基层类型产生了很大的影响。

此外，为了节省试验成本，一种被称为车道试验(test tracks)的试验技术近年来得到了广泛应用。实际上，车道试验本身并不是一项新的技术，最早的车道试验可追溯到1909年的底特律试验[55]。之后，各国相继研究并建立了不同类型的车道试验系统。

车道试验根据所用车道的形状分为三种类型，一种是环形试验道(circular rest track)，一种是直线形试验道(linear test track)，还有一种是异形试验道。不同类型的车道具有不同的特点，如表1-3所列。

**表1-3　　不同类型APT试验的特点[56]**

| APT类型 | 优　点 | 局限性 |
|---|---|---|
| 现场试验路 | 实际交通荷载；实际路面施工质量；多个试验段；可信度高 | 荷载"加速"的程度有限；无法控制气候；难以控制荷载和速度；位置无法移动 |
| 环形试验道 | 高速操作；能够控制荷载；"加速"程度高；受力简单；多个试验段；部分环境控制 | 当半径较小时有剪应力；一段路面损坏后将影响其他路段；路面施工困难；位置无法移动 |
| 直线形试验道 | 单向或双向加荷，荷载容易控制；可以移动；可用于实际道路的路面试验；实际的路面施工质量；部分环境控制；路段损坏后不会影响其他路段 | 速度有限；受力过于简单 |
| 异形试验道 | 实际的路面施工质量；部分环境控制；荷载容易控制 | 速度一般；一段路面损坏后可能会影响其他路段；受力比较复杂；位置无法移动 |
| 其他 | 受力简单；可控制气候；路段损坏后不会影响其他路段；荷载容易控制 | 模拟程度有限；路面施工困难；位置无法移动 |

南非Fred Hugo教授对不同的研究手段进行了总结，如图1-1所示。显然，采用APT进行道路研究，其代价无疑是昂贵的，但优势也非常明显，表现为快速、可控、安全和方便。APT能在短时间内完成大量的加载，可以在几个月或2～3年内完成实际公路15～20年才能达到的累计荷载作用次数，从而获得充分的试验数据用于分析，这对于研究和验证各种新材料、新结构是非常有益的。APT试验系统还能够有效地控制荷载大小、加载频率等加载方式，可以对试验结果进行有效监控和测量，还可以有效控制环境温度、湿度等外部条件，安全性和方便性则是其另外的优点。对于路面结构或材料性能的评估往往需要进行试验路取样和检测，在已经通车的高速公路上进行这样的工作是非常危险的，如果关闭车道则会对行车造成诸多不便。在APT试验中，可根据需要随时进行试验路的取样和观测。这对于获取

大量试验数据而言非常安全且便捷。

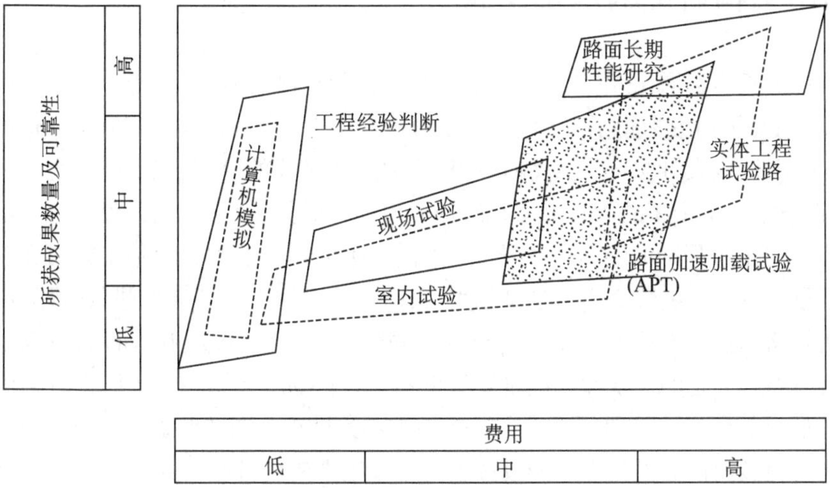


**图 1-1　路面研究方法的投入费用与产出成果关系**

在早期的路面研究中，APT 试验并没有得到足够的重视。在 SHRP 计划结束之后，为了验证 SUPERPAVE 的研究成果，加之人们认识到 APT 试验的优越性，才使得采用 APT 试验作为研究工具逐渐形成热潮。迄今为止，APT 试验主要被用于不同路面结构、不同材料和不同荷载构型的比较研究，其次用于路面理论模型和材料行为的验证。在荷载的等效性方面，APT 试验被用于研究不同轮胎、轮型和轴型的作用，这些研究已经在路面设计中得到了使用，并且研究表明荷载的等效性与路面结构组成有关。在 APT 试验中，人们可以准确测量路面的应变、弯沉和变形；温度也可以被准确测量和控制，并可用于温度影响分析，但在湿度变化方面尚没有很好的控制和分析方法。

许多研究者报道了 APT 试验结果在路面设计方法中不同程度的应用，主要体现在设计条款的改进、力学方法的验证和罩面设计的研究等方面，并进行了路面材料——包括新材料、再生材料、副产品材料、隔离层和冻融敏感性的研究。实际上，许多试验的目的在于验证 SUPERPAVE 的结果。近年来，随着车辆不断地大型化，关于荷载的研究也十分活跃。

在目前诸多的 APT 试验中，WesTrack 是影响较大的。WesTrack 是美国联邦公路局在内华达州建立的 APT 试验设施，旨在研究制定适用于热拌沥青路面的、与性能有关的规范。该试验最早提供了按 SUPERPAVE 方法设计的沥青混合料在高速率施加的重载作用下的技术数据。当 1997 年在 WesTrack 铺筑的 SUPERPAVE 试验段迅速发生车辙时，不管是来自研究机构还是来自实践部门的道路工作者都给予了极大的关注，并真切地意识到在目前的路面设计和施工方法中，我们可能遗漏了其他重要的未知因素[57]。

不过，虽然人们曾对 APT 试验寄予厚望，但所获得的成果却并不丰硕。APT 试验确实提供了接近于实际路面的加载方式且可以人工控制环境条件，但试验结果如何分析，用这个试验能够解决什么问题，迄今依然是一个令人迷茫的课题。另外，随着交通量的增加和设计寿命的延长，APT 的加载次数也无法完全反映道路上实际的交通荷载作用次数，荷载和环境的耦合也无法代表实际工况，这使得 APT 研究和 APT 试验结果的应用遇到了瓶颈。

## 1.6 路面结构研究的基本问题

从上面的分析可以看出，继承着1962年以前的研究，沿袭着20世纪六七十年代的研究思路，60年来沥青路面研究取得了丰硕成果，路面技术也取得了长足进步；每个年代（如20世纪60年代的AASHTO设计法，70年代的SHELL法，80年代的AI法，90年代的SUPERPAVE法以及21世纪第一个十年的ME方法）都有一个具有划时代意义的路面设计方法出现。但路面设计过程依然由工程师的经验所主导，实践中一般也能取得良好的使用效果，尤其在交通荷载不是很繁重的场合。随着交通量越来越大，路面设计方法随之不断改进；改进的高频度表明了改进或更新路面设计理论是不得不进行的。同时，SUPERPAVE和ME研究成果的尴尬也表明人们对所面临问题的复杂性和高难度认识不足，自1962年第一届国际沥青路面结构设计会议以来所形成的研究思路和理论模式只适用于不太繁重交通的路面，不适用于重载路面，因此没有理论的突破而仅靠设计方法的改进恐怕难以根本改变目前的局面。

当我们将关注的目光转向理论改进时，考虑到沥青混合料的流变性或各种路面材料的非线性，比较容易想到的是采用非线性理论。然而，实际问题要复杂得多，黏弹性理论依然是嫁接在现有弹性理论体系基础上的，非线性的研究也没有带来本质的改进。考虑了这两方面后的分析结果和弹性理论相比改进十分有限，似乎并没有抓住现有问题的关键，以至于只要适当调整一下本不准确的弹性参数，采用弹性理论就可以得到与黏弹性、非线性理论相同的结果。所以，要发现真正的问题所在，就有必要对弹性多层结构理论本身、力学模型、试验过程以及影响试验结果的因素进行全面反思。

（1）路面结构响应的静力学计算——不管采用弹性层状体系理论还是有限元方法，与实测结果都相差很大。长期以来，人们将这种不相符的原因归结为理论与实际不符、参数问题以及黏弹性或非线性问题，不同的人有不同的理解，而且这些原因似是而非，没有科学的证据表明是上述原因中的哪一个或哪几个造成了计算结果与实际不符。有专家认为这种不准确主要是参数问题，甚至认为我国是“一流的理论，九流的参数”。但原因到底是什么，怎样获得“一流的参数”，就需要科学的研究。不能解决计算结果与实际路面检测结果的相符性问题，人们自然无法相信计算结果，且无法根据计算结果去分析路面损坏的确切原因并提出对策，路面学科只能停留在半经验-半理论的前科学层面上，而无法进入科学的正殿。笔者曾提出采用桥渡原理来消除这种不相符的影响，但毕竟只是不得已而为之的方法。

（2）和上述正算结果类似，路面反演结果与实际情况同样相差很大。正算结果不相符，反算结果相差很大就是必然的。人们甚至无法判断反算模量正确与否，因为不知道真值。不过，这并不仅仅是由正算结果与实际结果不相符造成的，因为即便输入准确的响应结果，也无法反算出相应的路面参数。反演解不唯一是一个重要原因，但不是唯一的原因。在路面结果反演过程中会发现很多奇异的现象，但人们依然采用“非线性”予以解释，这同样缺少科学依据。即便抛开解的不唯一问题，正算和反算也无法形成自洽的过程。

（3）路面模量参数的真值或正确值是多少，怎么测定？在试验室内，不同的试验方法测得的参数值不同，不同的试件大小、形状、加载方式测得的参数值也都不相同，与在路面结构中测得的结果也不一致，以至于人们开始怀疑路面材料是否有明确的模量值。采用同一弹性理论计算出的模量参数为什么差异如此之大，对此人们被迫解释成是尺度效应、应力依赖，路面材料模量的确定成了一门玄学，模量成了“魔量”。针对这种现象，笔者曾经提出试验室材料参数与结构响应参数的概念，以示区分。采用实际路面结构进行试验已经是实际尺度，不存在尺度效应，将基于实测响应进行反演的参数作为真值或正确值是一个合理的选择，但反演本身的问题使这个选择无法作为一般方法来实施。

试验室的试验结果与现场试验结果不一致被认为是材料试验与路面结构之间缺少“相似性”[58, 59]，认为路面材料试验仅仅着眼于材料本身的性能，缺少对路面结构的考虑，试验结果不能很好地反映材料的路用性能，使得貌似科学合理的试验过程中隐含着许多难以察觉的深层次问题。但这种不相似到底是什么方面不够相似，隐含的深层次问题又是什么，如何解决？

(4) 在重复荷载作用下，路面损伤的发展规律依然不够明确。Monismith 认为，当沥青层厚度小于或等于 5 cm 时，符合应变控制的疲劳发展模式；当沥青层厚度大于 20 cm 时，符合应力控制的疲劳发展模式。即便这样，5～20 cm 的沥青层厚度又符合什么疲劳模式，而沥青层处于 5～20 cm 的路面结构恰恰是占大多数的。

(5) 在路面设计中，控制路面设计的疲劳指标和路面行为的演化过程，即路面性能之间没有明确的关系。采用桥渡原理，可以建立二者的关系，但并不是直接关系。

(6) 在整个道路使用寿命期间，对于路面行为演化过程的分析采用的是不精确的经验指标，如 PCI。而 PCI 是基于目测损坏的指标，在路面使用初期无法准确表达路面行为的变化。结构性能的演化和材料性能的演化尚未真正形成一个内在的相互作用模型。

目前，路面实践中遇到的问题大都可以追溯到上述理论问题，这些缺陷所造成的后果并不仅仅是理论上不够圆满，而是大大降低了设计方法的适用性和可靠性，人们实际上无法对路面进行有效的控制性设计。在轻交通的场合，路面结构和材料的强度储备较大，上述设计方法尚能提供较可靠的设计结果，但随着交通量和重车比例的增加，随着行车速度的提高，按照上述理论设计的路面已经出现越来越多的问题，设计体系的严密性、设计理论的科学性、设计指标的准确性、设计重点的针对性、设计过程的完整性以及设计结果的唯一性都面临着重大挑战。迎接这些挑战的根本途径是反思并改进乃至重构路面这种多层复合结构的力学基础。

可是，造成上述诸多问题的理论原因究竟是什么呢，如何改进或重构？Burmister 的弹性层状理论是路面结构分析的经典理论，其计算结果与有限元的计算结果一致，这证实了两种计算理论的正确性。所以要找出理论上的突破点，着实不知从何入手。经过多年实践，我们将上述多方面问题归纳为两类科学问题：一类是路面结构的静力学问题，包括正算和反算；另一类是路面行为的演化问题。路面结构的正算和反算问题包括：结构响应的计算、结构参数的反算和参数测定问题，即上述问题(1)、(2)和(3)。我们认为，参数并不是一个孤立的存在，而是一个理论系统内材料或结构性能的表征，离开了具体的力学体系，参数是不能独立存在的。我们对参数的困惑，实际上是：同是基于弹性理论模型计算的结果，为什么如此不同？是弹性理论的问题还是其他什么问题？所以，实际上参数问题反映的还是理论上的问题。这个问题的解决，是对既有力学的发展，能够将弹性层状理论上升为自洽的多层复合结构力学。路面行为的演化问题，即上述问题(4)、(5)和(6)，如何采用科学的方法准确反映结构、材料及其时变性能对路面性能的影响，我们称之为结构行为动力学问题，这可能是需要重新构建的新的力学模式。

本书针对上述两类科学问题，从笔者及所带领的团队过去 30 多年的研究中抽象出与上述问题有关的基础性内容，并补充新的研究进展，重构体系，汇总出版，以便于同行参考，也便于听取同行的指导意见。其中，第 2～4 章是关于第一类科学问题，之后各章聚焦于第二类科学问题。

**参考文献**


[1] FINN F N, KESHAVAN N, MONISMITH C L. Applications of theory in the design of asphalt pavements[C]//Proceedings of the 3rd International Conference on the Structural Design of Asphalt Pavements, Grosvenor House, Park Lane, London, England, 1972.

[2] MONISMITH C L. Analytical based asphalt pavement design and rehabilitation: theory to practice 1962-1992[J]. Transportation Research Record, 1992(1354):5-26.

[3] European Commission. AMADEUS: advanced models for analytical design of european pavement structures[R]. Belgium: European Commission, 2000.

[4] WHIFFIN A C, LISTER N W. The application of elastic theory to flexible pavements[C]//International Conference on the Structural Design of Asphalt Pavements, 1962.

[5] 吴明涛.各类卡车对道路路面的影响[J].广东公路交通，1998(1):48-52.

[6] SEBAALY P, TABATABAEE N, KULAKOWSKI B, et al. Instrumentation for flexible pavements: field performance of selected sensors. Volume 1: Final report[R]. Pennsylvania Transportation Inst., University Park, 1992.

[7] CHADBOURN B A, NEWCOMB D E, TIMM D H. Measured and theoretical comparisons of traffic loads and pavement response distributions[C]//Proceedings of the 8th International Conference on Asphalt Pavements, 1997.

[8] BAKER H B, BUTH R, VAN DEUSEN D A. Minnesota road research project: load response instrumentation installation and testing procedures[R]. Minneapolis: Minnesota Department of Transportation, 1994.

[9] MATEOS A, SNYDER M B. Validation of flexible pavement structural response models with data from the minnesota road research project [J]. Transportation Research Record Journal of the Transportation Research Board, 2002, 1806(1):19-29.

[10] SKOK E L, TIMM D H, BROWN M L, et al. Best practices for the design and construction of low volume roads[R]. Minnesota Department of Transportation, 2002.

[11] AL-QADI I L, LOULIZI A, ELSEIFI M A, et al. The Virginia smart road: the impact of pavement instrumentation on understanding pavement performance[J]. Asphalt Paving Technology: Association of Asphalt Paving Technologists-Proceedings of the Technical Sessions, 2004, 73:427-465.

[12] APPEA A K. Validation of FWD testing results at the virginia smart road: theoretically and by instrument responses[D]. Virginia: Virginia Polytechnic Institute and State University, 2003.

[13] TIMM D H, PRIEST A L, MCEWEN T V. Design and instrumentation of the structural pavement experiment at the NCAT test track[R]. NCAT, 2004.

[14] TIMM D H, PRIEST A L. Dynamic pavement response data collection and processing at the NCAT test track[R]. NCAT, 2004.

[15] 孙程光.美国 NCAT 环道试验的研究发现(2000—2010 年)[J].西南公路，2012(1):71-77.

[16] 查旭东，张起森.沥青路面结构室内直槽试验验证的研究[J].土木工程学报，2000,33(5):92-96.

[17] 杨永顺，王林，高雪池，等.山东永久性路面试验路介绍[C]//中国公路学会全国高速公路典型路面结构技术研讨会，2009.

[18] 杨永顺，王林，韦金城，等.重载作用下典型路面结构动态响应数据采集与分析[J].公路交通科技，

2010,27(5):11-16.
[19] 杨果岳,张家生,王晅,等.车辆速度与载重对路面结构影响的现场试验研究[J].岩土力学,2008,29(11):3099-3103.
[20] 董忠红,郑仲浪,吕彭民.车辆速度对沥青路面动力响应影响试验研究[J].郑州大学学报:工学版,2008,29(2):123-126.
[21] 董忠红,徐全亮,吕彭民.基于加速加载试验的半刚性基层沥青路面动力响应[J].中国公路学报,2011,24(2):1-5,11.
[22] 廖公云,路畅,黄晓明.沥青路面结构力学响应的分层检测与分析[J].东南大学学报:自然科学版,2010,40(5):1061-1065.
[23] 谭忆秋,王海朋,马韶军,等.沥青路面用光纤光栅温度传感器校准方法研究[J].建筑材料学报,2013,16(5):834-839.
[24] 肖川.典型沥青路面动力行为及其结构组合优化研究[D].成都:西南交通大学,2014.
[25] 张静,魏连雨,马士宾,等.动载作用下半刚性基层沥青路面动力响应现场测试及数值模拟[J].公路交通科技,2016,33(10):19-24.
[26] 韩文扬,祝丽,韦金城,等.基于车辆加载实验的沥青路面动力响应分析[J].科学技术与工程,2018,18(9):130-135.
[27] 张慧中,臧国帅,孙立军.半刚性基层沥青路面动态应变响应实测分析[J].交通科学与工程,2017,33(1):12-17.
[28] 张慧中.沥青路面在移动荷载作用下结构动态应变响应实测分析与寿命预测[D].上海:同济大学,2017.
[29] 交通运输部公路科学研究院.足尺路面试验环道 2016 年度报告[R].北京:交通运输部公路科学研究所,2016.
[30] YODER E J, WITCZAK M W. Principles of pavement design[M]. Second Edition. [S. l.]: [s. n.], 1975.
[31] VALKERING C P, STAPEL F D. The Shell pavement design method on a personal computer[C]// Proceedings of the 7th International Conference on Asphalt Pavements, Nottingham, United Kingdom, 1992.
[32] 朱照宏,许志鸿.柔性路面设计理论和方法[M].上海:同济大学出版社,1987.
[33] THEYSE H L, DE BEER M, RUST F C. Overview of south african mechanistic pavement design method[J]. Journal of the Transportation Research Board, 1996, 1539:6-17.
[34] DANIEL J, KIM Y. Relationships Among rate-dependent stiffnesses of asphalt concrete using laboratory and field test methods[J]. Journal of the Transportation Research Record, 1998,1630(1):3-9.
[35] ULLIDTZ P. Analytical tools for design of flexible pavements[C]//Proceedings of the 9th International Conference on Asphalt Pavements,2002.
[36] LOULIZI A, AL-QADI I L, ELSEIFI M A. Difference between in situ flexible pavement measured and calculated stresses and strains[J]. Journal of Transportation Engineering, 2006,132(7):574-579.
[37] 谢军.重载条件下沥青路面疲劳响应及设计方法研究[D].上海:同济大学,2006.
[38] 中交公路规划设计院有限公司.沥青路面设计指标和参数研究[R].北京:中交公路规划设计院有限公司,2007.
[39] 赵延庆,薛成,黄荣华.沥青混合料抗压回弹模量与动态模量比较分析[J].武汉理工大学学报,2007,

29(12):105-107,111.

[40] 姚连军,李丽.基于抗压回弹模量和动态模量的沥青路面设计参数研究[J].公路交通技术,2014(2):20-23.

[41] 白琦峰,钱振东,吴春颖.基于实测验证的沥青路面力学模型研究[J].公路交通科技,2011, 28(5):39-43.

[42] 庄传仪.基于加速加载响应的柔性基层沥青路面设计指标与参数研究[D].西安:长安大学,2012.

[43] 武金婷,叶奋.MLS66 重载-高频加载下沥青路面应变行为分析[J].中国公路学报,2014,27(10):9-16.

[44] CHADBOURN B A, NEWCOMB D E, TIMM D H. Measured and theoretical comparisons of traffic loads and pavement response distributions[C]//Proceedings of the 8th International Conference on Asphalt Pavements, 1997.

[45] HOUSTON W N, MAMLOUCK M S, PERERA R W S. Laboratory versus nondestructive testing for pavement design[J]. Journal of Transportation Engineering, 1992, 118(2):207-222.

[46] LOULIZI A, FLINTSCH G W, MCGHEE K. Determination of in-place hot-mix asphalt layer modulus for rehabilitation projects by a mechanistic-empirical procedure[J]. Transportation Research Record: Journal of the Transportation Research Board,2007, 2037(1):53-62.

[47] 张慧昕.沥青混合料室内外动态模量相关性研究[J].公路,2009(7):345-349.

[48] GEDAFA D S, HOSSAIN M, ROMANOSCHI S, et al. Field verification of superpave dynamic modulus[J]. Journal of Materials in Civil Engineering, 2010,22(5):485-494.

[49] 谢国栋.基于 FWD 的沥青路面反算模量修正系数研究[D].重庆:重庆交通大学,2011.

[50] BODIN D, CHUPIN O, DENNEMAN E. Viscoelastic asphalt pavement simulations and simplified elastic pavement models based on an "Equivalent Asphalt Modulus" concept[J]. Journal of Testing and Evaluation, 2017, 45(6):1887-1895.

[51] DENNEMAN E, BEECROFT A, BODIN D, et al. Improved design procedures for asphalt pavements: outcomes for year 2 of 3[R]. Sydney, Australia: Austroads, 2015.

[52] CHUPIN O, CHABOT A, BODIN D, et al. Determination of an equivalent elastic system to a multilayer viscoelastic structure: Application to the case of thick flexible pavement[C]//Proceedings of the 12th ISAP Conference on Asphalt Pavements,2014.

[53] NCHRP. Guide for Mechanistic-empirical design on new and rehabilitated pavement structures [R]. Washington D.C.: Transportation Research Board, 2004.

[54] CAREY W N. Pavement performance studies in the united states[R]. Final Report, FHWA/RD-86/078, Pavement Testing Conference, Washington D.C.: Federal Highway Administration, 1985.

[55] METCALF J B. Application of Full-Scale Accelerated Pavement Testing. Synthesis of Highway Practice[R]Transportation Research Board, Washington D.C. National Cooperative Highway Research Program, 1996.

[56] RAY G K. History and development of concrete pavement design[J]. Journal of Highway Division, 1964, 90(1):79-101.

[57] TENG T P. Performance of coarse-graded mixes at westrack-premature rutting[R]. Federal Highway Administration, 1998.

[58] 孙立军,等.沥青路面结构行为理论[M].上海:同济大学出版社,2005.

[59] 孙立军,等.沥青路面结构行为学[M].上海:同济大学出版社,2013.

# 2 路面力学响应与刚度协调原理

在传统的力学计算中，轮胎-路面作用力（简称轮地作用力）的分布形式被简化为圆形均布。研究表明[1,2]，轮地作用十分复杂，轮胎接地形状并不是圆形，且随着荷载增加而趋于矩形；轮地作用力并非均匀分布，胎面花纹与间隙之间、花纹块之间以及同一花纹内部各点，其压强大小都不相同。花纹形式的多样性决定了轮地作用力的非均布性和复杂性。这种非均布性随着车辆负荷的增减以及轮胎胎压的不同而变化，导致轮胎-路面接触面附近的应力分布非常复杂。

对于相同的车辆荷载和路面结构而言，由于轮载分布形式的不同，在路面结构内产生的力学响应，尤其是轮载作用点附近的力学响应，会有很大差别。因此，有必要模拟实际轮载的作用力大小及分布，对路面结构的力学响应进行较为全面的分析，以掌握多层路面结构的受力特点，发现并总结隐含于一般力学中的基本原理。

## 2.1 计算参数

### 2.1.1 路面结构及计算模型

下面两节分析中采用的路面结构及其参数如表 2-1、表 2-2 所列，其中路面结构 a 为半刚性基层沥青路面，路面结构 b 为碎砾石基层沥青路面，结构层模量等参数采用我国 1997 年版《公路沥青路面设计规范》（JTJ 014—1997）中的数值[3]。

**表 2-1　　计算用路面结构 a**

| 结构层 | 厚度/mm | 回弹模量/MPa | 泊松比 |
|---|---|---|---|
| 中粒式沥青混凝土 | 40 | 1 200 | 0.35 |
| 粗粒式沥青混凝土 | 60 | 1 000 | 0.35 |
| 沥青碎石 | 70 | 1 000 | 0.35 |
| 水泥稳定碎石 | 250 | 1 400 | 0.20 |
| 二灰土 | 270 | 800 | 0.20 |
| 土基 | — | 35 | 0.40 |

**表 2-2　　计算用路面结构 b**

| 结构层 | 厚度/mm | 回弹模量/MPa | 泊松比 |
|---|---|---|---|
| 中粒式沥青混凝土 | 40 | 1 200 | 0.35 |
| 粗粒式沥青混凝土 | 80 | 1 000 | 0.35 |

（续表）

| 结构层 | 厚度/mm | 回弹模量/MPa | 泊松比 |
|---|---|---|---|
| 级配碎石 | 550 | 300 | 0.35 |
| 天然砂砾 | 200 | 200 | 0.35 |
| 土基 | — | 35 | 0.40 |

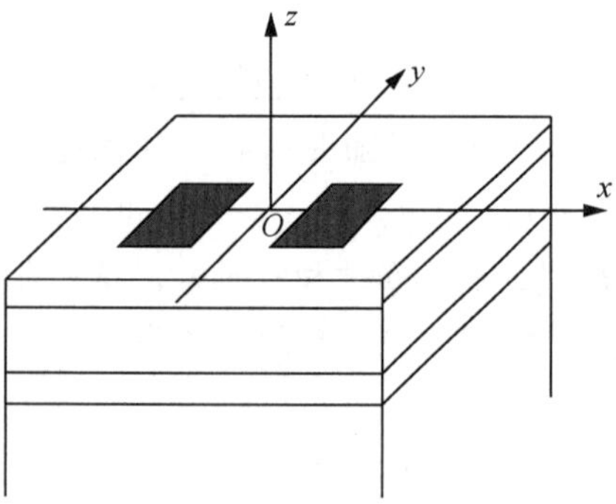


图 2-1　有限元模型

对于这两组路面结构，根据实测的轮胎接地压力试验数据[1, 2]，进行路面结构的三维有限元分析，计算模型如图 2-1 所示。依据垂直应力及接地面积的大小，$x$ 轴、$y$ 轴方向的分析范围各为 2.5 m，$z$ 轴方向的深度根据路面结构及车型的不同，需依据理论弯沉值的大小进行调整。计算采用 8 结点等参单元。边界条件假设为：底面上没有 $z$ 方向位移；左右两面没有 $x$ 方向位移；前后两侧没有 $y$ 方向位移。层间接触条件除了特别注明的以外，沥青混合料层与基层分为完全连续和完全光滑两种状况（其余各层层间完全连续）。需要说明的是，在同样的力学计算参数情况下，边界约束条件的不同、模型计算尺寸的不同对计算结果都会有影响。力学分析的主要目的是了解各种实测荷载对沥青路面结构的影响，因此各种计算工况都采用同样的计算尺寸和边界约束条件。

当利用多层弹性体系计算路面的理论弯沉时（图 2-2），不管哪种工况，均按圆形均布荷载进行加载。按实测结果，圆形均布荷载当量圆半径 $R$ 由有效接地面积推算[$R=$（有效接地面积 /$\pi$)$^{1/2}$]，均布荷载 $P$ 按相应工况的平均接地压力取值。对于轻型货车，双轮间距 $S$=220 mm；对于重型货车，双轮间距 $S$=346 mm。荷载净间距 $2r$ 根据不同工况，由式 $2r = S - 2R$ 计算。

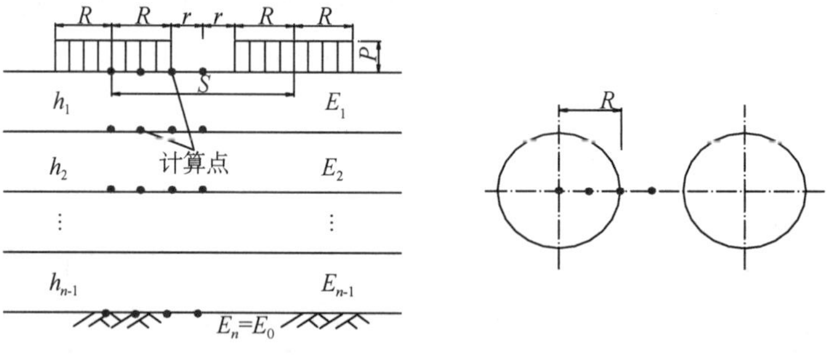


图 2-2　多层弹性体系计算模型

### 2.1.2　轮地接触形状及压力的简化

1. 6.5-16 型走向花纹轮胎

胡小弟[1]对轮胎-路面接触面形状和压应力分布进行了实测。实测轮胎接地面的形状较为复杂，为了方便有限元计算模型的建立，需进行简化[1, 2]。简化后的 6.5-16 型走向花纹轮胎的形状如图 2-3 所示，其中左图为轮胎实际接地印痕，右图为简化后的计算模型，阴影部分为有接触压力的部位。轮胎接触地面的每个花纹条被简化为矩形，花纹间隙也为矩形。由于负荷的不同，因此图 2-3 中的参数值也不一样。其中，$L_1$，$L_2$，$L_3$ 分别表示最外缘花纹、第二花纹和中间花纹的接地长度(沿行车方向)；$B_1$，$B_2$，$B_3$ 分别表示最外缘花纹、第二花纹和中间花纹的接地宽度；$S_1$，$S_2$ 分别表示最外缘花纹与第二花纹之间、第二花纹与中间花纹之间的间隙宽度。对不同的工况，接地宽度 $B$ 按实际花纹平均宽度计，接地长度 $L$ 则按该花纹条实际接地面积除以相应的接地宽度计算。由于测量中花纹间隙 $S$ 值变化微小，故将各种工况下的 $S_1$ 和 $S_2$ 值均视为定值。在进行有限元加载时，简化后的各花纹条接地面积又被分成若干矩形块(每个矩形块的长度，除最后一个 $X_i$ 外，均为 15 mm)。每个矩形块内的接地压强，即图 2-3 中的 $P_{ij}$，按均匀荷载进行计算，而各小块的平均接地压强不一定相等。由于测量时只取接地面内 1/4 的范围，故进行计算时将接地面以及所施加的荷载按与过中心点的 $x$ 轴和 $y$ 轴呈对称分布。

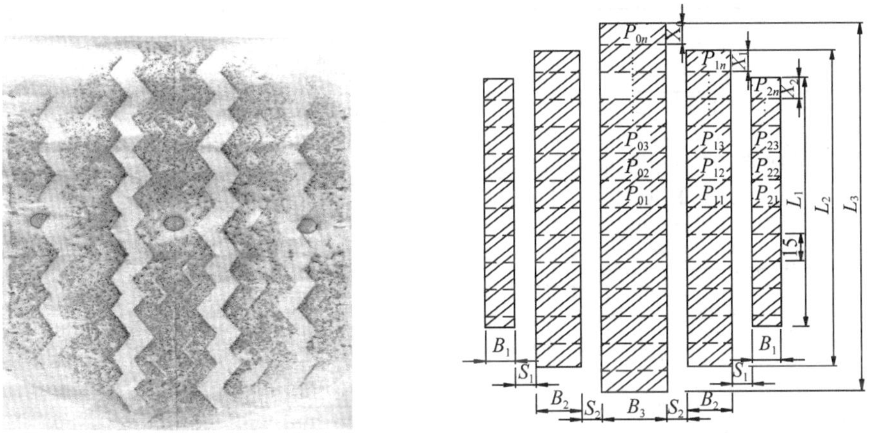


(a) 轮胎实际接地印痕(走向)　　(b) 简化后的计算模型

**图 2-3　计算采用的 6.5-16 型走向花纹轮胎接地面简化图示**

将所选取的计算工况以及各种工况相应的荷载接地面参数值列于表 2-3。将各种工况下各小块内的平均接地压强 $P_{ij}$ 列于表 2-4。

**表 2-3　6.5-16 型走向花纹所选取的计算工况以及相应的荷载接地面参数**

| 轮胎 | 工况(胎压 kPa/负荷 kg) | 参数 | | | | | | | | | | |
|---|---|---|---|---|---|---|---|---|---|---|---|---|
| | | $L_1$/mm | $L_2$/mm | $L_3$/mm | $B_1$/mm | $B_2$/mm | $B_3$/mm | $X_0$/mm | $X_1$/mm | $X_2$/mm | $S_1$/mm | $S_2$/mm |
| 旧轮胎 | 250 kPa/715 kg | 72.4 | 75.6 | 90.2 | 17.0 | 21.0 | 25.0 | 12.4 | 15.6 | 15.2 | 7.0 | 7.0 |
| | 250 kPa/1 073 kg | 97.2 | 98.4 | 113.6 | 17.0 | 21.0 | 25.0 | 7.2 | 8.4 | 8.6 | | |
| | 390 kPa/715 kg | 58.2 | 72.6 | 81.9 | 17.0 | 21.0 | 25.0 | 13.2 | 12.6 | 6.9 | | |
| | 390 kPa/1 073 kg | 79.3 | 81.3 | 95.9 | 17.0 | 21.0 | 25.0 | 19.3 | 21.3 | 15.9 | | |
| | 390 kPa/1 788 kg | 116.6 | 119.4 | 126.8 | 17.0 | 21.0 | 25.0 | 11.6 | 14.4 | 6.8 | | |
| | 530 kPa/715 kg | 51.1 | 74.1 | 80.2 | 17.0 | 21.0 | 25.0 | 21.1 | 23.0 | 6.1 | | |
| | 530 kPa/1 788 kg | 97.8 | 109.1 | 113.6 | 17.0 | 21.0 | 25.0 | 12.8 | 11.3 | 16.8 | | |

（续表）

| 轮胎 | 工况(胎压 kPa/负荷 kg) | 参数 | | | | | | | | | | |
|---|---|---|---|---|---|---|---|---|---|---|---|---|
| | | $L_1$/mm | $L_2$/mm | $L_3$/mm | $B_1$/mm | $B_2$/mm | $B_3$/mm | $X_0$/mm | $X_1$/mm | $X_2$/mm | $S_1$/mm | $S_2$/mm |
| 新轮胎 | 250 kPa/715 kg | 79.6 | 86.7 | 102.2 | 14.5 | 21.0 | 25.0 | 19.6 | 7.1 | 15.5 | 7.0 | 9.0 |
| | 250 kPa/1 073 kg | 109.3 | 111.7 | 121.7 | 14.5 | 21.0 | 25.0 | 19.3 | 21.7 | 10.7 | | |
| | 390 kPa/715 kg | 54.9 | 73.6 | 92.6 | 14.5 | 21.0 | 25.0 | 9.9 | 18.7 | 19.0 | | |
| | 390 kPa/1 788 kg | 125.1 | 126.0 | 137.0 | 14.5 | 21.0 | 25.0 | 20.1 | 21.0 | 11.0 | | |
| | 700 kPa/715 kg | 13.2 | 62.2 | 83.3 | 14.5 | 21.0 | 25.0 | 13.2 | 17.2 | 21.1 | | |
| | 700 kPa/1 788 kg | 87.4 | 104.2 | 117.7 | 14.5 | 21.0 | 25.0 | 12.4 | 16.8 | 13.5 | | |

**表 2-4　不同工况下各小块接地面的接地压强 $P_{ij}$**　单位:MPa

| 轮胎 | 接地压强 | 工况(胎压 kPa/负荷 kg) | | | | | | |
|---|---|---|---|---|---|---|---|---|
| | | 250 kPa/715 kg | 250 kPa/1 073 kg | 390 kPa/715 kg | 390 kPa/1 073 kg | 390 kPa/1 788 kg | 530 kPa/715 kg | 530 kPa/1 788 kg |
| 旧轮胎 | $P_{01}$ | 0.392 | 0.385 | 0.710 | 0.568 | 0.598 | 0.823 | 0.688 |
| | $P_{02}$ | 0.354 | 0.336 | 0.663 | 0.543 | 0.551 | 0.765 | 0.690 |
| | $P_{03}$ | 0.317 | 0.292 | 0.618 | 0.521 | 0.493 | 0.664 | 0.671 |
| | $P_{04}$ | 0.280 | 0.252 | 0.577 | 0.504 | 0.424 | 0.387 | 0.632 |
| | $P_{05}$ | 0.233 | 0.239 | 0.253 | 0.458 | 0.404 | 0.253 | 0.550 |
| | $P_{06}$ | 0.144 | 0.245 | 0.253 | 0.208 | 0.421 | — | 0.495 |
| | $P_{07}$ | — | 0.193 | — | — | 0.398 | — | 0.230 |
| | $P_{08}$ | — | — | — | — | 0.336 | — | — |
| | $P_{09}$ | | | | | 0.083 | — | — |
| | $P_{11}$ | 0.392 | 0.491 | 0.419 | 0.665 | 0.643 | 0.826 | 0.885 |
| | $P_{12}$ | 0.378 | 0.542 | 0.461 | 0.692 | 0.630 | 0.795 | 0.865 |
| | $P_{13}$ | 0.524 | 0.344 | 0.446 | 0.695 | 0.574 | 0.487 | 0.724 |
| | $P_{14}$ | 0.283 | 0.234 | 0.222 | 0.515 | 0.392 | 0.114 | 0.666 |
| | $P_{15}$ | 0.170 | 0.242 | 0.108 | 0.387 | 0.472 | — | 0.573 |
| | $P_{16}$ | — | 0.266 | — | — | 0.425 | — | 0.487 |
| | $P_{17}$ | — | 0.134 | — | — | 0.329 | — | 0.194 |
| | $P_{18}$ | — | — | — | — | 0.090 | — | — |
| | $P_{21}$ | 1.005 | 1.175 | 1.080 | 1.232 | 1.541 | 0.587 | 1.958 |
| | $P_{22}$ | 0.947 | 1.221 | 0.994 | 1.155 | 1.885 | 0.638 | 1.583 |
| | $P_{23}$ | 0.755 | 1.245 | 0.611 | 0.989 | 1.821 | 0.252 | 1.789 |
| | $P_{24}$ | 0.623 | 1.118 | 0.160 | 0.706 | 1.648 | — | 1.553 |

（续表）

| 轮胎 | 接地压强 | 工况（胎压 kPa/负荷 kg） | | | | | | |
|---|---|---|---|---|---|---|---|---|
| | | 250 kPa/715 kg | 250 kPa/1 073 kg | 390 kPa/715 kg | 390 kPa/1 073 kg | 390 kPa/1 788 kg | 530 kPa/715 kg | 530 kPa/1 788 kg |
| 旧轮胎 | $P_{25}$ | 0.298 | 0.809 | — | 0.315 | 1.347 | — | 1.169 |
| | $P_{26}$ | — | 0.674 | — | — | 1.177 | — | 0.454 |
| | $P_{27}$ | — | 0.169 | | — | 0.867 | — | — |
| | $P_{28}$ | — | — | — | — | 0.211 | — | — |
| | 接地压强 | 250 kPa/715 kg | 250 kPa/1 073 kg | 390 kPa/715 kg | | 390 kPa/1 788 kg | 700 kPa/715 kg | 700 kPa/1 788 kg |
| 新轮胎 | $P_{01}$ | 0.544 | 0.526 | 0.746 | | 0.740 | 1.313 | 1.172 |
| | $P_{02}$ | 0.522 | 0.516 | 0.736 | | 0.742 | 1.195 | 1.199 |
| | $P_{03}$ | 0.484 | 0.483 | 0.706 | | 0.721 | 1.096 | 1.178 |
| | $P_{04}$ | 0.429 | 0.427 | 0.656 | | 0.678 | 0.993 | 1.111 |
| | $P_{05}$ | 0.423 | 0.414 | 0.610 | | 0.638 | 0.473 | 1.060 |
| | $P_{06}$ | 0.310 | 0.393 | 0.388 | | 0.614 | — | 0.968 |
| | $P_{07}$ | 0.304 | 0.360 | — | | 0.588 | — | 0.794 |
| | $P_{08}$ | — | 0.353 | — | | 0.497 | — | 0.332 |
| | $P_{09}$ | — | — | — | | 0.387 | — | — |
| | $P_{11}$ | 0.356 | 0.357 | 0.533 | | 0.547 | 0.712 | 0.920 |
| | $P_{12}$ | 0.395 | 0.389 | 0.432 | | 0.617 | 0.727 | 1.009 |
| | $P_{13}$ | 0.358 | 0.350 | 0.473 | | 0.570 | 0.563 | 0.945 |
| | $P_{14}$ | 0.359 | 0.373 | 0.430 | | 0.535 | 0.285 | 0.875 |
| | $P_{15}$ | 0.285 | 0.332 | 0.309 | | 0.591 | — | 0.865 |
| | $P_{16}$ | 0.356 | 0.276 | — | | 0.503 | — | 0.607 |
| | $P_{17}$ | — | 0.323 | — | | 0.521 | — | 0.291 |
| | $P_{18}$ | — | — | — | | 0.442 | — | — |
| | $P_{21}$ | 0.769 | 1.069 | 0.619 | | 1.253 | 0.218 | 1.482 |
| | $P_{22}$ | 0.633 | 0.857 | 0.509 | | 1.512 | — | 1.145 |
| | $P_{23}$ | 0.612 | 0.814 | 0.437 | | 1.242 | — | 1.073 |
| | $P_{24}$ | 0.670 | 0.978 | 0.396 | | 1.174 | — | 1.210 |
| | $P_{25}$ | 0.340 | 0.801 | — | | 1.338 | — | 0.804 |
| | $P_{26}$ | — | 0.607 | — | | 0.976 | — | 0.376 |
| | $P_{27}$ | — | 0.381 | — | | 0.829 | — | — |
| | $P_{28}$ | | | — | | 0.591 | — | — |

无论何种工况，均保持轮胎接地面的有效接地面积及接地面内的负载总和与实测的有效接地面积及所施加的荷载相等。

2. 6.5-16 型横向花纹轮胎

6.5-16 型横向花纹轮胎简化后的基本图如图 2-4 所示。轮胎接地面的中间花纹条和两边花纹块被简化为矩形，花纹间隙被简化为均匀、规则的间隙。对于不同工况，由于负荷不同，图 2-4 中简化图示的各参数值也不一样。其中，$L_1$，$L_2$，$L_3$ 分别表示各横向花纹块的接地长度(沿行车方向)；$B_1$，$B_2$，$B_3$ 分别表示中间花纹条以及各花纹块的接地宽度；$S_1$，$S_2$，$S_3$ 分别表示各花纹块之间的间隙宽度。由于轻型货车横向花纹轮胎数量很少，而有限元建模又比较复杂，故这里只选取 250 kPa/715 kg 和 390 kPa/1 788 kg 两种工况进行计算，并将计算结果与对应工况的走向花纹进行对比。需要说明的是，对于 390 kPa/1 788 kg 工况而言，整个轮胎接地长度会在图 2-4 的基础上有所增加，也就是说，着地花纹块增多，有 $L_4$，$S_3$ 的出现，图 2-4 中没有示意，但会出现在后面的计算参数列表中，这时图 2-4 所示的接地面简化图会有所变化。

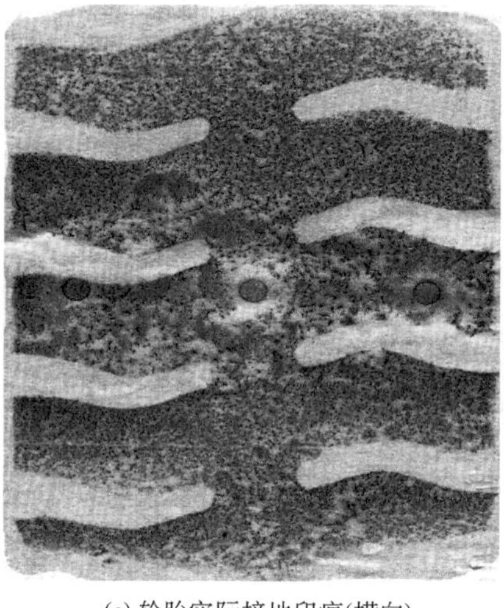

(a) 轮胎实际接地印痕(横向)

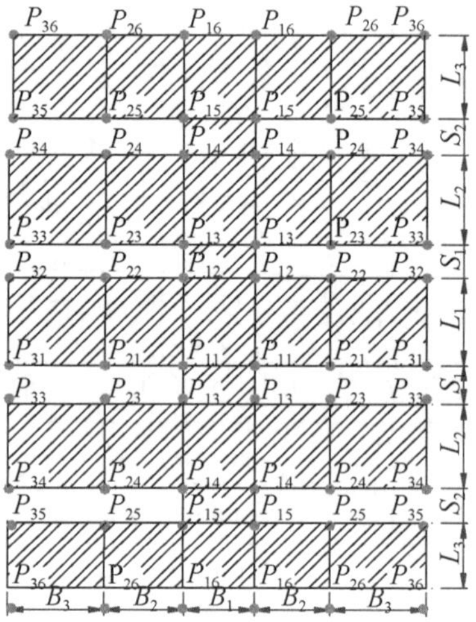


(b) 简化后的计算模型

**图 2-4　计算采用的 6.5-16 型横向花纹轮胎接地面简化图示**

对于不同的工况，各轮胎接地面参数均会发生一定的变化。本节分析时根据实测的接地面大小进行了调整，调整后的参数值列于表 2-5。

**表 2-5　6.5-16 型横向花纹轮胎的计算工况以及相应的荷载接地面参数**

| 工况<br>(胎压 kPa/负荷 kg) | 参数 | | | | | | | | | |
|---|---|---|---|---|---|---|---|---|---|---|
| | $L_1$/mm | $L_2$/mm | $L_3$/mm | $L_4$/mm | $B_1$/mm | $B_2$/mm | $B_3$/mm | $S_1$/mm | $S_2$/mm | $S_3$/mm |
| 250 kPa/715 kg | 27.4 | 26.9 | 15.4 | — | 22.0 | 25.0 | 30.0 | 12.0 | 12.0 | — |
| 390 kPa/1 788 kg | 30.8 | 28.9 | 26.5 | 15.2 | 23.4 | 24.0 | 34.0 | 12.0 | 12.0 | 12.0 |

此处，每个矩形块内的接地压强不再是均匀分布（图 2-4 中的 $P_{ij}$ 值代表的是各矩形块顶点的单点值）。将不同工况下各矩形块顶点的接地压强 $P_{ij}$ 列于表 2-6。

**表 2-6　不同工况下各矩形块顶点的接地压强 $P_{ij}$**　单位：MPa

| 接地压强 | 工况（胎压 kPa/负荷 kg） | | 接地压强 | 工况（胎压 kPa/负荷 kg） | | 接地压强 | 工况（胎压 kPa/负荷 kg） | |
|---|---|---|---|---|---|---|---|---|
| | 250 kPa/715 kg | 390 kPa/1 788 kg | | 250 kPa/715 kg | 390 kPa/1 788 kg | | 250 kPa/715 kg | 390 kPa/1 788 kg |
| $P_{11}$ | 0.391 | 0.543 | $P_{21}$ | 0.586 | 0.873 | $P_{31}$ | 1.334 | 1.918 |
| $P_{12}$ | 0.391 | 0.543 | $P_{22}$ | 0.433 | 0.538 | $P_{32}$ | 0.951 | 1.572 |
| $P_{13}$ | 0.409 | 0.469 | $P_{23}$ | 0.496 | 0.731 | $P_{33}$ | 1.204 | 1.852 |
| $P_{14}$ | 0.249 | 0.338 | $P_{24}$ | 0.332 | 0.574 | $P_{34}$ | 0.445 | 1.386 |
| $P_{15}$ | 0.317 | 0.311 | $P_{25}$ | 0.443 | 0.791 | $P_{35}$ | 0.376 | 1.903 |
| $P_{16}$ | 0.273 | 0.374 | $P_{26}$ | 0.209 | 0.300 | $P_{36}$ | 0.096 | 0.941 |
| $P_{17}$ | — | 0.342 | $P_{27}$ | — | 0.624 | $P_{37}$ | — | 0.326 |
| $P_{18}$ | — | 0.362 | $P_{28}$ | — | 0.364 | $P_{38}$ | — | 0.438 |

3. 11.00-20 型走向花纹轮胎

11.00-20 型走向花纹轮胎简化后的图示与 6.5-16 型走向花纹轮胎的图示类似，但所划分的小矩形块尺寸不同，如图 2-5 所示。图中每个矩形块内的接地压强 $P_{ij}$ 同样按均匀荷载考虑。

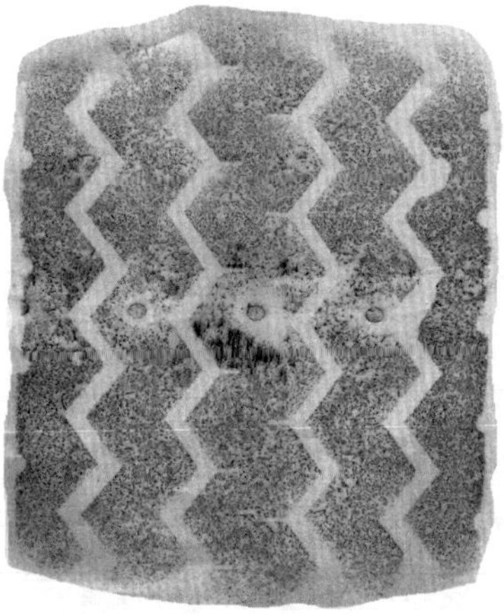

(a) 轮胎实际接地印痕(走向)

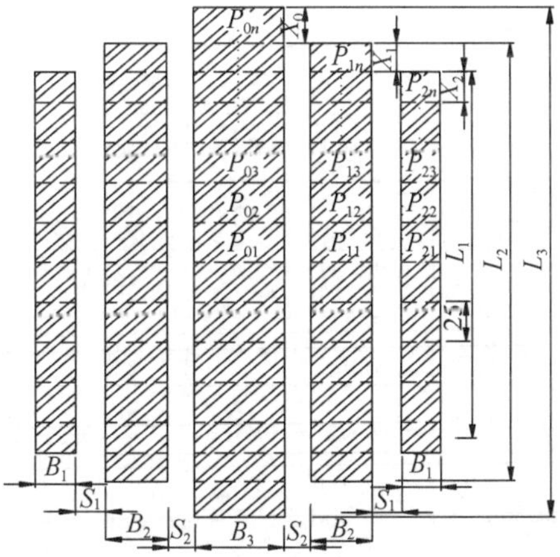


(b) 简化后的计算模型

**图 2-5　计算采用的 11.00-20 型走向花纹轮胎接地面简化图示**

将所选取的计算工况以及各种工况相应的荷载接地面参数值列于表 2-7，各小块内的平均接地压强 $P_{ij}$ 列于表 2-8。

表 2-7　　11.00-20 型走向花纹轮胎的计算工况以及相应的荷载接地面参数

| 工况<br>(胎压 kPa/负荷 kg) | 参数 | | | | | | | | | | |
|---|---|---|---|---|---|---|---|---|---|---|---|
| | $L_1$/<br>mm | $L_2$/<br>mm | $L_3$/<br>mm | $B_1$/<br>mm | $B_2$/<br>mm | $B_3$/<br>mm | $X_0$/<br>mm | $X_1$/<br>mm | $X_2$/<br>mm | $S_1$/<br>mm | $S_2$/<br>mm |
| 460 kPa/2 500 kg | 219.0 | 241.2 | 261.6 | 24.0 | 32.5 | 44.0 | 9.5 | 11.1 | 10.2 | 10.0 | 8.0 |
| 460 kPa/3 750 kg | 308.0 | 313.2 | 321.6 | 24.5 | 32.5 | 44.0 | 19.0 | 21.6 | 35.8 | | |
| 600 kPa/2 500 kg | 217.0 | 240.6 | 249.0 | 21.8 | 31.7 | 44.0 | 8.5 | 11.8 | 16.0 | | |
| 600 kPa/3 750 kg | 274.0 | 291.4 | 296.8 | 24.3 | 32.0 | 44.0 | 12.0 | 8.7 | 11.4 | | |
| 810 kPa/1 900 kg | 135.0 | 191.4 | 212.0 | 19.6 | 32.0 | 44.0 | 17.5 | 28.2 | 10.3 | | |
| 810 kPa/2 500 kg | 176.0 | 222.4 | 235.8 | 20.5 | 32.0 | 44.0 | 13.0 | 11.2 | 17.9 | | |
| 810 kPa/5 000 kg | 305.0 | 313.0 | 321.0 | 24.7 | 32.8 | 44.4 | 27.5 | 31.5 | 35.5 | | |
| 1 050 kPa/1 900 kg | 122.0 | 176.6 | 201.0 | 15.3 | 32.0 | 44.0 | 11.0 | 27.3 | 12.2 | | |
| 1 050 kPa/2 500 kg | 142.0 | 204.4 | 226.0 | 20.5 | 32.5 | 44.0 | 21.0 | 31.2 | 10.8 | | |
| 1 050 kPa/6 250 kg | 298.6 | 320.4 | 330.0 | 26.0 | 33.0 | 44.5 | 24.3 | 10.9 | 14.7 | | |

表 2-8　　不同工况下各小块接地面的接地压强 $P_{ij}$　　单位：MPa

| 接地压强 | 工况(胎压 kPa/负荷 kg) | | | | | | | | | |
|---|---|---|---|---|---|---|---|---|---|---|
| | 460 kPa/<br>2 500 kg | 460 kPa/<br>3 750 kg | 600 kPa/<br>2 500 kg | 600 kPa/<br>3 750 kg | 810 kPa/<br>1 900 kg | 810 kPa/<br>2 500 kg | 810 kPa/<br>5 000 kg | 1 050 kPa/<br>1 900 kg | 1 050 kPa/<br>2 500 kg | 1 050 kPa/<br>6 250 kg |
| $P_{01}$ | 0.617 | 0.588 | 0.720 | 0.702 | 0.963 | 1.010 | 0.870 | 1.344 | 1.376 | 1.228 |
| $P_{02}$ | 0.547 | 0.510 | 0.700 | 0.671 | 0.943 | 0.967 | 0.869 | 1.217 | 1.240 | 1.190 |
| $P_{03}$ | 0.559 | 0.524 | 0.677 | 0.640 | 0.864 | 0.922 | 0.847 | 1.061 | 1.138 | 1.131 |
| $P_{04}$ | 0.492 | 0.484 | 0.603 | 0.619 | 0.596 | 0.735 | 0.830 | 0.819 | 0.683 | 1.089 |
| $P_{05}$ | 0.359 | 0.509 | 0.438 | 0.587 | 0.149 | 0.438 | 0.754 | 0.197 | 0.094 | 0.995 |
| $P_{06}$ | 0.359 | 0.270 | 0.233 | 0.409 | — | 0.438 | 0.356 | — | — | 0.716 |
| $P_{07}$ | 0.204 | — | — | 0.148 | — | — | — | — | — | 0.224 |
| $P_{11}$ | 0.750 | 0.715 | 0.850 | 0.934 | 0.958 | 0.991 | 1.058 | 1.138 | 1.253 | 1.359 |
| $P_{12}$ | 0.675 | 0.736 | 0.893 | 0.897 | 0.938 | 1.036 | 1.116 | 1.025 | 1.107 | 1.320 |
| $P_{13}$ | 0.630 | 0.683 | 0.843 | 0.879 | 0.731 | 0.906 | 1.090 | 0.615 | 0.939 | 1.325 |
| $P_{14}$ | 0.532 | 0.623 | 0.674 | 0.804 | 0.362 | 0.509 | 1.023 | 0.384 | 0.424 | 1.282 |
| $P_{15}$ | 0.355 | 0.632 | 0.380 | 0.642 | — | 0.307 | 0.886 | — | — | 1.136 |
| $P_{16}$ | 0.280 | 0.321 | 0.132 | 0.373 | — | — | 0.419 | — | — | 0.648 |
| $P_{17}$ | — | — | — | 0.115 | — | — | — | — | — | 0.160 |

（续表）

| 接地压强 | 工况(胎压 kPa/负荷 kg) | | | | | | | | | |
|---|---|---|---|---|---|---|---|---|---|---|
| | 460 kPa/2 500 kg | 460 kPa/3 750 kg | 600 kPa/2 500 kg | 600 kPa/3 750 kg | 810 kPa/1 900 kg | 810 kPa/2 500 kg | 810 kPa/5 000 kg | 1 050 kPa/1 900 kg | 1 050 kPa/2 500 kg | 1 050 kPa/6 250 kg |
| $P_{21}$ | 1.009 | 1.328 | 1.110 | 1.335 | 0.771 | 0.944 | 1.948 | 0.397 | 0.684 | 1.981 |
| $P_{22}$ | 1.127 | 1.648 | 1.014 | 1.517 | 0.499 | 0.923 | 1.798 | 0.212 | 0.635 | 2.221 |
| $P_{23}$ | 1.091 | 1.444 | 0.921 | 1.448 | 0.265 | 0.651 | 1.627 | 0.150 | 0.303 | 1.796 |
| $P_{24}$ | 0.756 | 1.436 | 0.335 | 1.221 | — | 0.304 | 1.428 | — | — | 1.735 |
| $P_{25}$ | 0.371 | 1.146 | 0.113 | 0.882 | — | — | 1.261 | — | — | 1.086 |
| $P_{26}$ | — | 0.562 | — | 0.240 | — | — | 0.446 | — | — | 0.662 |

4. 11.00-20 型横向花纹轮胎

重型货车大部分使用 11.00-20 型横向花纹轮胎，在实际测量轮胎接地压强时，所测量的范围为整个接地面的 1/2。为了准确了解这种类型的荷载对路面的影响，在实际建模时，基本按照轮胎的实际接地尺寸来进行，但仍需要基本的简化，如图 2-6 所示。

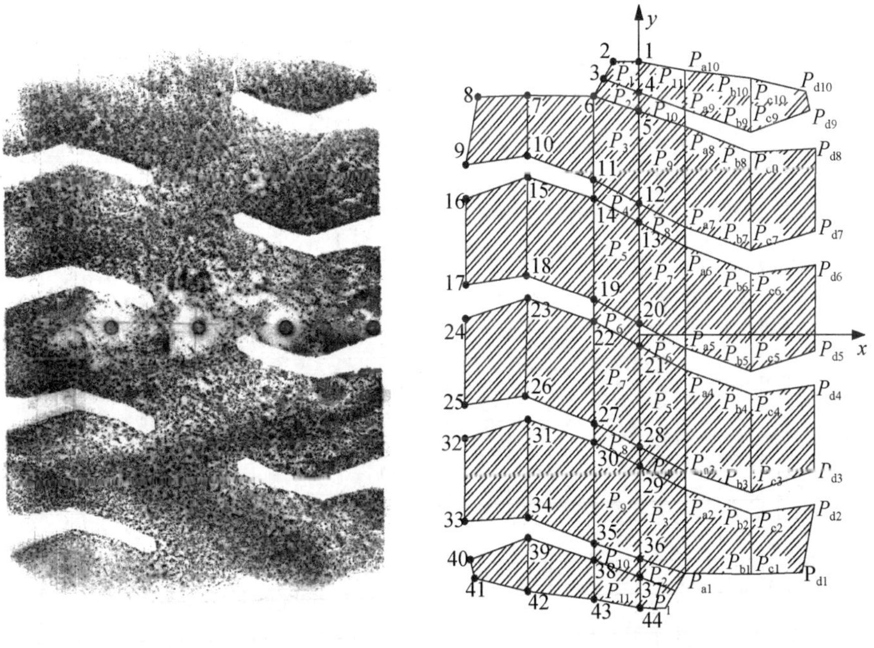


(a) 轮胎实际接地印痕(横向)　　(b) 简化后的计算模型

**图 2-6　计算采用的 11.00-20 型横向花纹轮胎接地面简化图示**

需要注意的是，对于不同的工况，接地面的尺寸大小会有所变化，也就是说各建模控制点的坐标位置及编号数量会有所增减，图 2-6 中仅示意了一种工况的控制点编号情形，其余各工况的控制点编号见表 2-9，点位编号的变化规律如图 2-6 所示。

表 2-9　　11.00-20 型横向花纹轮胎的计算工况及荷载接地面控制点坐标

| 控制点编号 | 460 kPa/3 750 kg | | 600 kPa/2 500 kg | | 600 kPa/3 750 kg | | 810 kPa/2 500 kg | | 810 kPa/5 000 kg | | 1 050 kPa/1 900 kg | | 1 050 kPa/2 500 kg | | 1 050 kPa/6 250 kg | |
|---|---|---|---|---|---|---|---|---|---|---|---|---|---|---|---|---|
| | $X$/mm | $Y$/mm | $X$/mm | $Y$/mm | $X$/mm | $Y$/mm | $X$/mm | $Y$/mm | $X$/mm | $Y$/mm | $X$/mm | $Y$/mm | $X$/mm | $Y$/mm | $X$/mm | $Y$/mm |
| 1 | 0 | 157.3931 | 0 | 113.1982 | 0 | 146.572 | 0 | 109.7361 | 0 | 152.5463 | 0 | 95.4545 | 0 | 102.4192 | 0 | 156.8298 |
| 2 | −29.3433 | 160.3578 | −27.8589 | 112.3388 | −14.1144 | 149.1717 | −28.8074 | 108.1712 | −16.3339 | 152.559 | −18.5773 | 94.699 | −28.728 | 102.4955 | −21.7932 | 156.8298 |
| 3 | −28.9569 | 145.4333 | −69.8808 | 108.3785 | −22.3508 | 137.1907 | −62.8362 | 106.8147 | −22.5222 | 142.9202 | −23.8285 | 84.7602 | −28.7763 | 84.2984 | −25.4343 | 146.5502 |
| 4 | 0 | 136.2253 | −85.0251 | 107.4755 | 0 | 133.1916 | −68.2802 | 95.8755 | 0 | 135.437 | 0 | 73.848 | 0 | 75.947 | 0 | 135.5603 |
| 5 | 0 | 125.6258 | −88.7084 | 95.8034 | 0 | 122.5927 | −28.8479 | 85.4428 | 0 | 124.892 | 0 | 62.7175 | 0 | 63.4161 | 0 | 124.8184 |
| 6 | −28.6769 | 134.6173 | −69.9642 | 92.8656 | −28.9798 | 127.5478 | 0 | 73.2902 | −28.7105 | 133.2815 | −29.0796 | 74.8213 | −28.8169 | 68.9875 | −29.0718 | 136.2693 |
| 7 | −70.9315 | 137.1353 | −28.0445 | 77.8177 | −71.0267 | 128.3498 | 0 | 62.4711 | −70.6907 | 133.7636 | −78.0618 | 58.0447 | −70.788 | 79.9467 | −71.0737 | 139.7897 |
| 8 | −111.105 | 132.4277 | 0 | 72.9472 | −98.2161 | 127.9847 | −28.8672 | 74.5768 | −102.301 | 132.9904 | −89.9683 | 49.4822 | −100.906 | 63.5034 | −99.4375 | 135.2181 |
| 9 | −110.009 | 89.4445 | 0 | 62.4976 | −110.37 | 93.18 | −70.9297 | 78.7384 | −110.113 | 94.9464 | −89.3051 | 32.7399 | −101.488 | 24.9838 | −109.959 | 98.701 |
| 10 | −70.9517 | 96.5719 | −28.1007 | 67.3735 | −71.0202 | 97.1868 | −99.4289 | 63.1296 | −70.783 | 99.9615 | −78.0354 | 33.2058 | −70.9328 | 25.415 | −71.0551 | 104.4323 |
| 11 | −28.7515 | 83.6099 | −70.0543 | 76.1046 | −29.0174 | 83.7676 | −103.953 | 29.5882 | −29.0672 | 86.5481 | −29.3282 | 19.1637 | −28.972 | 10.5992 | −29.2264 | 91.0422 |
| 12 | 0 | 72.4924 | −104.807 | 64.4189 | 0 | 72.4565 | −70.9427 | 32.2169 | 0 | 73.3224 | 0 | 5.6844 | 0 | 4.8697 | 0 | 73.5588 |
| 13 | 0 | 61.8837 | −106.43 | 21.1824 | 0 | 62.593 | −29.3694 | 18.9439 | 0 | 62.6862 | 0 | −5.6844 | 0 | −4.8697 | 0 | 63.3955 |
| 14 | −28.767 | 72.9999 | −70.3287 | 25.0763 | −29.0184 | 73.5724 | 0 | 6.0161 | −28.8349 | 76.0261 | −29.0082 | 7.6479 | −28.9978 | 0.8649 | −29.0426 | 80.7671 |
| 15 | −70.9583 | 83.4573 | −28.4033 | 11.0786 | −71.0174 | 83.6726 | 0 | −5.8536 | −70.8086 | 88.1789 | −78.0693 | 16.3839 | −70.9667 | 12.6342 | −71.0491 | 93.1618 |
| 16 | −109.441 | 72.2826 | 0 | 5.5694 | −109.283 | 72.8561 | −28.6402 | 6.9116 | −109.954 | 76.0745 | −94.3102 | −0.4685 | −105.777 | 0.1285 | −110.287 | 80.1957 |
| 17 | −109.812 | 24.2237 | 0 | −5.5677 | −108.872 | 24.8384 | −70.9653 | 19.5523 | −110.121 | 28.142 | −92.0198 | −29.388 | −102.583 | −41.156 | −110.49 | 30.8307 |
| 18 | −70.9844 | 31.1916 | −27.8697 | −0.174 | −71.0064 | 30.6723 | −105.932 | 6.0673 | −71.7243 | 33.2844 | −77.9639 | −33.9618 | −71.1144 | −42.9929 | −71.0194 | 36.73 |
| 19 | −28.8468 | 18.4235 | −70.3979 | 12.2054 | −29.0035 | 16.8765 | −96.0528 | −36.1733 | −27.2684 | 18.9819 | −28.9461 | −50.6693 | −29.1535 | −57.7797 | −29.0124 | 23.4412 |
| 20 | 0 | 6.678 | −107.346 | −3.2106 | 0 | 5.6259 | −72.5392 | −34.9927 | 0 | 6.1766 | 0 | −62.7175 | −0.1683 | −63.3836 | 0 | 5.4989 |
| 21 | 0 | −6.678 | −104.91 | −43.2887 | 0 | −5.67 | −29.0897 | −50.3655 | 0 | −6.1504 | 0 | −73.848 | 0.0051 | −76.1268 | 0 | −5.5052 |
| 22 | −28.8663 | 5.0755 | −70.6916 | −42.4341 | −29.0669 | 5.5977 | 0 | −62.4711 | −28.9839 | 7.4598 | −28.9355 | −60.5971 | −28.7651 | −67.5989 | −29.0066 | 12.4335 |

（续表）

| 控制点编号 | 460 kPa/3 750 kg | | 600 kPa/2 500 kg | | 600 kPa/3 750 kg | | 810 kPa/2 500 kg | | 810 kPa/5 000 kg | | 1 050 kPa/1 900 kg | | 1 050 kPa/2 500 kg | | 1 050 kPa/6 250 kg | |
|---|---|---|---|---|---|---|---|---|---|---|---|---|---|---|---|---|
| | X/mm | Y/mm | X/mm | Y/mm | X/mm | Y/mm | X/mm | Y/mm | X/mm | Y/mm | X/mm | Y/mm | X/mm | Y/mm | X/mm | Y/mm |
| 23 | −70.991 | 18.0153 | −28.7726 | −57.6194 | −71.0038 | 18.1742 | 0 | −73.2902 | −70.9557 | 20.4663 | −72.2204 | −59.2776 | −71.1471 | −55.2988 | −71.0132 | 24.9453 |
| 24 | −109.211 | 7.2037 | 0 | −62.4958 | −109.751 | 6.6369 | −29.1087 | −61.0278 | −110.475 | 9.1175 | −72.0453 | −68.2036 | −103.286 | −65.3497 | −111.45 | 13.8656 |
| 25 | −109.357 | −40.5691 | 0 | −72.9454 | −110.683 | −40.7222 | −71.063 | −47.8241 | −111.126 | −38.946 | −29.5965 | −85.5486 | −92.1359 | −86.1649 | −112.316 | −35.2753 |
| 26 | −71.0182 | −36.3351 | −28.8288 | −68.0742 | −70.9923 | −37.0078 | −99.723 | −63.331 | −72.8583 | −34.055 | 0 | −95.4545 | −71.2341 | −88.0799 | −70.9835 | −31.3135 |
| 27 | −29.0253 | −50.6677 | −70.7598 | −55.1145 | −29.1073 | −51.6286 | −90.0094 | −91.3266 | −29.1 073 | −49.3463 | — | — | −29.2538 | −95.5334 | −28.9757 | −46.0702 |
| 28 | 0 | −61.8837 | −106.975 | −68.5803 | 0 | −62.6388 | −71.1714 | −96.1708 | 0 | −62.7489 | — | — | 0 | −102.419 | 0 | −63.4018 |
| 29 | 0 | −72.4924 | −88.5545 | −100.571 | 0 | −72.5022 | −29.189 | −106.132 | 0 | −73.3224 | — | — | — | — | 0 | −73.5651 |
| 30 | −29.0306 | −61.267 | −71.0265 | −104.726 | −28.9873 | −61.2028 | 0 | −109.736 | −29.1306 | −60.0966 | — | — | — | — | −28.9704 | −56.2348 |
| 31 | −71.0248 | −49.5025 | −29.0761 | −114.057 | −70.9898 | −49.0096 | — | — | −71.1025 | −47.0771 | — | — | — | — | −70.9775 | −42.7843 |
| 32 | −109.788 | −61.0911 | 0 | −113.198 | −110.233 | −63.2245 | — | — | −110.942 | −57.8408 | — | — | — | — | −112.394 | −54.3129 |
| 33 | −108.747 | −107.104 | — | — | −110.258 | −106.006 | — | — | −111.294 | −103.958 | — | — | — | — | −112.347 | −101.186 |
| 34 | −71.0509 | −101.811 | — | — | −70.9787 | −102.438 | — | — | −71.2216 | −101.901 | — | — | — | — | −70.9478 | −99.1169 |
| 35 | −29.0441 | −116.519 | — | — | −28.9756 | −117.719 | — | — | −29.2529 | −116.344 | — | — | — | — | −28.9402 | −113.426 |
| 36 | 0 | −125.626 | — | — | 0 | −122.656 | — | — | 0 | −124.892 | — | — | — | — | 0 | −124.825 |
| 37 | 0 | −136.682 | — | — | 0 | −133.655 | — | — | 0 | −135.437 | — | — | — | — | 0 | −135.567 |
| 38 | −29.0635 | −126.983 | — | — | −29.1623 | −127.993 | — | — | −29.2732 | −125.711 | — | — | — | — | −28.9351 | −123.064 |
| 39 | −71.0571 | −114.127 | — | — | −70.9762 | −114.672 | — | — | −71.246 | −113.137 | — | — | — | — | −70.942 | −110.085 |
| 40 | −109.618 | −125.012 | — | — | −102.589 | −123.283 | — | — | −107.733 | −125.256 | — | — | — | — | −111.966 | −122.19 |
| 41 | −97.8188 | −150.424 | — | — | −103.547 | −129.983 | — | — | −105.183 | −135.847 | — | — | — | — | −91.4555 | −149.846 |
| 42 | −71.0791 | −158.217 | — | — | −70.9726 | −132.207 | — | — | −71.3692 | −143.239 | — | — | — | — | −70.9202 | −151.353 |
| 43 | −29.1039 | −157.393 | — | — | −29.1717 | −141.242 | — | — | −29.3209 | −147.637 | — | — | — | — | −28.9186 | −154.437 |
| 44 | 0 | −157.393 | — | — | 0 | −146.567 | — | — | 0 | −152.546 | — | — | — | — | 0 | −156.56 |

每个小面积块内的接地压强和中间花纹块按均匀分布简化，而两边的花纹块不再是均匀分布（图 2-6 中的 $P_{ij}$ 值代表的是各矩形顶点的单点值，对于两相邻面积块的共同顶点，各自的压力值并不相同）。由于实测时只取接地面 1/2 的范围，故进行计算时将接地面以及所施加的荷载按走向轴（图 2-6 中的 $y$ 轴）呈反对称分布。

各工况接地面积的坐标值列于表 2-9，各小块顶点的接地压强 $P_{ij}$ 列于表 2-10。

**表 2-10　不同工况下各面积块均布的或各顶点的接地压强 $P_{ij}$**　单位：MPa

| 接地压强 | 工况（胎压 kPa/负荷 kg） | | | | | | | |
|---|---|---|---|---|---|---|---|---|
| | 460 kPa/3 750 kg | 600 kPa/2 500 kg | 600 kPa/3 750 kg | 810 kPa/2 500 kg | 810 kPa/5 000 kg | 1 050 kPa/1 900 kg | 1 050 kPa/2 500 kg | 1 050 kPa/6 250 kg |
| $P_1$ | 0.300 | 0.545 | 0.178 | 0.388 | 0.177 | 0.320 | 0.554 | 0.174 |
| $P_2$ | 0.314 | 0.589 | 0.178 | 0.733 | 0.290 | 0.859 | 0.717 | 0.600 |
| $P_3$ | 0.421 | 0.493 | 0.563 | 0.721 | 0.654 | 0.877 | 0.825 | 0.755 |
| $P_4$ | 0.455 | 0.595 | 0.570 | 0.810 | 0.798 | 1.159 | 0.913 | 0.883 |
| $P_5$ | 0.421 | 0.580 | 0.522 | 0.840 | 0.743 | 1.137 | 0.826 | 0.926 |
| $P_6$ | 0.484 | 0.569 | 0.576 | 0.788 | 0.806 | 0.953 | 0.854 | 0.915 |
| $P_7$ | 0.498 | 0.388 | 0.628 | 0.382 | 0.822 | 0.428 | 0.541 | 0.928 |
| $P_8$ | 0.457 | — | 0.589 | — | 0.800 | — | — | 0.884 |
| $P_9$ | 0.410 | — | 0.560 | — | 0.767 | — | — | 0.841 |
| $P_{10}$ | 0.369 | — | 0.381 | — | 0.404 | — | — | 0.709 |
| $P_{11}$ | 0.311 | — | 0.069 | — | 0.214 | — | — | 0.458 |
| $P_{a1}$ | 0.327 | 0.356 | 0.384 | 0.077 | 0.514 | 0.349 | 0.519 | 0.548 |
| $P_{a2}$ | 0.545 | 0.640 | 0.713 | 0.699 | 0.969 | 1.512 | 1.165 | 1.111 |
| $P_{a3}$ | 0.311 | 0.526 | 0.442 | 0.555 | 0.563 | 0.934 | 0.629 | 0.669 |
| $P_{a4}$ | 0.599 | 0.724 | 0.665 | 1.051 | 0.993 | 1.602 | 1.153 | 1.150 |
| $P_{a5}$ | 0.327 | 0.388 | 0.408 | 0.486 | 0.514 | 0.679 | 0.562 | 0.626 |
| $P_{a6}$ | 0.540 | 0.631 | 0.761 | 0.959 | 0.931 | 0.611 | 0.589 | 1.110 |
| $P_{a7}$ | 0.359 | 0.493 | 0.426 | 0.590 | 0.669 | — | — | 0.667 |
| $P_{a8}$ | 0.495 | 0.395 | 0.734 | 0.054 | 0.969 | — | — | 1.021 |
| $P_{a9}$ | 0.361 | — | 0.190 | — | 0.348 | — | — | 0.514 |
| $P_{a10}$ | 0.351 | — | 0 | — | 0 | — | — | 0.445 |
| $P_{b1}$ | 0.318 | 0 | 0.239 | 0.077 | 0.315 | 0 | 0.387 | 0.553 |
| $P_{b2}$ | 1.095 | 0.632 | 1.121 | 0.077 | 1.338 | 0.228 | 1.652 | 1.540 |
| $P_{b3}$ | 0.566 | 0.541 | 0.623 | 0.373 | 0.776 | 0.317 | 0.498 | 1.002 |
| $P_{b4}$ | 1.228 | 1.425 | 1.401 | 1.718 | 1.748 | 1.648 | 1.687 | 1.986 |

（续表）

| 接地压强 | 工况(胎压 kPa/负荷 kg) | | | | | | | |
|---|---|---|---|---|---|---|---|---|
| | 460 kPa/3 750 kg | 600 kPa/2 500 kg | 600 kPa/3 750 kg | 810 kPa/2 500 kg | 810 kPa/5 000 kg | 1 050 kPa/1 900 kg | 1 050 kPa/2 500 kg | 1 050 kPa/6 250 kg |
| $P_{b5}$ | 0.638 | 0.516 | 0.803 | 0.581 | 0.960 | 0.127 | 0.137 | 1.205 |
| $P_{b6}$ | 1.283 | 1.357 | 1.476 | 1.746 | 1.821 | 0.127 | 0.063 | 2.095 |
| $P_{b7}$ | 0.571 | 0.442 | 0.746 | 0.405 | 0.942 | — | — | 1.137 |
| $P_{b8}$ | 1.239 | 0.729 | 1.391 | 0.831 | 1.724 | — | — | 1.940 |
| $P_{b9}$ | 0.397 | — | 0.212 | — | 0.065 | — | — | 0.739 |
| $P_{b10}$ | 0.671 | — | 0 | — | 0 | — | — | 0.502 |
| $P_{c1}$ | 0.343 | 0 | 0.239 | — | 0.316 | 0 | 0.411 | 0.597 |
| $P_{c2}$ | 1.180 | 0.756 | 1.121 | — | 1.345 | 0 | 1.752 | 1.664 |
| $P_{c3}$ | 0.582 | 0.524 | 0.648 | 0.345 | 0.809 | 0.342 | 0.522 | 1.018 |
| $P_{c4}$ | 1.262 | 1.380 | 1.455 | 1.586 | 1.822 | 1.027 | 1.769 | 2.017 |
| $P_{c5}$ | 0.654 | 0.535 | 0.799 | 0.608 | 1.019 | — | 0.140 | 1.197 |
| $P_{c6}$ | 1.315 | 1.405 | 1.469 | 1.829 | 1.934 | — | 0.064 | 2.081 |
| $P_{c7}$ | 0.588 | 0.445 | 0.761 | 0.393 | 0.934 | — | — | 1.134 |
| $P_{c8}$ | 1.275 | 0.734 | 1.419 | 0.807 | 1.711 | — | — | 1.935 |
| $P_{c9}$ | 0.445 | — | 0.208 | — | 0.064 | — | — | 0.806 |
| $P_{c10}$ | 0.754 | — | 0 | — | 0 | — | — | 0.547 |
| $P_{d1}$ | 0.592 | 0 | 0.959 | — | 0.454 | — | 1.071 | 0.909 |
| $P_{d2}$ | 1.238 | 0.284 | 1.240 | — | 1.573 | — | 1.246 | 1.760 |
| $P_{d3}$ | 1.166 | 0.671 | 1.082 | 0.874 | 1.402 | — | 0.475 | 1.490 |
| $P_{d4}$ | 1.333 | 1.159 | 1.518 | 1.176 | 1.856 | — | 0.847 | 2.065 |
| $P_{d5}$ | 1.162 | 0.963 | 1.218 | 0.844 | 1.638 | — | 0 | 1.783 |
| $P_{d6}$ | 1.286 | 1.097 | 1.285 | 1.051 | 1.784 | — | 0 | 1.986 |
| $P_{d7}$ | 1.101 | 0.783 | 1.036 | 0.276 | 1.394 | — | — | 1.523 |
| $P_{d8}$ | 1.322 | 0.478 | 1.125 | 0 | 1.582 | | — | 1.792 |
| $P_{d9}$ | 0.966 | — | 0 | — | 0.653 | | — | 1.111 |
| $P_{d10}$ | 0.754 | — | 0 | — | 0.239 | | — | 0.887 |

## 2.2 拉压应力应变响应特征

关于车辆荷载作用下路面结构的力学响应分析已有很多研究[4]，这里不做完整的讨论，仅分析非均布荷载作用下的特点以及荷载-温度共同或耦合作用下的特点。胡小弟[1]、李峰[5]、董瑞坤[6]对荷载作用下的路面响应进行了分析，朱靓雯[7]对温度场的影响进行了分析。

这些分析均根据轮胎-路面接触压强的有限元计算结果来进行。由于有限元计算的范围较小，沥青层（包括层底）的最大拉应力都会出现在模型边界，但在模型中心一定范围内（如 1.0 m×1.0 m），荷载接触面附近会有一个极值点，因此进行沥青结构层（包括层底）最大拉应力取值时，取荷载接触面附近的极值点进行分析。而最大剪应力峰值、沥青层底拉应变最大值、土基顶面压应变最大值都出现在荷载接触面范围内。

### 2.2.1 重型轮胎荷载作用下的拉压响应

这里重型轮胎是指 11.00-20 型轮胎。根据实测的 11.00-20 型轮胎的轮胎-路面接地压强分布，胡小弟[1]采用有限元方法进行路面拉压应力应变的计算和分析。

1. 走向花纹轮胎作用下沥青层的最大拉压应力应变分析

1）面层模量的影响

考虑到 11.00-20 型走向花纹轮胎的实际使用状况，这里只分析 600 kPa/2 500 kg 和 1 050 kPa/6 250 kg 两种荷载工况作用下各结构沥青上面层混合料抗压模量改变时的力学响应。分析时结构 a 上面层模量的变化范围是 1 200～3 000 MPa，结构 b 上面层模量的变化范围是 500～1 200 MPa。

结构 a 中沥青层的最大拉应力位于沥青层表面，且 $\sigma_x > \sigma_y$，都随上面层模量的增加逐渐增大，最大拉应力 $\sigma_x$ 的增幅可达 5～6 倍。因此，对半刚性基层路面结构而言，上面层模量越小越有利。结构 b 中的应力 $\sigma_y > \sigma_x$，均在沥青层层底。最大拉应力 $\sigma_y$ 随上面层模量的增加而逐渐增大，但增幅远小于结构 a 中的增幅。结构 b 同样是上面层模量越小越有利。

结构 a 中沥青层最大拉应变位于沥青中面层底部，而并非在下面层底部。$\varepsilon_x$ 和 $\varepsilon_y$ 哪个更大，取决于荷载工况和路面结构组成，如图 2-7 所示。结构 b 中沥青层最大拉应变是沥青层底的 $\varepsilon_y$。

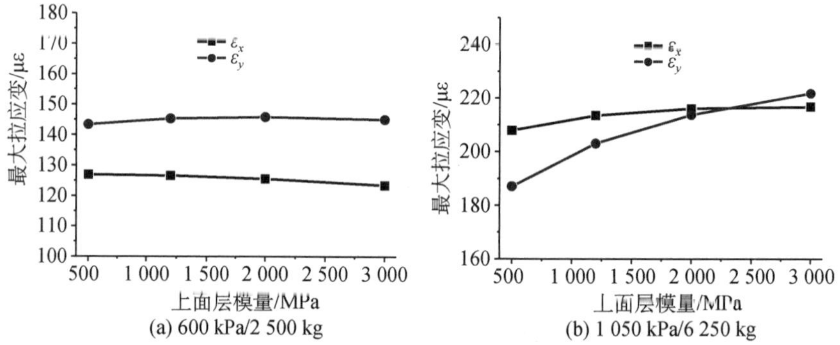


**图 2-7 半刚性基层路面最大拉应变随上面层模量变化**

2）基层模量的影响

结构 a 中沥青层最大拉应力 $\sigma_x$ 和 $\sigma_y$ 的值随模量的增加逐渐增大，当基层模量从500 MPa 增至 7 000 MPa 时，$\sigma_x$ 增大了近 3 倍，且都是 $\sigma_x > \sigma_y$。结构 b 中 $\sigma_x$ 和 $\sigma_y$ 的值随模量的增加先

减小后增大，如图 2-8 所示，当基层模量为 300 MPa 时，$\sigma_y > \sigma_x$，且都在沥青层层底；当基层模量为 500～1 400 MPa 时，$\sigma_x > \sigma_y$，作用在沥青层表面。所以，就最大拉应力而言，基层模量存在一个合理范围，如本计算结构，基层模量的合理范围是 500～800 MPa。

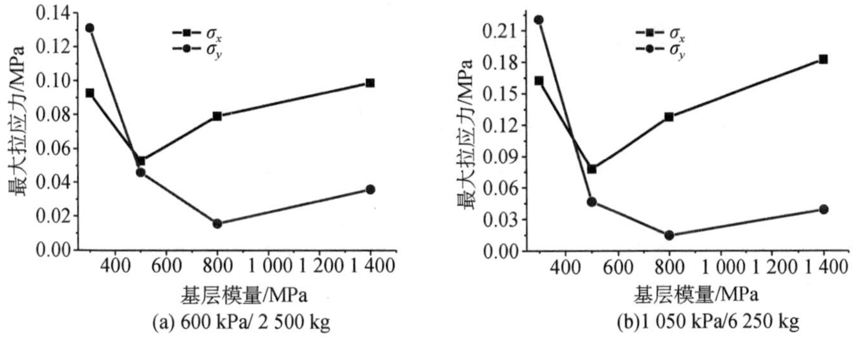


**图 2-8　柔性基层路面最大拉应力随基层模量的变化**

结构 a 中最大拉应变都发生在沥青中面层底部，而不是常规理解的发生在整个沥青层底部。沥青层 $\varepsilon_x$ 和 $\varepsilon_y$ 的相对大小取决于荷载工况，如图 2-9 所示。结构 b 中沥青层的最大拉应变随着基层模量的增加而显著减小，且出现的位置和方向都在发生变化，如图 2-10 所示。因此，沥青层中最大拉应变出现的位置、大小以及方向与路面结构组成和荷载工况密切相关，并不是产生在某一固定位置。

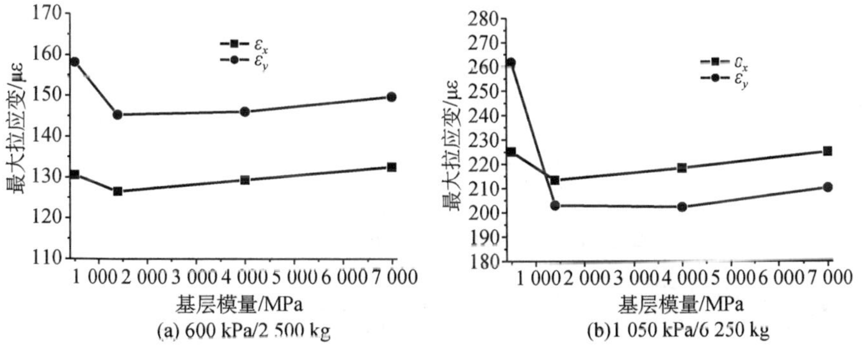


**图 2-9　半刚性基层路面最大拉应变随基层模量的变化**

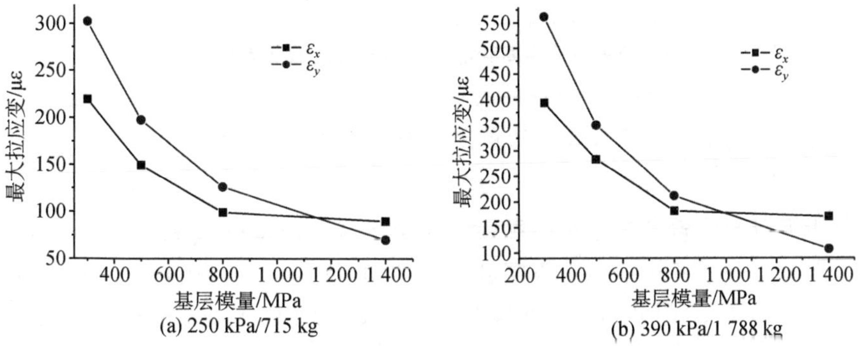


**图 2-10　碎石基层路面最大拉应变随基层模量的变化**

3）层间接触条件和荷载的影响

当层间完全连续时，结构 a 中沥青层底面应力为压应力或很小的拉应力，该层的最大拉应力发生在沥青层表面，且 $\sigma_x > \sigma_y$；沥青层的最大拉应变出现在中面层层底。当结构 a 层间完全光滑、结构 b 层间完全连续和完全光滑时，沥青层的最大拉应力发生在沥青层底，且 $\sigma_y > \sigma_x$。结构 a 沥青层的最大拉应力受层间接触条件影响的程度小于结构 b。

相同负荷时，沥青层的最大拉应力和拉应变随胎压升高而逐渐增大，如图 2-11、图 2-12 所示，但其增幅没有最大剪应力峰值的增幅明显，参见本书 2.3 节的内容。

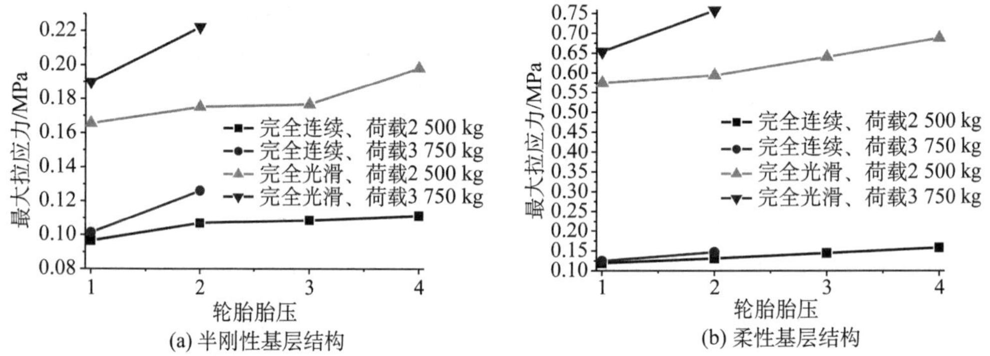


（1 为 460 kPa，2 为 600 kPa，3 为 810 kPa，4 为 1 050 kPa）

**图 2-11　相同负荷不同胎压工况下沥青层的最大拉应力比较**

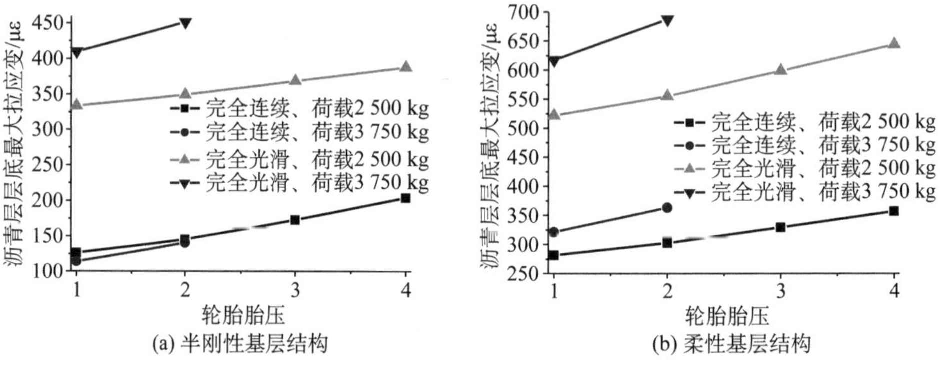


（1 为 460 kPa，2 为 600 kPa，3 为 810 kPa，4 为 1 050 kPa）

**图 2-12　相同负荷不同胎压工况下沥青层的最大拉应变比较**

2. 横向花纹轮胎作用下沥青层的最大拉压应力应变分析

1）面层模量的影响

此处分析沥青面层模量变化对沥青层最大拉压应力应变的影响。将结构 a 的中粒式、粗粒式沥青混凝土和沥青碎石的抗压模量以及结构 b 的中粒式、粗粒式沥青混凝土的抗压模量分别列于表 2-11，分析时选取 600 kPa/2 500 kg 和 1 050 kPa/6 250 kg 两种荷载工况进行结构计算。

**表 2-11　　面层模量变化时路面结构的各层模量组合**

| 结构 | | 各材料模量值/MPa | | | |
|---|---|---|---|---|---|
| | | 组合 1 | 组合 2 | 组合 3 | 组合 4 |
| 结构 a | 中粒式沥青混凝土 | 600 | 1 200 | 1 800 | 3 000 |
| | 粗粒式沥青混凝土 | 500 | 1 000 | 1 500 | 2 500 |
| | 沥青碎石 | 350 | 700 | 1 050 | 1 750 |
| | 水泥稳定碎石 | 1 400 | | | |
| 结构 b | 中粒式沥青混凝土 | 600 | 1 200 | 1 800 | 3 000 |
| | 粗粒式沥青混凝土 | 500 | 1 000 | 1 500 | 2 500 |
| | 级配碎石 | 300 | | | |
| 相应的模量增减百分比 | | −50% | 0 | +50% | +150% |

计算结果分析表明，结构 a 的 $\sigma_x$ 和 $\sigma_y$ 值随着面层模量的增加而逐渐减小，且减小幅度较为显著。两个方向的最大拉应力均在沥青层表面，且基本上是 $\sigma_x > \sigma_y$。 结构 b 的 $\sigma_x$ 和 $\sigma_y$ 值随面层模量的增大而增大，如图 2-13 所示。面层模量组合 1 时，$\sigma_x > \sigma_y$，且发生在沥青层表面；其余面层模量组合时，$\sigma_y > \sigma_x$，且均发生在沥青层层底。

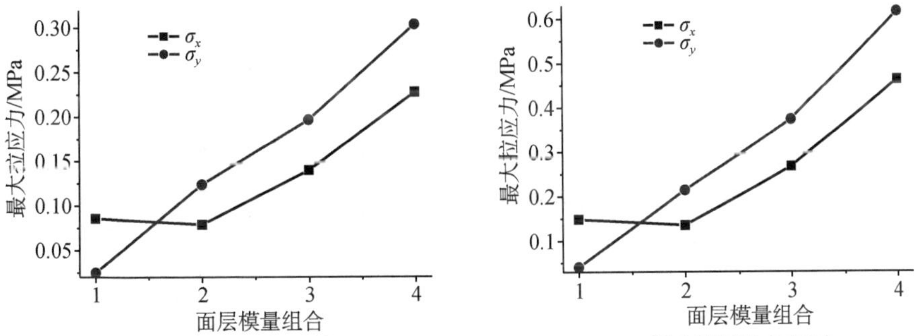

(a) 600 kPa/2 500 kg　　(b) 1 050 kPa/6 250 kg

**图 2-13　柔性基层结构最大拉应力随面层模量组合的变化**

结构 a 不同面层模量组合时沥青层底的最大拉应力非常小或者处于受压状态。对于结构 b 的不同面层模量组合，除了组合 1 以外，其余组合时沥青层最大拉应力发生在沥青层底面。

结合前面分析得到的结论可以发现，沥青层层底的最大拉应力并不一定等同于沥青层的最大拉应力，也就是说，沥青层的最大拉应力并不一定只出现在沥青层层底，而是有可能出现在路表。沥青层层底的最大拉应力受面层模量组合的影响十分显著。

2) 荷载的影响

荷载和结构对沥青层最大拉应力的影响与走向花纹轮胎作用下的规律基本一致。略有不同的是，当负荷相同时，结构 a 中沥青层最大拉应力并不一定都随着胎压的升高而增大，结构 b 中沥青层最大拉应力却基本上随着胎压的升高而逐渐增大。图 2-14 给出了横向花纹轮胎与走向花纹轮胎作用下的沥青层最大拉应力，可以看出，不同花纹轮胎所产生的最大拉应力随着荷载工况的不同而略有差别，但差异并不明显。

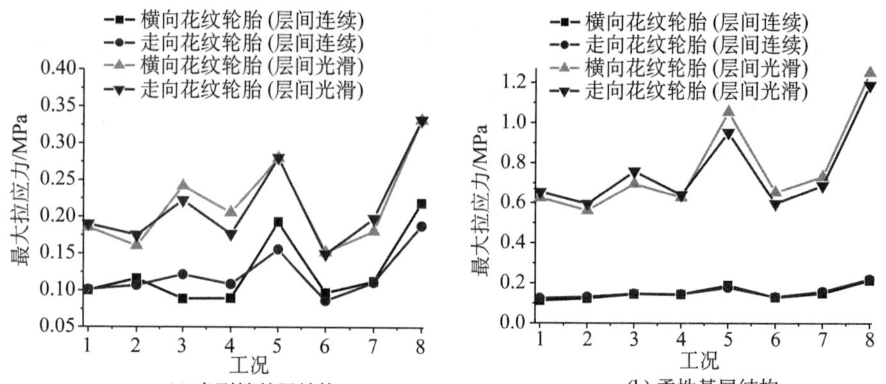


(a) 半刚性基层结构 (b) 柔性基层结构

(1 为 460 kPa/3 750 kg，2 为 600 kPa/2 500 kg，3 为 3 600 kPa/3 750 kg，4 为 810 kPa/2 500 kg，5 为 810 kPa/5 000 kg，6 为 1 050 kPa/1 900 kg，7 为 1 050 kPa/2 500 kg，8 为 1 050 kPa/6 250 kg)

**图 2-14　相同工况下横向、走向花纹轮胎作用下最大拉应力对比**

沥青层底面的最大拉应变与走向花纹轮胎作用下的规律基本一致。图 2-15 给出了走向花纹轮胎和横向花纹轮胎作用下的沥青层层底最大拉应变，可见在相同的荷载工况、路面结构及接触条件下，沥青层底面的最大拉应变相差很小。

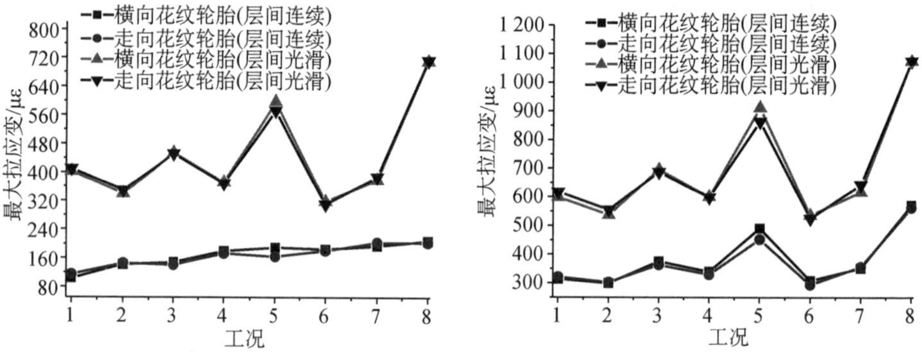


(a) 半刚性基层结构 (b) 柔性基层结构

(1 为 460 kPa/3 750 kg，2 为 600 kPa/2 500 kg，3 为 3 600 kPa/3 750 kg，4 为 810 kPa/2 500 kg，5 为 810 kPa/5 000 kg，6 为 1 050 kPa/1 900 kg，7 为 1 050 kPa/2 500 kg，8 为 1 050 kPa/6 250 kg)

**图 2-15　相同工况横向、走向花纹轮胎作用下最大拉应变对比**

### 2.2.2　轻型轮胎荷载作用下的拉压响应

这里轻型轮胎是指 6.5-16 型轮胎。在我们的研究中，实测了两种新旧不同的 6.5-16 型走向花纹轮胎、一种旧的 6.5-16 型横向花纹轮胎的轮胎-路面接触压强分布，并采用上述力学模型进行了路面力学分析。[1]

1. 沥青层中的最大拉应力

轻型轮胎荷载作用下最大拉应力的变化规律及其出现的位置与重型轮胎的分析结果类似。不过，在相同荷载下，对同样的路面结构及相同的接触条件，旧胎作用下的最大拉应力值要高于新胎，只有 390 kPa/715 kg 荷载工况例外，见图 2-16(其中，结构 a 层间连续的最大拉应力作用位于路表)。

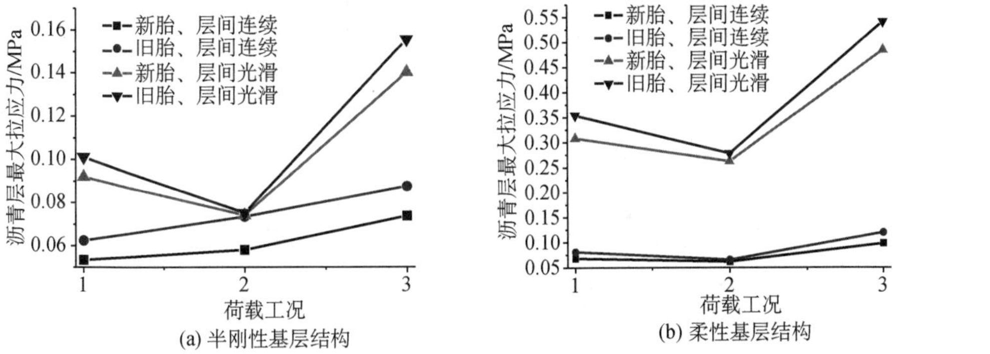


（1 为 250 kPa/1 073 kg，2 为 390 kPa/715 kg，3 为 390 kPa/1 788 kg）

**图 2-16　相同荷载工况沥青层最大拉应力的比较**

同样荷载工况下，层间连续时，结构 a 在横向花纹作用下的最大拉应力要大于走向花纹；层间光滑时，结构 a 在横向花纹作用下的应力应变值与走向花纹相差不大。结构 b 在两种轮胎作用下，最大拉应力相差不大。

轻型荷载(货车)作用下沥青层的最大拉应力普遍小于相同工况下重型荷载(货车)作用下的沥青层最大拉应力。但是对于轻型货车的某些超载工况，沥青层最大拉应力值仍有可能接近或超出重型货车标准工况下的值，如图 2-17 所示。因此，从路面的受拉特性来看，轻型货车对路面的影响不容忽视。

沥青层的最大拉应力不仅与荷载大小、路面结构组成及层间接触条件有关，还与轮胎胎压、花纹形式以及轮胎的使用年限有关。同时，沥青层的最大拉应力不一定只出现在沥青层层底，也有可能出现在路表。

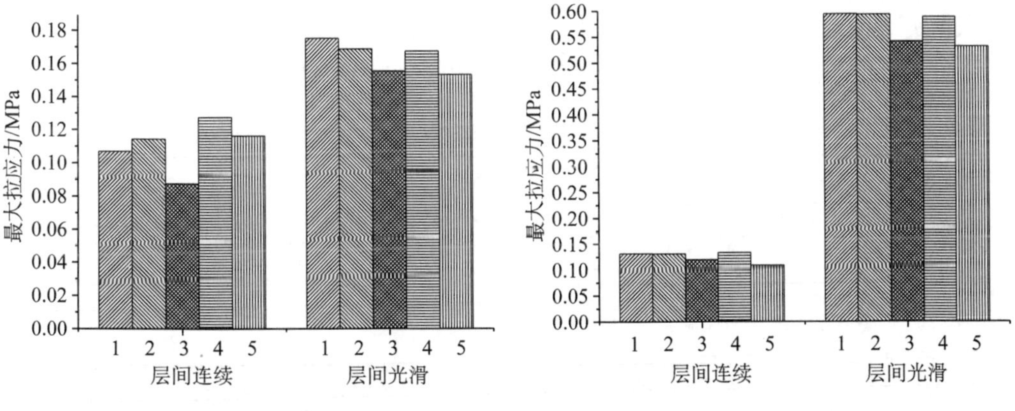


（1 为 11.00-20 型轮胎 600 kPa/2 500 kg，2～5 分别为 6.5-16 型走向花纹的新胎 700 kPa/1 788 kg，旧胎 390 kPa/1 788 kg，旧胎 530 kPa/1 788 kg，6.5-16 型横向花纹轮胎 390 kPa/1 788 kg）

**图 2-17　6.5-16 型与 11.00-20 型轮胎不同工况下最大拉应力的比较**

2. *沥青层层底最大拉应变*

轻型轮胎作用下的沥青层层底最大拉应变与重型轮胎作用下的特征基本一致。不过相同荷载工况下，对同样的路面结构，层间光滑接触时的最大拉应变值要明显高于层间连续接触时的最大拉应变值，如图 2-18 所示，这与重型轮胎作用下的结果不一致。

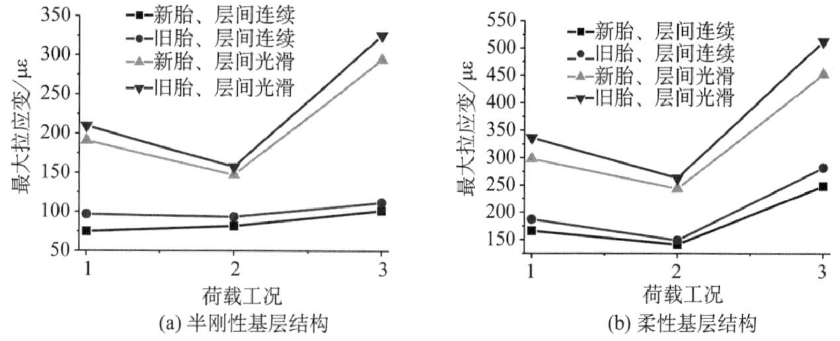


(1 为 250 kPa/1 073 kg，2 为 390 kPa/715 kg，3 为 390 kPa/1 788 kg)

**图 2-18　相同荷载工况下沥青结构层最大拉应变的比较**

对于沥青层底面最大拉应变而言，当车辆负荷一致时，轮胎的新旧和胎压的变化对其影响都不明显，但受层间接触条件的影响较大。同时，走向花纹轮胎与横向花纹轮胎作用下沥青层底面的最大拉应变相差不大。因此，沥青层层底的最大拉应变与路面结构组成、层间接触条件、车辆负荷以及轮胎的使用年限有关，而与轮胎花纹形式及胎压的关系不明显。

## 2.2.3　温度场的影响

温度场的变化将影响路面结构内的应力应变分布，朱靓雯[7]对此进行了研究。温度变化将引起沥青层模量的变化，温度场的变化将导致沥青层模量梯度的变化，这直接影响到沥青层的应力和应变场。为了分析沥青路面在不同温度场中的力学响应分布，将沥青层划分为若干个 1 cm 厚的亚层，通过预估每一亚层的温度，采用沥青混合料的模量主曲线计算每一亚层的动态模量，从而进行全温域力学响应分析。

根据实测的上海市沥青路面温度场数据，选择三种典型温度场景进行分析，如表 2-12 所列。沥青路面在温度场景 2 和温度场景 3 下的路面温度随深度的分布情况如图 2-19 所示。

**表 2-12　　三种典型温度场景**

| 典型温度场景 | 场景 1 | 场景 2 | 场景 3 |
|---|---|---|---|
| 数据来源及描述 | 20 ℃，无温度梯度 | 上海 8 月 23 日 14:00，高温场景 | 上海 11 月 11 日 18:00，中低温场景 |

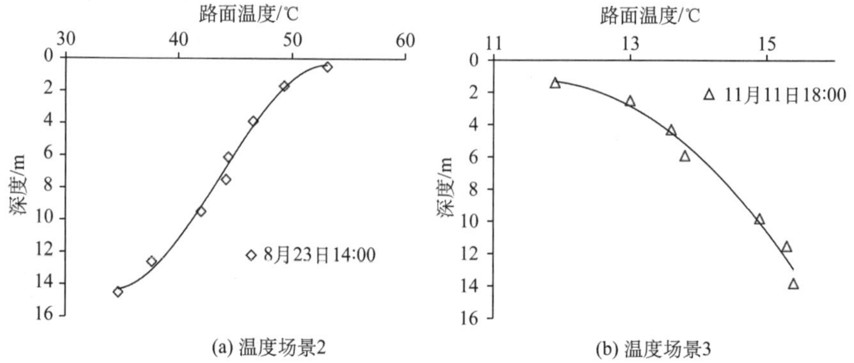


**图 2-19　典型温度场景下沥青路面温度随深度分布**

1. 半刚性基层路面结构应变分布

分析采用的路面结构参考《公路沥青路面设计规范》(JTG D50—2006)的 8.0.14 节中关于新建沥青路面结构层厚度的计算示例来确定,采用的计算参数见表 2-13。

表 2-13 计算采用的典型半刚性路面结构各参数

| 结构层材料 | 厚度/mm | 20 ℃动态模量/MPa | 泊松比 |
|---|---|---|---|
| 细粒式沥青混凝土 AC13 SBS | 40 | 9 631 | 0.35 |
| 中粒式沥青混凝土 AC20 SBS | 60 | 9 387 | 0.35 |
| 粗粒式沥青混凝土 AC25 AH70 | 100 | 12 905 | 0.35 |
| 水泥稳定碎石 | 450 | 11 000 | 0.2 |
| 级配碎石 | 200 | 350 | 0.4 |
| 土基 | — | 40 | 0.4 |

由于半刚性基层路面中沥青层内绝大多数场合均为压应力,仅在中低温温度场和沥青层非常厚的情况下才会在沥青层层底出现非常小的拉应力,因此仅对沥青层的应变响应进行分析。应变分析水平位点如图 2-20 所示。

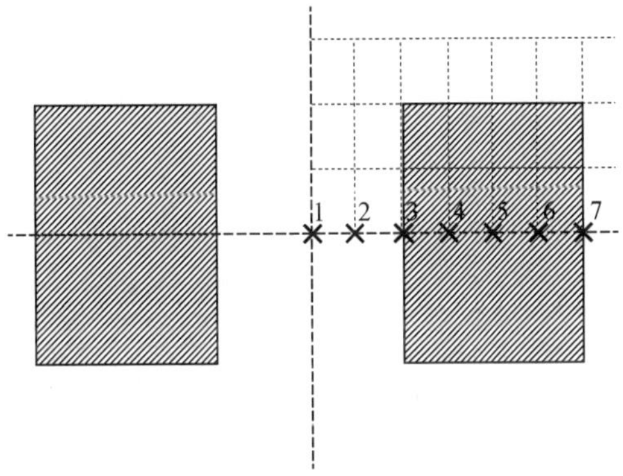


图 2-20 应变分析水平位点

三种温度场景下,最大横向拉应变 $\sigma_x$ 沿深度方向的最大值发生在沥青层的上部,最大纵向拉应变 $\sigma_y$ 随着温度场景的改变,既可能发生在沥青层上部,也可能发生在沥青层层底。在水平方向上,位置 4、5、6 处的拉应变总是大于其他点,并且大多数情况下位置 5 的拉应变数值上要更大,此处给出水平位置 5 的分析结果,如图 2-21 所示。

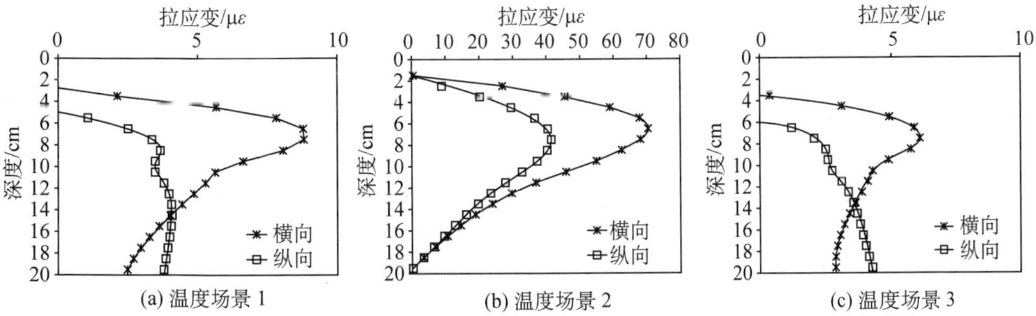


图 2-21 不同温度场景下水平拉应变沿深度分布

可以看出,在温度场景 1,即 20 ℃均一温度下,最大拉应变是横向拉应变,位于 6~9 cm 深度范围。在小于 14 cm 深度范围内,横向拉应变大于纵向拉应变;但随着深度的增加,纵向拉应变逐渐变大,并大于横向拉应变。温度场景 2 时,沥青层内最大拉应变仍然为 6~9 cm 深度的横向拉应变。与温度场景 1 不同的是，纵向拉应变的最大值也发生在 6～9 cm 深度范围，且整个沥青层内横向拉应变始终大于纵向拉应变。另外，沥青层层底的横向拉应变和纵向拉应变均非常小。温度场景 3 应变的变化规律与温度场景 1 非常接近，最大的区别在于最大纵向拉应变发生在沥青层层底，且数值上更为接近上部(6～9 cm 深度)最大横向拉应变。

当沥青层厚度不同时，应变沿深度的分布形态是类似的，但最大应变出现的位置会有所不同，分析时采用的路面基层厚度为 40 cm，结果如图 2-22 所示。

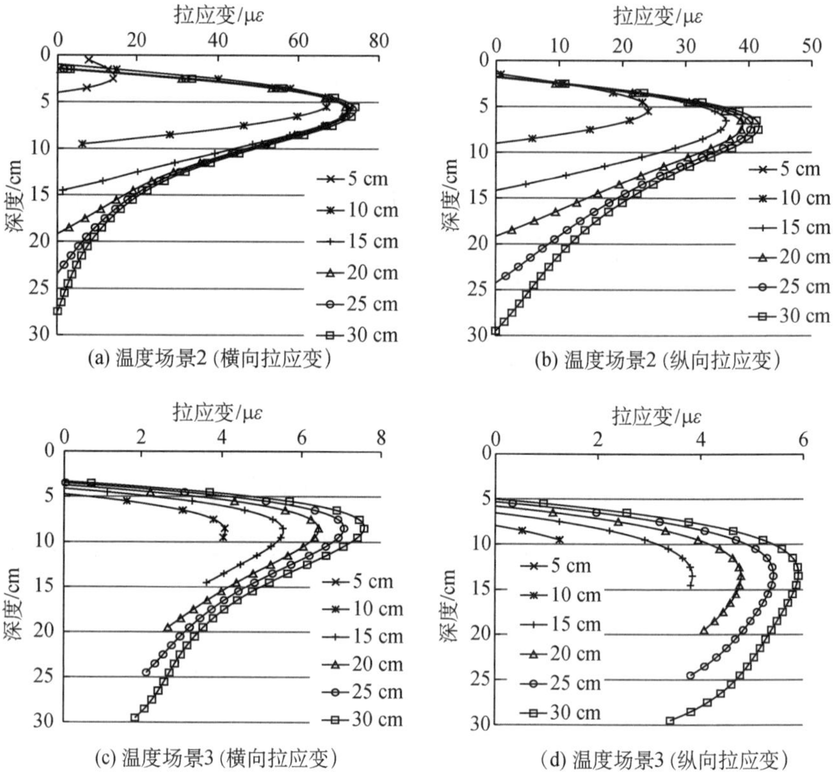

(a) 温度场景2 (横向拉应变)　(b) 温度场景2 (纵向拉应变)
(c) 温度场景3 (横向拉应变)　(d) 温度场景3 (纵向拉应变)

**图 2-22　不同温度场景下面层厚度对应变的影响**

结合温度场景 1 的分析结果，整理出不同温度场景和沥青层厚度下最大拉应变的位置，列于表 2-14。需要注意的是，图 2-22 中给出的仅为位置 5 的结果，但考虑所有横向位置的应变值发现，温度场景 2 的横向拉应变分布中，位置 4 和位置 6 的横向拉应变在小于 5 cm 深度范围内要大于位置 5 处的横向拉应变，且整个结构内的最大横向拉应变发生在位置 4，其值略大于位置 5 处的。因此，表 2-14 中的最大拉应变产生深度范围考虑了所有横向位置的情况。

**表 2-14　　沥青层内最大拉应变产生深度范围**

| 沥青层厚度/cm | 最大横向拉应变 | | | 最大纵向拉应变 | | |
|---|---|---|---|---|---|---|
| | 温度场景 1 | 温度场景 2 | 温度场景 3 | 温度场景 1 | 温度场景 2 | 温度场景 3 |
| 5 | — | 2～3 cm | — | — | — | — |
| 10 | 7～8 cm | 3～5 cm | 8～9 cm | — | 5～6 cm | 9～10 cm |

（续表）

| 沥青层厚度/cm | 最大横向拉应变 | | | 最大纵向拉应变 | | |
|---|---|---|---|---|---|---|
| | 温度场景 1 | 温度场景 2 | 温度场景 3 | 温度场景 1 | 温度场景 2 | 温度场景 3 |
| 15 | 8～9 cm | 4～6 cm | 8～9 cm | 11～12 cm | 6～7 cm | 13～14 cm |
| 20 | 8～9 cm | 4～6 cm | 8～9 cm | 11～12 cm | 7～8 cm | 12～13 cm |
| 25 | 8～9 cm | 4～6 cm | 8～9 cm | 11～12 cm | 7～8 cm | 12～13 cm |
| 30 | 8～9 cm | 4～6 cm | 8～9 cm | 11～12 cm | 7～8 cm | 12～13 cm |

从表 2-14 可以看出：

（1）无论是横向拉应变还是纵向拉应变，温度场景 1（20 ℃）和温度场景 3（中低温）情况下的最大拉应变产生的位置比较接近，但是温度场景 3 最大拉应变的深度位置相对略靠下，而温度场景 2（高温）下的最大拉应变位置则更靠上，即更靠近路表面。据此可以推测，高温温度场可能会导致沥青层最大拉应变的位置更靠近路表面。

（2）最大纵向拉应变比最大横向拉应变的位置更靠下，即更靠近沥青层底面。

（3）只有沥青层厚度小于 10 cm 的路面结构在低温温度场情况下最大拉应变才有可能产生在沥青层层底。当沥青层厚度在 15～30 cm 时，无论是横向拉应变还是纵向拉应变，最大值均发生在沥青层中上部，且该位置随着沥青层厚度的增加变化不大。

图 2-23 给出了基层厚度对应变的影响，分析时面层厚度均取为 20 cm。从图 2-23 可

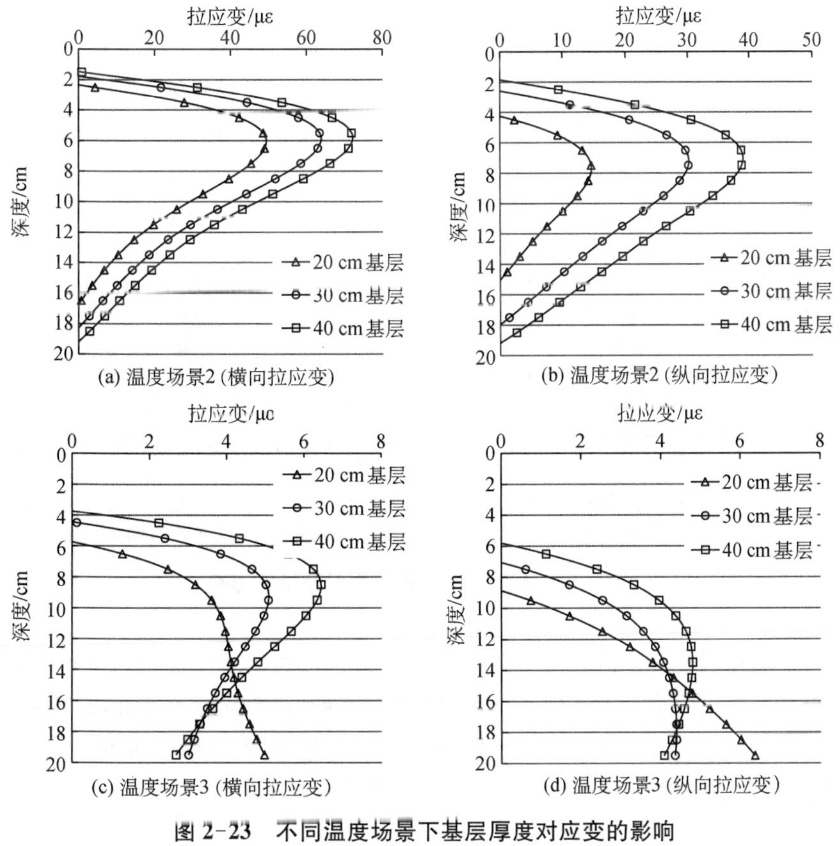


图 2-23　不同温度场景下基层厚度对应变的影响

以看出，温度场景 2 中的三种基层厚度的路面结构，其沥青层最大横向拉应变和最大纵向拉应变分别发生在深度 6 cm 左右和 8 cm 左右，且数值上随着基层厚度的增加而增加，但沥青层层底拉应变均较小。温度场景 3 中，20 cm 基层厚度的路面结构中最大横向拉应变和最大纵向拉应变均发生在沥青层层底。另外两种基层厚度的路面结构的横向拉应变最大值均发生在沥青层 8～10 cm 深度，且最大值在数值上随着基层厚度的增加而增加。30 cm 基层厚度的路面结构中纵向拉应变最大值发生在沥青层层底，40 cm 基层厚度的路面结构中纵向拉应变最大值则发生在 12～14 cm 深度。

2. *碎砾石基层路面结构应变分布*

参考《公路沥青路面设计规范》(JTG D50—2006)中的示例，确定级配碎石层厚度为 35 cm。由于温度场景 3 和温度场景 1 的结果相差不大，故仅对温度场景 1 和温度场景 2 进行分析，结果如图 2-24 所示。

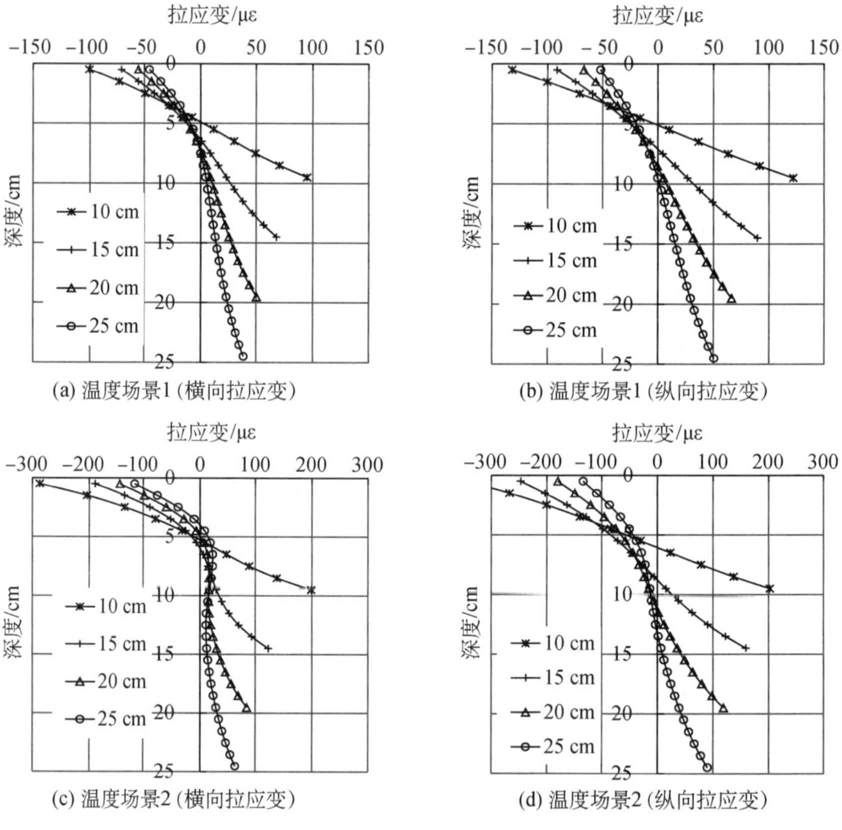


**图 2-24　不同温度场景和面层厚度的影响**

从图 2-24 可以看出：在不同温度场景不同面层厚度的路面结构中，无论是最大横向拉应变，还是最大纵向拉应变，均发生在沥青层层底；两种温度场景下最大纵向拉应变大于最大横向拉应变。但是，在沥青层较厚的情况下，温度场景 2 的横向拉应变在沥青层上部(6 cm 深度左右的位置)也较大，但是仍小于沥青层层底的拉应变。

## 2.3 剪切响应特征

由于过去交通量不大以及重载车很少，路面损坏一直被认为是结构层的弯拉疲劳损坏，所以路面分析的重点都是车辆荷载作用下结构内的弯拉响应特征。相比之下，关于剪切的分析研究是比较薄弱的。胡小弟分析了车辆荷载作用下路面结构内的剪切特征[1,2]，这个分析将为人们更好地理解路面行为及其演化过程提供全新的视角。

### 2.3.1 重型轮胎荷载作用下的剪切响应

此处采用与本书2.2节相同的方法对路面结构的剪切响应进行计算和分析。

1. 走向花纹轮胎作用下的剪切特征

采用与前面相同的计算模型及约束条件对走向花纹轮胎作用下的路面结构剪切响应特征进行分析。重型轮载作用下路面结构内剪应力在深度和水平方向上的分布如图2-25所示，计算点水平位置见图2-20。

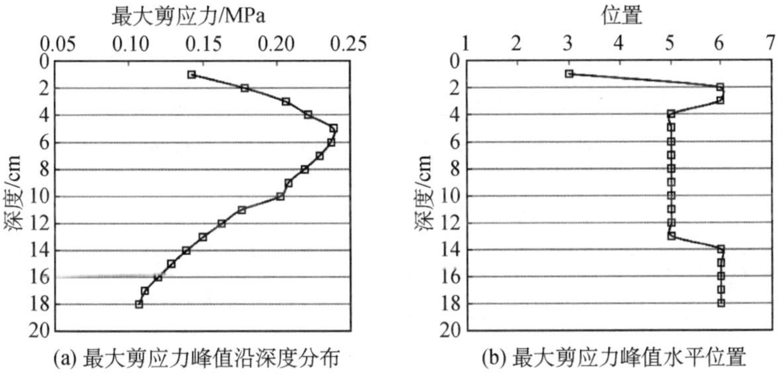


**图2-25 重型轮载作用下路面结构内剪应力分布**

1）最大剪应力峰值位置及沿深度分布

沥青层最大剪应力峰值在平面上大多位于轮载接地面轮廓的边缘处，有时也会出现在荷载中心点至荷载外边缘之间的某一位置处；深度上随着路面结构组成、层间接触条件甚至荷载工况而有所变化，一般处于1～5 cm深度。路面结构内最大剪应力沿深度方向的变化(取最大剪应力峰值所在点的深度方向，下同)，如图2-26所示。可以看出，胎压不同，导致一定深度范围内最大剪应力差异很大。当达到一定深度时，如结构a约0.18 m以下，结构b约0.22 m以下，最大剪应力分布受胎压的影响非常小，这符合圣维南原理。相同胎压不同负荷作用下，剪应力沿深度分布的规律类似，但一定深度范围内最大剪应力的绝对值差异很大。不过，柔性基层结构1 050 kPa/6 250 kg工况是个例外，其最大剪应力产生在路表面，如图2-26(d)所示。

2）面层模量的影响

对于11.00-20型走向花纹轮胎，这里只分析600 kPa/2 500 kg和1 050 kPa/6 250 kg两种荷载工况作用下，各结构沥青上面层混合料抗压模量改变时的力学响应。

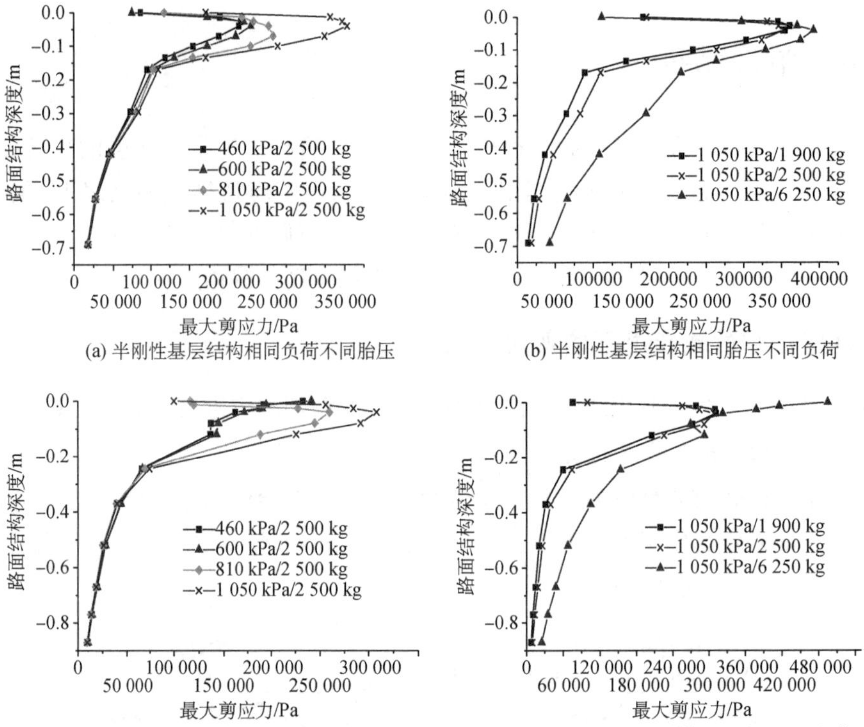

(a) 半刚性基层结构相同负荷不同胎压
(b) 半刚性基层结构相同胎压不同负荷
(c) 柔性基层结构相同负荷不同胎压
(d) 柔性基层结构相同胎压不同负荷

**图 2-26 路面结构内最大剪应力沿深度方向的变化**

如图 2-27 所示，随着上面层模量的增加，结构 a 的最大剪应力峰值先有微弱的减小而后增大，当上面层模量为 1 200 MPa 时，最大剪应力峰值最小。最大剪应力峰值对上面层模量的变化比较敏感，当上面层模量从 1 200 MPa 变化到 3 000 MPa 时，结构 a 在两种荷载工况下最大剪应力峰值分别增加 20%和 27%。当上面层模量从 500 MPa 变化到 3 000 MPa 时，结构 b 在两种荷载工况下最大剪应力峰值分别增加 95%和 112%。

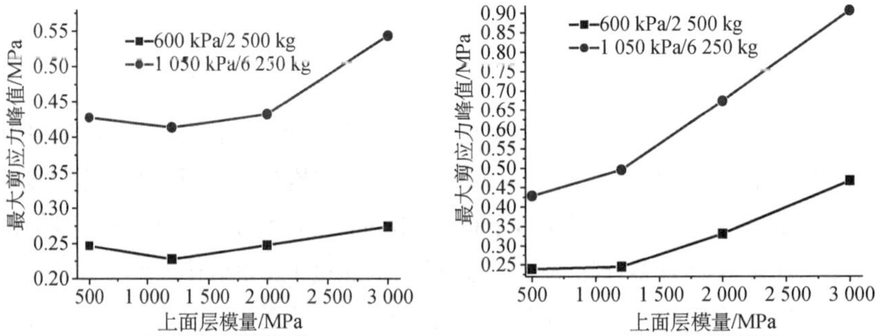

(a) 半刚性基层结构
(b) 柔性基层结构

**图 2-27 最大剪应力峰值随上面层模量的变化**

结构 a 和结构 b 这两种路面结构当上面层模量变化时，仅面层内最大剪应力沿深度方向的分布有所变化，基层内最大剪应力值的变化趋势以及量值都很相近。

3）基层模量的影响

将结构 a 中的水泥稳定碎石层、结构 b 中的级配碎石层分别取不同模量，仅对 600 kPa/

2 500 kg 和 1 050 kPa/6 250 kg 两种荷载工况进行计算，结果分析如下。

如图 2-28 所示，对结构 a 而言，随着基层模量的增加，最大剪应力峰值的变化十分微小。当基层模量从 500 MPa 变化到 7 000 MPa 时，最大剪应力峰值的最大值与最小值相差不到 3%。对结构 b 而言，随着基层模量的增加，荷载工况为 600 kPa/2 500 kg 时，最大剪应力峰值变化微小，相差不到 9%；荷载工况为 1 050 kPa/6 250 kg 时，随着基层模量的增加，最大剪应力峰值逐渐减小，相差可达 24%。

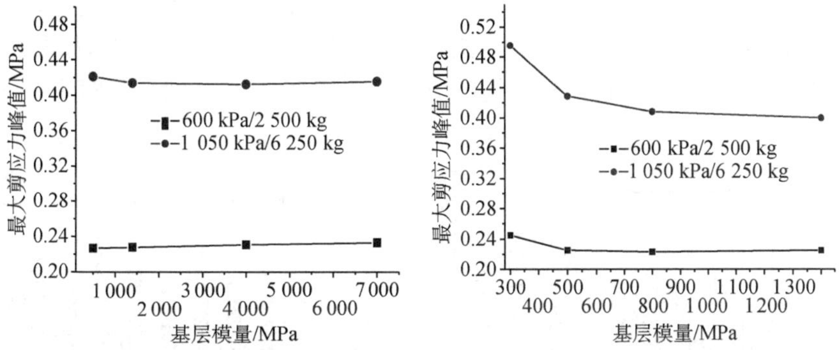


(a) 半刚性基层结构　　(b) 柔性基层结构

**图 2-28　最大剪应力峰值随基层模量的变化**

随着基层模量的变化，最大剪应力峰值的深度位置会有所不同，但仍在沥青上面层。当基层模量变化时，沿深度方向最大剪应力的变化规律如图 2-29 所示。结构 a 面层内的最大

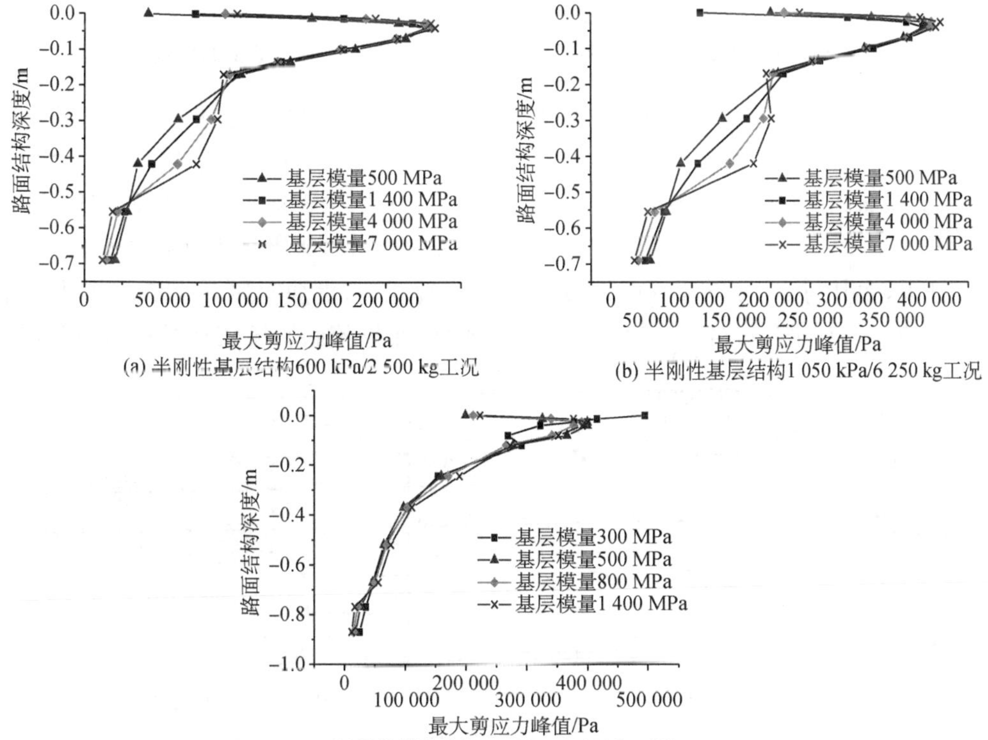


(a) 半刚性基层结构600 kPa/2 500 kg工况　　(b) 半刚性基层结构1 050 kPa/6 250 kg工况

(c)柔性基层结构1 050 kPa/6 250 kg工况

**图 2-29　路面结构基层模量不同时最大剪应力随深度的变化**

剪应力十分接近，基层内的变化趋势以及量值都有所不同。结构 b 当其基层模量从 300 MPa变化到 1 400 MPa 时，面层内的变化比较接近，基层内的变化趋势基本相同，这说明，基层模量的变化对路面结构内最大剪应力分布规律的影响不大。

关于基层的影响，还可进一步参考本书 2.4 节中的分析。

4）结构层间接触条件和荷载的影响

结构层间接触条件对最大剪应力峰值具有显著影响。相同荷载下，层间光滑时的最大剪应力峰值大于层间连续时的最大剪应力峰值。对于半刚性基层结构，层间连续接触和层间光滑接触时的峰值相差 23%；对于柔性基层结构，二者差异更加明显，达 87%，如图 2-30 所示。

当胎压相同而负荷增大时，两种结构的剪应力都随之增大（个别工况例外）。

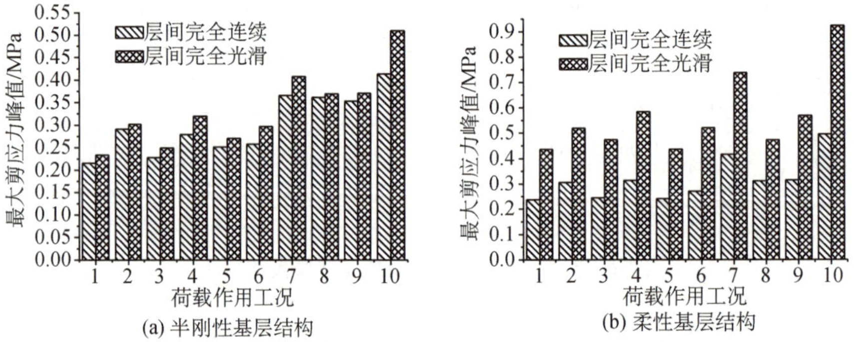


（1 为 460 kPa/2 500 kg，2 为 460 kPa/3 750 kg，3 为 600 kPa/2 500 kg，4 为 600 kPa/3 750 kg，5 为 810 kPa/1 900 kg，6 为 810 kPa/2 500 kg，7 为 810 kPa/5 000 kg，8 为 1 050 kPa/1 900 kg，9 为 1 050 kPa/2 500 kg，10 为 1 050 kPa/6 250 kg）

**图 2-30　相同荷载工况不同层间接触条件下最大剪应力峰值的比较**

轮胎胎压大小对最大剪应力峰值具有显著影响。相同负荷时，最大剪应力峰值随着胎压的增加而增大（个别工况例外），如图 2-31 所示。不管哪种结构，当胎压相对较高时，即使荷载不大，路面内的最大剪应力值仍然较大，甚至不低于某些情况下较高负荷较低胎压的情形，如图 2-30 中 1 050 kPa/1 900 kg 工况下的最大剪应力峰值比荷载大于或等于 2 500 kg 的峰值还大，尤其与 600 kPa/2 500 kg 标准荷载工况相比，更加明显。这充分说明，并非只有车辆负荷超载时才会对路面产生更大的剪切破坏，车辆轮胎胎压较高对路面的剪切破坏

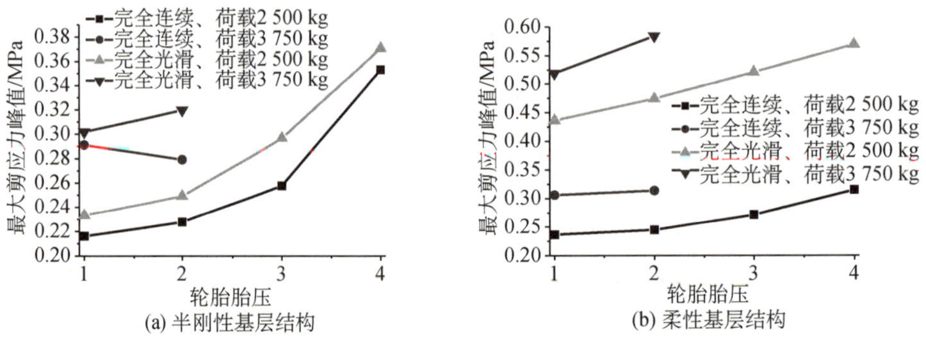


（1 为 460 kPa，2 为 600 kPa，3 为 810 kPa，4 为 1 050 kPa）

**图 2-31　相同负荷不同胎压工况下最大剪应力峰值的比较**

作用有时会更大。

半刚性基层结构，负荷相同而胎压不同时，水平层面的最大剪应力分布由“凹形”变为“凸形”，说明轮胎接地面中心部位的最大剪应力值逐渐由低于四周变为逐渐高于四周。柔性基层结构也表现出类似规律，但非均匀程度有所不同。

胎压主要影响轮胎中部花纹条的接地压强。当处于高胎压、低负荷荷载工况时，接地压强呈现“凸形”分布，即中部花纹的压强大；随着负荷的增加，逐渐变为“凹形”分布，说明负荷大小对边缘花纹条的接地压强影响显著。

结合上面的分析，可以得出如下推论：就沥青层的剪切特性而言，不仅荷载大小对路面结构内的最大剪应力值有显著影响，车辆轮胎胎压的影响同样不容忽视。

2. 横向花纹轮胎作用下的剪切特征

1）最大剪应力峰值位置及沿深度分布

横向花纹重型轮胎作用下路面结构层最大剪应力沿深度方向的变化规律与纵向花纹重型轮胎的结果一致。在相同工况作用下，将 11.00-20 型横向和走向两种花纹轮胎对最大剪应力沿深度方向的变化规律进行对比，如图 2-32 所示。相同的工况，面层深度范围内最大剪应力的量值及其变化趋势略有不同，而在面层以下，二者的量值及趋势十分接近。

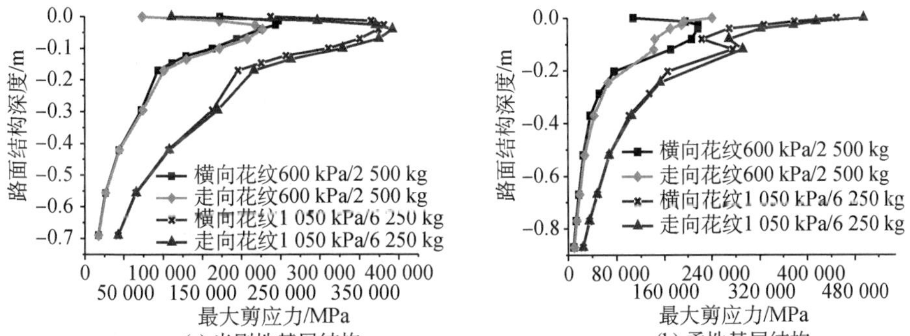


(a) 半刚性基层结构　　(b) 柔性基层结构

**图 2-32　相同工况相同路面结构最大剪应力随深度变化对比(层间连续)**

2）面层模量的影响

采用和表 2-11 相同的结构和荷载条件进行计算，结果如下。

如图 2-33 所示，对路面结构 a 而言，随着面层模量的增加，最大剪应力峰值逐渐减小。600 kPa/2 500 kg 工况作用下的最大值与最小值相差 20%，1 050 kPa/6 250 kg工况作用下的最大值与最小值相差 13%。对路面结构 b 而言，随着面层模量的增加，最大剪应力峰值是逐渐增大的。600 kPa/2 500 kg 工况作用下的最大值与最小值相差 55%，1 050 kPa/6 250 kg工况作用下的最大值与最小值相差 126%。

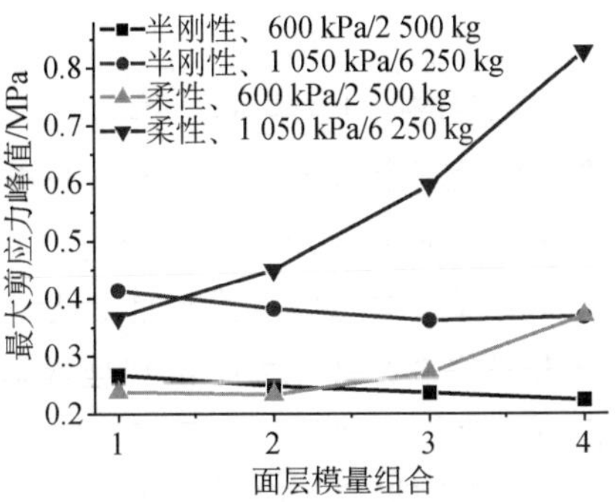


**图 2-33　最大剪应力峰值随面层模量组合的变化**

当面层模量变化时，最大剪应力沿深度方向仅在面层内的分布规律有所不同，在基层内，最大剪应力值的变化趋势以及量值还是较为相近的。

3) 基层模量的影响分析

将结构 a 水泥稳定碎石层的抗压模量分为 500 MPa，1 400 MPa，4 000 MPa 和 7 000 MPa四种情况，将结构 b 级配碎石层的抗压模量分为 300 MPa，500 MPa，800 MPa 和1 400 MPa四种情况。对两种结构均采用 600 kPa/2 500 kg 和 1 050 kPa/6 250 kg 两种荷载工况进行剪应力分布计算和分析。

如图 2-34 所示，结构 a 随着基层模量的增加，最大剪应力峰值逐渐增大。当基层模量从 500 MPa 变化到 7 000 MPa 时，两种荷载工况下最大剪应力峰值分别增大 17%和 15%。这与同样工况下走向花纹轮胎作用下的变化规律有所不同。结构 b 的变化规律基本一致。

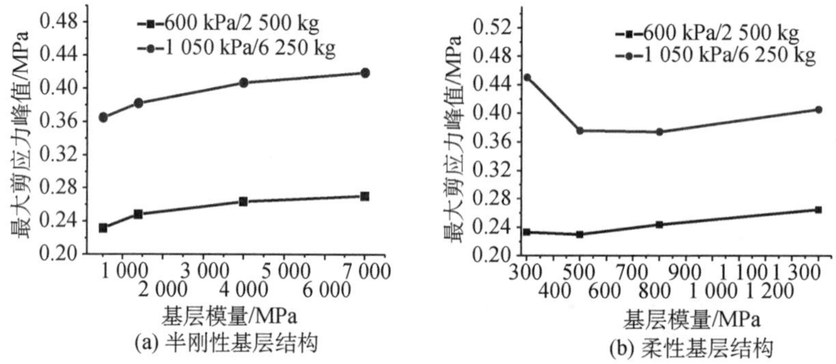


**图 2-34　最大剪应力峰值随基层模量的变化**

4) 结构层间接触条件和荷载

在不同基层模量作用下，通过观察 $z=-33.33$ mm 水平层面上一个车轮荷载作用范围内的最大剪应力分布可以发现，随着基层模量的变化，最大剪应力分布的基本规律有所变化。当基层模量增大时，分布趋向于均匀。

与走向花纹轮胎类似，在相同荷载工况下，对同样的路面结构，都是层间光滑接触条件下的最大剪应力峰值大于层间连续接触条件下的峰值，且结构 b 的这种差异更为明显。对于结构 a，层间连续接触时，1 050 kPa/6 250 kg 作用下最大剪应力峰值为 0.3818 MPa，层间光滑接触时的最大剪应力峰值为 0.4969 MPa，二者相差约 30%；结构 b 同样工况下层间连续接触时最大剪应力峰值为 0.4499 MPa，层间光滑接触时最大剪应力峰值为 0.8992 MPa，二者几乎相差 100%。

轮胎的胎压大小对于最大剪应力峰值的影响也较为显著。相同胎压不同负荷时，在正常胎压范围内(460～810 kPa)，当负荷增大时，不管哪种结构，最大剪应力峰值均增加；当胎压超出正常胎压，为 1 050 kPa 时，随着负荷的增大，当层间完全连续时，不管哪种结构，最大剪应力峰值均先减小后增加；当层间完全光滑时，结构 a 的最大剪应力峰值先减小后增加，结构 b 的最大剪应力峰值则是逐渐增加的。这也说明，最大剪应力与车辆负荷及轮胎胎压都有关系。即便是相同负荷，最大剪应力峰值也会随着胎压的增加而增大。

将相同工况下横向/走向花纹轮胎的最大剪应力峰值所处水平层面($z=-0.02$ m)的最大剪应力分布规律绘于图 2-35(一个车轮荷载作用范围内)。对比图 2-35 中的(d)和(e)，相

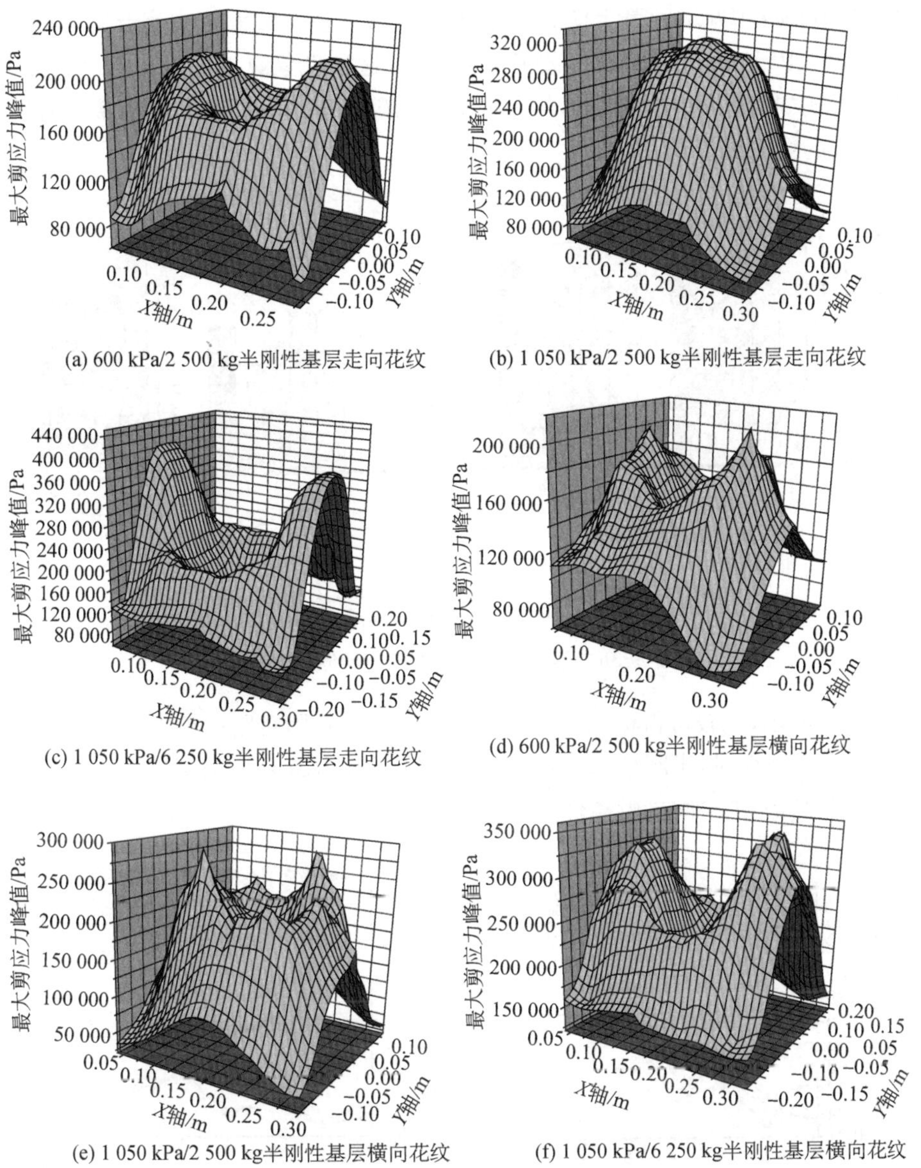


(a) 600 kPa/2 500 kg半刚性基层走向花纹　(b) 1 050 kPa/2 500 kg半刚性基层走向花纹

(c) 1 050 kPa/6 250 kg半刚性基层走向花纹　(d) 600 kPa/2 500 kg半刚性基层横向花纹

(e) 1 050 kPa/2 500 kg半刚性基层横向花纹　(f) 1 050 kPa/6 250 kg半刚性基层横向花纹

**图 2-35　基层模量变化时水平层面最大剪应力分布变化规律**

同负荷下随着胎压的增加，水平层面内的最大剪应力分布规律也有较大的差别，但仍是周围的值要高于中间部位的值，且非均布特性也不太一致。

对比图 2-35 中的(e)和(f)，相同胎压下随着负荷的增加，水平层面内的最大剪应力分布规律有较大的差别，但基本上是周围的值要高于中间部位的值。对比图 2-35 中的(a)和(d)，(b)和(e)，(c)和(f)，相同工况下横向花纹和走向花纹，水平层面内的最大剪应力分布规律存在较大差别。横向花纹没有类似走向花纹的“凸形”分布，在图 2-35 的各工况中横向花纹均是四周的值要高于中间部位的值。

不管哪种路面结构，即使是低负荷，当轮胎胎压相对较高时，路面结构内最大剪应力峰值也非常显著，甚至并不低于某些情况下较高负荷、较低胎压的情形。如图 2-36 所示，图中

1 050 kPa/1 900 kg 工况下的最大剪应力峰值，超过或接近荷载大于或等于 2 500 kg 时的峰值，尤其与 600 kPa/2 500 kg 标准荷载工况的比较，这种现象更加明显。这更充分说明，不管轮胎花纹形式如何，当胎压较高时，对路面的剪切破坏作用往往比胎压正常负荷额定甚至或是少量超载的情况更严重。

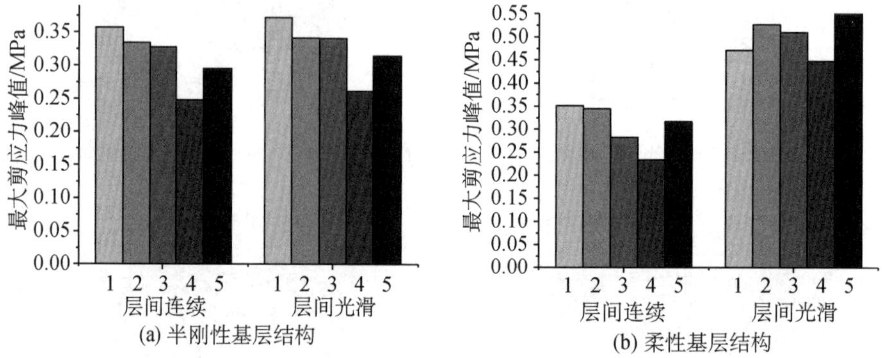


（1 为 1 050 kPa/1 900 kg，2 为 1 050 kPa/2 500 kg，3 为 810 kPa/2 500 kg，4 为 600 kPa/2 500 kg，5 为 600 kPa/3 750 kg）

**图 2-36　不同工况最大剪应力峰值的比较**

如图 2-37 所示，比较可得横向花纹轮胎与走向花纹轮胎对路面最大剪应力峰值的影响存在差异：当层间连续时，半刚性基层路面结构仅在胎压 810 kPa 荷载 2 500 kg 时，二者相差较大；其余工况，无论层间接触条件如何，二者相差都不大。

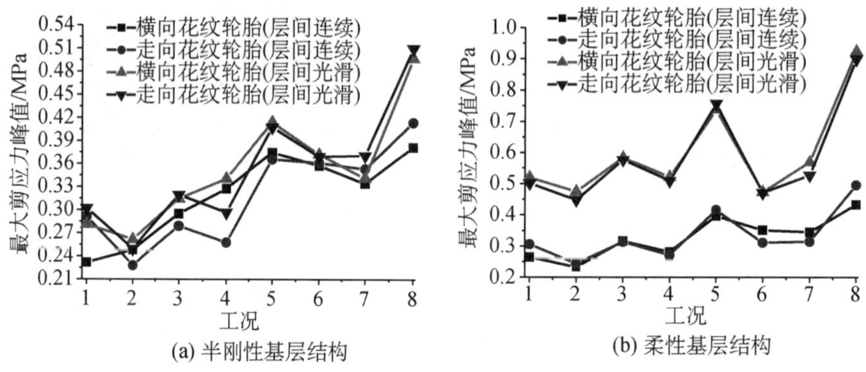


（1 为 460 kPa/3 750 kg，2 为 600 kPa/2 500 kg，3 为 3 600 kPa/3 750 kg，4 为 810 kPa/2 500 kg，5 为 810 kPa/5 000 kg，6 为 1 050 kPa/1 900 kg，7 为 1 050 kPa/2 500 kg，8 为 1 050 kPa/6 250 kg）

**图 2-37　相同工况下横向、走向花纹轮胎作用下最大剪应力峰值对比**

### 2.3.2　轻型轮胎荷载作用下的剪切响应

针对 6.5-16 型新、旧轮胎，选取实测的某些工况，采用有限元方法对路面结构的剪切响应进行分析。[1,2]

1. 最大剪应力分布和峰值位置

轻型轮胎荷载作用下路面结构层最大剪应力沿深度方向的分布与重型轮胎作用下的规

律类似。沥青面层最大剪应力峰值出现的位置，平面上基本在轮载接地面范围内，而在深度方向，结构 b 层间完全光滑时基本在沥青层层底，其余情况下基本位于沥青上面层的层中位置。

2. 结构层间接触条件

相同荷载工况下，对同样的路面结构及相同的接触条件，旧胎作用下的最大剪应力峰值要高于新胎作用下的剪应力峰值。同时，结构 a 在旧胎作用下，两种层间接触条件下的最大剪应力峰值大致相等，其余工况都是层间光滑接触的最大剪应力峰值要大于层间连续接触，如图 2-38 所示。

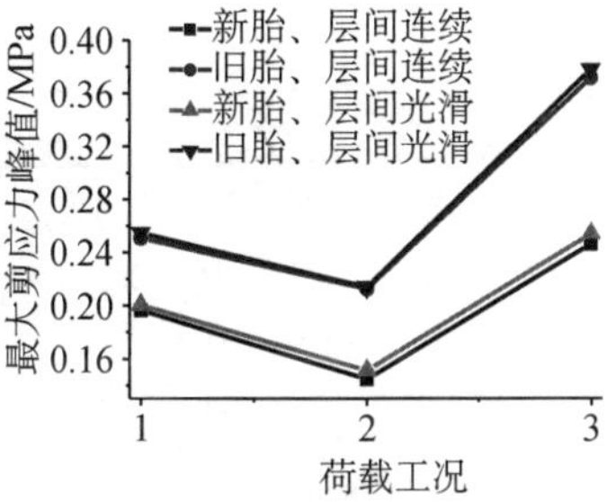

(a) 半刚性基层结构

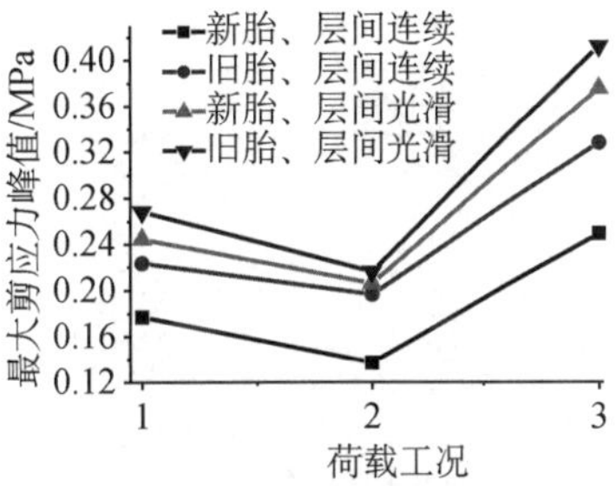

(b) 柔性基层结构

(1 为 250 kPa/1 073 kg，2 为 390 kPa/715 kg，3 为 390 kPa/1 788 kg)

**图 2-38　相同荷载工况下最大剪应力峰值的比较**

3. 荷载

对比图 2-39 中的(a)和(e)、(b)和(f)，在同样的工况下，新、旧轮胎作用下水平层面的最大剪应力分布规律相差很大。图 2-39(a)的新轮胎 390 kPa/715 kg，轮胎中间应力要比边缘应力高，呈现“凸形”，而对于图 2-39(e)的旧轮胎 390 kPa/715 kg，轮胎中间应力要比边缘部位低，呈现“凹形”；对比 390 kPa/1 788 kg 工况，虽然都是“凹形”分布，但旧胎的非均匀性更为显著。另外，还可以看出，相同胎压下随着负荷的增加，由“凸形”变化到“凹形”分布，如图 2-39 中的(a)～(d)，(g)，(h)，或者“凹形”分布越来越显著，如图 2-39 中的(e)和(f)。

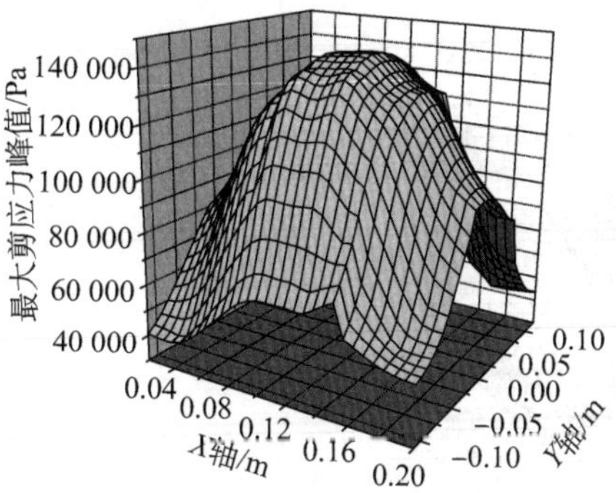

(a) 390 kPa/715 kg新胎半刚性基层

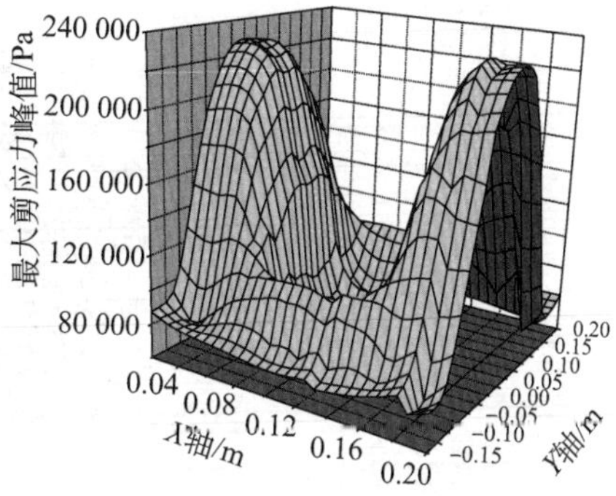

(b) 390 kPa/1 788 kg新胎半刚性基层

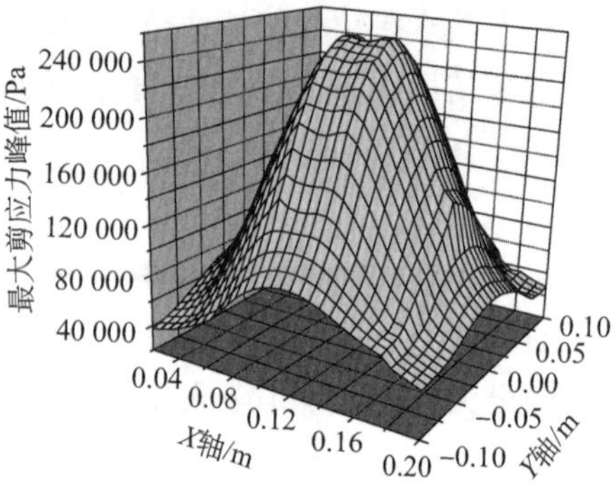


(c) 700 kPa/715 kg新胎半刚性基层

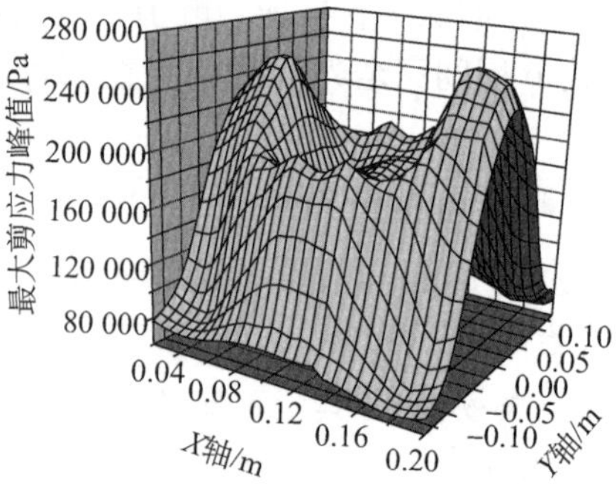


(d) 700 kPa/1 788 kg新胎半刚性基层

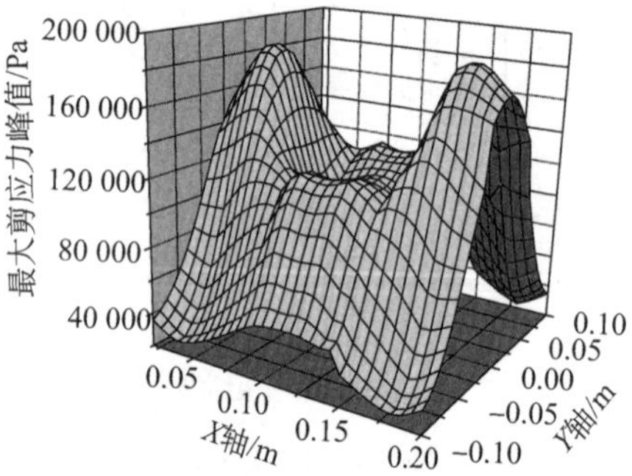


(e) 390 kPa/715 kg旧胎半刚性基层

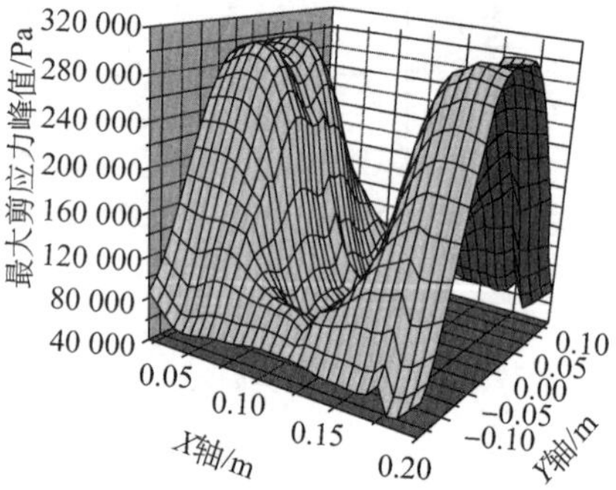


(f) 390 kPa/1 788 kg旧胎半刚性基层

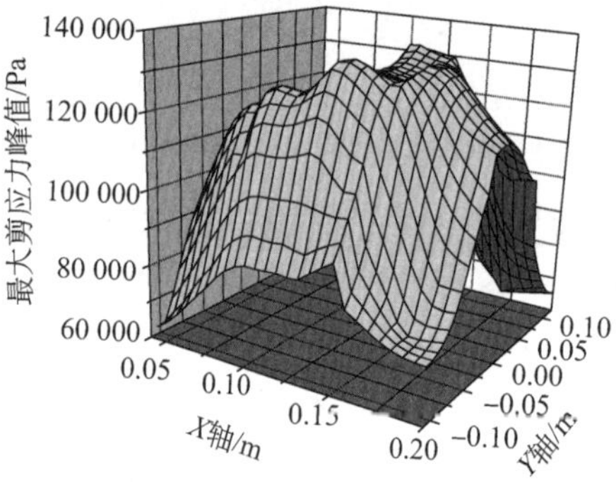


(g) 390 kPa/715 kg新胎柔性基层

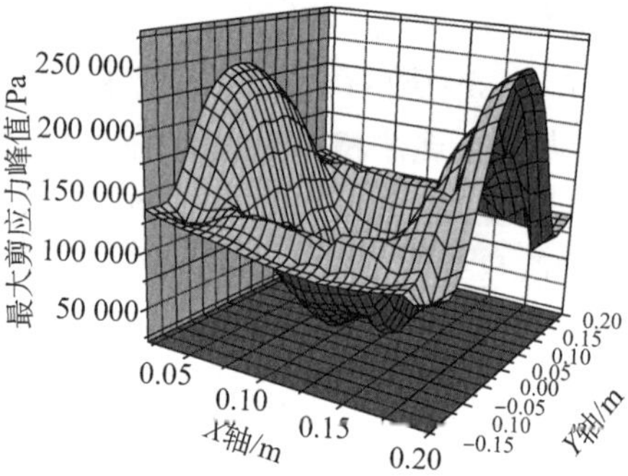


(h) 390 kPa/1 788 kg新胎柔性基层

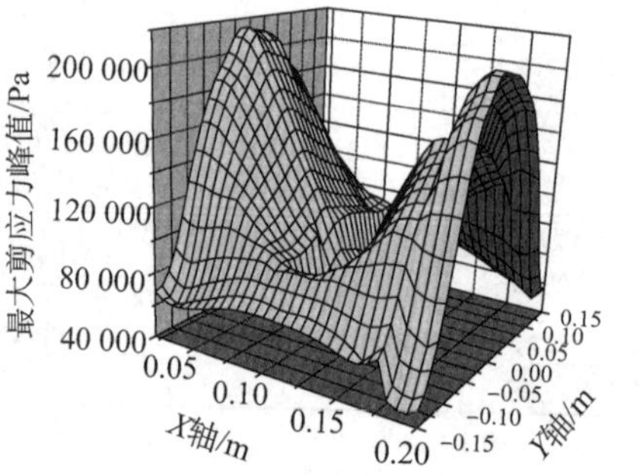


(i) 390 kPa/1 788 kg半刚性基层横向花纹

**图 2-39　路面某水平层面最大剪应力分布三维图(层间完全连续)**

相同负荷不同胎压时，旧轮胎作用下最大剪应力峰值的变化规律是：峰值随胎压的增大而增加，只是增加的幅度不同，如图 2-40 所示，不过荷载 715 kg 是个例外。这就说明，当负荷相同时，随着车辆胎压的变化，对路面的剪切作用也会发生改变。

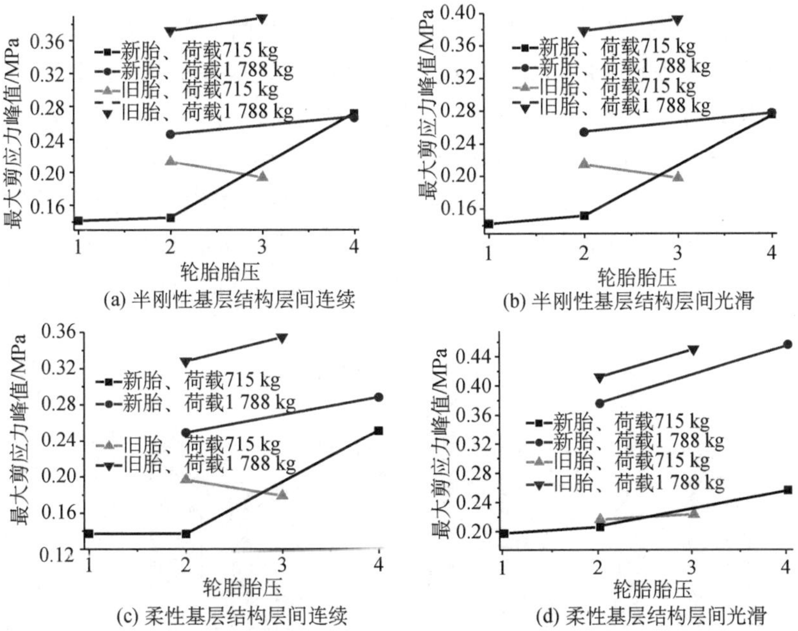


(a) 半刚性基层结构层间连续　(b) 半刚性基层结构层间光滑

(c) 柔性基层结构层间连续　(d) 柔性基层结构层间光滑

（1 为 250 kPa，2 为 390 kPa，3 为 530 kPa，4 为 700 kPa）

**图 2-40　相同负荷不同胎压工况下最大剪应力峰值的比较**

不管哪种路面结构，即使是低负荷，只要胎压较高，对路面结构的最大剪应力就非常显著，甚至并不低于较高负荷相对低胎压的情形。这与重载车辆的分析结论是一致的。

同样工况下，横向花纹轮胎和走向花纹新胎的最大剪应力峰值的比较见图 2-41。对结构 a，无论层间接触条件如何，横向花纹轮胎作用下最大剪应力峰值总是略小于走向花纹新胎作用下的最大剪应力峰值。对结构 b，无论层间接触条件如何，横向花纹轮胎作用下的最大剪应力峰值与走向花纹新胎作用下的最大剪应力峰值都基本相等。

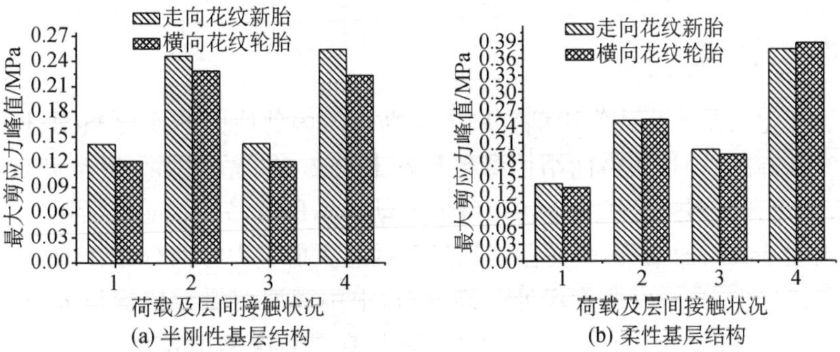


(a) 半刚性基层结构　(b) 柔性基层结构

（1 为 250 kPa/715 kg，层间连续状况；2 为 390 kPa/1 788 kg，层间连续状况；
3 为 250 kPa/715 kg，层间光滑状况；4 为 390 kPa/1 788 kg，层间光滑状况）

**图 2-41　不同花纹轮胎作用下最大剪应力峰值比较**

相同工况、相同路面结构参数，对比图 2-39 中的(b)和(i)可以发现，横向与走向花纹轮胎作用下同样路面深度水平面上的最大剪应力分布规律略有差别：走向花纹呈现的是“凹形”分布，而横向花纹所呈现的更接近于“V 形”分布。

关于最大剪应力峰值的位置，横向花纹与走向花纹轮胎的结果相近。

轻型货车在某些荷载超载或者胎压超标的情况下，路面沥青层最大剪应力峰值要比重型货车轮胎在标准工况(600 kPa/2 500 kg)下的值还要大(或者相近)，如图 2-42 所示。这说明，当轻型货车超载时(含负载的超载和胎压超标)，对路面结构产生的剪切影响并不一定比重型货车在额定荷载标准胎压状态下的影响要小。因此，轻型货车对路面的影响不容忽视。

综上所述，不仅车辆负荷对路面结构的最大剪应力峰值有影响，轮胎的花纹形式、胎压、甚至使用年限等都会对路面结构的最大剪应力峰值产生一定的影响。另外，同样的荷载工况下，路面结构组成和(或)层间接触条件的不同，最大剪应力峰值也会有所差别。

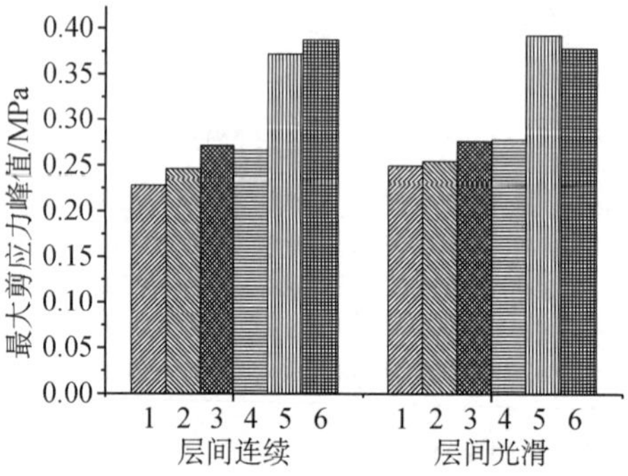


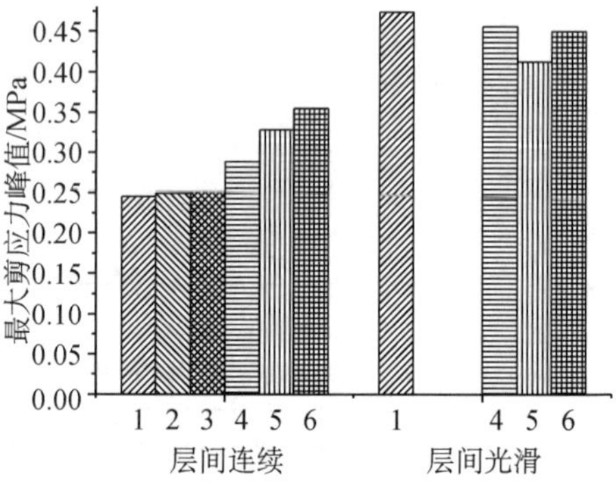


(1 为 11.00 型轮胎 600 kPa/2 500 kg；2～6 分别为 6.5 型走向花纹的新胎 390 kPa/1 788 kg，新胎 700 kPa/715 kg，新胎 700 kPa/1 788 kg，旧胎 390 kPa/1 788 kg，旧胎 530 kPa/1 788 kg)

**图 2-42　6.5-16 型与 11.00-20 型轮胎不同工况作用下最大剪应力峰值的比较**

4. *路面基层模量*

为了更好地了解路面结构内最大剪应力峰值的变化规律，针对走向花纹轮胎的部分工况，当结构 a 和结构 b 的基层模量变化时(只考虑层间完全连续的情形)，计算结构内力学响应的变化情况。分析只选取走向花纹新胎 250 kPa/715 kg 及 390 kPa/1 788 kg 两种工况。计算结果表明，两种路面结构的应力响应规律与重型轮胎的结果类似。

### 2.3.3　温度场的作用

温度场的变化以及与荷载作用耦合增大了沥青层内剪应力的变化幅度；杨瑞康对此进行了计算，采用的温度场景和路面结构参数与本书第 2.2.3 节相同。根据沥青混合料动态模量主曲线，可得到典型温度场景下各深度处的动态模量值，如图 2-43 所示。

对于半刚性基层路面结构，不同温度场景下的最大剪应力峰值分布如图 2-44 所示。由温度场景 2 可以看出，当路面温度场处于高温时，上中面层剪应力值均很大，且最大剪应力峰值位于 2～3 cm 深度处，为 0.2342 MPa，最大剪应力次峰值位于 5～6 cm 深度处，为 0.2283 MPa，二者仅相差约 3%。温度场景 1 和温度场景 3 比较类似，因此后续只对温度场景 1 和温度场景 2 进行分析。

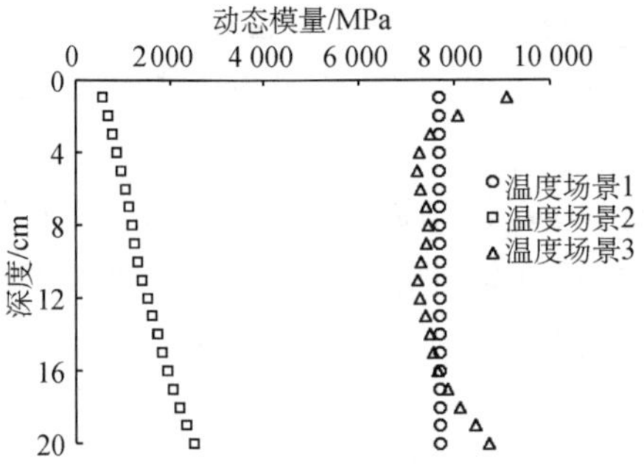


**图 2-43　动态模量计算值**

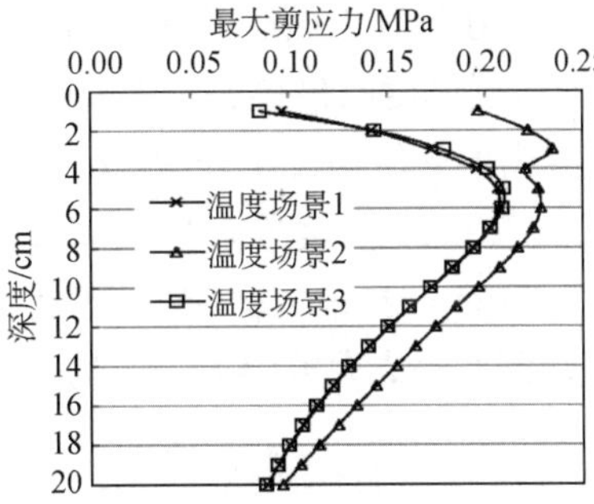


（沥青层厚度 200 mm；半刚性基层厚度 450 mm，模量 11 500 MPa；级配碎石底基层厚度 200 mm，模量 350 MPa；土基模量 40 MPa）

**图 2-44　三种温度场景下最大剪应力峰值分布**

图 2-45 给出了面层厚度的影响。对于温度场景 2，为了更清楚地说明面层厚度的影响，将六种不同面层厚度情况分别绘制图形，如图 2-46 所示。

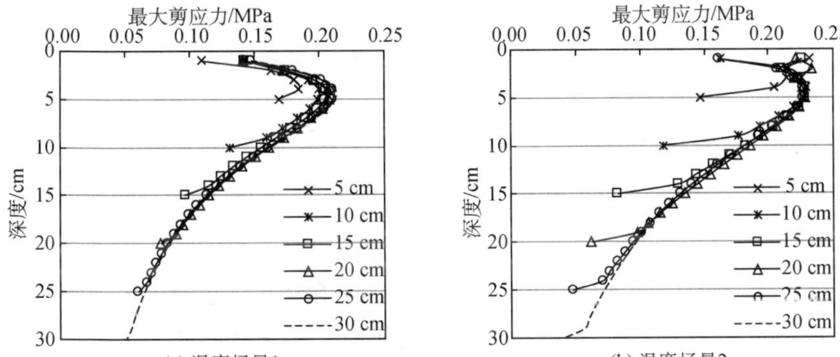


(a) 温度场景1　　(b) 温度场景2

**图 2-45　不同温度场景下面层厚度的影响**

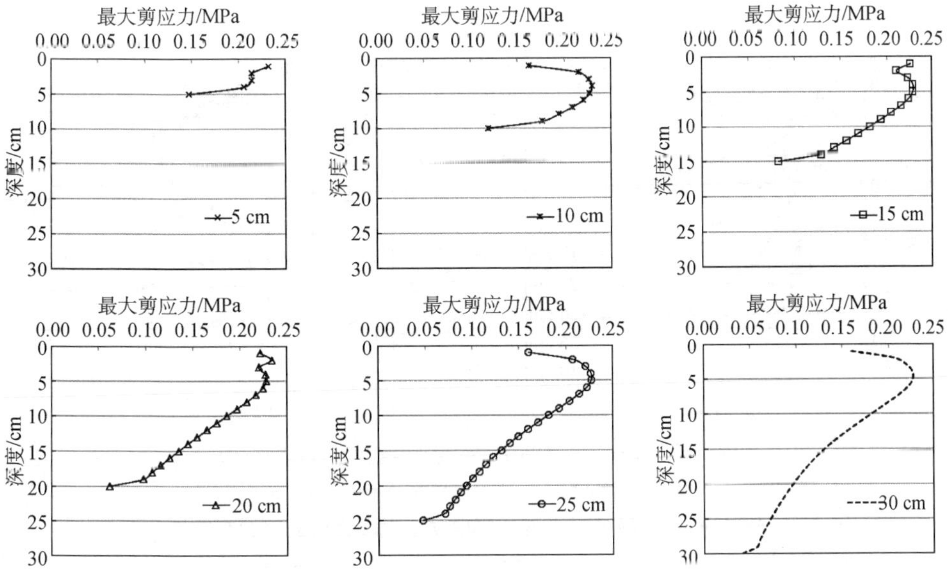


**图 2-46　温度场景 2 不同面层厚度对剪应力分布的影响**

对于温度场景 2,当面层厚度分别为 5 cm 和 20 cm 时,最大剪应力峰值位于 2～3 cm 深度处。其他面层厚度的最大剪应力峰值位于 5～6 cm 深度处。而对于温度场景 1 和温度场景 3,最大剪应力峰值均位于 5～6 m 深度处。

对于温度场景 2,当基层厚度为 35 cm 和 45 cm 时,最大剪应力位于 1～2 cm 深度处,当基层厚度为 25 cm 时,最大剪应力峰值位于 4～5 cm 深度处,如图 2-47 所示。对于温度场景 1 和温度场景 3,最大剪应力峰值均位于 4～5 cm 深度处。

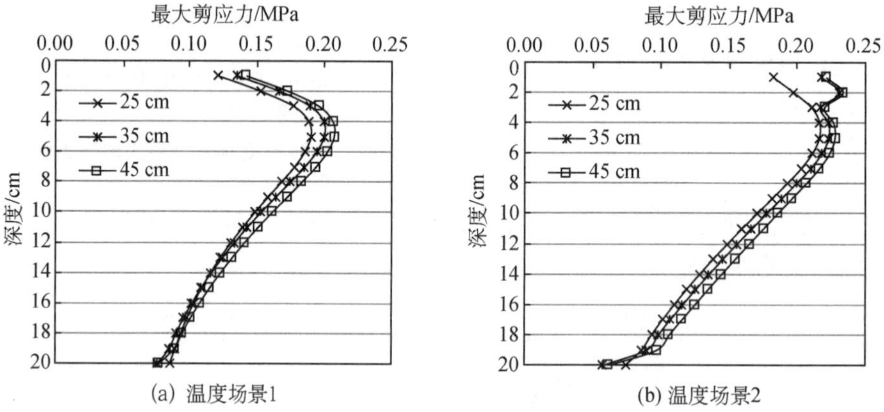


**图 2-47 不同温度场景下基层厚度对最大剪应力的影响**

对于级配碎石基层,面层厚度对剪应力的影响如图 2-48 所示。对于温度场景 2,当面层厚度小于等于 20 cm 时,最大剪应力峰值位于沥青层层底。当面层厚度为 25 cm 和 30 cm 时,最大剪应力峰值位于 5～6 cm 处。对于温度场景 1 和场景 3,最大剪应力峰值均位于沥青层层底。对于不同的基层厚度,各个场景下最大剪应力峰值均位于沥青层层底,如图 2-49 所示。

所以,不能简单地认为最大剪应力峰值都出现在沥青层的顶部。

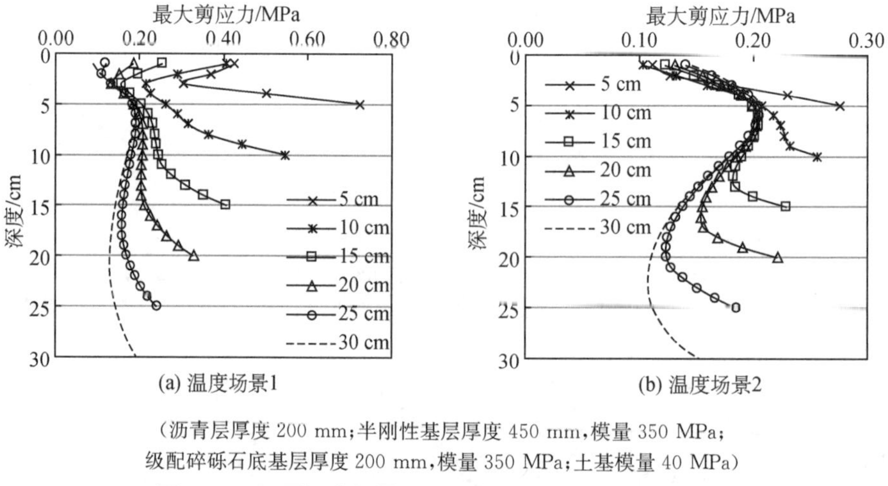


(沥青层厚度 200 mm;半刚性基层厚度 450 mm,模量 350 MPa;
级配碎砾石底基层厚度 200 mm,模量 350 MPa;土基模量 40 MPa)

**图 2-48 不同温度场景下面层厚度对最大剪应力的影响**

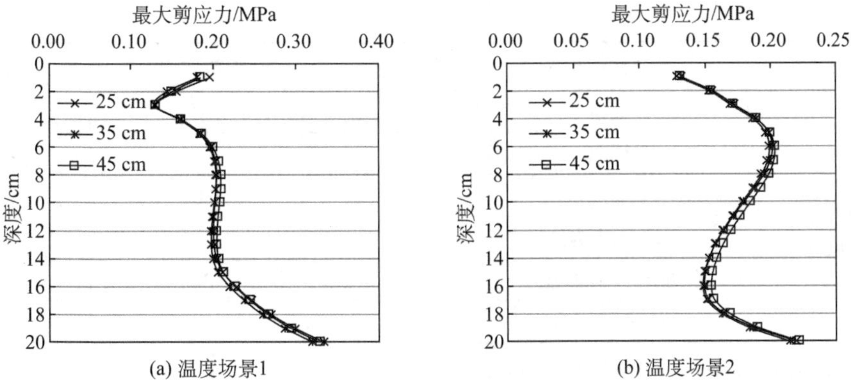


**图 2-49 不同温度场景下基层厚度的影响**

## 2.4 刚度协调原理

从以上分析可以看出，对路面结构而言，各层之间的相对刚度关系影响着结构的力学响应分布，计算并总结其中的影响规律将有助于指导结构设计和增加耐久性保障[1,4]。

在实践中，基层材料的种类最为复杂，模量变化范围非常大，所以这里重点分析基层模量的影响。半刚性基层具有良好的抗整体变形能力，我国的高等级公路沥青路面基本上都采用强度较高的半刚性基层和底基层材料，以增强路面对荷载的抗力。实际上，很多路面竣工验收时的弯沉值很小，其半刚性基层和底基层的模量已远远超过了设计采用的数值。为了分析这种高模量基层对路面结构应力场的影响，本书分别计算了半刚性基层模量取 500 MPa，700 MPa，1 000 MPa，1 500 MPa，2 000 MPa，3 000 MPa，5 000 MPa，7 000 MPa，10 000 MPa，15 000 MPa；碎砾石基层模量分别取 300 MPa，500 MPa，700 MPa，900 MPa，1 200 MPa，1 500 MPa 时的路面应力响应。对于面层沥青材料来说，模量参考我国 1997 年版《公路沥青路面设计规范》中的取值[3]，计算参数列于表 2-15。

**表 2-15 计算所用路面结构及其参数**

| 结构组合 | 结构层 | 厚度/cm | 回弹模量/MPa | 泊松比 |
|---|---|---|---|---|
| 结构 A（上海地区典型半刚性基层路面） | 沥青上面层 | 4 | 1 200 | 0.35 |
| | 沥青中面层 | 5 | 1 100 | 0.35 |
| | 沥青下面层 | 6 | 1 000 | 0.35 |
| | 半刚性基层 | 45 | * | 0.20 |
| | 碎砾石底基层 | 15 | 350 | 0.35 |
| | 土基 | — | 35 | 0.40 |
| 结构 B（厚沥青层柔性基层路面） | 上面层 | 4 | 1 200 | 0.35 |
| | 中面层 | 6 | 1 100 | 0.35 |
| | 下面层 | 20 | 1 000 | 0.35 |
| | 级配碎石基层 | 30 | * | 0.35 |
| | 土基 | — | 35 | 0.40 |

（续表）

| 结构组合 | 结构层 | 厚度/cm | 回弹模量/MPa | 泊松比 |
|---|---|---|---|---|
| 结构 C（厚沥青层半刚性基层路面） | 上面层 | 4 | 1 200 | 0.35 |
| | 中面层 | 6 | 1 100 | 0.35 |
| | 下面层 | 20 | 1 000 | 0.35 |
| | 半刚性基层 | 30 | * | 0.20 |
| | 级配碎石底基层 | 20 | 350 | 0.35 |
| | 土基 | — | 35 | 0.40 |

注：* 代表变化的数值，由上文中基层模量取值范围给出。

荷载采用重载车型，分别考虑：

（1）工况 1：标准工况 600 kPa/2 500 kg；

（2）工况 2：标准胎压和超载 600 kPa/3 750 kg；

（3）工况 3：高胎压和欠载 1 050 kPa/1 900 kg；

（4）工况 4：高胎压和超载 1 050 kPa/6 250 kg。

### 2.4.1 基层模量影响的进一步分析

1. 仅考虑竖向力作用

这四种工况基本可以反映当前实际道路上对路面损害作用最大的几种荷载状况，剪应力计算结果如图 2-50 所示。

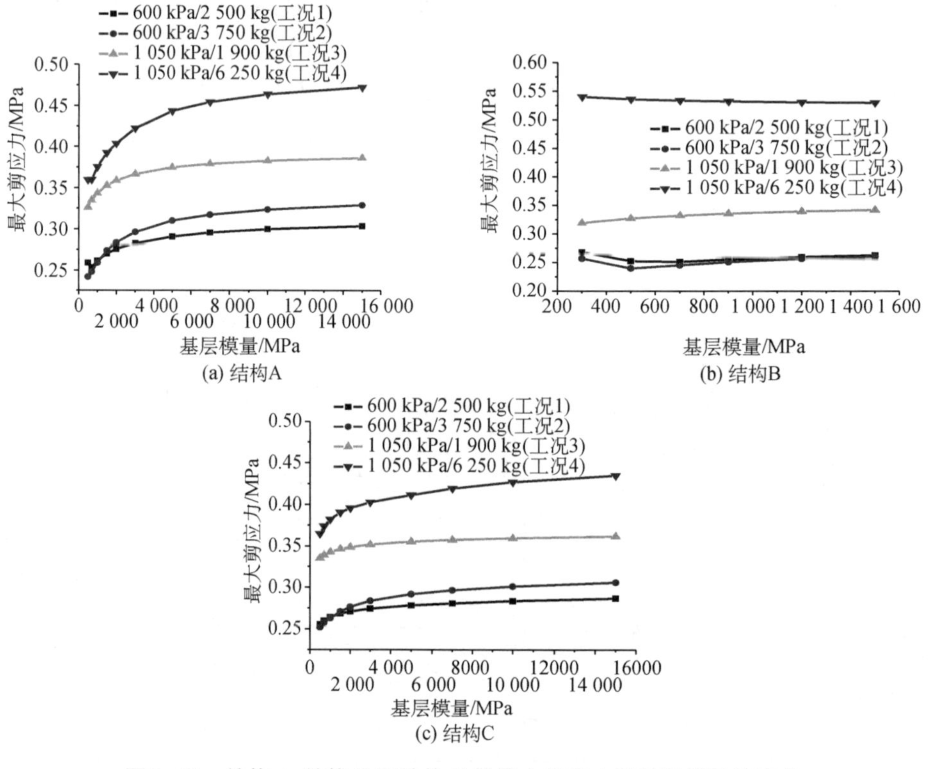


图 2-50　结构 A、结构 B 和结构 C 的最大剪应力随基层模量的变化

从计算结果分析可知，基层模量的影响比较复杂，因荷载和路面结构的不同而有所区别。

对于结构 A，工况 1 的最大剪应力曲线出现了一个关于基层模量的极小值点，此时工况 1 对应结构的基层模量为 700 MPa。其余三种工况的最大剪应力曲线都是单调递增（基层模量进一步减小时将会出现极小值点），即随着基层模量的增大，面层最大剪应力增大。

对于结构 C，四种工况的最大剪应力曲线都是单调递增。还可以看出，沥青层厚度的增大削弱了基层模量对面层剪应力的影响，使相同条件下结构 C 的最大剪应力增幅小于结构 A 的最大剪应力增幅。

对于结构 B，工况 1 和工况 2 的最大剪应力曲线都出现了一个极小值点，此时工况 1 和工况 2 所对应的结构的基层模量分别为 700 MPa 和 500 MPa。工况 3 的最大剪应力曲线则是单调递增的，而工况 4 的最大剪应力曲线是单调递减的。但是，这四种工况的减增幅度都比较小。这可能是结构 B 所采用的柔性基层的模量变化范围较小的缘故。

结构 B 和结构 C 的沥青层厚度均为 30 cm，在模量大概一致的范围内对比结构 B 和结构 C，工况 1、工况 2 和工况 3 所产生的最大剪应力差别较小，而工况 4 条件下结构 B 比结构 C 要大一些，说明当基层很弱时在超载下会产生更大的剪应力。

荷载形式对路表面的剪应力场的影响非常大。对于结构 A 和结构 C 来说，四种工况下路面中最大剪应力值的排序是：工况 4＞工况 3＞工况 2＞工况 1。高胎压和超载的工况 4 产生的剪应力最大。工况 3 虽然轴载最小，但是胎压过高，产生的剪应力也很大，这说明轮胎充气压力和轴载比例不合理会导致轮胎接地压力的非均布效应更为显著，从而产生更大的剪应力，对路面的损伤也更严重。由最大剪应力数值可以看到，工况 4 所产生的最大剪应力值相对于工况 1 的增幅一般可达 38％～55％，相当惊人。

综合各种路面结构和荷载工况，基层模量太小或太大对面层抗剪都是不利的。合理的基层模量范围可以降低面层剪应力。

图 2-51 为基层模量的变化对沥青层底弯拉应变的影响，可以说这个规律是显而易见

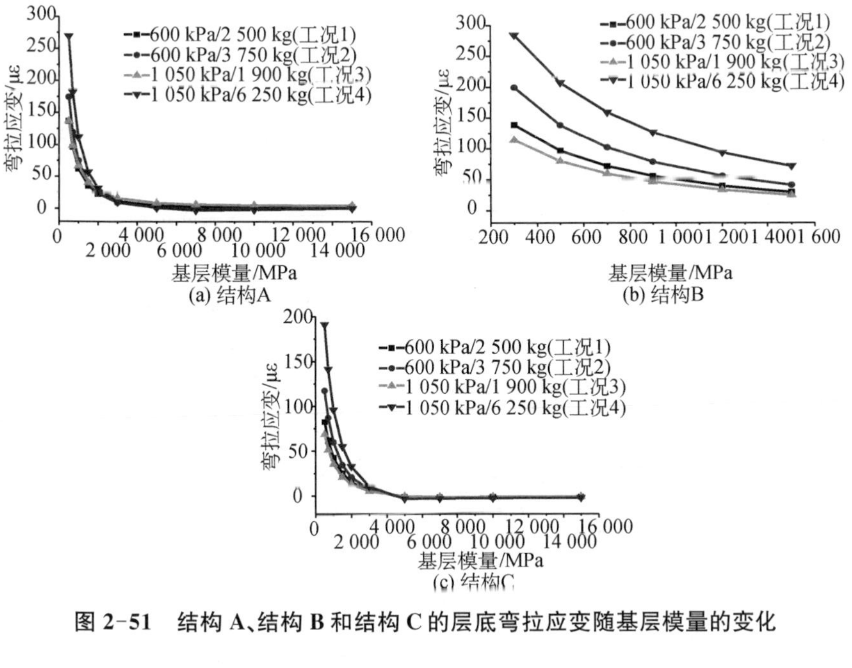


图 2-51　结构 A、结构 B 和结构 C 的层底弯拉应变随基层模量的变化

的。同时，结合图 2-50 的结果可以看出，决定沥青层底弯拉应变大小的主导因素是荷载的大小，决定剪应力大小的主导因素是荷载大小和轮胎-路面接触压力。

2. 考虑水平力作用

考虑纵坡坡度时切向水平力的影响，施加一个水平力，假设按坡度 5%分解垂直力和水平力。仍然选用表 2-15 所用的三种路面结构，荷载采用标准工况 600 kPa/2 500 kg。据此，李峰进行了计算分析，计算结果如表 2-16—表 2-18 所列[5]，考虑坡度时产生水平力影响的最大剪应力如图 2-52 所示。

**表 2-16　　考虑水平力影响的结构 A 最大剪应力**

| 基层模量/MPa | 500 | 700 | 1 000 | 1 500 | 2 000 | 3 000 | 5 000 | 7 000 | 10 000 | 15 000 |
|---|---|---|---|---|---|---|---|---|---|---|
| 最大剪应力/MPa | 0.2751 | 0.2572 | 0.2583 | 0.2673 | 0.2731 | 0.2805 | 0.2884 | 0.2935 | 0.2980 | 0.3018 |

**表 2-17　　考虑水平力影响的结构 B 最大剪应力**

| 基层模量/MPa | 300 | 500 | 700 | 900 | 1 200 | 1 500 |
|---|---|---|---|---|---|---|
| 最大剪应力/MPa | 0.2829 | 0.2658 | 0.2557 | 0.2526 | 0.2567 | 0.2599 |

**表 2-18　　考虑水平力影响的结构 C 最大剪应力**

| 基层模量/MPa | 500 | 700 | 1 000 | 1 500 | 2 000 | 3 000 | 5 000 | 7 000 | 10 000 | 15 000 |
|---|---|---|---|---|---|---|---|---|---|---|
| 最大剪应力/MPa | 0.2529 | 0.2571 | 0.2612 | 0.2656 | 0.2683 | 0.2718 | 0.2759 | 0.2784 | 0.2810 | 0.2843 |

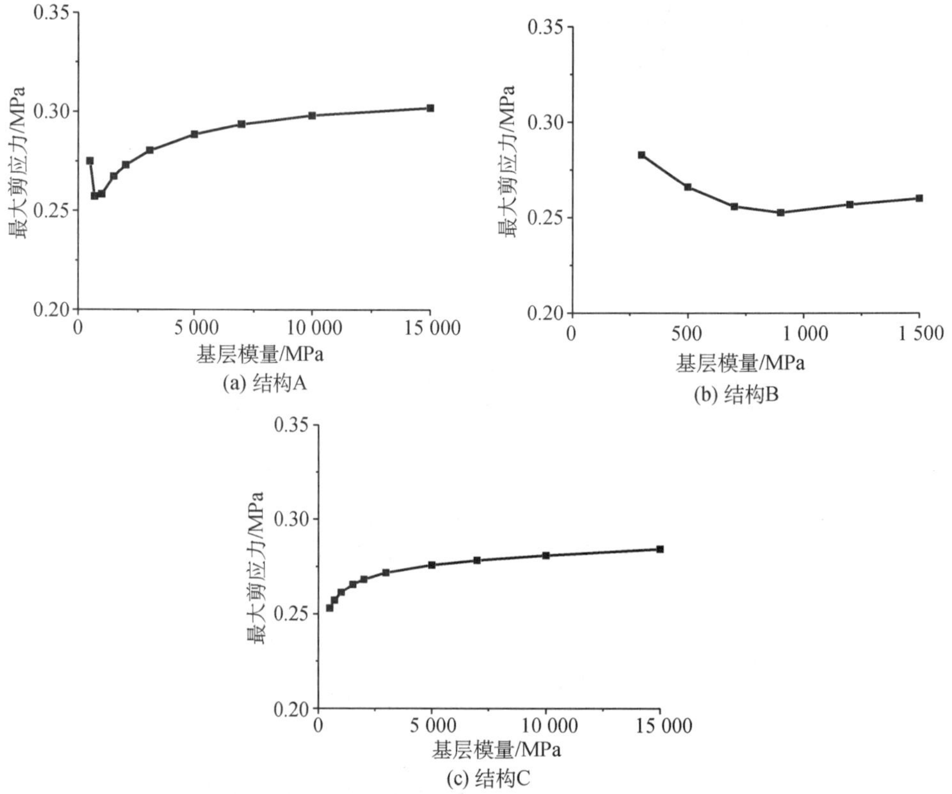


**图 2-52　考虑坡度时产生水平力影响的最大剪应力**

分析结果表明，当考虑坡度5%产生的水平力作用时，最大剪应力的数值基本没有太大变化；当基层模量较大时，随着基层模量增大，剪应力增大；当基层模量较小时，不同的路面结构出现不同的变化规律，这与前面的情况是类似的。这说明坡度为5%时所产生的水平力分量是较小的。

3. *考虑沥青层模量梯度影响的剪应力分析*

在许多场合，如高温、低温、老化等都会使沥青层模量出现很大的变化，即在沥青层中出现模量梯度。高温时，表面层平均温度高于中面层；低温时，表面层平均温度低于中面层。沥青混合料的老化通常仅限于表面层很浅范围，这导致表面层老化变硬。因此，有必要对这些由模量梯度引起的沥青路面应力变化情况进行研究[6]。

上海地区日平均最高气温为 $T_a = 37.3$ ℃，相应的太阳辐射强度为 $Q = 0.6552$，此前5小时平均气温为 $T_{a5} = 35.94$ ℃，此前5小时平均太阳辐射强度为 $Q_5 = 0.7$，分别代入路面温度预估式[8]，可得：

$$T_p = -0.008H^3 + 0.19H^2 - 2.141H + 56.526 \tag{2-1}$$

对式(2-1)在深度 $H$ 方向 0～4 cm 和 4～9 cm 范围内分别进行积分：

$$\int T_p \mathrm{d}H = \int (-0.008H^3 + 0.19H^2 - 2.141H + 56.526)\mathrm{d}H \tag{2-2}$$

得

$$\int_0^4 T_p \mathrm{d}H = 212.527,\ 0 \sim 4\ \text{cm 的平均温度为 } 53.13\ ℃, \tag{2-3}$$

$$\int_4^9 T_p \mathrm{d}H = 211.76,\ 4 \sim 9\ \text{cm 的平均温度为 } 42.35\ ℃。 \tag{2-4}$$

根据上述积分计算可知，夏季沥青表面层的平均温度比中面层约高出10 ℃。

沥青路面的老化主要发生在路表面，使用年数越久，老化程度越高。老化使路表面沥青混合料的回弹模量提高。对于一定使用年限的路面进行钻芯取样，测得不同使用年限的混合料的回弹模量在2 500～5 500 MPa[9]。

对于沥青混合料温度-模量的关系，这里参考了国内外的一些研究[10,11]，其中文献[10]的两个回归公式见式(2-5)和式(2-6)。参考文献[9]和文献[12]，对老化后的混合料回弹模量取值3 000 MPa。综合考虑各种因素，本节计算取如下四种模量组合，见表2-19，对于下面层的模量，由于受温度等外界因素影响较小，为了简化计算，参照1997年版《公路沥青路面设计规范》(JTJ 014—1997)[3]均取为700 MPa。

$$\text{表面层：} \lg E = 6.56495 - 0.01178T^{0.995} \tag{2-5}$$

$$\text{中面层：} \lg E = 6.32456 - 0.00012T^{2.51} \tag{2-6}$$

式中 $E$ ——弹性模量(psi)；

$T$ ——华氏温度。

表 2-19　　上、中面层模量及模量比

| 极端情况 | 高温 | 常温 | 低温 | 常温+老化 |
| --- | --- | --- | --- | --- |
| 上面层模量/MPa | 350 | 1 200 | 4 000 | 3 000 |
| 中面层模量/MPa | 500 | 1 000 | 3 000 | 1 000 |
| 模量比 | 0.7 | 1.2 | 1.3 | 3.0 |

采用三种荷载形式(双圆均布荷载、600 kPa/2 500 kg 和工况实测荷载 1 050 kPa/6 250 kg)进行力学分析,采用表 2-20 所示路面结构。

表 2-20　　计算所用的路面结构及其参数

| 结构层 | 厚度/cm | 回弹模量/MPa | 泊松比 |
| --- | --- | --- | --- |
| 沥青上面层 | 4 | * | 0.35 |
| 沥青中面层 | 5 | * | 0.35 |
| 沥青下面层 | 6 | 700 | 0.35 |
| 半刚性基层 | 45 | 1 500 | 0.20 |
| 碎砾石底基层 | 15 | 350 | 0.35 |
| 土基 | — | 35 | 0.40 |

注:* 代表变化的数值,由表 2-19 给出。

从表 2-20 和图 2-53 中可以看出,高温、低温及老化产生的沥青层模量梯度导致了较高的剪应力。从表 2-21 中可以看到,高温、低温及老化产生的剪应力增量在 20%以上,最高可达 90%。在完全弹性的假设条件下,高温时模量比较小,最大剪应力较大。此时,沥青混合料的抗剪强度下降了很多。日本的调查认为,阴凉路段(如立交桥下路面)不易出现 Top-Down 开裂,这表明高温下混合料的抗裂能力下降,容易出现 Top-Down 开裂。

表 2-21　　剪应力计算结果及增量

| 荷载形式 | 模量比 | | | |
| --- | --- | --- | --- | --- |
| | 0.7 | 1.2 | 1.3 | 3.0 |
| 双圆均布荷载 | 0.1682<br>(18.2%) | 0.1423<br>(—) | 0.2604<br>(83.0%) | 0.2765<br>(94.3%) |
| 600 kPa/2 500 kg | 0.2849<br>(17.8%) | 0.2419<br>(—) | 0.3266<br>(35.0%) | 0.3175<br>(31.2%) |
| 1 050 kPa/6 250 kg | 0.4191<br>(21.8%) | 0.3442<br>(—) | 0.4514<br>(31.1%) | 0.4269<br>(24.0%) |

注:(　)内为增量。

低温会导致路表面剪应力增大,但此时的抗力也较大。老化使得沥青表面层模量增大,模量比随之增大,剪应力也增大。施工中混合料离析使得沥青混合料模量变异性大。施工中压实不足,孔隙率大,易加速混合料老化。

因此,沥青面层的模量梯度是影响路面最大剪应力的显著性因素。在某些极端情况下可能会出现极大的剪应力。因此,在沥青路面结构应力分析中若忽略这些极端情况,分析则是不全面的。

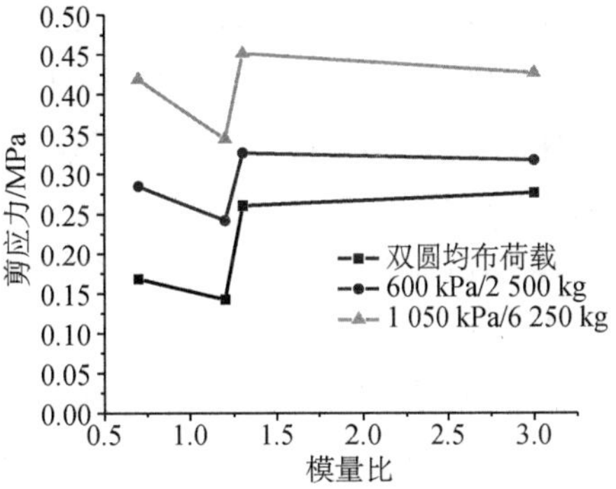


**图 2-53　最大剪应力随中上面层模量比的变化**

## 2.4.2　刚度协调原理

1. 拉-剪协调

基于上述分析可以认为,高模量基层能获得较小的沥青层底弯拉应变、基顶压应变和弯沉;但同时,基层模量的增大又使得面层剪应力增大。并且,重车、超载高胎压或欠载高胎压等工况对路面非常不利,产生的剪应力绝对数值很大。因此,由于基层模量增大而导致的面层剪应力值的增量相当可观。不利工况加上基层高模量产生的较大剪应力对路面的损害相当大。

低模量基层会产生较大的沥青层底弯拉应变、基顶压应变和弯沉。在图 2-54 中,绘制了路面沥青层底弯拉应变、基顶压应变和面层最大剪应力变化的比较。从图中可以清楚地看出,基层模量影响比较复杂,当基层模量太小时,将造成沥青层底面的弯拉应变过大,而基层模量太大时,又将造成沥青顶部的剪应力过大。这样剪应力指标和弯拉应变指标便成为一对对偶指标,对基层模量的选择形成了双向制约机制,这有利于路面结构的整体均衡,使基层模量太小或太大都是不利的,1 000～3 000 MPa 比较能够兼顾剪切和弯拉的影响,实际施工中也许可以将基层模量控制在 1 000～5 000 MPa 之间。

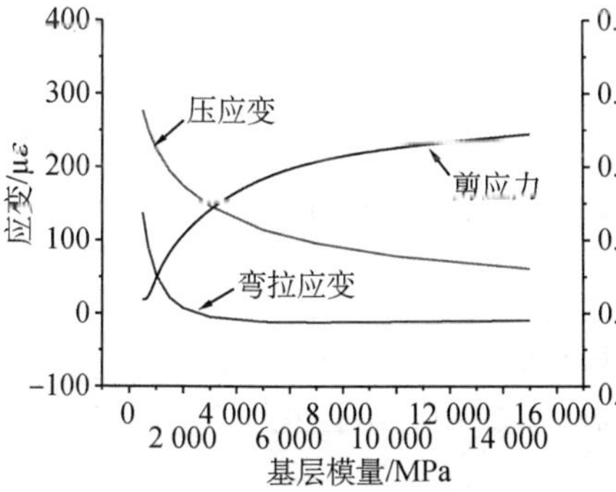


(a) 基层模量(绝对值)对力学指标的影响

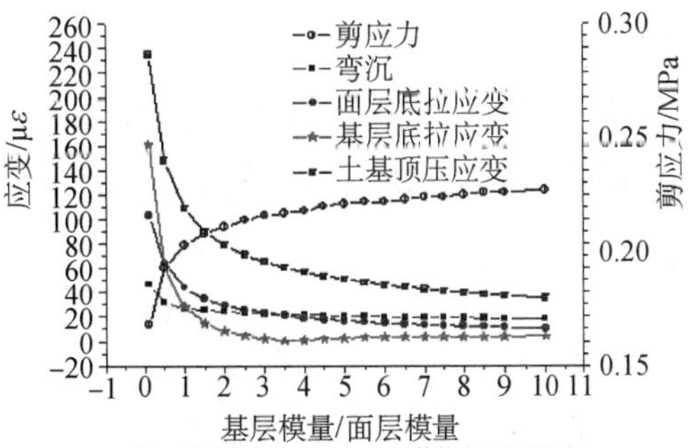


(b) 基层模量(相对值)对力学指标的影响

**图 2-54　结构 A 的弯拉应变、压应变、最大剪应力随基层模量的变化**

另外,从分析中可以发现,纯粹的柔性基层(级配碎石)在力学性能上是不利的,不仅表现在弯沉增大和层底弯拉应变增大,而且沥青层顶部剪应力也很大。国外大多采用柔性基层,但对重交通路面使用的基层是沥青混合料,级配碎石仅相当于底基层的作用。半刚性基层在力学性能上表现良好，但应是真正的半刚性基层，而不是刚性基层。

因此，使用热拌沥青混合料（Hot Mixture Asphalt，HMA）基层可能是最佳选择。在力学性能上，HMA 基层的弯沉、弯拉应变都小于柔性基层，表面层的剪应力也小于模量特别大的半刚性基层。在材料性能上，富含沥青的 HMA 基层的抗疲劳性能也较好，不易出现半刚性基层的常见损坏——反射裂缝。相对于半刚性基层而言，HMA 基层有较强的抗水损坏能力。

不过，图 2-54 的分析可能过于简单，基层合理模量范围的选择不仅仅是荷载一次作用下的力学问题，还与沥青层底面材料的弯拉疲劳特性和沥青层顶部材料的剪切（疲劳）特性有关。但不可否认，图 2-54 表明了确定基层模量范围的基本理念。

杨瑞康计算了基层厚度、沥青层厚度的影响，发现了类似的规律，如图 2-55、图 2-56 所示。为了绘图方便，将不同指标值进行了归一化处理，即将每种情况的值均除以该种情况的最大值。

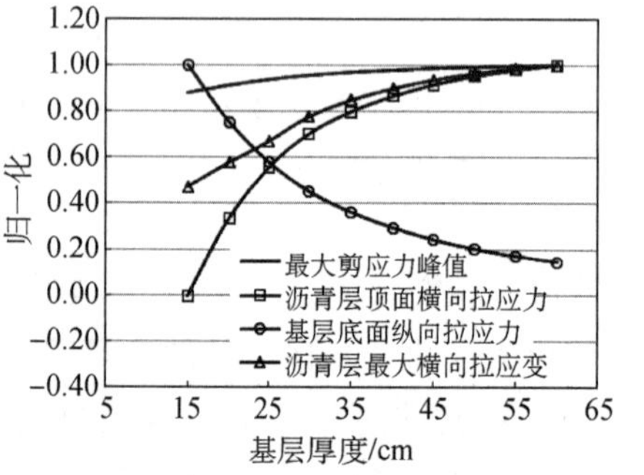


**图 2-55　应力或应变随着基层厚度的变化**

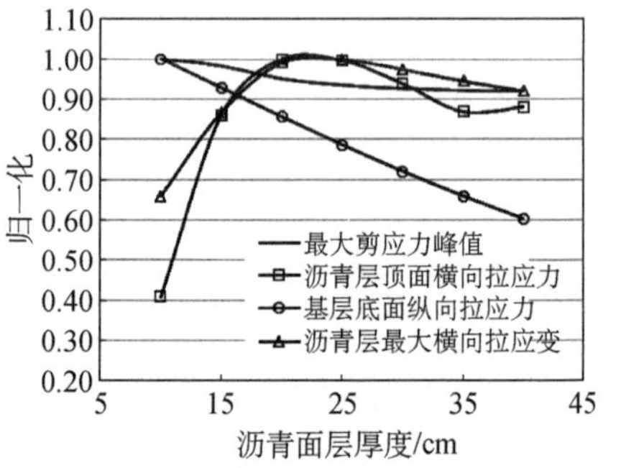


**图 2-56　应力或应变随着沥青面层厚度的变化**

2. 拉-拉考虑

对半刚性基层路面而言，随着基层模量的增大，沥青层顶面的拉应力也随之增大，与沥青层内剪应力的变化趋势相同，而与沥青层底面的拉应变或沥青层内的最大拉应变的变化规律相反。

基层厚度对沥青层顶面拉应力、基层底面拉应力的影响如图 2-57 所示。实际上，基层厚度对沥青层内最大剪应力峰值影响的规律与沥青层顶面拉应力是类似的。

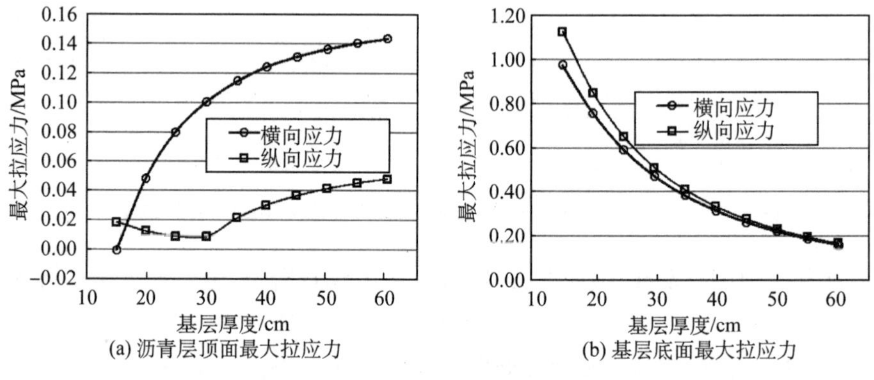


**图 2-57　沥青层顶面最大拉应力（左）、基层底面最大拉应力（右）随基层厚度的变化**

以上只是部分分析，可能还有其他组合。但这些结果已经说明，路面结构层刚度组合对路面结构内部的受力状况的影响是十分复杂的，刚度组合的协调性对减小路面结构内的应力在某一指标上的过度集中、改善路面结构的耐久性具有关键作用。当然，还应同时考虑各结构层材料的疲劳抗力。

## 2.5 小结

### 2.5.1 路面结构受力状况小结

由前面的分析可以得出，不同路面结构在不同的轮胎型号、不同花纹以及不同作用工况下，路面结构的力学响应有以下一些基本特点：

(1) 相同型号不同花纹的轮胎，对同样的路面结构所表现出来的应力响应并不一样。不同使用年数的轮胎所造成的应力响应也不一样，新胎要比旧胎对路面的作用更友好。

(2) 就沥青层的受剪特性而言，荷载大小对路面结构的最大剪应力固然会有影响，但车辆轮胎胎压的影响也不容忽视。当胎压过高时，尤其重型货车轮胎，即使是在低负荷时对沥青面层最大剪应力的影响也十分显著，甚至出现超过额定工况一定量超载的情形，同时，产生于路表的最大拉应力的量值也较大。轻型货车对路面结构的应力影响不容忽视（包括最大剪应力和最大拉应力），尤其当其负荷超载或者胎压超限时，对路面的不利影响并不一定会小于重型货车在额定情形甚至小额超载情形下的。因此，从路面结构的剪切特性而言，轻型货车，尤其是当其处于超载状态时，不容忽视。

(3) 最大剪应力峰值的大小与基层模量大小相关，而且其影响程度与路面结构组成有较大的关系。当路面结构组成一定时，基层模量就剪切应力而言存在一个最佳值。

就理论弯沉来说，随着基层模量的增加，弯沉值会减小。而从本书的计算结果可以看出，很多情况下，沥青层的最大剪应力峰值会随着基层模量的增加而增大。因此，基层模量的提高，尽管对路面结构的整体强度（弯沉）是有利的，但对沥青层的剪切影响却是不利的。

(4) 在本次计算范围内的模量取值，最大剪应力峰值受面层模量变化的影响，与路面结构组成有相当大的关系。当路面结构组成不同时，既有可能随面层模量的增大而增大，也有可能随面层模量的增大而减小。柔性基层结构的最大剪应力受沥青面层模量的影响，要比半刚性基层结构受沥青面层模量的影响显著得多（包括仅上面层模量变化的影响）。这说明，当路面结构为柔性基层时，面层材料的模量不宜太大，或者说，面层材料和基层材料的模量相差不宜太大。

(5) 总体说来，沥青面层材料模量与基层材料模量接近时，沥青面层结构的受力处于相对较好的状态；当基层材料模量高于面层材料模量，且相差越大时，对沥青面层结构最大剪应力的不利影响就越大；当面层材料模量高于基层材料模量，且相差越大时，对沥青面层结构弯拉应力的不利影响就越大。

(6) 最大剪应力沿深度方向的变化（平面坐标相同）：同样轮胎相同负荷，随着胎压的不同，面层内沿深度方向分布会有所差异，而在基层及以下，其分布基本相同；同样轮胎相同胎压，随着负荷的不同，面层及基层内的分布均有所差异。

(7) 整个沥青面层最大拉应力的位置，结构a层间完全连续时，最大拉应力值发生在沥青层表面；结构a层间完全光滑、结构b层间完全连续和完全光滑时，最大拉应力值发生在沥青层层底。结构a层间完全连续时，沥青结构层的最大拉应力值是$\sigma_x > \sigma_y$；而当结构a层间完全光滑、结构b层间完全连续和完全光滑时，沥青结构层的最大拉应力值是$\sigma_y > \sigma_x$。

(8) 同样的路面结构，层间光滑接触的最大拉应力要大于层间连续接触的值。半刚性基层结构沥青层的最大拉应力受层间接触条件的影响要小于柔性基层结构受层间接触条件的影响。

(9) 沥青层层底最大拉应变出现的位置、大小以及作用方向，除了与结构的类型(包括组成和层间接触条件)、基层模量、面层模量以及荷载工况有一定的关系外，还与荷载作用工况(包括胎压和负荷)以及轮胎的新旧有一定关系，但与轮胎的花纹形式关系不大。

(10) 路基顶面最大压应变的变化规律与基层模量、面层模量的大小有一定的关系，而且其变化幅度受路面结构组成和层间接触条件的影响，但与轮胎胎压及轮胎花纹形式、轮胎新旧无关，不过其量值的大小与轮胎负荷有关。

根据上述分析结果，精心进行路面结构组合设计、谨守结构层之间刚度协调原理是十分必要的。

### 2.5.2 对车辆超载的重新定义

传统意义上的超载仅指车辆的当前负荷高于其额定荷载或轴载限。事实上，从本章的分析结论可知，无论是重型货车还是轻型货车，当其轮胎胎压超过该型号轮胎胎压的限定值[各种型号轮胎胎压的限定范围见国家标准《载重汽车轮胎》(GB 9744—2015)]而车辆负荷虽不超过额定负荷时，对路面结构的不利影响也是十分显著的。因此，从路面结构的力学响应特点出发，本书建议将超载进行重新定义。

狭义的超载：仅指车辆的当前负荷超过该车的额定负荷。

广义的超载：不仅指车辆的当前负荷超过该车的额定负荷，还包括车辆当前轮胎胎压超过相应型号轮胎胎压限定范围的状况。也就是说，只要车辆当前负载、车辆当前轮胎胎压的任一指标超过该车的额定负荷或该车轮胎型号相应的胎压限定范围时，就该被视为超载。考虑充气压力的大小，超载可以分为五种工况：

(1) 轴重超过法定重量，轮胎胎压不超过额定胎压；

(2) 轴重超过法定重量，轮胎胎压超过额定胎压；

(3) 轴重超过额定重量但没有超过法定轴载限，轮胎胎压不超过额定胎压；

(4) 轴重超过额定重量但没有超过法定轴载限，轮胎胎压超过额定胎压；

(5) 轴重不超过额定重量，轮胎胎压超过额定胎压。

目前所说的超载主要是指工况(1)和工况(2)，而忽视了工况(3)、工况(4) 和工况(5)。实际上，从剪切指标来分析，工况(3)、工况(4)和工况(5)所造成的危害同样十分严重。工况(1)的轮胎-路面接触压力分布是鞍形(凹形)，造成的剪应力本来就很大，再加上超载的作用，剪应力将大大增加。工况(2)的轮胎-路面接触压力分布虽然相对均匀，但因接触压力数值增加，剪应力也将相应增加。工况(3)的轮胎-路面接触压力分布也是鞍形(凹形)，虽然此时车辆轴重小于法定重量，但所产生的剪应力可能接近甚至大于标准(法定)荷载所产生的剪应力。工况(5)的轮胎-路面接触压力分布是凸形，此时车辆轴重是小于额定重量的，但它所产生的剪应力与工况(3)类似，也就是说，虽然车辆负荷小于标准轴载，但对路面的损伤大于标准轴载，此时传统的轴载换算方法失效。所以，超过额定轴重的车辆或轮胎胎压超过限定范围的车辆，不管其轴重是否超过法定轴载限，或者小于标准轴载的车辆但其轮胎胎压要高于其额定胎压，对路面的损伤作用都是十分严重的。同时，对那些“轻型超重车辆”的管理也应十分严格。工况(4)的影响与工况(2)相似。

**参考文献**


[1] 胡小弟.轮胎接地压力分布实测及沥青路面力学响应分析[D].上海：同济大学，2003.

[2] 孙立军，等.沥青路面结构行为学[M].上海：同济大学出版社，2005.

[3] 交通部公路规划设计院.公路沥青路面设计规范：JTJ 014—1997[S].北京：人民交通出版社，1997.

[4] 孙立军，等.铺面工程学[M].2版.上海：同济大学出版社，2019.

[5] 李峰.长寿命沥青路面设计中的结构组合分析[D].上海：同济大学，2004.

[6] 董瑞坤.沥青路面预防性养护技术研究[D].上海：同济大学，2005.

[7] 朱靓雯.沥青路面全温域弯曲疲劳评价及临界损伤点研究[D].上海：同济大学，2016.

[8] 秦建.沥青路面温度场预估方法研究[D].上海：同济大学，2005.

[9] 沈金安.沥青及沥青混合料的路用性能[M].北京：人民交通出版社，2001.

[10] CLYNE T R, LI X, MARASTEAU M O, et al. Dynamic and resilient modulus of MN/DOT asphalt mixtures[R]. Report No. MN/RC-2003-09, Minneapolis: University of Minnesota, Department of Civil Engineering, 2003.

[11] KINGHAM R I. Failure criteria developed from AASHO road test data[C]//Proceeding of the 3rd International Conference on Structural Design of Asphalt Pavements. Washington D.C., 1972.

[12] SVASDISANT T, SCHORSCH M, BALADI G Y, et al. Mechanistic analysis of top-down cracks in asphalt pavements[J]. Journal of Transportation Research Board, 2002, 1809:126-136.

# 3 路面结构的反分析

路面结构的反分析是指根据实测的路面结构响应来推算路面结构层的模量和/或厚度、泊松比等参数的过程。实测的路面结构响应可以是弯沉，也可以是结构内的应变或应力等。建立路面结构的反分析理论，不仅是路面结构评价的需要，还有助于对路面结构力学性能的理解和路面力学分析理论的发展，是路面等多层结构的力学分析理论的重要组成部分。一个完整的力学理论应该包括两方面，即结构的正、反分析。

## 3.1 常用反演分析方法

自 20 世纪 70 年代以来，人们已经建立了多种路面结构反演分析方法。这些方法可以分为四类[1]，即传统的图表公式法、计算机试算法、脉冲反应分析法和系统识别方法。1989 年，R.L. Lytton 曾对这四种方法进行了系统总结，简述如下。

1. 传统的图表公式法

此类方法是基于一些半经验、半理论公式或根据多种事先绘制的图表，一般只能用于两层结构的反算，具有简单、直观、方便等特点，但误差较大，适合于计算机技术尚不发达、计算手段有限时的反演分析。

F. H. Scrivner 提出了一种两层结构反演分析的闭式解。F. H. Scrivner 假定各层的泊松比均为 0.5，根据 Burmister 方程推得：

$$\frac{4\pi wr}{3p}E_1 = 1 + \int_0^{\frac{10r}{h}} (v-1)J_0(x)\mathrm{d}x \tag{3-1}$$

式中 $w$ ——距荷载作用点径向距离为 $r$ 的点的路表弯沉；

$p$ ——荷载集度；

$E_1$ ——面层的弹性模量；

$h$ ——面层厚度；

$v$ ——与面层弹性模量、路基弹性模量和连续积分变量有关的参数；

$J_0(x)$——0 阶 Bessel 函数，其中 $x=mr/h$，$m$ 为连续的积分变量。

F. H. Scrivner 发现，对于弯沉盆分析而言，弯沉比 $\left(\frac{w_1 r_1}{w_2 r_2}\right)$ 是非常有用的，弯沉比仅仅是模量比的函数。不过，不同模量的比值可以得到相同的弯沉比，这使得路面分析人员不得不事先对路面的顶部更软还是更刚做出合理的判断。所以，不管采用什么样的反算方法，分析人员的经验是十分重要的,这将帮助其得到正确的反演结果。另一种基于简单图表法进行路面结构反演分析的方法是等效层法。

1977 年,Yih Hou 在其博士论文中提出了多层路面结构的闭式反演分析方法。该方法的主要特点是采用最小二乘准则去寻找使实测弯沉与计算弯沉误差最小的模量组合。

2. 计算机试算法

计算机试算法最基本的原理是调整路面参数使计算弯沉盆和实测弯沉盆相匹配。到目前为止,已经研发了多种这类反演方法。它们的共性是:借助现代计算机运行速率快、计算空间大的特点,假定并且不断调整路面结构的模量组合,直到满足目标函数和约束条件为止,即认定此时的假定模量为实际模量。

其中,比较有代表性的基于计算机试算法的反演分析软件有美国康奈尔大学(Cornell University)Irwin[2]研制的 MODCOMP、美国陆军工程师兵团水道试验站的 Bush 研发的 _DEF 系列软件以及美国德州 A&M 大学(Texas A&M University)Uzan 等人开发的 MODULUS 等。

除了路面材料的非线性特性外,其他许多因素如弯沉计算模型、事先假定的本构关系等,都将导致反演模量的误差。这些误差是系统性的,故无法通过重复测量或计算来消除或减小。美国德州 A&M 大学采用 15 个弯沉盆(沥青混凝土层的厚度为 2.5～13 cm)对不同的反演分析方法进行了独立反算(由不同的机构独立进行),并对反算结果进行了评价,结果表明反算得到的沥青混凝土的模量范围较大,最大的反算结果可比最小的大 10 倍以上,而路基的模量范围则相对较小。朱洁[3-5]对这种反演方法进行了测试和评估,对 4 层及 4 层以上的路面结构,这种方法的反演误差很大。

为了获得合理的反算结果或在反算中给模量搜索一个正确的导向,一般会做出先验假设,如模量随深度的增加而减小、路基模量不随深度变化、在路基下的某一深度处有一个刚性层或深处层的模量和其上层的模量存在某种关系等。水泥稳定层或薄、软层的存在将不满足这些模式,并将导致结果最终难以收敛。

3. 脉冲反应分析法

当 FWD 的加载锤自由落下时,路面会受到一个脉冲荷载,并产生体波和表面波。采用速度传感器可以记录路面竖向速度随时间的变化,并通过积分转化为路面弯沉。图 3-1 显示了加荷-时间脉冲的变化和弯沉-时间反应的变化,每一个完整的信号周期不超过 100 ms。

根据记录的结果,可以分别进行关于加荷-时间脉冲的快速傅立叶变换和关于弯沉-时间反应的快速傅立叶变换。Kausel 和 Peek, Roesset 以及 Magnuson 等分别研制了 PUNCH, UTFWIBM 和 SCALPOT 软件,可以进行这类分析。

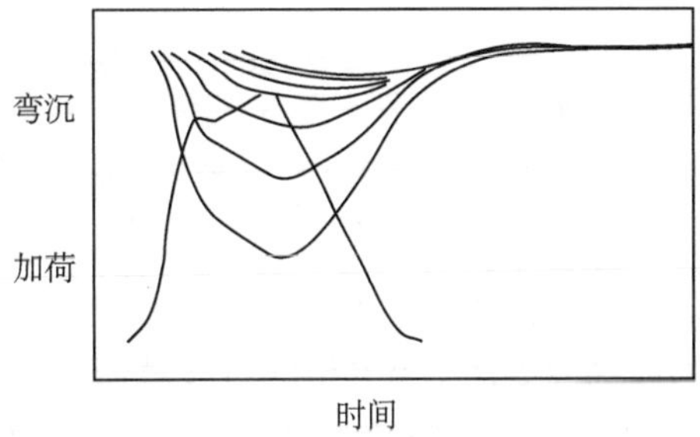


图 3-1 FWD 典型加荷-时间脉冲和弯沉-时间反应

4. 系统识别方法

系统识别方法是由电气工程师提出的,其要点是使用输入输出信号和假定的滤波模型来确定滤波的特性,通过搜索技术系统地改变模型的特件,直至模型产生的输出可以被接受为止。这个方法准确地模拟了路面反算的过程，具体步骤如下：

第一步是选择路面分析模型，如 PUNCH，UTFWIBM 或 SCALPOT。

第二步是设定所有的已知值，如路面各层次的厚度、单位重量等。

第三步是假定每层模量的真实值和阻尼，它们是频率的函数。

第四步是确定模型的敏感性矩阵。

第五步是根据现场两个检测器的相位差数据计算不同频率的路面表面波速。

以上就是 R. L. Lytton[6]给出的在反演分析中常用的几种方法的概要介绍。实际上，上述方法中使用最普遍的是计算机试算法。为了发现反演分析方法在应用中存在的问题，并寻找解决方法，TRB 年会上曾对此展开了专题会议，就其局限性、要解决的问题和未来的发展趋势进行了讨论[2, 7-8]。

讨论认为，目前反演分析技术的局限性主要体现在：分析方法对薄路面层、过大或过小的相邻层模量比等因素不够敏感；反演方法过于复杂，且不够合理；分析结果仅反映了试验点在试验时主要条件下的结果；人们所关心的其他参数没有被充分考虑，或没有被正确地考虑，抑或必须依靠假定；缺少足够的标准去评价反算模量的合理性；多层弹性模型与实际情况不能很好地相符(如路基实际并不是在无限深度范围内都是模量不变的)；不知道 FWD 测试的准确位置和时间。此外，还包括路面变异性太大、检测器测量误差以及施荷面积内压应力分布不均等。讨论还认为，采用目前的科学水平去应对路面的复杂性实在太困难了。

从以上简述可以看出，在采用计算机试算法进行路面结构反演分析时，虽然不同的研究者提出的方法不同，但实际上都可称为匹配法，最终归结为一个最优化问题，即寻求使计算弯沉盆与实测弯沉盆之间偏差最小时所对应的结构层特性参数。这个过程可以表达为[7-11]

$$
\begin{aligned}
\text{min:}\quad & \varepsilon^2=\sum_{i=1}^{n}\left(\frac{D_i^{\mathrm{m}}-D_i^{\mathrm{c}}}{D_i^{m}}\right)^2\times w_i \\
\text{st:}\quad & E_j\geqslant E_{j\min} \\
& E_j\leqslant E_{j\max}
\end{aligned}
\tag{3-2}
$$

式中 $\varepsilon^2$ —— 计算弯沉与实测弯沉偏差的平方和；

$D_i^{\mathrm{m}}$ —— 第 $i$ 检测器所在位置处的实测弯沉或与弯沉有关的参数，如弯沉盆的面积；

$D_i^{\mathrm{c}}$ —— 第 $i$ 检测器所在位置处的计算弯沉或与弯沉有关的参数，如弯沉盆的面积；

$w_i$ —— 第 $i$ 检测器所在位置处弯沉的权重；

$i$，$n$ —— 弯沉检测器的编号和数量；

$j$ —— 路面结构层编号；

$E_j$，$E_{j\min}$，$E_{j\max}$ —— 第 $j$ 层路面结构的模量、最小模量约束值和最大模量约束值。

基于此，反演分析的过程就简化为对式(3-2)的求解过程。之所以在式(3-2)中引入权重和各结构层模量的约束值，是为了提高反演分析的精度。各种方法的不同主要体现在求解式(3-2)时所采用的不同的搜索-迭代方法，如采用不同的迭代法、数据库搜索法、粒子群优化算法、遗传算法和人工神经网络法等，而反算的基本原理其实是相同的。

正像 R. L. Lytton[6]所指出的，反演分析结果的误差很大，反演分析过程难以实现自动化，需要专家经验的介入。造成反演分析结果误差很大的原因，除了上面提到的因素之外，式(3-2)解的不唯一是关键原因。D. Stolle 和 D. Hein 的研究指出[12]，解的不唯一导致解的稳定性和收敛性很差；加上路面材料本构关系自身的复杂性，造成求解过程中最小二乘矩阵的结构较差，导致反演分析解对实测弯沉的精度和输入的初始弯沉十分敏感。所以，建立新的反演分析理论并寻求具有唯一解的反演分析方法就成为提高反演分析精度和实用性的关键所在。

## 3.2 基于惰性点的反演分析

### 3.2.1 惰性弯沉点

1. 惰性弯沉点的确定

惰性弯沉点的确定可以从路面在荷载作用下的最基本反应特性入手。1994 年，在同济大学道路与交通工程系和日本港湾技术研究所的合作研究项目的支持下，笔者赴日本进行了为期 40 天的短期访问研究。在此期间的研究表明，对于一个只有两层结构的路面(面层和路基)而言，在一定荷载作用下，当面层厚度和土基模量保持不变时，面层模量越大，路面弯沉盆越平坦，即荷载附近的弯沉值相对较小，而远离荷载的弯沉值相对较大；反之，面层模量越小，则荷载附近的弯沉值越大，而远离荷载的弯沉值越小。这样，两个弯沉盆必定会有一个交点，在这个交点上，弯沉是相等的，即弯沉大小与面层模量无关，如图 3-2 所示。

笔者曾就这个问题进行了深入研究[9-11]。研究认为，在土基模量保持不变的情况下，随着面层模量的变化，路面弯沉盆曲线显然并不精确地相交于一点；但是，如果高精度地近似相交于一点，对于路面反演分析也是很有意义的。

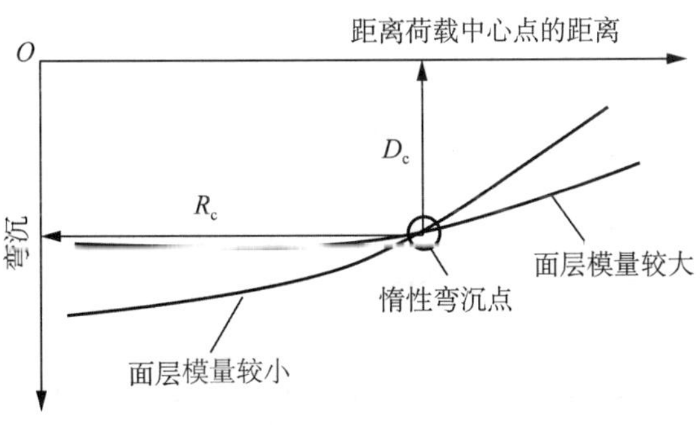


**图 3-2　面层模量不同时弯沉盆上的交点**

为了证实这个全新的猜想，笔者采用石小平博士在姚祖康教授指导下研发的 Winkler 地基上的四边自由厚板分析软件对公路和机场上常用的混凝土路面结构进行了大量的计算和分析，提出了惰性点的概念和确定方法，建立了基于惰性点的路面结构反演方法。之后，胡圣[13]采用有限元方法进行了类似的研究。从计算结果可以看出，随着路面板模量的变化，路面结构的弯沉盆曲线虽不精确地相交于一点，但都相交在一个非常狭窄的范围内，这个交汇区域的宽度一般小于 15 cm。换言之，随着路面板模量的变化，这个区域的弯沉值几乎保持不变，具有非常高的稳定性，而其他区域的弯沉值既与路面板的模量有关，又与地基反应模量有关。笔者将这个区域定义为惰性弯沉区域，其中惰性最大的一点定义为惰性弯沉点，简称为惰性区域和惰性点。

对于多层沥青路面结构，张小宁[14-16]和朱洁[3-5]的研究也证实了惰性点的存在。为了准确确定惰性点的位置，朱洁[3-5]提出了一种采用均方误差最小准则确定惰性弯沉点的方法，即对于相同土基模量（$E_0$）和道路总厚度（$H$）、不同面层与基层模量的弯沉盆，求出各个点弯沉的平均值，再求得每个点的值与平均值差值的平方和并计算均方根误差（Root Mean Squared Error，RMSE），$RMSE$ 值最小的点便为该组结构的惰性弯沉点，具体的计算公式如下：

$$\left.\begin{aligned} RMSE &= \sqrt{\frac{1}{n}\sum_{i=1}^{n}\left(\frac{def_i-\overline{def}}{\overline{def}}\right)^2}\times 100\% \\ \overline{def} &= \frac{1}{n}\sum_{i=1}^{n} def_i \end{aligned}\right\} \tag{3-3}$$

式中 $RMSE$——均方根误差；

$n$ ——选取的沥青路面结构个数；

$def_i$ ——第 $i$ 个沥青路面结构的弯沉值；

$\overline{def}$ ——各个结构在同一点的弯沉的平均值。

例如，对于道路总厚度 $H=65$ cm、土基模量 $E_0=80$ MPa、面层厚度 $H_1=15$ cm、基层厚度 $H_2=50$ cm 的路面结构，取面层泊松比 $\mu_1=0.35$、基层泊松比 $\mu_2=0.3$、土基泊松比 $\mu_0=0.4$，FWD 荷载 $p=0.707$ MPa，荷载半径 $R=15$ cm，采用表 3-1 所列的结构参数范围，计算可得 $RMSE$ 的变化趋势如图 3-3 所示。

**表 3-1　结构参数范围**

| 面层厚度/cm | 基层厚度/cm | 面层模量/MPa | 基层模量/MPa | 土基模量/MPa | 面层泊松比 $\mu_1$ | 基层泊松比 $\mu_2$ | 土基泊松比 $\mu_0$ |
|---|---|---|---|---|---|---|---|
| 5～20 | 25～70 | 1 000～10 000 | 150～10 000 | 30～200 | 0.35 | 0.3 | 0.4 |

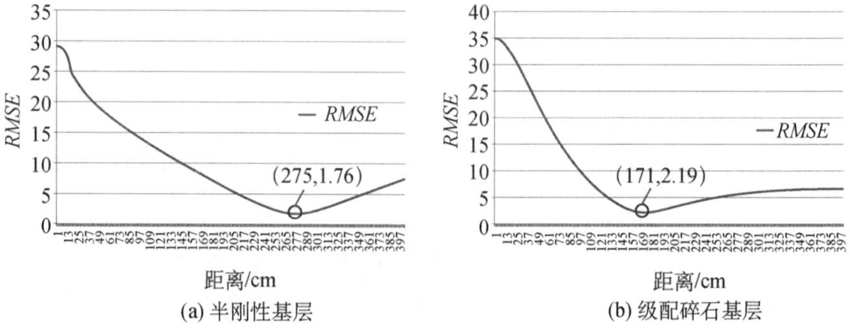


**图 3-3　三层体系沥青路面 *RMSE* 曲线**

2. 惰性点的影响因素

1) 土基模量的影响

不同的路面结构，它们的惰性点位置和惰性点弯沉的大小是不同的，具体可以按照式(3-3)确定。例如，两层路面结构，上层厚度 $h_1=40$ cm，$\mu_1=\mu_0=0.3$，$p=1$ MPa，$a=15$ cm，考虑不同土基模量时，惰性点参数如表 3-2 所列。

**表 3-2　不同土基模量对应的惰性点参数**

| 土基模量/MPa | 20 | 30 | 40 | 50 |
|---|---|---|---|---|
| 惰性点位置 $R_c$/cm | 170 | 165 | 155 | 153 |
| 惰性点弯沉 $D_c$/mm | 0.635 | 0.435 | 0.346 | 0.279 |

土基模量对惰性点位置和弯沉的影响如图 3-4 所示。

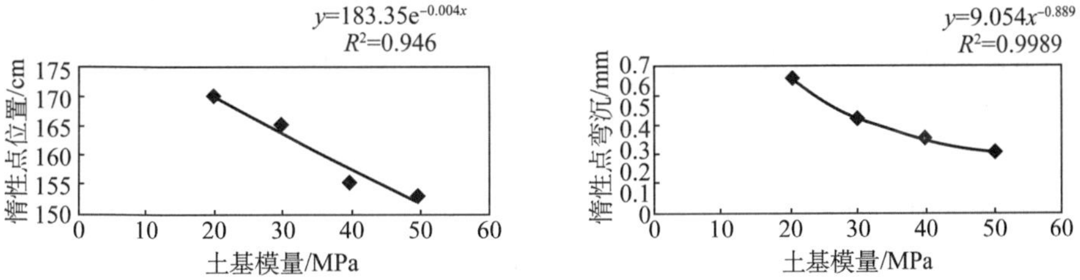


**图 3-4　土基模量对惰性点位置和弯沉的影响**

从图 3-4 可以看出，土基模量对惰性点的影响很显著，它与惰性点的位置和弯沉的关系可近似认为是指数和幂函数的关系。土基模量越大，惰性点距荷载作用点越近，弯沉越小。惰性点距荷载作用点越近的原因可以解释为当下层刚度很大时，应力在面层和基层扩散的范围减小；惰性点弯沉越小则是因为土基模量增大，各点的弯沉均减小，而且土基模量对总弯沉的影响非常显著。

2) 上层厚度的影响

两层路面结构，土基模量 $E_0=30$ MPa，$\mu_1=\mu_0=0.3$，$p=1$ MPa，$a=15$ cm，当上层厚度不同时，惰性点参数如表 3-3 所列。

**表 3-3　不同上层厚度对应的惰性点参数**

| 上层厚度/cm | 10 | 20 | 30 | 40 |
|---|---|---|---|---|
| 惰性点位置 $R_c$/cm | 45 | 80 | 120 | 165 |
| 惰性点弯沉 $D_c$/mm | 1.30 | 0.896 | 0.596 | 0.435 |

上层厚度对惰性点位置和弯沉的影响如图 3-5 所示。

从图 3-5 可以看出，上层厚度变化对惰性点的影响规律同刚性路面一样。上层厚度对惰性点的影响很显著，它与惰性点的位置和弯沉的关系可近似认为是指数关系。上层厚度越大，惰性点位置越远，弯沉越小。惰性点位置越远的原因可以解释为当上层很厚时，应力在面层和基层扩散的范围越大；惰性点弯沉越小则是因为随着上层厚度增大，整体刚度加

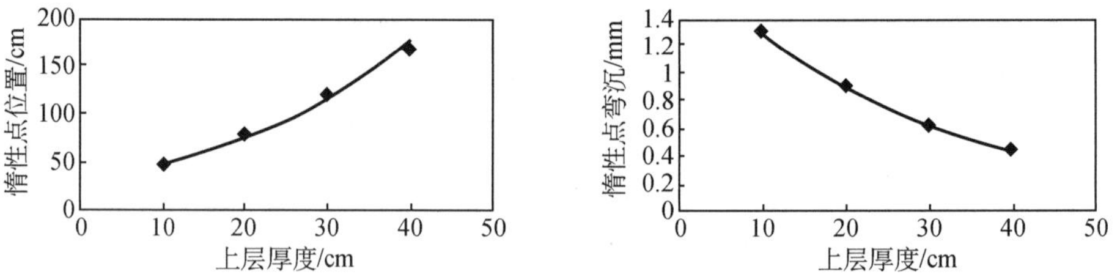


**图 3-5　上层厚度对惰性点位置和弯沉的影响**

大，各点的弯沉值均减小。

3）其他因素

对于理想的线弹性理论模型而言，各点的应力、应变、位移值与荷载集度 $p$ 成正比。因此，惰性点的位置不随荷载的大小而改变，惰性点的弯沉和荷载成正比。

荷载作用面积对惰性点的位置和弯沉均有一定的影响。但对于 FWD，它的承载板直径有一定规格，一般为 30 cm 或 45 cm，本章后面的分析均采用 30 cm。

层间接触条件对弯沉盆也有一定的影响。实际路面结构层间接触状况很难描述，当采用“古德曼(Goodman)力学模型”时，层间接触比例系数 $k$ 难以确定。在没有特别说明时，统一采用完全连续的接触条件。

3. 惰性弯沉的大小和位置

根据上述分析，可以确定惰性点位置 $R_c$ 和惰性点弯沉 $D_c$ 的大小。经过大量的计算分析可知，$R_c$ 和 $D_c$ 均为路面总厚度($H$)和土基模量($E_0$)的函数，记为 $R_c=f(H, E_0)$；$D_c=f(H, E_0)$。

为了使理论弯沉盆与实测弯沉盆相匹配，国内研究人员参考国外研究引入了刚性下卧层，故张小宁[14-16]回归得到的惰性弯沉点的参数不再适用，朱洁[3-5]对 $R_c$ 和 $D_c$ 进行了重新计算和回归分析。

对于三层体系，路面结构层参数范围见表 3-1。在表 3-1 的结构参数范围内，路面总厚度变化范围在 30～90 cm，土基模量变化范围在 30～200 MPa，经过大量的计算分析，得到 1 872 个弯沉盆(5 t 荷载下)234 个惰性弯沉点。分别按级配碎石基层厚度大于 65 cm 和小于 65 cm、半刚性基层厚度大于 65 cm 和小于 65 cm 四种情况进行回归分析，得出 $R_c$ 和 $D_c$ 与道路总厚度($H$)及土基模量($E_0$)的关系，所得回归模型常数值如表 3-4—表 3-11 所列。

1）半刚性基层

(1) 基层厚度 $H>65$ cm 时

$$R_c=\left[a_1+a_2\times\left(\frac{E_0}{H}\right)^{a_3}\right]\times H^b\times\left(\frac{E_0}{H}\right)^c \tag{3-4}$$

$$D_c=(x_1+x_2\times H^{x_3})\times H^y\times E_0^z \tag{3-5}$$

**表 3-4　半刚性基层 $H>65$ cm 时 $R_c$ 回归模型常数值及拟合相关系数**

| 常数 | $a_1$ | $a_2$ | $a_3$ | $b$ | $c$ | $R$ |
|---|---|---|---|---|---|---|
| 常数值 | 81.793 | −57.923 | 0.067 | 0.586 | −0.143 | 1.000 |

表 3-5 半刚性基层 $H>65$ cm 时 $D_c$ 回归模型常数值及拟合相关系数

| 常数 | $x_1$ | $x_2$ | $x_3$ | $y$ | $z$ | $R$ |
|---|---|---|---|---|---|---|
| 常数值 | 89.748 | −0.001 | 1.994 | −1.291 | −0.501 | 1.000 |

(2) 基层厚度 $H<65$ cm 时

表 3-6 半刚性基层 $H<65$ cm 时 $R_c$ 回归模型常数值及拟合相关系数

| 常数 | $a_1$ | $a_2$ | $a_3$ | $b$ | $c$ | $R$ |
|---|---|---|---|---|---|---|
| 常数值 | 83.046 | −62.282 | 0.042 | 0.62 | −0.192 | 1.000 |

表 3-7 半刚性基层 $H<65$ cm 时 $D_c$ 回归模型常数值及拟合相关系数

| 常数 | $x_1$ | $x_2$ | $x_3$ | $y$ | $z$ | $R$ |
|---|---|---|---|---|---|---|
| 常数值 | 72.662 | 27.815 | 0.020 | −1.822 | −0.556 | 0.998 |

2) 柔性基层

(1) 基层厚度 $H>65$ cm 时

表 3-8 柔性基层 $H>65$ cm 时 $R_c$ 回归模型常数值及拟合相关系数

| 常数 | $a_1$ | $a_2$ | $a_3$ | $b$ | $c$ | $R$ |
|---|---|---|---|---|---|---|
| 常数值 | 0.107 | 16.509 | −1.722 | −0.8 | 1.38 | 0.998 |

表 3-9 柔性基层 $H>65$ cm 时 $D_c$ 回归模型常数值及拟合相关系数

| 常数 | $x_1$ | $x_2$ | $x_3$ | $y$ | $z$ | $R$ |
|---|---|---|---|---|---|---|
| 常数值 | −277.051 | 494.828 | −0.166 | −1.889 | −0.167 | 0.999 |

(2) 基层厚度 $H<65$ cm 时

表 3-10 柔性基层 $H<65$ cm 时 $R_c$ 回归模型常数值及拟合相关系数

| 常数 | $a_1$ | $a_2$ | $a_3$ | $b$ | $c$ | $R$ |
|---|---|---|---|---|---|---|
| 常数值 | 38.928 | 11.794 | 24.123 | −23.46 | −24.463 | 0.997 |

表 3-11 柔性基层 $H<65$ cm 时 $D_c$ 回归模型常数值及拟合相关系数

| 常数 | $x_1$ | $x_2$ | $x_3$ | $y$ | $z$ | $R$ |
|---|---|---|---|---|---|---|
| 常数值 | 139.938 | −5.042 | 0.425 | −1.723 | −0.460 | 0.999 |

### 3.2.2 基于惰性点的模量反演分析方法

1. 土基模量求解原理

土基模量的求解采用笔者 1994 年提出的初始求解思路。由式(3-4)和式(3-5)可知，当上层厚度已知时，惰性点的位置和弯沉只与土基模量有关，只要找到弯沉盆上哪一点为惰性点，土基模量便自然得到了。获得上层厚度的方法较多，可以通过设计资料得到，也可以通过探地雷达或钻取芯样得到。这样一来问题便转化为寻找惰性点的过程。

由式(3-4)和式(3-5)可知，当 $H$ 已知后，便转化为 $R_c=f(E_0)$、$D_c=g(E_0)$；也就是说，$R_c$ 和 $D_c$ 均是与 $E_0$ 一一对应的函数。这里实际上隐含着这样的函数关系：$R_c=f(D_c)$，虽然没有明确的关系式，但这种函数关系是以 $E_0$ 为参数的。弯沉盆上满足 $R_c=f(D_c)$ 的点只有一个，此点便是惰性点。由于函数 $f$ 是隐性函数，故只能通过试算法求得。

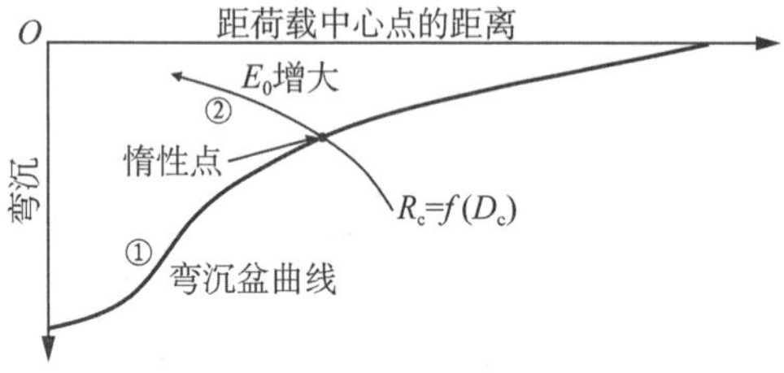


图 3-6　弯沉盆上惰性点示意[2, 14-16]

为什么弯沉盆上满足 $R_c=f(D_c)$ 的点只有一个呢？图 3-6 便是一个直观的解释。在图 3-6 中，曲线 ① 是弯沉盆曲线；曲线② 是$R_c=f(D_c)$ 的轨迹。当$E_0$ 增大时，$R_c$ 和$D_c$ 均减小，轨迹指向荷载中心。由于曲线① 和 曲线 ② 是呈一定角度的单调函数，因此只有唯一的交点，也就意味着弯沉盆上满足$R_c=f(D_c)$ 的点只有一个。从图 3-6 不难看出，惰性点是上层厚度为 $H$、土基模量为 $E_0$ 的路面结构所对应的特有点。

在求解过程中，FWD 传感器实际测得 5～7 个点的弯沉，可以用拉格朗日插值法求得其他点的弯沉值[14-16]。多项式最高次数就是传感器数减 1。这样不但提高了精度，而且函数为连续形式，不用分段考虑，编程时很方便。如测点数据为 $(x_i, y_i)$，$i=1, 2, \cdots, k$；$x_i$ 为测点位置；$y_i$ 为测点弯沉，则 $x$ 点的弯沉为

$$y=\sum_{i=1}^{k}\left[y_i\times\prod_{\substack{j=1\\ j<>i}}^{k}\left(\frac{x-x_j}{x_i-x_j}\right)\right] \tag{3-6}$$

当路面基层厚度较大时，惰性点可能会位于检测范围之外。此时可以采用式(3-6)将弯沉盆外延，求得惰性点的位置。此时得到的惰性点可称为虚惰性点[14-16]。

在土基模量反算过程中，只要实测弯沉 $D_c^m$ 和计算弯沉 $D_c^c$ 满足 $D_c^m=D_c^c$，便可认为此过程收敛。从图 3-7 可以看出，随着 $E_0$ 的增大，计算的 $R_c^c$ 和 $D_c^c$ 均减小；随着 $E_0$ 的减小，计算的 $R_c^c$ 和 $D_c^c$ 均增大。也就是说，$D_c^c$ 随着 $R_c^c$ 的增大而增大，随着 $R_c^c$ 的减小而减小。而对于实测弯沉盆来说，弯沉随着距荷载中心距离的增大而减小、随着距荷载中心距离的减小而增大。因此，实测弯沉曲线和计算弯沉曲线随着 $R_c^c$ 的变化(增大或减小)发展方向相反，这两条线必然存在一个交点($D_c^m=D_c^c$)，此点便是惰性点的弯沉值，所以此过程必然收敛。当实测弯沉 $D_c^m$ 大于计算弯沉 $D_c^c$ 时，说明假定的 $E_0$ 偏大，必须减小 $E_0$；当实测弯沉 $D_c^m$ 小于计算弯沉 $D_c^c$ 时，说明假定的 $E_0$ 偏小，必须增大 $E_0$；用对半查找法不断迭代，最终会实现 $D_c^m=D_c^c$。

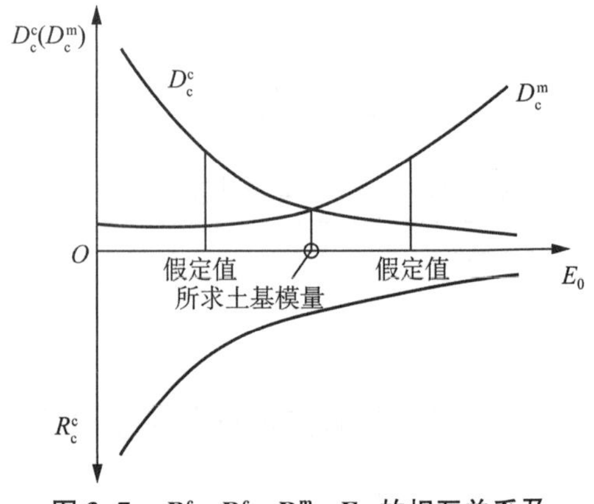


图 3-7　$R_c^c$，$D_c^c$，$D_c^m$，$E_0$ 的相互关系及解的唯一性解释

以上介绍了基于惰性点求解土基模量的方法，此方法在理论上是可行的。但是，惰性点毕竟不是一个实际存在的精确点，而是一个极小区域内近似的一点，且惰性点的位置和弯沉与 $H$ 和 $E_0$ 的关系是经验回归关系，所以本方法不可避免地会存在某种系统误差。

假定一组路面结构，计算出它在荷载作用下的弯沉，再把弯沉值输入计算机程序，便可反算出土基模量，把此模量和原模量相比，便可知道系统误差的大小。随机假定 10 组结构，计算出它们在 5 t 荷载作用下，0 cm，40 cm，80 cm，120 cm，160 cm，200 cm，240 cm 各点处的弯沉值，把它们代入反算程序，反算结果和误差如表 3-12 所列。

**表 3-12　　误差分析**

| 编号 | $H_1$ | $H_2$ | $E_1$ | $E_2$ | $E_3$ | $E_3'$ | 误差 |
|---|---|---|---|---|---|---|---|
| 1 | 10 | 20 | 2 000 | 1 100 | 40 | 40.29 | 0.73% |
| 2 | 15 | 25 | 1 600 | 1 200 | 30 | 30.02 | 0.07% |
| 3 | 6 | 24 | 1 800 | 1 100 | 25 | 25.17 | 0.68% |
| 4 | 15 | 35 | 2 000 | 1 600 | 35 | 35.13 | 0.37% |
| 5 | 8 | 32 | 1 800 | 700 | 70 | 71.27 | 1.81% |
| 6 | 15 | 40 | 1 600 | 500 | 80 | 81.91 | 2.39% |
| 7 | 5 | 40 | 1 500 | 2 000 | 32 | 32.17 | 0.53% |
| 8 | 15 | 35 | 1 400 | 2 400 | 43 | 43.06 | 0.14% |
| 9 | 10 | 30 | 1 200 | 2 200 | 28 | 27.66 | 1.21% |
| 10 | 10 | 40 | 1 000 | 1 600 | 37 | 37.34 | 0.92% |
| 平均 | | | | | | | 0.885% |

表 3-12 中的路面结构具有一定的代表性，可以看出，平均误差小于 1%，最大误差也在 3%以内。对土基模量而言，此误差完全可以接受，说明此方法是成功的。

2. *面层和基层模量*

当土基模量已知时，未知量便减至两个，即面层模量和基层模量。由于两个方程可以解出两个未知数，从理论上来说，根据某两点的计算弯沉值和实测弯沉值相等可以求出这两个变量。但是如果用传统的试算法来使这两点弯沉匹配，就存在不同初始模量收敛于不同最终模量值的情况，即反算的解依然是不唯一的，从而反算的精度将受影响。如果能够合理利用现有弯沉盆的形状，找出试算迭代的客观规律，就能解决反算过程不收敛和解不唯一的问题。

在分析大量的弯沉盆时，发现各结构层模量对弯沉盆的作用和影响是不同的。根据荷载在结构层中扩散的原理，地表越深处的结构模量对弯沉的影响范围越大；离地表越近的结构模量对弯沉的影响范围越小。土基模量对弯沉盆的影响最大，在荷载中心处，路基变形占总变形的 80%左右，有时甚至达到 90%以上；在离荷载较远处，路表变形受土基模量的影响更大。面层刚度对弯沉盆的形状，尤其是中心点附近的形状影响最大。当面层刚度较大时，弯沉盆形状较坦；当面层刚度较小时，弯沉盆形状较陡。根据这一规律，对于一组路面结构而言，当它们各结构层厚度、土基模量相等，且它们在荷载作用下中心点的弯沉也相等时，在惰性点以内，面层刚度越大的路面结构，由于弯沉盆形状越坦，则荷载中心附近处各点的弯沉越大。利用这个规律，可以得到三层结构的唯一解[12, 13]。

## 3.3 虚拟刚性层设置

为了使路面反演结果更具合理性，国际上一般的做法是在路面结构内部设置一个虚拟刚性层（下文中出现的“刚性层”皆指虚拟刚性层）。B. Stefen[17]利用逐层弯沉盆分别反演土基模量，发现随着路面厚度的增加（即结构层数的增多），土基模量的反演值显著增大，这种增大量超出了常规可接受和合理解释的范围。2004 年，笔者团队在渝湛试验路的研究中也发现了逐层检测、反算模量的反常现象。为了研究这个问题，2009—2010 年，严菁[18]开展了探索性研究；2015—2018 年，臧国帅、陈长、李莉[19-21]等依托山东青临高速改扩建工程、江西昌泰高速改扩建工程、交通运输部 RIOHTRACK 足尺路面环道试验平台进行了完整深入的研究，通过检测不同路面结构不同层位的弯沉盆，提出了刚性层深度的设置方法，实现了土基模量反演结果的一致性。在此基础上，胡玥进行了优化[22]。

### 3.3.1 刚性层影响分析

1. 刚性层的模量

刚性层是指设置在土基一定深度下，具有较大刚度，对表面弯沉盆影响不可忽略的层位，如图 3-8 所示。

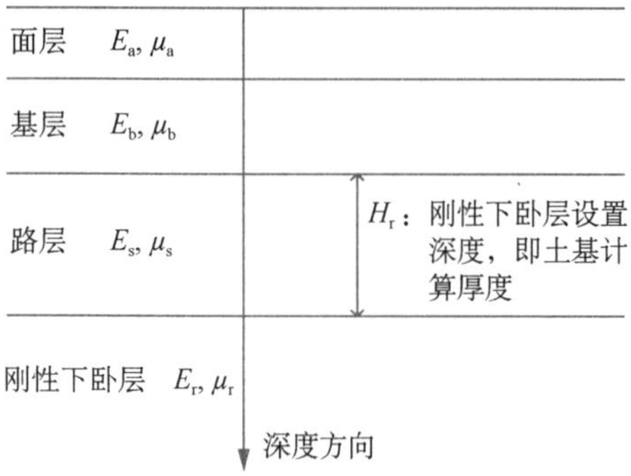


图 3-8　刚性下卧层位置示意

对于弹性层状体系，刚性层的设置参数有深度、模量及泊松比。其中，刚性层模量应当足够大，使其在有效外力作用下不发生显著变形，起到刚性效果。余欢等[23, 24]研究表明，当刚性层模量取值大于 6 000 MPa 时，其对路面表层的弯沉影响趋于稳定；J. Uzan 等[6]建议刚性层模量取 1 000 ksi（即 6 894 MPa），或取值为土基模量的 100 倍。《公路沥青路面设计规范》（JTG D50—2017）对极重交通路面设计时要求土基回弹模量不小于 70 MPa，刚性层模量若取值为土基模量的 100 倍，则为 7 000 MPa，与 J. Uzan 等的建议值 6 894 MPa 非常接近。因此，本节采取 J. Uzan 的建议值，刚性层模量取值为 6 894 MPa。而刚性层泊松比对模量反演结果影响很小且难于测定，考虑到刚性层模量较大，故本研究中刚性层泊松比取值为 0.2。

2. 刚性层深度的影响

在进行模量反演时，路面结构均简化为至多三层，将所有沥青混凝土层合并为第一层，所有水泥稳定碎石层合并为第二层，其余结构层合并为第三层（路基）。

在不同刚性层深度下，基于各层顶面弯沉盆反演的土基模量如图 3-9 所示。随着刚性层深度的增加，反演的土基模量逐渐增大，但增加趋势逐渐趋缓；随着弯沉盆检测层位的上升，反演的土基模量与刚性层深度的关系曲线呈上移趋势。图 3-9 中随着路面厚度的增加（即检测层位的上移），土基模量的反演值显著增大，这与 B. Stefen 的研究结果一致。

刚性层深度可基于弯沉盆匹配误差最小原则来确定，称为深度优化法；或设置为某一数值，称为固定深度法。反演结果表明各层弯沉盆的匹配误差均随着刚性层深度的增加而降低，因此基于深度优化法的刚性层深度为 900 cm，基于固定深度法的刚性层深度为 550 cm。

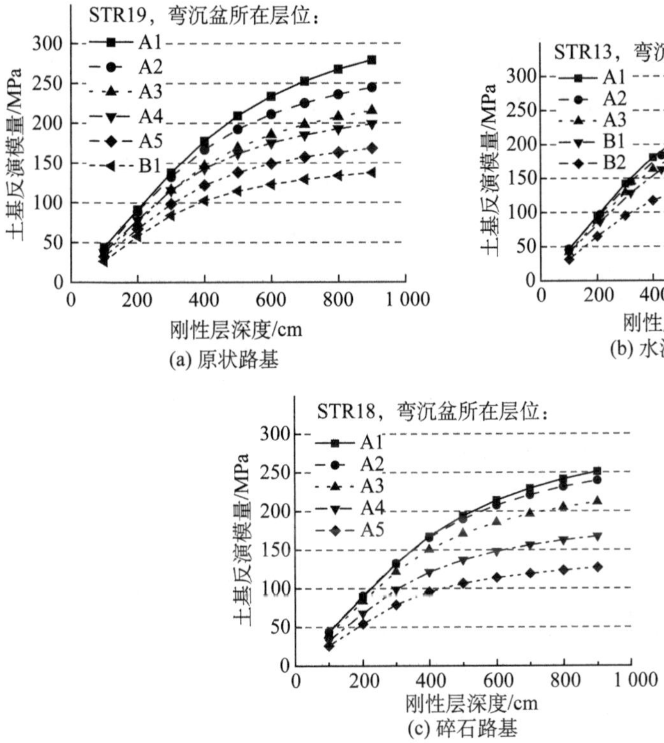


(a) 原状路基　(b) 水泥处治路基　(c) 碎石路基

**图 3-9　不同土基类型的逐层反演模量结果**

3. 荷载水平的影响

对于同样的路基，是什么原因造成逐层反演的土基模量有如此大的差异？B. Stcfcn[17] 认为是由土基的非线性或不同上覆层厚度带来的围压变化引起的。为了验证 B. Stefen 的这个结论，臧国帅[19]假设路基为半无限的匀质弹性体，然后借助 Boussinesq 公式建立起荷载和弹性弯沉之间的理论关系式。集中荷载 $P$ 作用下的半无限体表面距荷载作用点 $r$ 处的弯沉由式(3-7)确定：

$$w_r = \frac{P(1-\mu_s^2)}{\pi E_s r} \tag{3-7}$$

式中　$w_r$——径向距离 $r$ 处的半无限体表面弯沉；

$E_s$——土基的弹性模量；

$\mu_s$——泊松比，取值 0.35。

对于圆形均布荷载，可通过积分求得各径向距离处的弯沉，通过此弯沉即可得到土基模量。荷载中心点处和径向距离 $r$ 处的土基模量计算公式分别如式(3-8)和式(3-9)所示。

$$E_{s0}=2pa(1-\mu_s^2)/w_0 \tag{3-8}$$

$$E_{sr}=pa^2(1-\mu_s^2)/rw_r \tag{3-9}$$

式中 $w_0$，$E_{s0}$——分别为荷载中心点弯沉及相应的土基模量；

$w_r$，$E_{sr}$——分别为径向距离 $r$ 处弯沉及相应的土基模量；

$p$，$a$ ——分别为荷载压强和作用半径。

FWD 是通过近似刚性压板将荷载施加到路面，板底的压力分布呈鞍形。在鞍形压力作用下，平均压强为 $p$ 时的弯沉值是均布荷载 $P$(压强为 $p$) 作用下弯沉值的 $\pi/4$。因而，对于荷载中心点弯沉对应的土基计算模量通过乘以 $\pi/4$ 来进行修正。

采用上述方法，对 13 个路面结构进行分析。其中，土基类型为原状路基、水泥处治路基和碎石路基的分别有 1 个、10 个和 2 个。进行土基处治之前，在所有路面结构的原状土基顶面检测了弯沉盆。因此，土基类型为原状路基、水泥处治路基和碎石路基的弯沉盆样本数分别有 13 个、10 个和 2 个。在进行统计分析时，由于碎石路基的样本较少，仅给出统计平均值，其他路基类型还给出了分位值。

以荷载水平 50 kN 对应的土基表面模量为基准，计算在其他荷载水平(30 kN 或70 kN)下土基表面模量与荷载水平 50 kN 下的相对偏差，并对不同测点的计算结果进行统计分析，图 3-10 的箱形图为分析结果。

对于原状路基，由图 3-10(a)可知，当荷载水平为 30 kN 时，各处的土基表面模量偏差均值不大于 4%；由图 3-10(b)可知，当荷载水平为 70 kN 时，荷载中心点处的土基表面模量偏差百分比的均值为 10%，其余位置的偏差均值不大于 4.2%。对于水泥处治路基，由图 3-10(c)可知，当荷载水平为 30 kN 时，距离荷载中心点较远位置的土基表面模量偏差较大，极大值出现在最外侧传感器处，偏差百分比的均值为 14%；由图 3-10(d)可知，当荷载水平为 70 kN 时，各处的土基表面模量偏差均很小。对于碎石路基，由图 3-10(e)可知，其土基模量变化规律与水泥处治路基类似，土基模量相对偏差最大值出现在荷载水平为 30 kN 时的最外侧传感器处，偏差百分比的均值为 18%。此外，从图 3-10 中还可以看出，对于水泥处治路基和碎石路基，当荷载水平为 30 kN 时，土基模量相对偏差均为负值，除了径向距离 30 cm 处，表明当荷载水平由 30 kN 增加到 50 kN 时，水泥处治路基和碎石路基具有显著的应力强化现象；而当荷载水平继续增大到 70 kN 时，此现象并不显著。对于原状路基，不同荷载水平下的土基表面模量值也呈现类似规律。

综上所述，不同荷载作用下的土基模量差异不大于 20%，而基于不同层位弯沉盆的反演模量的变化在 60%以上，表明土基逐层反演模量的不一致性并不是由土基的非线性引起的。

至于围压问题，由于上覆层施加的压力都是竖直方向的，在充分压实的土基中产生的附加围压是很小的，因此荷载应该不是主要原因。

4. *刚性层深度的设置方法*

笔者认为通过前述分析已确定逐层反演土基模量的不一致并不是由土基的非线性引起的，那么就有可能是由刚性层深度设置所造成的。刚性层深度的设置应当使得土基反演模

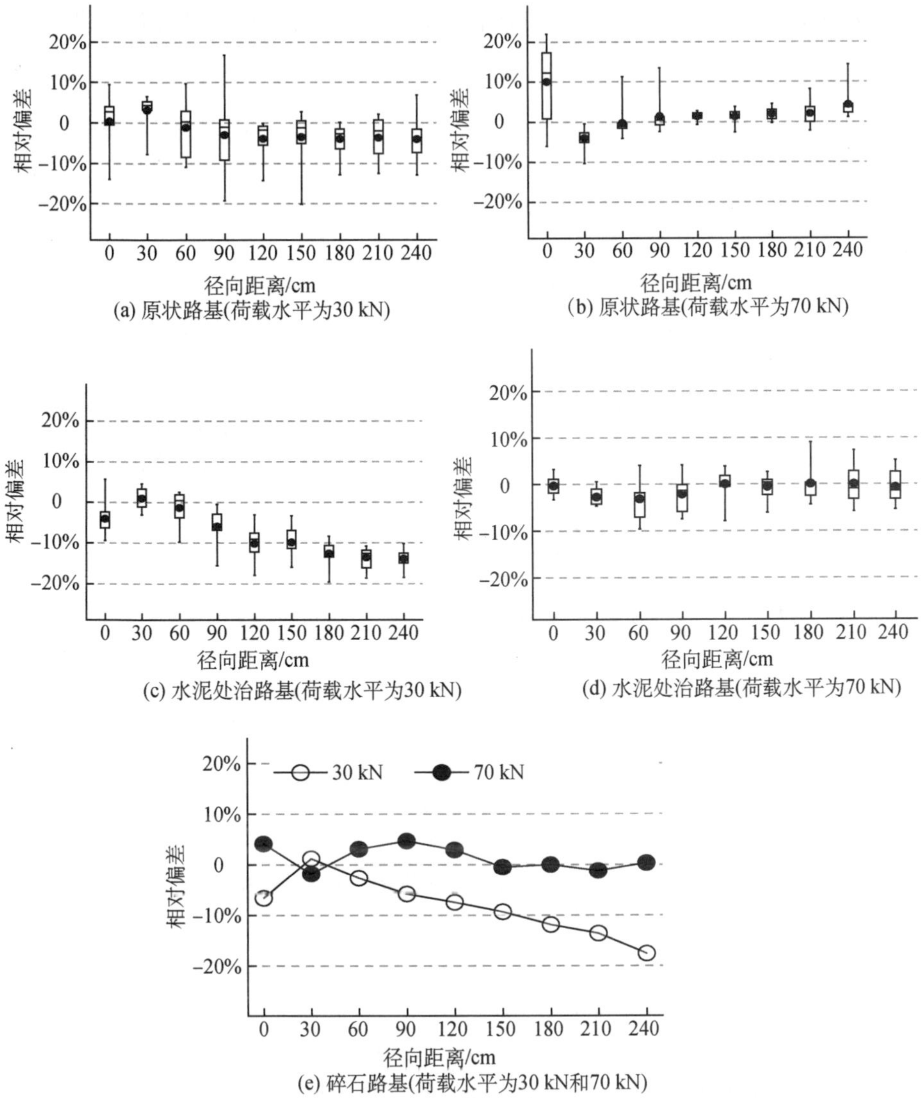


**图 3-10　不同荷载水平下土基表面模量相对偏差的箱形图**

量具有良好的一致性，使得基于不同层位弯沉盆的土基反演模量较为接近，这将作为本书中刚性层深度的设置准则。

### 3.3.2　土基模量估计值

为了准确确定刚性层的位置，首先要确定路基的模量到底是多大，可以采用弯沉盆匹配法进行反演，也可采用 Boussinesq 公式计算得到。臧国帅[19]对这两种方法进行了比较。

1. 弯沉盆匹配法

张小宁[15, 16]采用弯沉盆匹配法对各土基的模量进行计算，结果表明，所得土基模量的 *RMSE* 达 19%～56%，匹配程度较差。图 3-11 为土基顶面弯沉盆匹配程度对比分析，中心点弯沉匹配效果较差。这表明 FWD 荷载作用位置处应力较为复杂。因此，在进行土基模量反演时，建议舍弃荷载中心点附近的弯沉值，采用其他传感器位置处的弯沉进行土基模量预估。

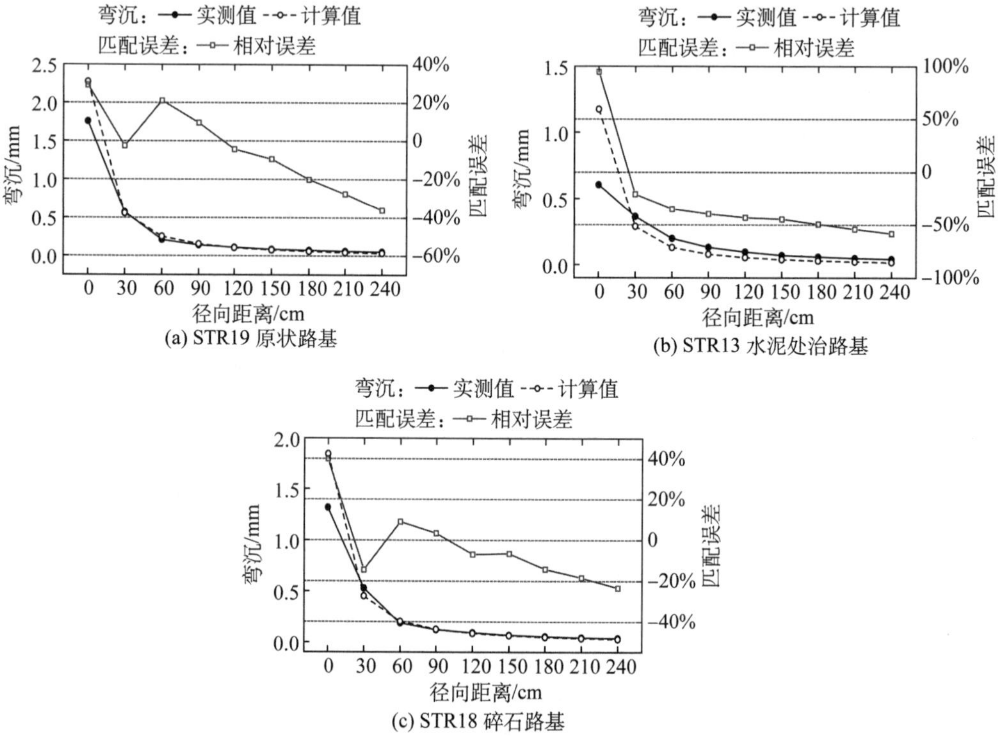


**图 3-11　土基顶面弯沉盆匹配程度对比分析**

2. 弹性半空间理论

基于 Boussinesq 公式和不同径向距离的弯沉来计算土基模量，观察土基表面模量随着径向距离的变化规律。以 50 kN 荷载为例，对于任一测点，利用 Boussinesq 公式根据径向距离 60～240 cm 范围内的弯沉来计算土基模量，并以该范围内的平均值为基准，计算各土基模量的相对偏差，结果如图 3-12 所示[19]。

由图 3-12(a)可以看出，对于原状路基，随着径向距离的增加，计算的土基模量呈现增大的趋势，在靠近荷载中心点处增长较快，在径向距离大于 60 cm 后，趋于稳定。土基表面模量在荷载中心点处取得极小值，约为基准值的 63%。由图 3-12(b)可知，对于水泥处治路基，荷载中心点处的土基表面模量显著偏大，约为基准值的 1.9 倍；随着径向距离的增加，土基表面模量先逐渐减小，而后逐渐增大，在径向距离为 60 cm 处达到极小值。由图 3-12(c)可知，碎石路基的土基表面模量变化规律与水泥处治路基相似，均呈现先减小后增大的变化趋势。与基准值相比，荷载中心点处的土基表面模量相近甚至偏小。

综上所述，荷载中心点附近(径向距离为 0～60 cm)的土基表面模量变化较大，而外侧(径向距离大于 60 cm)土基表面模量的变化趋于稳定，变化幅度小于 10%。

可以通过圣维南原理(Saint Venant's Principle)对此进行解释。圣维南原理认为分布于弹性体上小块面积(或体积)内的荷载所引起的物体中的应力，在离荷载作用区稍远的地

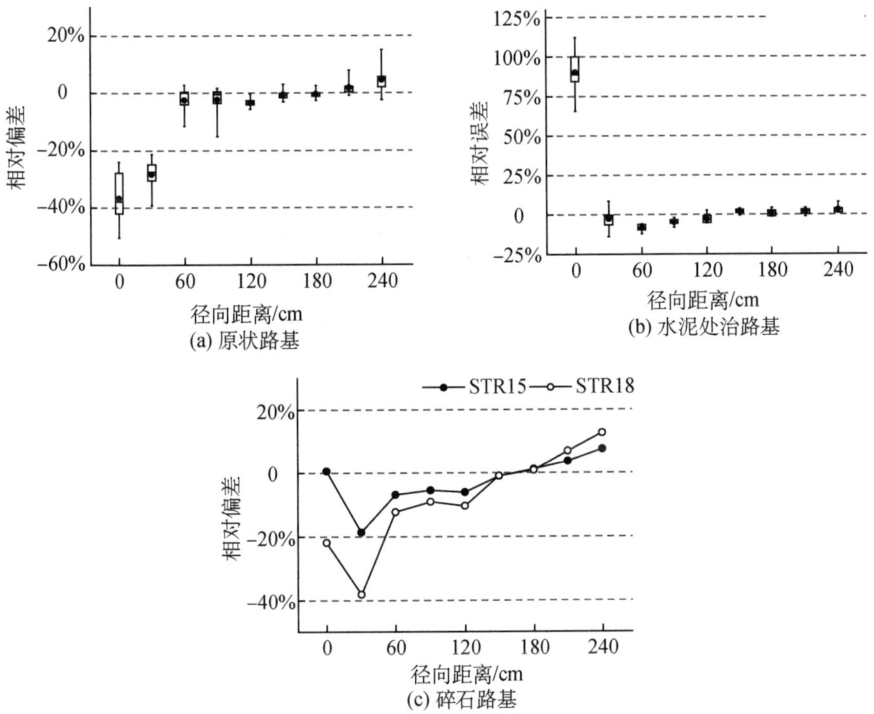


**图 3-12　不同径向距离处土基表面模量对比分析**

方,基本上只同荷载的合力和合力矩有关,而荷载的具体分布只影响荷载作用区附近的应力分布。工程中往往只知道作用于物体表面某一部分区域上的合力和合力矩,而并不知道面力的具体分布形式。对于 FWD,它通过将一定质量的物体提升至一定高度,然后让其自由落下至刚性承载板上,从而对路面施加冲击荷载。作用于承载板上的合力是已知的,而承载板下的应力分布是未知的。将 FWD 荷载模拟为鞍形荷载,在离荷载作用区稍远的地方(径向距离大于 60 cm),这种近似带来的误差是不显著的;在荷载中心点附近(径向距离为 0～60 cm),这种近似带来的误差是显著的。因此,荷载中心点附近(径向距离为 0～60 cm)土基表面模量的变化较大,而外侧(径向距离大于 60 cm)土基表面模量的变化趋于稳定,变化幅度小于 10%。另外,外侧土基表面模量趋于稳定,表明较深位置处的土基比较均匀,且应力依赖特性不显著。

因此,在进行土基模量计算时,应当舍弃荷载中心点附近的弯沉值,可基于径向距离为 60～240 cm 的弯沉计算土基模量,并取其平均值作为各测点土基模量的估计值。对不同路基而言,水泥处治路基、碎石路基和原状路基的土基表面模量平均值分别为 135 MPa,128 MPa和 109 MPa,恰当地反映了处治措施对土基强度的增强效果。

### 3.3.3　基于匹配法的刚性层深度设置

1. 确定设置深度

根据本书 3.3.1 节中关于荷载影响的分析结果,刚性层深度的设置原则是使逐层反演的土基模量值具有良好的一致性。本书 3.3.2 节给出了土基模量的确定方法,由此可以在

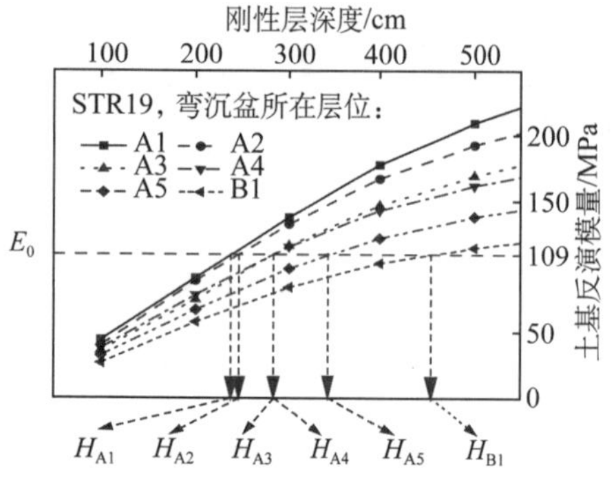


**图 3-13　基于土基模量确定刚性层深度**

图 3-13 中画出一条土基模量 $E_0=109$ MPa 的水平线，各交点即为基于不同层位弯沉盆进行反演时的刚性层深度[19]，即图 3-13 中所示的 $H_{A1}$，$H_{A2}$，$H_{A3}$，$H_{A4}$，$H_{A5}$ 和 $H_{B1}$。

从图 3-13 中可以看出，若要使逐层反演土基模量值具有良好的一致性，随着弯沉盆检测层位上移（即路面厚度增大），刚性层设置深度（即土基顶面以下深度）应逐渐减小。也就是说，当路面厚度较厚时，土基的计算厚度应当较浅；当路面厚度较薄时，土基的计算厚度应当较深。

不过，路面各层的厚度和模量并不相同，应当选择标准模量进行等效厚度计算[19]。假定某结构层的层厚为 $h_1$，模量为 $E_1$，泊松比为 $\mu_1$，将其转换为模量和泊松比分别为 $E_{eq}$ 和 $\mu_{eq}$ 的结构层，则转换后的结构层厚度 $h_{eq}$ 应当满足式(3-10)，使得转换前后结构层刚度保持不变。

$$h_{eq}^3 E_{eq}/(1-\mu_{eq}^2)=h_1^3 E_1/(1-\mu_1^2) \tag{3-10}$$

在实际运用中，结构层材料的泊松比往往未知，因此在计算结构层等效厚度时认为转换前后的泊松比相等，则等效厚度的计算公式如式(3-11)所示。反演中发现半刚性基层的模量往往大于 10 000 MPa，沥青层模量大部分小于 10 000 MPa，这里等效模量取值为 10 000 MPa。

$$h_{eq}=h_1\times(E_1/E_{eq})^{\frac{1}{3}} \tag{3-11}$$

根据路面结构的逐层弯沉数据，以及 3.3.2 节给出的土基模量的估计值，首先确定了刚性层深度 $h_r$，然后反演得到结构层模量，并计算得到路面等效厚度 $H_p$（面层和基层等效厚度之和），以及路面总等效厚度 $H_{p\&s}$（路面与路基等效厚度之和）。

2. 刚性层深度与路面等效厚度的变化规律

根据计算所得的刚性层深度 $h_r$ 和路面等效厚度 $H_p$ 的一一对应数据，得到如图 3-14 所示的散点图。从图 3-14 可以看出，随着 $H_p$ 的增加，$h_r$ 呈减小趋势。臧国帅[19]分别采用指数和线性回归模型进行分析，模型形式如式(3-12)和式(3-13)所示：

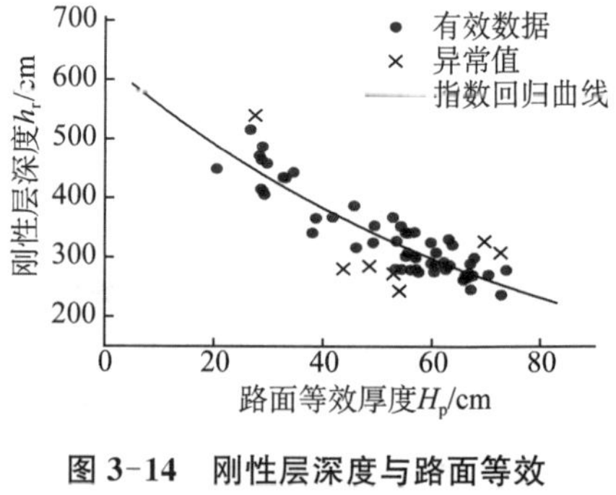


**图 3-14　刚性层深度与路面等效厚度的关系**

$$h_r=a\times\exp(b\times H_p) \tag{3-12}$$

$$h_r=a+b\times H_p \tag{3-13}$$

式中　$h_r$ ——刚性层深度(cm)；

$a$，$b$ ——待回归系数；

$H_p$ ——路面等效厚度(cm)。

模型回归结果如表 3-13 所列。可以看出，指数模型和线性模型的 $R^2$ 值相近，分别为 0.840 和 0.846，表明二者具有较好的相关性。指数模型的有效样本数(56 个)多于线性模型的有效样本数(53 个),指数模型的 $P$ 值小于线性模型的 $P$ 值,表明指数模型更符合观测数据的相关趋势。

**表 3-13　模型回归分析结果**

| 模型 | 样本总数 | 有效样本数 | 系数回归值 | | 统计值 | |
|---|---|---|---|---|---|---|
| | | | $a$ | $b$ | $R^2$ | $P$ 值 |
| 指数模型 | 63 | 56 | 630.5 | −0.01248 | 0.840 | $3.79\times10^{-23}$ |
| 线性模型 | 63 | 53 | 553.9 | −4.218 | 0.846 | $2.34\times10^{-22}$ |

3. 总等效厚度分布规律

根据所计算的各层弯沉盆对应的路面总等效厚度,得到如图 3-15(a)所示的分布直方图。从图中可以看出,路面总等效厚度集中在 120～140 cm,分布频率为 70%,由此可以看出,分布直方图较好地符合正态分布规律,故计算得到均值为 131.1 cm,标准差为 10.51 cm,变异系数为 8.0%[17]。

采用 QQ 图法对路面总等效厚度 $H_{p\&s}$ 进行正态性检验,如图 3-15(b)所示。同时,采用 Michael 拟合优度检验方法给出 Q—Q′图的 95%置信区间,图 3-15(b)中给出了相应的置信区间界线。从图中可以看出,Q—Q′对应点较为均匀地分布在 $y=x$ 等值线附近,而且全部落在 95%的置信区间内,因此可以认为路面总等效厚度服从正态分布。

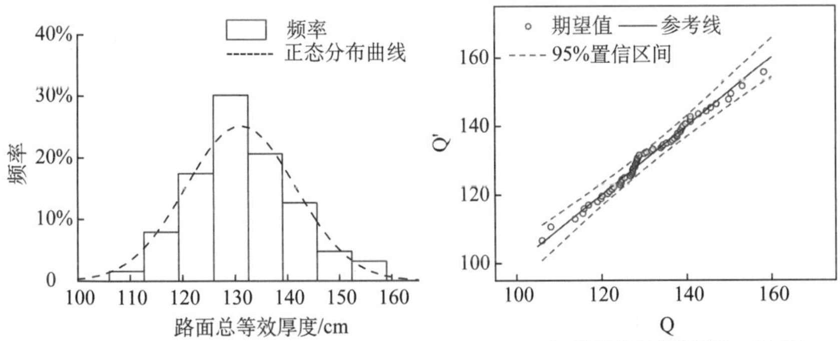

(a) 路面总等效厚度分布直方图　　(b) 路面总等效厚度Q—Q′ 图

**图 3-15　路面总等效厚度分布**

当基于逐层反演的土基模量具有较好的一致性时,路面总等效厚度服从正态分布,其均值为 131.6 cm。这可能是由于 FWD 对路面施加的是冲击荷载,而路面材料具有一定的阻尼和惯性,故将 FWD 荷载的有效穿透范围限制在一定深度范围内,使得路面总等效厚度基本保持不变,即路面和路基等效厚度之和基本保持不变。

4. 深度设置

根据反演的土基模量一致性的原则,在更大的范围内进行优化,可将路面总等效厚度设置为常数值 131.6 cm,以此重新反算各路面结构中路基的模量值,所得的土基模量具有良好的一致性,水泥处治路基、碎石路基和原状路基的变异系数分别为 3.6%、5.8%和 6.7%,

5. 实例验证及鲁棒性分析

我们依托山东青临高速改扩建工程进行了 FWD 逐层弯沉盆数据检测，并对上述方法进行实例验证和鲁棒性分析。

在模量反演时，将路面结构简化为三层，即土基、水稳碎石基层和沥青层。分别采用本书 3.3.1 节提到的固定深度法、深度优化法及本节提出的土基模量一致法来确定刚性层深度。基于固定深度法的刚性层深度均设置为 550 cm，基于深度优化法的刚性层深度均设置为 900 cm。

计算结果表明，与固定深度法或深度优化法相比，土基模量一致法的土基模量反演结果将变异系数从 13%降为 5.5%。

另外，为了分析土基模量一致法的鲁棒性，将路面总等效厚度固定值 $H_{p\&s}$ 设置为不同的值，分别进行刚性层深度设置，计算相应的土基模量平均值及其变异系数。分析表明，当 $H_{p\&s}$ 值从 115 cm 变化到 145 cm，变化量达 26.5%时，土基模量的变异系数从 6.9%降为 5.7%，表明该算法模型具有非常好的鲁棒性。

### 3.3.4 基于惰性点法的刚性层深度设置

上文发现了路面和路基等效厚度之和具有稳定性这一现象，显著提高了逐层反演土基模量的一致性。土基模量一致法是对路面结构的“竖向”分析。对路面结构的“水平向”分析则可以利用惰性弯沉点进行相关研究。[19-21]

惰性弯沉点处的弯沉不随上部结构层模量的变化而变化，只与土基模量、刚性层深度和路面厚度有关。一旦惰性弯沉点确定了，则可依据惰性点的位置和弯沉来确定土基模量和刚性层深度。

1. 反演原理

惰性点法需反演的未知量为两个：土基模量和刚性层深度。目标函数定义为惰性点参数的相对均方根误差，如式(3-14)所示。

$$\min \varepsilon = \sqrt{\left[\left(\frac{\hat{R}_c - R_c}{R_c}\right)^2 + \left(\frac{\hat{D}_c - D_c}{D_c}\right)^2\right]/2} \tag{3-14}$$

式中 $\varepsilon$ ——惰性点参数匹配误差；

$\hat{R}_c$，$R_c$——分别为惰性点位置的计算值和根据实测弯沉盆获得的实测值；

$\hat{D}_c$，$D_c$——分别为惰性点弯沉的计算值和根据实测弯沉盆获得的实测值。

对于某一路面结构而言，路面结构厚度已知，因此仅需计算不同土基模量和刚性层深度组合下的惰性点参数。为了计算各点的理论惰性点参数，首先要对土基模量和刚性层深度进行网格化处理，并计算各网格点对应的惰性点参数，然后再利用双线性插值方法得到非网格点的惰性点参数。具体计算方法和结果如下。刚性层模量取值 6 894 MPa(1 000ksi)，泊松比取值 0.2。

以江西昌泰高速公路为例进行说明。该高速公路路面结构为半刚性基层沥青路面结构，沥青层厚 16 cm，基层厚 58 cm，路面厚度为 74 cm。为了建立适用范围较广的网格化数据库，将土基模量和刚性层深度网格化为 101×101 的网格，其中土基模量变化范围为 50～350 MPa，取样间隔为 3 MPa；刚性层深度变化范围为 100～800 cm，取样间隔为 7 cm。如此共得到 10 201个惰性点参数，惰性点参数与土基模量和刚性层深度的散点图如图 3-16 所示[19-21]。

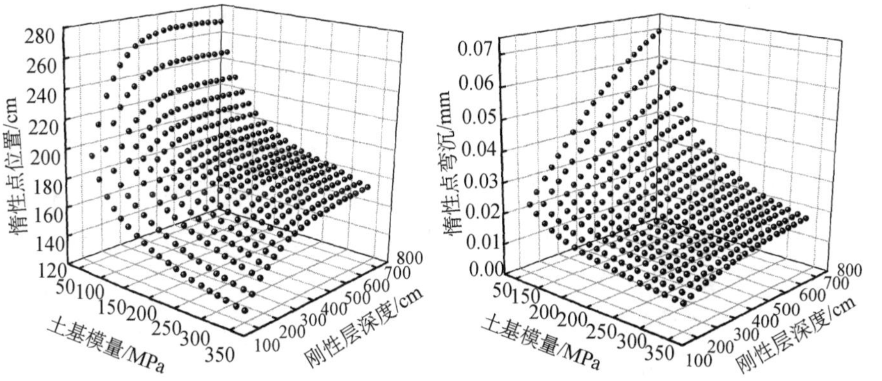


(a) 惰性点位置　　(b) 惰性点弯沉

**图 3-16　惰性点参数与土基模量和刚性层深度的散点图**

基于已建立的惰性点参数数据库，采用双线性插值方法得到其他土基模量和刚性层深度组合下的惰性点参数，即：

$$H(R_1) \approx \frac{x_2 - x}{x_2 - x_1} H(Q_{11}) + \frac{x - x_1}{x_2 - x_1} H(Q_{21}) \tag{3-15}$$

$$H(R_2) \approx \frac{x_2 - x}{x_2 - x_1} H(Q_{12}) + \frac{x - x_1}{x_2 - x_1} H(Q_{22}) \tag{3-16}$$

$$H(p) \approx \frac{y_2 - y}{y_2 - y_1} H(R_1) + \frac{y - y_1}{y_2 - y_1} H(R_2) \tag{3-17}$$

式中　$H(R_1)$—— 根据已知点 $Q_{11}$、$Q_{21}$ 函数值 $H(Q_{11})$、$H(Q_{21})$ 所得的插值结果；

$H(R_2)$—— 根据已知点 $Q_{12}$、$Q_{22}$ 函数值 $H(Q_{12})$、$H(Q_{22})$ 所得的插值结果；

$H(p)$ —— 根据 $H(R_1)$、$H(R_2)$ 所得的插值结果。

2. 现场实例验证

惰性弯沉点可以利用实测弯沉盆进行确定。由于荷载和环境的耦合作用，路面结构会产生损伤，从而造成路面模量的衰减，但是这种损伤的空间分布是不均匀的。路面结构具有很强的荷载扩散能力，使得土基所受应力较小。因此，当所分析路段较短时，可假定路面厚度和土基模量保持不变，通过在不同桩号位置处检测的多组路表弯沉盆计算 *RMSE*，即可确定此段路面结构对应的惰性弯沉点，进而确定该路段的刚性层深度。

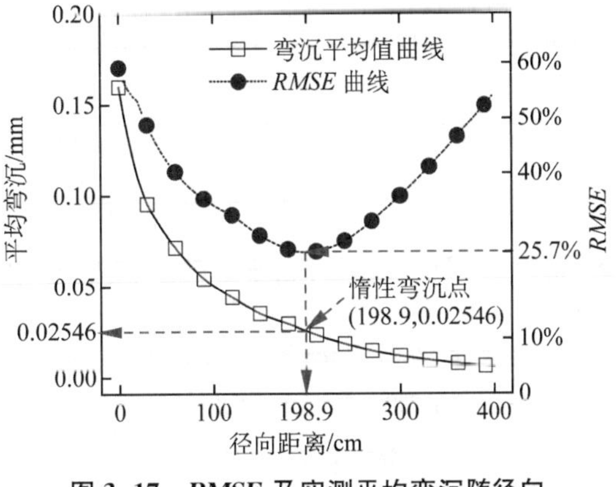


**图 3-17　*RMSE* 及实测平均弯沉随径向距离的变化关系**

依托江西昌泰高速公路改扩建工程，获得了 40 组路表弯沉盆，计算各个径向距离处的弯沉平均值和 *RMSE*，如图 3-17 所示。可以看出，*RMSE* 随着径向距离的增加呈现出先减小后增加的变化趋势，在径向距离

198.9 cm处，*RMSE* 达到极小值。根据 *RMSE* 最小原则，此点即为惰性弯沉点，表明沥青路面结构实际存在惰性弯沉点，其位置为 $R_c = 198.9$ cm，弯沉为 $D_c = 2.546(0.01$ mm)。

惰性点位置的 *RMSE* 较大，可能是由于惰性点位于 198.9 cm 处，处于 FWD 检测范围(182.9 cm)以外。FWD 检测范围以外采用指数拟合方法进行弯沉盆信息外延预测。此外，FWD 检测误差和路表损坏均会引起检测弯沉盆异常，这可能也是 *RMSE* 较大的部分原因。

基于此惰性点参数利用粒子群优化算法反演刚性层深度和土基模量，得到：$h_r = 377.9$ cm，$E_s = 145.6$ MPa。

使用惰性点法反演刚性层深度和土基模量的前提是评价路段内土基状况较为均匀。为了验证土基状况是否均匀，分别计算各个测点在刚性层深度为 377.9 cm 下的土基模量反演值以及惰性点参数，参数统计结果如表 3-14 所列。从表中可以看出，各测点的惰性点参数较为接近，而土基模量变化稍大，但总体仍能满足均匀性要求。土基模量主要由 FWD 弯沉盆曲线外侧弯沉确定，而外侧弯沉值较小，故导致测量误差较大，从而造成土基反演模量变化稍大。

**表 3-14　　路段内各测点土基模量及惰性点参数统计**

| 评价指标 | 土基模量/MPa | 惰性点位置/cm | 惰性点弯沉/mm |
|---|---|---|---|
| 平均值 | 157.0 | 198.2 | 0.0251 |
| 标准差 | 44.3 | 11.3 | 0.0041 |
| 变异系数 | 28.2% | 5.7% | 16.3% |

本书 3.3.3 节利用逐层检测弯沉建立了基于土基反演模量一致性的刚性层深度设置方法，发现路面总等效厚度为定值。通过对比发现，基于惰性点法确定的刚性层深度为 377.9 cm，基于土基一致法确定的刚性层深度平均值为 337.3 cm，与惰性点法设置结果仅相差约 12%。

## 3.4 弯沉盆上的特征点

对于三层结构体系，土基模量可由惰性点法进行唯一确定，仅剩面层模量和基层模量两个未知数，因此建立两个方程即可确定。由上述分析可知，面层模量和基层模量组合对不同径向距离处的弯沉影响不同，对靠近荷载中心点处的弯沉有显著影响，对较远位置处的弯沉影响不显著。朱洁[3]、臧国帅[19]的研究表明，基于不同弯沉点进行反演分析，虽然都可以求得基层模量和面层模量，但稳定性和精度会有所不同。因此，找出稳定性好、精度高的弯沉点对于反演分析很有意义。

### 3.4.1 不同位置弯沉对基层反演模量影响分析

1. *基层顶面弯沉盆*

基层顶面弯沉盆是指路面结构修建到基层时测定的弯沉盆，相当于是两层路面结构顶面的弯沉盆，两层结构即为基层和土基，其中土基模量可由惰性点法反演得到，因此仅需选取 1 个特征点 ($IPoint_{b1}$) 即可反演得到基层模量。

已有研究发现弯沉点位的选取对基层反演模量有较大影响[19-21]。分别选取 0 cm，30 cm，60 cm 和 90 cm 位置，以这些特征点位置处的弯沉来反演基层模量，从而分析基层反演模量的变化规律。首先，对于某一基层顶面实测弯沉盆，以 $IPoint_{b1}=0$ cm 时的基层反演模量为基准，计算其他位置的基层反演模量相对偏差，确定基层反演模量的相对变化规律。然后，对所有基层顶面弯沉盆的反演结果进行统计分析，计算平均值、四分位数和极值等统计指标，结果如图 3-18 所示。

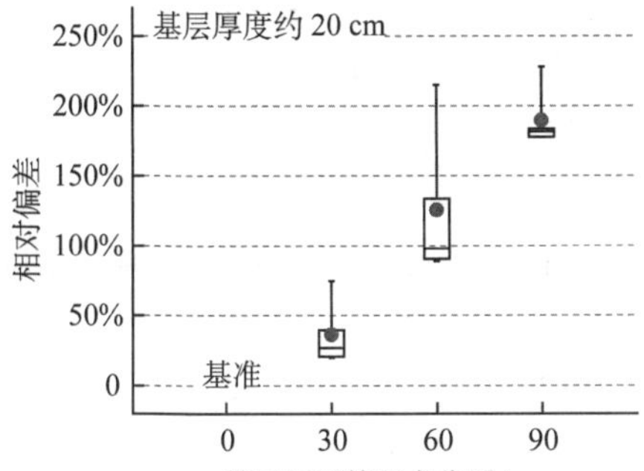

(a) 下基层顶面弯沉盆

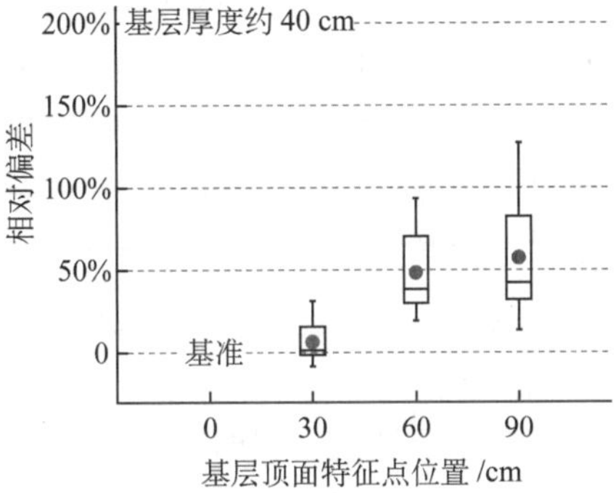

(b) 上基层顶面弯沉盆

**图 3-18　基层反演模量相对偏差统计箱形图**

由图 3-18 可知，无论上基层或下基层顶面弯沉盆，随着 $IPoint_{b1}$ 远离荷载中心点，基层反演模量均呈增大趋势，但增幅不同；与 $IPoint_{b1}=0$ cm 相比，当 $IPoint_{b1}=30$ cm，60 cm 或 90 cm 时，对于下基层顶面弯沉盆，基层反演模量平均增大 36%，126%和 190%，而对于上基层顶面弯沉盆，基层反演模量平均增大 6%，48%和 57%。这表明当基层厚度较厚时，特征点选取位置对基层反演模量的影响较小，尤其是特征点选取位置为 0 cm 和 30 cm 时，基层反演模量相差很小，平均偏差仅为 6%。

2. 沥青层顶面弯沉盆

对于沥青层顶面弯沉盆，当路面结构为三层结构，即面层、基层和土基，其中土基模量可由惰性点法反演得到，因此需选取 2 个特征点：$IPoint_{a1}$ 和 $IPoint_{a2}$。$IPoint_{a1}$ 取为荷载中心点位置；$IPoint_{a2}$ 分别选取 20 cm，30 cm，45 cm，60 cm，75 cm 五个中的一个，其中，20 cm，45 cm 和 75 cm 处的弯沉采用三次样条插值得到，由此分析 $IPoint_{a2}$ 选取位置对基层反演模量的影响[19-21]。

对于某个沥青层顶面弯沉盆而言，分别使用不同的 $IPoint_{a2}$ 位置反演基层模量，并以 $IPoint_{a2}=20$ cm 时的基层反演模量为基准，计算其他位置的基层反演模量的相对偏差。然后对所有沥青层顶面弯沉盆的反演结果进行统计分析，计算平均值、四分位数和极值等统计指标。结果表明，当 $IPoint_{a1}$ 设置为荷载中心点时，随着 $IPoint_{a2}$ 选取位置逐渐远离荷载中心点，基层的反演模量也逐渐增大，对于选取位置为 30 cm，45 cm，60 cm，75 cm 时，基层反演模量增加百分比平均值分别为 28%，99%，161%和 182%。

综上所述，特征点的选取位置对基层反演模量有较大影响，随着选取位置逐渐远离荷载中心点，基层反演模量显著增大。然而，基于臧国帅的博士论文[19]中不同荷载水平的基层模量测试结果，以及廖公云等[25]的研究，水泥稳定碎石材料的应力依赖特性并不显著。因此，有理由推断基层反演模量呈增大趋势可能是由弯沉盆在较远位置处检测的弯沉偏小引起的，而这种弯沉偏小可能是由实际基层存在损伤导致传荷能力下降引起的。

### 3.4.2 最佳特征点位置选取

1. 选取原则

对于三层结构体系，如何确定最佳特征点 $IPoint_1$ 和 $IPoint_2$ 的位置？张小宁等[14-16]认为，$IPoint_1$ 取荷载中心点位置，而为了避免插值带来的误差，$IPoint_2$ 应当取距离荷载中心点最近的传感器位置。朱洁[3-5]通过理论模拟分析发现，随着 $IPoint_2$ 选取位置不断靠近荷载中心点，结构层模量反演误差呈现出先减小后增大的趋势，反演误差极小值出现在 $IPoint_2$ 位于径向距离 20 cm 处，并对此从理论上进行了解释。臧国帅[19-21]则采用逐层实测弯沉盆的方法对特征点最佳位置的选取进行了分析。

结合采集到的不同测点的逐层弯沉盆数据，基层反演模量一致性可用均方根变异系数（$CV_{\mathrm{rms}}$）进行表征，计算公式如式(3-18)所示。对于某一路面结构的逐层弯沉盆，首先采用基层顶面特征点反演基层弯沉盆来确定基层模量，采用面层顶面特征点反演面层弯沉盆来确定基层模量，然后计算得到该路面结构对应的基层反演模量变异性。最后，对所有路面结构的基层反演模量变异性进行均方根计算，从而得到均方根变异性。

$$CV_{\mathrm{rms}} = \sqrt{\sum_{i=1}^{n} \frac{CV_i^2}{n}} \tag{3-18}$$

式中 $CV_i$ —— 第 $i$ 个测点基层反演模量的变异系数；

$n$ —— 测点总数。

2. 确定最佳位置

为了简化路面结构体系，将所有沥青层合并为一层，所有基层合并为一层，水泥稳定土或级配碎石层与土基合并为一层，从而将路面结构简化为至多三层的路面结构体系，即包含面层、基层和土基。土基模量可以依据惰性点法进行确定，因此对于面层顶面弯沉盆，还有 2 个未知量：沥青层模量和基层模量，只需选取 2 个特征点（$IPoint_{\mathrm{a1}}$ 和 $IPoint_{\mathrm{a2}}$）即可反演确定；对于基层顶面弯沉盆，仅有 1 个未知量：基层模量，只需选取 1 个特征点（$IPoint_{\mathrm{b1}}$）即可反演确定。

臧国帅[19]利用交通运输部 RIOHTRACK 足尺环道实验检测的 9 个路面结构的逐层弯沉盆数据进行最佳特征点位置的确定。弯沉传感器共有 9 个，以 30 cm 等间距分布，具体分布位置为 0 cm，30 cm，60 cm，90 cm，120 cm，150 cm，180 cm，210 cm，240 cm 处。因此，对于基层顶面弯沉盆，特征点选取位置为弯沉传感器位置，即距离荷载中心点 0 cm，30 cm，60 cm 和 90 cm 处；对于面层顶面弯沉盆，也选取同样的位置。此外，考虑到朱洁[3]建议的荷载中心点和 20 cm 位置组合，同时为了清楚地反映变化规律，还选取了 20 cm，45 cm 和 75 cm 位置处，这三处的弯沉采用三次样条插值方法进行弯沉盆内插得到。

特征点可能选取位置如表 3-15 所列。其中，对于三层结构，即沥青层顶面，特征点选取位置有 7 种；对于两层结构，即基层顶面，特征点选取位置有 4 种。

**表 3-15　　特征点位置选取**

| 结构体系 | 特征点个数 | 特征点可能位置/cm |
| --- | --- | --- |
| 三层结构(沥青层顶面) | 2 个($IPoint_{a1}$ 和 $IPoint_{a2}$) | (0, 20), (0, 30), (0, 45), (0, 60), (0, 75), (30, 60)或(30, 90) |
| 二层结构(基层顶面) | 1 个($IPoint_{b1}$) | 0, 30, 60 或 90 |

不同特征点位置组合下的基层反演模量变异性计算结果如图 3-19 所示。由该图可知，当保持基层顶面特征点位置不变时，随着面层顶面特征点位置远离荷载中心点，基层模量变异性呈现出先减小后增大的趋势，且变异性差异较大。当 $IPoint_{b1}$ 为 30 cm，60 cm 或 90 cm 时，基层模量变异性极小值出现在面层特征点位置为(0 cm, 60 cm)处，极小值分别为 12%，21% 和 38%；当 $IPoint_{b1}$ 为荷载中心点时，基层模量变异性极小值出现在面层特征点位置为(0 cm, 45 cm)处，极小值为 17%，而面层特征点位置为(0 cm, 60 cm)处的基层模量变异性极小值为 18%，二者非常接近。因此，当基层特征点 $IPoint_{b1}$ 为 30 cm，面层特征点 $IPoint_{a1}$ 和 $IPoint_{a2}$ 分别为 0 cm 和 60 cm 时，基层反演模量均方根变异性达到全局极小值，极小值为 12%。

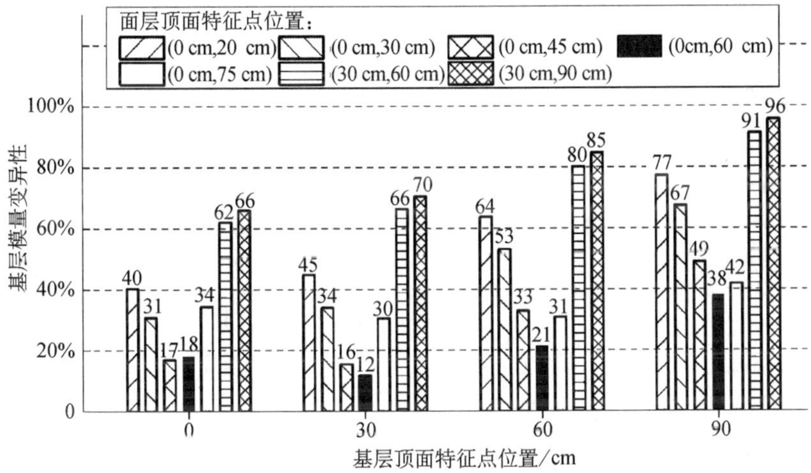


**图 3-19　基层模量变异性分析**

表 3-16 为各个路面结构对应的基于逐层弯沉盆的基层反演模量平均值。从该表可以看出，当反演方法为特征点法时，基层反演模量变化范围为 20 085～42 417 MPa。基层反演模量变化范围较大，表明基于特征点法反演基层模量可以反映基层强度的不同。分析结果还表明，对于某一路面结构而言，当采用特征点法时，基于不同层位弯沉盆反演得到的基层模量具有很好的一致性。

**表 3-16　　基于逐层弯沉盆的基层反演模量平均值**　　单位：MPa

| 路面结构 | 2 | 4 | 6 | 7 | 8 | 9 | 11 | 13 | 14 |
| --- | --- | --- | --- | --- | --- | --- | --- | --- | --- |
| 特征点法 | 26 397 | 34 140 | 42 417 | 41 960 | 29 949 | 27 800 | 22 307 | 26 668 | 20 085 |
| 匹配法 | 32 745 | 37 712 | 48 306 | 44 320 | 34 053 | 29 152 | 25 844 | 30 435 | 20 975 |

综上所述，以两个特征点弯沉匹配为目标，即可解算两个未知数：面层模量和基层模量。该算法克服了传统试算法无法解决的问题，并且具有求解过程收敛和解唯一的优点。这两个弯沉点分别记为 $IPoint_1$ 和 $IPoint_2$，其中 $IPoint_1$ 更靠近荷载中心点。

具体反演算法如下：

**步骤 1**：根据估计的刚性层深度 $h_r$，采用惰性点法确定土基模量 $E_s$。

**步骤 2**：确定沥青层模量试算范围 $E_{a1} \sim E_{a2}$，确定初始试算值 $E_a=(E_{a1}+E_{a2})/2$；确定基层模量试算范围 $E_{b1} \sim E_{b2}$，确定初始试算值 $E_b=(E_{b1}+E_{b2})/2$。

**步骤 3**：保持 $E_a$ 不变，通过调整 $E_b$ 使得 $IPoint_1$ 的弯沉理论计算值（$\omega^{c}_{IPoint_1}$）和实测值（$\omega^{m}_{IPoint_1}$）匹配，即二者之差的绝对值小于指定精度 ε，具体步骤如下：

若 $|\omega^{c}_{IPoint_1}-\omega^{m}_{IPoint_1}|<\varepsilon$，则转到步骤 4；若 $\omega^{c}_{IPoint_1}>\omega^{m}_{IPoint_1}$，则需增大基层模量，$E_{b1}=E_b$，$E_b=(E_{b1}+E_{b2})/2$；若 $\omega^{c}_{IPoint_1}<\omega^{m}_{IPoint_1}$，则需减小基层模量，$E_{b2}=E_b$，$E_b=(E_{b1}+E_{b2})/2$；重复此步骤，直至满足精度要求为止。

**步骤 4**：验证 $IPoint_2$ 的弯沉理论计算值（$\omega^{c}_{IPoint_2}$）和实测值（$\omega^{m}_{IPoint_2}$）是否匹配，具体步骤如下：

若 $|\omega^{c}_{IPoint_2}-\omega^{m}_{IPoint_2}|<\varepsilon$，转到步骤 5；若 $\omega^{c}_{IPoint_2}>\omega^{m}_{IPoint_2}$，则表明弯沉盆偏向平坦，面层刚度偏大，需减小面层模量，$E_{a2}=E_a$，$E_a=(E_{a1}+E_{a2})/2$；若 $\omega^{c}_{IPoint_2}<\omega^{m}_{IPoint_2}$，则表明弯沉盆偏向陡峭，面层刚度偏小，需增大面层模量，$E_{a1}=E_a$，$E_a=(E_{a1}+E_{a2})/2$，转到步骤 3。

**步骤 5**：停止计算，输出面层模量 $E_a$、基层模量 $E_b$ 和土基模量 $E_s$。

需要说明的是，以上过程是收敛的，解是唯一的。对于步骤 3，当中心点弯沉理论计算值大于实测值时，增大 $E_b$；当中心点弯沉理论计算值小于实测值时，减小 $E_b$。每调整一次，基层模量试算范围便减小一半。由于弯沉与结构层模量呈单调正相关趋势，因此试算过程很快便能收敛，使弯沉相等。对于步骤 4，当中心附近点的弯沉不等时，若计算值大于实测值，减小 $E_a$；若计算值小于实测值，增大 $E_a$。 这样不断地在实际值附近波动，范围便不断缩小，最终收敛于某唯一值。

3. 刚性层深度设置

上述反演步骤是针对已知刚性层深度的情况，当刚性层深度未知时，则需采用基于路面总等效厚度为固定值的结论，具体步骤如下：

**步骤 1**：确定路面总等效厚度固定值，建议设置为 131.6 cm。

**步骤 2**：确定刚性层深度试算范围 $h_{r1} \sim h_{r2}$，确定初始试算值 $h_r=(h_{r1}+h_{r2})/2$。

**步骤 3**：根据上述反演算法，确定刚性层深度试算值 $h_r$ 下的各层模量，面层模量 $E_a$、基层模量 $E_b$ 和土基模量 $E_s$，计算路面总等效厚度 $H_{p\&s}$，见式(3-19)。

$$H_{p\&s}=h_a\times\left(\frac{E_a}{10\ 000}\right)^{\frac{1}{3}}+h_b\times\left(\frac{E_b}{10\ 000}\right)^{\frac{1}{3}}+h_r\times\left(\frac{E_s}{10\ 000}\right)^{\frac{1}{3}} \tag{3-19}$$

**步骤 4**：若 $|H_{p\&s}-131.6|<\varepsilon$，转到步骤 5；若 $H_{p\&s}>131.6$ cm，表明路面结构刚度较大，应减小路面结构刚度，即减小刚性层设置深度，$h_{r2}=h_r$，$h_r=(h_{r1}+h_{r2})/2$；若 $H_{p\&s}<131.6$ cm，表明路面结构刚度较小，应增大路面结构刚度，即增大刚性层设置深度，$h_{r1}=h_r$，

$h_r=(h_{r1}+h_{r2})/2$，转到步骤 3。

**步骤 5:** 停止计算，输出刚性层深度 $h_r$ 以及对应的面层模量 $E_a$、基层模量 $E_b$ 和土基模量 $E_s$。

## 3.5 匹配法与特征点法对比分析

### 3.5.1 弯沉盆检测范围对比

以实测弯沉盆数据为例，分析不同反演方法下弯沉盆检测范围 ($L_d$) 对土基模量反演结果的影响，反演方法为惰性点法和弯沉盆匹配法，其中弯沉盆匹配法以 *RMSE* 最小为目标函数。

分别使用不同检测范围内 ($L_d$=150 cm，180 cm，210 cm 或 240 cm) 的实测弯沉反演土基模量，土基模量反演值如表 3-17 和表 3-18 所列。可以看出，随着弯沉盆检测范围的缩小，土基反演模量值均呈增大趋势，惰性点法和弯沉盆匹配法的变化范围平均值分别为 226～247 MPa 和 214～241 MPa。

以 $L_d$=240 cm 时的土基反演模量为基准，惰性点法和弯沉盆匹配法反演的土基模量基准值分别为 226 MPa 和 214 MPa，再分别计算不同弯沉盆检测范围时土基反演模量的相对偏差，结果也列入表 3-17 和表 3-18 中。可以看出，随着弯沉盆检测范围的缩小，土基模量反演偏差均呈增大趋势，弯沉盆匹配法的这一趋势更加显著。以允许误差 5%为例，惰性点法需要的弯沉盆检测范围在 180 cm 以内，而弯沉盆匹配法在 210 cm 以外。因此，与弯沉盆匹配法相比，惰性点法对弯沉盆检测范围要求较低，鲁棒性更好。

表 3-17 基于惰性点法的土基模量反演结果

| 测点编号 | 不同弯沉盆检测范围 $L_d$ 下土基模量反演值/MPa | | | | 不同弯沉盆检测范围 $L_d$ 下土基模量反演偏差 | | | |
|---|---|---|---|---|---|---|---|---|
| | 150 cm | 180 cm | 210 cm | 240 cm | 150 cm | 180 cm | 210 cm | 240 cm |
| 1 | 235 | 227 | 224 | 222 | 4.1% | 0.5% | −0.8% | −1.6% |
| 2 | 256 | 242 | 238 | 235 | 13.2% | 7.1% | 5.1% | 4.0% |
| 3 | 247 | 235 | 232 | 229 | 9.4% | 4.2% | 2.5% | 1.5% |
| 4 | 245 | 238 | 235 | 233 | 8.5% | 5.2% | 3.9% | 3.2% |
| 5 | 250 | 239 | 235 | 233 | 10.5% | 5.8% | 4.2% | 3.2% |
| 6 | 248 | 233 | 230 | 227 | 9.7% | 3.3% | 1.6% | 0.5% |
| 7 | 253 | 240 | 236 | 234 | 12.0% | 6.0% | 4.4% | 3.4% |
| 8 | 245 | 228 | 220 | 212 | 8.3% | 0.7% | −2.7% | −6.3% |
| 9 | 253 | 234 | 227 | 224 | 11.7% | 3.5% | 0.3% | −0.8% |
| 10 | 236 | 223 | 211 | 208 | 4.5% | −1.4% | −6.6% | −8.0% |
| 平均值 | 247 | 234 | 229 | 226 | 9.2% | 3.8% | 3.2% | 3.3% |

表 3-18　　基于弯沉盆匹配法的土基模量反演结果

| 测点编号 | 不同弯沉盆检测范围 $L_d$ 下土基模量反演值/MPa | | | | 不同弯沉盆检测范围 $L_d$ 下土基模量反演偏差 | | | |
|---|---|---|---|---|---|---|---|---|
| | 150 cm | 180 cm | 210 cm | 240 cm | 150 cm | 180 cm | 210 cm | 240 cm |
| 1 | 218 | 212 | 211 | 202 | 2.0% | −0.7% | −1.4% | −5.5% |
| 2 | 250 | 237 | 224 | 212 | 16.7% | 10.9% | 4.5% | −1.1% |
| 3 | 243 | 233 | 223 | 209 | 13.4% | 8.9% | 4.1% | −2.5% |
| 4 | 242 | 233 | 226 | 215 | 13.1% | 8.9% | 5.5% | 0.4% |
| 5 | 242 | 234 | 226 | 216 | 13.1% | 9.5% | 5.5% | 1.1% |
| 6 | 239 | 236 | 227 | 217 | 11.9% | 10.1% | 6.0% | 1.2% |
| 7 | 247 | 240 | 231 | 221 | 15.6% | 12.3% | 8.0% | 3.1% |
| 8 | 243 | 235 | 228 | 218 | 13.5% | 10.0% | 6.6% | 2.0% |
| 9 | 249 | 241 | 233 | 223 | 16.5% | 12.7% | 8.9% | 4.0% |
| 10 | 233 | 231 | 220 | 212 | 8.9% | 7.8% | 2.7% | −1.0% |
| 平均值 | 241 | 233 | 225 | 214 | 12.5% | 9.2% | 5.3% | 2.2% |

对于惰性点法，弯沉盆检测范围为 150 cm 和 180 cm 时的反演偏差平均值相差较大，分别为 9.2%和 3.8%。这是因为惰性点位置大部分位于 150～180 cm，因此为了减小土基模量的反演偏差，弯沉盆检测范围应当覆盖惰性点。

### 3.5.2　反演的土基模量变异性对比

1. 基于沥青面层表面弯沉盆的反演结果

根据在江西昌泰高速公路 1 km 范围内检测的沥青面层表面 40 组弯沉盆，分别采用惰性点法和弯沉盆匹配法反演各测点的土基模量。结果表明，不同方法获得的土基模量反演值变化范围均较大，其中惰性点法的要小于弯沉盆匹配法的。对反演结果进行统计分析，结果如表 3-19 所列。可以看出，与弯沉盆匹配法相比，惰性点法的土基模量反演值略大，变异性略小，其变异性 23.9%与弯沉盆最外侧传感器检测弯沉 $w_9$ 的变异性 26%较为接近，这是因为土基模量受外侧弯沉值的影响较大。

表 3-19　　土基反演模量统计分析

| 反演方法 | 土基模量统计值 | | | |
|---|---|---|---|---|
| | 有效样本数 | 均值/MPa | 标准差/MPa | 变异系数 |
| 惰性点法 | 39 | 190.3 | 45.4 | 23.9% |
| 弯沉盆匹配法 | 39 | 177.9 | 43.0 | 24.2% |

图 3-20 为两种反演方法得到的土基模量反演结果的相关性分析。从中可以看出，二者具有良好的相关性，相关系数 $R^2 = 0.88$，但是二者仍存在一定的差异。回归公式的斜率为 0.93，表明

弯沉盆匹配法的反演值比惰性点法偏小7%左右。

2. 基于半刚性基层表面弯沉盆的反演结果

笔者在江西昌泰高速公路2 km范围内选择了95个点，检测了半刚性基层表面弯沉盆，这种工况实际上代表的是薄层路面结构。分别采用惰性点法和弯沉盆匹配法反演各测点的弯沉盆。结果表明，不同反演方法的土基模量反演值变化范围均较大。对反演结果进行统计分析，如表3-20所列。从表中可以看出，与弯沉盆匹配法相比，惰性点法的土基模量变异系数为28.8%，显著小于弯沉盆匹配法的变异系数(37.3%)。这表明惰性点法反演土基模量具有较好的可靠性。

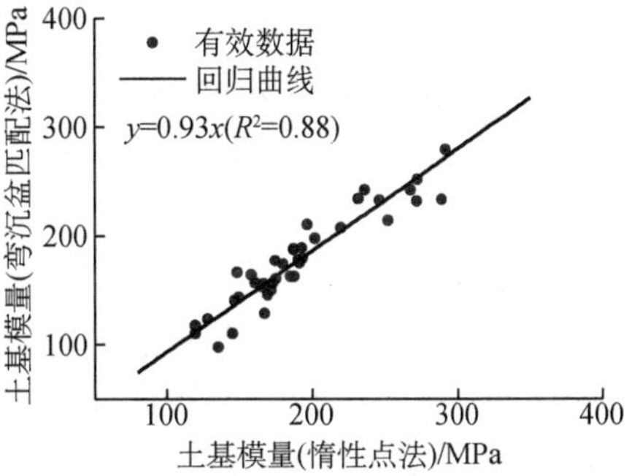

图3-20 不同方法的土基模量反演值相关性分析(基于沥青面层)

表3-20 土基反演模量统计分析

| 反演方法 | 土基模量统计值 | | | |
|---|---|---|---|---|
| | 有效样本数 | 均值/MPa | 标准差/MPa | 变异系数 |
| 惰性点法 | 93 | 194.1 | 55.8 | 28.8% |
| 弯沉盆匹配法 | 93 | 160.9 | 60.0 | 37.3% |

基于面层和基层表面弯沉盆，惰性点法的土基模量反演结果分别为190.3 MPa和194.1 MPa，弯沉盆匹配法的土基模量反演结果分别为177.9 MPa和160.9 MPa，这说明惰性点法不同层位的反演结果较为一致。

图3-21为两种反演方法的土基模量反演结果的相关性分析。从中可以看出，二者具有良好的相关性，相关系数$R^2=0.75$，但二者仍具有一定的差异。回归公式的斜率为0.84，表明弯沉盆匹配法的反演值比惰性点法偏小16%左右。与基于面层表面弯沉盆的反演结果相比，基于基层表面弯沉盆的两种反演方法的土基模量反演值差异性较大。

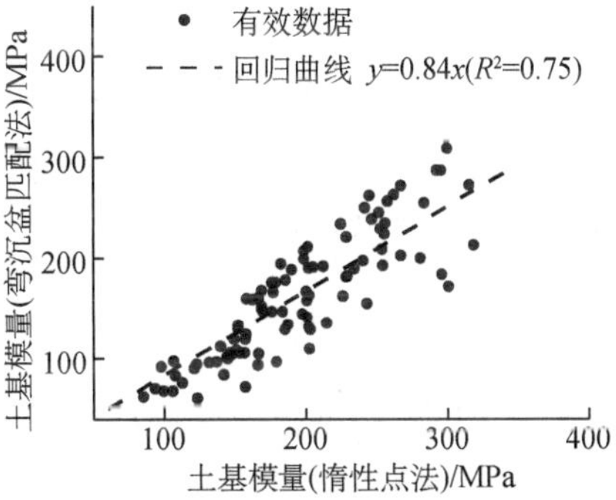

图3-21 不同方法的土基模量反演值相关性分析(基于半刚性基层)

3. 实例分析

为了验证特征点法对实测弯沉盆的反演分析效果，笔者采集了同一路面结构不同季节下的路表弯沉盆，基于此弯沉盆进行结构层参数反演分析。试图通过不同季节的结构层参数反演值及其变化规律来验证特征点法反演算法的合理性。

1) 各个季节弯沉盆检测

实测弯沉盆数据来自交通运输部RIOHTRACK试验环道。以路面结构1为例进行相关分析，其沥青层厚12 cm，下面层为低标号沥青的高模量沥青混凝土，基层和底基层采用较厚的半刚性材料。在不同季节分别进行弯沉盆检测，共计11次，测得171个有效弯沉盆，测试时间跨度超过1年(从2016年1月至2017年3月)。气温最低为3.7 ℃，最高为43.3 ℃；路表温度最低为 7.0 ℃,最高为 50.4 ℃。

2) 温度对路表弯沉的影响

路表不同径向距离处的弯沉受温度影响的程度不同。路面温度可通过温度传感器实测获得,或基于预估公式预测得到[26]。图 3-22 为不同径向距离处弯沉随路表温度的变化曲线,其中坐标轴为半对数坐标轴,对 $y$ 轴进行了以 10 为底的对数取值。由图 3-22 可知,随着路表温度的升高,各径向距离处的弯沉均呈增大趋势,这可能是因为随着路表温度的升高、降雨或地下水位升高等原因使得土基含水率增大,导致土基强度降低,进而使得弯沉盆各径向距离处弯沉均随之增大。当温度较低时,弯沉随温度变化趋势趋缓,呈波动状态。此外,荷载中心点弯沉受温度影响最大,随着路表温度的升高,具有显著的增大趋势,反映了温度对沥青层强度的影响。

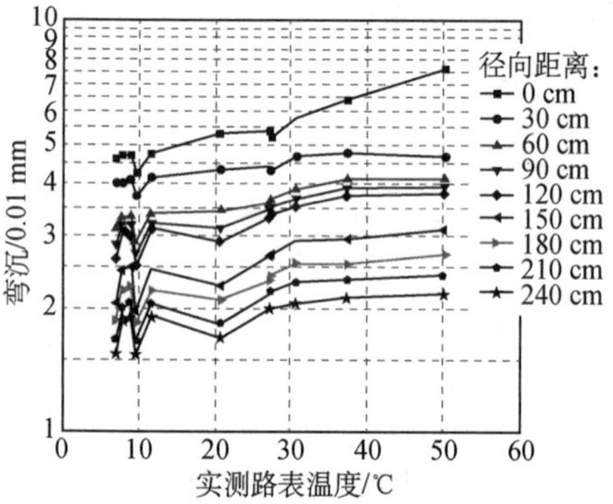


图 3-22 温度对路表弯沉盆的影响

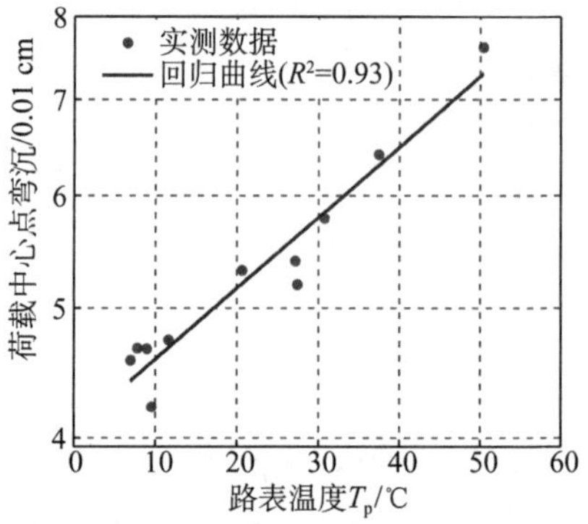


图 3-23 荷载中心点弯沉与路表温度相关性

图 3-23 是荷载中心点弯沉与路表温度的散点图,其中坐标轴为半对数坐标轴,对 $y$ 轴取自然对数。由图 3-23 可知,随着路表温度 $T_p$ 升高,荷载中心点弯沉 $\omega_0$ 逐渐增大,二者大致呈线性关系。基于最小二乘法采用线性模型进行回归分析,拟合结果如式(3-20)、式(3-21)所示。

$$\ln(\omega_0)=1.413+0.01141T_p,\ R^2=0.93 \tag{3-20}$$

$$\omega_0=4.109\times e^{0.01141T_p},\ R^2=0.93 \tag{3-21}$$

分别对不同径向距离处的弯沉与路表温度进行回归分析,结果如表 3-21 所列。可以看出,不同径向距离处的弯沉回归结果之间具有较大差异,其中荷载中心点弯沉的参数 $b$ 回归值最大,表明荷载中心点弯沉对于路表温度最为敏感,受温度影响最大。

表 3-21 不同径向距离处弯沉与路表温度回归分析结果

| 指数回归 $\omega_0=ae^{bT_p}$ | 回归参数 | 各个位移传感器的回归结果 | | | | | | | | |
|---|---|---|---|---|---|---|---|---|---|---|
| | | $w_1$ | $w_2$ | $w_3$ | $w_4$ | $w_5$ | $w_6$ | $w_7$ | $w_8$ | $w_9$ |
| | $a$ | 4.11 | 3.87 | 3.01 | 2.81 | 2.65 | 2.11 | 1.94 | 1.75 | 1.64 |
| | $b/(\times10^{-3})$ | 11.4 | 4.70 | 7.17 | 7.63 | 8.02 | 8.40 | 7.17 | 7.09 | 6.23 |

注:$w_1$, $w_2$, …, $w_9$ 分别为距离荷载中心点 0 cm, 30 cm, 60 cm, 90 cm, 120 cm, 150 cm, 180 cm, 210 cm, 240 cm处的弯沉。

3）基于特征点法反演的结构层参数

试验检测时每一次均进行了多个弯沉盆检测。对这些弯沉盆分别采用特征点法反演结构层参数，并进行相关统计计算，获得平均值、标准差和变异系数，结果如表 3-22 所列。反演得到的结构层参数包括刚性层深度 $h_r$、土基模量 $E_s$、基层模量 $E_b$ 和面层模量 $E_a$，同时给出了检测次数 $n$ 对应的有效样本数 $N$、路表温度平均值 $T_p$ 以及气温平均值 $T_a$。

**表 3-22　　历次结构层反演参数统计值**　　单位：MPa

| $n$ | $T_p$/℃ | $T_a$/℃ | $N$ | 平均值 | | | | 标准差 | | | | 变异系数 | | | |
|---|---|---|---|---|---|---|---|---|---|---|---|---|---|---|---|
| | | | | $h_r$/cm | $E_s$ | $E_b$ | $E_a$ | $h_r$/cm | $E_s$ | $E_b$ | $E_a$ | $h_r$ | $E_s$ | $E_b$ | $E_a$ |
| 1 | 7.0 | 10.7 | 21 | 231.3 | 196 | 41 836 | 8 005 | 10.8 | 21 | 8 261 | 1 527 | 5% | 11% | 20% | 19% |
| 2 | 9.6 | 3.7 | 19 | 220.3 | 201 | 46 635 | 8 191 | 4.4 | 12 | 4 844 | 1 252 | 2% | 6% | 10% | 15% |
| 3 | 20.7 | 25.3 | 20 | 241.2 | 169 | 45 381 | 5 331 | 8.0 | 12 | 5 701 | 921 | 3% | 7% | 13% | 17% |
| 4 | 37.4 | 32.4 | 22 | 260.8 | 131 | 49 097 | 4 260 | 21.4 | 14 | 12 677 | 1 310 | 8% | 10% | 26% | 31% |
| 5 | 50.4 | 43.3 | 17 | 258.3 | 121 | 59 011 | 2 401 | 26.7 | 9 | 15 978 | 834 | 10% | 8% | 27% | 35% |
| 6 | 27.2 | 25.9 | 25 | 242.9 | 142 | 52 579 | 5 921 | 13.2 | 10 | 9 033 | 1 843 | 5% | 7% | 17% | 31% |
| 7 | 9.0 | 11.0 | 11 | 229.9 | 141 | 57 560 | 8 082 | 10.7 | 13 | 7 492 | 1 303 | 5% | 9% | 13% | 16% |
| 8 | 7.8 | 11.5 | 9 | 231.3 | 147 | 54 915 | 8 400 | 13.9 | 8 | 10 350 | 2 098 | 6% | 6% | 19% | 25% |
| 9 | 11.6 | 7.8 | 9 | 236.0 | 150 | 50 305 | 8 716 | 13.9 | 13 | 8 509 | 1 201 | 6% | 9% | 17% | 14% |
| 10 | 27.5 | 21.9 | 9 | 246.0 | 137 | 49 810 | 7 657 | 10.3 | 13 | 8 024 | 1 859 | 4% | 9% | 16% | 24% |
| 11 | 30.7 | 25.2 | 9 | 250.4 | 127 | 54 288 | 5 263 | 14.3 | 10 | 7 959 | 1 362 | 6% | 8% | 15% | 26% |

由表 3-22 可知，对于同一检测次数，不同结构层参数的空间变异性不同，刚性层深度 $h_r$ 和土基模量 $E_s$ 的变异性较小，变异系数分别不超过 10%和 11%；基层模量 $E_b$ 和面层模量 $E_a$ 的变异性较大，变化范围分别为 10%～27%和 14%～35%。

根据历次结构层反演参数平均值，计算其季节变异性，结果如表 3-23 所列。可以看出，季节对结构层参数的影响程度不同，刚性层深度 $h_r$、土基模量 $E_s$、基层模量 $E_b$ 和面层模量 $E_a$ 的变异系数分别为 5.0%，16.7%，9.8%和 29.9%。这可能是由于不同季节的温度和湿度差异导致沥青层温度场和土基含水率的变化，进而影响了面层反演模量和土基反演模量，因此二者受季节变化影响较大。而基层反演模量的季节变异性较小，表明基于基层反演模量一致性进行特征点选取是合理的，特征点位置的选取结果也是有效的。

**表 3-23　　结构层参数季节变异性分析**

| 统计指标 | 样本数 | $h_r$/cm | $E_s$/MPa | $E_b$/MPa | $E_a$/MPa |
|---|---|---|---|---|---|
| 平均值 | 11 | 240.8 | 151.1 | 51 038 | 6 566 |
| 标准差 | 11 | 12.0 | 25.3 | 5 009 | 1 965 |
| 变异系数 | 11 | 5.0% | 16.7% | 9.8% | 29.9% |

其中,基层反演模量较大,平均值为 51 038 MPa,这是由于此路面结构采用较厚的高强度半刚性材料结构层(水泥掺量为 5.5%)做基层的缘故。

图 3-24 为实测的路表温度与结构层反演模量及荷载中心点弯沉的关系曲线。可以看出,在半对数坐标系下(模量或弯沉取以 10 为底的对数),随着路表温度升高,荷载中心点弯沉呈线性增大趋势,而沥青层反演模量则呈线性减小趋势。另外,随着路表温度升高,基层反演模量和土基反演模量基本保持不变。这与 D. Y. Park 等[27]的研究结论一致。沥青层反演模量受温度影响显著,这个结果定性地表明了反演结果的合理性。另外,可以看出,在半对数坐标系下(模量或弯沉取以 10 为底的对数),随着路表温度的增大,荷载中心点弯沉呈线性增大趋势,而沥青层反演模量则呈减小趋势,如图 3-25 所示。

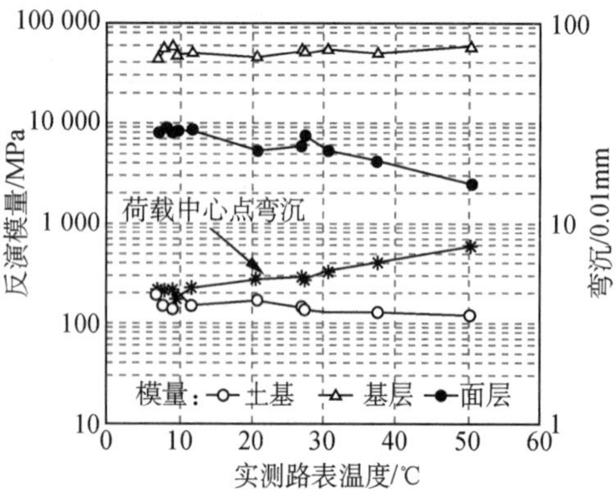


图 3-24 路表温度与反演模量及荷载中心弯沉关系曲线

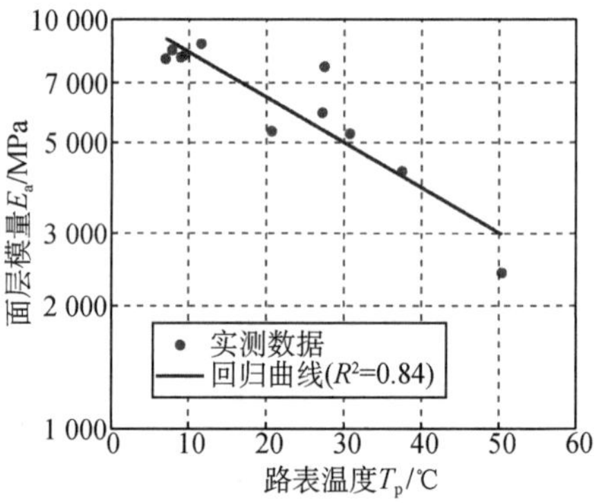


图 3-25 面层反演模量与路表温度

## 3.6 刚性层位置的优化

刚性层的设置条件符合总等效厚度均值为 131.1 cm、标准差为 10.51 cm 的正态分布规律,如图 3-15(a)所示。路面结构层的等效厚度是按照式(3-11)计算的。一方面,式(3-11)是一个经验公式,具有误差;另一方面,当初在按照土基模量一致性进行刚性层深度反算时对该问题的认识依然不够深入,采用的反算精度也不够一致。

笔者的理解是刚性层位置的设置定义了 FWD 荷载的影响范围,同时也定义了路基的范围。刚性层形成了一个应力或变形反射面,荷载的影响无法穿过该反射面。路表面的变形只是刚性层以上的结构变形累积的结果,荷载作用扩散至刚性层时,其效应已经足够小,以至于刚性层之下的土层不再因荷载作用而发生变形。在此处设置刚性层,当进行反演分析时,所面对的刚性层以上的路面结构才具有一致性和可比性。

为了进一步理解刚性层位置的含义,并更好地理解路面结构的受力特性,胡玥[22]对刚性层的设置条件进行了优化。

采用上面相同的路面结构,胡玥[22]对反算过程进行了优化,以路基层底面(刚性层顶面路面)的应变作为刚性层的设置条件,计算结果如图 3-26 所示。

采用 Michael 拟合优度检验方法给出图 3-26 中三个参数的 95%置信区间,图 3-27 给出了相应的接受区间界线。从图中可以看出,Q—Q′对应点较为均匀地分布在 $y=x$(压应变=7.64 με)等值线附近,可以认为刚性层位置处的压应变是一个常数。

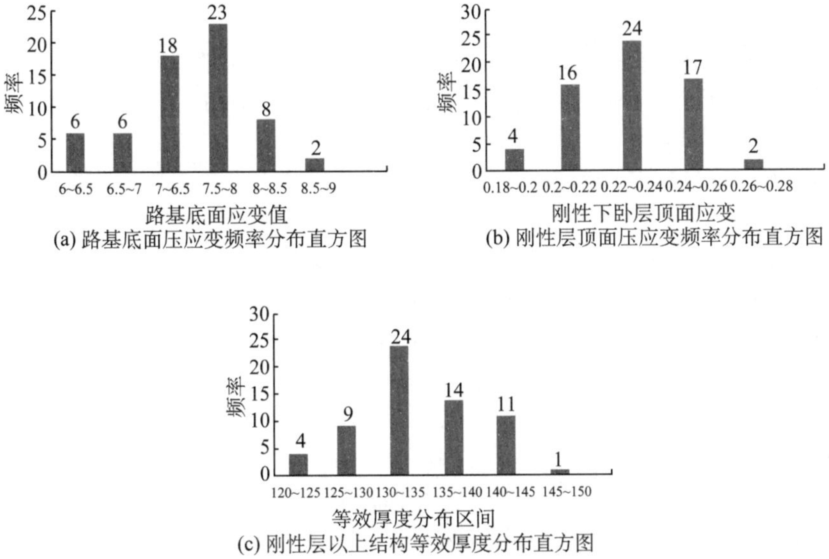

(a) 路基底面压应变频率分布直方图
(b) 刚性层顶面压应变频率分布直方图
(c) 刚性层以上结构等效厚度分布直方图

**图 3-26　刚性层深度的特征参数值**

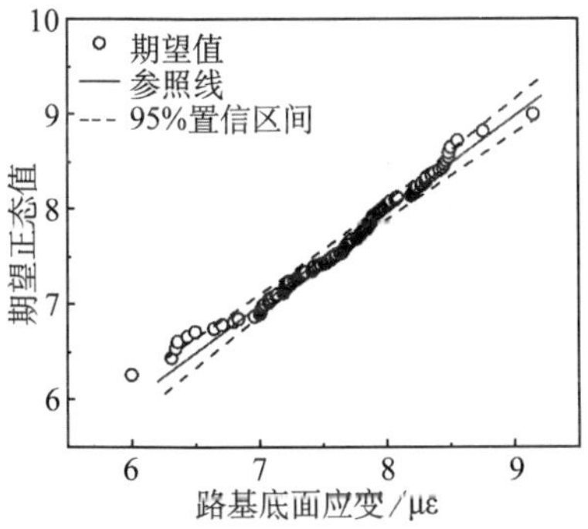


**图 3-27　接受区间界线**

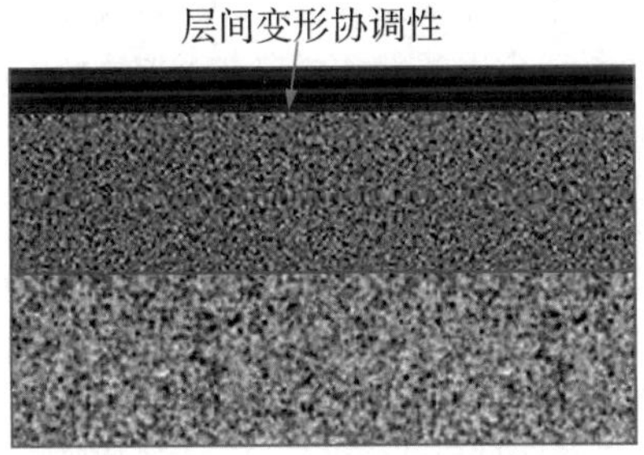


**图 3-28　考虑变形协调性**

## 3.7　变形协调性的影响

路面反演分析的另一个普遍问题是,当结构层尤其是面层厚度较薄时,难以得出合理的反算结果[23]。胡玥对此进行了深入研究,分析表明造成反算结果奇异的原因是面层和基层之间的变形不协调。在各结构层之间考虑变形(刚度)的协调性,即可消除反算结果的奇异性,图 3-28 是示意图。

**参考文献**

[1] Lytton R L. Backcailculation of pavement layer properties, nondestructive testing of pavements and backcalculation of moduli[S]//Nondestructive Testing of Pavements and Backcalculation of Moduli,

ASTM, STP 1026, 1989.
[2] IRWIN L H. Report of the discussion group on practical limitations and what can be done to overcome them[J]. Transportation Research Record,1992(1377):1-2.
[3] 朱洁.沥青路面多层结构模量高精度反算方法研究[D].上海:同济大学,2013.
[4] 朱洁,陈长,孙立军.沥青路面惰性弯沉点的选取及土基模量的反演[J].同济大学学报(自然科学版),2013,41(12):1824-1829.
[5] 朱洁,孙立军.沥青路面三层结构模量反演最佳反演点的确定[J].同济大学学报(自然科学版),2017,45(2):203-208.
[6] UZAN J, LYTTON R L, GERMANN F P. General procedure for backcalculating layer moduli, nondestructive testing of pavements and backcalculation of moduli[R]. ASTM STP 1026.
[7] THOMPSON M R. Report of the discussion group on backcalculation limitations and future improvements[J]. Transportation Research Record, 1992(1377):3-4.
[8] SMITH R E. Report of the discussion group on current and future applications of nondestructive deflection measurements[J]. Transportation Research Record, 1992(1377):5-6.
[9] SUN Lijun, HACHIYA Yoshitaga, YAO Zukang. Backcalculation method of concrete pavement structural layer moduli based on inertial deflection and nondestructive evaluation of asahikawa airport concrete pavement[R]. Port and Harbor Research Institute, Japan Department of Transportation, 1994.
[10] SUN Lijun, HACHIYA Yoshitaga, YAO Zukang. Concrete pavement layer moduli based on stable deflection[J]. Doboku Gakkai Ronbunshu, 1995,1995(526):143-149.
[11] 孙立军,八谷好高,姚祖康.水泥混凝土路面板模量反算的一种新方法:惰性弯沉法[J].土木工程学报,2000, 33(1):83-87,99.
[12] STOLLE D, HEIN D. Parameter estimates of pavement structure layers and uniqueness of the solution [C]//Proceedings of the International Symposium on Nondestructive Testing of Pavements & Backcalculation of Moduli, 1989.
[13] 胡圣.水泥砼路面结构模量反算方法的研究[D].上海:同济大学,1997.
[14] 张小宁.沥青路面结构模量反算方法的研究[D].上海:同济大学,1999.
[15] 张小宁,孙立军.运用惰性点方法反算沥青路面结构地基模量[J].同济大学学报(自然科学版),2004,32(1):39-42.
[16] ZHANG Xiaoning, SUN Lijun. Novel method for backcalculation of asphalt pavement moduli[J]. Journal of the Transportation Research Board, 2004:67-72.
[17] STEPHEN B. Achievements and challenge in asphalt pavementengineering[C]//Proceedings of the 8th International Conference on Asphalt Pavement, 1977.
[18] 严菁.沥青路面反演分析中刚性下卧层设置规律研究及应用[D].上海:同济大学,2010.
[19] 臧国帅.基于特征点的沥青路面结构参数反演方法[D].上海:同济大学,2018.
[20] ZANG Guoshuai, SUN Lijun, CHEN Zhang, et al. A nondestructive evaluation method for semi-rigid base cracking condition of asphalt pavement[J]. Construction & Building Materials, 2018, 162C: 892-897.
[21] ZANG Guoshuai, LI Li, SUN Lijun. Setting method of the depth to rigid layer in modulus back-calculation [C]//Proceedings of the 17th COTA International Conference of Transportation Professionals, 2017:1135-1144.

[22] 胡玥.刚性下卧层设置深度的优化[R].同济大学交通运输工程学院,2020.
[23] 余欢.沥青路面半刚性基层损坏评价及刚性下卧层深度设置[D].上海:同济大学,2015.
[24] 余欢,陈长.沥青路面模量反演分析中刚性下卧层设置方法[J].交通科学与工程,2014,30(4):1-6.
[25] 廖公云,路畅,黄晓明.沥青路面结构力学响应的分层检测与分析[J].东南大学学报(自然科学版),2010,40(5):1061-1065.
[26] LI Yi, LIU Liping, SUN Lijun. Temperature predictions for asphalt pavement with thick asphalt layer [J]. Construction and Building Materials. 2018, 160:802-809.
[27] PARK D Y, BUCH N, CHATTI K. Effective layer temperature prediction model and temperature correction via falling weight deflectometer deflections[J]. Transportation Research Record: Journal of the Transportation Research Board, 2001, 1764: 97-111.

# 4 路面模量体系和路面结构力学

在本书第 2、3 章分析理论和分析模型确定之后，模量和参数的合理性就直接决定了分析结果的合理性，反算结果合理性的判断也依赖参数取值的常用范围。长期以来，路面参数研究一直是一个薄弱环节，因此人们研制了基于不同原理、不同试件形式以及静态、稳态和动态等加载方式的试验室设备来进行材料参数的测定，但测定结果各不相同，甚至相差很大；环境因素的影响使得测定结果的差异变得更加复杂。这种差异也带来了长期、持续的争论，即差异是受力状态引起的还是试验方法引起的？是试件的尺度问题还是材料自身性能所导致的？几十年来莫衷一是。人们认识到采用静态参数的局限性，为此经过大量试验提出了路面的动态试验方法和动态参数。但是，基于动态参数的计算结果依然和实测结果不符，并且未能指出动态参数到底是指什么车速下的状态。

国外研究认为[1, 2]，室内试验中混合料的受力特性与现场沥青路面有很大不同，主要表现为：受试件尺寸效应的影响；加载模式与现场相比有很大不同；现场沥青路面中混合料受围压作用，而室内试验很难精确地模拟这种围压的大小与形式。

由于认识的不一致，设计时对模量值的选取差异就很大。Shell 设计方法将路面结构分为三层，即路基、基层和沥青层，各层材料以厚度、模量和泊松比作为设计参数。混合料的黏弹性性质采用弯拉劲度模量来体现，其值取决于沥青含量、沥青劲度和沥青混合料的空隙率。[3]路基模量可以通过现场动态弯沉试验测定，也可在室内通过三轴仪测定。无机结合料基层模量依赖于它的受力状态，其值取决于路基模量和基层厚度。环境因素的影响以温度对沥青混合料特性的影响来表征。AI 设计法中，沥青混合料的动态模量由室内 60 种不同的沥青混合料试验得到的计算公式确定。[4]环境影响可通过温度对沥青混合料劲度值的影响来体现，并以面层厚 1/3 深度处的温度作为沥青层的设计温度。与 Shell 设计法相同，AI 设计法也忽视了沥青混合料模量的荷载时间依赖性。法国设计法同样采用三层路面结构设计模式，在沥青层模量的选取方面，选用了温度为 10 ℃时的沥青混合料模量，加载频率则选用了 25 Hz。在南非设计方法中[5]，1985 年版的设计规范采用了 20 ℃时沥青混合料室内压缩模量作为设计模量，该版规范中沥青混合料模量取值范围为 4 000～9 000 MPa，而在 1995 年版的规范中，选用基于路面弯沉反算得到的弹性模量作为设计模量，此时 20 ℃沥青混合料模量的取值范围为 1 000～6 000 MPa，较之前版本的模量值大幅降低。

美国的《力学-经验法路面设计指南》(*Mechanistic-Empirical Pavement Design Guide*，MEPDG)中沥青层模量采用动态模量表征，考虑了温度对沥青层模量的影响，以及路面结构的等效加载频率对沥青层模量的影响，这是一个很大的进步。

2002 年，P. Ullidtz[6] 基于欧洲“Advanced Models for Analytical Design of European Pavement Structures”AMADEUS 项目成果，整理了西班牙 CEDEX 试验路，丹麦 DTU 试

验路以及瑞士 LAVOC 试验路的现场实测路面力学响应结果，并将这些实测结果与 BISAR, CAPA3D, CIRCLY, KENLAYER 等模型的计算结果相比较。在这些模型中，沥青层的输入模量值为室内试验获得的混合料回弹模量或动态模量参数。各模型计算结果与比较结果如表 1-2 所列。可见在很多情况下，模型的计算结果与实测结果之间并不一致，这表明直接采用室内试验所确定的沥青混合料设计模量值，路面响应预估的可靠性并不稳定。

2002 年，我们提出了试验室测定的参数只是材料自身的性能，不能反映材料在结构中的性能的想法，即材料参数不是结构中材料的参数，并将二者做了区分，胡春华曾对此进行了探索[7]；后来又将能够反映路面结构在荷载作用下响应特性的参数，即结构中的材料参数称为响应参数。

响应参数可以通过 FWD 测定的弯沉盆进行反算，或通过实际行车荷载作用下的检测结果进行反算。但是，由于反算结果的唯一性和误差等一系列问题，无法得到稳定一致的数值，也无法为响应模量提供一个可信的标准数值。在本书第 3 章解决了反演问题之后，笔者及研究团队进行了参数问题研究，程怀磊、刘黎萍、张慧中等开展了这项研究工作，以探讨参数体系问题[8-12]。

## 4.1 模量测定方法

路面材料模量一般在试验室采用圆柱体或小梁试件测定。试验时按特定方式对圆柱体或小梁试件(图 4-1)施加静载或重复施加一定波形(通常为梯形、矩形、半正弦或三角形)的荷载，如图 4-2 所示，量取轴向回弹应变、径向回弹应变或回弹挠度，按式(4-1)的定义，分别计算回弹模量 $E_r$。

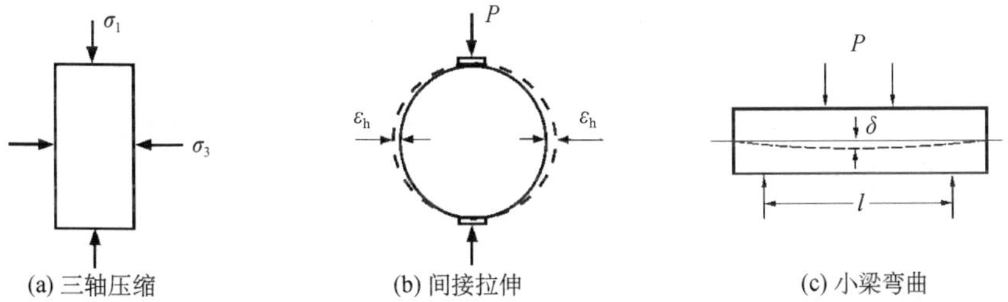


图 4-1 路面材料工程特性试验的常用试件和加载方式

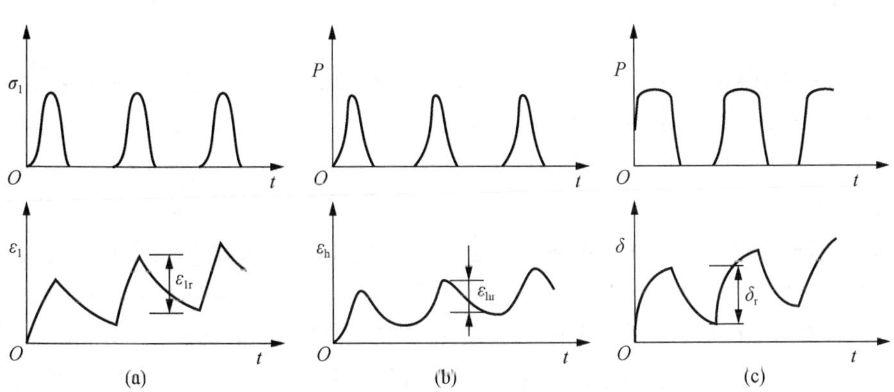


图 4-2 测定回弹模量时常用的加载波形

三轴或单轴压缩回弹模量采用图 4-1(a)所示方法，当 $\sigma_3=0$ 时，即为单轴试验。轴向(竖向)加载波形常采用图 4-2(a)，回弹模量 $E_r$ 计算如下：

$$E_r=\frac{\sigma_d}{\varepsilon_{1r}} \tag{4-1}$$

间接拉伸(劈裂)回弹模量采用图 4-1(b)所示方法，加载波形常采用图 4-2(b)，回弹模量 $E_r$ 计算如下：

$$E_r=\frac{P(\mu+0.27)}{\varepsilon_{hr}h} \tag{4-2}$$

弯曲回弹模量采用图 4-1(c)所示方法，加载波形常采用图 4-2(c)，回弹模量 $E_r$ 计算如下：

$$E_r=\frac{23Pl^3}{1\,296\delta_r I} \tag{4-3}$$

式中 $\sigma_d$ ——偏应力(MPa)，$\sigma_d=\sigma_1-\sigma_3$，当 $\sigma_3=0$ 时为单轴压缩试验；

$\sigma_1$，$\sigma_3$ ——分别为轴向和径向的应力(MPa)；

$\varepsilon_{1r}$ ——轴向回弹应变；

$P$ ——施加的(重复)荷载(N)；

$\varepsilon_{hr}$ ——径向回弹应变；

$\mu$ ——泊松比；

$h$ ——间接拉伸试验的试件厚度(mm)；

$l$ ——弯曲试验时小梁支点的间距(mm)；

$\delta_r$ ——小梁中点的回弹挠度(mm)；

$I$ ——小梁横断面转动惯量($mm^4$)。

现场路面模量通过 FWD 测定的弯沉盆反算获得，也可根据实测的路面结构内的应变或应力进行反算。近年来也有人采用地震波模量进行路面模量的测定[13-15]。

## 4.2 荷载性能

### 4.2.1 试验

为了开展路面模量参数研究，我们专门安排了多个足尺路面加速加载试验、实际路面试验和室内试验，路面结构如图 4-3 所示[8-10]。

为了检测路面沥青层的应变响应，我们在三类路面结构的沥青层中均埋设了 KMS-100 型应变计，包括两个不同的埋设深度，每个深度处的应变计布置为横向(垂直于轴载移动方向)与纵向(沿轴载移动方向)。如图 4-4 所示，半刚性基层路面中应变计埋设于沥青层 13 cm 及 24 cm 深度处，柔性基层路面中应变计埋设于沥青层 6 cm 及 30 cm(层底)深度处，每个深度同样埋设两个横向应变计和两个纵向应变计，应变计的间距为 50 cm。钢桥面铺装沥青层中应变计埋设方案如图 4-5 所示，应变计同样被埋设在两个不同的深度，分别为

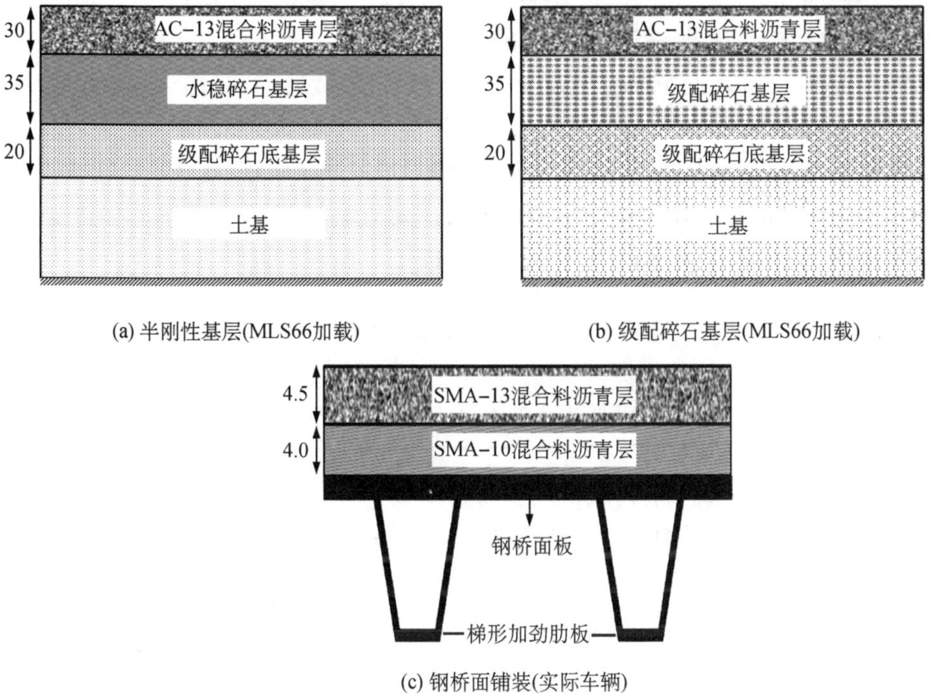


**图 4-3 试验路面结构示意(单位:cm)**

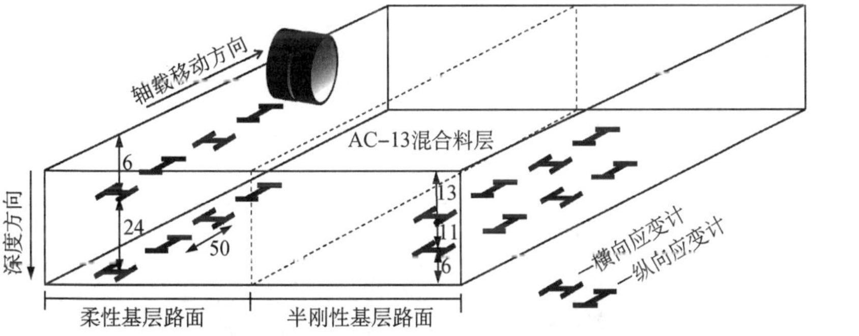


**图 4-4 柔性基层路面与半刚性基层路面应变计布设方案(单位:cm)**

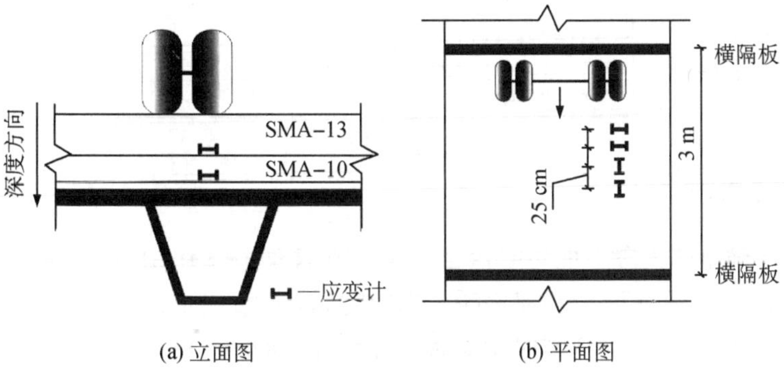


**图 4-5 钢桥面路面应变计布设方案**

SMA-13 层底(4.5 cm)及 SMA-10 层底(8.5 cm),每个深度处同样埋设两个横向应变计与两个纵向应变计,应变计沿轴载移动方向的间距为 25 cm。考虑到钢桥面板具有正交异性,沿深度方向上,应变计埋设于梯形加劲肋板正上方;沿轴载移动方向上,应变计埋设于两横隔板正中的位置。

实测结果表明,当轴载移动速度一定时,沥青层应变极值随温度升高呈指数型增长,高温时沥青层应变极值比低温时大得多;而当温度一定时,应变极值随着轴载移动速度的增加呈近似线性减小。研究中提出以下拟合公式[10]:

$$\varepsilon=(a_1V+a_2)\times e^{a_3T} \tag{4-4}$$

式中 $\varepsilon$ —— 应变极值;

$V$ ——轴载移动速度(km/h);

$T$ ——温度(℃);

$a_1$, $a_2$, $a_3$ ——拟合系数,如表 4-1 所列。

需要说明的是,表 4-1 中钢桥面铺装层的应变为负值,则需要先对负应变值取绝对值处理,而后再进行拟合。

**表 4-1　不同路面沥青层应变极值拟合结果**

| 路面类型 | 深度/cm | 应变类型 | 系数 | | | 相关系数 $R^2$ |
|---|---|---|---|---|---|---|
| | | | $a_1$ | $a_2$ | $a_3$ | |
| 半刚性基层路面 | 13 | 横向应变 | −0.061 | 2.851 | 0.123 | 0.953 |
| | | 纵向应变 | −0.255 | 9.289 | 0.114 | 0.989 |
| | 24 | 横向应变 | −0.036 | 1.932 | 0.110 | 0.941 |
| | | 纵向应变 | −0.083 | 3.979 | 0.114 | 0.973 |
| 柔性基层路面 | 6 | 横向应变 | −0.060 | 2.723 | 0.117 | 0.961 |
| | | 纵向应变 | −0.151 | 7.956 | 0.106 | 0.964 |
| | 30 | 横向应变 | −0.186 | 17.932 | 0.036 | 0.932 |
| | | 纵向应变 | −0.381 | 27.560 | 0.051 | 0.983 |
| 钢桥面铺装 | 4.5 | 横向应变 | −0.601 | 68.248 | 0.015 | 0.833 |
| | | 纵向应变 | −0.609 | 56.601 | 0.014 | 0.858 |
| | 8.5 | 横向应变 | −0.542 | 39.087 | 0.016 | 0.820 |
| | | 纵向应变 | −0.291 | 26.866 | 0.022 | 0.876 |

### 4.2.2 加载时间的定义

荷载性能是确定路面参数的重要因素之一。在移动荷载作用下,通常采用沥青层内部的应力/应变响应波形数据来分析路面瞬时响应时间,作为不同速度下路面的瞬时加载频率特征。沥青层内部的应力/应变瞬时响应时间计算方法如图 4-6 所示。

据此,很多学者和机构对路面的瞬时加载频率(时间)进行了研究,如表 4-2 所列。

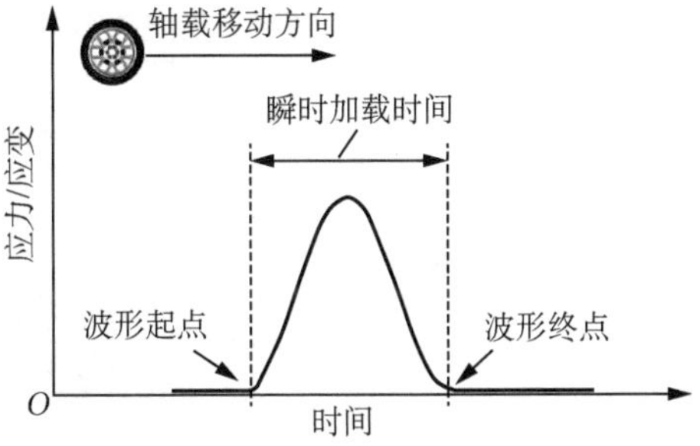


**图 4-6　根据沥青层应力/应变响应波形计算路面瞬时响应时间**

**表 4-2　移动荷载作用下路面的瞬时加载频率**

| 研究者(发表时间) | 结论和表达式 |
| --- | --- |
| R. D. Barksdale[16](1971) | 竖向压应力波形由路面到基层逐渐从正弦波到三角波变化;面层回弹模量对压应力波形的形状及加载时间影响不大 |
| S. F. Brown[17](1973) | 给出瞬时加载时间 $t$(s)的计算式:<br>$\lg(t)=0.5d-0.2-0.94\lg(V)$,其中 $d$ 为深度(m);$V$ 为速度(km/h) |
| P. Ullidtz[18](1987) | 荷载半径为 $a$ 时,深度 $d$ 处混合料的有效作用长度为 $2(a+d)$,车辆在不同速度 $v$ 下,路面对应的等效加载时间为 $2(a+d)/v$ |
| NCHRP[19](2004) | 考虑了荷载作用的有效作用长度、半径,轴载间距及面层深度等因素 |
| A. Loulizi 和 I. L. Al-Qadi[20, 21](2002, 2004) | 压应力对应的瞬时加载时间随轴载移动速度的增加呈幂函数递减;温度影响不大;10 Hz 的室内加载频率仅对应于试验路 25 km/h 的行驶速度 |
| G. Garcia 和 M. R. Thompson[22](2008) | APT 加载下横向应变的响应时间为纵向应变的 3 倍,与 Ullidtz 公式吻合,半正矢函数拟合应变波形的效果好于正弦函数 |
| 胡小弟等[23](2010) | 沥青路面的瞬时加载时间受到沥青面层模量与基层模量之比及应力/应变波形的影响,应当将这两个因素考虑在响应时间的计算过程中 |
| 管志光等[24](2012) | $t=0.8482e^{-0.0494V}$,其中 $t$ 为加载时间(s);$V$ 为速度(km/h) |
| A. Ulloa 等[25](2013) | $f=0.218V$ [2 in(5.08 cm)厚度内],$f=0.468V$(层底),$f$ 为频率(Hz) |
| D. Bodin 等[26](2015) | $f=0.3V$ |
| 宋小金等[27](2018) | $f=\dfrac{V}{0.169h\times e^{-0.00941V}+0.036d}$,其中 $h$ 为深度(cm); $d$ 为轮胎当量圆直径(cm) |

为了消除应变波形滞后性的影响,程怀磊以应变响应波形的前半段时间为基础,将其乘以 2作为总加载时间[10]。应变波形对应瞬时加载时间的计算示意如图 4-7 所示。

加载频率定义为加载时间的倒数,如式(4-5)所示,该方法本质上与室内模量试验中对加载波频率的定义一致:

$$f=\frac{1}{t} \tag{4-5}$$

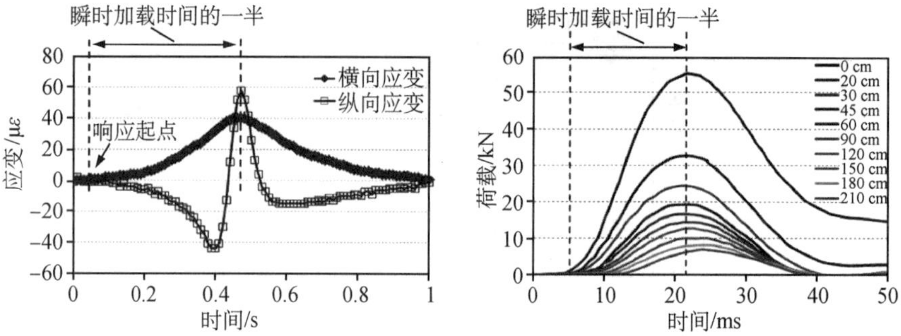


(a) 移动荷载　　(b) FWD脉冲荷载

**图 4-7　加载时间计算示意**

式中　$t$——瞬时加载时间(s)；

$f$——瞬时加载频率(Hz)。

基于上述方法，根据实测结果计算得到沥青层的瞬时加载时间及瞬时加载频率值，如表 4-3—表 4-5 所列，其中横向与纵向分别代表横向应变响应波形与纵向应变响应波形。

**表 4-3　半刚性基层路面沥青层瞬时加载时间及瞬时加载频率**

| 温度/℃ | 速度/(km·h$^{-1}$) | 轴重/kN | 13 cm | | | | 24 cm | | | |
|---|---|---|---|---|---|---|---|---|---|---|
| | | | 瞬时加载时间/s | | 瞬时加载频率/Hz | | 瞬时加载时间/s | | 瞬时加载频率/Hz | |
| | | | 横向 | 纵向 | 横向 | 纵向 | 横向 | 纵向 | 横向 | 纵向 |
| 15 | 5.5 | 50 | 1.66 | 1.28 | 0.60 | 0.78 | 1.46 | 1.2 | 0.68 | 0.83 |
| | 11 | 50 | 0.86 | 0.72 | 1.16 | 1.39 | 0.68 | 0.58 | 1.47 | 1.72 |
| | 16.5 | 50 | 0.48 | 0.46 | 2.08 | 2.17 | 0.42 | 0.36 | 2.38 | 2.78 |
| | 22 | 50 | 0.38 | 0.38 | 2.63 | 2.63 | 0.32 | 0.26 | 3.13 | 3.85 |
| 25 | 5.5 | 20 | 1.64 | 1.18 | 0.61 | 0.85 | 1.48 | 1.06 | 0.68 | 0.94 |
| | 11 | 20 | 0.86 | 0.64 | 1.16 | 1.56 | 0.76 | 0.64 | 1.32 | 1.56 |
| | 16.5 | 20 | 0.52 | 0.46 | 1.92 | 2.17 | 0.6 | 0.48 | 1.67 | 2.08 |
| | 22 | 20 | 0.4 | 0.38 | 2.50 | 2.63 | 0.34 | 0.38 | 2.94 | 2.63 |
| | 5.5 | 35 | 1.5 | 1.2 | 0.67 | 0.83 | 1.62 | 1.22 | 0.62 | 0.82 |
| | 11 | 35 | 0.82 | 0.72 | 1.22 | 1.39 | 0.92 | 0.78 | 1.09 | 1.28 |
| | 16.5 | 35 | 0.4 | 0.44 | 2.50 | 2.27 | 0.5 | 0.46 | 2.00 | 2.17 |
| | 22 | 35 | 0.38 | 0.34 | 2.63 | 2.94 | 0.36 | 0.38 | 2.78 | 2.63 |
| | 5.5 | 50 | 1.52 | 1.3 | 0.66 | 0.77 | 1.62 | 1.38 | 0.62 | 0.72 |
| | 11 | 50 | 0.88 | 0.68 | 1.14 | 1.47 | 0.76 | 0.64 | 1.32 | 1.56 |
| | 16.5 | 50 | 0.58 | 0.54 | 1.72 | 1.85 | 0.52 | 0.46 | 1.92 | 2.17 |
| | 22 | 50 | 0.34 | 0.36 | 2.94 | 2.78 | 0.4 | 0.32 | 2.50 | 3.13 |
| | 5.5 | 60 | 1.6 | 1.34 | 0.63 | 0.75 | 1.52 | 1.34 | 0.66 | 0.75 |

（续表）

| 温度/℃ | 速度/(km·h⁻¹) | 轴重/kN | 13 cm | | | | 24 cm | | | |
|---|---|---|---|---|---|---|---|---|---|---|
| | | | 瞬时加载时间/s | | 瞬时加载频率/Hz | | 瞬时加载时间/s | | 瞬时加载频率/Hz | |
| | | | 横向 | 纵向 | 横向 | 纵向 | 横向 | 纵向 | 横向 | 纵向 |
| 25 | 11 | 60 | 0.8 | 0.7 | 1.25 | 1.43 | 0.7 | 0.68 | 1.43 | 1.47 |
| | 16.5 | 60 | 0.54 | 0.44 | 1.85 | 2.27 | 0.44 | 0.42 | 2.27 | 2.38 |
| | 22 | 60 | 0.44 | 0.38 | 2.27 | 2.63 | 0.34 | 0.36 | 2.94 | 2.78 |
| | 5.5 | 75 | 1.66 | 1.36 | 0.60 | 0.74 | 1.6 | 1.38 | 0.63 | 0.72 |
| | 11 | 75 | 0.78 | 0.72 | 1.28 | 1.39 | 0.82 | 0.7 | 1.22 | 1.43 |
| | 16.5 | 75 | 0.52 | 0.5 | 1.92 | 2.00 | 0.54 | 0.5 | 1.85 | 2.00 |
| | 22 | 75 | 0.38 | 0.4 | 2.63 | 2.50 | 0.38 | 0.36 | 2.63 | 2.78 |
| 35 | 5.5 | 50 | 0.86 | 1.28 | 1.16 | 0.78 | 1 | 1.08 | 1.00 | 0.93 |
| | 11 | 50 | 0.42 | 0.56 | 2.38 | 1.79 | 0.48 | 0.5 | 2.08 | 2.00 |
| | 16.5 | 50 | 0.26 | 0.38 | 3.85 | 2.63 | 0.3 | 0.36 | 3.33 | 2.78 |
| | 22 | 50 | 0.2 | 0.28 | 5.00 | 3.57 | 0.22 | 0.24 | 4.55 | 4.17 |
| 45 | 5.5 | 50 | 0.66 | 1.1 | 1.52 | 0.91 | 0.86 | 0.94 | 1.16 | 1.06 |
| | 11 | 50 | 0.32 | 0.48 | 3.13 | 2.08 | 0.4 | 0.48 | 2.50 | 2.08 |
| | 16.5 | 50 | 0.24 | 0.36 | 4.17 | 2.78 | 0.28 | 0.36 | 3.57 | 2.78 |
| | 22 | 50 | 0.14 | 0.28 | 7.14 | 3.57 | 0.18 | 0.24 | 5.56 | 4.17 |

**表 4-4　　柔性基层路面沥青层瞬时加载时间及瞬时加载频率**

| 温度/℃ | 速度/(km·h⁻¹) | 轴重/kN | 6 cm | | | | 30 cm | | | |
|---|---|---|---|---|---|---|---|---|---|---|
| | | | 瞬时加载时间/s | | 瞬时加载频率/Hz | | 瞬时加载时间/s | | 瞬时加载频率/Hz | |
| | | | 横向 | 纵向 | 横向 | 纵向 | 横向 | 纵向 | 横向 | 纵向 |
| 10 | 5.5 | 50 | 0.76 | 0.88 | 1.32 | 1.14 | 1.8 | 1.9 | 0.56 | 0.53 |
| | 11 | 50 | 1.38 | 1.8 | 0.72 | 0.56 | 0.82 | 0.88 | 1.22 | 1.14 |
| | 16.5 | 50 | 2.34 | 2.94 | 0.43 | 0.34 | 0.64 | 0.64 | 1.56 | 1.56 |
| | 22 | 50 | 2.94 | 3.58 | 0.34 | 0.28 | 0.42 | 0.5 | 2.38 | 2.00 |
| 15 | 5.5 | 50 | 0.86 | 0.92 | 1.16 | 1.09 | 1.82 | 2 | 0.55 | 0.50 |
| | 11 | 50 | 1.76 | 1.7 | 0.57 | 0.59 | 0.84 | 1.02 | 1.19 | 0.98 |
| | 16.5 | 50 | 2.38 | 2.78 | 0.42 | 0.36 | 0.56 | 0.68 | 1.79 | 1.47 |
| | 22 | 50 | 3.58 | 3.34 | 0.28 | 0.30 | 0.46 | 0.44 | 2.17 | 2.27 |

（续表）

| 温度/℃ | 速度/(km·h⁻¹) | 轴重/kN | 6 cm | | | | 30 cm | | | |
|---|---|---|---|---|---|---|---|---|---|---|
| | | | 瞬时加载时间/s | | 瞬时加载频率/Hz | | 瞬时加载时间/s | | 瞬时加载频率/Hz | |
| | | | 横向 | 纵向 | 横向 | 纵向 | 横向 | 纵向 | 横向 | 纵向 |
| 25 | 5.5 | 20 | 1.1 | 1.02 | 0.91 | 0.98 | 1.54 | 1.76 | 0.65 | 0.57 |
| | 11 | 20 | 1.76 | 2.18 | 0.57 | 0.46 | 0.78 | 0.88 | 1.28 | 1.14 |
| | 16.5 | 20 | 2.78 | 3.7 | 0.36 | 0.27 | 0.46 | 0.64 | 2.17 | 1.56 |
| | 22 | 20 | 4 | 5.26 | 0.25 | 0.19 | 0.38 | 0.44 | 2.63 | 2.27 |
| | 5.5 | 35 | 1.12 | 1.26 | 0.89 | 0.79 | 1.58 | 1.78 | 0.63 | 0.56 |
| | 11 | 35 | 1.9 | 2.18 | 0.53 | 0.46 | 0.72 | 0.86 | 1.39 | 1.16 |
| | 16.5 | 35 | 2.64 | 3.04 | 0.38 | 0.33 | 0.52 | 0.55 | 1.92 | 1.82 |
| | 22 | 35 | 3.34 | 4 | 0.30 | 0.25 | 0.38 | 0.42 | 2.63 | 2.38 |
| | 5.5 | 50 | 1.1 | 1.1 | 0.91 | 0.91 | 1.54 | 1.6 | 0.65 | 0.63 |
| | 11 | 50 | 1.96 | 2.08 | 0.51 | 0.48 | 0.7 | 0.8 | 1.43 | 1.25 |
| | 16.5 | 50 | 2.7 | 3.24 | 0.37 | 0.31 | 0.44 | 0.52 | 2.27 | 1.92 |
| | 22 | 50 | 3.58 | 4.18 | 0.28 | 0.24 | 0.38 | 0.42 | 2.63 | 2.38 |
| | 5.5 | 60 | 1.08 | 1.12 | 0.93 | 0.89 | 1.48 | 1.66 | 0.68 | 0.60 |
| | 11 | 60 | 1.82 | 2 | 0.55 | 0.50 | 0.76 | 0.82 | 1.32 | 1.22 |
| | 16.5 | 60 | 2.5 | 3.6 | 0.40 | 0.28 | 0.52 | 0.58 | 1.92 | 1.72 |
| | 22 | 60 | 3.14 | 4.36 | 0.32 | 0.23 | 0.36 | 0.44 | 2.78 | 2.27 |
| | 5.5 | 75 | 1.06 | 1.16 | 0.94 | 0.86 | 1.56 | 1.68 | 0.64 | 0.60 |
| | 11 | 75 | 1.9 | 1.86 | 0.53 | 0.54 | 0.76 | 0.86 | 1.32 | 1.16 |
| | 16.5 | 75 | 2.56 | 3.34 | 0.39 | 0.30 | 0.52 | 0.6 | 1.92 | 1.67 |
| | 22 | 75 | 3.58 | 4.18 | 0.28 | 0.24 | 0.36 | 0.44 | 2.78 | 2.27 |
| 35 | 5.5 | 50 | 1.14 | 0.94 | 0.88 | 1.06 | 1.58 | 1.86 | 0.63 | 0.54 |
| | 11 | 50 | 2.56 | 2.28 | 0.39 | 0.44 | 0.74 | 0.78 | 1.35 | 1.28 |
| | 16.5 | 50 | 3.7 | 3.14 | 0.27 | 0.32 | 0.46 | 0.52 | 2.17 | 1.92 |
| | 22 | 50 | 5.56 | 4.76 | 0.18 | 0.21 | 0.38 | 0.42 | 2.63 | 2.38 |
| 45 | 5.5 | 50 | 1.82 | 1.12 | 0.55 | 0.89 | 1.32 | 1.6 | 0.76 | 0.63 |
| | 11 | 50 | 3.58 | 2.28 | 0.28 | 0.44 | 0.66 | 0.8 | 1.52 | 1.25 |
| | 16.5 | 50 | 5 | 3.46 | 0.20 | 0.29 | 0.48 | 0.58 | 2.08 | 1.72 |
| | 22 | 50 | 6.68 | 5.26 | 0.15 | 0.19 | 0.34 | 0.4 | 2.94 | 2.50 |

表 4-5　　钢桥面沥青铺装层瞬时加载时间及瞬时加载频率

| 温度/℃ | 速度/(km·h⁻¹) | 轴重/kN | 4.5 cm | | | | 8.5 cm | | | |
|---|---|---|---|---|---|---|---|---|---|---|
| | | | 瞬时加载时间/s | | 瞬时加载频率/Hz | | 瞬时加载时间/s | | 瞬时加载频率/Hz | |
| | | | 横向 | 纵向 | 横向 | 纵向 | 横向 | 纵向 | 横向 | 纵向 |
| 4 | 2 | 50 | 6.12 | 5.66 | 0.16 | 0.18 | 6.08 | 6.68 | 0.16 | 0.15 |
| | 10 | 50 | 0.94 | 1.14 | 1.06 | 0.88 | 0.96 | 1.04 | 1.04 | 0.96 |
| | 20 | 50 | 0.36 | 0.38 | 2.78 | 2.63 | 0.42 | 0.36 | 2.38 | 2.78 |
| | 40 | 50 | 0.18 | 0.20 | 5.56 | 5.00 | 0.24 | 0.24 | 4.17 | 4.17 |
| 22 | 2 | 50 | 6.26 | 5.94 | 0.16 | 0.17 | 6.56 | 6.36 | 0.15 | 0.16 |
| | 10 | 50 | 0.98 | 1.04 | 1.02 | 0.96 | 0.96 | 1.08 | 1.04 | 0.93 |
| | 20 | 50 | 0.40 | 0.50 | 2.50 | 2.00 | 0.48 | 0.48 | 2.08 | 2.08 |
| | 40 | 50 | 0.18 | 0.20 | 5.56 | 5.00 | 0.22 | 0.22 | 4.55 | 4.55 |
| 31 | 2 | 50 | 5.62 | 5.78 | 0.18 | 0.17 | 5.98 | 6.00 | 0.17 | 0.17 |
| | 10 | 50 | 0.98 | 0.96 | 1.02 | 1.04 | 0.92 | 1.02 | 1.09 | 0.98 |
| | 20 | 50 | 0.38 | 0.38 | 2.63 | 2.63 | 0.46 | 0.42 | 2.17 | 2.38 |
| | 40 | 50 | 0.16 | 0.20 | 6.25 | 5.00 | 0.20 | 0.22 | 5.00 | 4.55 |

### 4.2.3　荷载大小、移动速度和温度对瞬时加载频率的影响

1. 影响分析

实测结果表明，移动轴载的轴重大小对沥青层不同深度处的瞬时加载频率无明显影响，在 20～75 kN 的轴重范围内加载频率值保持稳定。

轴载移动速度和温度对瞬时加载频率的影响如图 4-8—图 4-10 所示。可以看出，轴载移动速度对各类结构路面沥青层的瞬时加载频率值有显著影响，横向应变与纵向应变对应的瞬时加载频率值均随移动速度的增加呈近似线性增加。

温度对沥青层瞬时加载频率同样有着较为显著的影响，高温状态(35 ℃，45 ℃)下沥青层的瞬时加载频率值高于中温状态(15 ℃，25 ℃)，该现象在横向应变对应的频率分布中表现得更为明显。而应变类型对瞬时加载频率的影响具有温度依赖性：在中温状态下，横向应变与纵向应变对应的瞬时加载频率值无明显差异；在高温状态下，由横向应变波形计算得到的瞬时加载频率值要高于纵向应变，这表明高温状态下半刚性路面沥青层沿行车方向所承受的荷载作用时间更长。

另外，深度对半刚性路面沥青层的瞬时加载频率基本无影响，但对柔性路面沥青层的瞬时加载频率值有一定的影响，6 cm 深度处对应的频率值高于 30 cm(层底)处，这种现象与过往一些研究的结论一致[17, 21, 22, 28]。

与前两类路面不同的是，温度对钢桥面沥青层的瞬时加载频率影响较小，高温状态下沥

青层的瞬时加载频率值略高于中低温状态下的。同时，应变类型及深度对钢桥面沥青层的加载频率影响也较小：横向应变对应的瞬时加载频率值略大于纵向应变的，4.5 cm 深度处的瞬时加载频率值略大于8.5 cm深度处的。

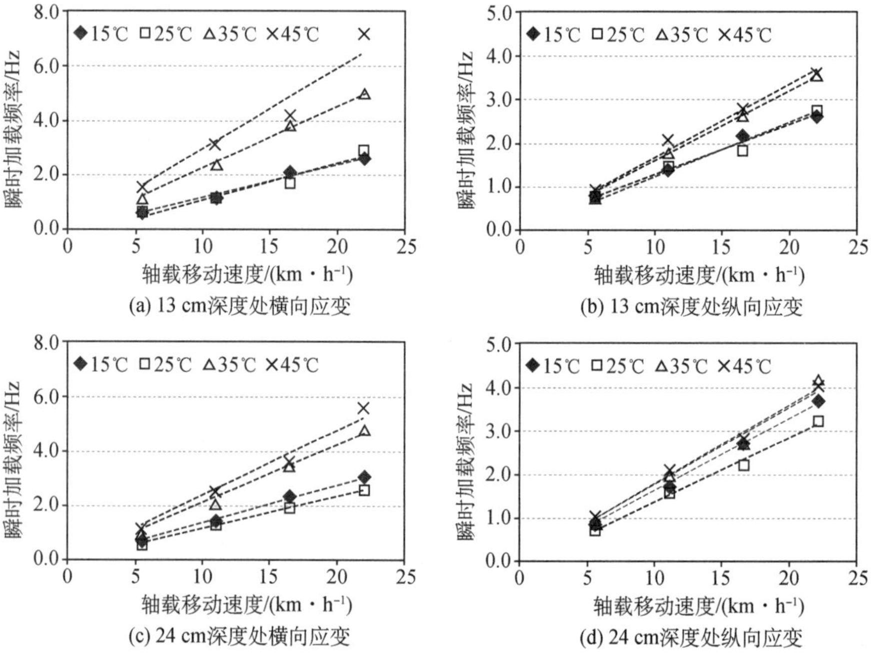


**图 4-8 半刚性路面沥青层不同轴载移动速度及温度下的瞬时加载频率**[10]

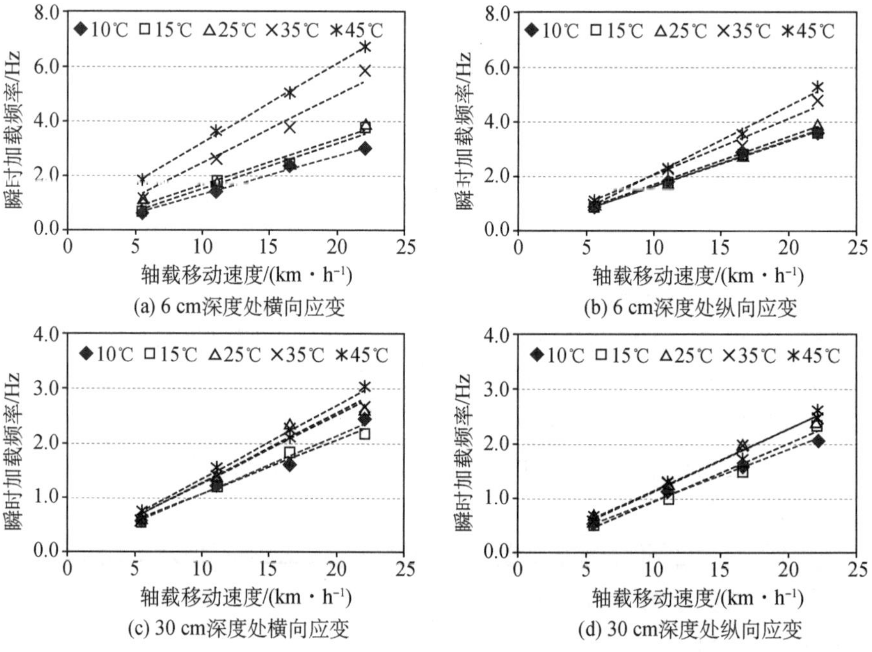


**图 4-9 柔性路面沥青层不同轴载移动速度及温度下的瞬时加载频率**[10]

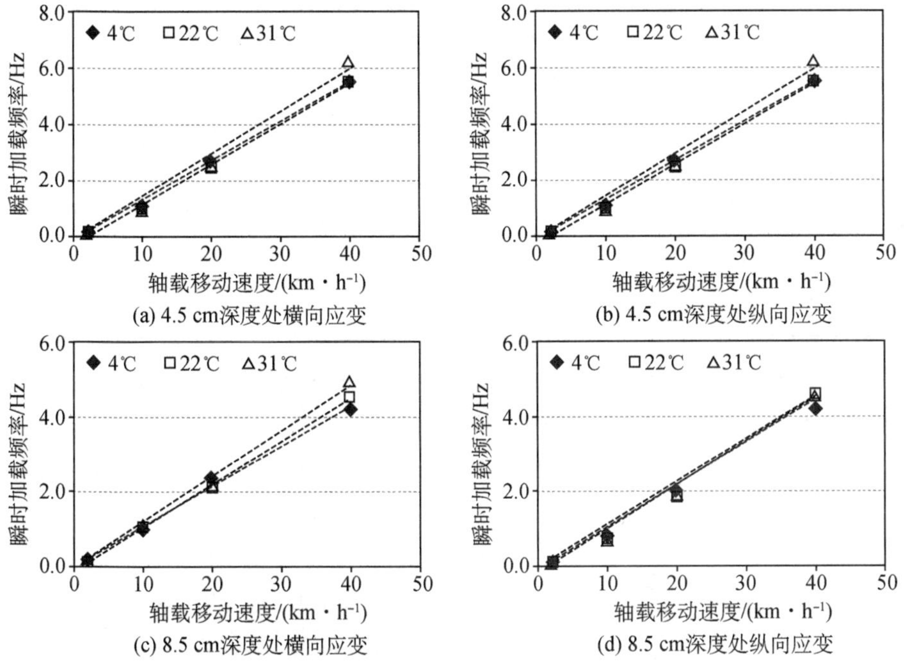


**图 4-10 钢桥面沥青层不同轴载移动速度及温度下的瞬时加载频率**[10]

2. 沥青层瞬时加载频率预估

根据上述分析，程怀磊利用式(4-6)拟合瞬时加载频率与轴载移动速度之间的关系。[10]

$$f = kV \tag{4-6}$$

式中 $f$——瞬时加载频率(Hz)；

$V$——轴载移动速度(km/h)；

$k$——直线斜率值，见表 4-6。

**表 4-6 三类路面结构沥青层的"加载频率-移动速度"拟合直线的斜率 $k$ 值**

| 路面类型 | 深度/cm | 应变类型 | 温度/℃ | | | | | | | |
|---|---|---|---|---|---|---|---|---|---|---|
| | | | 10 | 15 | 25 | 35 | 45 | 4 | 22 | 31 |
| 柔性路面 | 6 | 横向 | 0.136 | 0.161 | 0.167 | 0.248 | 0.310 | — | | |
| | | 纵向 | 0.165 | 0.165 | 0.167 | 0.206 | 0.226 | | | |
| | 30 | 横向 | 0.106 | 0.104 | 0.127 | 0.125 | 0.135 | | | |
| | | 纵向 | 0.101 | 0.108 | 0.112 | 0.113 | 0.113 | | | |
| 半刚性路面 | 13 | 横向 | — | 0.119 | 0.120 | 0.227 | 0.296 | — | | |
| | | 纵向 | | 0.125 | 0.123 | 0.161 | 0.168 | | | |
| | 24 | 横向 | | 0.118 | 0.138 | 0.212 | 0.239 | | | |
| | | 纵向 | | 0.143 | 0.165 | 0.181 | 0.179 | | | |

（续表）

| 路面类型 | 深度/cm | 应变类型 | 温度/℃ | | | | | | | |
|---|---|---|---|---|---|---|---|---|---|---|
| | | | 10 | 15 | 25 | 35 | 45 | 4 | 22 | 31 |
| 钢桥面铺装 | 4.5 | 横向 | — | | | | | 0.137 | 0.134 | 0.149 |
| | | 纵向 | | | | | | 0.124 | 0.119 | 0.125 |
| | 8.5 | 横向 | | | | | | 0.107 | 0.111 | 0.121 |
| | | 纵向 | | | | | | 0.110 | 0.111 | 0.114 |

如前所述，对沥青层瞬时加载频率影响最为显著的因素是轴载移动速度与温度，并且这两个因素对三类路面沥青层瞬时加载频率的影响规律均相同。深度及应变类型对沥青层瞬时加载频率的影响则因路面结构的不同而有所不同，但总体而言所产生的影响均较小。考虑到在路面设计时，沥青层往往作为整体进行考虑，在深度及横纵方向上均使用相同的模量参数。因此，分别将三类路面沥青层两个深度处的横向与纵向应变对应的瞬时加载频率取平均值，以分析沥青层在轴载作用下的整体加载频率特征，并采用式(4-6)拟合得到沥青层的加载频率预估公式。进一步将得到的斜率 $k$ 值整体表达如图 4-11 所示，并采用以下预估公式表征沥青层整体加载频率与轴载移动速度及温度之间的关系：

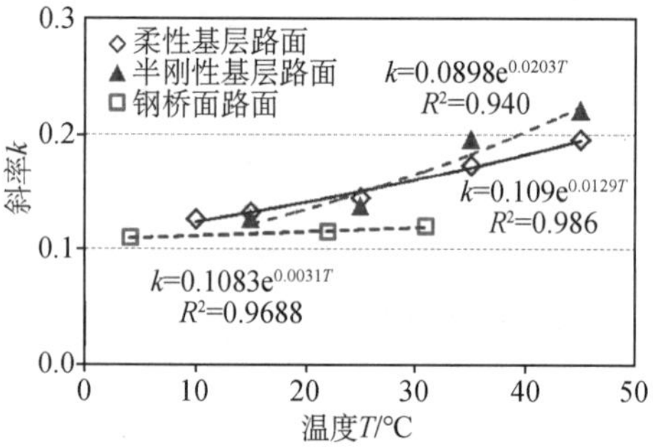


**图 4-11　三类路面沥青层不同温度下对应的“加载频率-移动速度”斜率 $k$ 值**

$$f = a\mathrm{e}^{bT} \times V \tag{4-7}$$

对三类路面沥青层的整体加载频率数据进行拟合，可得[9]

半刚性基层路面：　$f = 0.0896\mathrm{e}^{0.0191T} \times V$，　$R^2 = 0.979$　　[4-8(a)]

柔性基层路面：　$f = 0.1089\mathrm{e}^{0.0121T} \times V$，　$R^2 = 0.997$　　[4-8(b)]

钢桥面路面：　$f = 0.0817\mathrm{e}^{0.008T} \times V$，　$R^2 = 0.991$　　[4-8(c)]

利用以上公式可计算得到不同温度与轴载移动速度下三类路面沥青层内部的整体加载频率，为沥青混合料模量试验及疲劳试验中加载频率的确定提供参考。我国 2017 年版《公路沥青路面设计规范》(JTG D50—2017)[29]规定的沥青混合料模量试验的温度为 20 ℃，加载频率为 10 Hz，可计算得到轴载移动速度为 76.17 km/h。

3. 结果比较

将上述结果与表 4-2 中具有代表性的 Brown 法、Ullidtz 法、美国的《力学-经验法路面设计指南》(MEPDG)及 Ulloa 法进行比较。美国 MEPDG 综合考虑了荷载作用的有效作用长度、半径、轴载间距及混合料深度等因素，并基于等效厚度法计算得到轴载等效作用长度 $L$(m)，再通过轴载等效作用长度 $L$ 除以轴载移动速度 $V$ 得到轴载的加载时间 $t$(s)，而加载时间 $t$ 的倒数即为加载频率 $f$(Hz)。其中，轴载等效作用长度 $L$ 的计算原理如图 4-12

所示。

MEPDG 中轴载等效作用长度的计算原理与 Ullidtz 法类似，均假设轴载作用沿厚度方向呈 45°角扩散，但 MEPDG 中厚度采用的不是原路面结构的尺寸，而是利用 Odemark 方法转换后的路面等效厚度，即采用式(4-9)计算：

$$Z_{\text{eff}}=\sum_{i=1}^{n-1}\left(h_i\sqrt[3]{\frac{E_i}{E_{\text{SG}}}}\right)+h_n\sqrt[3]{\frac{E_n}{E_{\text{SG}}}} \tag{4-9}$$

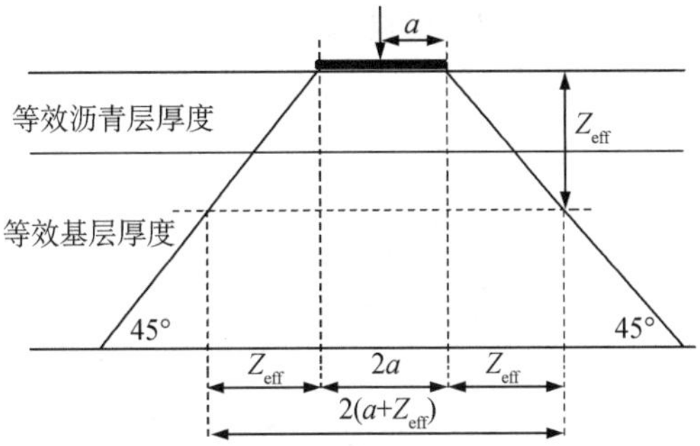


**图 4-12　MEPDG 中轴载等效作用长度 *L* 的计算原理**

式中　$Z_{\text{eff}}$——等效厚度(m)；

$h_n$——计算层位的厚度(m)；

$h_i$——计算层位以上第 $i$ 层的厚度(m)；

$E_n$——计算层位的模量(MPa)；

$E_i$——计算层位以上第 $i$ 层的模量(MPa)；

$E_{\text{SG}}$——土基模量(MPa)。

加载时间可通过式(4-10)和式(4-11)计算得到

$$L_{\text{eff}}=2(a_{\text{c}}+Z_{\text{eff}}) \tag{4-10}$$

$$t=\frac{L_{\text{eff}}}{V} \tag{4-11}$$

式中　$t$——加载时间(s)；

$L_{\text{eff}}$——轴载等效作用长度(m)；

$V$——轴载移动速度(m/s)。

进一步对 $t$ 取倒数可计算得到相应的加载频率 $f$(Hz)。

在 MEPDG 中，沥青层的模量采用室内单轴压缩动态模量，其数值依赖于沥青层计算所得的加载频率值，而加载频率值的计算又需要沥青层的模量值。因此，MEPDG 中加载频率的计算需要一个迭代收敛过程。

以上所介绍的 Brown 法、Ullidtz 法、美国 MEPDG 法及 Ulloa 法均是基于柔性基层沥青路面结构建立的。因此，分别采用以上方法计算本书中柔性基层路面中沥青层的加载频率值，并将计算结果进行对比。需要注意的是，本书所预估的加载频率为沥青层在 6 cm 及 30 cm 深度处的平均加载频率(即路面整体加载频率)。因此，利用上述方法计算不同温度下沥青层这两个深度处加载频率的平均值并进行对比，结果如图 4-13 所示。

可以看出，几种预估方法计算所得的加载频率均随轴载移动速度的增大呈线性增加趋势，这与本研究的结论一致。但与本研究的实测结果相比，Brown 法计算所得的沥青层加载频率为现场实际加载频率的 4～5 倍，Ullidtz 法得到的加载频率为现场实测结果的 3～4 倍，MEPDG 法得到的加载频率约为现场实测值的 2 倍，这个现象在其他研究中也被发现[21, 30-32]。相比之下，Ulloa 法的预估结果最接近本研究的现场实测频率值，但 Ulloa 法未能考虑温度对沥青层加载频率的影响，因此其预估精度在不同温度下会有所不同：在中温情况下，Ulloa 法的加载频率计算结果大于现场实测值；在高温情况下与现场实测值基本相同，预估精度很高。

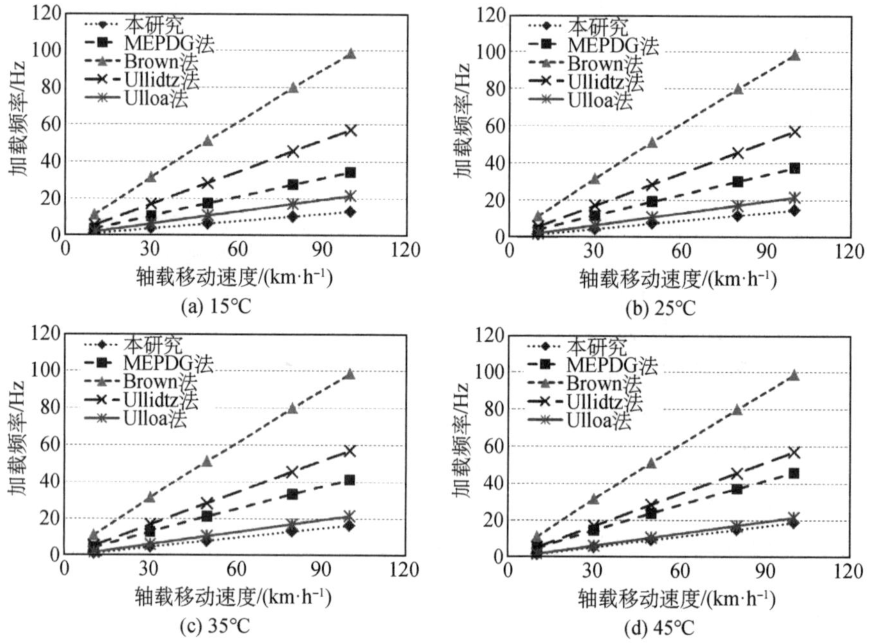


**图 4-13 不同沥青层温度下几种预估方法加载频率计算结果对比**

上述预估方法中只有 MEPDG 考虑了温度对加载频率的影响。因此，进一步比较 MEPDG 方法及本研究的预估公式，结果如图 4-14 和图 4-15 所示。

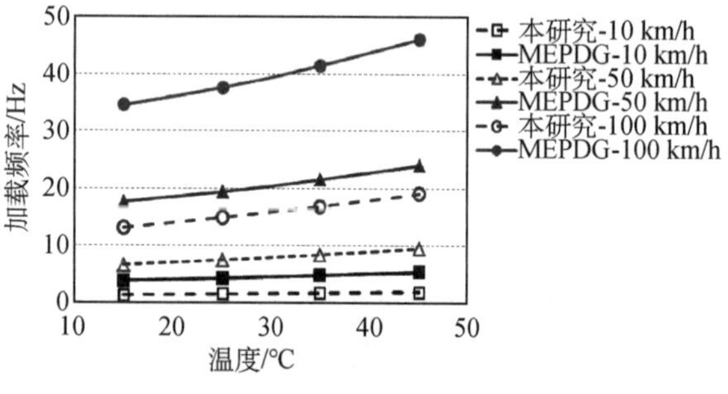


**图 4-14 不同温度下沥青层加载频率值比较**

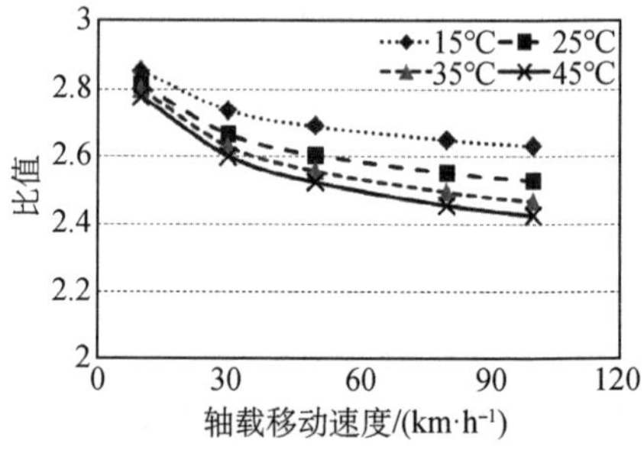


**图 4-15 不同温度和轴载移动速度下的频率比值**

如图 4-14 所示，MEPDG 方法能够很好地表征温度对加载频率的影响，预测的加载频率值均随着温度升高而逐渐升高，且升高趋势与本书实测结果基本相同；但就加载频率绝对数值而言，MEPDG 方法明显高估了现场沥青层的实际加载频率。进一步计算不同温度与轴载移动速度下 MEPDG 方法计算所得的频率与本书实测频率的比值，结果如图 4-15 所示。可见 MEPDG 方法计算的加载频率与本书实测加载频率的比值在 2.4～2.8 范围内，且比值随轴载移动速度的增加而减小，随温度的增加而减小。

# 4.3 结构响应模量

## 4.3.1 沥青层特征应变值

为了确定用于结构响应模量反演的特征值，对图 4-3 中三个路面结构加载试验的结果进行处理，计算不同试验工况下沥青层内的实测应变值。应变值的确定方法如图 4-16 所示。

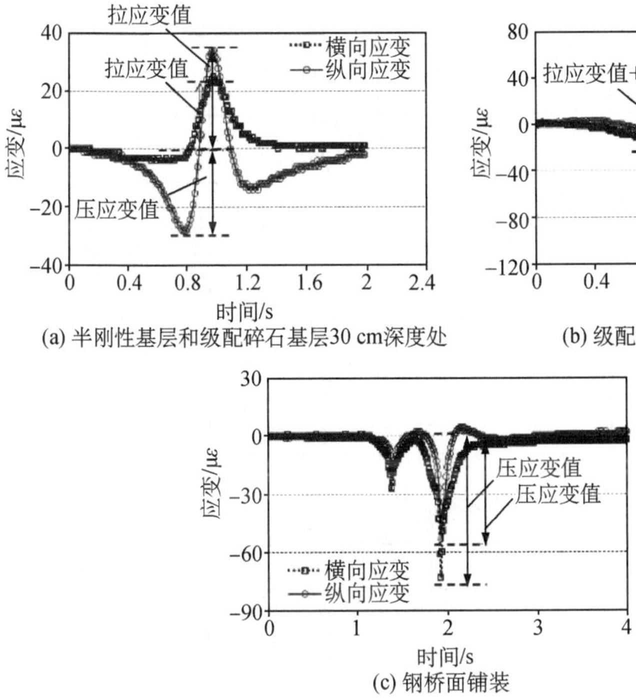


**图 4-16 三类路面沥青层特征应变值的确定方法**[10]

如图 4-16 所示，半刚性基层路面 13 cm 与 24 cm 两个深度处的特征应变值确定方法相同：对于横向应变，其响应波形主要体现为拉应变，波形中的拉应变值确定为特征应变值；对于纵向应变，考虑其波形具有“压应变-拉应变-压应变”交替的现象，确定响应波形中的拉应变值与压应变值作为两个特征应变值。级配碎石基层路面 30 cm 深度处的应变波形的特征应变值确定方法与半刚性路面相同；而对于 6 cm 深度处，其响应波形中拉应变与压应变之间的比重在不同温度下明显不同，因此 6 cm 深度处横向与纵向应变波形对应的特征应变值确定为拉应变值与压应变值之和。对于钢桥面沥青铺装层，其两个深度处的横向与纵向应变响应主要为压应变，则钢桥面沥青层的特征应变确定为波形中的压应变值，且该压应变值为加载车的后轴引起的第二个波谷值。

基于现场实测应变波形，分别提取出三类路面沥青层在不同加载工况下的特征应变值，结果如表 4-7—表 4-9 所列，以用于现场响应模量反演。

表 4-7　　半刚性路面沥青层不同加载工况下不同深度处的特征应变值　　单位：$\mu\varepsilon$

| 温度/℃ | 轴载移动速度/(km·h$^{-1}$) | 轴重/kN | 13 cm | | | 24 cm | | |
|---|---|---|---|---|---|---|---|---|
| | | | 横向拉应变 | 纵向拉应变 | 纵向压应变 | 横向拉应变 | 纵向拉应变 | 纵向压应变 |
| 15 | 22 | 50 | 12 | 15 | 14 | 7 | 6 | 6 |
| | 16.5 | | 14 | 20 | 15 | 8 | 8 | 7 |
| | 11 | | 14 | 21 | 15 | 8 | 9 | 8 |
| | 5.5 | | 16 | 30 | 21 | 10 | 11 | 9 |
| 25 | 22 | 20 | 22 | 25 | 14 | 7 | 11 | 4 |
| | 16.5 | | 26 | 31 | 12 | 9 | 13 | 5 |
| | 11 | | 32 | 37 | 14 | 10 | 15 | 5 |
| | 5.5 | | 40 | 45 | 20 | 15 | 21 | 6 |
| | 22 | 35 | 30 | 35 | 19 | 10 | 14 | 7 |
| | 16.5 | | 34 | 43 | 20 | 13 | 19 | 8 |
| | 11 | | 43 | 50 | 24 | 18 | 25 | 10 |
| | 5.5 | | 49 | 58 | 26 | 21 | 30 | 11 |
| | 22 | 50 | 30 | 36 | 23 | 14 | 21 | 12 |
| | 16.5 | | 38 | 46 | 26 | 16 | 25 | 13 |
| | 11 | | 41 | 56 | 31 | 20 | 30 | 15 |
| | 5.5 | | 48 | 67 | 37 | 23 | 34 | 17 |
| | 22 | 60 | 41 | 51 | 25 | 15 | 24 | 14 |
| | 16.5 | | 45 | 57 | 30 | 19 | 33 | 15 |
| | 11 | | 52 | 67 | 36 | 23 | 39 | 18 |
| | 5.5 | | 59 | 80 | 41 | 29 | 45 | 23 |
| | 22 | 75 | 46 | 53 | 29 | 17 | 34 | 16 |
| | 16.5 | | 55 | 65 | 34 | 22 | 40 | 18 |
| | 11 | | 61 | 73 | 38 | 27 | 46 | 19 |
| | 5.5 | | 72 | 92 | 50 | 34 | 55 | 26 |
| 35 | 22 | 50 | 201 | 243 | 70 | 89 | 151 | 39 |
| | 16.5 | | 256 | 305 | 71 | 109 | 167 | 51 |
| | 11 | | 298 | 354 | 82 | 128 | 197 | 56 |
| | 5.5 | | 403 | 515 | 107 | 182 | 257 | 75 |
| 45 | 22 | 50 | 387 | 435 | 195 | 161 | 271 | 96 |
| | 16.5 | | 475 | 573 | 313 | 184 | 330 | 108 |
| | 11 | | 561 | 738 | 372 | 216 | 387 | 117 |
| | 5.5 | | 648 | 890 | 428 | 262 | 460 | 153 |

**表 4-8　　柔性路面沥青层不同加载工况下不同深度处的特征应变值　　单位：$\mu\varepsilon$**

| 温度/℃ | 轴载移动速度/(km·$h^{-1}$) | 轴重/kN | 6 cm | | 30 cm | | |
|---|---|---|---|---|---|---|---|
| | | | 横向拉压应变之和 | 纵向拉压应变之和 | 横向拉应变 | 纵向拉应变 | 纵向压应变 |
| 10 | 22 | 50 | 6 | 16 | 16 | 30 | 2 |
| | 16.5 | | 6 | 18 | 17 | 31 | 2 |
| | 11 | | 7 | 20 | 18 | 32 | 4 |
| | 5.5 | | 9 | 23 | 20 | 35 | 5 |
| 15 | 22 | 50 | 10 | 26 | 19 | 32 | 4 |
| | 16.5 | | 11 | 28 | 23 | 37 | 5 |
| | 11 | | 12 | 30 | 26 | 40 | 6 |
| | 5.5 | | 14 | 35 | 29 | 47 | 6 |
| 25 | 22 | 20 | 13 | 38 | 15 | 21 | 5 |
| | 16.5 | | 14 | 42 | 17 | 25 | 5 |
| | 11 | | 16 | 50 | 20 | 27 | 5 |
| | 5.5 | | 21 | 62 | 22 | 30 | 7 |
| | 22 | 35 | 17 | 48 | 31 | 47 | 6 |
| | 16.5 | | 20 | 56 | 34 | 52 | 8 |
| | 11 | | 23 | 65 | 36 | 59 | 9 |
| | 5.5 | | 26 | 87 | 38 | 67 | 11 |
| | 22 | 50 | 21 | 55 | 43 | 75 | 8 |
| | 16.5 | | 23 | 59 | 48 | 81 | 9 |
| | 11 | | 25 | 72 | 51 | 86 | 10 |
| | 5.5 | | 40 | 120 | 55 | 98 | 14 |
| | 22 | 60 | 21 | 57 | 54 | 90 | 10 |
| | 16.5 | | 25 | 66 | 58 | 98 | 11 |
| | 11 | | 29 | 82 | 62 | 107 | 14 |
| | 5.5 | | 40 | 120 | 67 | 117 | 17 |
| | 22 | 75 | 22 | 63 | 60 | 109 | 11 |
| | 16.5 | | 26 | 71 | 63 | 116 | 12 |
| | 11 | | 32 | 90 | 66 | 129 | 15 |
| | 5.5 | | 41 | 125 | 73 | 142 | 19 |
| 35 | 22 | 50 | 129 | 280 | 56 | 112 | 28 |
| | 16.5 | | 157 | 329 | 57 | 120 | 31 |
| | 11 | | 200 | 404 | 58 | 126 | 37 |
| | 5.5 | | 301 | 561 | 59 | 129 | 45 |

（续表）

| 温度/℃ | 轴载移动速度/(km·h$^{-1}$) | 轴重/kN | 6 cm | | 30 cm | | |
|---|---|---|---|---|---|---|---|
| | | | 横向拉压应变之和 | 纵向拉压应变之和 | 横向拉应变 | 纵向拉应变 | 纵向压应变 |
| 45 | 22 | 50 | 276 | 548 | 69 | 147 | 46 |
| | 16.5 | | 340 | 630 | 70 | 158 | 52 |
| | 11 | | 403 | 744 | 72 | 167 | 57 |
| | 5.5 | | 615 | 1 014 | 74 | 177 | 70 |

**表 4-9　钢桥面沥青层不同加载工况下不同深度处的特征应变值**　单位：$\mu\varepsilon$

| 温度/℃ | 轴载移动速度/(km·h$^{-1}$) | 轴重/kN | 4.5 cm | | 8.5 cm | |
|---|---|---|---|---|---|---|
| | | | 横向压应变 | 纵向压应变 | 横向压应变 | 纵向压应变 |
| 4 | 2 | 50 | −89 | −64 | −51 | −48 |
| | 10 | | −66 | −51 | −36 | −26 |
| | 20 | | −57 | −46 | −26 | −23 |
| | 40 | | −49 | −43 | −20 | −19 |
| 22 | 2 | 50 | −155 | −99 | −92 | −59 |
| | 10 | | −86 | −69 | −48 | −39 |
| | 20 | | −73 | −53 | −33 | −28 |
| | 40 | | −61 | −47 | −25 | −23 |
| 31 | 2 | 50 | −206 | −121 | −156 | −76 |
| | 10 | | −109 | −66 | −66 | −55 |
| | 20 | | −87 | −74 | −47 | −40 |
| | 40 | | −70 | −49 | −42 | −31 |

## 4.3.2　路面响应模量反演

基于现场实测路面沥青层的特征应变值以及所建立的有限元模型，对沥青层的现场响应模量值进行反演。反演准则为不断改变有限元模型中沥青层的模量值，直至计算得到的特征应变值与现场实测特征应变值之间的偏差最小，该偏差由式(4-12)计算[10-12]。

$$S=\sqrt{\frac{1}{n}\sum_{i=1}^{n}\left(\frac{\varepsilon_{Mi}-\varepsilon_{Ci}}{\varepsilon_{Mi}}\right)^2}\times 100\% \tag{4-12}$$

式中　$S$ ——偏差；

$i$ ——不同的特征应变值；

$n$ ——特征应变值总数，对于半刚性基层路面，$n=6$，对于柔性基层路面，$n=5$，对于钢桥面路面，$n=4$；

$\varepsilon_{Mi}$ ——实测特征应变值；

$\varepsilon_{Ci}$ ——有限元模型计算的特征应变值。

图 4-3 中(a)和(b)两种结构的沥青层采用同一种材料(AC-13)，因此，这两类路面只需反演得到一个沥青层模量值。钢桥面铺装层包括两层不同的沥青层(SMA-13 及 SMA-10)。因此，钢桥面铺装需反演得到两个沥青层模量值。

基于以上方法，采用由本书第 3 章中的方法所确定的刚性层深度和土基模量，程怀磊反演得到了三类路面沥青层在不同加载工况下沥青层的现场响应模量值、计算特征应变值及计算值与实测值之间的偏差 $S$。[10] 整体而言，通过有限元模型计算所得的特征应变值能较好地拟合现场实测特征应变值，偏差 $S$ 在 4.9%～21.1%之间，平均偏差为 14.2%。反演所得的现场响应模量如表 4-10—表 4-12 所列。

**表 4-10　　半刚性基层路面沥青层(AC-13 层)现场响应模量**　　单位：MPa

| 温度/℃ | 轴重/kN | 轴载移动速度/(km·h$^{-1}$) | | | |
|---|---|---|---|---|---|
| | | 22 | 16.5 | 11 | 5.5 |
| 15 | 50 | 5 800 | 4 800 | 4 550 | 3 700 |
| 25 | 20 | 2 450 | 2 100 | 1 800 | 1 400 |
| | 35 | 2 600 | 2 200 | 1 750 | 1 500 |
| | 50 | 2 450 | 2 050 | 1 750 | 1 500 |
| | 60 | 2 450 | 2 100 | 1 750 | 1 450 |
| | 75 | 2 500 | 2 100 | 1 850 | 1 450 |
| 35 | 50 | 470 | 400 | 340 | 250 |
| 45 | 50 | — | 180 | 150 | 130 |

**表 4-11　　柔性基层路面沥青层(AC-13 层)现场响应模量**　　单位：MPa

| 温度/℃ | 轴重/kN | 轴载移动速度/(km·h$^{-1}$) | | | |
|---|---|---|---|---|---|
| | | 22 | 16.5 | 11 | 5.5 |
| 10 | 50 | 8 600 | 8 000 | 7 200 | 6 200 |
| 15 | 50 | 5 900 | 5 400 | 4 550 | 4 000 |
| 25 | 20 | 2 800 | 2 550 | 2 200 | 1 700 |
| | 35 | 2 900 | 2 400 | 2 150 | 1 800 |
| | 50 | 2 800 | 2 550 | 2 250 | 1 500 |
| | 60 | 2 650 | 2 300 | 1 950 | 1 450 |
| | 75 | 2 650 | 2 350 | 1 950 | 1 500 |
| 35 | 50 | 610 | 520 | 420 | 310 |
| 45 | 50 | — | 260 | 220 | 170 |

**表 4-12　　钢桥面沥青铺装层现场响应模量　　单位:MPa**

| 沥青层 | 温度/℃ | 轴重/kN | 轴载移动速度/(km·h$^{-1}$) | | | |
|---|---|---|---|---|---|---|
| | | | 2 | 10 | 20 | 40 |
| SMA-13 层 | 4 | 50 | 3 600 | 5 100 | 6 500 | 8 100 |
| | 22 | 50 | 2 400 | 3 600 | 4 400 | 5 600 |
| | 31 | 50 | 1 000 | 2 600 | 3 400 | — |
| SMA-10 层 | 4 | 50 | 2 200 | 3 600 | 4 700 | 6 000 |
| | 22 | 50 | 1 600 | 2 700 | 3 600 | 4 600 |
| | 31 | 50 | 800 | 2 000 | 2 700 | — |

对于半刚性基层路面而言,有限元模型计算所得的特征应变值与现场实测应变值的平均偏差为 12.5%,相应地,柔性基层路面与钢桥面铺装的平均偏差分别为 14.6%与 11.1%。为了进一步说明有限元模型的仿真精度,以柔性基层路面计算结果为例,进一步比较了有限元模型计算所得的应变波形与现场实测应变波形的关系,如图 4-17 所示(对应的轴载移动速度为 11.0 km/h)。实际上,对于半刚性路面、钢桥面铺装以及柔性路面沥青层的其余加载工况,有限元模型计算的应变波形均能较好地拟合现场实测结果。

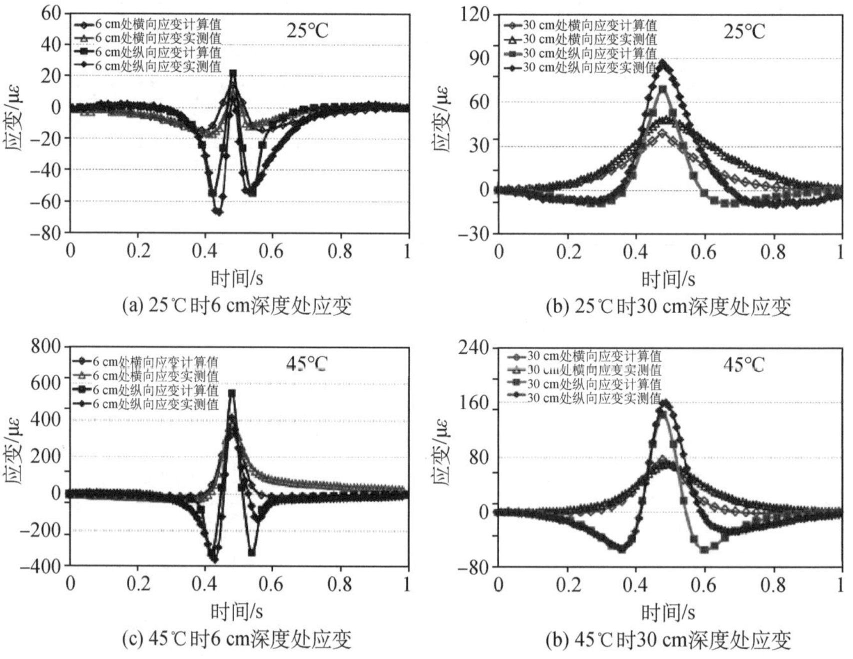


**图 4-17　有限元计算所得应变波形与实测应变波形对比**[10, 11]

### 4.3.3 沥青层响应模量主曲线

根据不同温度及不同轴载移动速度下三类路面沥青层的现场响应模量反演结果,可以得到三类路面沥青层的现场响应模量主曲线[10]。

采用式(4-13)所示的 Sigmoid 模型拟合沥青层的现场响应模量主曲线：

$$\lg(E)=\delta+\frac{\alpha}{1+e^{\beta-\gamma\lg f_{ref}}} \tag{4-13}$$

式中 $E$ ——沥青层模量(Pa)；

$f_{ref}$ ——参考温度下的沥青层瞬时加载频率(Hz)；

$\alpha,\beta,\gamma,\delta$ ——模型参数，其中 $\delta$ 表征主曲线下限，$\alpha$ 表征主曲线上限与下限之差，$\beta$ 及 $\gamma$ 定义了主曲线形状及反弯点的位置。

式(4-13)表征了在参考温度下，沥青混合料模量 $E$ 与加载频率 $f_{ref}$ 之间的关系。对于其他温度下的频率值 $f$，可通过移位因子 $a_T$ 转换为参考温度下的加载频率。其他温度下的频率值 $f$ 及移位因子 $a_T$ 的计算公式如下：

$$f=a_T\times f_{ref} \tag{4-14}$$

$$\lg(a_T)=\frac{-C_1(T-T_{ref})}{C_2+(T-T_{ref})} \tag{4-15}$$

式中 $a_T$ ——移位因子；

$f$ ——其他温度下的加载频率(Hz)；

$T$ ——其他温度(℃)；

$T_{ref}$ ——参考温度(℃)；

$C_1,C_2$ ——模型拟合参数。

利用式(4-13)—式(4-15)对表 4-10—表 4-12 中的模量数据进行拟合，可得到三类路面沥青层的现场响应模量主曲线，如图 4-18、图 4-19 所示(轴重均为 50 kN)，相应的模型参数如表 4-13 所列。

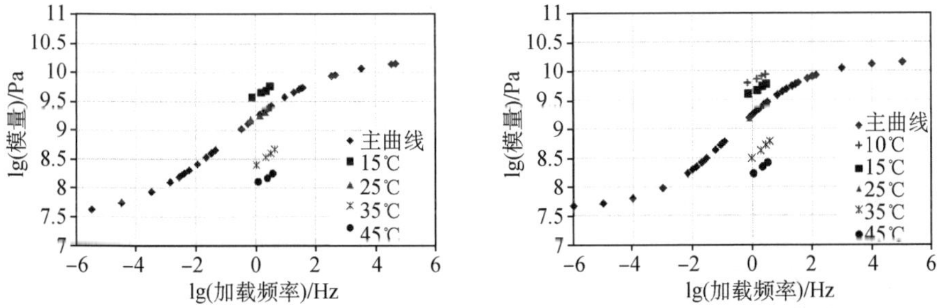

(a) 半刚性基层路面　(b) 级配碎石基层路面

**图 4-18　路面沥青层(AC-13 层)现场响应模量主曲线**

**表 4-13　三类路面沥青层现场响应模量主曲线模型参数**

| 沥青层 | $\alpha$ | $\beta$ | $\gamma$ | $\delta$ | $T_{ref}$/℃ | $C_1$ | $C_2$ | $R^2$ |
|---|---|---|---|---|---|---|---|---|
| 半刚性路面 AC-13 层 | 2.767 | −0.541 | 0.619 | 7.468 | 25 | −25.871 | −187.702 | 0.99 |
| 柔性路面 AC-13 层 | 2.552 | −0.543 | 0.787 | 7.622 | 25 | −95.803 | −844.685 | 0.99 |
| 钢桥面 SMA-13 铺装层 | 3.042 | −1.704 | 0.842 | 6.989 | 22 | −1.778 | −37.306 | 0.99 |
| 钢桥面 SMA-10 铺装层 | 3.336 | −1.426 | 0.737 | 6.740 | 22 | −0.912 | −27.127 | 0.99 |

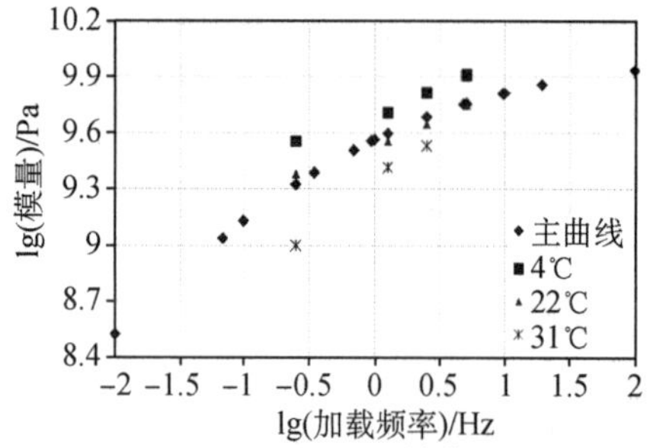

(a) SMA-13铺装层

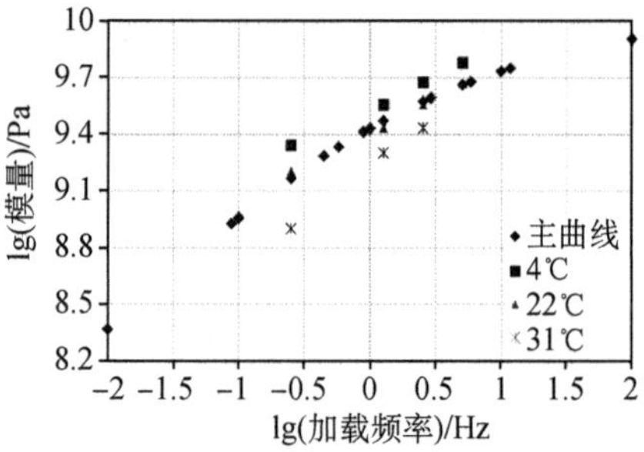

(b) SMA-10铺装层

**图 4-19　钢桥面沥青铺装层现场响应模量主曲线**

为了进一步分析比较不同路面沥青层对应的现场响应模量的差异性，将以上沥青层模量主曲线绘制在同一幅图中，如图 4-20 所示（参考温度均为25 ℃）。可以看出，沥青层的现场响应模量主曲线体现出与室内动态模量主曲线相同的特征：沥青层模量值随加载频率的升高而增大，随加载频率的降低而减小。其他温度下的模量值可通过参考温度下的模量主曲线平移得到。同时，半刚性路面与柔性路面的沥青层（AC-13 层）对应的响应模量主曲线的模型参数相近、主曲线在全频域内基本重合，这是由于两类路面使用了相同的沥青混合料。AC-13层与钢桥面沥青铺装层（SMA-13 及 SMA-10）对应的主曲线模型参数差异较大，这体现了级配类型及沥青类型对沥青层现场响应模量的影响。

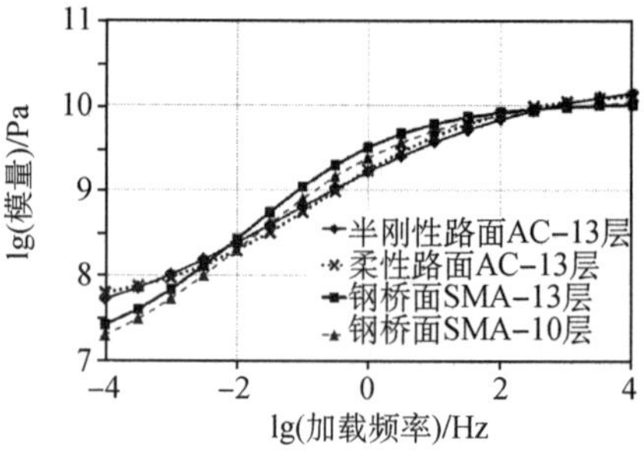


**图 4-20　三类路面沥青层现场响应模量主曲线对比**

采用预留数据对上述诸曲线进行了检验，表现出很好的精度。

## 4.4　试验室模量

### 4.4.1　瞬时加载频率

室内试验测试了沥青混合料在单轴压缩（Uniaxial Compressive, UC）、间接拉伸（Indirect Tensile, IDT）及四点小梁弯拉（Four-Point Bending, 4PB）三种加载模式下的动态模量值。UC 试验包括五种不同的温度，分别为−10 ℃，4.4 ℃，21.1 ℃，37.8 ℃和 54.4 ℃，IDT 和 4PB 试验仅包括中间几种温度。每种温度下又包括六种不同的加载频率，分别为 0.1 Hz，0.5 Hz，1 Hz，5 Hz，10 Hz 和 25 Hz。

动态模量标准试验中加载波形为连续应力/应变波，相邻两个波形之间不存在间歇时间。而实际路面上车辆轴载之间存在一定的间歇时间。一些研究者认为需要考虑荷载间歇时间对沥青层力学状态的影响，应采用含间歇时间的回弹模量指标表征现场沥青层的力学参数；另一些学者则将间歇时间归结为时域与频域间的转换问题，即动态模量试验表征了频域内沥青混合料的力学特性，而现场车辆轴载作用则体现了时域范围内沥青混合料的力学特性。本书通过 AC-13 混合料含间歇时间的动态回弹模量试验，分析间歇时间对混合料动态特性的影响。

含间歇时间的动态回弹模量试验中的加载应力波形及混合料变形响应波形如图 4-21 所示。

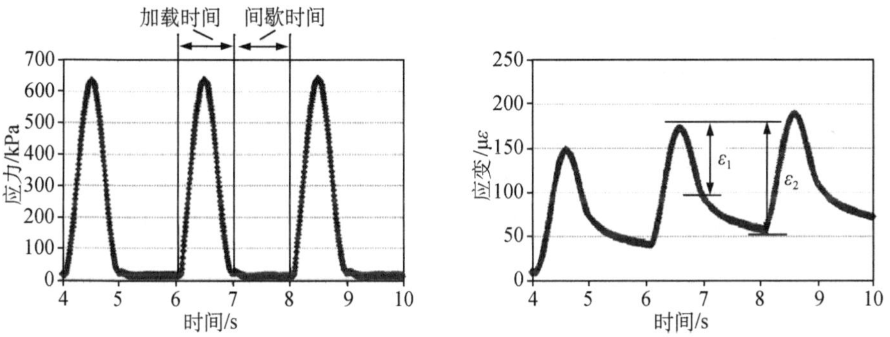


**图 4-21　含间歇时间的动态回弹模量试验中应力波及应变波**

图 4-21 中，混合料应变响应波形中可以确定两个不同的应变值：$\varepsilon_1$ 为从应力最大值到应力卸载为零时的回弹应变，可定义为瞬时回弹应变；$\varepsilon_2$ 为应力最大值到间歇期结束时的回弹应变，可定义为总回弹应变。采用这两个应变值，可得到两个不同的模量值，分别为瞬时回弹模量值($E_1$)与总回弹模量值($E_2$)。$E_2$ 本质上是一些沥青混合料回弹模量测试规范中提及的混合料回弹模量值[33, 34]。当间歇时间为零时，$E_1$ 与 $E_2$ 相同。

试验中加载波包括两个设置参数：加载波的加载时间与两加载波之间的间歇时间。本书设置加载波的加载时间($t$)为 0.1 s，1 s 及 10 s 三种。当不含间歇时间时，以上加载波分别等同于 10 Hz，1 Hz 与 0.1 Hz 频率下的加载波形。对于每一种加载时间，间歇时间设置为六种，分别为加载时间的 0 倍、0.5 倍、1 倍、4 倍、9 倍及 14 倍。采用单轴压缩(UC)与间接拉伸(IDT)这两种加载模式进行含间歇时间的动态回弹模量试验。UC 动态回弹模量试验过程中试件的压缩应变控制在 100 $\mu\varepsilon$ 以内，IDT 动态回弹模量试验过程中试件的横向应变控制在 70 $\mu\varepsilon$ 以内。

## 4.4.2　模量主曲线

1. 单轴压缩模量主曲线

测试了 AC-13 普通沥青混合料、SMA-13 型及 SMA-10 型高黏改性沥青混合料在不同温度及加载频率下的动态模量及相位角数据。采用 Sigmoid 模型拟合得到混合料的 UC 动态模量主曲线。不同混合料的 UC 动态模量主曲线及相应的模型参数分别汇总在图 4-22(参考温度为 21.1 ℃)与表 4-14 中。

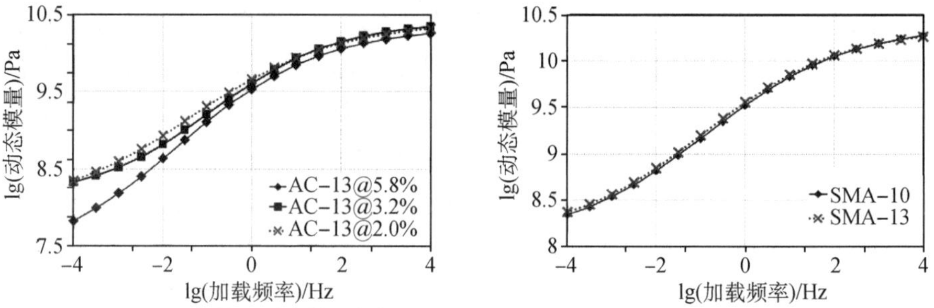


(a) AC-13混合料UC动态模量主曲线 (b) SMA混合料UC动态模量主曲线

**图 4-22 不同混合料的 UC 动态模量主曲线**[10]

**表 4-14 不同混合料的 UC 动态模量主曲线模型参数**

| 沥青层 | $\alpha$ | $\beta$ | $\gamma$ | $\delta$ | $T_{ref}$/℃ | $C_1$ | $C_2$ | $R^2$ |
|---|---|---|---|---|---|---|---|---|
| AC-13 混合料@5.8% | 3.148 | −1.037 | 0.610 | 7.20 | 21.1 | 21.645 | 211.028 | 0.99 |
| AC-13 混合料@3.2% | 2.316 | −0.612 | 0.708 | 8.100 | 21.1 | 26.148 | 252.640 | 0.99 |
| AC-13 混合料@2.0% | 2.471 | −0.827 | −0.612 | 7.936 | 21.1 | 35.524 | 351.172 | 0.99 |
| SMA-13 混合料 | 2.233 | −0.605 | 0.658 | 8.112 | 21.1 | 39.134 | 471.733 | 0.99 |
| SMA-10 混合料 | 2.311 | −0.537 | 0.632 | 8.065 | 21.1 | 25.503 | 307.666 | 0.99 |

2. 间接拉伸模量主曲线

在间接拉伸动态模量试验中，同步检测了试件中心区域的横向变形及纵向变形，依靠所检测的横、纵向变形值及加载力数据，可计算得到试件的模量及泊松比。1959 年，G. Hondros[35]推导得到了 IDT 试件的应力分布解析解，能够考虑夹具宽度对试件应力状态的影响。基于 Hondros 解，Y R Kim 等[36]推导出了基于横、纵向位移数据计算 IDT 试件的模量与泊松比的公式，如式(4-16)和式(4-17)所示。

$$E=\frac{2P}{\pi ad}\frac{\beta_1\gamma_2-\beta_2\gamma_1}{\gamma_2V_0-\beta_2U_0} \tag{4-16}$$

$$\nu=\frac{\beta_1U_0-\gamma_1V_0}{-\beta_2U_0+\gamma_2V_0} \tag{4-17}$$

式中 $E$ ——模量(Pa)；

$\nu$ ——泊松比；

$P$ ——加载力(N)；

$a$ ——加载压头宽度(m)，本研究取为 0.0127 m；

$d$ ——试件厚度(m)；

$U_0$ ——横向位移(m)；

$V_0$ ——纵向位移(m)；

$\beta_1$，$\beta_2$，$\gamma_1$，$\gamma_2$——与试件的直径及位移计测距有关的参数，对于本研究，$\beta_1$，$\beta_2$，$\gamma_1$ 及 $\gamma_2$ 的数值分别为−0.0215，−0.0062，0.0047 及−0.0157。

采用 Sigmoid 模型拟合得到混合料的 IDT 动态模量主曲线。三类不同空隙率的AC-13混合料的 IDT 动态模量主曲线及模型参数如图 4-23(参考温度为 21.1 ℃)和表 4-15 所列。

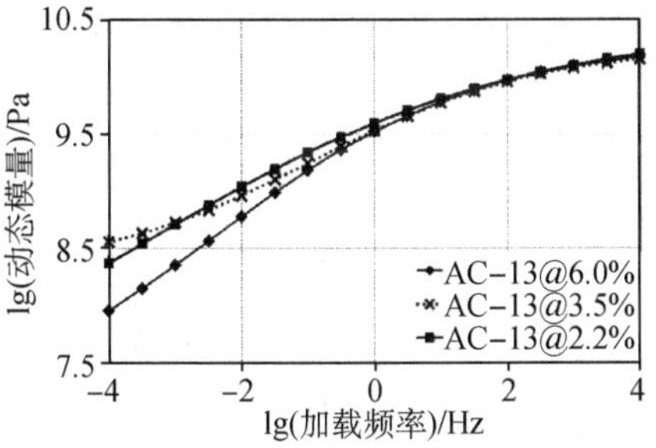


**图 4-23 不同空隙率的 AC-13 混合料的 IDT 动态模量主曲线**

**表 4-15 不同空隙率的 AC-13 混合料的 IDT 动态模量主曲线模型参数**

| 沥青混合料 | $\alpha$ | $\beta$ | $\gamma$ | $\delta$ | $T_{ref}$/℃ | $C_1$ | $C_2$ | $R^2$ |
|---|---|---|---|---|---|---|---|---|
| AC-13 混合料@6.0% | 3.412 | −1.211 | 0.500 | 6.895 | 21.1 | 27.347 | 234.262 | 0.99 |
| AC-13 混合料@3.5% | 1.973 | −0.543 | 0.593 | 8.284 | 21.1 | 14.816 | 118.578 | 0.99 |
| AC-13 混合料@2.2% | 3.741 | −1.248 | 0.363 | 6.692 | 21.1 | 11.475 | 86.221 | 0.99 |

根据实验结果还可以计算出泊松比,如图 4-24 所示。

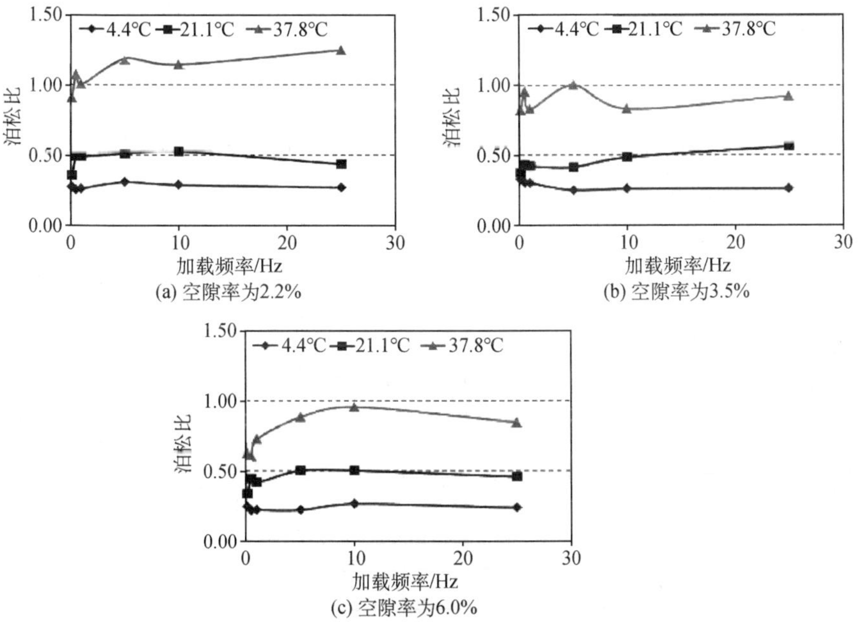


**图 4-24 IDT 试验中不同空隙率的 AC-13 混合料的泊松比**

从图 4-24 可以看出,当温度较低(4.4 ℃)时,计算所得的 AC-13 混合料的泊松比数值正常,在 0.25 左右,且泊松比数值在不同加载频率下保持稳定;当温度升高至 21.1 ℃时,混合料的泊松比接近 0.5,部分频率下对应的泊松比数值甚至超过 0.5;当温度为 37.8 ℃时,泊松比数值均超过 0.5,且空隙率为 2.2%时泊松比甚至超过了 1.0。在弹性力学范围内,材料的泊松比不能超过 0.5。

3. 弯拉模量主曲线

在 4PB 动态模量试验中，同步检测了正矢波荷载及小梁试件中心挠度。结合荷载数据与挠度数据，可计算得到试件的动态模量及相位角。动态模量计算公式如式(4-18)所示。

$$E=\frac{23FL^3}{108\delta bh^3} \tag{4-18}$$

式中 $E$——动态模量(Pa)；

$F$——加载力(N)；

$L$——小梁跨距(m)；

$\delta$——小梁试件中心挠度(m)；

$b$——小梁横截面宽度(m)；

$h$——小梁横截面高度(m)。

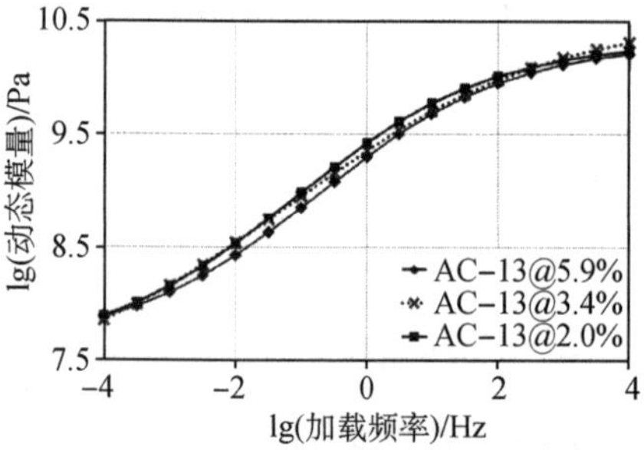


**图 4-25 不同空隙率的 AC-13 混合料的 4PB 动态模量主曲线**

三类不同空隙率 AC-13 混合料的主曲线及模型参数见图 4-25(参考温度为 21.1 ℃)及表 4-16。

**表 4-16 不同空隙率的 AC-13 混合料的 4PB 动态模量主曲线模型参数**

| 沥青混合料 | $\alpha$ | $\beta$ | $\gamma$ | $\delta$ | $T_{ref}$/℃ | $C_1$ | $C_2$ | $R^2$ |
|---|---|---|---|---|---|---|---|---|
| AC-13 混合料@5.9% | 2.685 | −0.509 | 0.674 | 7.621 | 21.1 | −6.727 | −70.347 | 0.99 |
| AC-13 混合料@3.4% | 3.332 | −0.605 | 0.499 | 7.199 | 21.1 | −10.081 | −98.055 | 0.99 |
| AC-13 混合料@2.0% | 2.773 | −0.743 | 0.662 | 7.543 | 21.1 | −7.842 | −83.421 | 0.99 |

图 4-26 汇总了三种加载模式下混合料的动态模量主曲线，从中可以看出不同加载模式对混合料动态模量的影响。

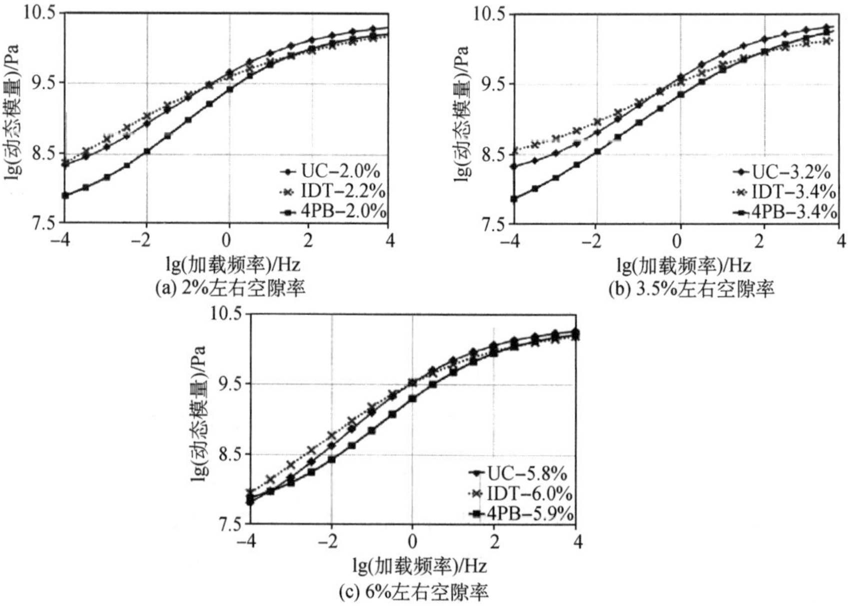


**图 4-26 不同加载模式下混合料动态模量主曲线对比**

### 4.4.3 间歇时间的影响

不同间歇时间下混合料的瞬时回弹模量变化如图 4-27 所示[10]。

在图 4-27 中,当间歇时间与加载时间的比值为 0 时,混合料的瞬时回弹模量值等于混合料的动态模量值;在加载时间(频率)一定时,混合料的瞬时回弹模量值在不同间歇时间下保持稳定,即混合料的瞬时回弹模量值与动态模量值一致,且该值并不随间歇时间的长短而变化。同时,混合料的瞬时回弹模量值随瞬时加载时间的降低明显升高,体现出与动态模量相同的规律。由此可归纳出两个重要的结论:混合料的动态模量(瞬时回弹模量)参数与间歇时间无关,仅与加载波中的瞬时加载时间有关;混合料的动态模量参数可从回弹模量试验中直接获得,直接计算混合料的瞬时回弹模量即可。这个特点可降低试验中对仪器加载性能的要求,使得动态模量参数可通过更为经济的仪器设备获得。

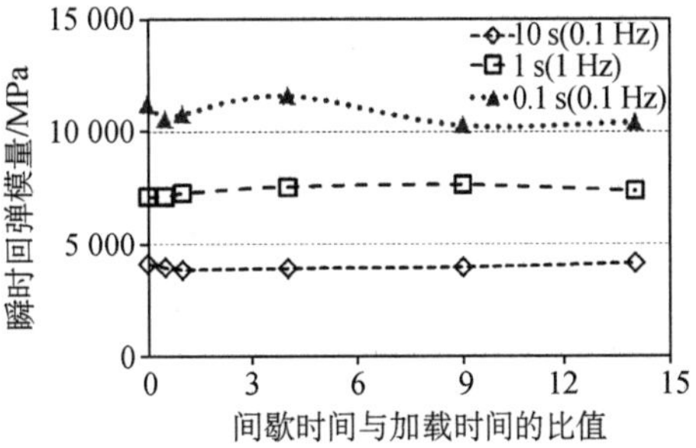


**图 4-27 不同间歇时间下混合料的瞬时回弹模量变化**

为了进一步验证上述两个结论,研究中分析了混合料的动态模量与含间歇时间的瞬时回弹模量之间的关系,同时分析了以上两类模量值是否在不同加载状况下均具有较好的一致性,结果如图 4-28、图 4-29 所示[10]。

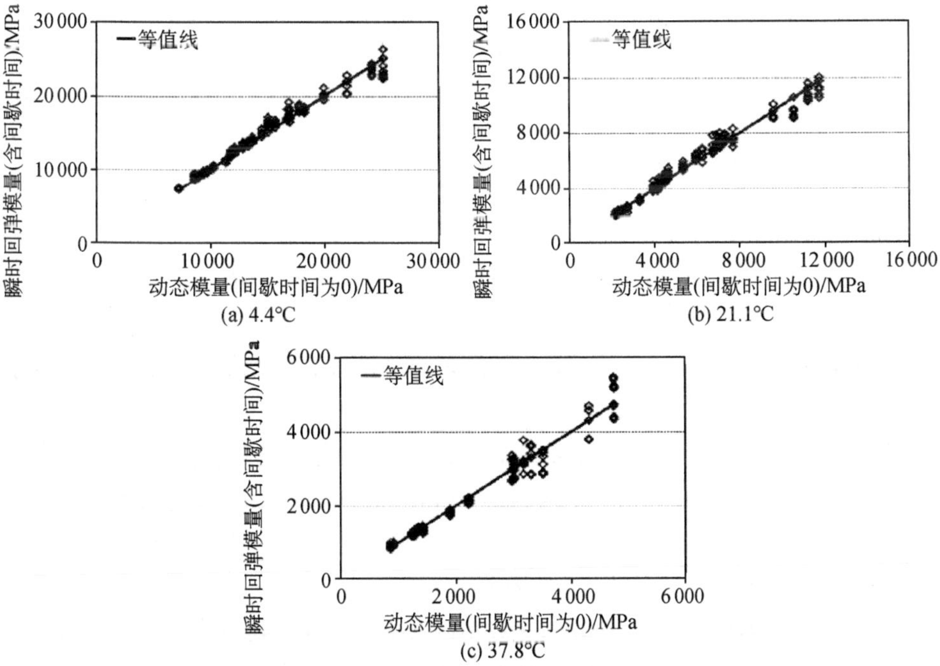


**图 4-28 混合料 UC 动态模量与含间歇时间的瞬时回弹模量的关系**

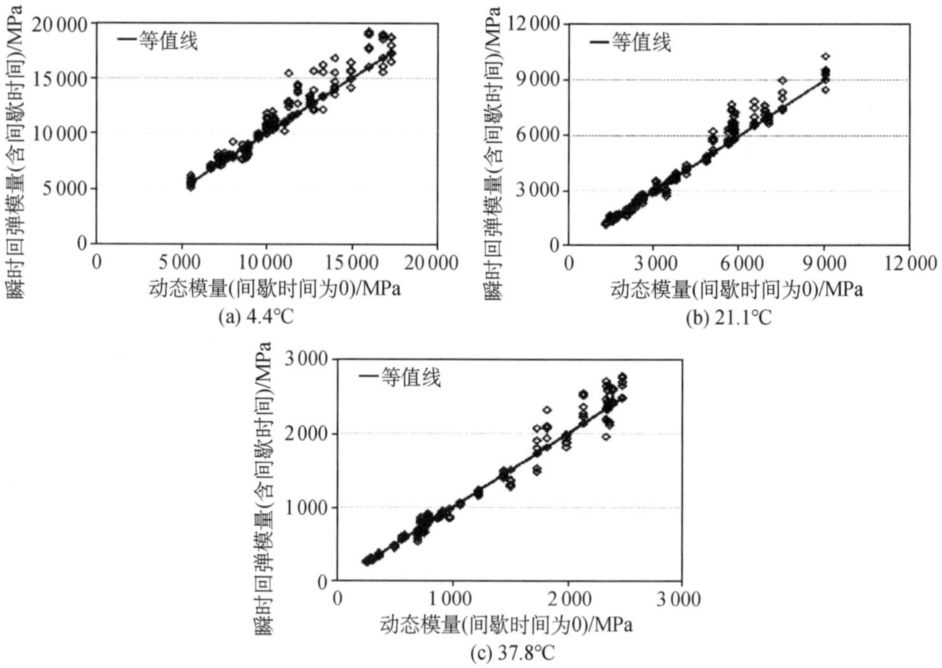


**图 4-29　混合料 IDT 动态模量与含间歇时间的瞬时回弹模量的关系**

## 4.5　沥青层模量体系

### 4.5.1　移动荷载与 FWD 荷载作用下响应模量的一致性

FWD 作为检测和评价路面结构抗力的便利手段得到了广泛应用。不过，现实中 FWD 反演模量与其他试验结果之间存在有很大的差异，这严重制约了 FWD 检测结果的深入应用。造成这种差异的原因十分复杂，长期以来研究者们普遍认为是 FWD 反演方法的问题，即反演解不唯一、误差大所致。

一些研究者基于经验获得了比较稳定的 FWD 反演结果，但依然会发现反演模量和移动轴载作用下路面的响应模量之间有很大差异，于是便设法建立二者之间的经验关系。采用的第一种方法可总结为“等应变”法，即按照移动轴载与 FWD 荷载作用下沥青层最大拉应变相等准则关联两类荷载。A. Mateos 等[37]开展了这类研究，发现对于两种路面结构，FWD 荷载分别等效于 48 km/h 与 97 km/h 速度下的移动轴载，J. Qin[38]发现的等效轴载移动速度为 88 km/h，H. Wang 等[39]则认为等效速度为 24～80 km/h；当以等剪应变作为等效准则时，FWD 荷载的等效速度为 48～64 km/h。艾长发等[40]研究发现，对于不同路面结构，FWD 的等效轴载移动速度为 26～48 km/h。

基于式(4-4)，根据试验结果可确定 FWD 荷载对应的等效轴载移动速度，如表 4-17 所列。

虽然“等应变”法直观地比较了两类荷载作用下沥青层的最大拉应变值，但深入分析后不难发现，该方法存在明显的不足：首先，移动轴载与 FWD 荷载的接地形状及接地面积明显不同，这就导致两类荷载作用下的沥青层内部的应变响应波形明显不同；其次，由于接地形状及接地面积的差异性，若要求两类荷载作用下沥青层的应变相等，必然意味着两类荷载作用下沥青层模量值的不相等，这明显是不合理的。

表 4-17　　FWD 荷载对应的等效轴载移动速度

| 温度/℃ | 等效轴载移动速度/(km·h$^{-1}$) | |
|---|---|---|
| | 半刚性基层路面 | 柔性基层路面 |
| 15 | 31 | 33 |
| 25 | 38 | 35 |
| 35 | 44 | 26 |

除了“等应变”法以外，另一类方法为“等响应时间”法，即让移动轴载与 FWD 荷载作用下沥青层应力或应变波的响应时间相等。基于这个方法，F. Leiva-Villacorta 等[41]发现 FWD 荷载等效于速度为 192 km/h 的移动轴载；H. Wang 等[39]发现基于竖向压应力响应，FWD 荷载对应的等效轴载移动速度为 88～144 km/h，而基于水平拉应变响应，FWD 荷载对应的等效轴载移动速度为 187～221 km/h。

FWD 荷载的加载时程仅为 0.03 s(30 ms)，该加载时间在不同温度下保持稳定。通过式[4-8(a)]和式[4-8(b)]可以反算得到与 FWD 荷载对应的等效轴载移动速度，结果如表 4-18 所列。

表 4-18　　基于“等响应时间”法的 FWD 荷载对应的等效轴载移动速度

| 温度/℃ | 等效轴载移动速度/(km·h$^{-1}$) | |
|---|---|---|
| | 半刚性基层路面 | 柔性基层路面 |
| 15 | 279 | 254 |
| 25 | 231 | 224 |
| 35 | 191 | 198 |

与“等应变”法所确定的等效轴载移动速度相比，基于“等响应时间”法所确定的与 FWD 荷载对应的等效轴载移动速度要高得多，其速度范围为 191～279 km/h。该方法仅关联了两类荷载作用下沥青层内部的响应时间，并没有反映出沥青层力学参数之间的联系。

为了弥补现阶段仅在移动轴载与 FWD 之间建立关联关系的这一方法不足，就需要新的研究视角。借助桥渡原理[7]，采用现场沥青层响应模量主曲线作为桥渡介质，论证移动轴载与 FWD 荷载作用下现场沥青层模量的一致性。

FWD 施加的是脉冲荷载，我们可以将这个脉冲荷载理解为周期性动态加载的一个周期，按照图 4-7(b)计算其加载时间和频率。FWD 的加载时间为 0.015 s，则加载时程为 0.03 s，频率为 33.33 Hz。据此，可以采用本书 4.3.3 节模量主曲线的方法来预估当频率为 33.33 Hz 时，移动荷载作用下的响应模量，结果如图 4-30 所示。

为了比较由 FWD 弯沉盆反算得到的沥青层模量值与由模量主曲线预估得到的沥青层模量值，需对不同温度下测得的路面 FWD 弯沉盆进行反算，从而得到沥青层在 FWD 荷载作用下的模量值，反算结果如表 4-19 所列。

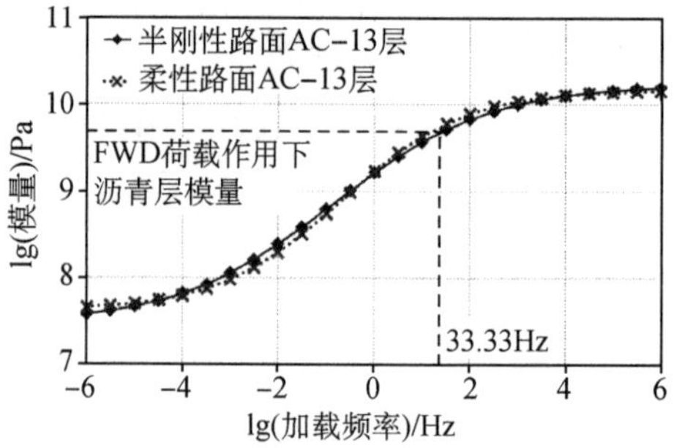


**图 4-30　利用响应模量主曲线预估移动荷载在 FWD 荷载频率下的模量**

**表 4-19　　柔性与半刚性基层路面对应的结构层模量反算结果**

| 路面类型 | 温度/℃ | 模量反算结果/MPa | | | |
|---|---|---|---|---|---|
| | | 沥青层 | 基层 | 底基层 | 土基 |
| 半刚性基层路面 | 15 | 11 116 | 36 260 | 636 | 199 |
| | 25 | 6 408 | 38 644 | 652 | 183 |
| | 35 | 1 552 | 38 253 | 644 | 186 |
| 柔性基层路面 | 15 | 10 236 | 504 | 678 | 150 |
| | 25 | 5 807 | 435 | 557 | 166 |
| | 35 | 1 599 | 337 | 473 | 147 |

由表 4-19 可知，现场 FWD 检测过程中沥青层包括三种不同的温度，分别为 15 ℃，25 ℃和 35 ℃，将该温度及 FWD 加载频率（$f$=33.33 Hz）代入图 4-30 所示的现场模量主曲线中，可预估得到移动荷载工况时 FWD 荷载频率下的沥青层模量值。将主曲线预估得到的沥青层模量值与表 4-19 中基于弯沉盆反算得到的沥青层模量值进行对比，结果如图 4-31 所示[10]。

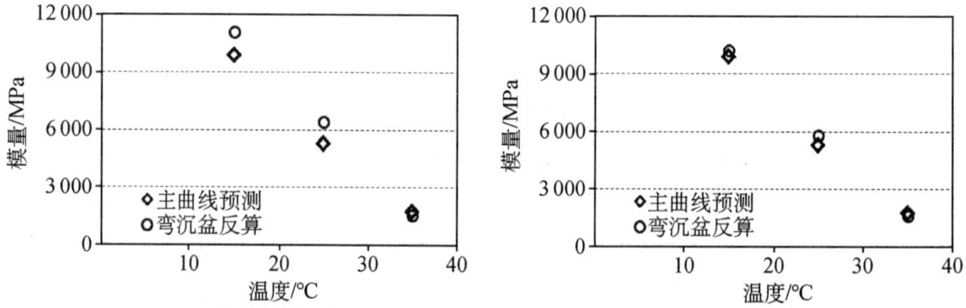


(a) 半刚性基层路面　　(b) 柔性基层路面

**图 4-31　主曲线预测的沥青层模量与弯沉盆反算的沥青层模量对比**

对于半刚性基层路面而言，基于响应模量主曲线预估所得的沥青层模量值与基于弯沉盆反算得到的沥青层模量值具有较好的一致性，两类模量之间的平均偏差为 13.8%。在高温状态下，两类模量值基本相同；在中低温状态下，基于弯沉盆反算所得模量值略高于主曲线预估值。对于柔性基层路面而言，主曲线预估值与弯沉盆反算值之间在低温、中温及高温三种温度下均具有良好的一致性，两类模量之间的平均偏差为 10.3%。

基于弯沉盆反算得到的模量值反映了 FWD 荷载作用下沥青层的模量特性。因此，以上对比结果表明，当 FWD 荷载的瞬时加载频率确定为 33.33 Hz 时，现场响应模量与 FWD 荷载作用下的模量值是一致的。

在进行 FWD 测定时，除路表弯沉外，还检测了 FWD 荷载作用下沥青层内部的应变响应。因此，将主曲线的预估模量值代入弹性层状体系计算模型，计算沥青层内部的应变值，并将计算值与现场实测值进行对比，结果如图 4-32 所示。

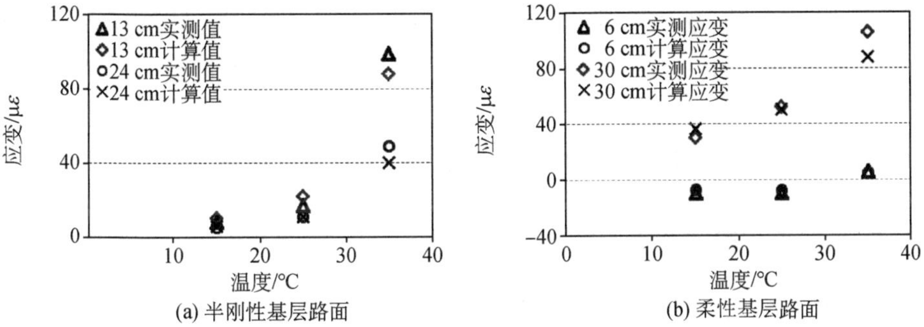


**图 4-32　FWD 荷载作用下实测应变与计算应变比较**

如图 4-32 所示，对于两类路面结构，不同温度下的计算应变值均能很好地拟合实测应变值，两类应变之间的平均偏差仅为 16%。因此，现场响应模量主曲线的预估模量可被有效地用于计算 FWD 荷载下沥青层内部的应变响应。

综上所述，可以认为移动荷载下的模量和 FWD 荷载下的模量是属于同一个参数体系的。

## 4.5.2　响应模量与室内模量的一致性

按照类似的思路，研究一下现场响应模量与室内试验模量的一致性。沥青层现场响应模量主曲线与不同加载模式下的室内模量主曲线的对比结果如图 4-33 所示(参考温度均为 25 ℃)[10]。

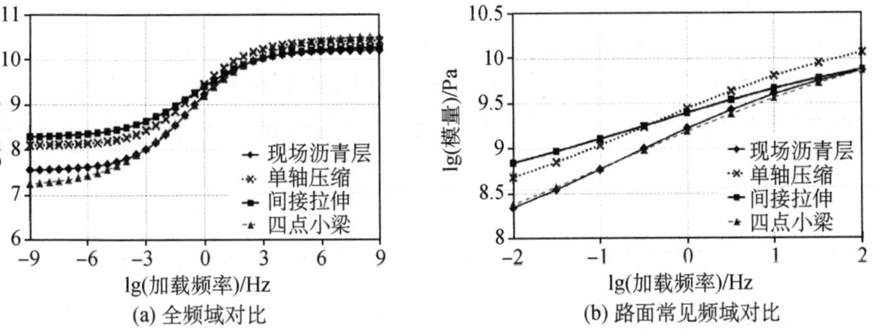


**图 4-33　沥青层现场响应模量主曲线与室内模量主曲线对比**

从图 4-33(a)可知，在全频域范围内，四点小梁试验动态模量主曲线与现场沥青层响应模量主曲线十分接近，单轴压缩模量主曲线在全频域内均高于现场模量主曲线。而间接拉伸动态模量，在低频域内高于现场响应模量值，在高频域内则接近现场响应模量值。

图 4-33(b)反映了在路面常见频域内(0.01～100 Hz)几类模量主曲线的比较。可以看出，四点小梁模量主曲线与沥青层的现场响应模量主曲线基本重合，而单轴压缩模量主曲线则明显高于现场模量主曲线。间接拉伸模量值在 100 Hz 加载频率时与现场响应模量值基本一致，但在其余频率下，其数值均大于现场响应模量值。

综上所述，四点小梁动态模量试验中测得的混合料动态模量数值最能体现现场沥青层的实际动态特性。在路面常见频域范围内，四点小梁模量值与沥青层现场响应模量值可以很好地吻合，不需要进行修正。这说明四点小梁动态模量与路面现场响应模量、FWD 测定的模量属于同一个参数体系，在这个体系中必须考虑荷载频率这个变量。

## 4.6 从弹性层状结构计算理论到多层复合结构力学

### 4.6.1 关于材料试验和参数体系的讨论

路面材料的模量问题是困扰研究人员长达 60 多年的难题，模量的定义和测试的每一个环节似乎都无懈可击，但试验室测试模量和路面结构中的模量大不相同，不同的测定方法——不管是室内还是现场——测得的模量数值很不相同。为了提高模量测试结果的一致性，人们提出了各种各样的模量试验方法，但方法越多，所得结果似乎也越发混乱。人们也提出了各种解释，试图从理论上说明这种差异产生的原因，如认为是黏弹性能、非线性性能引起的，认为是试件的尺度不同引起的，甚至引入了多尺度方法等，虽然定性分析很多，但始终无法得出定量一致的结果，更无法得出普适性的结论。

本章从另一个视角来研究这一问题，考虑加载频率的影响。这在室内试验中作为反映不同温度下模量性能的桥渡变量，是常规考虑的参数。本研究认为室内外不同加载方式的关键差别是频率，频率不仅是一个桥渡变量，还是一个实体参数；根据这个认识，计算实际路面荷载的频率，尤其是认为 FWD 这个仅作用一次的脉冲荷载也是有其相应频率的，并考虑了这个频率的影响。基于这个视角的研究结果表明了模量的一致性。这似乎说明，模量问题并没有那么复杂，在瞬时荷载和小应变条件下，试件尺寸、非线性性能都不是关键影响因素。

上述分析结果明确表明，材料模量性能体系由其主曲线定义，而不仅仅由其数值定义。当进行模量比较时，应当比较材料的模量主曲线，而不是仅仅比较其数值大小。

不过，即便是采用模量主曲线进行比较，单轴压缩试验的测定结果和四点小梁试验以及实际行车荷载、FWD 反演结果之间仍存在系统性的差异，这应该理解为是由试验加载方式引起的。单轴压缩试验测得的是压缩模量，而四点小梁试验以及实际行车荷载、FWD 反演结果是弯拉模量，这种差异应是材料性能的客观反映：压实成型的材料，其压缩模量应该是较大的。因此，在进行路面分析和设计时应采用弯拉模量，而不是压缩模量。

### 4.6.2 多层复合结构力学模型

将材料参数形成一个统一的体系是十分有意义的。结合上一章的反演过程，这有可能是第一次将 1943 年以来 Burmister 等建立的弹性多层结构计算方法变成一个自洽的体系，使得计算结果和实测结果较为一致。完整的力学体系涉及物理模型(概念)、数学方法、计算工具和实验技术，有时还涉及工程目标[42]。Burmister 等建立的弹性多层结构计算理论是一种数学方法，给出了数学解，但物理模型或物理概念并不严密，在力学上是不自洽的；虽然可以计算分析路面结构的各种力学性能，但计算结果和实际测定结果相差甚大，实践中人们往往不相信计算结果，也不习惯于根据计算结果进行结构的设计和分析。实践中人们采用对计算结果进行修正的方法来处理这种不一致，但这种修正也仅限于少量便于测定的变形指标，其他指标计算结果的可信性依然存在问题。这严重制约了路面技术的发展。

造成这种现象的原因一般被认为是参数问题，即参数测定问题。60 多年来，人们虽然不断提出新的试验方法和理论解释，但是始终未能解决问题。结合本书第 2、3 章的内容可知，参数问题并不仅仅是试验方法问题，也不仅仅是黏塑性等非线性特性就能解决的，而是与对结构的理解有着密切关系。

采用什么方法判断所测定的模量符合路面实际情况？应该是采用基于实际路面的响应模量，将基于 FWD 或行车荷载作用反演的路面模量作为路面的实际模量。这个思路应该不难想到，但难点是反演结果自身没有唯一性，且误差大，要得到所谓的正确结果具有无法克服的障碍，从而使这个技术路线难以实现。

从本书第 3 章可知，反演问题涉及对路面结构的力学认识。除了惰性点之外，所采用的路面结构模型与本书第 2 章中的常规路面结构模型并不相同。路面结构需要在路基压应变为 7.64 的深度处设置一个刚性层，还需要考虑结构层之间的刚度(变形)协调性，这样才能使路面的反演结果具有自洽性，这样的物理模型才是路面等多层复合结构的物理模型。

本章的研究表明，考虑荷载施加频率的影响，室内(四点小梁试验)、室外模量的测试结果是一致的，模量和结构内的应变也是对应的。也就是说，如果采用这样确定的路面模量，按照反算时的路面物理模型，即刚性层成为路面物理模型的一部分，在进行路面力学计算时，不管是正算过程还是反算过程，整个路面分析过程就应该是自洽的，计算结果不再需要修正，如图4-34所示。

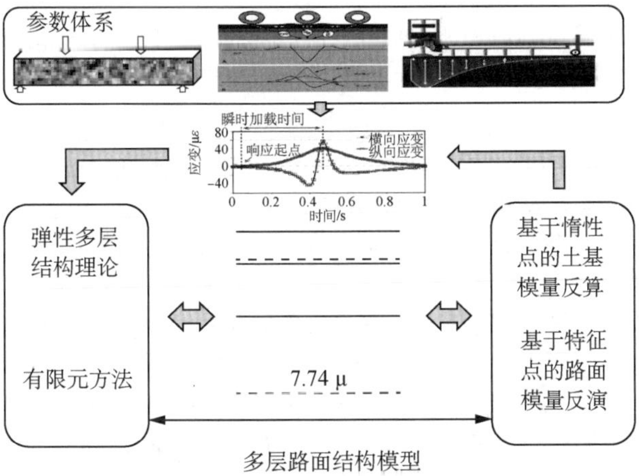


图 4-34 路面(多层复合)结构力学

综合本书第2～4章的内容，按照图4-34的框架，路面结构正向和逆向分析理论、路面结构模型和参数形成了内禀自洽的完整体系，计算结果和实测结果一致，在数学、力学上都是自洽的，形成了完整的路面结构力学或多层复合结构力学。这应是本书1.6节提出的第一个科学问题的重要进展和第一个自洽的答案，也是多层结构自Burmister理论以来的一项重要进展，与Burmister理论一起形成一个完整的体系。

这个过程给我们带来的反思是多方面的，概念的准确性是其中之一。我们一直在说荷载作用的动态性，在结构分析时却考虑的是静载作用，虽然在设计时加以修正，但我们并不确切地知道到底是其中的什么动态因素在起关键作用。材料试验中考虑了加载频率，脱胎于疲劳试验，认为这样测得的参数反映了动态性，是动态参数，但在结构分析中却忽略了这一点；我们认为在结构分析中已经采用了动态参数，却既没有与车速对应起来，又没意识到FWD加载也是有频率的，在参数比较时忽略了频率的影响。纵观上述过程，我们认为实际上是荷载作用的瞬时行为在起作用。

我们常常追问路面结构层的模量真值是多大？上面的结果也告诉我们，路面结构实际没有常规意义上的固定模量，模量大小与荷载的施加方式有关，另外，不同车速（不仅不同的温度）下模量也不相同，即使车速相同，不同深度处的荷载作用时间不同，从而模量也可能不同。这有点像量子力学中测试结果与测试方法有关，而没有绝对的数值，也类似于相对论中物体尺寸和时间随速度而变化。由此推论，路面分析中我们需要一个协变原理或协变函数来处理这种复杂的变化。

**参考文献**


[1] 滕旭秋，李晓钟.应用主曲线确定沥青混合料的黏弹性参数[J].城市道桥与防洪，2012(8)：345-349.

[2] PARK S W, SCHAPERY R A. Methods of interconversion between linear viscoelastic material functions. Part I—a numerical method based on Prony series[J]. International Journal of Solids & Structures, 1999, 36(11)：1653-1675.

[3] VALKERING C P, STAPEL F D. The Shell pavement design method on a personal computer[C]// Seventh International Conference on Asphalt Pavements. United Kingdom: Nottingham, 1992.

[4] 朱照宏，许志鸿.柔性路面设计理论和方法[M].上海：同济大学出版社，1987.

[5] THEYSE H L, DE Beer M, RUST FC. Overview of south african mechanistic pavement design method[J]. Transportation Research Record: Journal of the Transportation Research Board, 1996, 1539(1)：6-17.

[6] ULLIDTZ P. Analytical tools for design of flexible pavements [C]//Proceedings of the 9th International Conference on Asphalt Pavements. Denmark: Copenhagen, 2002.

[7] 孙立军等.沥青路面结构行为学[M].上海：同济大学出版社，2013.

[8] 程怀磊，刘黎萍，孙立军.钢桥面沥青混合料铺装应变动态响应实测研究[J].土木工程学报，2019, 52(6)：100-109.

[9] 程怀磊，刘黎萍，孙立军.沥青混合料铺装层现场模量探究：以钢桥面铺装为例[J].土木工程学报，2020,53(2)：119-128.

[10] 程怀磊.基于路面结构力学响应的沥青面层模量研究[D].上海：同济大学，2020.

[11] 张慧中.沥青路面在移动荷载作用下结构动态应变响应实测分析与寿命预测[D].上海：同济大学，2017.

[12] 张慧中,臧国帅,孙立军.半刚性基层沥青路面动态应变响应实测分析[J].交通科学与工程,2017,33(1):12-17.
[13] 丁婷婷.面向预防性养护的沥青路面微损坏研究[D].上海:同济大学,2016.
[14] 马泽欣.现役路面沥青混合料疲劳性能分析和剩余寿命预估方法研究[D].上海:同济大学,2018.
[15] LI Yi, LIU Liping, SUN Lijun. Temperature predictions for asphalt pavement with thick asphalt layer [J]. Construction and Building Materials. 2018, 160:802-809.
[16] BARKSDALE R D. Compressive stress pulse times in flexible pavements for use in dynamic testing [J]. Highway research record, 1971, 345(4): 32-44.
[17] BROWN S F. Determination of Young's modulus for bituminous materials in pavement design[J]. Highway Research Record, 1973,431:38-49.
[18] ULLIDTZ P. Pavement analysis[M]. Amsterdam: Elsevier,1987.
[19] NCHRP. Guide for mechanistic-empirical design of new and rehabilitated pavement structures[R]. Final report for project 1-37A. Washington D.C.: Transportation Research Board, 2004.
[20] AL-QADI I L, LOULIZI A, ELSEIFI M, et al. The Virginia smart road: the impact of pavement instrumentation on understanding pavement performance[J]. Asphalt Paving Technology: Association of Asphalt Paving Technologists-Proceedings of the Technical Sessions, 2004, 73:427-465.
[21] LOULIZI A, AL-QADI I L, LAHOUAR S, et al. Measurement of vertical compressive stress pulse in flexible pavements: representation for dynamic loading tests[J]. Transportation Research Record: Journal of the Transportation Research Board, 2002,1816(1):125-136.
[22] GARCIA G, THOMPSON M R. Strain and pulse duration considerations for extended-life hot-mix asphalt pavement design[J]. Transportation Research Record: Journal of the Transportation Research Board, 2008, 2087(2087):3-11.
[23] HU Xiaodi, ZHOU Fujie, HU Sheng, et al. Proposed Loading waveforms and loading time equations for Mechanistic-Empirical pavement design and analysis[J]. Journal of Transportation Engineering, 2010,136(6):518-527.
[24] 管志光,庄传仪,林明星.足尺沥青混凝土路面加速加载动力响应[J].交通运输工程学报,2012,12(2):24-31.
[25] ULLOA A, HAJJ E Y, SIDDHARTHAN RV, et al. Equivalent loading frequencies for dynamic analysis of asphalt pavements[J]. Journal of Materials in Civil Engineering, 2013,25(9):1162-1170.
[26] BODIN D, AGUIAR L, CHUPIN O, et al. Temperature and traffic speed effects on asphalt pavement response and the elastic asphalt modulus [C]//16th AAPA International Flexible Pavements Conference. Australia: Gold Coast, 2015.
[27] 宋小金,樊亮.移动荷载作用下沥青路面应力响应的持续时间[J].湖南大学学报(自然科学版),2018;45(7):71-76.
[28] FAKHRI M, GHANIZADEH A R. Modelling of 3D response pulse at the bottom of asphalt layer using a novel function and artificial neural network[J]. International Journal of Pavement Engineering, 2014,15(8):671-688.
[29] 中交路桥技术有限公司.公路沥青路面设计规范:JTG D50—2017[M].北京:人民交通出版社,2017.
[30] AL-QADI I L, XIE Wei, ELSEIFI MA. Frequency determination from vehicular loading time pulse to predict appropriate complex modulus in MEPDG[J]. Asphalt Paving Technology: Association of Asphalt Paving Technologists-Proceedings of the Technical Sessions, 2008,77:739-771.

[31] BROWN S F, DARTER M, LARSON G, et al. Independent review of the "Mechanistic-Empirical Pavement Design Guide" and software[R]. Washington D.C.: Transportation Research Board, 2006.

[32] AL-QADI I L, ELSEIFI MA, YOO PJ, et al. Accuracy of current complex modulus selection procedure from vehicular load pulse: NCHRP Project 1-37A mechanistic-empirical pavement design guide[J]. Transportation Research Record: Journal of the Transportation Research Board, 2008,2087(2087):81-90.

[33] ASTM D. Standard test method for determining the resilient modulus of bituminous mixtures by indirect tension test[R]. ASTM International, West Conshohocken, PA, 2011.

[34] STANDARD B. Bituminous Mixtures, Test methods for hot mix asphalt, part 26: stiffness[R]. British Standards Institution, UK, 2012.

[35] HONDROS G. The evaluation of Poisson's ratio and the modulus of materials of a low tensile resistance by the Brazilian (indirect tensile) test with particular reference to concrete[J]. Austrian Journal of Applied Science, 1959,10:243-264.

[36] KIM Y R, SEO Y, KING M, et al. Dynamic modulus testing of asphalt concrete in indirect tension mode[J]. Transportation Research Record: Journal of the Transportation Research Board, 2004, 1891(1):163-173.

[37] MATEOS A, SNYDER M. Validation of flexible pavement structural response models with data from the minnesota road research project[J]. Transportation Research Record: Journal of the Transportation Research Board, 2002, 1806(1):19-29.

[38] QIN J. Predicting flexible pavement structural response using falling weight deflectometer deflections [D]. Ohio:Ohio University, 2010.

[39] WANG Hao, LI Maoyun. Comparative study of asphalt pavement responses under FWD and moving vehicular loading[J]. Journal of Transportation Engineering, 2016,142(12):04016069.

[40] 艾长发,肖川,曾杰,等.沥青路面动应变响应及其动荷载作用等效换算[J].土木工程学报,2017(1):123-132.

[41] LEIVA-VILLACORTA F, TIMM D. Falling weight deflectometer loading pulse duration and its effect on predicted pavement responses[C]//Transportation Research Board 92nd Annual Meeting. United States:Washington D.C., 2013.

[42] 陈立群. 理论力学史上的明星们[EB/OL]. [2020-08-20]. https://wenku.baidu.com/view/647ecfcec281e53a5902ff06.html.

# 5 沥青路面损坏特征和机理

本书第 2～4 章讨论了路面力学响应的准确分析方法，形成了路面结构的力学框架。下面第 5～10 章将讨论路面行为的演变。路面损坏现象是路面损伤发展的表观结果，路面损坏特征在一定程度上反映了路面损伤的行为机制。研究路面损坏特征将有助于我们了解路面损坏的原因、掌握路面的行为及其演化规律。

## 5.1 损坏类型与基本特征

沥青路面的常规损坏主要分为四类：裂缝、变形、表面损坏和其他，每一类损坏又有很多不同的表现形式。人们对这些损坏类型已经有了比较一致的认识，但在重载和不同路面结构组成条件下又有其新的肇因，张宏超就此进行了研究[1,2]。

### 5.1.1 裂缝

裂缝是沥青路面损坏的一种常见病害。按照裂缝的形态和成因，可分为横向裂缝、纵向裂缝、块状裂缝和龟裂。

1. 横向裂缝

横向裂缝的方向垂直于道路中心线，裂缝间隔不等且间距逐年减小，它是沥青路面最常见的裂缝之一，通常被看作是一种早期损坏现象，如图 5-1 所示。横向裂缝的主要成因是温度变化、反射裂缝和施工接缝。温度裂缝一般是自上而下的，而反射裂缝一般是自下而上的。反射裂缝绝大部分是横向裂缝。不过，我们调查发现，当路面很宽时，反射裂缝也会表现为纵向裂缝。因为当路面很宽时，横向收缩足以造成基层开裂并反射到路表面。对于罩面后的路面，反射裂缝的形状可能由罩面前老路面损坏的形状所决定。

图 5-1 横向裂缝

2. 纵向裂缝

纵向裂缝基本上平行于道路中心线，一般发生在距路边缘 3～5 m 的车道内，裂缝形状有两种，一种是直线形，另一种是纵向弧形且两端向路堤边缘延伸，常常伴有平行的、不连续的短缝或支缝。通常认为，地基的不均匀沉降、不良的施工搭接和过大的荷载是产生纵向裂缝的主要原因，如图 5-2 所示。某些纵向开裂有时会以单条纵向裂缝的形式出现，一般出现在两个轮迹带之间的区域，目前这种现象比较普遍，如图 5-2(b)所示。这种裂缝往往是自上而下的裂缝，不同于人们的常规认识，如图 5-3 所示。这表明路面损坏有其新的机理，需要进行深入分析（参见本书 5.2.2 节中单根纵向裂缝的相关内容）。

(a) 不均匀沉降等因素造成的纵缝　　(b) 两轮迹带中间的纵缝

图 5-2　纵向裂缝

图 5-3　纵缝芯样

图 5-4　块状裂缝

3. 块状裂缝

块状裂缝是指将路面分割成近似矩形裂块的交错裂缝，接缝间的交角近似呈直角或钝角，是纵向、横向裂缝密度较大时的结果，如图 5-4 所示。块状裂缝主要是由温度变化、反射裂缝或沥青老化等因素引起的。

4. 龟裂

龟裂是指龟纹状的交错裂缝，常伴有沉陷和唧浆等现象。一般认为，龟裂是路面结构在重复荷载作用下的疲劳损坏，是结构强度不足的体现，如图 5-5(a)所示。其初期阶段表现为相互交错的裂缝，继而发展为锐角多边形裂块。

(a) 龟纹状裂缝　　(b) 沿轮迹带纵向平行开裂　　(c) 鸡爪形裂缝

图 5-5　龟裂

图 5-6 龟裂芯样

图 5-5(b)是沿轮迹带的纵向平行开裂，按照国际上的传统定义，应属于龟裂的范畴。不过，此处的路面刚度常常很高，采用普通的贝克曼弯沉仪几乎测不出弯沉，因此不应该是由于路面刚度不足而造成的弯拉疲劳破坏。这种裂缝的钻芯取样结果如图 5-6 所示，可以看出开裂产生于路面上部，然后向下传播。越来越多的调查发现许多裂缝是首先产生在路面上部，这是一种普遍的路面损坏现象，

图 5-5(c)所示的鸡爪形裂缝，传统上也归为龟裂，不过并不是典型的龟裂形态。研究发现，这类裂缝也是产生于路面上部并向下发展的，这也解释了其形态不够典型的原因。重车和超重荷载大多是产生这类损坏的重要原因。

传统上，我们把图 5-5 所示的损坏统统归结为龟裂，但就产生和发展的过程而言，它们之间有很大的不同，一种是通常认为的自下而上的开裂(Bottom-Up Cracking，BUC)，一种是自上而下的开裂(Top-Down Cracking，TDC)。

### 5.1.2 变形

沥青路面的变形也是一种常见的病害现象，主要表现为沉陷、车辙和推挤。路面的变形降低了路面的平整度和道路服务水平，严重时还会影响行车安全。

1. 沉陷

沉陷是指路面局部凹陷，通常是由基层或路基的局部压实不足所致(图 5-7)。路基未充分固结或压实不足造成的后续沉降往往会引起路面大面积沉降，这种大面积沉降有时还伴有贯穿整个路面的结构性破坏，这种现象通常不作为路面沉陷考虑。

(a) 局部压实不足造成的沉陷

(b) 基层结合料被水溶蚀后造成的沉陷

图 5-7 路面沉陷

另一类沉陷与泛浆现象同步发生。基层结合料不断地被水溶蚀，并被挤压到路表后流失，从而造成基层顶面的不断脱空，沥青面层也就随之不断地下陷，如图 5-7(b)所示。沉陷变形过大将导致沥青面层开裂，水侵入路面就更为畅通，从而使泛浆更加严重，沉陷也随之进一步发展，形成恶性循环。

在这类沉陷处钻取芯样时，有些面层已经碎裂，基层也由于结合料丧失而松散，因此难

图 5-8　波浪、拥包

以取出完整的芯样；有些只是面层比较完整，这可能是采用了改性沥青的缘故。与泛浆类似，此类沉陷的主要原因也是沥青面层的空隙率过大导致面层透水和行车荷载的反复作用。

2. 波浪、拥包

波浪和拥包一般发生在交叉路口前、匝道进出口等处，因车速变化频繁，车辆经常刹车与启动，致使路面承受了很大的水平力。当沥青混合料高温稳定性较差时，就会在高温和水平力的共同作用下产生搓板状的推挤变形，如图5-8 所示。

3. 车辙

车辙是指轮迹带上出现的狭长形凹槽。随着交通渠化程度的提高和车辆荷载作用次数的增加，行车道轮迹处由于沥青层的再压密、剪切变形以及其他层永久变形累积而逐渐形成不同程度的车辙变形。车辙变形的外因是渠化交通和荷载的重复作用，内因是路面材料的永久变形累积，尤其是沥青混凝土的高温稳定性和抗塑性变形能力差，在车辆荷载的碾压下将产生横向剪切变形流动。因此，车辙两侧由于这种剪切流动常常会局部隆起，如图5-9(a)、(b)所示。

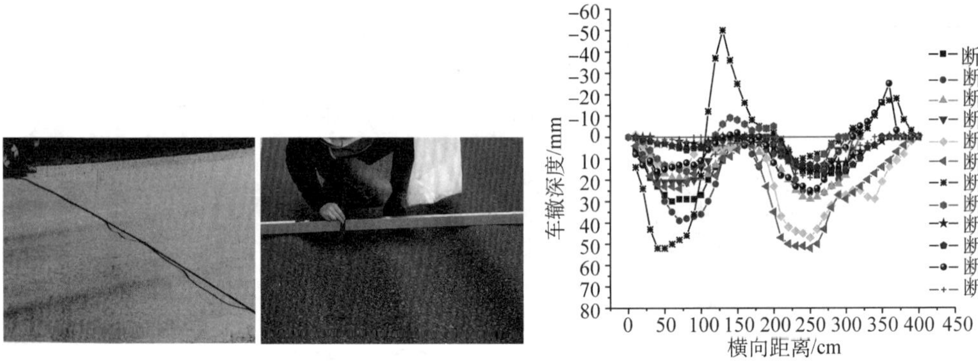


(a) 一般路面车辙　(b) 剪切变形车辙　(c) 实测的路面变形断面

图 5-9　路面车辙

对于半刚性基层沥青路面，我们发现在重载车辆多的路段，车辙是永久变形的主要表现形式，此时车辙轮迹带下陷，两侧向上隆起，车辙断面呈 W 形，如图 5-9(c)所示。此外，由于道路横坡的原因，外侧轮迹的车辙普遍大于内侧轮迹，一般大 20%左右。另外，坡道上由于车辆爬坡速度较慢，车辙明显高于平缓路段。

影响车辙的因素十分复杂，除了目前定义的混合料、高温和荷载等因素外，可能还有其他因素，如路面结构组成、轮胎接地压强等。因此，仅仅提高沥青混合料的高温稳定性尚不足以解决车辙问题。

### 5.1.3 表面损坏

沥青路面出现的磨光、麻面、泛油、泛浆、松散、坑槽以及补丁都是常见的路表损坏。

1. 磨光和麻面

磨光是指路表外露的集料颗粒在车辆轮胎的作用下逐渐被摩擦光滑的现象，如图 5-10 所示。研究表明[1]，车辆低速行驶时的摩阻力主要由路表构造纹理提供，而高速行驶时的摩阻力则主要来源于集料表面细纹理和路表构造纹理。一旦路表集料颗粒被磨光，集料表面的细纹理和路面构造纹理都将大大降低，从而路面的抗滑性也将随之下降，这会成为交通安全的一大隐患。磨光的主要成因是集料的硬度较小、耐磨性较差，因此选用材质较好的集料可有效防治。

麻面(raveling)是指沥青混合料的细集料或部分中等粒径集料散失造成的路面病害，如图 5-11 所示。路面麻面的主要原因是酸性集料、集料中含尘量过大等造成沥青-集料的黏附性不足。沥青表面层长期暴露在自然环境中，经受着大自然的风吹雨淋和车辆荷载的反复作用，极易引发沥青剥落而飞散。

图 5-10 路面磨光

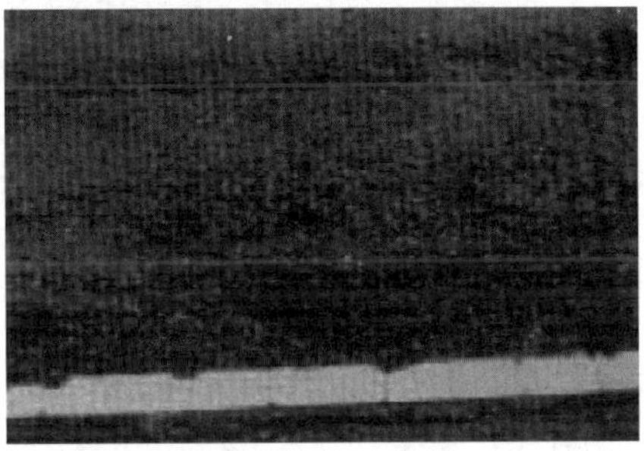

图 5-11 沥青路面麻面现象

2. 泛油

泛油是指沥青层中自由沥青受热膨胀，直至沥青混凝土空隙无法再容纳而溢到路表的现象。泛油会造成路表构造深度减小、抗滑性能降低，进而影响行车安全。沥青混合料中沥青用量过多、稠度太小以及空隙率过小，都会导致混凝土内没有足够的空隙来容纳自由沥青升温时的体积膨胀，从而引起泛油。在混合料拌和、摊铺的过程中，沥青用量控制不准而导致过量、离析，从而促使细料过于集中也是泛油的一个重要原因。泛油通常会在整条路段出现，路表如镜面光滑，雨天车辆易打滑，如图 5-12(a)所示。

泛油是一个不可逆的过程，并不能随着温度的降低而得以恢复。当混合料内的沥青受热膨胀且充满了所有空隙后，集料基本上被连续的沥青相所裹覆，集料颗粒就像悬浮于沥青中一样，集料骨架的嵌挤作用也就因此相对减弱，从而易发生错动和变形。

有些泛油现象是沿着轮迹带的，如图 5-12(b)所示。仔细观察泛油路段可以发现，与传统的泛油相似，整条轮迹带的表面纹理基本上都被泛出的沥青所覆盖，并有少量车辙现象。在泛油的轮迹带上取样观察发现，沥青表面层被明显压密，空隙内充满沥青。经过测量，表面层混合料的空隙率和饱和度均在适当的范围内，车辙试验的动稳定度在2 000 次/mm以上，若是根据当时的标准，路面不该出现泛油。注意到车辙试验中，变形曲线的初始压密阶段特别长，压密变形占整个车辙深度的一半左右。据此推断，虽然混合料的热稳定性达到了设计标准，但相对于繁重的交通量而言，路面压实不足或集料质量较差，集料颗粒的形状、棱角性和表面纹理较差，或是矿料骨架容易在车辆荷载的作用下位移、再压密而挤压沥青上泛，并伴有车辙变形。特别是在渠化交通程度很高的高速公路和城市快速路上，轮迹带在车辆的反复作用下再压密并产生带状泛油的现象非常普遍。造成这种现象的原因除了路面压实不足和集料等因素外，相对交通量而言，混合料设计标准较低可能是一个主要原因。

与图 5-12(a)、(b)的传统泛油现象不同，研究还发现了新型泛油现象，即斑状泛油，也出现在轮迹带上。初期是点状的油斑，如图 5-12(c)所示，然后由小到大发展，最后发展成沿整条轮迹带分布的带状泛油，如图 5-12(d)所示。斑状泛油大多出现在建成通车仅 1～3 年的路面上，其原因与传统泛油不同，斑状泛油是重载、高温、雨天高速行车作用于较大空隙率的沥青混合料的共同结果，详情可参见本书 5.4 节的分析。

(a) 常规泛油　(b) 沿轮迹带的泛油

(c) 点状油斑　(d) 带状泛油

**图 5-12　各种泛油**[1]

3. 泛浆

泛浆是指路基土冬季湿度积聚结冰在春融季节融化形成土浆并沿裂缝翻到路表面的现象，一般称为翻浆。然而，目前常见的泛浆是指自然降水或路表积水在高速行车作用下透过面层空隙侵入路面结构内部，然后浸泡和冲刷基层材料中的结合料从而形成灰浆，并被挤压透过沥青面层中的空隙或裂缝到路表所形成灰白色路面的现象，这其实是一种新型泛浆，如图 5-13 所示。

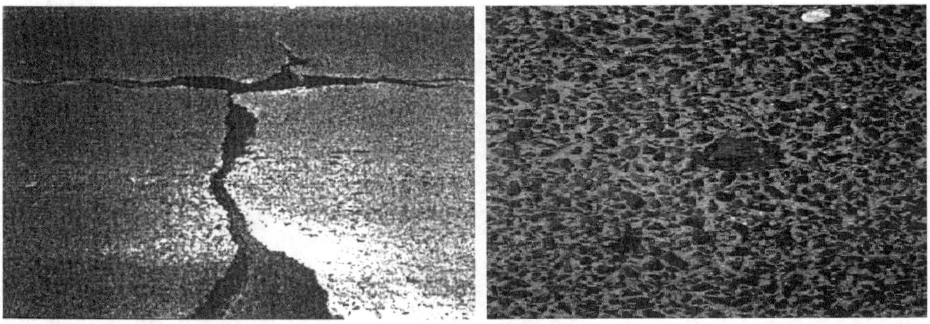

图 5-13　路面泛浆[1]

4. 松散

路面松散是指内部松散，这种现象目前比较多见。当发生内部松散时，通常路表基本完好，除了油斑外一般没有其他明显破坏迹象，有时甚至连油斑都没有。

如图 5-14(a)所示，路面内部沥青层之间接触面脱落严重，不管沥青层采用密级配还是开级配混合料，这种层间的脱开和松散现象都有可能发生。虽然这种层间脱开还没有表现为路表损坏，但是毕竟破坏了路面面层结构的整体性，削弱了面层结构的整体抗力。随着重复荷载作用次数的增加，中面层的大部分和底面层的上部松散程度越发严重，只剩下表面层连同少量中面层上部和锥形的底面层底部，如图 5-14(b)所示。

无论沥青面层的结构组成如何，凡是在斑状泛油部位钻取的芯样，无一例外地伴有内部松散现象。虽然该部位的沥青混合料发生了内部松散，但是除了泛出的油斑外，路表没有明显的变形或其他病害。据此可以推断：虽然面层内部混合料剥蚀严重，甚至出现集料颗粒完全裸露的情况，但是集料仍然可以依靠相互嵌锁维持一定的时间。

图 5-14(c)、(d)是路面开挖后底面层底部剥落情况的照片。这些路面底面层混合料集料使用的是石灰岩，与沥青具有满足规范要求的黏结性，然而恰恰是这种碱性集料却出现了严重剥落的情况。一方面，这说明即使是底面层，对沥青-集料黏附性的要求也不能任意降低，尤其是当表面层使用了空隙率较大的开级配抗滑磨耗层时，整个面层的透水性大大增加，底面层很有可能长期处于水侵蚀状况下；另一方面，即便是与沥青黏附性一向较好的石灰石，也难以抵御长时间的水侵蚀。平衡空隙率与黏附性之间的关系是路面混合料设计的一项重要任务。

内部松散与斑状泛油有着密不可分的内在联系，斑状泛油必然伴随内部松散，参见本书 5.4 节的详细分析。

在调查中，杜群乐还发现了另一种内部松散现象，如图 5-14(e)、(f)所示[3]。此时路表面并没有出现斑状泛油，路面平整但有网状微裂纹，钻芯发现上面层的下部和中面层出现松散现象，但松散的材料并没有水分长期浸湿的痕迹，也没发现沥青向上迁移的迹象。造成这种损坏有可能是车辆荷载的剪切疲劳所致，这需要进一步的研究和论证。

5. 坑槽

坑槽是指路面材料散失后形成的各类凹坑，如图 5-15 所示。造成路面坑槽的主要原因有龟裂碎块松动脱出、沉陷后损坏并脱出以及层间黏结不足、表层脱落等。

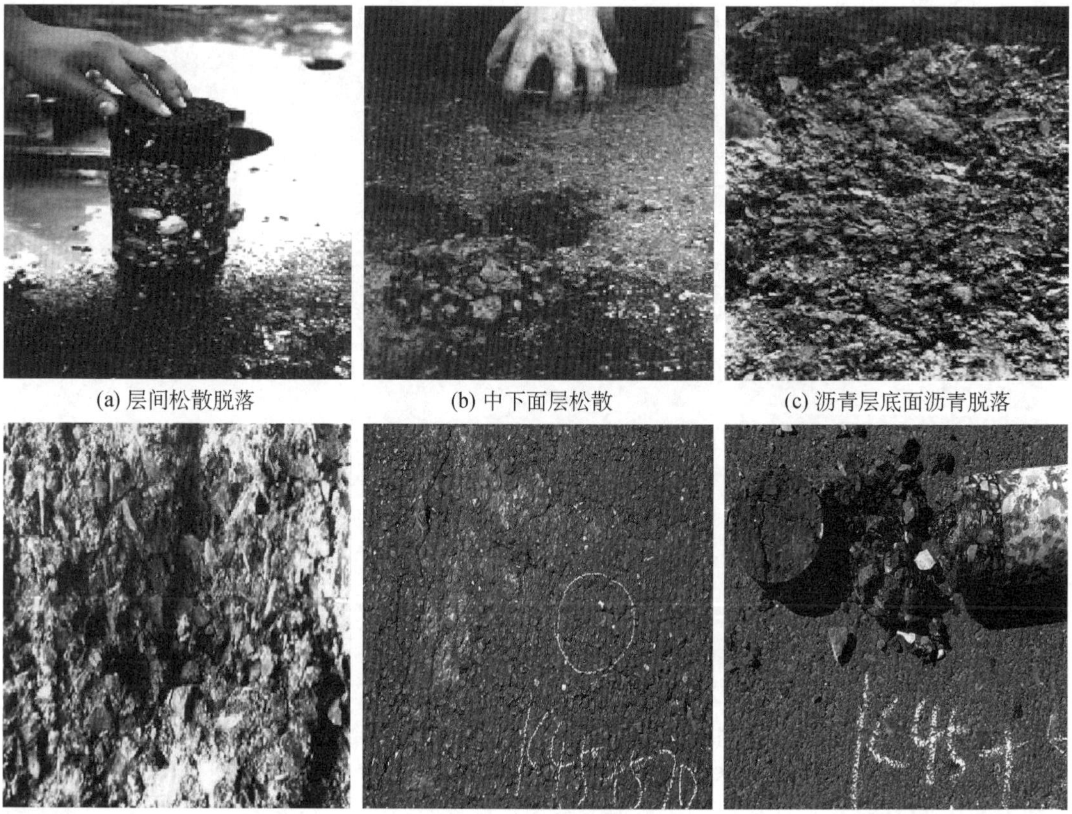

(a) 层间松散脱落　(b) 中下面层松散　(c) 沥青层底面沥青脱落

(d) 沥青层底面集料光洁　(e) 内部松散造成的表面细微裂缝　(f) 内部碎裂松散

**图 5-14　路面内部松散**[1]

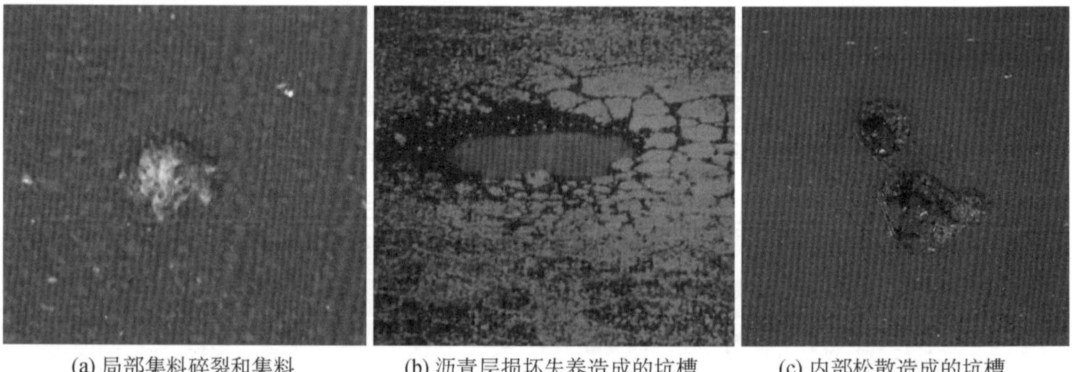

(a) 局部集料碎裂和集料泥灰含量高所造成的坑槽　(b) 沥青层损坏失养造成的坑槽　(c) 内部松散造成的坑槽

**图 5-15　路面坑槽**

造成坑槽的另一个原因是内部松散。如前所述，内部松散首先发生在沥青层内部，然后逐渐向上发展，直至最后贯穿整个沥青层。松散的碎块脱离路面，在路表面形成坑洞，如图 5-15 所示[1]。与传统的路面坑槽一般表现为碗形，即“口大底小”的形状不同，源于内部松散的坑槽却是“口小底大”，即底部具有比顶部更大的态势。

6. 补丁

补丁是指各种损坏后挖除修补的结果，如图 5-16 所示。

图 5-16 补丁

路面损坏类型有很多，对于正规修建的道路，目前路面损坏的类型趋于简单，一些与荷载重复作用关系较小的损坏，如变形类中的沉陷、波浪拥包，以及大部分的表面类损坏，出现得越来越少。下面对与荷载重复作用关系密切的损坏（如裂缝和车辙）以及与水的作用密切相关的损坏，就其损坏机理做进一步分析。

## 5.2 路面开裂机理

### 5.2.1 自下而上的开裂

路面弯拉疲劳损坏的临界控制点一般被认为在沥青层底面，所以设计方法中采用的设计指标是沥青层底面的拉应变。这表明人们认为沥青路面的弯拉疲劳损坏始于沥青层底面，然后向上发展，最终形成龟裂，如图 5-5(a)所示。这是一种自下而上的开裂。在用于路面设计的疲劳标准中，需要对室内试验获得的疲劳寿命乘以一个 50～400 倍的系数，以反映这个自下而上的发展过程。

不过，对于半刚性基层沥青路面而言，既往的分析[4, 5]以及本书 2.2 节的分析均认为，沥青层的最大弯拉应变并非出现在沥青层底面，而是出现在沥青层内部。这是一个理论计算的结果，但目前已有少量调查案例发现裂缝是从沥青层中部产生的，这也间接支持了笔者的分析结果，如图 5-17 所示[6]。

图 5-17 产生于沥青层中部并向上发展的裂缝

实际上，路面损坏起始点的判断是一个十分复杂的问题，并不像传统意义上认为的那么简单，即便是人们认为十分肯定的临界点，也不一定适用于我国普遍使用的半刚性基层沥青路面。而我们不加怀疑地就认为弯拉疲劳损坏始于沥青层底面看来也是想当然了，缺少深入的分析。如果结合本书 2.2 节中关于温度场耦合作用的分析，这个问题就更加复杂了。当然，这也提示我们，传统上仅考虑一个固定临界点的设计理论框架很难适应不同环境下的路面设计，可能需要进行道路全断面分析。究竟如何准确地确定路面疲劳损坏的启裂点，依然有待进一步的研究。

始于沥青层中部的疲劳开裂，随着荷载作用次数的进一步增加，裂缝的传播或扩展方向不仅是单一的向上扩展，还会同时向下扩展。至于是否一直向下扩展至沥青层底部，这也需要进一步的研究。

一般认为，反射裂缝是自下而上的。

### 5.2.2 自上而下的开裂

自上而下的开裂(TDC)涉及图 5-5(b)、(c)所示的龟裂以及纵向裂缝和横向裂缝。下面就其产生机理进行分析。

1. 轮迹带上的纵向平行裂缝和鸡爪形裂缝

从图 5-5(b)、(c)裂缝处取芯的照片如图 5-18 所示,可以看出这些开裂是自上而下的开裂,而非传统的自下而上的开裂。

综合目前国内外的一些研究资料[3, 7-10],对 TDC 的成因归纳如下:

(1) 轮载下的局部应力集中;

(2) 温缩应力;

(3) 沥青老化(混合料空隙率大);

(4) 施工质量问题导致的混合料离析和温度离析、纵向接缝等。

目前,关于 TDC 比较一致的看法是 TDC 是由荷载引起的。TDC 最常见的表现形式是发生在轮迹带附近的纵向裂缝,故 TDC 的成因首先与轮胎-路面的接触应力有关,即上述四条成因中的第一条。实际上,离析和空隙率过大都会造成混合料强度较低,应力相对过大;而温缩应力造成的开裂有可能是自上而下的,但在路面不宽时一般为横向裂缝。

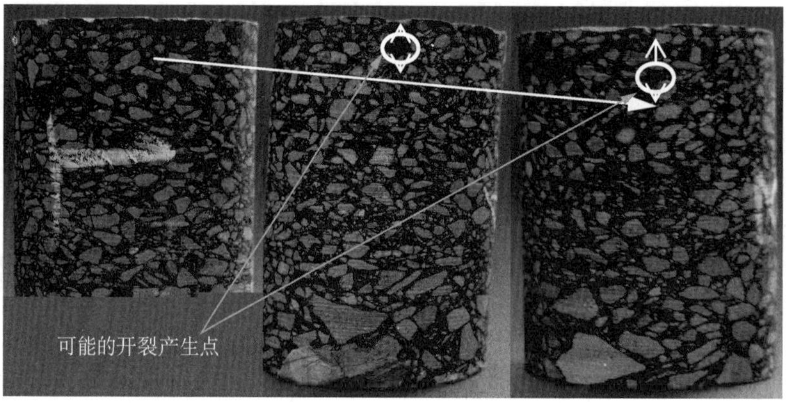


图 5-18 自上而下的开裂(TDC)过程[1]

是什么荷载应力引起了路面的 TDC 开裂?目前有两种主要观点。一种观点认为路表的弯拉应力/应变是产生 TDC 的原因。Molenaar 认为轮胎边缘的表面拉应变是引起 TDC 的原因,A. H. Gerritsen 等[11]也给出了类似结论。M. M. J. Jacobs[12]针对斜交轮胎进行了计算,认为轮胎边缘的弯拉应力足以导致路面开裂,该弯拉应力主要发生在轮胎边缘距沥青层表面 10 mm 深度范围内,并随着路面深度的增加迅速减小。Groenendij 认为非均布效应的接触压强和路表面沥青混合料的老化共同导致了在路表面出现远大于沥青层底的较大的拉应力。L. A. Myers[13, 14]指出,轮胎结构对接触应力影响很大,子午线轮胎或宽基子午线轮胎产生的应力将比斜交轮胎更大,对 TDC 更为不利。罗睿[15]、吕光印[16]等也进行了类似分析。

另外一些学者则考虑了温度的影响。T. Svasidisant 等[17]报道了白天面层沥青层与基层温差可达 30 ℃,夜间温差为 10 ℃,这种温差导致了路面结构中不同模量组合的出现。M. Schorsch 等[18]认为晚上和夜间的负温度梯度导致了路表面最大弯拉应力的产生。G. M. Rowe 等[19]给出了考虑温度影响时的路面应力计算方法。

在路面结构的影响方面,S. Matsuno 和 T. Nishizawa[20]分析了两种厚度的 AC 层:200 mm(重交通)和 100 mm(轻交通),认为 AC 层厚度不是造成这类裂纹的主要原因,他们将 TDC 归因于路表面的材料问题。L. A. Myers[13]研究了沥青混凝土厚度 50~200 mm 的路面结构,最常见的裂纹是纵向的且裂纹表面的宽度为 3~4 mm,随着深度增加而变窄,总的裂纹深度从 25 mm 到整个 AC 层厚度。基于计算机模拟,他们也指出路面结构对表面弯拉应力的形成几乎没有影响,更多的是与混合料组成有关。但是,J. S. Uhlmeyer 等[21]报道了华盛顿州较厚的沥青路面中 TDC 是常见的(当 AC 层平均厚度达到 160 mm 或更厚时可明显观察到 TDC),这些轮迹带周围的裂纹一般出现在磨耗层中,平均深度为 46 mm,TDC 一般在路面铺筑完后 3~8 年内产生。因此,他们的研究指出,沥青层厚度影响了开裂的产生。

另一种观点则认为,路面的 TDC 裂缝是由沥青层内的剪应力引起的。用弯拉应力导致的张开型开裂模型来解释路面 TDC 会存在一定的局限性,特别是在分析厚沥青层路面结构时,预测得到的开裂位置与实际观察到的裂缝位置相差甚远,有时甚至存在矛盾,因而越来越多的研究者把研究重点转向剪应力引起的剪切开裂。A. Bensalem 等[22]认为荷载引起的轮迹带边缘的垂直面上的剪应变远大于荷载引起的相同位置的横向拉应变。因此,垂直面上的剪应变在 TDC 的发生和发展过程中扮演着重要角色。剪应变在轮迹带垂直方向上迅速减小,所以 TDC 发生在上面层。温度梯度导致的沥青层模量变化和温度应力对 TDC 的发生、发展也起到重要作用。L. B. Wang 等[23]借助离散元程序和双峰力学对轮胎作用下的应力进行了计算,认为这种开裂显然是由剪应力引起的。T. Pellinen 等[7]的研究指出,最大剪应变出现在轮胎最外侧肋内边缘,且在冬季是沥青层底部八面体剪应变最大,而在夏季则是路表处剪应变最大,这预示着路表的 TDC 容易出现在温度较高的季节。F. A. Mohammad 等[8]认为轮载作用引起的轮胎边缘的高剪应力导致了 TDC 的产生,裂缝尖端的剪应变随着开裂长度的增加呈线性增加的趋势。H. Wang[9]也认为路面 TDC 是由剪应力引起的,且这种破坏是一种疲劳破坏。

随着研究的不断深入,一些学者的研究结论也在发生着改变。例如 R. Roque 和 Y. Kim 等[10]近期的研究则对前期的结论有所修正,认为当沥青层厚度较薄或中等时,路表 TDC 由远离轮胎边缘的路表弯拉应力/应变所致,而当沥青层较厚时,开裂则是由轮胎边缘的剪应力/剪应变所致,当沥青层较薄时通常出现自下而上裂缝,而沥青层较厚时通常出现自上而下裂缝。

为了分析这类 TDC 产生的力学机理,毕玉峰对半刚性基层的济青、成渝、京津唐高速公路,级配碎石基层的平西高速公路,以及部分一级、二级公路沥青路面结构,均采用标准荷载、轮胎充气压力超载但轮载欠载以及胎压、轮载均超载三种荷载工况进行了分析。图 5-19 是济青高速公路的路面应力分布图[24]。

从图 5-19(a)、(b)可以看出,表面最大拉应力的位置一般在轮迹带范围以外,且 $X$, $Y$ 两个方向的大小相近。如果开裂是由表面拉应力引起的,损坏应在轮迹带以外,且为网裂。实际上,这类开裂均在轮迹带范围内,且为平行纵向裂缝,这与剪切应力的分布位置和方向

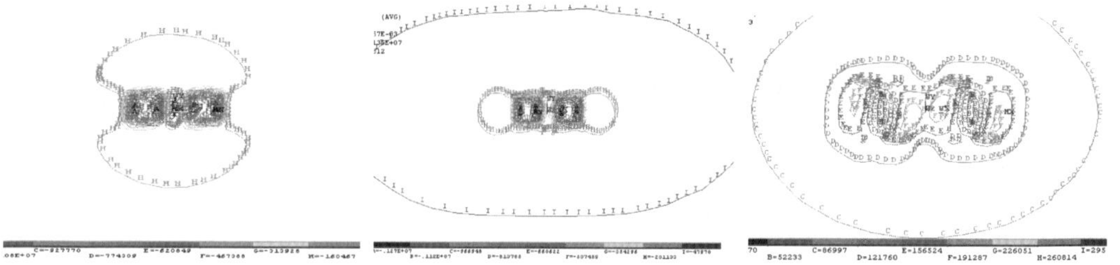

(a) X方向拉应力　(b) Y方向拉应力　(c) 剪应力

**图 5-19　济青高速表面应力等值线**

是一致的，即轮迹带以内且平行纵向。在深度方向，裂缝的开始点与最大剪应力的位置也比较符合，如图 5-19(c)和图 2-25 所示。

沥青老化和温度变化将造成路面模量的变化，从而造成路面内应力的变化。分析表明，高温、低温及老化产生的沥青层模量梯度导致了较高的剪应力。在完全弹性的假设条件下，高温时模量较小，最大剪应力较大，此时沥青混合料的抗剪强度很小。日本的调查[25]认为，阴凉路段(如立交桥下路面)不易出现 TDC 开裂，这表明高温下混合料的抗裂能力下降时易出现 TDC 开裂。因此，沥青面层的模量梯度是影响路面最大剪应力的显著性因素。在某些极端情况下可能会出现极大的剪应力，在路面应力分析中不应忽略这些因素。

综上所述，我们认为纵向平行龟裂是由剪切应力引起的，或者至少是由剪应力主导的，它是一种剪切疲劳损坏。至于鸡爪形裂缝，其产生原因可能与平行龟裂相同，也可能是由于某种程度的内部松散(沥青迁移)造成的，如图 5-14(e)所示。

2. Top-down 开裂过程的试验追踪

为了进一步理清 TDC 裂缝的机理和发展过程，王刚进行了针对性的试验和数值仿真分析[26, 27]。试验时对路面结构的变形和开裂进行了测量。图 5-20 是典型路面结构加载 100 万次时的路面变形。路面结构在常温下加载 100 万次时产生了 2.4 mm 的变形，轮迹两侧无隆起，轮迹带附近无可视的表面开裂；在低温下加载 100 万次后，路表面几乎没有变形，也没有发现任何开裂迹象；高温试验时轮胎作用范围内出现了明显变形，轮迹外边缘 1～2 cm 范围内发现了明显的纵向裂缝。图 5-20 中两个圆圈内凹陷最深的地方距轮缘 2 cm 左右，该位置与实际路面裂缝产生的位置较为吻合。试验表明温度越高，路面越容易出现表面纵向开裂。

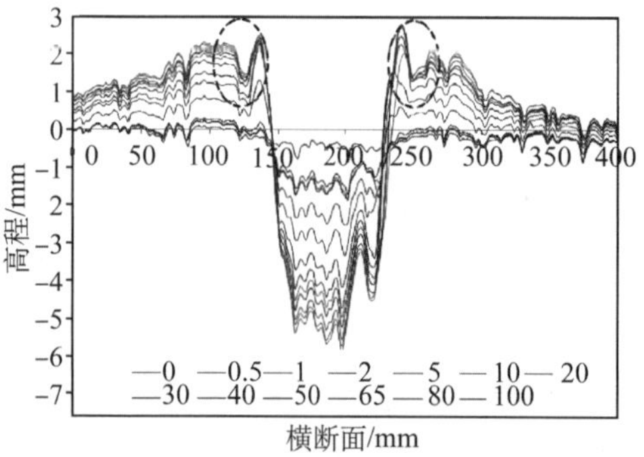


**图 5-20　路表横断面变形**

图 5-21 是加载区路面状况的变化。路面裂缝约距轮胎边缘 2 cm，最大宽度为 3 mm。锯切后的断面表明该纵向开裂是自上而下的，开裂深度为 9 mm 左右，这一深度与用有限元计算得到的最大剪应力深度 1.0～1.2 cm 较为接近。

同时，对 TDC 的产生过程在室内进行了模拟试验，采用同济大学研发的单轴贯入剪切试验方法(见本书第 10 章)。图 5-22 是重复加载后试件的开裂情况，与压头接触的部位出现了一定的凹陷变形，压头边缘处试件表面首先出现了明显的裂缝，接近破坏时试件侧面逐渐出现了至少一条明显的竖向裂缝；裂缝逐渐连接并最终形成贯穿试件的表面开裂。

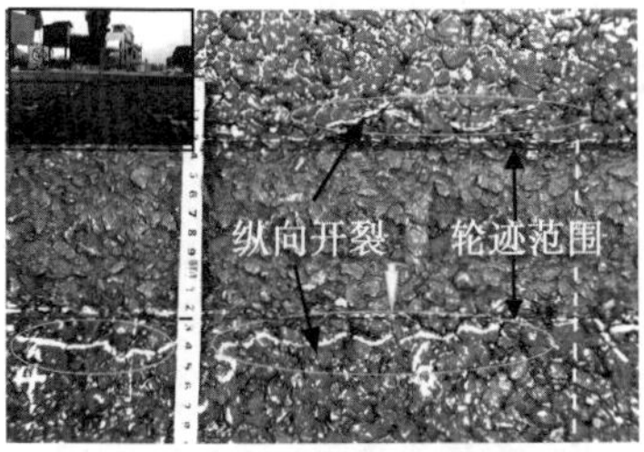


**图 5-21　轮迹边缘开裂状况**

**图 5-22　重复贯入试验后试件的裂缝**

对试件沿图 5-22 中的 A、B 两断面进行切割，A 是位于压头边缘垂直于裂缝的断面，B 位于 A 的外侧。A 断面上的开裂程度明显比 B 断面上的裂缝严重，因此可排除 A 断面上的裂缝是由试件侧面起裂并经 B 断面扩展而形成的可能性。对比 A 断面的裂缝与实际路面轮迹边缘的芯样上的纵向裂缝可知，二者的开裂特征十分相似，且表现出明显的自上而下开裂的特征。

图 5-23 中虚线和实线曲线所描述的分别是该断面开裂处的剪应力和切向拉应力随试件高度的变化。A 断面上部开裂最严重的区域与该断面上最大剪应力所在区域相重合(最大剪应力距试件顶部 6 mm)，而切向应力在该区域却是压应力，且出现在距顶部 4 cm 位置处，与开裂最严重的位置相差较远。因此，可以认为，A 断面裂缝产生的原因是压头边缘剪应力的作用，起裂点位于最大剪应力所在区域。这与现场路面加速加载试验的结果一致。

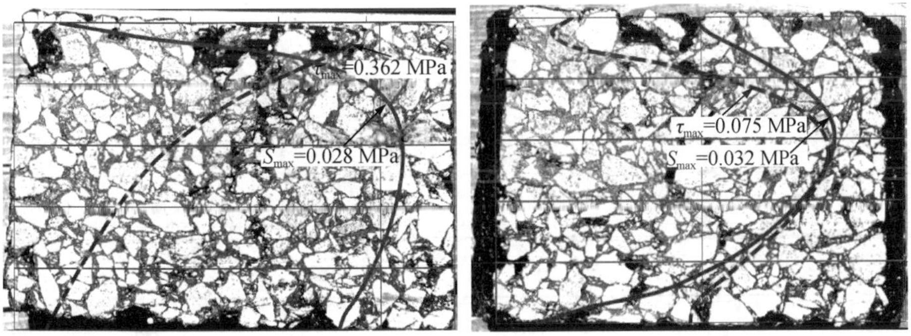


(a) A断面开裂与应力分布　　(b) B断面开裂与应力分布

**图 5-23　切割试件断面分析**

图 5-24 是在相同条件下分别加载 3 万次、5 万次、7 万次、9 万次和 10.5 万次时试件的破坏过程。可以看出，在荷载重复作用下，试件内部开裂首先出现在最大剪应力所在区域，并随着荷载重复作用次数的增加，裂缝逐渐向试件底部扩展，裂缝数量逐渐增多直至相互连接，最终贯穿整个试件。

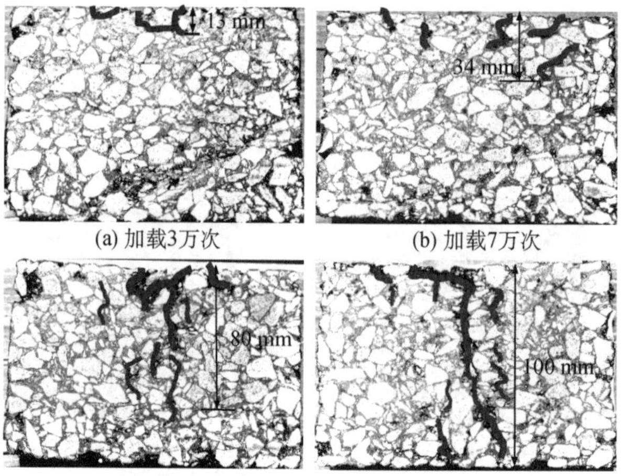


(a) 加载3万次　(b) 加载7万次

(c) 加载10.5万次　(d) 试件破坏

**图 5-24　自上而下扩展的裂缝**

王刚通过重复贯入试验获得了全过程的变形与加载次数的关系，并计算动态贯入模量。[26, 27] 由于加载初期存在预压及荷载稳定的过程，经过对比和分析，本书以荷载重复作用第 500 次对应的动态贯入模量作为沥青混合料试件的初始模量值，对三种不同的混合料的模量衰减与荷载作用次数之间的关系进行了分析，结果如图 5-25—图 5-27 所示。

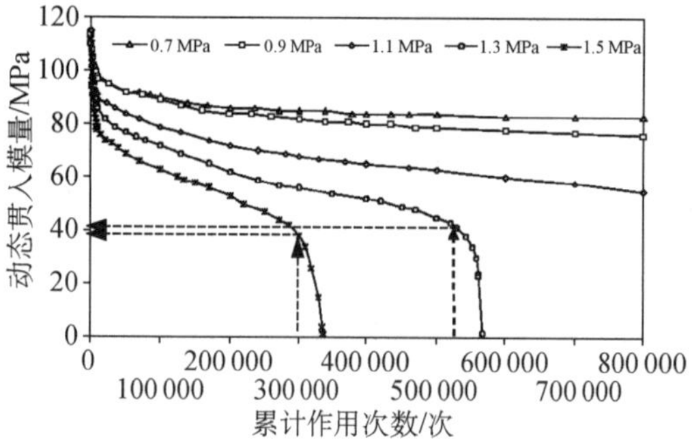


**图 5-25　SBS-AC13**

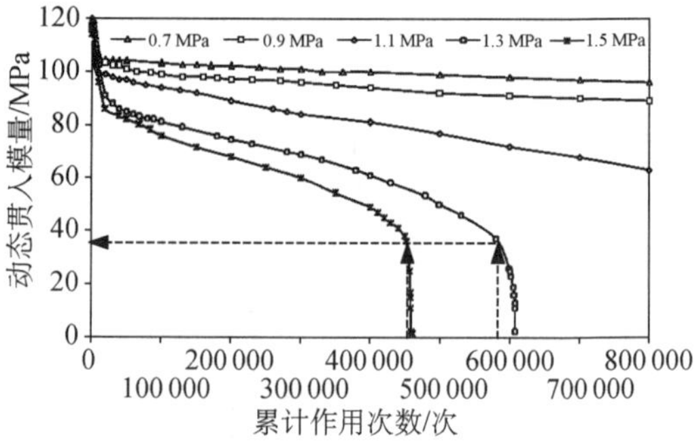


**图 5-26　SBS-AC20**

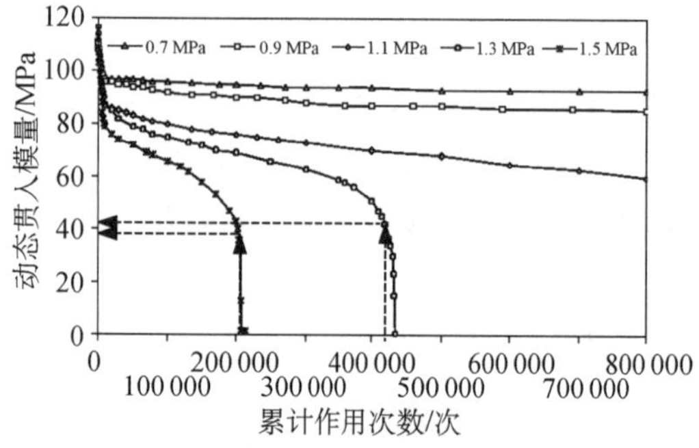


**图 5-27　荷载 vs 动态贯入模量**

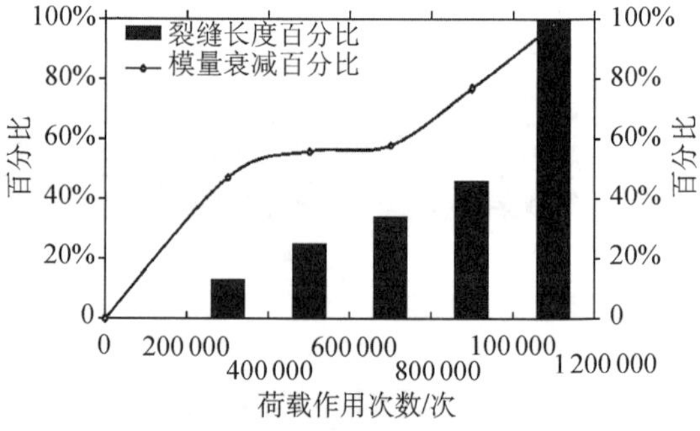


**图 5-28　动态贯入模量、裂缝长度 vs 荷载作用次数**

由图 5-25—图 5-27 可知，SBS 改性沥青混合料动态贯入模量随荷载作用次数的衰减规律基本相同：在有限次荷载作用下，荷载达到 1.3 MPa 及以上（即出现明显的三阶段变形）

时，三种沥青混合料的动态贯入模量曲线均呈 S 形，并随着荷载作用次数的增加，模量逐渐衰减为零；三种沥青混合料均在模量降至初始模量的 1/3 左右时，模量衰减速度开始明显增加，直至快速衰减为零。

图 5-28 是荷载作用过程中模量衰减百分比与裂缝长度百分比（压头边缘 A 断面产生的开裂长度占试件高度的百分比）的变化趋势。可以看出，模量衰减百分比与裂缝长度百分比的增长趋势具有一致性。加载 8 万次之后试件进入明显的开裂增加及破坏阶段，直至裂缝贯穿整个试件。故以加载 8 万次作为分水岭，所对应的贯入模量衰减百分比约为 60%～70%，即达到初始模量的 1/3 左右。动态贯入模量的衰减与裂缝扩展的对应关系说明，模量的急剧衰减预示着裂缝的迅速扩展。沥青混合料的模量衰减得越多，开裂破坏就越严重。

3. Top-down 开裂过程的数字仿真追踪：剪切破坏，拉伸扩展

采用有限元方法进一步模拟和解释 TDC 的产生和扩展过程。模型中采用均布矩形荷载，矩形荷载长度为 0.22 m，宽度为 0.16 m。路面结构模型的几何尺寸为 6 m×6 m×15 m。

1）剪切破坏过程的有限元模拟

基于上述试验和分析可以认为，在荷载重复作用下，剪切作用首先引起该区域混合料的模量衰减，模量变化引起应力不断重新分布。当该区域模量衰减至初始模量的 1/3 左右时，裂缝扩展速度急剧增加。

采用有限元方法模拟以上过程，步骤如下：

步骤 1：设立剪切破坏区单元集合 $U$；

步骤 2：计算完好路面结构的剪应力，找出最大剪应力所在单元 $e_1$，将 $e_1$ 纳入 $U$；

步骤 3：将 $U$ 中所有单元的模量根据图 5-25—图 5-17 赋值为折减后的模量，重新进行有限元计算；

步骤 4：再次找出路面结构中最大剪应力所在单元 $e_2$，将 $e_2$ 纳入 $U$；

步骤 5：将 U 中所有单元的模量根据图 5-25—图 5-27 赋值为折减后的模量，重新进行有限元计算；

步骤 6：再次找出路面结构中最大剪应力所在单元 $e_3$，将 $e_3$ 纳入 $U$；

步骤 7：重复步骤 5 到步骤 6 的过程。

剪切破坏区的单元集合中，$e_1$，$e_2$，$e_3$，…，$e_n$ 等单元一起构成了沥青路面在荷载作用下的剪切破坏区域。

采用 0.7 MPa 荷载对不同路面结构（表 5-1）的剪切破坏过程进行数值模拟，发现最大剪应力始终出现在轮胎边缘内侧距路表 4 cm 深度处。最大剪应力所在单元首先出现剪切破坏，进而逐渐向水平方向相邻轮胎边缘外侧的单元扩展，最后形成水平方向“层状”薄弱层，即由一个剪切破坏点发展为剪切破坏层。考察薄弱层（Weakened Layer，WL）及与之相邻的上层（Layer Above Weakened Layer，LA）、下层（Layer Beneath Weakened Layer，LB）的剪应力变化，如图 5-29 和图 5-30 所示。从图 5-30 可以看出，路面在最大剪应力处出现剪切破坏之后，路面中最大剪应力大小的关系始终为 WL>LA>LB，即最大剪应力出现在 WL 层底（路面 4 cm 深度），剪切破坏始终出现在 WL 层，且朝水平方向扩展。

表 5-1　　用于计算的各路面结构形式

| 参数 | 变化范围 |
|---|---|
| 沥青层厚度 | 10 cm，18 cm，30 cm |
| 沥青层模量梯度 | 常温、中温、高温 |
| 基层模量 | 500 MPa，2 000 MPa，8 000 MPa |

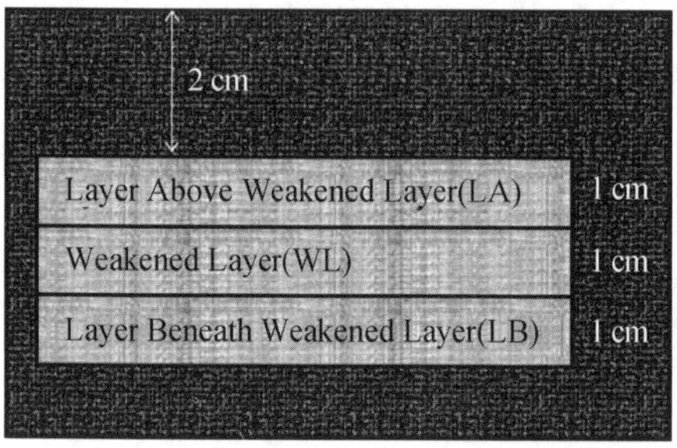


图 5-29　上层、下层及薄弱层示意

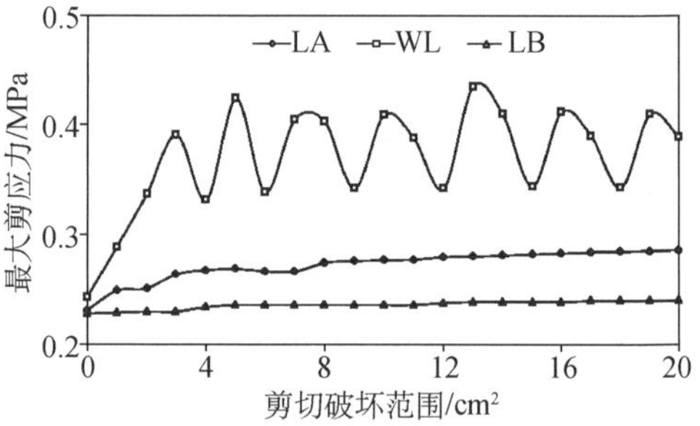


图 5-30　剪切破坏过程中各层最大剪应力变化

由此推论，在荷载作用下路面的剪切破坏并不是竖向发展的，而是沿着水平方向扩展的，并将在最大剪应力所在深度处形成水平向的薄弱层。这在胡晓更早进行的其他路面结构的分析中也得出了类似的结论。[28]同时，试验结果表明 Top-down 裂缝呈竖向扩展，这说明路面 Top-down 裂缝的形成和扩展的肇因可能更为复杂。

2）剪切破坏对沥青层内最大弯拉应变的影响

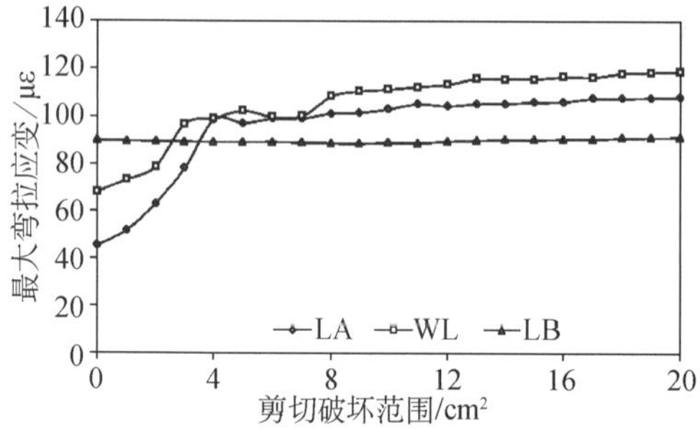


图 5-31　*X* 方向最大弯拉应变变化

重复剪切作用将导致 WL 层的模量大大降低，也导致与其相邻的上层（LA）和下层（LB）的应力/应变分布发生相应变化。因此，对各层最大弯拉应变（*X* 方向，即垂直行车方向）进行计算，结果如图 5-31 所示。

从图 5-31 可以看出，剪切破坏范围从 0 增加至 20 cm² 时，LA，WL，LB 在 *X* 方向的最大弯拉应变增幅分别为 140.1%，75.4% 和 1.8%。在剪切破坏范围超过 4 cm² 之后，各层 *X* 方向的最大弯拉应变大小关系均为 WL＞LA＞LB。因此，随着剪切破坏的加剧，上层不但最大弯拉应变的增幅高于下层，而且在数值上也逐渐赶上并超过下层。因此，上层存在发生弯拉破坏的可能性，而薄弱层存在遭受剪切破坏后又进一步在弯拉应力作用下加速破坏的可能性。

基于 M. R. Thompson[29]，R. L. Peterson[30]，A. L. Priest[31]和许鸥明[32]等对沥青混合料的极限拉应变进行的实验室研究和现场调查结果，SBS 改性沥青混合料在应变超过 120 $\mu\varepsilon$时，极有可能在有限次荷载作用下产生弯拉开裂破坏。

持续的剪切作用将导致薄弱层的混合料模量衰减至 1/3 后加速降至几乎为零（在有限元模型中以 0.5 MPa 作为混合料完全剪切破坏时的模量值），这将导致该区域最大弯拉应变达到甚至超过 120 $\mu\varepsilon$ 时才出现弯拉开裂，计算结果如图 5-32 所示。

由图 5-32 可知，剪切破坏层模量逐渐降低至 $E_0/6$ 甚至 0.5 MPa 时，上层最大弯拉应变在剪切破坏范围达到 3～4 $cm^2$ 时就已经超过了 120 $\mu\varepsilon$，此时上层在荷载重复作用下将出现弯拉开裂；对于剪切破坏层而言，其最大弯拉应变数值均高于上层，且早于上层达到 120 $\mu\varepsilon$，但该层已经在荷载重复作用下发生了剪切破坏，并在弯拉应力作用下加速破坏；对于下层而言，剪切破坏层模量的进一步降低并没有导致该层最大弯拉应变有明显变化，并且在剪切破坏范围增加的过程中该层应变也远未达到 120 $\mu\varepsilon$，因而产生弯拉开裂的可能性不大。

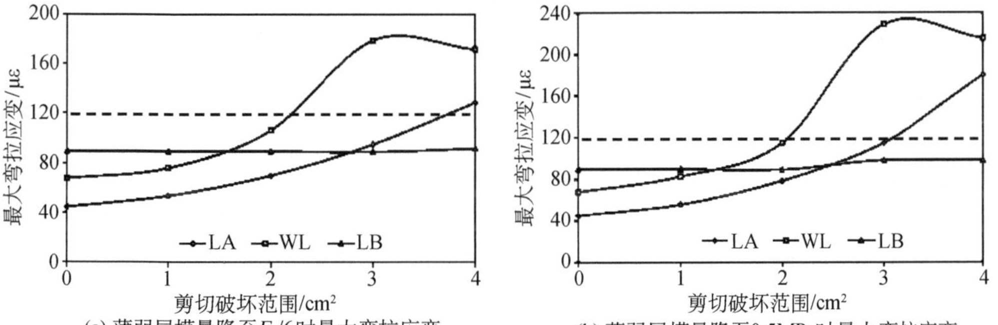


(a) 薄弱层模量降至$E_0/6$时最大弯拉应变　　(b) 薄弱层模量降至0.5MPa时最人弯拉应变

**图 5-32　上层模量变化与弯拉应变的关系**

3) Top-down 裂缝的开裂和扩展过程分析

事实上，当上层最大弯拉应变较大时，在荷载作用下也将出现模量降低的情况，所以在有限元模型中通过折减大应变区单元的模量来模拟上层弯拉开裂的过程。当剪切破坏区模量分别折减至 $E_0/6$ 和 0.5 MPa 时，考察上层模量折减过程对其最大弯拉应变的变化，如图 5-33 所示。

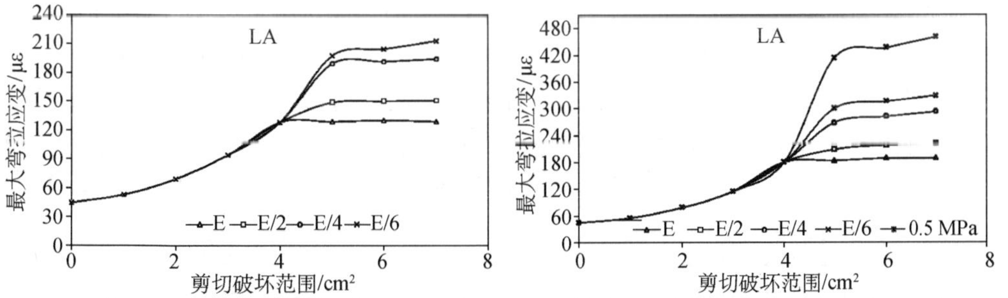


(a) 剪切破坏区模量折减至$E_0/6$时最大弯拉应变　　(b) 剪切破坏区模量折减至0.5MPa时最大弯拉应变

**图 5-33　上层模量变化与弯拉应变的关系**

上层模量不断折减导致其最大弯拉应变逐渐增加并且远大于 120 $\mu\varepsilon$，因而在弯拉影响作用下将很快产生纵向开裂。这也将对与之相邻的更上层(Layer More Above Weakened Layer, LMA)的应力、应变产生较大影响。LMA 层的最大弯拉应变也极易达到甚至超过 120 $\mu\varepsilon$，而最大剪应力则由 0.27 MPa 增至 0.31 MPa。

综上所述，沥青层内的剪切破坏导致剪切破坏层的上层产生很大的弯拉应变，造成上层的弯拉开裂，并逐渐扩展至路表面。这个过程可以描述为“剪切破坏，弯拉扩展”。

在裂缝扩展至路表面之后，路面结构的应力分布将发生进一步的变化，路面结构内的最大剪应力将移至接缝底部尖端以下位置，之后重复“剪切破坏，弯拉扩展”的过程。

同时，温度等因素将加速裂缝向沥青层底扩展，直至贯穿整个沥青层。

当然，这个结论还需要更多的验证。

4. 单根纵向裂缝

图 5-2(b)所示的纵向裂缝是一种自上而下的裂缝，其钻芯取样结果如图 5-3 所示。这种裂缝大多出现在两个轮迹带的中间位置，目前较为普遍。事实上，这类开裂虽然也是一种 TDC 裂缝，但导致这种损坏的原因与前面分析的由剪切主导的龟裂不同。

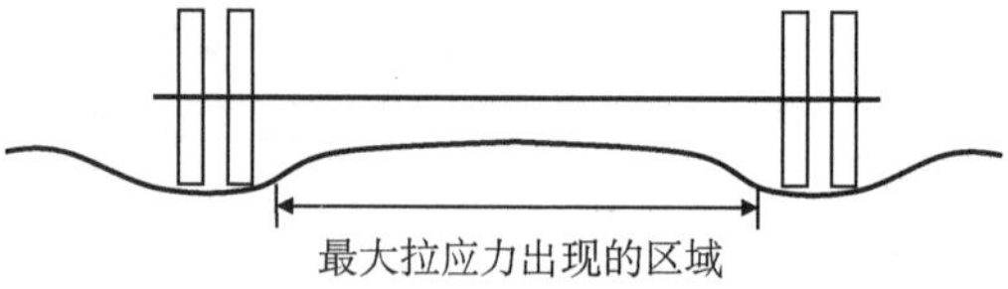


**图 5-34　路表面最大拉应力出现的区域**

如图 5-34 所示，在两个轮迹带之间的区域恰恰是路表面拉应力最大的区域。一方面，过大的拉应力及其重复作用将导致纵向裂缝。另一方面，沥青混合料施工时的纵向搭接缝大多位于这个区域，此处本身就是薄弱环节，更容易在拉应力的作用下开裂。所以，单根纵向裂缝的主要肇因是路表面的拉应力。自上而下的横向裂缝是由温度引起的。

## 5.3　车辙成因

车辙并不是新的损坏现象，但目前路面上车辙出现的速度和广泛性超过了人们的普遍预期。早在 1962 年，Hofstra 就分析了美国 AASHO 试验路的车辙路段，认为产生车辙的主要原因是剪应力。这个结论至今依然是人们的共识。1973 年，Brown 和 Pell 等人将路面材料的变形分为体积变形和剪切变形两个部分，认为沥青混合料的永久变形主要是由这两种变形中的剪切变形引起的[33]。如图 5-35 所示，其中(a)为体积变形，(b)和(c)为剪切变形。沥青混合料的两种变形模式代表了沥青混合料永久变形的两种机理：压密和塑性流动。所谓压密是指沥青混合料集料颗粒逐渐紧密的过程，主要伴随混合料空隙率的减小而实现；而塑性流动过程并不伴随着沥青混合料空隙率的变化，主要通过剪切变形的方式使集料从一个位置移动到另一个位置，使路面结构在荷载作用处发生凹陷，而在荷载作用处的外侧发生隆起。

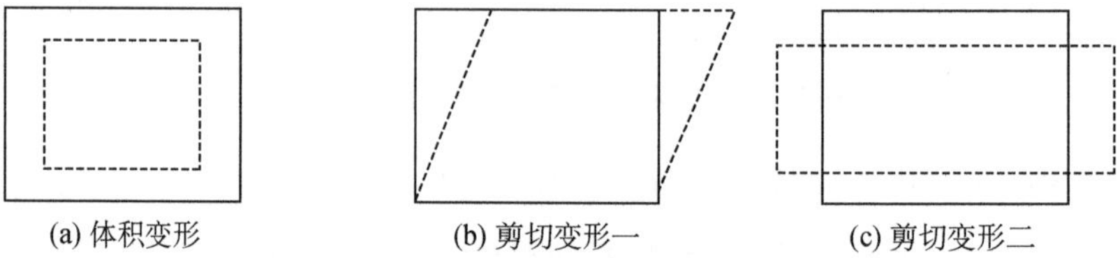

(a) 体积变形　　(b) 剪切变形一　　(c) 剪切变形二

**图 5-35　沥青混合料的变形**

在半刚性基层路面中，半刚性基层在行车荷载作用下的永久变形非常小，基本上可以忽略不计;在厚路面基层下,土基顶面的压应力很小,通常约为 0.01 MPa,因此土基也不会产生大的永久变形[34, 35]。此时,路面车辙主要源于沥青材料的永久变形。国外研究表明,在繁重的交通荷载作用下,不断增大的轮载及荷载作用次数使沥青混合料处于复杂的高应力状态,这将导致沥青混合料产生永久变形。

1987 年,在第六届国际沥青路面结构设计会议上,J. Eisenmann 等[36]将沥青路面永久变形的成因明确为沥青混合料的剪切流动变形,这与 Hofstra 的结论一致。

1991 年,J. B. Sousa 等[34]认为引起沥青路面永久变形的主要原因是面层沥青混合料在车辆荷载作用下发生了剪切变形,同时也伴随着一定程度上的压密变形;如果施工过程中沥青混合料的压实度得到了很好的控制,压密变形相对于剪切变形而言就要小得多。1996 年,南非应用重型车辆模拟车(Heavy Vehicle Simulator, HVS)进行了大量的室内足尺试验,研究表明车辙仅发生在面层表面的 75 mm 左右[37]。1998 年,J. Epps 等[38]通过对 AASHO 试验路和 WesTrack 试验路的长期观测发现,当基层强度足够时,剪切流动变形才是车辙形成的主要原因而非压密变形。

1999 年,A. L. Simpson 研究发现车辙局限于沥青混凝土表面的 100 mm 内,车辙深度与轮载作用次数成正比[39]。同年,Huber 提出压密变形在车辙中所占的比例很小,车辙的主要贡献来自沥青混凝土的横向失稳变形。2002 年,丹麦的 Nielsen 采用足尺轮辙试验仪(Danish Asphalt Rut Tester, DART)碾压沥青混凝土研究其变形特性,指出车辙主要由热压沥青混凝土的剪切流动所引起,可以忽略结构性车辙和磨耗型车辙在总体变形中的比例。

Monismth, Paterson, T. D. White 和 K. E. Fwa 等经过大量研究发现,车辙主要来自沥青混凝土的塑性剪切变形,塑性流动变形则是路面的剪应力超过材料的抗剪强度时产生的;当剪应力较小时,变形响应较小,但是当荷载作用达到一定次数后,路面也会产生明显的车辙[40]。2001—2003 年,L. A. Myers 和 R. Roque[41]及胡小弟[42]等先后采用实测轮胎荷载对沥青路面内的剪应力进行了计算,发现在非均布荷载作用下,面层内产生的剪应力大大增加。图 5-36(a)为美国亚利桑那州立大学的 Witczak 在 MnRoad 试验路(柔性基层)测得

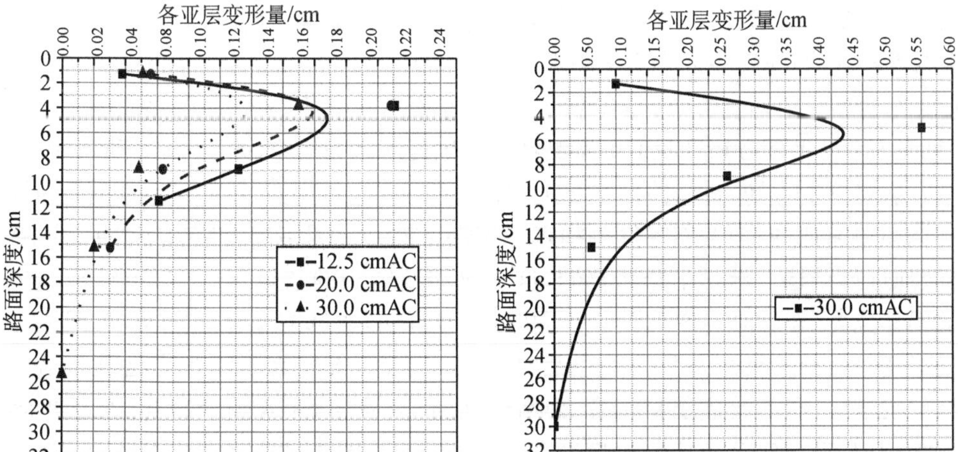


(a) 美国MnRoad试验路 (b) 重庆交通科研设计院室内环道试验

**图 5 36 沿深度方向路面各层的变形**

的不同深度沥青层的变形,可见其变化趋势与剪应力沿路面深度的分布基本一致,与永久变形主要发生于沥青混凝土中、上面层的调查结果相吻合;图 5-36(b)为我国重庆交通科研设计院[43]通过室内大型环道(半刚性路面)试验实测得到的不同沥青层的变形,虽然所施加的温度场与实际路面有所不同,但还是可以看出变形曲线与剪应力分布的相似性。

C. B. Dawley 等[44]通过调查认为,大部分路段的车辙源于沥青混凝土的剪切流动变形,并将车辙分为三类,即压密型车辙、结构型车辙和失稳型车辙,如图 5-37 所示。

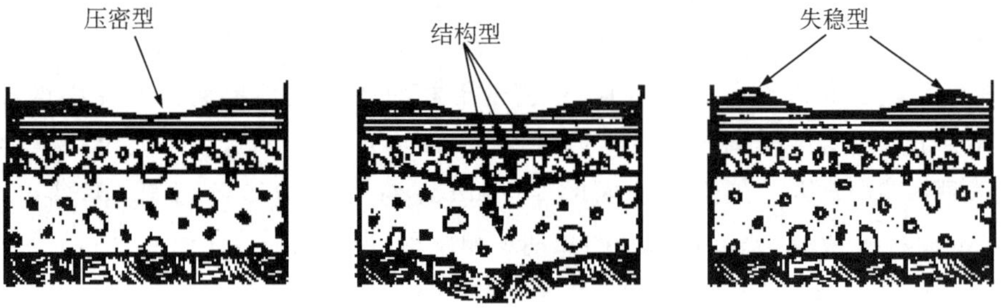


图 5-37　路面车辙的三种类型

压密型车辙是路面在铺筑时由于压实不足,致使道路开放交通后,在车辆荷载的反复碾压下,空隙率不断减小,产生压密变形而形成的车辙。这种车辙两侧没有隆起,只有下凹,而且它的车辙深度在路面达到极限残余空隙率后趋于稳定。

结构型车辙是由于道路行车荷载作用在沥青面层以下包括路基在内的各结构层,从而产生的永久变形所致。这种车辙的宽度比较大,两侧没有隆起现象,横断面呈浅盆状的凹形。

失稳型车辙,也称流动型车辙,是高温条件下车轮荷载反复碾压产生的剪切流动变形不断累积的结果。这种车辙在车轮荷载的中心位置产生下凹变形,而且路面材料在荷载挤压下"流向"车辙两侧,并向上隆起,使车辙断面呈 W 形[44]。

经过充分压实的路面,结构的二次压密一般很小,不应成为路面车辙的主要来源。正常设计的路面应具有足够的抗力,一般不会发生路基的剪切破坏。路面在带钉轮胎或者带链轮胎的磨耗下形成的磨耗性车辙,一般仅发生在北方雪冰地区。所以,对我国普遍采用的半刚性基层路面而言,车辙主要产生于沥青层。

既然车辙是由剪切变形引起的,那就不仅与路面材料有关,还与整个路面的结构组成有关,参见本书 2.3 节的分析。我们的实测结果也佐证了这一结论,如图 5-38 所示。

结合前述分析可知,目前路面损坏的原因非常复杂,如图 5-39 所示,类似的损坏形态是由不同原因造成的,而截然不同的损坏形态却由同一原因引起。所以,对重交通路面而言,精心地进行结构设计是十分必要的,这不仅涉及结构的整体抗力(弯拉疲劳),还涉及结构的局部抗力(车辙和 TDC 开裂)。同时,这也说明,在解决车辙问题时,着眼于材料抗力虽是必要的,但还不够,并且代价也是昂贵的。通常,人们为了防止或延缓车辙的产生而采取的大量措施,如改进集料质量、采用改性沥青、采用 SMA 混合料等,虽然取得了良好的效果,但车辙仍然会在早期大量出现,这说明仅仅从材料角度考虑具有局限性;若能考虑结构的作用,从材料和结构两方面综合考虑,问题则要简单得多,效果也要好得多,代价必然也会小得多。

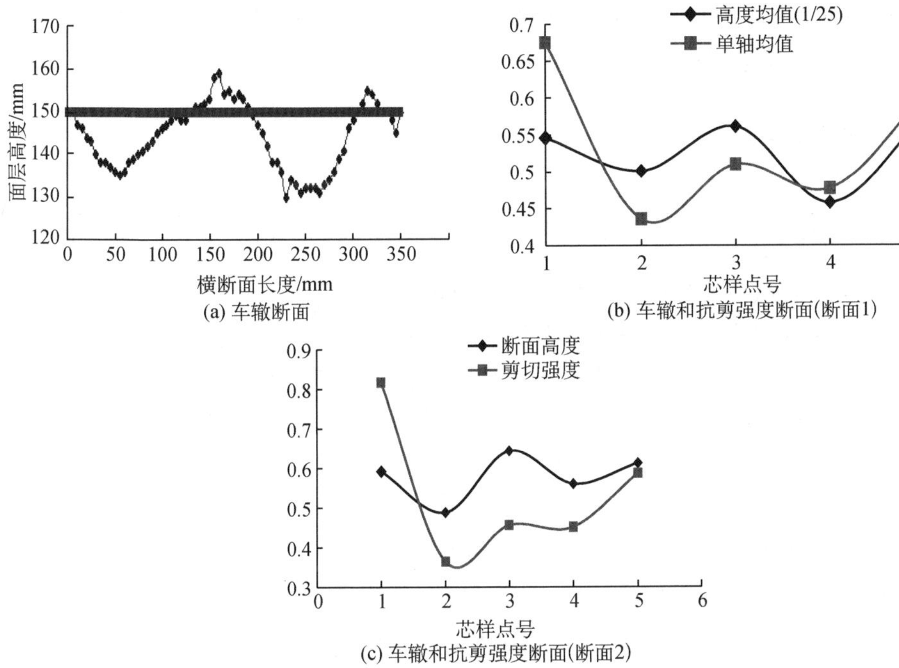


**图 5-38 实测的路面车辙断面和混合料抗剪强度断面**

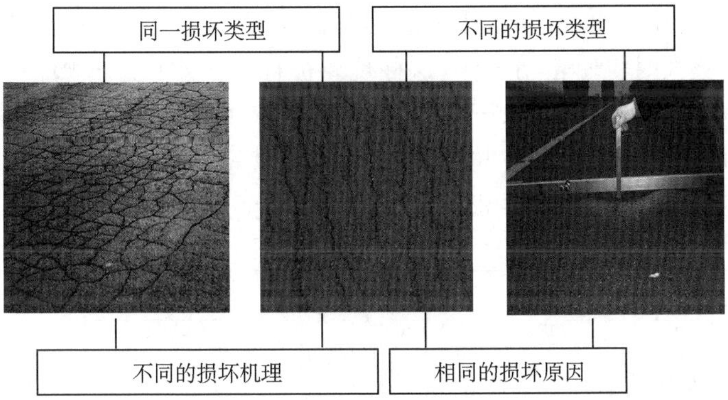


**图 5-39 复杂的损坏原因与形态**

既然车辙产生于剪切流，说明剪应力的大小对于龟裂和车辙的产生都是至关重要的，准确地说车辙和龟裂的产生与沥青混合料层中剪应力的大小以及材料抗剪强度的比值有关，这是我们研究中的一个重要发现。实际上，英国 TRL 的调查指出，较薄的沥青层产生车辙的速率更大，而沥青层厚度大于 18 cm 的路面，其车辙产生的速率则会大大减小（图 5-40）。C. B. Dawley 等指出复合式沥青路面（水泥混凝土基层）的车辙最为严重。我国在一些 APT

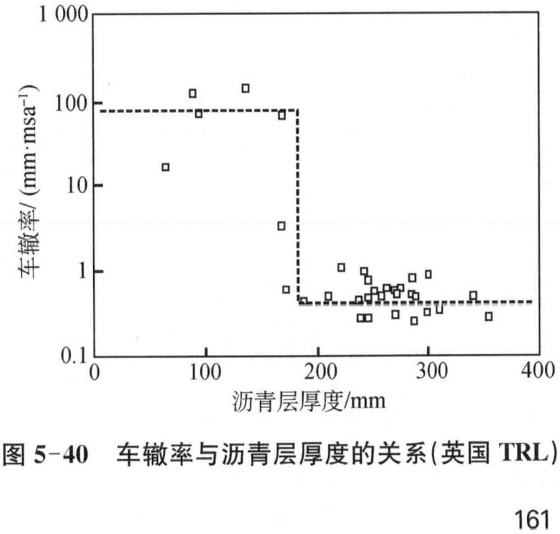


**图 5-40 车辙率与沥青层厚度的关系(英国 TRL)**

试验中也曾观测到半刚性基层沥青路面车辙更明显的现象，而用我们的这个发现对这些现象都可以做出合理的解释。

## 5.4 早期损坏

### 5.4.1 动水压力

环境产生的荷载和交通荷载直接作用于路面结构，而大自然的千变万化和工业文明的不断向前注定了这些作用的复杂性。公路等级的提高加大了对车速的限制，使得动水压力成了不可忽视的因素。尽管人们或多或少地意识到了动水的作用，但并不了解动水压力的大小，也不知道动水压力的作用过程。实际上，在动水作用的问题上，人们难以给出十分自信的回答。

为了分析动水压力的大小和作用过程，张宏超[1, 2]采用伯努利定理计算了行进车辆的轮胎下所产生的理论最大动水压力，并设计了测量方案且进行了实地测量。

1. 行车产生的动水压力

雨天时路面被一层水膜所覆盖，当车辆在水膜覆盖的路面上高速行驶时，轮胎与路面之间的水不断地被高速滚动的轮胎所挤压，继而产生动水压力，如图 5-41(a)所示。动水压力同时作用于轮胎和路面，对路面与轮胎相接触的某一点而言，这种动水压力是瞬时的，而对于车辆行驶的整条轮迹带而言，动水压力如同车辆荷载一样始终存在。动水压力作用于轮胎表面，当压力足够大时将使轮胎上浮，这种现象被称为滑水(或车辆漂滑)，研究轮胎的漂滑现象将有助于从理论上计算动水压力的大小[1]。

假设轮胎的胎面为平面，并且与路面的夹角非常小(趋近于零)，这时水的流线如图 5-41(b)所示。根据伯努利定理，在水流的停滞点产生的动水压力 $P$ 可通过式(5-1)计算：

$$P = \frac{1}{2}\rho V^2 \qquad (5\text{-}1)$$

式中 $P$——动水压力(Pa)；
$\rho$——水的密度，1 000 kg/m$^3$；
$V$——车辆的行驶速度(m/s)。

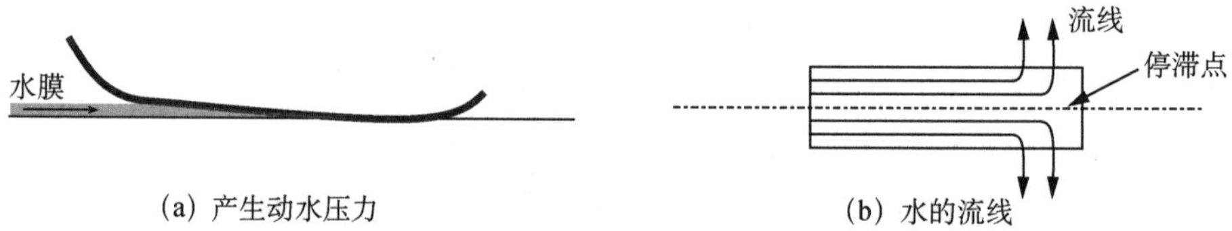


(a) 产生动水压力 (b) 水的流线

**图 5-41 动水压力出现时的状况**

变换式(5-1)中的单位可得：

$$P = \frac{V^2}{260} \qquad (5\text{-}2)$$

式中 $P$——动水压力(水头高度);

$V$——车辆的行驶速度(km/h)。

轮胎的接地压强是不均匀的。设轮胎胎面接地压强在中心部位的最高值为 $P_{CR}$,一般约为轮胎内压的 1.55 倍,即:

$$P_{CR}=1.55p \tag{5-3}$$

式中 $P_{CR}$ ——轮胎接地压强的最大值(Pa);

$p$ ——轮胎内压(Pa)。

若动水压强比式(5-3)中的最大接地压强还要大,那么轮胎就会漂浮起来。所以,动水压强的最大值应为 1.55 倍的轮胎内压,此时的速度为

$$\frac{1}{2}\rho V_{cr}^2=1.55p \tag{5-4}$$

$$V=630\sqrt{p} \tag{5-5}$$

式中 $V_{cr}$ ——车辆漂浮的临界行驶速度(km/h);

$p$ ——轮胎内压(kPa)。

根据上述计算可知,动水压强与车速的平方成正比,但极值不大于轮胎内压的 1.55 倍;当动水压强大于 $P_{CR}$ 时,轮胎将完全浮起从而发生车辆漂滑。

轮胎底面的动水压强除了与车速直接相关外,还有很多的影响因素,主要可分为道路因素和轮胎因素。道路因素包括道路表面特性(粗糙、平滑、高光滑)、道路条件(材料、均一性、污染程度)、水膜深度以及温度;轮胎因素包括胎面花纹、胎面胶料、轮胎结构以及荷载气压。其中,胎面花纹的影响显而易见,因为花纹中的凹沟既能给移动的水提供空间,又能给水提供流出的通道。由于轮胎内的气压决定了胎面与路表面之间的单位压力,所以它也是重要的影响因素。除此之外,水的惯性和黏性也非常重要。

2. 实测的动水压力

上面在进行动水压力计算时假设路表和轮胎的表面为理想面,而实际情况并非如此。路表面的粗糙程度、轮胎表面花纹以及车辆不同的行驶状态等都会造成实测值与理论计算值之间的偏差。为了能确切地了解路面所承受的动水压力,我们进行了实地测量。

测量时,首先在路面上钻出一个小孔,其次在其中垂直安置一个直径为 7 mm 的铜管,铜管的一端通过塑料软管连接在压力表上,另一端则制成喇叭口。铜管在安置时要使其喇叭口与路表面齐平,然后用沥青封闭铜管与路面之间的缝隙,以防止路表水顺着缝隙流失。压力表的测量范围是 0.1 MPa,连接压力表和铜管的塑料软管从路面下引出,从而避免了车辆荷载的影响。

测量时,先在塑料软管中注满水,特别是开口于路表的铜管喇叭口内保持盈溢状态,使车轮的胎冠与之恰好接触。为了能更好地模拟路表的积水状态,用油石灰围在喇叭口周围,使开口附近的路表面形成一定厚度的水膜。由于测量时车辆从开口处疾驰而过,并不能保证车轮每次都能从开口上压过,另外还有轮胎花纹的影响,所以需反复多次测量,并将测量值的平均值作为最后的试验结果,如图 5-42 所示。对这些数值进行回归分析,得到式(5-6)。

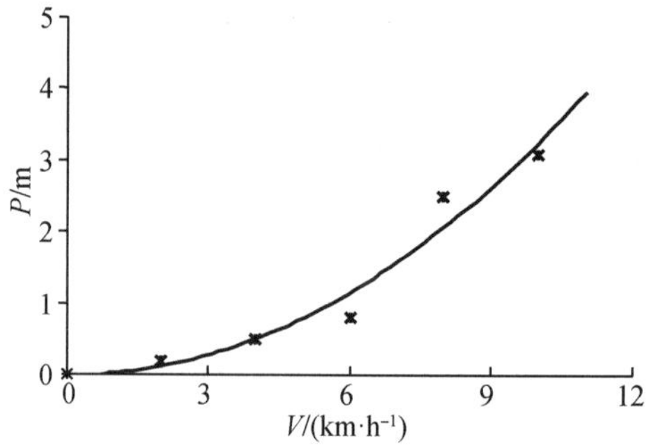


图 5-42　动水压力的实测值及其回归曲线

$$P=\frac{V^2}{3\ 300} \tag{5-6}$$

式中　$P$——动水压强(水头高度);

$V$——车辆的行驶速度(km/h)。

比较式(5-6)和式(5-2)可知,与理论相似,实测得到的动水压强仍然随车速的提高呈几何级数增长,只是数值上较理论计算值小得多,究其原因主要有以下几点:

(1) 理论计算值是在理想状态胎面下水流停滞点上的动水压强值,它是胎面下所产生的动水压强的极大值,仅存在于一点上。而现实中,实测值实际上是铜管截面(直径7 mm)上的平均动水压强。

(2) 理论计算采用的边界条件是理想状态,即路面、胎面都是理想面,而现实要复杂得多,路面上有构造纹理,具有一定的粗糙度,轮胎表面也有各种花纹,轮胎与路面之间的水容易排出,且接地压强非常复杂。

虽然上述原因使得实测值远小于理论值,仅为理论值的 7.9%,但是实测值仍然相当可观,车速为 120 km/h 时的动水压强达到了 4.36 m 水头高度。若路面长期承受着如此大的动水压强,雨水就有可能通过空隙进入路面内部,并造成路面损坏。

在普通道路上,由于行车速度不高,所造成的动水压强并不大,常规的沥青混合料技术要求足以抵抗动水压强的作用。但对于高等级道路或公路而言,行车速度快,造成的动水压强可达普通道路的 2.5～3.0 倍,这将迫使雨水进入路面,从而极易造成沥青与集料的剥离,导致混合料的松散和路面结构的破坏。

## 5.4.2　沥青在路面中的迁移

为了解释表面水造成的路面损坏并探究其机理,张宏超[1]对路面中沥青含量的分布进行了研究,将路面上面层的芯样从深度方向上一分为二,再采用抽提试验测量沥青含量,结果如图 5-43 所示。

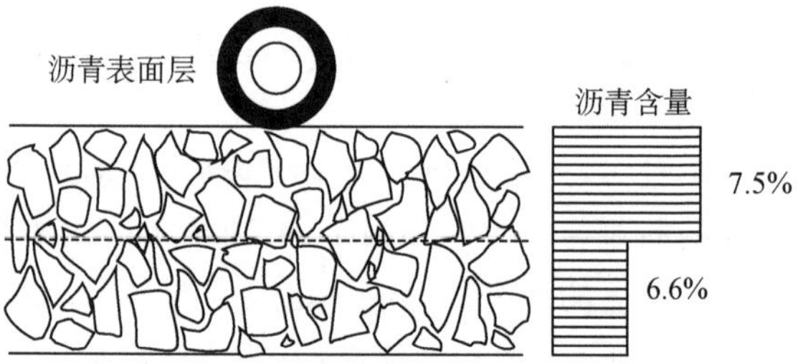


图 5-43　沥青在表面层内的迁移

工程实际中一个路面摊铺层所采用的沥青混合料是相同的,其沥青含量也相同。

但图5-43所示的结果却表明，同一层次内沥青的含量不再相同，沥青含量在路面内部发生了重新分布。由于沥青的含量是上部高、下部低，因此可推断沥青是从下部向上部迁移至表面层，导致中下面层内部松散和表面层内沥青大量积聚而形成油斑，这种上部含量高、下部含量低的分布状况是沥青在整个面层内迁移造成的结果。

为了进一步研究沥青含量的重新分布，可以做一个简单的估算。在斑状泛油非常明显的路面上，油斑损坏位置和正常路段上所取芯样的沥青含量如表5-2和表5-3所列。

**表5-2　　试验测得的道路A的沥青含量**

| 层位 | 沥青含量 | | |
|---|---|---|---|
| | 泛油路段 | 正常路段 | 设计值 |
| 表面层(4 cm) | 7.0% | 5.7% | 5.7% |
| 中面层(5 cm) | 3.0% | 4.1% | 4.2% |
| 下面层(6 cm) | 4.0% | 4.0% | 4.0% |

**表5-3　　试验测得的道路B的沥青含量**

| 层位 | 沥青含量 | | |
|---|---|---|---|
| | 泛油路段 | 正常路段 | 设计值 |
| 表面层(4 cm) | 5.5% | 5.2% | 5.2% |
| 中面层(5 cm) | 4.3% | 4.5% | 4.5% |
| 下面层(6 cm) | 3.8% | 3.9% | 4.0% |

由表5-2可知，正常路段各层次的沥青含量与设计值相同，可以认为沥青含量没有发生重新分布。与正常路段相比，泛油路段中、下面层的部分沥青迁移到了表面层。因为中面层厚度为5 cm，所以中面层1.1%的沥青迁移到表面层后，表面层的沥青含量为$5.7\%+1.1\%\times5\div4=7.075\%$，可见与实测值7.0%吻合得非常好。

对于表5-3所示路面，其正常路段各路面层的沥青含量与设计值基本相符，只是下面层略少了0.1%。假设正常路段内沥青没有发生迁移，则泛油路段中、下面层的部分沥青迁移至表面层后，表面层的沥青含量为$5.2\%+0.2\%\times5\div4+0.1\%\times6\div4=5.6\%$，可见与实测值5.5%基本吻合。

所以，本实测结果揭示了这种迁移过程。

在所调查的路面中，从油斑处提取的面层芯样无一例外地发现了这种沥青向上迁移的现象，而且很多芯样的中、下面层都发生了内部松散。可以说，在沥青层内沥青总量保持基本不变的情况下，发生迁移的沥青从面层下部的集料表面剥落后向上迁移。

造成沥青从下部向上部迁移的主要原因是车辆-水的综合作用。在高速行车的作用下，路表面产生了强大的动水压强；在动水压强的作用下，路表水进入路面内部。由于施工季节普遍较晚，路面的上、中、下面层各层底部的空隙率较大，而上部的空隙率较小，雨水一旦进入路面内部，就会积存在面层的上、中、下各层底部的空隙中。在路面上重型车辆的作用下，空隙中的水将形成空隙水压力，荷载的重复作用将产生重复的空隙水压力。较大的空隙水压将反复作用于沥青-集料界面，沥青膜将在集料的尖角处等黏附薄弱部位首先发生剥落。剥落一旦发生，有压水更容易沿着沥青-集料的剥落面渗入，造成沥青膜的大量剥落。这就是剥落、松散总是从路面内部开始的原因。

沥青膜从集料上剥离后成为自由沥青。由于强大的动水压强不断地将路表水从路表面压入，同时高速行车的轮胎后形成的真空负压使空隙中的水和自由沥青泵吸迁移至路面上部，并溢出表面形成泛油，有的存留在上部的空隙中，有的滞留在上面层的底部。有时自由沥青未发生明显迁移，而是以自由沥青团的形式存在；沥青结团后覆盖的面积小，所以视觉上没有沥青，或沥青的含量很小。

沥青迁移一般发生在夏天或雨季。夏天，由于气温高，沥青-集料的黏附性差，再加上雨水多，很容易发生剥离。

沥青发生迁移后，将会产生两种后果。其中，严重的后果是迁移一直继续下去，从而产生内部松散，进而在荷载的作用下产生表面损坏，形成“底大口小”的坑洞；轻微的后果则是沥青的迁移造成表面空隙率减少、路面透水能力降低，继而迁移不再继续，路面泛油趋于稳定，此时路面内部可能存在不同程度的松散，相当于面层的有效厚度减小，不久的将来可能会出现龟裂等损坏，这就是早期损坏。

### 5.4.3 对于路面初期损坏的解释

路面斑状泛油是高速行车、水和路面较大空隙相互作用的结果。这种相互作用的重复发生造成了沥青-集料黏附性的相对不足，使沥青与集料逐渐发生剥离。剥离的沥青成为自由沥青，在轮胎后的真空负压泵吸作用下逐渐向路表迁移，积聚在路表形成斑状泛油。

之所以这种泛油呈现斑状泛油而不是均匀泛油，是由路面空隙率分布不均所致。空隙率较小的地方足以抵抗动水的进入，不具备产生沥青泵吸迁移的条件。在轮迹带上空隙率较大的地方，首先出现孤立的斑点，随着沥青迁移量的增加，油斑以初始斑点为中心向四周扩展，形成孤立的斑块，最后连成一片形成沿轮迹的斑带。即便是密级配混合料，当材料不均匀时，也会发生斑状泛油。

由于沥青从下部向上部迁移，在上部形成斑状泛油的同时，造成内部集料间黏结力降低。泛油越严重，内部的黏结力丧失得越多，强度下降得越多。实际上，由本书第 2 章的分析可知，荷载产生的最大剪应力恰恰覆盖了这个黏结力丧失的区域，当混合料的剩余强度小于荷载产生的剪应力时，即会产生剪切破坏——内部松散或表面开裂就出现了。所以，严重的泛油通常伴随着内部松散。

内部松散的发生减薄了沥青层的有效厚度，降低了沥青层的整体抗力。当内部松散进一步向上发展时，上面层可能首先产生裂块很小的开裂；裂缝的出现加剧了下面层和中面层的损坏，加速了松散的进程，并最终导致路面上出现坑洞。由于这类坑洞是由内部松散引起的，并且沥青的迁移使得面层顶部的沥青含量很高，所以大多呈现某种程度的“口小底大”的形态。

沥青的迁移是导致路面初期损坏的关键原因，这说明了很多系统性的技术问题。高速行车、雨水和较大空隙率的相互作用使雨水进入路面；路面设计施工考虑不周造成的分层现象和没有内部排水层使得雨水滞留在路面内部；载重车引起的空隙水压力的反复作用使得沥青-集料的黏附性即便原本符合规范要求的如今也难以抵抗水的侵蚀，从而发生沥青剥落；动水和轮胎后面的真空负压使自由沥青膜发生了自下而上的迁移，从而造成路面破坏。所以，斑状泛油、内部松散和坑洞是一个完整的损坏过程，这是动水没有击穿整个面层时的情况。

当路面沥青层整体空隙率太大时，动水压力将击穿整个面层。如果基层是密实不透水的结构，那么雨水将滞留在面层底部和基层顶面。长期滞留在基层顶面的雨水会浸泡和冲刷基层材料中的结合料从而形成灰浆，这些基层顶面的灰浆又在行车荷载的作用下，透过沥青面层中的空隙被挤压到路表，最终形成大面积泛浆。

随着灰浆的上泛，基层中的结合料不断减少，基层顶部与沥青层之间将出现空隙，沥青面层在荷载作用下不断下陷，这便是沉陷现象。所以，泛浆和沉陷一般是同时产生的。此时，面层底面也将同时出现剥落等现象。

图 5-14(e)、(f)所示的另一种内部松散现象可能与上述过程有关，当然也可能是另一种不同的损坏机理。图 5-14(e)、(f)所示内部松散的发生部位恰恰是剪应力最大的区域，在重复荷载作用下，该层沥青混合料抗力不足，导致发生了剪切疲劳损坏，而内部的剪切疲劳损坏造成了表面裂缝。该层混合料的抗力不足，既可能是混合料自身强度不足，也可能是沥青迁移的结果。可以推论：该层混合料自身强度不足导致的剪切疲劳损坏，反映到路表面时一般应为纵向平行裂缝；沥青迁移造成的混合料抗力不足所导致的剪切疲劳损坏，反映到路表面时可能呈现为不规则的、鸡爪形的裂缝。这个推论还需要更多的研究来证实。

因此，抓住了剪切特性就抓住了 TDC 龟裂和车辙，这应在路面设计中予以充分考虑。

此外，许多长上坡路段在其顶部会产生严重的车辙。由于车辙来源于剪切流，所以很多人认为斜坡上水平力引起的剪应力是造成这些车辙的主要原因。李峰[45]曾对此进行过研究，认为坡度所造成的剪应力增加是微不足道的。根据观测结果分析，可能主要是斜坡上的行车速度比较小、荷载作用时间比较长的缘故。

## 5.5 初期损坏的综合分析

如果我们将路面寿命的终结定义为功能丧失或失效，则可包括两类：一类是初期的服务功能丧失，这时路面损坏与结构整体疲劳无关，是一种功能性失效；另一类是疲劳损伤造成的整体抗力丧失，是荷载和环境反复作用造成的结构疲劳损伤累积所致，是一种结构性失效。

路面初期损坏是功能性失效。造成路面初期功能性失效的原因十分复杂，不是某个因素单独作用的结果，而是环境、荷载、材料、结构和施工综合作用的结果。

1. 混合料因素

沥青混合料方面的因素是路面产生初期损坏的重要内因之一。一方面，现代路面的沥青混合料设计都满足规范要求，但离析的结果可能使路面中的混合料与设计结果有很大的不同。另一方面，目前混合料设计时对马歇尔指标的检验比较重视，但这与路面使用性能关系不大。笔者认为沥青混合料设计应被看作整个结构的一部分来进行完整、系统的考虑，从而形成结构-材料设计一体化。

1）空隙率

空隙率的大小与路面的初期损坏有着十分显著的关系，当沥青混合料空隙率大于7%时，大部分路面出现了初期损坏，如图5-44所示。因此，减小过大的空隙率是延迟乃至消除路面初期损坏的一个重要手段。

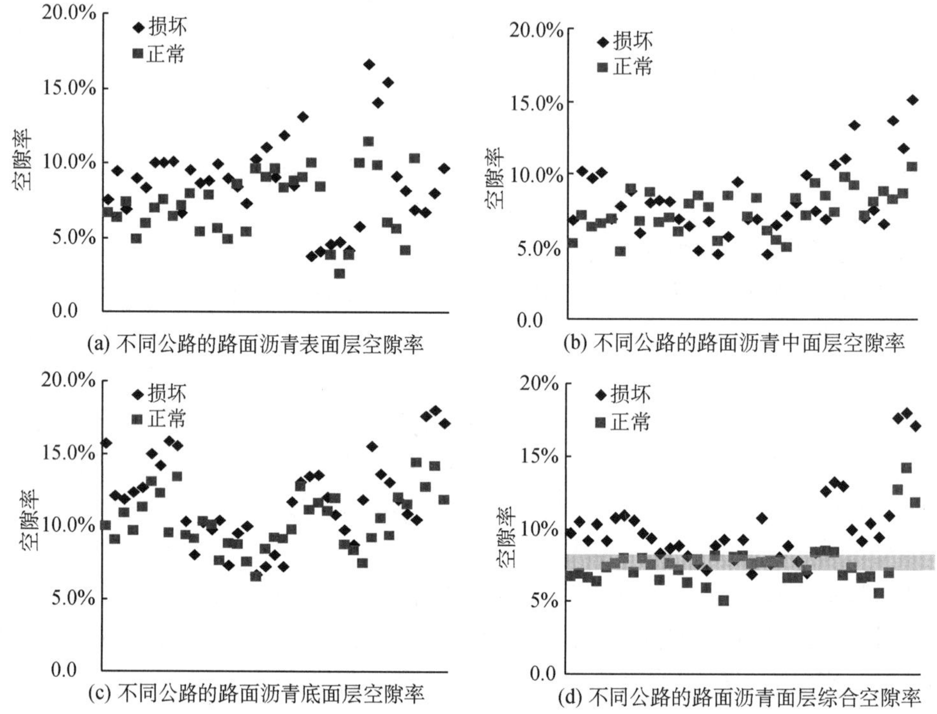


**图5-44 空隙率对初期损坏的影响**

目前，国际上的压实标准一般定在理论密度的92%。传统压实理论认为，施工期间的压实为一次压实，通车后(夏天)在行车的作用下进行二次压实，从而达到最终的压实度。然而，这种理论在重交通路面上是不适用的，如果能够产生二次压实，则会过早产生车辙，这显然是不能接受的。实际上，目前沥青和集料的质量都很好，在经过压路机压实后由车辆进行二次压密的可能性极小，尤其是中、下面层。路面施工完成后，路面的空隙率在8%左右。这么大的空隙率将一直保留在沥青混合料中，从而造成沥青混合料的强度比室内设计值降低40%左右。所以，即便达到规范要求的压实度，沥青混合料的强度依然很低，未能达到设计要求。

如果我们采用空隙率而不是密度来定义压实度，则更容易暴露出目前压实不足的问题，即定义：

$$C=\frac{AV_{\mathrm{Ma}}}{AV_{\mathrm{Pa}}}\times 100\% \tag{5-7}$$

式中 $AV_{\mathrm{Ma}}$——马歇尔试件空隙率；

$AV_{\mathrm{Pa}}$——路面实际空隙率。

按此定义，当达到规范要求的压实度时，$C$ 值仅在50%～60%之间。因此，将压实度标准确定为按照式(5-7)定义的96%是有必要的。

2）均匀性

在路面的设计施工中，人们总是假定沥青混合料是均匀的，所以其性质也像实验室设计的那样，但实际上沥青混合料的均匀性远不如人们认为的那样好。传统上，人们容易将混合料的离析归结为施工问题，但当这种现象成为一种普遍存在且靠目前的施工技术无法保证其均匀性时，就应该在设计上找原因了。

减小沥青混合料的最大粒径是改善路面均匀性的重要措施之一。笔者先前所做的研究表明，混合料的最大粒径越大，离析越严重。

可以说，均匀性问题是导致目前沥青路面质量问题最重要也是最主要的原因之一，是应该予以充分重视的技术指标，并且应该将其引入路面质量评价标准之中。

3）级配

虽然，人们提出了实验室性能优良的级配建议，但路面中的实际级配并没有达到这个设想。造成这种现象的原因并不是沥青混合料拌和时控制不严，而是原材料变异性太大。

目前，我国对高速公路建设依然采用就地取材的原则，每个工程就近选取沥青混合料的原材料，从而使原材料的稳定性和一致性无法得到保证。这种农业时代的原材料供应方式难以满足现代化大生产对材料一致性的要求。

4）沥青-集料间的黏附性

沥青-集料间的黏附性十分重要，这已经引起了人们的高度重视。不过，当雨水在高速行车作用下进入路面并滞留其中时，目前的黏附性标准并不足以抵抗有压空隙水的反复作用并保证沥青-集料不剥落。保证雨水不要滞留在路面内部是保障黏附性的手段之一。

5）强度

实际路面空隙率过大会导致其强度较低。而较低的强度自然会造成路面的损坏，尤其是产生内部松散后，其抗剪强度会进一步降低。在目前超载现象普遍存在的情况下，强调混合料的强度，尤其是抗剪切强度就显得尤为重要。

正像前面已经指出的那样，目前施工压实度的标准过低是造成路面实际空隙率很大的技术原因，这是一种系统性的原因。

将上述五方面的性能绘制成沥青混合料的钻石图，如图5-45所示[1]，表示了对沥青混合料的综合要求。要达到这些要求，应从设计、施工和原材料等多方面共同努力，任何单一的措施都将难以奏效。

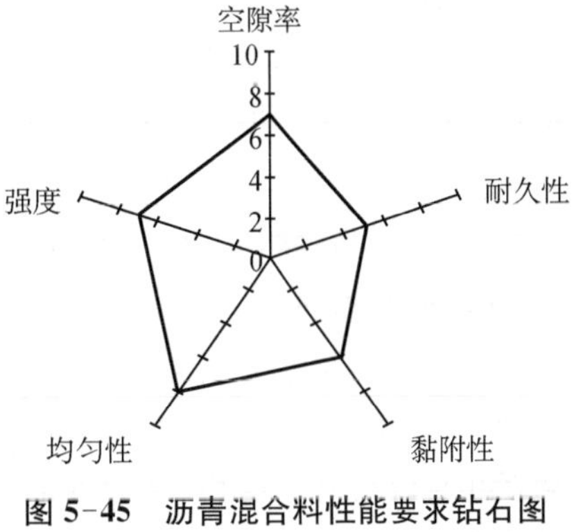

图5-45 沥青混合料性能要求钻石图

在这个钻石图中，将均匀性与其他指标放在同等重要的地位，以强调均匀性的作用。实际上，均匀性更重要，它决定了空隙率，从而决定了强度。所以，在上述五个指标中，均匀性和黏附性是最基础的第一位指标，其他指标则是第二位指标；满足了第一位指标的要求，其他指标的要求就比较容易满足。空隙率在很大程度上决定了强度和耐久性；对于同一混合料而言，控制了均匀性和黏附性，就大体控制了其他指标。

2. 结构

不同的路面结构组合使得路面不同结构层的受力大不相同。长期以来，人们一直将研究的重点放在弯沉和结构层底面弯拉应力(应变)指标上。这样的指标导致人们采用比较薄的沥青层和很强、很厚的基层。事实上，对于一定的交通量而言，尤其是交通较为繁重时，确保沥青层满足一定的厚度要求是必要的，以符合刚度协调原理，否则沥青层很难与下面的基层形成一个整体而长期共同发挥作用，也难以保证路面的长期使用性能。

半刚性基层的使用大大增强了路面结构的整体抗变形能力，结构层底面的弯拉应力也变得微不足道。随着交通量的增加和公路等级的提高，人们对公路的质量要求也越来越高，半刚性基层的质量得到了持续改进，使其模量增大。然而分析表明，过大的基层模量对减小弯沉和面层底面的弯拉应力虽然是非常有效的，但同时也增加了面层内的剪应力，这是过去没有意识到的。我们无意间增大了面层内的剪应力，而面层过大的空隙率又使其强度大大降低，这使得面层发生剪切疲劳破坏的概率大大增加。

最大剪应力峰值一般位于上面层的底部，此处又是最容易因沥青的迁移而首先产生内部松散的地方。沥青的迁移造成了该处沥青混合料抗剪强度的降低，当其抗剪强度降低到等于荷载产生的剪应力时即发生剪切破坏，并不断扩展，继而发展成内部松散和/或表面开裂，严重时将发展成坑洞。

目前，规范在控制路面结构的整体抗力方面是有效的。但是，当路面结构的整体抗力不再是主要矛盾时，设计方法并不能控制路面使用性能和局部抗力的问题就变得十分显著了。这就是为什么结构强度、材料质量和施工质量都大大占优的高等级公路路面上的初期损坏反而比普通公路更为严重的原因。

3. 环境因素

与荷载因素相比，环境因素是造成路面初期损坏的同等重要的因素，从某种意义上来说是更为重要的因素。高温造成了沥青混合料抗力的大大降低，降雨和高速行车导致雨水渗入路面并积滞其中，在行车荷载尤其是重车导致的有压水的反复作用下，会造成沥青的剥落和迁移。这在前面已有分析。

目前，混合料的设计方法比较注重对路面车辙的控制。在实践中，比较偏向于通过控制沥青质量来控制路面的永久变形。虽然对沥青-集料的黏附性也提出了要求，并增加了水稳定性的评价方法。但事实表明，即便满足这些环境控制条件，路面依然无法抵抗由于不当的设计和施工所造成的或由恶劣环境因素作用而引发的初期损坏。所以，增强材料对环境因素的抗力或改善路面中各层材料的工作环境，是消除路面初期损坏的两个主要思路。

4. 荷载因素

荷载因素是造成路面初期损坏的另一个直接原因。在交通繁重的车道上，初期损坏严重；而在荷载很轻的车道上，虽然车速很快，路面空隙率也较大，但初期损坏现象却少得多，甚至几乎没有。这说明，滞留在路面中的水，当其压力很小时，不足以在短期内造成沥青-集料的剥落。

另外，由于半刚性基层的模量很大，从而造成路面内的剪应力很大，并且基层模量越高，面层内的剪应力越大。荷载的重复作用造成了混合料的剪切疲劳，当伴随沥青的迁移现象发生时，剪切疲劳破坏是很容易发生的，内部松散可能就是剪切疲劳损坏的外在表现之一。

路面超载是我国公路上较为普遍存在的现象。目前，对超载的认识仅限于轴载的大小，而忽略了轮胎充气压力的大小；对于沥青路面，这却是不可忽略的。不仅对于超载车辆应给予充分的重视，对于欠载的重型车辆也应予以关注。当车辆欠载时，轮胎-路面的接触压力呈凸形分布，所产生的最大剪应力可能接近标准荷载，因此这同样是不能忽视的。

综上所述，造成路面初期损坏的原因是多方面的，任何一个单独的因素都难以成为主要因素。实际上，我们对重交通沥青路面的主要行为特点还缺乏明确的认识，目前关于路面的认识还只是过去轻交通路面的简单外延，与重交通路面的要求之间尚有较大距离。

所以，准确且定量地描述路面行为是认识路面性能规律和提高路面耐久性的关键。

**参考文献**

[1] 张宏超.沥青路面初期损坏机理分析及对策研究[D].上海：同济大学，2002.

[2] 孙立军等.沥青路面结构行为理论[M].上海：同济大学出版社，2003.

[3] 杜群乐.沥青路面损坏分析和GTM混合料设计方法的研究[D].上海：同济大学，2006.

[4] 孙立军等.沥青路面结构行为理论[M].北京：人民交通出版社，2005.

[5] 孙立军等.沥青路面结构行为学[M].上海：同济大学出版社，2013.

[6] WANG Yuhong, WONG Alvin S T, WEN Yong, et al. Characterization of the distress modes and in-situ material properties of a highway asphalt pavement with long service life [J]. Journal of Performance of Constructed Facilities, 2016, 30(4): 04015095.

[7] PELLINEN T, CHRISTENSEN D W, ROWE G, et al. Fatigue transfer models-how do they compare [C]//Transportation Research Board Annual Meeting, 2004.

[8] MOHAMMAD F A, COLLOP A C, BROWN S F. Effects of surface cracking on responses in flexible pavements[J]. Proceedings of the Institution of Civil Engineers: Transport, 2005, 158(2): 127-134.

[9] WANG H, AL-QADI I L. Near-surface pavement failure under multiaxial stress state in thick asphalt pavement[J]. Transportation Research Record Journal of the Transportation Research Board, 2010, 2154(1):91-99.

[10] ROQUE R, ZOU Jian, KIM Y R, et al. Top-down cracking of hot-mix asphalt layers: models for initiation and propagation[R]. Contractor's Final Report for NCHRP Project 1-42A,2010.

[11] GERRITSEN A H. Prediction and prevention of surface cracking in asphaltic pavements [C]// Proceeding of international conference on the structural design, 1987: 378-391.

[12] JACOBS M M J. Cracking in asphalt mixes [D]. The Netherlands: The Delft University of Technology, 1995.

[13] MYERS L A, ROQUE R, RUTH A B E. Mechansisms of surface initiated longitudinal wheel path cracks in high-type bituminous pavements [J]. Journal of the Association of Asphalt Paving Technologists, 1998, 67:401-432.

[14] MYERS L A. Development and propagation of surface-initiated longitudinal wheel path cracks in flexible highway pavements[D]. Florida: University of Florida, 2000.

[15] 罗睿，黄晓明.沥青路面表面裂缝应力强度因子计算方法研究[J].公路交通科技，2002，19(1)：12-15.

[16] 吕光印.柔性基层沥青路面Top-Down开裂机理研究[D].西安：长安大学，2008.

[17] SVASDISANT T, SCHORCH M, BALADI G Y. Mechanistic analysis of top-down cracks in asphalt

pavements[J]. Transportation Research Record Journal of the Transportation Research Board, 2002, 1809(1):126-136.

[18] SCHORSCH M, CHNAG C M, BALADI G Y, et al. Effects of segregation on the initiation and propagation of top-down cracks[C]. Paper presented in Transportation Research Board Annual Meeting,2003.

[19] ROWE G M, SAUBER R, FEE F, et al. Development of long-life overlays for existing pavement infrastructure projects with surface cracking in New Jersey[J]. Transportation Research Board, 2001 (503):96-107.

[20] MATSUNO S, NISHIZAWA T. Mechanism of longitudinal surface cracking in asphalt pavement [C]//Proceedings of 7th International Conference on Asphalt Pavements, Nottingham, United Kingdom,1992.

[21] UHLMEYER J S, WILLOUGHBY K, PIERCE L, et al. Top-down cracking in washington state asphalt concrete wearing courses[J]. Transportation Research Record Journal of the Transportation Research Board, 2000, 1730(1):110-116.

[22] BENSALEM A, BROWN A J, NUNN M E, et al. Finite element modeling of fully flexible pavements: cracking and wheel interaction[C]//Proceedings of 2nd Symposium on 3D Finite Element For Pavement Analysis, Design and Research. Charleston: West Virginia, 2000.

[23] WANG Linbing, MYERS L A, MOHAMMAD L N, et al. Micromechanics study on top-down cracking[J]. Transportation Research Record Journal of the Transportation Research Board,2003,1853 (1):121-133.

[24] 毕玉峰.沥青混合料抗剪实验方法及抗剪参数研究[D].上海:同济大学,2004.

[25] HIMENO K, KAMIJIMA T, IKEDA T, et al. Distribution of tire contact pressure of vehicle and its influence on pavement distress[C]//Proceedings of the 8th International Conference on Asphalt Pavements. USA: University of Washington, Seattle, 1977.

[26] 王刚.沥青路面 Top-Down 开裂的过程模拟及机理分析[D].上海:同济大学,2013.

[27] Sun Lijun, Wang Gang, Zhang Hongchao, et al. Initiation and propogation of top-down cracking in asphalt pavement[J]. Applied Sciences, 2018,8(5):1-14.

[28] 胡晓.混凝土桥梁沥青混凝土铺装力学分析研究[D].上海:同济大学,2007.

[29] THOMPSON M R, SCARPENTER S H. Design principles for longlasting HMA pavements[C]// Proceeding of International Symposium on Design and Construction of Long Lasting Asphalt Pavements, Auburn, Alabama, USA, 2004.

[30] PETERSON R L, TURNER P, ANDERSON M, et al. Determination of threshold strain level for fatigue endurance limit in asphalt mixtures[C]//Proceeding of International Symposium on Design and Construction of Long Lasting Asphalt Pavements, Auburn, Alabama, USA,2004.

[31] PRIEST A L, TIMM D H. Methodology and calibration offatigue transfer functions for mechanistic-empirical flexiblepavement design[R].USA:National Center for Asphalt Technology,2006.

[32] 徐鸥明,韩森,段小琦.SBS 改性沥青混合料疲劳极限拉应变研究[J].建筑材料学报,2010,13(2):193-198.

[33] VAN DE LOO P J. Practical approach to the prediction of rutting in asphalt pavements: the Shell method[J]. Transportation Research Record,1976(616):15-21.

[34] SOUSA J B, MONIMITH C L, CRAUS J. Summary report on permanent deformation on asphalt

concrete[R]. SHRP-A/IR-91-104, Strategic Highway Program, National Research Council Washington DC, 1991.
[35] MONISMITH C L, HICKS R G, FINN F N. Permanent deformation response of asphalt aggregate mixes [R]. SHRP-A-415, Strategic Highway Research Program, National Research Council, Washington D.C., 1994.
[36] EISENMANN J, HILMER A. Influence of wheel load and inflation pressure on the rutting effect at asphalt pavement: experiments and theoretical investigations [C]//Proceedings of the International Conference on the Structural Design, 1987.
[37] KENIS W J. Predictive design procedures, a design method for flexible pavement using the vesys structural subsystem [C]//Proceedings of 4th International Conference on the Structural Design of Asphalt Pavement, Ann Arbor, Michigan, 1977.
[38] EPPS J, MONISMITH C L, SEEDS S B, et al. WesTrack performance: interim findings [C]// Proceedings of Association of Asphalt Paving Technologists Technical Sessions, Boston, Massachusetts, USA, 1998.
[39] SIMPSON A L. Characterization of transverse profile[J]Transportation Research Record Journal of the Transportation Research Board, 1999, 1655(1):185-191.
[40] PATERSON WILLIAM D O. Road deterioration and maintenance effect: models for planning and management[M]. The John Hopkins University Press, 1987.
[41] MYERS L A, ROQUE R. Top-down crack propagation in bituminous pavements and implications for pavement management[C]//Proceedings of the Asphalt Paving Technology, 2002.
[42] 胡小弟.轮胎接地压力分布实测及沥青路面力学响应分析[D].上海:同济大学,2003.
[43] 周刚.高速公路沥青路面结构环道试验研究[D].上海:同济大学,2008.
[44] DAWLEY C B, HOGEWIEDE B L, ANDERSON K O. Mitigation of instability rutting of asphalt concrete pavements in Lethbrisge, Alberta, Canada[J]. Journal of the Asphalt Paving Technologists, 1990, 59:481-508.
[45] 李峰.长寿命沥青路面设计中的结构组合分析[D].上海:同济大学,2004.

# 6 路面的疲劳

疲劳是路面结构的主要损伤形式之一。自 1955 年 F. N. Hveem[1]提出疲劳开裂与路面弯沉和荷载作用频次有很好的相关性以来，沥青混合料的疲劳性能一直是研究的重点，不同的国家或机构都对此开展了大量的试验研究。这些研究主要集中在新沥青混合料的实验室疲劳性能方面，并建立了经典的疲劳方程形式。实际上，路面使用过程中沥青混合料的性能是不断发生着变化的，在服役若干时间后的疲劳性能，以及在实际路面结构中的疲劳性能究竟如何，尚需进一步的研究，而针对在役路面疲劳性能的研究可能会提供更多的信息，因此具有更广泛、更一般的意义。

本章根据沪嘉高速公路、G15 高速公路的加速加载试验（APT）和室内四点弯曲疲劳试验（4PB）结果，以及多种路面结构的室内 APT 足尺试验结果，分析沥青混合料和路面结构的疲劳性能。马泽欣、李伊、刘黎萍、袁昱、曹巍和刘佳宁等承担了这部分研究工作。

## 6.1 新沥青混合料的疲劳

20 世纪 70 年代，C. L. Monismith 等[2]提出了应变控制模式和应力控制模式的疲劳方程。1985 年，C. L. Monismith 等给出了沥青路面疲劳方程的经典形式，如式（1-1）所示，之后该疲劳方程形式被广泛使用。在此基础上，进一步考虑各国的大量试验结果后，美国的力学-经验法路面设计指南（MEPDG）给出的疲劳方程如式（1-3）所示。

近年来，一些学者又引进了新的影响变量，探索了疲劳方程的新形式，如式（6-1）[3]、式（6-2）[4]、式（6-3）[5]和式（6-4）[6]所示：

$$N_{f}=\alpha_{1}\left(\frac{1}{\varepsilon}\right)^{\alpha_{2}}(FWD)^{\alpha_{3}}h^{\alpha_{4}} \tag{6-1}$$

式中 $N_f$ ——疲劳寿命；

$\varepsilon$ ——路面临界拉应变；

$FWD$——断裂功密度；

$h$ ——沥青层厚度。

$$N_{f}=\alpha_{1}\left(\frac{1}{\varepsilon}\right)^{\alpha_{2}}(FE)^{\alpha_{3}} \tag{6-2}$$

式中 $N_f$ ——疲劳寿命；

$\varepsilon$ ——应变幅值；

$FE$——断裂能密度。

$$N_{\mathrm{f}}=\alpha_1\left(\frac{1}{\varepsilon_0}\right)^{\alpha_2}D^{\alpha_3} \tag{6-3}$$

式中 $N_{\mathrm{f}}$——疲劳寿命；

$\varepsilon_0$——初始应变水平；

$D$——经过了 $N$ 次加载循环作用后基于模量衰减百分比计算得到的沥青混合料的损伤参数。

$$\lg(N_{\mathrm{f}})=7.94-\left[\frac{\ln(\varepsilon_{\mathrm{t}}\times10^6)}{2.61}\right]+\frac{E}{438\,000} \tag{6-4}$$

式(6-4)是根据路面旧料试件的应变控制三点小梁弯曲疲劳试验结果，基于落锤式弯沉仪(FWD)数据反算得到的沥青层层底拉应变和 PSPA 检测的路面模量建立的现役沥青混合料疲劳寿命预估模型。其中，$E$ 是采用 PSPA 测得的实际路面模量，单位为 MPa。

根据以上沥青混合料现象学疲劳模型可以看出，将沥青混合料的断裂能参数、损伤参数以及与路面结构有关的沥青层厚度和模量引入疲劳模型，能够更好地描述沥青混合料的疲劳性能。

## 6.2 现役沥青混合料现象学疲劳模型

### 6.2.1 4PB 试验疲劳损坏标准

在应变控制模式下，4PB 试件的疲劳损坏一般不会以出现断裂破坏等明显的形式出现，因此就需要根据一定的标准来确定试件何时疲劳损坏。在应变控制模式下，室内疲劳试验的损坏标准总体上有两种判定方法：一种是以试件模量降低至初始模量的 50%时作为疲劳损坏判定标准，简称 $N_{\mathrm{f}}50$ 法；另一种是基于试件耗散能的变化规律判定，简称能量法。其中，能量法经过数十年的发展，已形成多种与混合料微裂纹的产生、扩展相关的疲劳损坏判定准则，包括能量比法、耗散能比法和循环次数标准化劲度法。

能量比法首先由 W. V. Dijk 和 W. Visser[7]提出，之后由 P. C. Hopman 等[8]建立并应用于应力、应变控制模式疲劳试验结果的分析。能量比 $ER$ 的定义如下：

$$ER=\frac{n\times W_0}{W_i} \tag{6-5}$$

式中 $n$——加载次数；

$W_0$——试件的初始耗散能，$W_0=\pi\sigma_0\varepsilon_0\sin\varphi_0$；

$W_i$——试件在第 $i$ 次加载循环的耗散能，$W_i=\pi\sigma_i\varepsilon_i\sin\varphi_i$。

能量比-加载次数曲线在初始阶段呈线性规律，该直线被认为是无损线，耗散能保持不变。P. C. Hopman 等[8]认为，当开裂产生并将由微观裂缝向宏观裂缝扩展时，能量比曲线开始偏离无损线，并根据此时所对应的加载循环次数 $N_1$ 制定损坏标准，提出采用累计耗散

能与第 $n$ 次加载循环耗散能的比值来描述能量比[9]，如式(6-6)所示，将耗散能比曲线由线性转变为非线性的加载循环次数 $N_P$ 定义为疲劳损坏标准。

$$DER=\frac{\sum_{i=1}^{n}W_i}{W_n} \tag{6-6}$$

式中 $n$ ——加载次数；

$W_n$，$W_i$——试件在第 $n$ 次、第 $i$ 次加载循环的耗散能。

G. M. Rowe 和 M. G. Bouldin[10]将劲度模量与加载循环次数乘积极值点所对应的加载循环次数作为疲劳损坏的标准，美国 ASTM D7460[11]采用该方法来确定沥青混合料的疲劳寿命，并定义了标准化劲度模量的概念，其计算式如式(6-7)所示，本书简称为 $N_f$NM 法。

$$NM=\frac{S_i \times N_i}{S_0 \times N_0} \tag{6-7}$$

式中 $S_i$—— 第 $N_i$ 周期的劲度模量；

$S_0$—— 第 $N_0$(一般取值为 50)周期的初始劲度模量。

目前，$N_f$50 法的准确性受到了越来越多的质疑，所以本书采用 ASTM D7460 规范推荐的标准化劲度法，将 $N_f$NM 法作为现役沥青混合料疲劳失效的判定标准。

### 6.2.2 现役沥青混合料的现象学疲劳模型

根据不同加载区沥青混合料的疲劳试验结果，马泽新等采用应变控制加载模式和 $N_f$NM 法的疲劳失效标准，得到了经受不同 APT 作用次数沥青混合料的剩余疲劳寿命[12]，结果见表 6-1。

**表 6-1 不同 APT 作用次数下沥青混合料的剩余疲劳寿命**

| APT 作用次数/次 | 上面层 | | | 中面层 | | |
|---|---|---|---|---|---|---|
| | 300 με | 400 με | 500 με | 180 με | 200 με | 300 με |
| 0 | 1 838 410 | 292 860 | 168 520 | 825 170 | 697 950 | 175 100 |
| 250 000 | 1 529 120 | 238 960 | 107 560 | 564 820 | 474 960 | 126 370 |
| 500 000 | 1 258 920 | 233 185 | 79 020 | 474 980 | 401 570 | 80 240 |
| 750 000 | 844 620 | 169 820 | 30 190 | 311 320 | 250 220 | 55 800 |
| 1 000 000 | 724 430 | 136 980 | 18 810 | 129 265 | 102 720 | 31 860 |

根据疲劳试验结果，采用幂函数对应变水平与剩余疲劳寿命进行回归，在半对数坐标下绘制应变水平与剩余疲劳寿命的关系曲线，如图 6-1 所示。

由图 6-1 可以看出，沥青混合料的剩余疲劳寿命与应变水平之间具有较好的幂函数关系。在相同的应变水平下，沥青混合料的剩余疲劳寿命随着所经受 APT 作用次数的增加而降低。可以认为，除了应变水平之外，现役沥青混合料的损伤程度也是影响其室内疲劳寿命的因素。因此，可以在传统疲劳方程的基础上，引入现役沥青混合料的损伤水平，从而得到

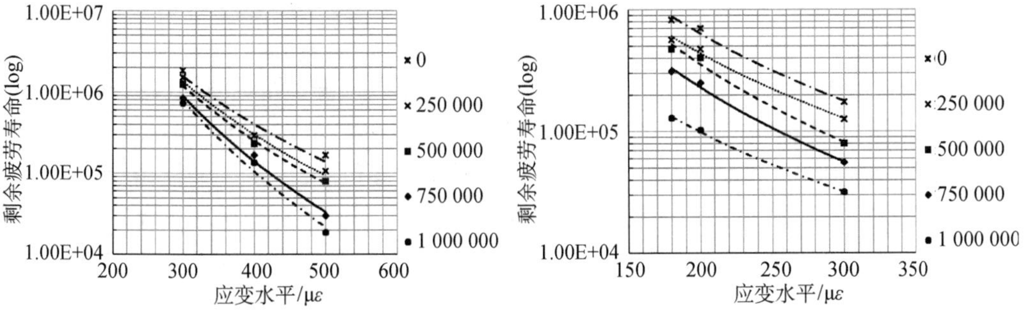


(a) 上面层沥青混合料疲劳试验结果　　(b) 中面层沥青混合料疲劳试验结果

**图 6-1　现役沥青混合料应变水平与剩余疲劳寿命的关系**

以现役沥青混合料的损伤水平和应变水平为自变量的疲劳方程。

根据损伤力学，将 APT 混合料的损伤 $D$ 定义为

$$D = 1 - \frac{E}{E_0} \tag{6-8}$$

式中 $E$ ——PSPA 测得的沥青混合料的地震波模量；

$E_0$——PSPA 测得的初始地震波模量。

$D$ 可以看作是进行 4PB 试验时的初始损伤。对于现役沥青混合料而言，其损伤水平越小，剩余模量的百分比越大，剩余疲劳寿命就越大。由此得到的疲劳模型为

$$N_f = A \times (1/\varepsilon)^B \times (1 - D)^C \tag{6-9}$$

式中 $N_f$ ——(剩余)疲劳寿命；

$\varepsilon$ ——应变幅值；

$D$ ——基于地震波模量衰变率得到的现役沥青混合料的损伤水平。

以上面层沥青混合料为例，回归得到上面层沥青混合料的疲劳寿命方程为

$$N_f = 1.713 \times 10^{21} \times (1/\varepsilon)^{5.803} \times (1 - D)^{1.829},\ R^2 = 0.963 \tag{6-10}$$

类似地，对不同损伤水平的沪嘉高速公路 APT 试验段中面层沥青混合料的疲劳试验结果进行回归，得到的疲劳寿命预估模型为

$$N_f = 3.783 \times 10^{13} \times (1/\varepsilon)^{3.165} \times (1 - D)^{2.386},\ R^2 = 0.974 \tag{6-11}$$

### 6.2.3 基于耗散能变化率的疲劳性能模型

1. 基于耗散能变化率的疲劳寿命预估模型

S. Carpenter 等[13, 14] 给出的耗散能变化率(Ratio of Dissipated Energy Change, RDEC)的定义如式(6-12)所示。

$$RDEC_a = \frac{(DE_a - DE_b)}{[DE_a \times (b - a)]} \tag{6-12}$$

式中　$a$，$b$　　　——加载循环次数；

$DE_a$，$DE_b$——相应加载次数所对应的耗散能。

如图 6-2 所示，对于应变控制模式的 4PB 试验，*RDEC* 随着加载循环次数的变化规律为 *RDEC* 先降低，然后维持在一个稳定水平（Plateau Value，PV），最后快速上升。*RDEC* 的平台值 *PV* 被看作是表征沥青混合料疲劳性能的重要参数。S. Shen 和 S. Carpenter[13] 提出 *RDEC* 的平台值 *PV* 应在劲度模量降到初始模量的 50% 时的加载循环次数处进行计算。

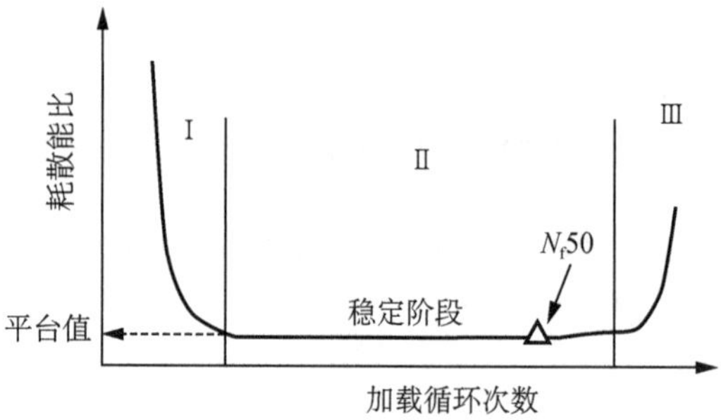


**图 6-2　沥青混合料 *RDEC* 曲线示意**[13]

疲劳试验过程中沥青混合料的劲度模量和耗散能计算结果在相邻加载循环之间总是呈现出波动状态，因此难以基于原始试验数据记录的各加载循环的耗散能直接计算 *RDEC* 的 *PV*。B. D. Prowell 等[15] 基于耗散能随加载循环次数所呈现的幂函数变化规律提出了新的 *PV* 值计算方法：

$$PV=\frac{1-\left(1+\dfrac{100}{N_f50}\right)^f}{100} \tag{6-13}$$

式中，$f$ 是耗散能-加载循环次数曲线的幂函数回归结果的指数项参数。

众多研究者对 RDEC 法进行了研究与探讨。S. Shen[16] 指出 *PV* 与疲劳寿命具有独特的幂函数关系，不受混合料类型、加载模式、测试条件和加载水平（常规和低应变水平）的影响。如图 6-3 所示，基于大量的 4PB 试验结果，S. Shen 建立了 *PV* 与 50% 模量衰减标准的疲劳寿命回归方程，见式（6-14）。同时，发现 *PV* 与疲劳寿命的幂函数关系在小应变水平下能够保持相对一致的关系，见图 6-4，并在此基础上将 RDEC 法应用于沥青混合料的疲劳损伤愈合与疲劳极限的研究。

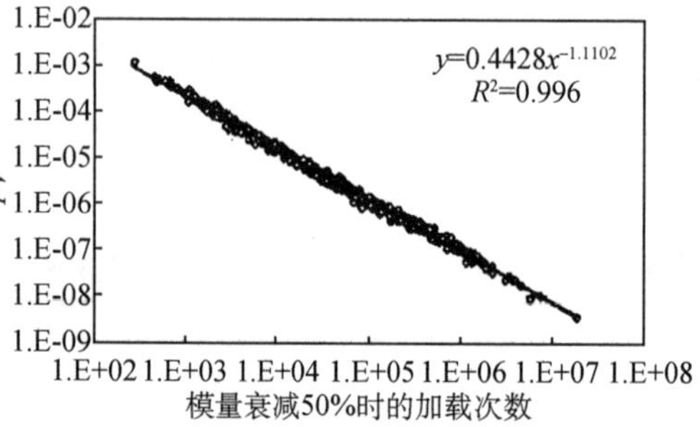


**图 6-3　*PV*-$N_f$50 关系**[16]

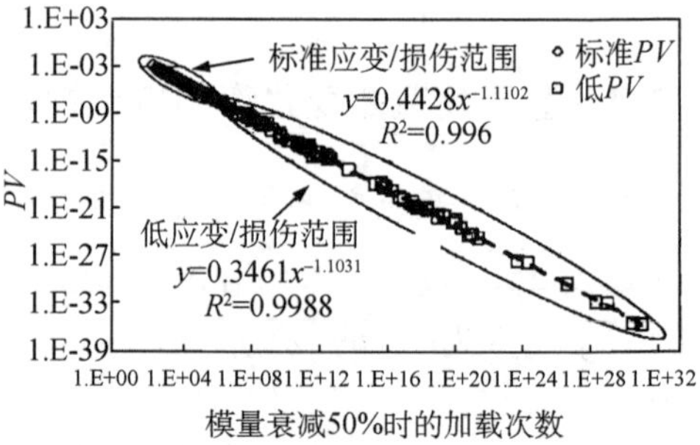


**图 6-4　小应变下的 *PV*-$N_f$50 关系**[16]

$$PV = 0.4428 \times N_f^{-1.1102} \tag{6-14}$$

A. Subhy 等[17]提出了一种新的简单的 $PV$ 计算方法，能够消除计算 $PV$ 时加载循环次数选取的主观性。但该研究发现 $PV$ 与疲劳寿命的关系依赖于混合料的类型，这与 S. Shen 的研究结论不一致。H. Omrani 等[18]采用四点小梁疲劳试验评价了温拌沥青混合料的疲劳性能，对比了 50%模量衰减、$N_f$NM 法和基于 RDEC 法的疲劳损坏判定标准，发现 $N_f$NM 法和基于 RDEC 法得到的疲劳寿命比较接近，而 50%模量衰减标准不是一个可靠的判定标准。

2. 现役沥青混合料耗散能改变率法疲劳模型

根据本书 6.2.2 节的分析可以看出，随着所经受的 APT 作用次数的增加，现役沥青混合料的劲度模量具有更快的衰变速率，表明现役沥青混合料的疲劳性能随着初始损伤水平的增加而衰减。而 RDEC 法的平台值 $PV$ 代表了疲劳试验过程中混合料损伤发展的速率，可以作为沥青混合料疲劳抗力的参数。本节对于应用 RDEC 法建立现役沥青混合料疲劳模型进行了探讨。

以沪嘉高速公路某上面层沥青混合料的 4PB 试验结果为例，根据 B. D. Prowell 等[15]提出的方法，即式(6-13)计算 $PV$。首先，采用幂函数对 4PB 试验得到的混合料各周期耗散能与加载次数之间的关系进行拟合，结果见图 6-5[12]；根据拟合的指数项参数，采用式(6-13)计算混合料的 $PV$。从 $RDEC$ 散点图可以看出，$RDEC$ 呈现出明显的先降低、后稳定、最后快速上升的变化规律，而计算得到的 $PV$ 很好地表征了 RDEC 的平台水平，见图 6-6[12]。同时还可以看出，$N_f$50 疲劳寿命处于 $RDEC$ 平台阶段内，而 $N_f$NM 疲劳寿命接近 $RDEC$ 快速上升所对应的加载循环次数，从而验证了采用 $N_f$NM 法作为现役沥青混合料疲劳损坏判定标准的合理性。

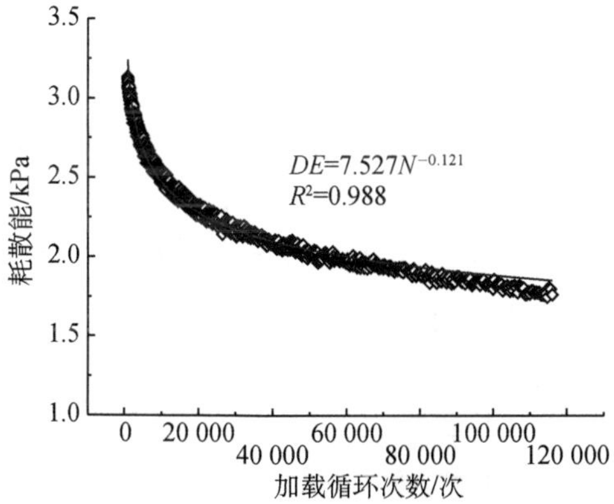


图 6-5　耗散能-加载循环次数关系

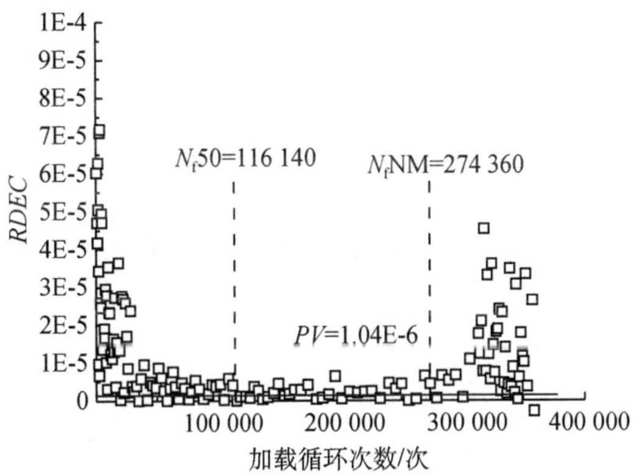


图 6-6　不同加载循环次数的 ***RDEC***

采用同样的方法，根据各个应变水平下沥青混合料的 4PB 试验结果，计算得到现役沥青混合料的 $PV$，见表 6-2。

根据表 6-2 可以看出，在相同应变水平下，随着混合料所经受 APT 作用次数的增加，$PV$ 不断变大。同时，对于经受了一定 APT 作用次数的现役沥青混合料而言，随着应变水平的增大，$PV$ 也不断变大。$PV$ 反映了疲劳损伤的发展速率，较低的 $PV$ 表明材料具有较好的疲劳抗力，现役沥青混合料的 $PV$ 很好地反映了应变水平和损伤水平对其疲劳性能的影响。

表 6-2　　不同 APT 作用次数下现役沥青混合料的 *PV*

| APT 作用次数/次 | 上面层 | | | 中面层 | | |
|---|---|---|---|---|---|---|
| | 300 με | 400 με | 500 με | 180 με | 200 με | 300 με |
| 0 | 7.72E-08 | 7.36E-07 | 1.31E-06 | 2.07E-07 | 2.17E-07 | 1.03E-06 |
| 250 000 | 9.85E-08 | 1.03E-06 | 3.53E-06 | 2.41E-07 | 4.00E-07 | 1.83E-06 |
| 500 000 | 1.17E-07 | 1.17E-06 | 5.14E-06 | 4.46E-07 | 4.38E-07 | 2.10E-06 |
| 750 000 | 1.37E-07 | 2.17E-06 | 1.21E-05 | 5.30E-07 | 6.21E-07 | 4.53E-06 |
| 1 000 000 | 1.59E-07 | 2.68E-06 | 1.82E-05 | 1.18E-06 | 1.39E-06 | 4.88E-06 |

疲劳试验的应变水平和现役沥青混合料的损伤水平都对 $PV$ 有所影响。因此，可以将 $PV$ 表示为应变水平与损伤水平的二元函数，可得到上面层和中面层现役沥青混合料的 $PV$ 与应变水平和损伤水平的关系，分别如式(6-15)和式(6-16)所示。

$$PV = 6.204 \times 10^{-26} \times \varepsilon^{7.653} \times D^{2.317},\ R^2 = 0.962 \tag{6-15}$$

$$PV = 1.819 \times 10^{-14} \times \varepsilon^{3.554} \times D^{2.430},\ R^2 = 0.949 \tag{6-16}$$

参考 S. Shen 提出的 $PV$ 与 $N_f50$ 具有独特的幂函数关系[16]，本节采用幂函数对现役沥青混合料的 $PV$ 与 $N_f$NM 进行回归，如图 6-7 所示。上面层、中面层现役沥青混合料的 $PV$ 与疲劳寿命之间的幂函数关系回归结果分别如式(6-17)和式(6-18)所示。

$$N_f = 0.431 \times PV^{-0.930},\ R^2 = 0.971 \tag{6-17}$$

$$N_f = 0.792 \times PV^{-0.895},\ R^2 = 0.962 \tag{6-18}$$

从图 6-7 可以看出，对于具有不同损伤水平的现役沥青混合料在不同应变水平下的疲劳试验结果，可以根据统一的幂函数对 $PV$ 与疲劳寿命的关系进行回归，而上面层和中面层沥青混合料的回归结果略有不同，表明 $PV$ 和现役沥青混合料疲劳寿命之间存在着比较独特的关系，该关系仅与材料有关，而与应变水平和混合料损伤水平无关。

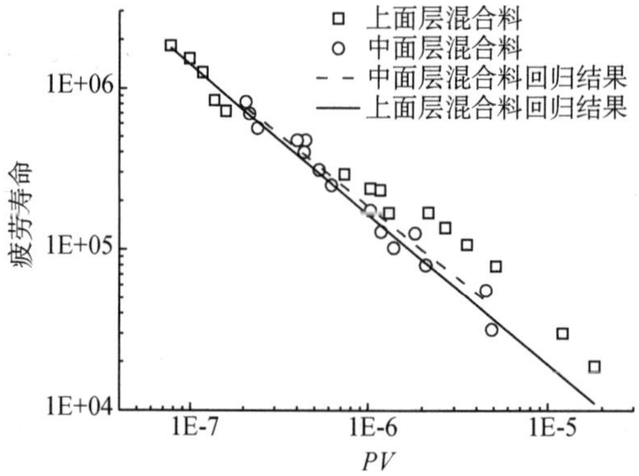


图 6-7　沪嘉高速公路 APT 试验段沥青混合料 *PV*-疲劳寿命关系

## 6.3 路面结构中沥青混合料疲劳性能(基于足尺 APT 试验)

### 6.3.1 试验概况

为了研究中温条件下现役沥青路面的疲劳性能，沪嘉高速公路 APT 试验选择在冬季进行[19]，以考虑加载过程中轮胎与路面摩擦造成的路面沥青层温度上升。APT 试验开始前，在加载试验区的轮迹带位置不同深度处埋设温度传感器，传感器采用 PT100 铂热电阻，温度测试范围为−20～450 ℃，精度为 0.1 ℃。试验期间的路面温度变化情况如图 6-8 所示，其中沥青面层平均温度是根据 2 cm，7 cm 和 14 cm 深度处的温度数据加权平均计算得到的。试验期间沥青层的平均温度在 10.6 ℃左右，最大温差为 5.7 ℃。

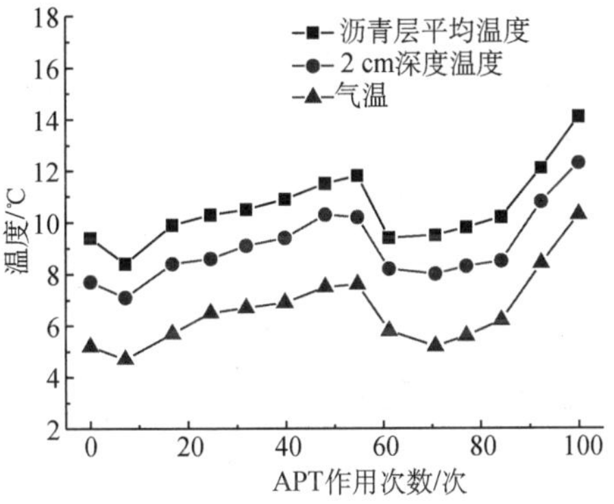


**图 6-8　APT 试验过程中路面温度变化情况**

G15 高速公路 APT 试验期间路面沥青层的平均温度在 38.8 ℃左右，最大温差为 20.9 ℃。沪嘉高速公路、G15 高速公路的路面结构如图 6-9、图 6-10 所示。

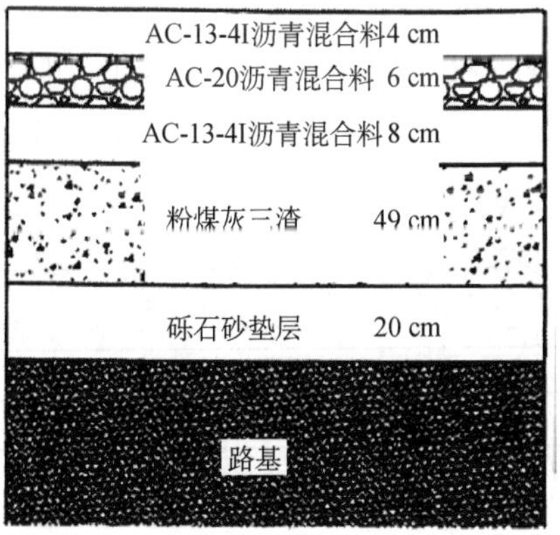


**图 6-9　沪嘉高速公路 APT 试验段路面结构**

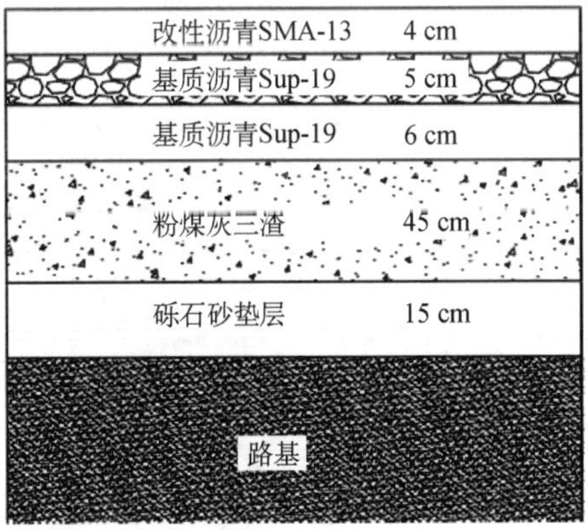


**图 6-10　G15 高速公路 APT 试验段路面结构**

### 6.3.2 基于地震波模量的疲劳损伤演化

衷昱进行的沪嘉高速公路试验 1＃路面试验中，路面沥青层在 100 万次 APT 作用下的平均地震波模量如表 6-3 所列。[19] 可以看出，尽管在 APT 试验过程中没有观测到路面开裂，但沥青层的地震波模量随着 APT 作用次数的增加显著降低。地震波模量检测点的布置如图 6-11 所示。

**表 6-3　　1＃加载区地震波模量检测结果**

| APT 作用次数/次 | 地震波模量/GPa |
|---|---|
| 0 | 3.923 |
| 168 000 | 3.402 |
| 398 000 | 3.106 |
| 547 000 | 2.939 |
| 707 000 | 2.100 |
| 882 000 | 2.082 |
| 1 000 000 | 1.888 |

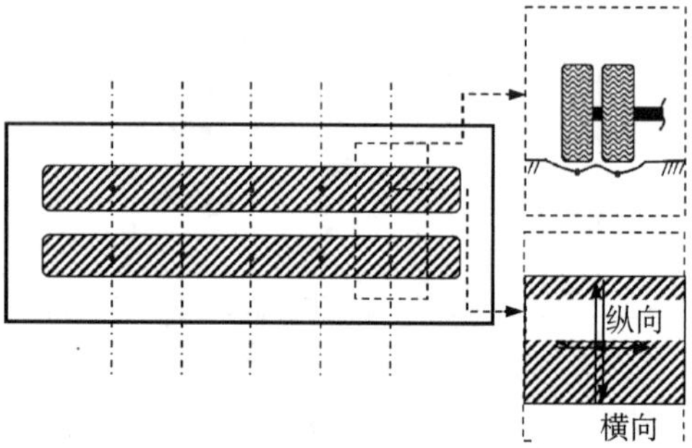


**图 6-11　地震波模量检测点布置**

既有研究表明，沥青混合料在室内疲劳试验过程中的模量衰变可以采用韦布尔生存函数进行拟合[20, 21]，实际上还可以采用沥青路面结构行为方程进行拟合。本节借鉴了韦布尔生存函数和沥青路面结构行为方程的形式对沥青层地震波模量的检测结果随加速加载作用次数的变化进行回归，如式(6-19)和式(6-20)所示。

$$E = E_0 \exp(-A \times N^B) \tag{6-19}$$

$$E = E_0 \left\{1 - \exp\left[-\left(\frac{C}{N}\right)^D\right]\right\} \tag{6-20}$$

式中　$N$ ——加载作用次数；

$E_0$ ——路面初始地震波模量；

$E$ —— 加载次数为 $N$ 时的路面地震波模量；

$A$，$B$，$C$，$D$ ——模型参数。

值得一提的是，式(6-20)中的模型参数具有明确的物理意义，详见本书 7.2.2 节的相关内容。

根据沪嘉高速公路 1＃试验段沥青混合料的地震波模量检测结果的拟合结果(图 6-

12)，得到的韦布尔生存函数和结构行为方程模型地震波模量衰变表达式见式(6-21)和式(6-22)。

$$E = 3.923 \times \exp(-1.1874 \times 10^{-7} \times N^{1.1328}) \tag{6-21}$$

$$E = 3.923 \times \left\{1 - \exp\left[-\left(\frac{621\ 803.28}{N}\right)^{0.7636}\right]\right\} \tag{6-22}$$

根据图 6-12(a)可以看出，韦布尔型函数的拟合结果接近于直线，而沥青路面结构行为方程的拟合结果则为明显的凹曲线，基于路面结构行为方程形式的拟合结果相比韦布尔生存函数形式的拟合结果更明显地体现出了路面地震波模量衰变先快后慢的特点。

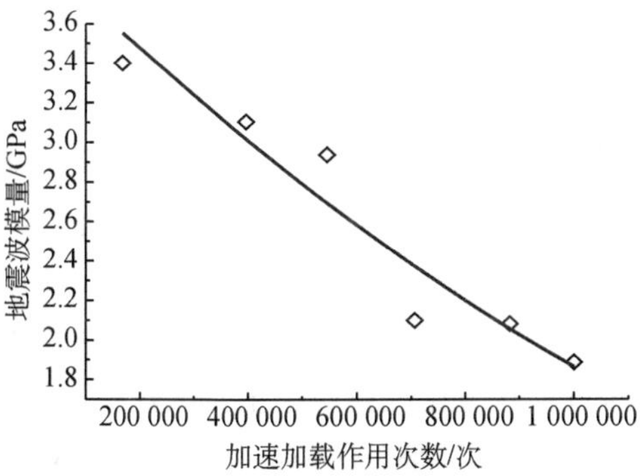

(a) 韦布尔生存函数拟合

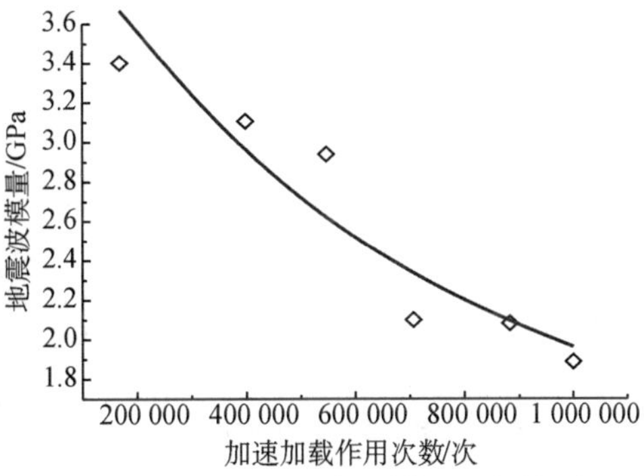

(b) 沥青路面结构行为方程拟合

**图 6-12　沥青层地震波模量随 APT 作用次数的衰变规律**

### 6.3.3　前期性能的逆向(回溯)分析

在 APT 试验开始前，APT 试验段车道其实已经受了数年的交通作用，历史交通量的作用造成了一定的模量衰减。由于该车道沥青层的初始地震波模量已无法测定，因此将该车道外侧具有相似路面结构的路肩处的地震波模量检测结果作为该路面结构的初始模量。APT 试验段外侧路肩处的地震波模量检测结果为 6.1 GPa，将其作为 APT 加载段路面的初始模量。可以看出，在 APT 试验开始前，历史交通量的作用已致地震波模量降低了 2.2 GPa，约 36%。

若将 APT 试验段车道的历史交通量等效为一定量的 APT 作用次数，作为地震波模量衰变函数中的一个参数，则可将 APT 试验前与试验过程中路面模量的衰变规律看作同一个不断衰减的函数，这样就可以得到历史交通量对应的等效 APT 作用次数。由于沥青路面结构行为方程形式的交通量参数位于分母，其值不能等于零，因此采用韦布尔生存函数将加载试验段沥青层地震波的模量衰变规律写成式(6-23)的形式：

$$E = E_0 \times \exp[-\lambda \times (N + N_0)^{\gamma}] \tag{6-23}$$

式中　$N$ ——APT 加载次数；

$N_0$ ——APT 试验开始前加载段所经受交通量等效于 APT 作用的次数；

$E_0$ ——路面初始模量；

$E$ —— 经受了 $N$ 次 APT 作用的路面模量；

$\lambda$，$\gamma$ ——模型参数。

马泽欣根据 APT 试验中的地震波模量检测数据，得到的结果如图 6-13 所示[12]。可以看出，APT 试验段的历史交通量等效于 701 881 次 APT 作用。由于 APT 试验过程中未引入轮迹横向分布，因此这里的等效 APT 作用次数也应是作用于轮迹带上的加载作用次数。

$$E = 6.1 \times \exp[-1.454 \times 10^{-7} \times (N + 701\,881)^{1.108}],\ R^2 = 0.926 \tag{6-24}$$

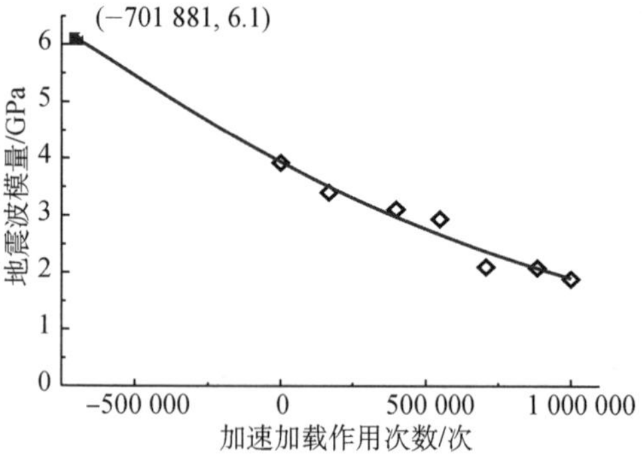


图 6-13　沥青层模量随等效 APT 作用的衰变规律

对 APT 试验段车道的历史交通量进行统计，得到通过该车道的总交通量为 26 432 186 ESALs。由于 APT 试验段位于车道的轮迹带上，而 APT 试验过程中并没有引入轮迹横向偏移，因此对统计得到的历史交通量需要考虑轮迹横向分布。参考刘黎萍等[22]对高速公路沥青路面轮迹横向分布的研究结果，对加速加载试验区所在车道的轮迹横向分布系数取值为 0.25，进而计算得到试验区在 APT 试验开始前的累计当量标准轴载次数为 6 608 047 次。

对比 APT 试验段轮迹带内的历史交通量与其等效 APT 作用次数，可以得到 APT 加载次数与当量标准轴载作用次数之间的等效换算系数，见式(6-25)[12]。

$$\phi = \frac{N_{\mathrm{ESAL}}}{N_{\mathrm{APT}}} = \frac{6\,608\,047}{701\,881} = 9.415 \tag{6-25}$$

轴载等效系数为轴载比的四次方，APT 试验加载轮组的荷载对应的轴载等效因子约为 5.063，见式(6-26)。

$$EALF = \left(\frac{N_{\mathrm{X}}}{N_{\mathrm{S}}}\right)^4 = \left(\frac{75}{50}\right)^4 = 5.063 \tag{6-26}$$

可以看出基于路面沥青层模量衰变规律得到的 APT 加载次数与当量标准轴载作用次数之间的等效换算系数 $\phi$ 约为 APT 试验荷载轴载等效因子 EALF 的 1.86 倍。此差异可以看作是加载间歇和环境条件差异等因素对现役沥青混合料疲劳损伤愈合的影响。

将 APT 作用次数转换为当量标准轴载作用次数，结合式(6-8)现役沥青混合料损伤计算和式(6-23)，可得路面沥青层损伤参数随累计当量标准轴载作用次数的变化关系，如式(6-27)和图 6-14 所示。

$$D = 1 - \exp(-1.365 \times 10^{-8} \times N^{1.101}),\ R^2 = 0.941 \tag{6-27}$$

式中　$D$ ——损伤参数；

$N$ ——累计当量标准轴载作用次数($ESAL$)。

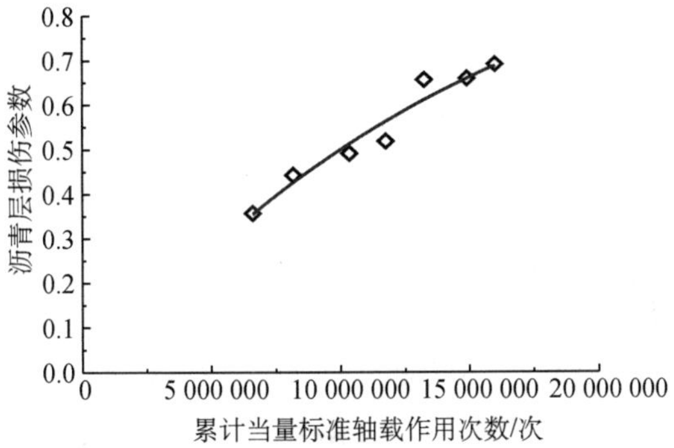


**图 6-14　沥青层损伤随累计交通量的发展**

根据等效换算系数 $\phi$，将各个 APT 试验段的 APT 作用次数转换为当量标准轴载作用次数，再与历史交通量求和，计算得到累计当量标准轴载作用次数，代入式(6-27)便可求得不同 APT 作用次数下现役沥青混合料的损伤水平。

### 6.3.4　高温条件下的疲劳损伤演化

在高温条件下，沥青路面容易发生以车辙为主导的损坏形式。B. W. Tsai 等[23]发现了沥青混合料在高温下也存在疲劳损伤。本节将 40 ℃及以上的路面温度定义为高温状态，并在 G15 高速公路上海段开展了 APT 试验[12]。根据地震波模量检测结果进行温度修正后，分别求得轮迹带中心和轮迹带边缘处的平均地震波模量，如表 6-4 所列。

**表 6-4　　G15 高速公路 1＃加载区地震波模量检测结果**

| APT 作用次数/次 | 地震波模量/GPa | |
|---|---|---|
| | 轮迹带中心位置 | 轮迹带边缘位置 |
| 0 | 3.523 | 3.461 |
| 72 000 | 3.123 | 3.151 |
| 110 000 | 3.058 | 3.030 |
| 174 000 | 3.022 | 3.057 |
| 237 000 | 2.881 | 2.848 |
| 299 000 | 2.768 | 2.590 |
| 362 000 | 2.783 | 2.566 |
| 426 000 | 2.555 | 2.528 |
| 458 000 | 2.685 | 2.497 |
| 525 000 | 2.531 | 2.571 |
| 550 000 | 2.537 | 2.394 |

根据表 6-4 中的数据对沥青层地震波模量随 APT 作用次数的衰变规律进行分析。由于该试验段没有历史交通作用，因此将加载开始前的检测结果作为初始地震波模量。轮迹

带中心位置和轮迹带边缘位置处的初始地震波模量分别为 3.523 GPa 和 3.461 GPa。采用韦布尔生存函数和沥青路面结构行为方程对地震波模量检测结果进行回归，结果如图 6-15 所示。可以看出，两种模型的回归结果都是凹函数，体现出沥青层地震波模量衰变先快后慢的特点，同时，相比轮迹带中心处，轮迹带边缘处的地震波模量衰变得更快。

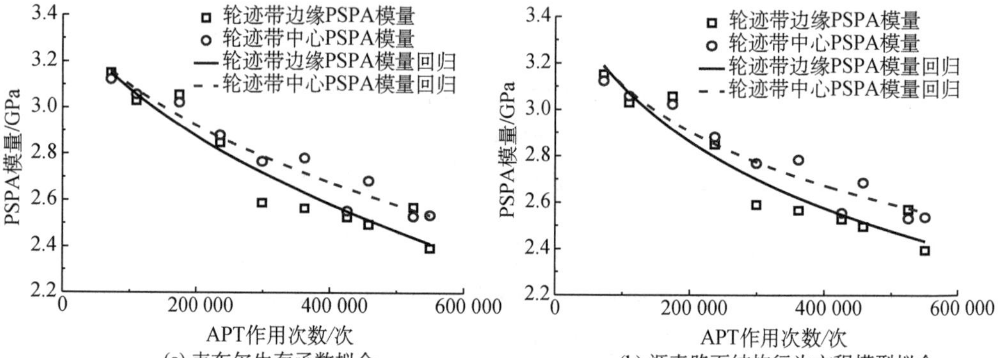

(a) 韦布尔生存函数拟合

(b) 沥青路面结构行为方程模型拟合

**图 6-15 地震波模量衰变规律**

式(6-28)和式(6-29)分别为根据韦布尔生存函数对轮迹带中心和轮迹带边缘处的地震波模量检测结果回归得到的方程：

$$E = 3.523\exp(-2.2649\text{E-}4 \times N^{0.5505}),\ R^2 = 0.935 \tag{6-28}$$

$$E = 3.461\exp(-5.6833\text{E-}5 \times N^{0.6624}),\ R^2 = 0.902 \tag{6-29}$$

式(6-30)和式(6-31)分别为根据沥青路面结构行为方程对轮迹带中心和轮迹带边缘处的地震波模量检测结果回归得到的方程：

$$E = 3.523\left\{1 - \exp\left[-\left(\frac{1\ 335\ 670}{N}\right)^{0.2918}\right]\right\},\ R^2 = 0.919 \tag{6-30}$$

$$E = 3.461\left\{1 - \exp\left[-\left(\frac{937\ 962}{N}\right)^{0.3635}\right]\right\},\ R^2 = 0.904 \tag{6-31}$$

对比式(6-30)和式(6-31)可以看出，相比轮迹带中心，轮迹带边缘处的模量衰变规律拟合结果的寿命因子更小而形状因子更大，表明其衰减速率更快。根据寿命因子的物理意义，可以预估当轮迹带边缘位置处地震波模量降至初始值的 63.2%时，所需的 APT 作用次数约为 93.8 万次，而对于轮迹带中心位置，则相应所需的 APT 作用次数约为 133.6 万次。

由于结构行为方程的模型参数具有更明确的物理意义，故在结构行为方程拟合结果的基础上，结合现役沥青混合料的损伤定义，得到现役沥青混合料的损伤发展规律。轮迹带中心处和轮迹带边缘处的损伤函数分别如式(6-32)和式(6-33)所示。

$$D = \exp\left[-\left(\frac{1\ 335\ 670}{N}\right)^{0.2918}\right] \tag{6-32}$$

$$D = \exp\left[-\left(\frac{937\ 962}{N}\right)^{0.3635}\right] \tag{6-33}$$

## 6.4 现役沥青混合料剩余疲劳寿命预估

沥青路面的现场疲劳寿命预估模型主要是在沥青混合料疲劳方程的基础上，基于Miner法则建立的疲劳转换方程，仅适用于解释弯拉疲劳开裂的机理且没有考虑沥青混合料在交通荷载作用下疲劳损伤的发展变化过程。因此，对于现役沥青混合料需要区分传统的弯拉疲劳开裂和Top-down疲劳开裂，分别提出合理的方法对其剩余疲劳寿命进行预估。

对于弯拉疲劳开裂，可以基于沥青混合料弯拉疲劳模型，以沥青层在实际交通荷载作用下的应变响应作为联系室内疲劳试验结果与现场疲劳寿命的桥梁，得到试验室疲劳寿命与现场疲劳寿命的转换因子，从而对现役沥青混合料的剩余疲劳寿命进行预估。对于Top-down开裂，由于其机理比较复杂，目前尚无成熟的方法。本节根据高温条件下APT试验中出现的Top-down裂缝处的地震波模量检测结果，对不同路面深度处的地震波模量衰变规律进行分析，并预估了其Top-down开裂疲劳寿命。

### 6.4.1 Miner疲劳叠加法则

Miner法则[24]是M. A. Miner在研究金属材料时提出的线性损伤累积假设，该法则认为疲劳损伤随着循环比线性累加，而与加载序列无关。Miner疲劳累积损伤法则的基本原理如式(6-34)所示。当线性累积损伤率达到1时，即认为材料出现疲劳破坏。

$$D=\sum_{i=1}^{n}\frac{n_i}{N_i}\leqslant 1 \tag{6-34}$$

式中 $n_i$ ——在应变水平 $i$ 下交通荷载的实际作用次数；

$N_i$ ——在应变水平 $i$ 下容许的荷载作用次数，即疲劳寿命；

$D$ ——累积损伤率。

1965年，Deacon首次将Miner法则引入沥青混合料疲劳特性的研究中，提出了设计寿命内累积疲劳损伤为加载循环比的线性总和的假设。1967年，J. A. Deacon和C. L. Monismith[25]基于有限的室内试验，验证了随机多级加载作用下Miner法则的适用性。2002年，B. W. Tsai等[26]采用统计学方法与Miner法则预估了WesTrack试验路沥青混合料的疲劳性能。该方法的局限性是没有考虑路面沥青层模量的折减，认为在不变的环境和加载状况下，路面的损伤速率是相同的。故之后又根据美国加州6个APT试验段的数据，利用递归修正的Miner法则进行了路面疲劳寿命的分析[20]。递归修正的方法是对经受了 $\theta$ 次加载循环的沥青混合料的室内疲劳寿命乘以基于韦布尔模型得到的修正公式 $\phi\exp(-\alpha\phi^{-\beta}\theta^{\beta})$。递归修正的Miner法则见式(6-35)。

$$\sum_{i=1}^{n}\frac{n_i}{N_i}=\sum_{i=1}^{n}\frac{n_i}{\phi N_{fi}\exp(-\alpha\phi^{-\beta}\theta^{\beta})}=1 \tag{6-35}$$

式中 $N_i$ ——在第 $i$ 级加载下的现场疲劳寿命；

$N_{fi}$ ——在第 $i$ 级加载下的试验室疲劳寿命；

$\theta$ ——加载循环次数；

$\alpha, \beta$ ——两个基于损伤的材料参数；

$\phi$ ——修正因子。

采用上述法则的关键是建立室内疲劳试验结果与现场疲劳性能的关系，通常的做法是将室内疲劳试验结果乘以转换函数（系数）得到疲劳转换方程。

不仅如此，实际转换时还需考虑温度的影响。美国加州大学伯克利分校的 J. T. Harvey 等[27]基于 SHRP 成果，提出了针对疲劳开裂破坏的混合料设计分析体系，其中考虑了温度的影响，见式(6-36)：

$$N \geqslant \frac{ESALs \times TCF \times M}{SF} \tag{6-36}$$

式中 $N$ ——实际路面应变水平下沥青混合料疲劳寿命；

$ESALs$——等效轴载作用次数；

$TCF$ ——温度换算系数；

$M$ ——可靠度系数；

$SF$ ——转换因子。

式(6-36)中 $TCF$ 是一个将不同环境温度下的荷载作用次数等效为单一温度下荷载作用次数的换算系数，其值可以根据不同结构类型以及不同地区气候观测结果计算得到；可靠度系数 $M$ 是一个反映沥青混合料疲劳设计可靠性水平的指标；转换因子 $SF$ 是用于对实验室内疲劳试验应变水平与实际路面受到的应变水平进行转换的系数。一般认为，荷载作用间歇时间、裂缝扩展过程、轮迹横向分布、路面结构厚度、路面温度场、室内试验和现场疲劳损坏标准等因素是影响该转换因子的主要因素。

大部分研究假设转换因子为常数。J. A. Deacon 等[28]在 SHRP A-003 研究中推荐转换因子的数值在 10～14 之间。L. M. Pierce 等[29]通过对华盛顿州 6 条服役了 10 至 13 年的厚度为 10～25 cm的柔性路面的性能监测得到的转换因子为 0.1～6.0。其中，最小的转换因子对应的是最厚的路面。B. Prowell[30]针对 NCAT 试验路进行了计算，得到的转换因子为 4.2～75.8，基于材料模量与层状弹性理论计算得到的转换因子为 6.7～19.2。A. Mateos 等[31]根据 CEDEX 环道试验的结果，建立了现场加载作用次数与室内疲劳试验结果之间的转换因子。以现场龟裂面积达到 20%为损坏标准，基于 EN 12697-24 规范控制变形由四点小梁疲劳试验结果得到的转换因子为 475，基于 AASHTO T-321 规范控制变形由四点小梁疲劳试验结果得到的转换因子为 41.7。另一些研究则提出了转换因子的函数形式。

疲劳转换关系是目前沥青路面疲劳研究的难点之一。由于沥青混合料的室内疲劳试验结果和路面现场疲劳行为之间具有很大差异，室内外的损坏标准也存在很大差异，使得转换因子的影响因素众多，因此难以通过可靠的函数表达式来确定转换因子。

### 6.4.2 现役沥青混合料弯拉疲劳寿命预估

1. 预估方法

路面 Bottom-up 疲劳开裂是由沥青层内拉应变所主导的损坏模式，受交通和环境两方面影响。交通荷载不仅会造成路面的疲劳，还使得路面沥青层的模量随着荷载累积作用次数的增加而不断衰减，这可以根据损伤力学计算。环境因素的作用主要考虑温度对沥青混合料模量的影响，这可以基于疲劳等效温度考虑用于力学分析的混合料模量取值。对于材料的疲劳抗力，可以通过室内疲劳试验得到现役沥青混合料在不同应变水平下的疲劳寿命，结合初始损伤水平建立现役沥青混合料的疲劳寿命模型。对于路面结构特征的考虑是基于弹性层状理论进行沥青层临界拉应变的计算，并以此作为联系室内疲劳试验与现场疲劳寿命的桥梁。

对于经受了一定交通作用的现役沥青混合料，可以基于转换因子将试验室加载循环次数转换为当量标准轴载作用次数，从而根据其室内疲劳试验结果预估剩余疲劳寿命，见式(6-37)。这里将疲劳转换因子假定为常数。

$$N_{\mathrm{R}} = SF \times N_{\mathrm{Lab}} \tag{6-37}$$

式中 $N_{\mathrm{R}}$ ——现役沥青混合料的剩余疲劳寿命；

$SF$ ——疲劳转换因子；

$N_{\mathrm{Lab}}$——室内疲劳寿命。

假设现役沥青混合料的疲劳损伤累积符合 Miner 法则，则其历史交通量、剩余疲劳寿命和总疲劳寿命的关系为

$$D = \frac{N_{\mathrm{B}} + N_{\mathrm{R}}}{N_{\mathrm{T}}} = 1 \tag{6-38}$$

式中 $N_{\mathrm{B}}$ ——历史交通量($ESAL$)；

$N_{\mathrm{R}}$ ——剩余疲劳寿命；

$N_{\mathrm{T}}$ ——总疲劳寿命。

对于经受了不同交通量作用的现役沥青混合料，其所经受的累计交通荷载作用次数与剩余疲劳寿命之间存在如下关系：

$$N_{\mathrm{B}i} + N_{\mathrm{R}i} = N_{\mathrm{B}j} + N_{\mathrm{R}j} \tag{6-39}$$

式中 $N_{\mathrm{R}i}$ ——经受了 $N_{\mathrm{B}i}$ 次交通荷载作用的现役沥青混合料剩余疲劳寿命；

$N_{\mathrm{R}j}$ ——经受了 $N_{\mathrm{B}j}$ 次交通荷载作用的现役沥青混合料剩余疲劳寿命。

将式(6-37)代入式(6-39)，得到 $SF$ 的计算如式(6-40)所示：

$$SF = \frac{N_{\mathrm{B}i} - N_{\mathrm{B}j}}{N_{\mathrm{Lab}j} - N_{\mathrm{Lab}i}} \tag{6-40}$$

式中，$N_{\mathrm{Lab}i}$ 和 $N_{\mathrm{Lab}j}$ 分别是经受了 $N_{\mathrm{B}i}$ 和 $N_{\mathrm{B}j}$ 次荷载作用的现役沥青混合料的室内疲劳寿命。

在式(6-40)中，现役沥青混合料的室内疲劳寿命需要根据疲劳寿命预估模型基于临界拉应变进行计算。这个临界拉应变是将室内疲劳试验结果与现场疲劳寿命联系起来的桥梁。

2. 沥青层临界拉应变计算

参考《公路沥青路面设计规范》(JTG D50—2017)[32]确定沪嘉高速公路 APT 试验段各层材料的模量参数。由于 APT 试验开始前路面已经受了交通荷载作用，故对面层材料模量

考虑一定程度的折减。面层、粉煤灰三渣基层、砾石砂垫层和土基的抗压回弹模量及泊松比的具体取值如表 6-5 所列。

**表 6-5　　各层材料抗压回弹模量和泊松比**

| 层位 | 厚度/m | 抗压回弹模量/MPa | 泊松比 | 备注 |
| --- | --- | --- | --- | --- |
| 上面层 | 0.04 | 2 000 | 0.35 | AC-13 |
| 中面层 | 0.06 | 1 600 | 0.35 | AC-20 |
| 下面层 | 0.08 | 1 600 | 0.35 | AC-20 |
| 粉煤灰三渣基层 | 0.49 | 3 000 | 0.3 | — |
| 砾石砂垫层 | 0.20 | 300 | 0.4 | — |
| 土基 | — | 40 | 0.4 | — |

利用 BISAR 软件分别计算沥青层对应的轮隙中心处、单圆荷载中心处和单圆荷载边缘处的应力及应变，从层顶开始，沿深度方向每 1 cm 计算一个点。结果表明，沥青层中既存在拉应变也存在压应变，最大拉应变出现在单圆荷载中心下方 9.5 cm 深度处，其值为 65.8 $\mu\varepsilon$。单圆荷载中心处沥青层内应变沿深度的分布状态见图 6-16，拉应变为正，压应变为负。

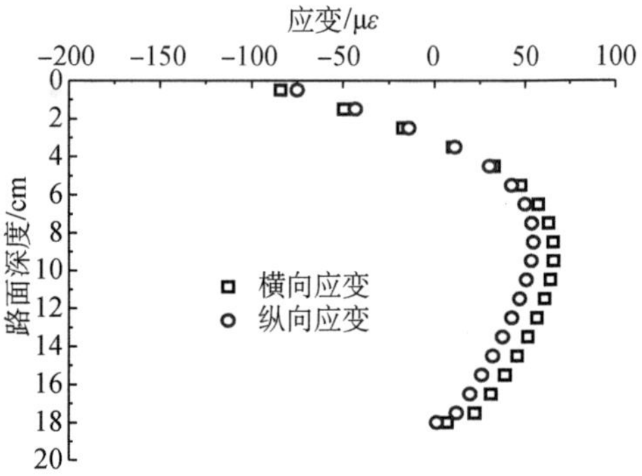


**图 6-16　沥青层内应变沿深度分布**

3. 基于现象学方程的剩余疲劳寿命预估

马泽欣将计算得到的临界拉应变作为 4PB 试验的应变幅值代入式(6-11)，并将沪嘉高速公路经受了不同 APT 作用次数的现役沥青混合料的损伤水平代入式(6-11)，计算得到中面层混合料在实际路面应变响应条件下的室内疲劳寿命，结果如表 6-6 所列。

**表 6-6　　实际路面应变响应下的室内疲劳寿命**

| APT 作用次数/次 | 室内疲劳寿命/次 |
| --- | --- |
| 0 | 23 289 119 |
| 250 000 | 15 298 290 |
| 500 000 | 9 954 435 |
| 750 000 | 6 408 996 |
| 1 000 000 | 4 100 886 |

假设室内疲劳寿命与当量标准轴载作用次数间的转换因子为 $SF$，根据式(6-37)将室内疲劳寿命转换为现役混合料的剩余疲劳寿命。由于沪嘉高速公路 APT 试验路面在 APT 试验前已经受了实际交通荷载，因此可以将现役沥青混合料的总疲劳寿命看作是 APT 试验开

始前的累计标准作用次数、转换为当量标准轴载作用次数的 APT 作用次数以及混合料剩余疲劳寿命的总和，即[12]：

$$N_{FT}=N_{FB}+\phi\times N_{APTi}+SF\times N_{fi} \tag{6-41}$$

式中 $N_{FT}$ ——总疲劳寿命；

$N_{FB}$ ——APT 试验前的累计标准轴载次数；

$\phi$ ——APT 加载次数与标准轴载之间的等效系数；

$N_{APTi}$ ——APT 作用次数；

$N_{fi}$ ——混合料的室内(剩余)疲劳寿命。

采用式(6-41)，根据沪嘉高速公路 5 种 APT 的加载工况，采用最小二乘法计算 $SF$，结果为 0.4826，即一次室内加载循环所造成的疲劳损伤与车道轮迹带经受 0.4826 次标准轴载作用的结果是等效的。将计算得到的转换因子代入式(6-37)，可得到经受了不同 APT 作用次数的现役沥青混合料的剩余疲劳寿命，即轮迹带能继续承受的标准轴载作用次数，结果见表 6-7。

**表 6-7　沪嘉高速公路 APT 试验段混合料疲劳寿命预估结果**

| APT 作用次数/次 | 剩余疲劳寿命(*ESAL*s) | 总疲劳寿命(*ESAL*s) |
|---|---|---|
| 0 | 11 239 329 | 17 847 376 |
| 250 000 | 7 382 955 | 16 344 752 |
| 500 000 | 4 804 010 | 16 119 557 |
| 750 000 | 3 092 981 | 16 762 278 |
| 1 000 000 | 1 979 087 | 18 002 134 |

4. 基于 RDEC 法的剩余疲劳寿命预估

根据本书 6.2.3 节中基于 RDEC 法的疲劳模型，对沪嘉高速公路 APT 试验段沥青混合料的室内疲劳寿命进行预估，进而预估现役沥青混合料的剩余疲劳寿命[12]。

将上面计算得到的临界拉应变作为 4PB 试验的应变幅值代入本书 6.2.2 节建立的现役中面层沥青混合料的 $PV$ 预估方程，即式(6-16)，计算得到中面层混合料在实际应变水平下的 $PV$，再根据中面层混合料的耗散能改变率平台值 $PV$ 与疲劳寿命的关系，即式(6-18)，计算得到中面层的疲劳寿命，结果如表 6-8 所列。

**表 6-8　实际路面应变响应下沥青混合料 *PV* 与室内疲劳寿命**

| APT 作用次数/次 | 平台值(*PV*) | 室内疲劳寿命/次 |
|---|---|---|
| 0 | 4.2838E-09 | 24 447 611 |
| 250 000 | 7.9856E-09 | 14 000 985 |
| 500 000 | 1.2273E-08 | 9 530 124 |
| 750 000 | 1.6819E-08 | 7 188 492 |
| 1 000 000 | 2.1315E-08 | 5 815 080 |

对比表 6-6 和表 6-8 可以看出，基于 RDEC 法预估得到的现役沥青混合料的室内疲劳寿命与基于现象学的预估结果总体上比较接近，表明这两种方法的预估结果相当。

在得到现役沥青混合料的室内疲劳寿命后，采用最小二乘法计算得到室内疲劳寿命与当量标准轴载作用次数之间的转换因子，计算结果为 0.4943，表明一次室内加载循环所造成的疲劳损伤与车道轮迹带经受 0.4943 次标准轴载作用是等效的。

将该转换因子代入式(6-37)，根据经受了不同 APT 作用次数的现役沥青混合料的室内疲劳寿命可以求得其剩余疲劳寿命；根据式(6-41)求得路面总疲劳寿命，如表 6-9 所列，计算得到中面层混合料的总疲劳寿命的平均值约为 1734 万 *ESAL*s。

**表 6-9　沪嘉高速公路 APT 试验段混合料疲劳寿命预估结果**

| APT 作用次数/次 | 剩余疲劳寿命(*ESAL*s) | 总疲劳寿命(*ESAL*s) |
|---|---|---|
| 0 | 12 084 454 | 18 692 501 |
| 250 000 | 6 920 687 | 15 882 484 |
| 500 000 | 4 710 740 | 16 026 287 |
| 750 000 | 3 553 272 | 17 222 569 |
| 1 000 000 | 2 874 399 | 18 897 446 |

## 6.5 疲劳损坏临界点分析

根据本书第 5 章关于路面 Top-down 开裂机理的研究可以看出，路面的 Top-down 开裂具有复杂的机理，是剪切与拉伸作用综合影响的结果。G15 高速公路的 APT 试验中观测到了 Top-down 现象，位于轮迹带边缘附近。本节将基于该测点 PSPA 检测结果的频散曲线图对该测点不同深度处的地震波模量衰变规律进行分析[12, 33-37]。

### 6.5.1 基于 PSPA 频散曲线的沥青层损伤状况评价

当 APT 作用次数达到 55 万次时，在 G15 高速公路 1＃试验区轮迹带外边缘出现了多段平行于轮迹带的纵向裂缝。随着 APT 作用次数的增加，不同深度处的地震波模量都发生了衰变。采用 APT 试验开始前和结束时的地震波模量检测结果，可以对 APT 试验过程中不同深度处沥青混合料的损伤水平进行计算，结果见表 6-10。

根据表 6-10，在 8～15 cm 路面深度范围内，随着路面深度的增加，沥青混合料损伤水平总体上先增大后减小，并在 12 cm 深度处达到极大值。采用韦布尔生存函数和沥青路面结构行为方程对不同深度处的地震波模量随 APT 作用次数变化规律进行了回归，图 6-17 给出了部分深度处的回归结果。可以看出，在 10 cm 深度处，韦布尔生存函数和沥青路面结构行为方程的回归结果都为凹曲线，体现了地震波模量衰变先快后慢的特点。在14 cm深度处，相比韦布尔生存函数，沥青路面结构行为方程表现为更明显的反 S 形曲线，说明结构行为方程能够更好地描述地震波模量的衰变规律。

表 6-10　不同深度处沥青混合料损伤水平

| 路面深度/cm | 初始地震波模量/GPa | 55 万次加载时地震波模量/GPa | 损伤水平 |
|---|---|---|---|
| 8 | 4.915 | 3.212 | 0.347 |
| 9 | 4.849 | 2.969 | 0.388 |
| 10 | 4.697 | 2.576 | 0.452 |
| 11 | 4.252 | 2.311 | 0.457 |
| 12 | 4.104 | 2.149 | 0.476 |
| 13 | 3.610 | 2.022 | 0.440 |
| 14 | 3.165 | 1.918 | 0.394 |
| 15 | 3.016 | 1.825 | 0.395 |

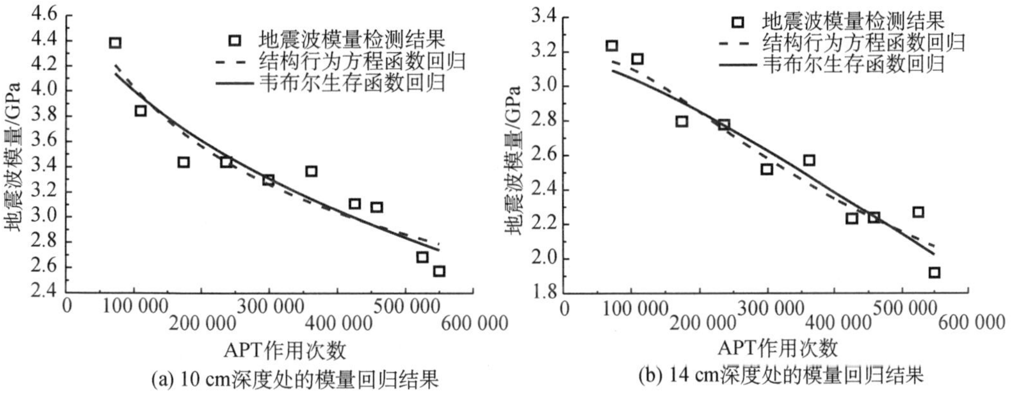


图 6-17　不同深度处地震波模量衰变规律

表 6-11 整理了根据各深度处地震波模量，采用韦布尔生存函数和沥青路面结构行为方程模型进行回归得到的模型参数。为了更直观地对比不同深度处地震波模量的衰变规律，分别对各个模型参数的回归结果进行标准化处理，标准化的方法根据式(6-42)进行。

$$x_{\text{normalization}}=\frac{x-x_{\min}}{x_{\max}-x_{\min}} \tag{6-42}$$

式中　$x_{\text{normalization}}$——标准化后的模型参数；

$x$——模型参数的原始回归结果；

$x_{\max}$，$x_{\min}$——不同深度处模型参数回归结果的最大值和最小值。

表 6-11　不同深度处地震波模量衰变规律回归结果

| 深度/cm | 韦布尔生存函数回归模型参数 | | | 结构行为方程回归模型参数 | | |
|---|---|---|---|---|---|---|
| | 规模参数 $A$ | 形状参数 $B$ | 相关系数 | 寿命因子 $C$ | 形状因子 $D$ | 相关系数 |
| 8 | 4.66E-05 | 0.698 | 0.848 | 546 198.8 | 0.427 | 0.861 |
| 9 | 1.13E-04 | 0.635 | 0.753 | 491 893.4 | 0.407 | 0.776 |

（续表）

| 深度/cm | 韦布尔生存函数回归模型参数 | | | 结构行为方程回归模型参数 | | |
|---|---|---|---|---|---|---|
| | 规模参数 $A$ | 形状参数 $B$ | 相关系数 | 寿命因子 $C$ | 形状因子 $D$ | 相关系数 |
| 10 | 4.39E-05 | 0.712 | 0.878 | 438 034.9 | 0.453 | 0.880 |
| 11 | 1.57E-06 | 0.965 | 0.941 | 464 671.4 | 0.577 | 0.934 |
| 12 | 8.65E-06 | 0.841 | 0.938 | 405 708.4 | 0.534 | 0.929 |
| 13 | 4.48E-07 | 1.057 | 0.937 | 495 568.3 | 0.622 | 0.943 |
| 14 | 2.32E-09 | 1.443 | 0.913 | 594 828.7 | 0.767 | 0.926 |
| 15 | 2.95E-09 | 1.428 | 0.889 | 572 748.1 | 0.780 | 0.918 |

根据标准化后的各个模型参数，对不同深度处模量衰变规律进行对比分析，结果如图 6-18所示。

根据图 6-18(a)可以看出，韦布尔生存函数回归得到的规模参数 $A$ 在 8～10 cm 范围内较大，在 9 cm 深度处达到最大值，而其他路面深度处的与之相比则要小很多，最大值与最小值间的极差过大导致数据标准化后难以进行不同深度处规模参数 $A$ 回归结果的比较。结合表 6-11 可知随着路面深度的增加，规模参数 $A$ 总体上不断变小，因此无法根据规模参数 $A$ 得出地震波模量衰变速率在 8～12 cm 深度范围内逐渐加快，在 12～15 cm 深度范围内逐渐变慢的规律。可以看出，韦布尔生存函数的规模参数 $A$ 更多体现的是为了获得较好的拟合精度而得到的回归结果，物理意义不明显。根据图 6-18(b)可以看出，结构行为方程中的寿命因子 $C$ 能够直观地体现随着路面深度的增加，其值总体上先减小后增大的趋势，并且其体现出的不同深度处地震波模量衰变快慢的规律与根据表 6-11 得到的不同路面深度处的损伤发展水平基本一致。与韦布尔生存函数中的规模参数 $A$ 相比，寿命因子 $C$ 值的差异性相对较小，标准化后的寿命因子 $C$ 随着路面深度体现出很好的连续性。可以看出，寿命因子 $C$ 具有明确的物理意义，其数值大小可以很好地表征不同深度处地震波模量的衰变规律。另外，由韦布尔生存函数回归得到的形状参数 $B$ 和由沥青路面结构行为方程模型回归得到的形状因子 $D$ 随着路面深度变化具有相似的变化规律。

从对表 6-11 和图 6-18(b)结果的进一步分析可以看出，寿命因子 $C$ 从 8 cm 深度处开始不断变小，在 10～12 cm 深度范围内达到较小的水平，之后总体上不断变大，表明现役沥青混合料的地震波模量衰变速率从中面层底部至下面层底部是先增大后减小的，其临界损伤位置出现在 10～12 cm 深度处，即下面层较上部的位置。不同深度处的形状因子 $D$ 均小于 1，表明地震波模量随 APT 作用次数的变化关系都是凹曲线，即模量衰变先快后慢。随着路面深度的增加，形状因子 $D$ 总体上不断增大，表明深度越小的位置，地震波模量随 APT 作用次数能够越明显地体现出先快后慢的衰变规律。

根据室内足尺 APT 试验结果（路面结构见图 4-3），李伊[33]分别进行了 300 万次和 250 万次的加载试验，得出的路面损伤沿深度的分布与上述分析类似，如图 6-18(c)—(f)所示。

采用弹性层状理论对 G15 高速公路试验段沥青层在 APT 荷载作用下的剪应力与拉应变进行分析。参考《公路沥青路面设计规范》(JTG D50—2017)[32]确定 G15 高速公路试验

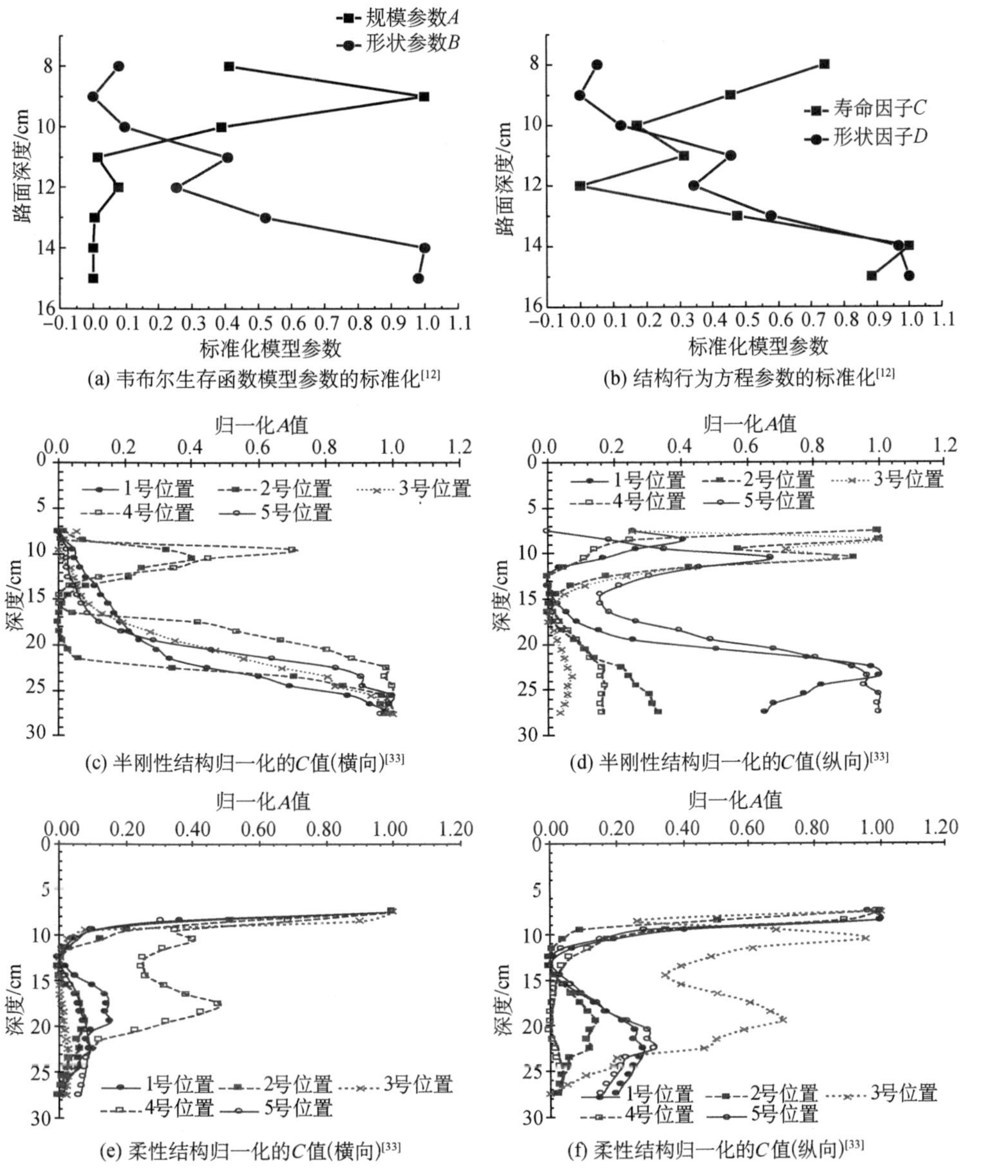


(a) 韦布尔生存函数模型参数的标准化[12]

(b) 结构行为方程参数的标准化[12]

(c) 半刚性结构归一化的C值(横向)[33]

(d) 半刚性结构归一化的C值(纵向)[33]

(e) 柔性结构归一化的C值(横向)[33]

(f) 柔性结构归一化的C值(纵向)[33]

**图 6-18　不同深度处标准化模型参数对比**

段各层材料的模量参数。由于 G15 高速公路试验段的现役沥青混合料没有交通荷载作用历史，同时考虑到沥青老化对沥青层模量的影响，故不对面层模量进行折减。面层、粉煤灰三渣基层、砾石砂垫层和土基的抗压回弹模量和泊松比的具体取值见表 6-12。

**表 6-12　各层抗压回弹模量和泊松比**

| 层位 | 厚度/m | 抗压回弹模量/MPa | 泊松比 | 备注 |
|---|---|---|---|---|
| 上面层 | 0.04 | 2 200 | 0.35 | SMA-13 |
| 中面层 | 0.05 | 2 000 | 0.35 | Sup-19 |
| 下面层 | 0.06 | 2 000 | 0.35 | Sup-19 |

(续表)

| 层位 | 厚度/m | 抗压回弹模量/MPa | 泊松比 | 备注 |
|---|---|---|---|---|
| 粉煤灰三渣基层 | 0.45 | 3 000 | 0.3 | — |
| 砾石砂垫层 | 0.15 | 300 | 0.35 | — |
| 土基 | — | 40 | 0.4 | — |

利用 BISAR 软件分别计算轮隙中心处、单圆荷载中心处和单圆荷载边缘处沥青层内的应力及应变,从顶面开始向下每隔 1 cm 计算一个点。结果表明,沥青层中的最大拉应变出现在单圆荷载中心下的 9.5 cm 处,其值为 61.6 με,而单圆荷载边缘处的最大拉应变略小于单圆荷载中心处的最大拉应变,其值为 54.6 με。单圆荷载中心处沥青层应变沿深度的分布状态见图 6-19,拉应变为正,压应变为负。

剪应力的计算结果表明,在上面层中,单圆荷载边缘处的剪应力大于单圆荷载中心位置处的剪应力,而在中面层和下面层中,单圆荷载中心位置的剪应力总体上略大。沥青层中的最大剪应力出现在单圆荷载边缘位置的 5.5 cm 深度处,其值为 0.284 MPa。单圆荷载中心及边缘处沥青层内剪应力沿深度的分布状态如图 6-20 所示。

根据图 6-19 和图 6-20,沥青层内拉应变较大的范围位于 7～12 cm 深度内,剪应力较大的范围位于 3～8 cm 深度内。相比于拉应变,上面层内的剪应力能够更好地解释 Top-down 裂缝的产生原因。同时,在上面层内,单圆荷载边缘位置的剪应力最大,这正好解释了 G15 高速公路 APT 试验段轮迹带边缘地震波模量衰变比轮迹带中心位置更快的结果。

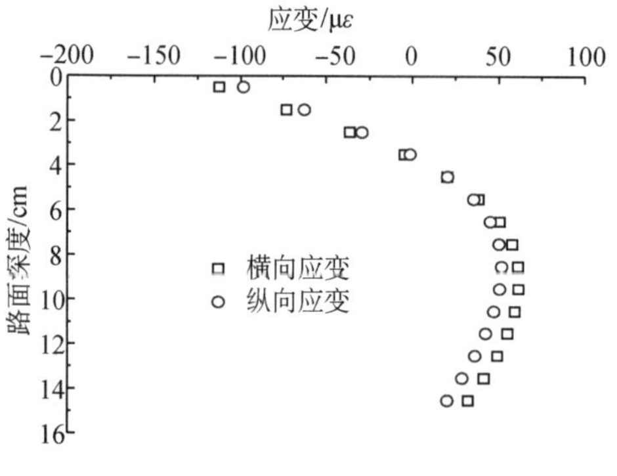


图 6-19 沥青层内应变沿深度分布

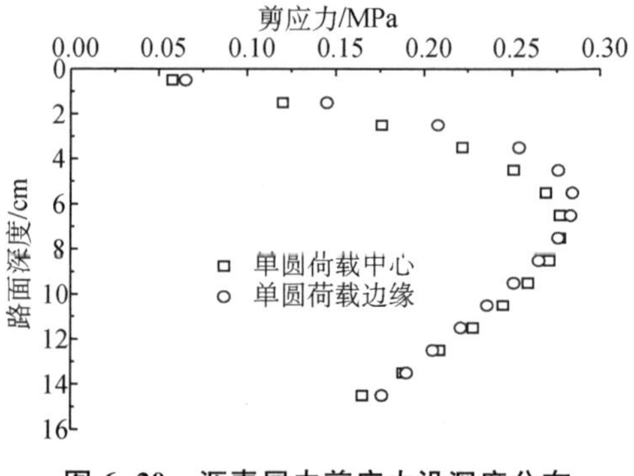


图 6-20 沥青层内剪应力沿深度分布

值得说明的是,在高温状态下,路面沥青层存在较大的温度梯度,沥青层上部的模量比下部会小很多,为了简化计算,在以上的应力应变状态分析中没有考虑温度梯度的影响,因此计算结果存在一定误差,可能低估了上面层的剪应力水平。

同时可以看出,沥青层内拉应变和剪应力最大的深度范围对应于中面层和下面层上部的区域。这正好可以看作对上面不同深度处模量衰变速率变化规律的力学解释,同时也能够解释本书 6.2 节基于劈裂疲劳试验发现的中面层沥青混合料劈裂疲劳寿命比下面层沥青混合料衰减更显著这一发现。

### 6.5.2 现役沥青混合料 Top-down 开裂疲劳寿命预估分析

根据 G15 高速公路 APT 试验段 Top-down 裂缝处的单点 PSPA 检测分析可以看出，沥青层地震波模量总体上衰减了约 42%，在下面层上部的临界损伤位置，地震波模量衰减了 47.6%，与基质沥青混合料比较适用的 50%模量衰减的现象学疲劳损坏标准非常接近。因此，本节将沥青层地震波模量衰减 50%作为高温条件下现役沥青混合料的 Top-down 开裂疲劳损坏判定标准。同时，从不同深度处地震波模量衰变规律的拟合结果可以看出，相比基于韦布尔生存函数的拟合结果，基于结构行为方程拟合得到的地震波模量衰变曲线能够更好地拟合不同深度处的模量变化，不同深度处的模型参数也具有更好的变化规律，因此以下分析采用沥青路面结构行为方程进行地震波模量衰变规律的拟合。

马泽欣根据轮迹带边缘处地震波模量衰变规律的拟合结果[式(6-31)]计算得到地震波模量衰减 50%时所对应的 APT 次数，其值为2 570 866次。该结果也可以在轮迹带边缘平均地震波模量的回归曲线上外推得到，见图 6-21。[12]

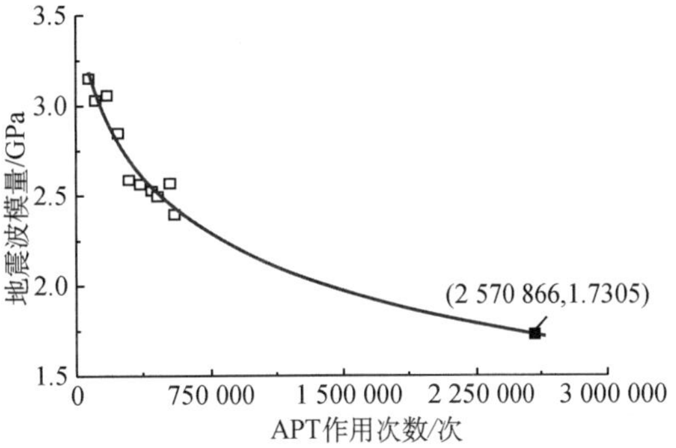

**图 6-21 基于模量的 Top-down 开裂预估**

值得说明的是，本节对 Top-down 开裂疲劳寿命的预估是基于高温状态下不考虑轮迹偏移的 APT 试验和 PSPA 检测结果，还需要更多的试验来校验。

### 6.5.3 基于室内试验的现役沥青混合料 Top-down 裂缝评价

沥青路面的 Top-down 裂缝主要出现在轮迹带外缘，其产生和扩展机理较为复杂。荷载作用引起的轮胎边缘处最大剪应力(应变)被认为是 Top-down 开裂的主导因素。马泽新等通过室内试验对高温条件下经受了 APT 作用的现役沥青混合料的剪切与拉伸性能进行了评价，在此基础上对现役沥青混合料的 Top-down 机理进行了探讨[12, 34, 37]。

1. 试验概况

G15 高速公路 APT 试验结束后，在各加载段的轮迹带中部进行取芯。各工况试验段分别钻取 4 个直径 15 cm 的芯样用于单轴贯入试验，如图 6-22 所示；同时钻取 3 个直径 10 cm 的芯样，用于劈裂强度试验。同时，在各加载工况位置分别取了 9 个直径10 cm的芯样，用于劈裂疲劳试验。试件的制备方法与劈裂强度试验相同。采用 MTS 材料试验仪进行劈裂疲劳试验。为了获取用于计算劲度模量所需的水平径向变形数据，采用线性可变差动变压器(Linear Variable Differential Transformer, LVDT)进行试件在劈裂疲劳试验过程中的径向变形检测。劈裂疲劳试验温度采用 15 ℃，控制模式为应力控制，波形为 10 Hz 半正弦波，不插入间歇时间，以试件完全断裂为破坏标准，试件完全断裂时的形态如图 6-23 所示。根据上述芯样，(剩余)抗剪强度和劈裂强度试验结果如表 6-13 所列。

图 6-22　现场钻取、分层切割的试验芯样

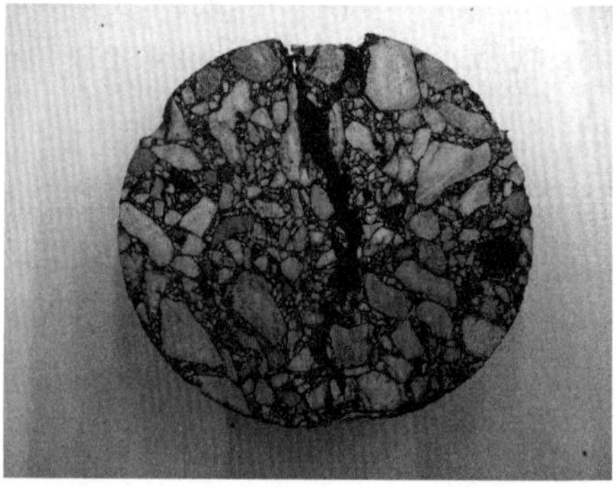

图 6-23　劈裂疲劳试验试件破坏形态

表 6-13　(剩余)抗剪强度和劈裂强度测试结果

| APT 作用次数/次 | (剩余)抗剪强度/MPa | | | 劈裂强度/MPa | | |
|---|---|---|---|---|---|---|
| | 上面层 | 中面层 | 下面层 | 上面层 | 中面层 | 下面层 |
| 0 | 1.299 | 0.811 | 1.060 | 1.819 | 2.173 | 2.172 |
| 150 000 | 1.197 | 0.840 | 0.911 | 1.755 | 2.288 | 2.243 |
| 250 000 | 1.015 | 0.779 | 0.919 | 1.748 | 2.259 | 2.209 |
| 400 000 | 1.055 | 0.778 | 0.950 | 1.742 | 2.254 | 2.202 |
| 550 000 | 0.641 | 0.788 | 1.030 | 1.735 | 2.120 | 2.004 |

2. 强度衰减与荷载作用次数的相关性

如图 6-24 所示，上面层沥青混合料的(剩余)抗剪强度与 APT 作用次数之间具有很好的线性关系，且代表抗剪强度衰变速率的斜率回归结果明显大于中面层和下面层混合料的回归结果。中面层和下面层混合料的回归结果的相关系数很低，表明加速加载作用对中面层和下面层混合料的抗剪强度变化影响不显著。

图 6-25 则反映了劈裂强度随 APT 作用次数的变化规律。可以看出，尽管各层位沥青混合料的劈裂强度总体上随 APT 作用次数的增加有所降低，但降低幅度较小，表明加载作用对现役沥青混合料劈裂强度的影响并不显著，只是下面层的劈裂强度呈现了随 APT 作用次数增加而缓慢降低的微弱趋势。

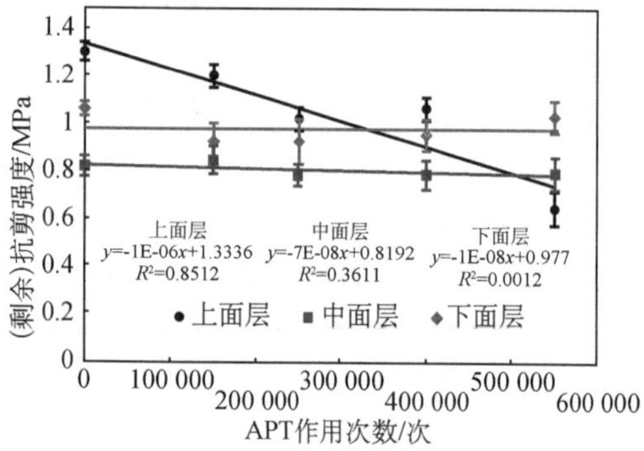


图 6-24　(剩余)抗剪强度与 APT 作用次数关系

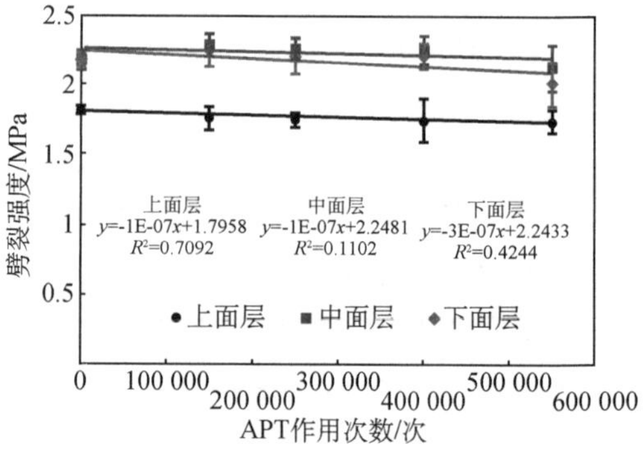


图 6-25　劈裂强度与 APT 作用次数关系

### 6.5.4 劈裂疲劳规律

1. 劲度模量试验结果分析

根据《公路工程沥青及沥青混合料试验规程》(JTG E20—2011),劈裂试验的劲度模量可以根据式(6-43)计算:

$$S=\frac{P(\nu+0.27)}{\Delta Ht} \tag{6-43}$$

式中 $S$ ——劲度模量(MPa);

$P$ ——竖向荷载峰值(N);

$\nu$ ——泊松比;

$\Delta H$——水平径向变形幅值(mm);

$t$ ——试件平均高度(mm),泊松比参考《公路沥青路面设计规范》(JTG D50—2017),当试验温度为 15 ℃时取 0.3。

根据式(6-43)计算得到的某上面层和中面层沥青混合料试件的劲度模量衰变曲线如图 6-26 所示。与应变控制模式疲劳试验的模量衰变规律类似,对于应力控制模式疲劳试验,混合料的模量衰变也可以分为三个阶段,且模量快速衰变的第三阶段体现得更为明显。

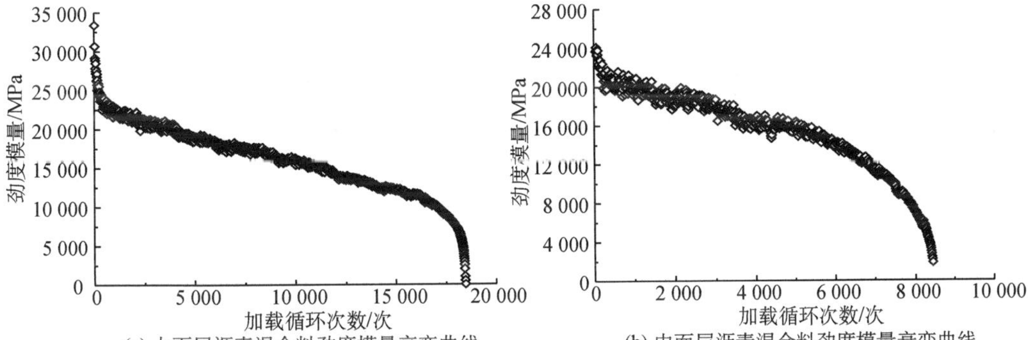

(a) 上面层沥青混合料劲度模量衰变曲线　(b) 中面层沥青混合料劲度模量衰变曲线

**图 6-26 劈裂疲劳试验劲度模量衰变曲线**

根据图 6-26(a),上面层的劲度模量具有明显的快速衰变阶段,且稳定衰变阶段和加速衰变阶段之间具有相对更明确的分界点。而图 6-26(b)所示的中面层沥青劲度模量衰变曲线,其初期快速衰变阶段相对很短,稳定衰变阶段和加速衰变阶段之间的分界点不明显。下面层沥青混合料的劲度模量衰变规律与中面层沥青混合料类似。上面层沥青混合料的劲度模量衰变规律与中、下面层沥青混合料不同的原因之一是上面层采用的是改性沥青,而中、下面层采用的是普通沥青。

对于应力控制模式疲劳试验,疲劳寿命可以根据试件弯曲破坏时所对应的加载循环次数来确定,但却难以根据一个特定加载循环次数确定初始劲度模量。因此,马泽欣采用韦布尔生存函数和基于损伤力学的本构方程,即式(6-44),对沥青混合料劲度模量衰变规律进行拟合,将初始劲度模量当作一个模型参数回归求解,结果见图 6-27。

$$S=S_0\left(1-\frac{N}{N_f}\right)^m \tag{6-44}$$

式中 $S$，$S_0$—— 加载 $N$ 次时的劲度和初始劲度；

$N_f$ ——疲劳寿命。

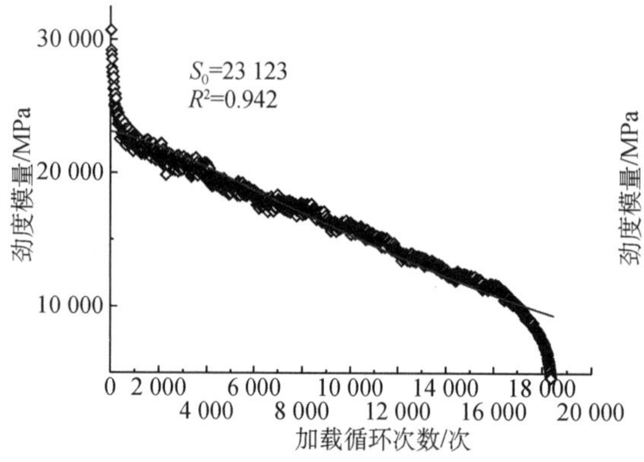


(a) 基于韦布尔函数的劲度模量拟合　(b) 基于损伤力学本构方程的劲度模量拟合

**图 6-27　劈裂疲劳试验劲度模量衰变规律拟合**

可以看出，基于韦布尔函数的拟合结果无法描述劲度模量在第三阶段加速衰变的趋势。而损伤力学本构方程则能更好地拟合，且拟合得到的初始劲度模量更接近模量快速衰变阶段结束时的混合料模量；根据部分应力水平试验结果得到的拟合结果见表 6-14。

**表 6-14　参数回归结果**

| APT 作用次数/次 | 应力比 0.4(上面层) | | 应力比 0.3(中面层) | | 应力比 0.3(下面层) | |
|---|---|---|---|---|---|---|
| | $S_0$ | $m$ | $S_0$ | $m$ | $S_0$ | $m$ |
| 0 | 20 384 | 0.346 | 20 384 | 0.346 | 21 398 | 0.396 |
| 150 000 | 18 533 | 0.373 | 22 425 | 0.368 | 23 038 | 0.377 |
| 250 000 | 18 085 | 0.407 | 20 674 | 0.396 | 24 776 | 0.435 |
| 400 000 | 17 444 | 0.436 | 22 696 | 0.390 | 22 197 | 0.425 |
| 550 000 | 13 519 | 0.504 | 21 625 | 0.397 | 20 913 | 0.403 |

根据表 6-14，随着 APT 作用次数的增加，回归得到的上面层沥青混合料的初始劲度模量明显降低，且模型参数 $m$ 不断增大，这表明沥青混合料的劲度模量衰变速率越快；中面层沥青混合料的初始模量变化不大，$m$ 总体上具有增大的趋势，但相比上面层沥青混合料，模型参数 $m$ 增大的幅度不明显；下面层沥青混合料的初始劲度模量和模型参数 $m$ 没有体现出与 APT 作用次数相关的变化规律，更多体现的则是不同 APT 试验段下面层沥青混合料疲劳性能的变异性。

2. *劈裂疲劳模型*

劈裂疲劳试验的应力水平根据试件的极限破坏应力来确定，对上面层混合料选择了 0.3，0.4 和 0.5 的应力比，对中面层和下面层混合料选择了 0.25，0.3 和 0.4 的应力比。在各应力水平下，对每种工况的沥青混合料分别进行 3 次平行试验。根据 G15 高速公路各 APT 试验段各层位沥青混合料的劈裂疲劳试验结果，统计得到现役沥青混合料在各应力比下的剩余疲劳寿命平均值，结果见表 6-15—表 6-17。

表 6-15　上面层混合料剩余疲劳寿命

| APT 作用次数/次 | 应力比 | | |
| --- | --- | --- | --- |
| | 0.3 | 0.4 | 0.5 |
| 0 | 71 379 | 16 484 | 6 806 |
| 150 000 | 56 854 | 12 959 | 5 534 |
| 250 000 | 54 644 | 12 176 | 4 502 |
| 400 000 | 51 504 | 11 479 | 3 769 |
| 550 000 | 30 789 | 8 256 | 2 140 |

表 6-16　中面层混合料剩余疲劳寿命

| APT 作用次数/次 | 应力比 | | |
| --- | --- | --- | --- |
| | 0.25 | 0.3 | 0.4 |
| 0 | 14 379 | 9 996 | 4 912 |
| 150 000 | 12 920 | 7 645 | 3 839 |
| 250 000 | 11 829 | 7 156 | 2 654 |
| 400 000 | 12 186 | 8 906 | 2 642 |
| 550 000 | 10 082 | 6 006 | 2 286 |

表 6-17　下面层混合料剩余疲劳寿命

| APT 作用次数/次 | 应力比 | | |
| --- | --- | --- | --- |
| | 0.25 | 0.3 | 0.4 |
| 0 | 11 499 | 7 084 | 3 846 |
| 150 000 | 12 874 | 8 782 | 3 426 |
| 250 000 | 13 434 | 9 152 | 3 839 |
| 400 000 | 13 872 | 7 512 | 3 239 |
| 550 000 | 10 752 | 5 212 | 2 632 |

根据现役沥青混合料的劈裂疲劳试验结果，基于应力控制模式疲劳方程采用幂函数进行分析，如图 6-28 所示。由图 6-28 可以看出，在相同的应力水平下，随着 APT 作用次数的增加，上面层沥青混合料的疲劳寿命呈现出明显的下降趋势，表明加速加载作用对上面层沥青混合料的疲劳寿命具有显著影响；随着 APT 作用次数的增加，中面层沥青混合料的疲劳寿命也呈现出下降的趋势，但降幅不显著；下面层沥青混合料的疲劳寿命并未表现出明显的

与 APT 作用次数相关的变化规律，而更多表现的是不同 APT 试验段下面层沥青混合料疲劳性能的变异性。总体来看，随着路面深度的增加，高温条件下的加速加载作用对现役沥青混合料疲劳性能的影响是逐渐减小的。

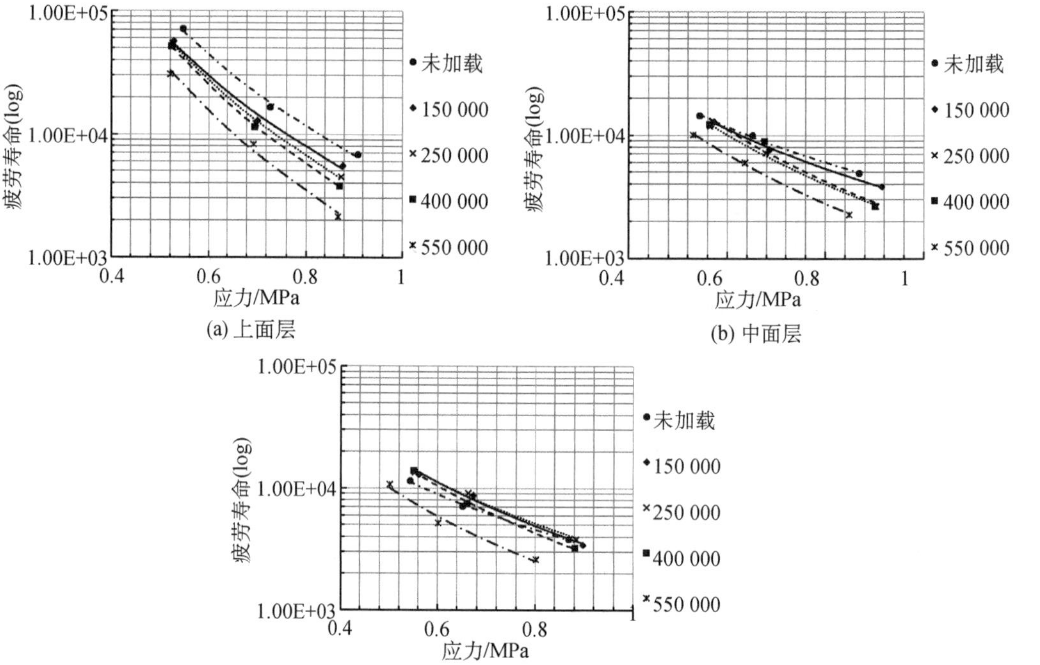


(a) 上面层 (b) 中面层 (c) 下面层

**图 6-28　现役沥青混合料应力水平与疲劳寿命的关系**

与应变控制模式的疲劳寿命变化规律类似，在应力控制模式下，现役沥青混合料的疲劳寿命也表现出与应力水平和损伤水平的相关性，结合沥青混合料的损伤水平，应力控制模式下的现役沥青混合料现象学疲劳方程如下：

$$N_f = A(1/\sigma)^B(1-D)^C \tag{6-45}$$

式中　$N_f$ ——疲劳寿命；

$\sigma$ ——应力幅值；

$D$ ——损伤水平。

据此，根据实验结果，回归得到的 G15 高速公路 APT 试验段上面层和中面层沥青混合料的现象学疲劳方程，如式(6-46)和式(6-47)所示。

$$N_f = 3\,975.9(1/\sigma)^{4.890}(1-D)^{2.848},\ R^2 = 0.984 \tag{6-46}$$

$$N_f = 3\,111.9(1/\sigma)^{2.850}(1-D)^{1.423},\ R^2 = 0.935 \tag{6-47}$$

对比上面层和中面层沥青混合料的现象学疲劳方程参数可以看出，上面层沥青混合料的疲劳寿命对应力水平和损伤水平更为敏感，这也验证了高温条件下荷载作用对上面层沥青混合料疲劳性能的影响最显著的结论。

## 参考文献


[1] HVEEM F N. Pavement deflections and fatigue failures[J]. Highway Research Board Bulletin, 1955.

[2] SALAM Y M, MONISMITH C L. Fracture characteristics of asphalt concrete[C]. Proceedings of AAPT, 1972, 41:215-253.

[3] WEN Haifang. Use of fracture work density obtained from indirect tensile testing for the mix design and development of a fatigue model[J]. International Journal of Pavement Engineering, 2012, 14(6): 561-568.

[4] BAHADORI A M, MANSOURKHAKI A, AMERI M. A Phenomenological fatigue performance model of asphalt mixtures based on fracture energy density[J]. Journal of Testing and Evaluation, 2015,43(1): 133-139.

[5] CASTRO M, SÁNCHEZ J A. Estimation of asphalt concrete fatigue curves—A damage theory approach[J]. Construction & Building Materials, 2008,22(6): 1232-1238.

[6] BELL H P, HOWARD I L, FREEMAN R B, et al. Evaluation of remaining fatigue life model for hot-mix asphalt airfield pavements[J]. International Journal of Pavement Engineering, 2012,13(4): 281-296.

[7] DIJK W V, VISSER W. The energy approach to fatigue for pavement design[C]. Proceedings of the Association of Asphalt Paving Technologists, 1977.

[8] HOPMAN P C, KUNST P A J C, PRONK A C, A renewed interpretation method for fatigue measurement, verification of miner's rule[C]. 4th Eurobitume Symposium Madrid, 1989.

[9] PRONK A C, HOPMAN P C. Energy dissipation: the leading factor to fatigue[C]. Proceedings of Highway Research: Sharing the Benefits, London, England, 1990.

[10] ROWE G M, BOULDIN M G. Improved techniques to evaluate the fatigue resistance of asphaltic mixtures[C]. Proceedings of the papers submitted for review at 2nd eurasphalt and eurobitume congress, 2000.

[11] ASTM. Standard test method for determining fatigue failure of compacted asphalt concret subjected to repeated flexural bending[R]. 2010.

[12] 马泽欣.现役路面沥青混合料疲劳性能分析和剩余寿命预估方法研究[D].上海:同济大学,2018.

[13] SHEN Shihui, CARPENTER S. Application of the dissipated energy concept in fatigue endurance limit testing[J]. Transportation Research Record, Journal of the Transportation Research Board, 2005,1929(1): 165-173.

[14] CARPENTER S, GHUZLAN K, SHEN Shihui. Fatigue endurance limit for highway and airport pavements[J]. Transportation Research Record: Journal of the Transportation Research Board, 2003, 1832(1): 131-138.

[15] PROWELL B D, BROWN E R, ANDERSON R M, et al. Endurance limit of hot mix asphalt mixtures to prevent bottom-up fatigue cracking[J]. Journal of the Association of Asphalt Paving Technologists, 2010,79: 519-560.

[16] SHEN Shihui. Dissipated energy concepts for hma performance: fatigue and healing[D]. Urbana, Illinois, University of Illinois at Urbana-Champaign, 2006.

[17] SUBHY A, PRESTI DL, AIREY G. New simplified approach for obtaining a reliable plateau value in fatigue analysis of bituminous materials[J]. Engineering Failure Analysis, 2017,79: 263-273.

[18] OMRANI H, TANAKIZADEH A, GHANIZADEH A R, et al. Investigating different approaches for

evaluation of fatigue performance of warm mix asphalt mixtures[J]. Materials & Structures, 2017,50(2): 149-166.

[19] 袁昱.基于足尺加速加载试验的沥青路面承载状况研究[D].上海:同济大学,2015.

[20] TSAI B W, HARVEY J T, MONISMITH C L, et al. Calibration of fatigue surface cracking using simplified recursive miner's law[C]//Asphalt Paving Technology: Association of Asphalt Paving Technologists-Proceedings of the Technical Sessions, 2007,76: 693-735.

[21] TSAI B W, BEJARANO M O, HARVEY J T, et al. Prediction and calibration of pavement fatigue performance using two-stage weibull approach[J]. Journal of the Association of Asphalt Paving Technologists, 2005,74:697-731.

[22] 刘黎萍,孙立军.高速公路沥青路面轮迹横向分布研究[J].同济大学学报(自然科学版),2005,33(11):1449-1452,1468.

[23] TSAI B W, HARVEY J T, MONISMITH C L. High Temperature fatigue and fatigue damage process of aggregate-asphalt mixes[J]. Journal of the Association of Asphalt Paving Technologists, 2002, 71: 345-385.

[24] MINER M A. Cumulative damage in fatigue[J]. Journal of applied mechanics. 1945,12(3): 159-164.

[25] DEACON J A, MONISMITH C L. Laboratory flexural fatigue testing of asphalt concrete with emphasis on compound loading tests[J]. Highway Research Record, 1967(158):1-31.

[26] TSAI B W, HARVEY J, MONISMITH C L. WesTrack fatigue performance prediction using Miner's law[J]. Transportation Research Record Journal of the Transportation Research Board, 2002,1809(1): 137-147.

[27] HARVEY J T, DEACON J A, TAYBALI A A, et al. A reliability-based mix design and analysis system for mitigating fatigue distress[C]//Proceedings of the 8th International Conference on Asphalt Pavements, 1997.

[28] TANGELLA S C S R, CRAUS J, DEACON J A, et al. Summary report on fatigue response of asphalt mixtures[R]. 1990.

[29] PIERCE L M, JACKSON N C, MAHONEY J P. Development and implementation of a mechanistic, empirically based overlay design procedure for flexible pavements[J]. Transportation Research Record, 1993(1388):120-128.

[30] PROWELL B. Estimate of fatigue shift factors between laboratory tests and field performance[J]. Transportation Research Record: Journal of the Transportation Research Board, 2010, 2181: 117-124.

[31] MATEOS A, AYUSO J P, JÁUREGUI B C. Shift factors for asphalt fatigue from full-scale testing[J]. Transportation Research Record Journal of the Transportation Research Board, 2011, 2225: 128-136.

[32] 中交路桥技术有限公司.公路沥青路面设计规范:JTG D50—2017[M].北京:人民交通出版社, 2017.

[33] 李伊.沥青路面 APT 试验及分析[R].上海:同济大学,2020.

[34] MA Zexin, LIU Liping, SUN Lijun. Investigation of top-down cracking performance of in-situ asphalt mixtures based on accelerated pavement testing and laboratory tests[J]. Construction and Building Materials, 2018,179: 277-284.

[35] MA Zexin, LIU Liping, YUAN Yu, et al. Comparison of fatigue performance based on accelerated pavement testing and four-point bending beam test for in situ asphalt pavement[C]//Transportation Research Board 96th Annual Meeting.United States:Washington D.C., 2017.

[36] MA Zexin, LIU Liping, SUN Lijun. Evaluation of fatigue and rutting performance of in-situ asphalt pavement based on accelerated pavement testing [C]//COTA International Conference of Transportation Professionals, 2017.
[37] MA Zexin, LIU Liping, SUN Lijun. Evaluation of top-down cracking performance of in-situ asphalt mixture based on accelerated pavement testing and laboratory test[J]. Construction and Building Materials, 2018:277-284.

# 7　路面结构行为方程

路面结构行为是指路面结构(和材料)的物理特征和力学性能在外界因素(荷载、环境)作用下的相互关系,它决定了路面在行车荷载、环境因素和时间综合作用下的使用状况演化规律,是路面设计和管理的最基本、最核心的全局性理论基础。沥青路面的结构行为(内在机理)决定了沥青路面的使用性能(外在表现),沥青路面的使用性能又是研究结构行为的基础。所以,对沥青路面使用性能的研究最终都归结为对沥青路面结构行为的研究,结构行为方程(Structural Behavior Equation, SBE)的建立将为探索沥青路面的结构行为演化规律奠定良好的基础,为定量分析“荷载、环境、材料、结构”等多因素作用提供了新的可能。

自 1962 年 Caray 和 Irick 首次提出使用性能的概念以来,尤其是 SHRP 计划将基于使用性能的方法作为其研究指导思想以来,人们对路面使用性能的研究空前关注。路面的使用性能是结构行为变化的直观测度,是路面行为变化的外观表现,定量表征这个外观表现是路面性能分析的基础。将定量指标与路面的物理、力学特征对应起来,表示为路面物理力学特征的函数,形成力学-经验模型,是路面模型研究的重要目标。

## 7.1　路面性能指标及其计算

### 7.1.1　路面性能表征

路面的使用性能涵盖五个方面,即路面损坏状况(完整性)、行驶质量、结构承载能力、行驶安全性和感观,这里只讨论前三个方面。路面损坏状况(完整性)是一个非常复杂的外观现象,包括多种损坏类型。要表征路面的损坏状况,可以采用综合性指标,也可以采用单一性指标。综合性指标是对路面损坏状况的综合测度,表征路面不同损坏类型、损坏程度和损坏数量的影响,其优点是反映路面的总体完好状况,便于比较;缺点是不能确切地反映单个损坏(如车辙、开裂等)的具体测度,也不便于损坏原因的诊断和具体养护以及改建措施的制定。单一性指标是指直接采用路面损坏的诸多物理特征指标来表征路面的损坏状况,它的优点是有助于明确诊断损坏原因,制订针对性强的养护措施;缺点是分类过细,对数据采集精度要求很高,不便于相互比较,不能直观地反映路面损坏的总体状况。根据目前的实践水平,可采用综合性指标——路面损坏状况指数(Pavement Condition Index, PCI)作为表征路面损坏状况的测度,车辙深度作为路面主要变形病害的测度(见本书第 9 章)。同时,采用行驶质量指数(Riding Quality Index, RQI)作为表征路面行驶舒适性的综合指标,采用路面回弹弯沉表征路面结构的总体抗力。

上述几个指标还可以进一步归纳为一个更为综合的指标。考虑到过于综合的指标会大大削弱技术针对性和准确性，所以采用几个与路面结构行为之间具有很好对应性的指标，而不是用一个更综合的指标来表征路面的使用性能，这几个指标就是 *PCI*、车辙、*RQI* 和回弹弯沉。

### 7.1.2 路面损坏状况指数 *PCI*

路面损坏是各种因素作用于路面结构的结果，也是衡量路面服务潜力的最重要因素之一。路面损坏一般由三方面特征表征：损坏类型、损坏严重程度、出现损坏的范围或密度。*PCI* 被定义为路面损坏类型、损坏程度和损坏密度的函数[1-4]。由于造成路面损坏的原因是多方面的（如荷载、环境、材料、施工、养护等），这使得路面损坏表现出来的形态和特征也多

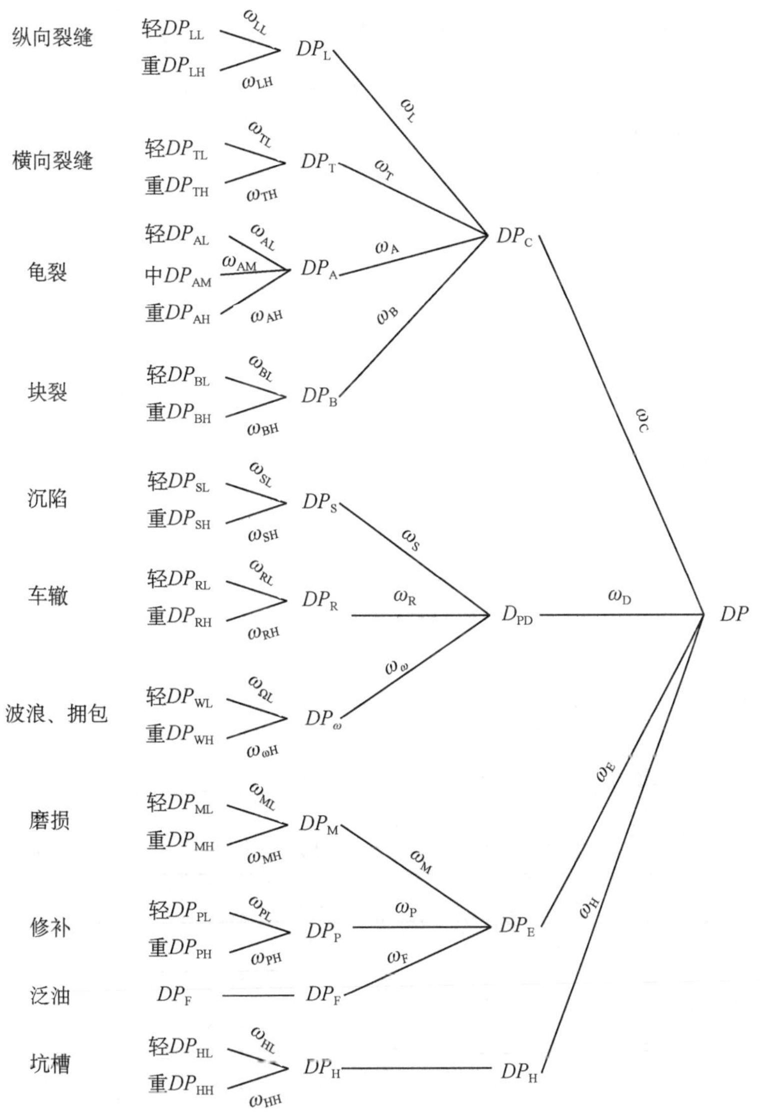


图 7-1 *PCI* 计算过程

种多样。因此，为了保证数据的一致性和评价结果的准确性，根据路面损坏的形态、特征和肇因，对损坏进行分类和命名，并为每一类损坏规定明确的定义和量测标准。

为了建立确切的损坏状况评价测度，笔者采用专家评分的方法，将评分结果与路面的客观损坏量测结果结合起来，建立了一套将路面的损坏数据转换为路面评分的系统化方法——分层加权法[1-3]。这样得到的描述路面完好性的测度被称作 *PCI*。

*PCI* 的大小与路面损坏类型、损坏程度和损坏密度有关。通常将没有任何损坏的路面的 *PCI* 值设定为 100，从中扣除与损坏有关的分数值，差值就是最终的 *PCI*，其计算过程可表述为图 7-1[1, 2]或式(7-1)：

$$PCI = 100 - \sum_{m}\sum_{i}\sum_{k} DP_{mik}\omega_{mik} \tag{7-1}$$

式中 $DP_{mik}$ ——损坏模式 $m$、类型 $i$、严重程度 $k$ 时的损坏扣分值，可由表 7-1 查得；

$\omega_{mik}$ ——多项损坏并存时的权值，它与某损坏类型(程度)的单项扣分及该类损坏的总扣分之比有关，是单项扣分值占路段内该项损坏类型累计扣分值的比例的函数，即：

$$\omega_{mik} = f\left(\frac{DP_{mik}}{\sum_{mik} DP_{mik}}\right) \tag{7-2}$$

据此，权值 $\omega_{mik}$ 可由图 7-2 查得。

表 7-1　　路面单项损坏扣分值

| 损坏类型 | 严重程度 | 损坏密度 | | | | | |
|---|---|---|---|---|---|---|---|
| | | 0.1% | 1% | 5% | 10% | 50% | 100% |
| 龟裂 | 轻 | 8 | 12 | 18 | 30 | 50 | 80 |
| | 中 | 10 | 14 | 22 | 35 | 55 | 75 |
| | 重 | 12 | 17 | 28 | 45 | 70 | 90 |
| 块裂 | 轻 | 5 | 8 | 16 | 25 | 32 | 40 |
| | 重 | 8 | 12 | 20 | 35 | 62 | 68 |
| 沉陷 | 轻 | 2 | 10 | 20 | 33 | 65 | 75 |
| | 重 | 4 | 12 | 27 | 40 | 75 | 100 |
| 波浪拥包 | 轻 | 3 | 6 | 12 | 25 | 47 | 70 |
| | 重 | 5 | 12 | 22 | 35 | 63 | 90 |
| 麻面磨光 | 不细分 | 1 | 3 | 6 | 12 | 18 | 20 |
| 露骨 | 不细分 | 2 | 6 | 20 | 40 | 55 | 60 |
| 补丁 | 轻 | 2 | 8 | 10 | 15 | 20 | 35 |
| | 重 | 4 | 10 | 15 | 20 | 30 | 50 |

（续表）

| 损坏类型 | 严重程度 | 损坏密度 | | | | | |
|---|---|---|---|---|---|---|---|
| | | 0.1% | 1% | 5% | 10% | 50% | 100% |
| 泛油 | 不细分 | 1 | 5 | 10 | 12 | 12 | 30 |
| 横向裂缝 | | 损坏密度 | | | | | |
| | | 0.1% | 0.5% | 1% | 3% | 5% | >5% |
| | 轻 | 1 | 6 | 8 | 18 | 25 | 25 |
| | 重 | 4 | 9 | 12 | 24 | 38 | 38 |
| 纵向裂缝 | | 损坏密度 | | | | | |
| | | 0.1% | 1% | 5% | 10% | 40% | >40% |
| | 轻 | 8 | 10 | 16 | 32 | 70 | 70 |
| | 重 | 10 | 15 | 25 | 44 | 80 | 80 |

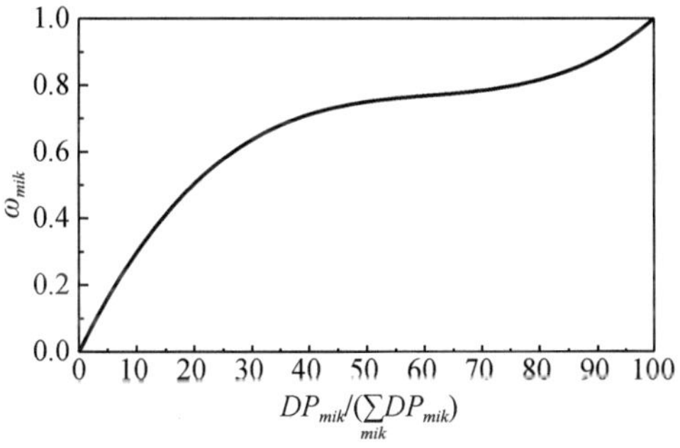


**图 7-2　路面损坏评价权函数曲线**

想要根据不同的损坏现象和损坏程度计算 *PCI*，必须解决两个问题：一是如何确定单项损坏扣分值；二是如何确定不同损坏的权重。

式(7-1)中的单项扣分值可由表 7-1 确定，权重值则是用数学方法将评分时专家心目中难以言表的权值提取出来，使其定量化。这样得到的权重值相对于评分结果来说是客观的，所得权重的主观随意性不大于小组评分值的主观随意性。权重的大小主要与评分人员的评分方法有关，除了规定的评分原则和标准外，可以认为具体评分主要根据路面损坏的密度和程度。当路面上不存在某种损坏时，则不考虑该损坏，其权重值为零；当路面上全部是某种损坏时，则只按照该类损坏评分，其权重值为 1；当某种损坏占主导地位时，评分时就基本上以该损坏为基准。由此可知，各类损坏的权重值不是常数，而是变数，是随该类损坏在总损坏中所占比重而变化的。因此，可在不同的层次水平上将权重值表示为单项损坏扣分值占总扣分值百分比的函数，如图 7-2 所示。

在图 7-2 中，所有权函数都可采用同一条曲线表示。大量验证表明，图 7-2 所示的权函数曲线能很好地刻画人们的评分心理，并具有很好的稳定性和通用性[1]。

表 7-2 是 *PCI* 的一个计算示例。

表 7-2 **PCI 计算示例**

<table>
<tr><th>损坏类型</th><th>严重程度</th><th>密度</th><th>单项扣分</th><th>权重值</th><th>各损坏类型扣分</th><th>权重值</th><th>各损坏模式扣分</th><th>权重值</th><th>综合扣分</th></tr>
<tr><td rowspan="3">龟裂</td><td>轻</td><td>0.0</td><td>0</td><td>0.0</td><td rowspan="3">21</td><td rowspan="3">0.75</td><td rowspan="7">23</td><td rowspan="7">0.73</td><td rowspan="14">34</td></tr>
<tr><td>中</td><td>0.2</td><td>11</td><td>0.6</td></tr>
<tr><td>重</td><td>1.7</td><td>19</td><td>0.77</td></tr>
<tr><td rowspan="2">横裂</td><td>轻</td><td>0.2</td><td>3</td><td>0.58</td><td rowspan="2">8</td><td rowspan="2">0.48</td></tr>
<tr><td>重</td><td>0.4</td><td>8</td><td>0.81</td></tr>
<tr><td rowspan="2">纵裂</td><td>轻</td><td>0.2</td><td>7</td><td>0.0</td><td rowspan="2">7</td><td rowspan="2">0.48</td></tr>
<tr><td>重</td><td>0.0</td><td>0</td><td>0.0</td></tr>
<tr><td rowspan="2">沉陷</td><td>轻</td><td>0.0</td><td>0</td><td>0.0</td><td rowspan="2">13</td><td rowspan="2">1.00</td><td rowspan="2">13</td><td rowspan="2">0.58</td></tr>
<tr><td>重</td><td>1.1</td><td>13</td><td>1.0</td></tr>
<tr><td rowspan="2">磨损</td><td>轻</td><td>25</td><td>15</td><td>1.0</td><td rowspan="2">15</td><td rowspan="2">0.78</td><td rowspan="4">15</td><td rowspan="4">0.63</td></tr>
<tr><td>重</td><td>0.0</td><td>0</td><td>0.0</td></tr>
<tr><td rowspan="2">修补</td><td>轻</td><td>1.0</td><td>6</td><td>1.0</td><td rowspan="2">6</td><td rowspan="2">0.56</td></tr>
<tr><td>重</td><td>0.0</td><td>0</td><td>0.0</td></tr>
</table>

最后，$PCI=100-DP=100-34=66$。

### 7.1.3 路面行驶质量指数 *RQI*

路面行驶质量指数 $RQI$ 是反映车辆行驶舒适性、安全性和经济性的指标，也是反映路面服务能力（或水平）的重要参数。

评价行驶质量一般要考虑三方面的因素：路面表面特性，要对路表不平整做出定量描述；车辆悬挂系统的振动特性，要结合路表不平整来分析车辆的动态反应；人对振动的反应，要对用户的舒适性要求或承受颠簸的能力做出定量描述[1,5]。对于路表不平整，可采用不同的方法和仪器进行量测，并用适当的指标来表征。对于车辆的动态反应，可利用数学模型进行模拟分析后得到。人对振动的反应则随用户的不同要求和承受能力而异，带有主观性。因此，对行驶质量的评价只能采用主观-客观相结合的方法进行，即需要将对于路表不平整和车辆动态反应的客观评价和对用户反应的主观评价综合起来，建立行驶质量评价模型。

为了建立路面行驶质量评价模型，笔者专门组织了有代表性的人员对测试路段进行评分。对于所评分的路段，根据评分结果和平整度测量结果，建立行驶质量评分（$\overline{RQR}$）与路面平整度（颠簸累积值 $RN$）之间的关系。根据样本点趋势，建立以下线性方程：

$$RQI=6.757-0.46IRI \tag{7-3}$$

式中，$IRI$ 为国际平整度指数（m/km）。

### 7.1.4 路面弯沉

路面结构的承载能力是路面使用性能的一个重要组成部分，它反映了路面结构的强度特性，是路面设计、施工控制、养护管理以及路面改建过程中的一个重要参数，其表征指标通常采用路面弯沉；这里的弯沉是指路表回弹弯沉。

## 7.2 路面行为方程形式的构造

### 7.2.1 国际上代表性的方程形式

对路面性能衰变规律的系统研究可追溯至 AASHO 试验。以此为基础，许多国家和地区建立了各自的路面性能衰变方程。但由于研究目的的不同，各方程的繁简程度和形式相差很大，方程中系数的数学、物理含义也不明确。表 7-3 是其中一些具有代表性的模型汇总。

表 7-3 具有代表性的路面性能模型[6-15]

<table>
<tr><th>模型名称</th><th>模型</th><th>说明</th></tr>
<tr><td>AASHO</td><td>$PSI = PSI_0 - (PSI_0 - PSI_t)\left(\frac{ESAL}{ESAL_t}\right)^{\beta}$</td><td rowspan="5">$PSI/PSI_0/PSI_t$：现实服务能力指数/初值/终值；<br>$ESAL$：荷载作用次数；<br>$ESAL_t$：时间 $t$ 的 ESAL；<br>$RCI$：平整性指数；<br>$RCI_p$：上一周期(4 年)的 RCP；<br>$FDN$：温度修正系数；<br>$dRI$：$dt$ 时间内 $IRI$ 变化量；<br>$RI$：时刻 $t$ 时的 $IRI$；<br>$dNE4$：时间 $dt$ 内累计轴次；<br>$MSN$：结构校正量；<br>$dRDM$：$dt$ 内车辙变化量；<br>$y$：路龄；<br>$A$，$C$，$\beta$：常数</td></tr>
<tr><td>ALBERTA 省模型</td><td>碎砾石基层：$RCI = -6.36915 + 6.87009 \times \ln(RCI_p) - 0.16242 \times \ln(\text{age}2 + 1) + 0.18498 \times \text{age} - 0.08427 \times \text{age} \times \ln(RCI_p)$<br>半刚性基层：$RCI = -4.9856 + 5.802\lg(RCI_p - 0.1846FDN)$</td></tr>
<tr><td>SASKATCHEWAN 省模型</td><td>$dRI = 134 \times dNE4 \times e^{mt}(1 + MSN)^{-5} + m \times RI \times dt + 0.057 \times dRDM$</td></tr>
<tr><td>IDAHO 州模型</td><td>$PSI = PSI_0 B^{-(ESAL)D}$，<br>$D = \frac{\ln[(\ln(PSI_0) - \ln(PSI_i)]}{\ln(ESAL/C)}$，<br>$B = PSI_0/PSI_t$，$C = \frac{ESAL \times \ln(B)}{\ln(PSI_0) - \ln(PSI_i)}$ 或<br>$C = ESAL$</td></tr>
<tr><td>华盛顿州模型</td><td>$R = A - by^c$</td></tr>
<tr><td>Arizona 州模型</td><td>平整度：$\Delta R_n = 0.138R + 2.65R_g^2 - 0.125$；<br>罩面后的平整度：$\Delta R_n = 65.29 - 0.78R_B$ $0.3055T_H$</td><td>$\Delta R_n$：第 2 年开裂量和平整度的变化；<br>$R$：现有的开裂量和平整度；<br>$R_g$：地区系数；<br>$R_B$：罩面前平整度；<br>$T_H$：罩面厚度(mm)</td></tr>
</table>

（续表）

| 模型名称 | 模型 | 说明 |
|---|---|---|
| Ontario 模型 | $P = P_0 - P_T - P_E$；$P_T = 2.44554 + 8.805\psi^3$；<br>$P_E = \left(P_0 - \dfrac{5.15}{1+\beta W_S}\right)(1 - e^{-\alpha y})$；$\psi = 100W_S^6 N$ | $P_0$：性能初始值；<br>$P_T$：交通引起的性能折减；<br>$P_E$：环境因素引起的性能折减；<br>$W_S$：路表弯沉值；<br>$\alpha$，$\beta$：常数；<br>$N$：荷载作用次数 |
| S形模型 | $PSI = PSI_0 - e^{(a-b\times ct)}$ | $PSI_0$：初始 $PSI$ 值($t=0$)；<br>$t = \ln(1/y)$；<br>$y$：路龄；<br>$a$，$b$，$c$：系数 |
| S形模型 | $PCI = 100 - \dfrac{\rho}{[\ln\alpha - \ln(y)]^{\frac{1}{\beta}}}$ | $y$：路龄；<br>$\rho$，$\alpha$，$\beta$：常数 |
| 负指数模型 | $PCI = 100e^{-ay^b}$ | $y$：路龄；<br>$a$，$b$：系数 |

从表 7-3 可以看出，路面性能的变化受许多因素的影响，这些因素包括：荷载累积作用次数和时间、路面结构类型、路面模量和厚度、环境因素、养护类型和等级、施工质量以及以上这些因素的耦合作用，还包括材料性能的影响等。上述这些模型的建立一般是为路面管理系统服务的，能够大体推测出路面性能未来的变化趋势，但不能满足路面深度分析的要求。要使所建立的路面衰变模型能够真正地反映路面的衰变过程并体现出导致路面性能衰变的主要因素，能够进行路面结构、材料、环境对路面行为和性能的综合分析，就需要构造一个简洁、通用的方程作为描述路面结构行为的基本方程。

### 7.2.2　方程形式构造

1. 使用性能典型衰变模式

路面在使用过程中，随着时间的推移，在荷载和环境因素的作用下，路面状况不断恶化，使用性能逐渐下降。由于影响因素的复杂性和路面结构本身的差异导致路面使用性能的衰变会出现多种模式。综合国外针对路面使用性能的研究成果，结合对国内部分省市（或地区）路面使用性能实际变化状况的分析，将路面使用性能的不同衰变过程归结为 4 种典型模式，衰变曲线的形式如图 7-3 所示。

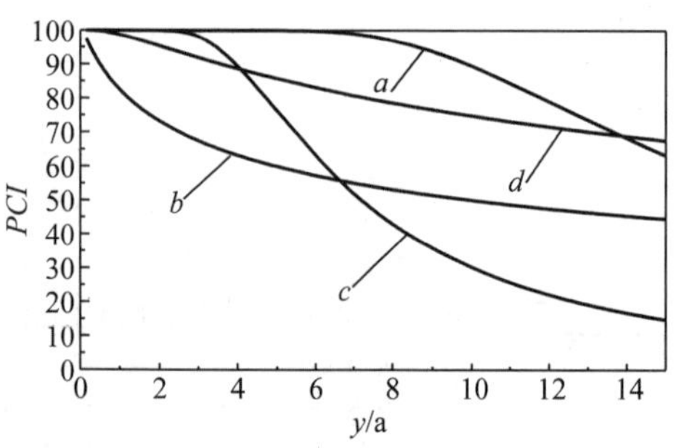


图 7-3　路面使用性能的典型衰变模式

图 7-3 中 4 条曲线代表 4 种不同的路面使用性能衰变模式，其共同点是：随着使用时间或荷载作用次数的增加，使用性能呈下降趋势，即路况在不断恶化，所能提供的服务能力日益衰减，只是 4 种曲线反映的衰变过程有快有慢。

曲线 $a$ 为凸形曲线(先慢后快型)。国外路面的衰变模式大多呈现这种形状。此种损坏模式,一定程度上反映了路面结构抗力同其性能之间的良好相关性。在路面使用初期,由于路面结构抗力较强,能有效抵御包括行车荷载、环境因素等造成的损坏,故损坏速度缓慢。但随着时间的推移和行车荷载作用次数的增加,路面产生了疲劳、裂缝和变形等损坏,从而降低了路面的结构抗力;在荷载和环境的综合作用下,路面损坏的速率越来越快。

曲线 $b$ 为凹形曲线(先快后慢型)。路面初期、早期的使用性能下降得很快,而后期变慢。这种形式在我国过去的路面中极为普遍。由于设计和施工的诸多原因,路面投入使用后很快出现损坏,而损坏的出现大大降低了路面的服务能力。养护部门不得不投入较多资金进行路面维护,以延缓其恶化速率,使道路在较长时间内仅能以较低的水平提供服务。

曲线 $c$ 为反 S 形曲线。在路面使用初期,由于路面结构抗力较强,路面损坏较少,服务能力衰变较慢;而后随着荷载作用年限的增加,损坏速率有所增加;到了使用性能后期,路面损坏又趋缓慢。这种形式可以看作是前两种形式的结合,一定程度上也反映出整体强度对路面使用性能的影响。

曲线 $d$ 描述的是路面投入营运后使用性能随着使用年限的增加近似呈直线衰减,即路面早期损坏快,后期又缺乏必要的养护维修措施,从而导致损坏速率始终较快。

2. 标准方程形式的构造

1) 基本原则

作为一个标准(或通用)的路面使用性能方程,应该满足下述条件:

(1) 能够正确反映路面性能衰变的全过程,反映图 7-3 所示的各种衰变模式。

(2) 随着使用年数或累计轴载作用次数的增加,路面使用性能指数(包括 $PCI$ 或 $RQI$)单调减少。

(3) 满足必要的边界条件。

(4) 方程形式简单,参数的物理或工程含义明确,能为路面性能的深入研究奠定基础。

2) 方程形式

根据上述原则,为了使方程形式简单,且便于回归,故选定使用年数(路龄)$y$ 作为唯一变量,这样除了能充分考虑荷载因素的作用外,也能较好地计入非荷载因素对路面使用性能的影响。经过大量的分析比较和深入研究,我们提出的方程形式如下[16, 17]:

$$PPI = PPI_0\left\{1-\exp\left[-\left(\frac{\alpha}{y}\right)^{\beta}\right]\right\} \tag{7-4}$$

式中 $PPI$ ——性能指数($PCI$,$RQI$ 或其综合);

$PPI_0$ ——初始性能指数;

$y$ ——路龄;

$\alpha$,$\beta$ ——模型参数。

式(7-4)中,$PPI_0$ 一般情况下为 100,有时略小于 100,表示路面开始使用时的使用性能为最好。$\alpha$,$\beta$ 是两个回归参数。当 $\alpha$,$\beta > 0$ 时,使用性能(包括 $RQI$ 和 $PCI$)单调减小;当 $y \to 0$ 时,$PPI \to PPI_0$;当 $y \to \infty$ 时,$PPI \to 0$。同时,从后续的分析可见,$\alpha$,$\beta$ 具有明确的数学、物理或工程含义。当 $\alpha$,$\beta$ 取值不同时,可以反映出图 7-3 所示的路面各类衰变模式。

3）模型参数的含义

方程中存在着两个待定系数 $\alpha$ 和$\beta$，其数值可由观测数据回归得到。分析可知，当 $y=\alpha$ 时，无论 $\beta$ 值如何变化，总有 $PPI/PPI_0=1-e^{-1}=0.632$，即曲线总是要经过点($\alpha$，$0.632PPI_0$)。因此，参数 $\alpha$ 的数学含义可认为是 $PPI$ 衰减到初始值 $PPI_0$ 的 63.2%时的路面使用年数。随着 $\alpha$ 值的增加[图 7-4(a)]，曲线形状的变化并不明显，即路面性能以基本相同的走向发展变化，只是到达初始值的 63.2%的时间有所不同。所以，参数 $\alpha$ 的大小反映了路面使用寿命的长短，故将其命名为路面的寿命因子。结合实测数据的分析和工程经验，$\alpha$ 的取值一般在 2～20 之间。

当 $\beta$ 由小变大时，如图 7-4(b)所示，曲线由凹形经直线变化为凸形或反 S 形，所以曲线的形状主要由 $\beta$ 决定。不同的 $\beta$ 值决定了路面的衰变模式，所以将 $\beta$ 称为路面衰变的模式因子。当 $\beta$ 值太小时($\beta<0.2$)，路面初期 $PCI$ 下降得非常快($\alpha$ 值为 20 时，一年后 $PCI$ 值不大于 85)，之后 $PCI$ 的下降又异常缓慢，这种情况在实际工程中极为少见；当 $\beta$ 值太大时，路面前期 $PCI$ 下降过缓，这也不符合实际情况。所以，$\beta$ 值一般在 0.2～2.0 之间变化。

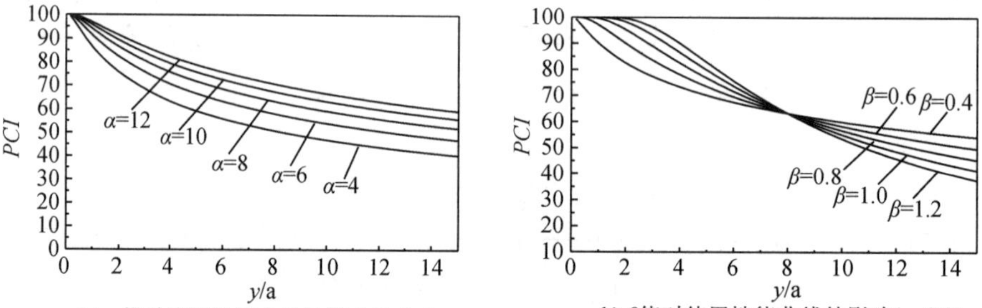

(a) α值对使用性能曲线的影响(β=0.5)　　b) β值对使用性能曲线的影响(α=8.0)

**图 7-4　α，β 值对曲线形状的影响**

使用不同的($\alpha$，$\beta$)组合可以反映不同的路面衰变过程。图 7-5 和图 7-6 是采用不同参数时相应的曲线形状，可以看出该方程的普遍适应性。

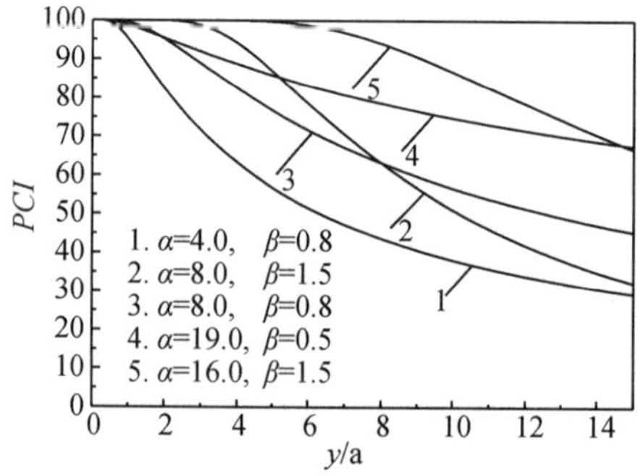


**图 7-5　(α，β)不同组合时的使用性能衰变曲线**

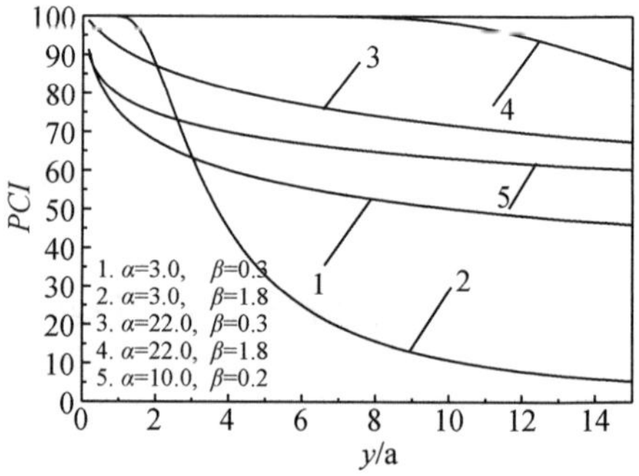


**图 7-6　(α，β)不同组合时的曲线形状**

曲线形状主要受参数 $\beta$ 控制，但并非与参数 $\alpha$ 毫无关系，只是曲线形状对 $\beta$ 的敏感性要比 $\alpha$ 大得多。当 $\alpha$ 和 $\beta$ 组合适当时，曲线形状接近于直线。

综上所述，任何一个复杂的路面性能曲线与($\alpha$，$\beta$)存在着一一对应的关系，从而可以用一个二维点($\alpha$, $\beta$) 来描述路面性能的衰变历程,使人们对于使用性能发展变化规律的定量分析成为可能,为进一步研究路面使用性能提供了便利条件。

由此,可以得出一个重要推论:既然路面性能的变化与($\alpha$, $\beta$) 存在着一一对应关系,那么所有影响路面性能的因素都将影响参数$\alpha$, $\beta$的大小;反之,所有影响($\alpha$, $\beta$) 也就是影响曲线形状的因素都将影响路面性能,即:

$\alpha = f$(交通荷载,结构强度,面层厚度,基层类型,环境状况,材料类型)

$\beta = f$(交通荷载,结构强度,面层厚度,基层类型,环境状况,材料类型)

式(7-4)所示的方程形式比大多数方程简单,并且适应性很强。只要采用不同的参数值,就可以反映不同的衰变过程。方程的两个参数具有明确的物理含义,从而可以建立不同影响因素与参数$\alpha$, $\beta$的关系,也就是建立与路面使用性能的关系。

另外,单就反映图 7-3 所示的几种典型模式而言,式(7-4)并不是唯一的,其他形式的方程亦能给出精度很高的拟合,如:

$$PPI = PPI_0\left[\exp(-\alpha_1 \times y^{\beta_1})\right] \tag{7-5}$$

式(7-5)中的$\alpha_1$和$\beta_1$没有明确的物理意义,无法与曲线形状建立明确的对应关系。所以,$\alpha_1$和$\beta_1$对路面数据采集误差非常敏感,回归出的$\alpha_1$和$\beta_1$数值没有明确的规律,这为后续研究带来了很大的困难。例如,图 7-7 中的两条曲线所表示的路面性能非常接近,由于数值误差,完全有可能由其中某一条变为另一条,若用式(7-5) 进行回归,相应于两曲线的$\alpha_1$, $\beta_1$分别为 0.01、2.45 和 0.021、2.00,$\alpha_1$变化了 2.1 倍,$\beta_1$变化了 1.23 倍;若用式(7-4) 进行拟合,相应的$\alpha$, $\beta$分别为 4.4、2.0 和 4.3、1.8,数值非常接近,可见式(7-4)中的参数要稳定得多[15, 16]。

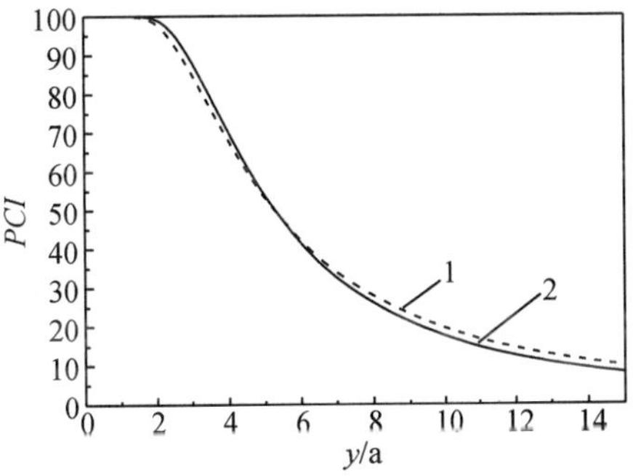


图 7-7 参数稳定性比较

### 7.2.3 统一模型形式的意义

提出统一的或普适的路面性能衰变模型形式,使我们可以采用统一的方程形式拟合不同地区、不同路面结构在不同交通荷载作用下的不同使用性能。由于方程具有很好的稳定性、单调性,参数间又具有可比性,且参数是有明确含义的,这就为定量描述不同因素对路面性能衰变规律的影响奠定了理论基础。也就是说,可以将一个复杂的、难以描述的衰变过程映射为一个定量的二维点($\alpha$, $\beta$),可使我们通过对($\alpha$, $\beta$) 变化规律的研究来达到路面行为研究的目的。多年来,人们之所以未能在路面行为研究领域取得新的系统性成果,其主要原因之一便是未能成功地采用简单的方式将路面使用性能变化过程定量化,即缺少一个通用的路面结构行为方程。从后期的研究中可以看出该方程的基础作用;正是这个方程的提出,才使得我们能够方便地建立起路面结构组成、环境等因素与路面使用性能之间的关系,为路面领域的进一步研究开辟了崭新的途径。

统一的方程形式对于路面管理系统的推广也有着重大意义。随着路面管理系统研究的深入和应用的拓展，越来越多的人认识到了它的价值，许多地区想尽快建立实用的管理系统的愿望十分强烈。然而，不同地区的路面损坏过程差异很大，直接套用其他地区的路面使用性能模型并不能正确反映或预测本地区的路面状况。若有形式统一、参数意义明确的路面使用性能模型，对于不同地区而言，只要研究各种因素尤其是当地环境因素的影响，从而确定方程的参数，那么建立并使用适合当地的模型的问题就迎刃而解了[17]。从这个意义上讲，建立统一形式的路面使用性能模型也是非常必要的。

由于方程参数的含义明确，我们还可以方便地研究路面罩面后新、旧沥青层在路面使用过程中的耦合作用，为路面的罩面设计和路面结构优化提供必要的基础。

## 7.3 路面行为方程的建立

从设计角度来说，设计人员不仅应该知道所设计的路面结构在特定荷载下会表现出怎样的行为，而且应该知道为什么会出现这样的行为，以及如何有效地改进这种行为。只有这样，才能最大限度地控制和优化设计，使之满足不同条件下的性能和经济要求。从管理者的角度来说，需要了解不同的路面结构在不同荷载、不同环境条件下的性能衰变，以便制订科学合理的养护策略，恰当地分配有限的资源；同时，管理者还需要准确诊断路面上出现各类损坏的原因，评价既有结构和养护对策的合理性。要做到这一点，就必须掌握沥青路面结构行为的定量变化趋势，即不同沥青路面结构在行车荷载和环境因素综合影响下的使用性能衰变规律，能够据此分析多种因素对路面性能的影响。

路面结构行为已被定义为“路面结构（和材料）的物理特征和力学特性在外界因素（荷载、环境）作用下的相互关系”，包括路面损坏（裂缝、松散、构造深度变化等）、路面变形（车辙等）、材料特性（模量、劲度、强度等）和力学特性（弯沉、应力、应变等）等几个方面，采用路面损坏状况指数 *PCI*、行驶质量指数 *RQI* 和路表回弹弯沉来表征，本节就这些指标的衰变规律及内在相关性进行研究，建立了路面结构行为方程。

### 7.3.1 分析方法

路面研究的过程，一般通过室内试验，人工控制各种荷载和环境因素，探索路面结构或路面材料的行为规律；再借助理论分析，弄清这些规律的内在机理和影响因素。这种方法所得的结果往往与实际情况会有较大出入，因此必须通过现场路面试验进行验证和修正。修筑试验路是较为理想的方法，但所需费用大，限制了大规模开展的可能性，从而使研究结果的代表性受到限制。再加上试验周期长，得出结果时往往已时过境迁，实用价值就大打折扣了。所以，这里采用一种新的方法——分析-标定法，将理论分析与试验数据结合起来。所谓分析是指有效地利用所掌握的知识（包括专业知识、数学知识和力学知识等），充分发挥研究人员的创造能动性，通过合适的途径构造理想模型；所谓标定是指人们通过试验或根据所观测的数据，利用相应的分析工具对理想模型的待定参数进行标定、修正和完善。分析与标定是一个有机整体，分析是关键，是进行标定的前提；而标定是对分析结果必要的检验和有益的补充，使分析结果准确定量。笔者的研究就是借助上面构造的路面使用性能标准方程式(7-4)和路面管理系统研究中所积累的路面性能数据，结合专业理论知识和当地的管理经验，得到较为完备的结构行为模型。因此，拥有一个完备的数据库，相当于每段道路都是试验路，这样既节省了修筑试验路的费用，又缩短了研究时间，研究成果也有较好的代表性。

当然，与试验路相比，路面管理系统数据库中的数据精度要差很多，这便对分析处理提出了更高的要求，也是分析-标定法的价值所在。建模过程不能片面地归结为单纯的数学问题，需要借助恰当的理论分析，并结合当地管理经验来处理数据，否则很难得到合理的结论。同时，利用数据库中数据量大的优势，也可以减小或弥补数据精度的不足。

研究路面结构性能衰变，最好能获得研究路段的路面长期性能（全寿命）数据。但由于建模时我国的路面管理系统（Pavement Management System，PMS）建立的时间还不长，积累的数据时序较短，仅有 3～4 年的数据。为了能充分利用这些数据，笔者提出了以空间换时间的方法，即通过时间-空间的转换，把同类道路同一时刻（不同使用年数）的路面性能数据（空间上的分布）看作是同一道路不同时期的表现（时间上的变化），以延长数据的时间序列。刘喜平[17]、许志军[18]、陈子建[19]等应用这种方法，对不同地区的使用性能数据进行分析，经验表明这种方法是非常有效的。

### 7.3.2 数据准备

研究过程中所使用的数据来源于我们的路面管理系统数据库。由于路面管理涉及的内容广泛，因此路面性能数据库中项目繁多。而实际分析过程中所需的仅仅是路面结构、新建或改建年份、交通量、弯沉和平整度等有限的几项数据。所以，要将原数据库中某些数据项提取出来或加以必要的变换，以形成新的有效数据库。

按照数据库中记录的数据，采用本书 7.1 节的方法计算 *PCI* 和 *RQI*，以及路段的平均回弹弯沉和标准差等指标。计算出等效标准轴载作用次数，考虑轮迹横向分布系数等因素，将路面的断面交通量转化为车道上的交通量。

观测的路面性能是多种因素耦合作用的结果，而影响路面结构性能的因素有很多，影响机理也很复杂。根据各因素的变化，预测或分析路面性能的演变过程是本研究的一个目标；而根据路面性能的观测结果，定量地解耦不同因素的影响，是本研究所追求的另一个目标。但过于繁杂的分析和大量的误差可能会掩盖掉路面原本变异性很大的衰变规律，尤其是在数据序列较短、数据离散性较大的场合。所以，在具体分析时，基于时间-空间变换法提出了一种逐级分组（族）归纳法。在这个方法中，假定不同因素对路面性能的影响是单调连续的，影响变量在数值上的微小变化所带来的路面性能的变化也是微小的。据此，按照一定步长对主要影响因素进行分组（分类或分级），假定同一组中的因素对结构行为的影响是相近的，组内路面结构行为的变化由其他因素引起，与该分组因素无关；而组间结构行为差异反映了该因素的影响。只要对不同的影响因素进行逐级回归分析，就可以最终建立所有因素对路面行为的定量影响规律。

原则上，分组（类）的数目应尽可能多一些，以保证有足够的分析精度；但因为数据量有限，分组太多又会使每一组内的数据量太少，所以为使每组（类）中有足够的数据进行回归，分组（类）数目又不能太多。

这里考虑的影响因素可归纳为两方面[18]：

（1）路面外部因素：交通荷载、环境条件；

(2) 路面内部因素:路面结构组成、路面材料、路面结构强度(弯沉)。

按照这些因素,对其中主要可量化的指标进行分组(级)。

1. 面层厚度

根据路面面层厚度 $h$ 的差异,将路面厚度划分为五级:薄:$0<h\leqslant3$ cm;较薄:3 cm$<h\leqslant5$ cm;中:5 cm$<h\leqslant8$ cm;较厚:8 cm$<h\leqslant12$ cm;厚:$h>12$ cm。此分级标准是相对的,随着面层厚度的增加,可做相应调整。

2. 基层类型

按照以往的使用经验,本书将基层类型划分为半刚性基层和碎砾石基层两类。

3. 结构强度

利用路表回弹弯沉来衡量路面结构的强弱。路面在不同使用时期的结构强度不同。在路面结构行为方程的建立过程中,以路面的初始弯沉为基准。在研究 *PCI* 和 *RQI* 的衰变规律过程中,由于所依据的数据来源、种类不尽相同,弯沉的分级标准也略有差别,如表 7-4 所列。

**表 7-4　初始弯沉分级表***

| 弯沉分级 | *PCI* | *RQI* |
|---|---|---|
| 强 | $0<l_0$(0.01 mm)$\leqslant30$ | $0<l_0$(0.01 mm)$\leqslant30$ |
| 较强 | $30<l_0$(0.01 mm)$\leqslant45$ | $30<l_0$(0.01 mm)$\leqslant45$ |
| 中 | $45<l_0$(0.01 mm)$\leqslant60$ | $45<l_0$(0.01 mm)$\leqslant60$ |
| 较弱 | $60<l_0$(0.01 mm)$\leqslant75$ | $60<l_0$(0.01 mm)$\leqslant90$ |
| 弱 | $75<l_0$(0.01 mm)$\leqslant90$ | $l_0$(0.01 mm)$>90$ |
| 极弱 | $l_0$(0.01 mm)$>90$ | |

注:* 弯沉采用解放牌标准车(BZZ-60)测定。

4. 交通荷载

在路面结构行为方程的建立过程中,交通荷载用年平均日标准轴次来表征。在损坏状况和行驶质量的研究过程中,分级标准也不尽相同,如表 7-5 所列。

**表 7-5　交通荷载分级表**

| 荷载分级 | *PCI* | *RQI* |
|---|---|---|
| 特轻 | $0<ESAL\leqslant500$ | $0<ESAL\leqslant500$ |
| 轻 | $500<ESAL\leqslant1\ 500$ | $500<ESAL\leqslant1\ 000$ |
| 中等 | $1\ 500<ESAL\leqslant2\ 500$ | $1\ 000<ESAL\leqslant2\ 000$ |
| 重 | $2\ 500<ESAL\leqslant4\ 000$ | $ESAL>2\ 000$ |
| 超重 | $4\ 000<ESAL\leqslant6\ 000$ | |
| 特重 | $ESAL>6\ 000$ | |

注:*ESAL* 为标准轴载作用轴次(BZZ-60,次/日/车道)。

### 7.3.3 *PCI* 衰变方程

1. 方程形式

采用逐级分组归纳法的前提是要有一个简洁通用的方程，作为逐级分组归纳的基方程。在本书7.2节的分析中，已经构造了使用性能的标准衰变方程，即式(7-4)。将该方程作为逐级分组归纳的基方程，并将式(7-4)中的 *PPI* 用 *PCI* 替换，即得路面损坏状况指数 *PCI* 的衰变方程，如式(7-6)所示。

$$PCI = PCI_0\left\{1-\exp\left[-\left(\frac{\alpha}{y}\right)^{\beta}\right]\right\} \tag{7-6}$$

式中 $PCI$ ——路面损坏状况指数；

$PCI_0$——初始路面损坏状况指数；

$y$ ——路龄。

如前所述，寿命因子 $\alpha$ 和形状因子 $\beta$ 唯一地确定了 *PCI* 的衰变过程。所以，只要确定了 $\alpha$ 和 $\beta$ 两参数，衰变曲线也就确定了，进而也就清楚了 *PCI* 随时间的变化规律。按照逐级分组归纳法，首先在各组内按照式(7-6) 的形式标定方程参数($\alpha$，$\beta$)，然后再建立方程参数($\alpha$，$\beta$) 与分组因素之间的关系。

由于参数 ($\alpha$，$\beta$) 与路面性能衰变曲线是一一对应的，故所有影响路面性能的因素都将影响($\alpha$，$\beta$) 的数值。此结果可以简单地记为：

$$\begin{pmatrix}\alpha\\ \beta\end{pmatrix}=\begin{Bmatrix}F_1(\text{交通荷载、结构强度、面层厚度、基层类型、环境状况、材料类型})\\ F_2(\text{交通荷载、结构强度、面层厚度、基层类型、环境状况、材料类型})\end{Bmatrix}$$

分析表明，结构强度和基层厚度之间具有很好的相关性。为了提高自变量的独立性，减少分组数量，在确定面层厚度作为独立变量后，这里不再考虑基层厚度的独立影响，认为已经包含在结构强度中。

在常见的范围内，面层厚度和交通荷载的影响是连续单调的。而弯沉的影响相对复杂，当弯沉小到一定程度后，再减小弯沉对 *PCI* 衰变的影响并不明显，因为非荷载因素引起的损坏占主导作用；同样，当弯沉大到一定程度时，由于路面的损坏速度很快，再增加弯沉值影响也不明显，这类似于反S形曲线。经反复分析比较，最终采用如下形式[18]：

$$\alpha=\lambda[1-\exp(-(\eta/l_0)^{\zeta})] \tag{7-7(a)}$$

$$\lambda=a_1h^{b_1}ESAL^{c_1} \tag{7-7(b)}$$

$$\eta=a_2h^{b_2}ESAL^{c_2} \tag{7-7(c)}$$

$$\zeta=a_3h^{b_3}ESAL^{c_3} \tag{7-7(d)}$$

$$\beta=a_4h^{b_4}ESAL^{c_4}l_0^{d} \tag{7-8}$$

式中 $\alpha$ ——路面寿命因子；

$\beta$ ——形状因子；

$h$ ——新建路面面层厚度即沥青层厚度(cm)；
$ESAL$ ——日当量轴载作用次数(次/天/车道)；
$l_0$ ——初始弯沉(0.01 mm)；
$\lambda$，$\eta$，$\zeta$，$a$，$b$，$c$，$d$ ——回归系数。

2. 方程参数

对以上各影响因素的组合作用进行回归分析，共建立了327个回归方程，最终归纳得到的各参数的数值如表7-6、表7-7所列[18]。

表7-6 $\alpha$ 中各回归参数值(BZZ-100)

| 基层 | | $a$ | $b$ | $c$ | $\eta$ | $R^2$ | $F$ |
|---|---|---|---|---|---|---|---|
| 半刚性 | 式[7-7(b)] | 15.7238 | 0.5861 | −0.2064 | 65 | 0.5460 | 37.29 |
| | 式[7-7(c)] | 119.66 | −0.1124 | −0.1053 | 64 | 0.5880 | 88.50 |
| | 式[7-7(d)] | 1.5247 | −0.1016 | −0.0986 | 60 | 0.5221 | 31.12 |
| 碎砾石 | 式[7-7(b)] | 15.3278 | 0.5752 | −0.2292 | 49 | 0.5096 | 23.91 |
| | 式[7-7(c)] | 154.8279 | −0.1205 | −0.1162 | 47 | 0.6187 | 73.02 |
| | 式[7-7(d)] | 1.3573 | −0.1123 | −0.0884 | 42 | 0.5182 | 20.97 |

表7-7 $\beta$ 中各回归参数值(BZZ-100)

| 基层 | $a$ | $b$ | $c$ | $d$ | $\eta$ | $R^2$ | $F$ |
|---|---|---|---|---|---|---|---|
| 半刚性 | 0.6536 | 0.3349 | −0.0255 | −0.0981 | 62 | 0.5457 | 22.23 |
| 碎砾石 | 0.6681 | 0.3167 | −0.0324 | −0.1238 | 44 | 0.5174 | 14.29 |

经过多年大量的检验，式(7-6)表现出了很好的适用性和精度。

### 7.3.4 *RQI* 衰变方程

1. 方程形式

类似地，在采用多级分组归纳法建立 $RQI$ 的衰变方程时，根据所采用的基方程，即式(7-4)，将式中的 $PPI$ 用 $RQI$ 替换，即得行驶质量 $RQI$ 的衰变方程[19]：

$$RQI = RQI_0\left\{1 - \exp\left[-\left(\frac{A}{y}\right)^B\right]\right\} \tag{7-9}$$

根据所选取指标对行驶质量发展的不同影响，将参数 $A$，$B$ 定义为

$$A = ah^b ESAL^c l_0^d \tag{7-10}$$

$$B = ah^b ESAL^c l_0^d \tag{7-11}$$

式中 $RQI$ ——路面行驶质量指数；
$RQI_0$ ——路面新建或新近一次改建后的初始行驶质量指数；
$y$ ——新建或改建路面的路龄；

$A$，$B$ ——方程的回归参数；

$h$ ——面层厚度(cm)；

$ESAL$ ——日当量轴载作用次数(次/天/车道)；

$l_0$ ——初始弯沉(0.01 mm)；

$a$，$b$，$c$，$d$ ——回归系数，在式(7-10)和式(7-11)中各不相同。

一般情况下，$RQI$ 评分采用5分制，即最大值为5，最小值为0。方程中的 $RQI_0$ 一般情况下为5，有时略小于5，表明在使用初期路面行驶质量状况很好。

2. 模型参数的标定

综合各影响因素的组合，将有效数据分为200组。考虑到半刚性基层和碎砾石基层路面性能变化规律可能存在差异，将200组数据分为两大类；每一大类均含有100组有效分析数据。在分析过程中，为了保证统计分析结果的代表性，对数据量小于5或离散性较大的数据均不予考虑。利用统计分析软件，经过逐级回归，得到式(7-10)和式(7-11)中各参变量的回归系数，如表7-8所列[19]。

**表7-8　式(7-10)和式(7-11)中的回归系数(BZZ-100)**

| 基层 | 式(7-10) | | | | 式(7-11) | | | |
|---|---|---|---|---|---|---|---|---|
| | $a$ | $b$ | $c$ | $d$ | $a$ | $b$ | $c$ | $d$ |
| 半刚性 | 19.492 | 0.239 | −0.238 | −0.119 | 0.3686 | 0.150 | −0.164 | −0.050 |
| 碎砾石 | 15.115 | 0.216 | −0.211 | −0.087 | 0.267 | 0.230 | −0.134 | −0.037 |

### 7.3.5 路面弯沉的变化规律

1. 模型形式的选择

模型形式的选择，要依据理论分析和经验积累，确定指标变化的边界条件及大致规律，然后选取一些简单的满足条件的形式，通过对各种形式的方程的回归分析结果进行比较，选择较优的模型。如果不结合理论分析和管理经验，只是片面地追求数学上的最佳拟合，有时难以得出合理的结论。尤其是路面弯沉，虽然人们也逐渐认识到在路面使用过程中，弯沉会随着荷载作用次数的增加而缓慢增大，但这种变化量远小于其调查数据的误差和离散程度。所以，要想从这些数据中准确地分析弯沉随累计轴次的变化规律是很困难的。

弯沉是表征路面结构整体抗力的常用指标，其影响因素较多，有路面结构、土基、水温状况和荷载条件等，变化机理也很复杂。与其他路面参数相比，对路面结构抗力衰变规律的研究极少，几乎没有进行过系统研究。造成这种现象的原因主要是弯沉在时间和空间上的变异性比较大，以至于数值的变异性掩盖了数据自身的变化规律。

一方面，随着路面经受的荷载作用次数的增加，路面材料产生了疲劳效应，材料的模量随之降低；另一方面，路面出现了损坏，结构的完好性和整体性遭到了削弱和破坏。所以，从长期来看，路面弯沉的增加应该是一种必然。但对于半刚性基层沥青路面而言，在路面使用初期，由于基层模量增长可能尚在继续，所以弯沉有可能随时间的推移而减小。沥青层的老化将使材料模量增大，这也是使路面弯沉减小的因素。

路面材料的疲劳效应是一个难以观测的参数，其变异性也较大。当路面材料的疲劳达到一定程度时，路面出现了损坏。因此可以说，疲劳效应的增加和路面损坏的增加在趋势上是一致的，路面的损坏状况在很大程度上反映了结构的疲劳效应。由于路面损坏状况是一个易观测、变异性较小、稳定可靠的宏观参数。所以，建立路面结构抗力与路面损坏状况之间的关系应该较为容易。

路面弯沉的衰变是从其初始弯沉开始的。对于不同的路面结构而言，不仅初始弯沉不同，其后的衰变速率也不同。因此，在建立路面弯沉的衰变模型时，若不考虑路面结构的组成，其局限性是很大的。

综合考虑上述诸因素，经过比较，采用式(7-12)作为拟合路面弯沉变化的基本形式[18]：

$$l = l_0 \gamma^{(10-PCI/10)} \tag{7-12}$$

式中 $l$ ——路面弯沉；

$l_0$——路面初始弯沉；

$\gamma$ ——待定参数，与路面结构组成有关。

弯沉受季节和气候的影响较大，所以这里的弯沉是指最不利季节、标准温度条件下的弯沉。

2. 参数标定

根据实测的路面数据，可以确定式(7-12)中的参数。由于这些参数与路面结构组成有关，所以应对路面结构进行分级，考虑同一级或同类结构的路面强度变化规律。回归结果如表 7-9 所列[18]。

**表 7-9　　不同路面结构的回归参数值**

| 基层类型 | 面层厚度/mm | 基层厚度/mm | 回归 $l_0$ 值/(0.01 mm) | 回归 $\gamma$ 值 |
|---|---|---|---|---|
| 半刚性 | 19.7 | 196.7 | 44.2 | 1.0523 |
| | 29.1 | 201.7 | 43 | 1.0532 |
| | 50.7 | 230.9 | 32.1 | 1.0517 |
| | 70.5 | 174.8 | 48.2 | 1.0274 |
| 碎砾石 | 20 | 223.3 | 64.9 | 1.0152 |
| | 27.1 | 177.6 | 49.8 | 1.0461 |
| | 59.3 | 164.3 | 40.6 | 1.096 |
| | 80 | 290.3 | 43.7 | 1.0654 |

3. 回归参数的物理意义及与路面结构的关系

$l_0$ 的物理意义是明确的，即为路面结构的初始弯沉；$\gamma$ 为路面 $PCI$ 每下降 10 分时路面弯沉的增加百分量。$l_0$ 可由实测结果或采用多层弹性理论计算而得；$\gamma$ 的外延则较为困难，因为由表 7-9 可知，$\gamma$ 的大小与路面结构有关。所以，应根据数据库中的数据来分析 $\gamma$ 与路面结构之间的关系。

数据库中记录的实际路面结构比较复杂，要准确确定每一层的力学参数较为困难。所以，假定路面结构为三层体系，即除了面层和基层外，其余部分均看作路基。面层模量和基层模量的取值参照当时的规范选用；路基的等效模量则根据 $l_0$ 反算而得，如表 7-10 所列。路面在使用过程中，路基处于一个稳定的湿度（平衡湿度）状态，其性能变化较小。在荷载作用下，路基处于受压状态；在重复压缩荷载作用下，路基的变形和模量值均稳定为一个常值。因此，路面弯沉的增加可理解为由面层和基层的材料疲劳以及整体性的削弱所致，即由面层模量和基层模量的降低引起的。为了建立一个一般的表达式，能够将表 7-10 外延到其他路面结构，笔者采用一种特殊的外延方法——模量折减法，即通过面层、基层模量的折减来计算路面结构的 $\gamma$ 值。

表 7-10 列出了不同路面结构的面层模量和基层模量降低百分比。可以看出，对不同路面结构而言，模量降低百分比的变化范围不大；考虑到路面材料模量的变异性本来就较大，所以可以认为表 7-10 中模量降低的百分率为一个常量(15%)。这样，$\gamma$ 便可定义为当路面的面层模量和基层模量下降 15%时，路面弯沉与初始弯沉的比值。

**表 7-10　　不同路面结构的模量降低百分比**

| 基层类型 | 面层厚度/mm | 基层厚度/mm | 等效土基模量/MPa | 模量折减 |
|---|---|---|---|---|
| 半刚性 | 19.7 | 196.7 | 85.5 | 16.5% |
| | 29.1 | 201.7 | 84 | 16% |
| | 50.7 | 230.9 | 109 | 14% |
| | 70.5 | 174.8 | 66 | 10% |
| 碎砾石 | 20 | 223.3 | 54.3 | 5.5% |
| | 27.1 | 177.6 | 87.6 | 18% |
| | 59.3 | 164.3 | 109 | 24% |
| | 80 | 290.3 | 67 | 14.5% |

采用上述结论，对任意路面结构，可以根据结构的不同来确定相应的 $\gamma$ 值，具体步骤如下：

(1) 采用多层弹性理论计算路面结构的弯沉 $l_0$；

(2) 将路面结构的面层模量、基层模量折减 15%，计算模量折减后的路面结构弯沉 $l'$；

(3) $\gamma = l'/l_0$。

对于任意路面结构，当 $\gamma$ 值确定后，可按式(7-12)预测路面结构弯沉的变化。对于常用的路面结构，可将根据式(7-12)的计算结果与 1993 年版 AASHTO 指南的结果做对比。按照 AASHTO 指南，对新的沥青混合料层，其相对强度系数 $a_0 = 0.4$；对已严重损坏(开裂率>10%)的沥青混合料层，其相对强度系数 $\alpha_1$ 约为 0.15～0.20，所以其模量下降值约为 50%～62.5%。严重损坏的路面相当于 *PCI* 在 50～60，模量降低范围在 47%～67%，结果相当。

## 7.4 环境因素的影响[17]

环境因素对路面使用性能有显著影响，人们对它的认识一直囿于感性而不甚清晰，虽然也进行过一些定性分析，但始终没有找到合理的测度使其定量化。要想深入了解不同地区路面的损坏过程，解释具有相同路面结构、相同交通量水平及相同施工和养护水平的路面所表现出来的性能差异，并在路面设计中定量考虑这种差异，就需要对环境因素的影响进行定量研究。式(7-6)的通用方程形式为环境影响的定量化提供了可能。

我国各地环境条件差别较大，但路面所用材料和路面结构有很大的相似性。所以，我们可以利用现有数据库中的数据，在统计意义上采用适当的方法可得到各地的使用性能模型；由于采用式(7-6)所示的模型形式是相同的，模型参数具有可比性，可以从模型参数的差异中提取出环境因素的影响，最后再与表征环境因素的指标值进行相关分析，得到具体的环境因素同路面使用性能之间的关系，这同样是逐级分组归纳法的成功应用。

采用与本书 7.3.2 节同样的数据源，使用在北京、广东、山东、江西和浙江五个省(市)观测所得的数据。除北京市以外，其他省只是在本省少部分地区建立了数据库(截至研究年)，如广东省只有广州、惠州的数据，山东只有曲阜、济南的数据，江西只有南昌的数据，浙江只有杭州的数据。

### 7.4.1 环境参数

1. 温度

表征温度的指标有很多。理论分析表明，温差和平均气温对路面的物理、力学状态影响较大。本书从较为宏观的角度寻求环境条件与路面损坏的关系(路况数据以地区为单位，按年度进行数据的采集和积累，划分的路段较长)，因而温度参数的选择也不必太细，只需以某个地区一年的温度变化情况来表征该地区的温度条件。所以，选定年平均气温和年较差作为温度参数。年平均气温是一年内气温的平均值；年较差是一年内最高月平均气温与最低月平均气温的差值。表 7-11 给出了五个地区的温度参数。

表 7-11　　不同地区温度参数　　单位：℃

| 地区 | 北京 | 济南 | 南昌 | 杭州 | 广州 |
|---|---|---|---|---|---|
| 年平均气温 | 11.5 | 14.2 | 17.5 | 16.2 | 21.8 |
| 年较差 | 30.4 | 28.8 | 24.6 | 24.8 | 15.1 |

我国建立了遍及全国的气象气候调查站，积累了数十年的气候资料，笔者研究时采用的气候资料就是从 1951 年至 1980 年这 30 年的气候数据平均值。

实际上，由于我国地域辽阔，一个省(市)甚至一个地区的气候条件也不尽相同，有的甚至差别较大。例如，北京地区，其市区与北部密云、延庆两县气候条件的差异就非常明显。为了使路况数据与气候条件有较好的对应性，并且不使问题复杂化，本书选取了一个地区内有代表性的气候资料作为本地区的气候数据值。如北京市除密云、延庆两县外其余地区的气候条件极为相近，而且上述两县的路段记录只占整个数据库的一部分，因此选择北京市区为代表点；山东省的数据库中只有曲阜、济南两地的数据，这两个地区气候条件相差极小，故把济南作为标准点；广东省的数据来自广州、惠州两地，由于两地气候条件相近，故把广州作为标准点；杭州、南昌的数据是在该地区采集的，就分别把杭州、南昌作为标准点。

从表 7-12 中可见，这五个地区的年平均气温和年较差有较强的相关性。分析我国其他地区的气温资料，绝大部分也得到同样的结论。为了确保后面方程变量的独立性，在年平均气温和年较差中选择一个作为唯一的温度参数表征。由于年平均气温更直观、易理解，所以选择了年平均气温。

2. 湿度

这里所说的湿度是指地面(或路面)的干湿状况，它基本可以从地面水分收支各分量的分布和变化中反映出来。在交通部 1986 年颁布的《公路自然区划标准》中，干湿指标采用的是潮湿系数，本书采用了同样的指标。

潮湿系数 $W$ 是年降水量 $R$ 与年蒸发量 $Z$ 的比值：

$$W=\frac{R}{Z} \tag{7-13}$$

式中 $W$——潮湿系数；

$R$——年均降水量(mm)；

$Z$——年均蒸发量(mm)。

由于年蒸发量无法直接测定，而是换算成蒸发力(可能的蒸发量) $E_r$，因此，实际上 $W$ 值是以 $E_r$ 代替 $Z$ 计算而来的。

对蒸发力的计算，《公路自然区划标准》(JTJ 003—1986)中采用的是 H.L.彭曼公式，该公式考虑了辐射平衡、日照百分率、气温、相对湿度、风速、下垫面反射率、降水量和太阳总辐射等八项参数，它是一个半理论半经验的公式。

计算蒸发力的 H.L.彭曼[20]公式为

$$E_r=FE_0 \tag{7-14}$$

式中 $F$——季节系数，11 月—2 月为 0.60，5 月—8 月为 0.8，其余各月为 0.70；

$E_0$——水面蒸发量(mm)，由式(7-15)求得：

$$E_0=\frac{\frac{\Delta}{r}H+E_a}{1+\frac{\Delta}{r}} \tag{7-15}$$

$$\Delta=\frac{e_a}{273+t}\left(\frac{6\,463}{273+t}-3.927\right) \tag{7-16}$$

式中 $\Delta$——饱和水气压曲线在气温 $T_a$ 处的斜率；

$t$——各月平均温度(℃)；

$e_a$——实际水气压，它随气温 $T_a$ 变化；

$r$——干湿球温度中的常数，$r=0.486$；

$H$——地面辐射平衡值；

$E_a$——空气干燥率，由式(7-17)求得

$$E_a = 0.35\left(1 + \frac{53.7V_2}{100}\right)(e_a - e_d) \tag{7-17}$$

式中 $V_2$ ——2 m 高处的月平均风速(m/s)，由于我国气象资料所测的风速为 10 m 高处的风速，故应将式(7-17)改为式(7-19)；

$e_a - e_d$——饱和差，

$$e_a - e_d = e_a(1 - RH\%) \tag{7-18}$$

式中，$RH$ 为相对湿度。$e_a$ 和 $RH$ 均可由气象表查得，但 $e_a$ 的单位为 mb，应换算为 mm，1 mb=0.75 mm。所以可得：

$$E_a = 0.35\left(1 + \frac{53.7 \times 0.723V_{10}}{100}\right)(e_a - e_d) \tag{7-19}$$

式中 $V_{10}$——10 m 高处的月平均风速(m/s)，可由气象常用表查得。

根据北京、济南、杭州、南昌和广州五个地区的气候资料，可算出各地区的年蒸发力，最终得到潮湿系数 $W$，结果见表 7-12。

**表 7-12　　各地区的潮湿系数 $W$**

| 地区 | 北京 | 济南 | 南昌 | 杭州 | 广州 |
| --- | --- | --- | --- | --- | --- |
| 年降水量/mm | 644 | 685 | 1 596 | 1 399 | 1 694 |
| 年蒸发力/mm | 910 | 940 | 810 | 690 | 960 |
| 潮湿系数 $W$ | 0.7080 | 0.7287 | 1.9709 | 2.0274 | 1.7647 |

### 7.4.2 地区系数的确定

1. 不同地区路面行为方程的建立

采用统一的路面使用性能模型形式，即式(7-6)，对几个地区的使用性能数据进行回归分析，得到各种路面状态的使用性能衰变方程，不同地区同一状态各方程的差异即反映了各地区不同环境条件的影响差异。所以，可以从路面使用性能方程中分析得到不同环境条件对路面使用性能的影响状况。

图 7-8(a)和(b)所绘的是不同地区中等面层厚度的半刚性基层和碎砾石柔性基层路面在中等交通作用下的路面使用性能曲线。可以看出，北京、济南的使用性能曲线很接近，可视为一组；杭州、南昌和广州的使用性能曲线比较接近，可视为另一组。这两组之间的差异又非常明显，说明环境因素对路面使用性能的影响较为显著。北京和杭州相比，由于环境因素不同而造成的差别占杭州 $PCI$ 总下降值的 50%左右，结果非常惊人。

从图 7-8 中还可以了解到，随着时间的推移，后期时几条曲线有向一起靠拢的趋势，或者说共同向某一个值接近。这并不意味着环境因素影响越来越弱，而是由于管理部门为了给用户提供具有一定质量的路面，不断地采取养护措施，尽可能地使路面状况维持在一定的水平上。但由于各地的路面状况不同，投入的养护资金不等，使得各地的使用性能仍存在差异。虽然在回归之前对数据进行了处理以减小养护水平的影响，但并没有完全排除。因此，

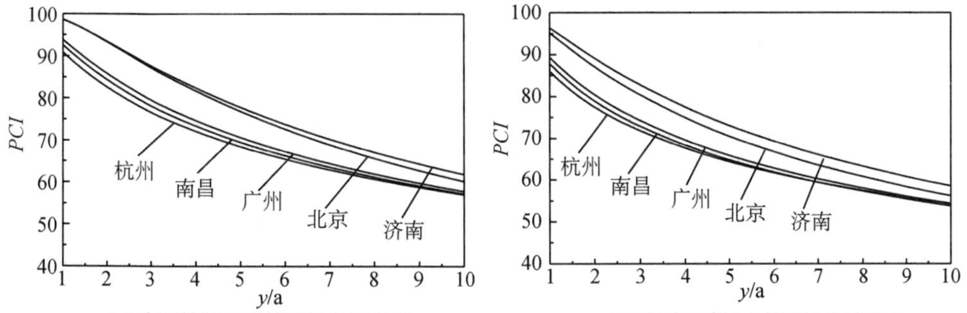


(a) 半刚性基层中等面层中等交通　　(b) 碎砾石基层中等面层中等交通

**图 7-8　不同地区路面使用性能曲线的差异**

路面最初三四年的损坏状况更能反映环境因素的影响。

2. 地区系数的确定

使用性能方程是由两个参数唯一确定的，如果在参数 ($\alpha$, $\beta$) 与环境因素之间建立起一定的关系，我们也就弄清了不同环境条件对路面使用性能的影响程度。

在同等条件下，不同地区的路面损坏过程存在着不同程度的差别，它反映在使用性能方程中，就是 ($\alpha$, $\beta$) 两参数取值的不同。通过对各地区路面使用性能模型中($\alpha$, $\beta$) 参数值的分析，不难发现某个地区的($\alpha$, $\beta$) 参数值与另一地区相同条件下的($\alpha$, $\beta$) 参数值相比，总是偏向一侧，即或者偏大，或者偏小。如果我们能找到一个(或一组)值来反映这种偏差的程度，那么只要知道一个地区的路面使用性能方程就可以很方便地知道另一个地区的路面使用性能方程，而且环境因素的影响状况也一目了然。这样的一个(或一组)值反映了因地区不同而引起的参数差异，我们称之为地区系数。因此，将一个地区参数值与另一个地区参数值的比值定义为该地区相对于另一地区的地区系数。相应于 $\alpha$ 参数的地区系数记为 $K_{r\alpha}$，相应于 $\beta$ 参数的地区系数记为 $K_{r\beta}$。

利用任何两地区的参数值都可以求出两地区间的相对地区系数。当考虑的地区较多时，如果没有统一标准，得到的地区系数会很杂乱，从而失去了实际比较的意义。若设定某一地区的参数值为基准，其他地区的参数值都和它进行比较，那么各地区的地区系数大小就很清楚了，环境因素对路面损坏的影响程度也清晰可见了。华北地区雨水相对较少，路面使用性能受环境影响相对较小，所以，以北京地区的 ($\alpha$, $\beta$) 参数作为基值，求得其他地区相对于北京的地区系数。

$K_{r\alpha}$，$K_{r\beta}$ 的定义式为

$$\left.\begin{aligned} K_{r\alpha i} &= \frac{\alpha_i}{\alpha_0} \\ K_{r\beta i} &= \frac{\beta_i}{\beta_0} \end{aligned}\right\} \tag{7-20}$$

式中　$\alpha_i$，$\beta_i$　——各地区第 $i$ 种路面状态的 $\alpha$，$\beta$ 值；

$\alpha_0$，$\beta_0$　——北京地区第 $i$ 种路面状态的 $\alpha$，$\beta$ 值；

$K_{r\alpha i}$，$K_{r\beta i}$——各地区的 $\alpha$，$\beta$ 地区系数。

### 7.4.3 环境参数和地区系数的关系模型

经比较，本书选用了如下的回归方程形式，以建立地区系数（$K_{r\alpha}$ 和 $K_{r\beta}$）同环境因素（年平均气温和潮湿系数）之间的函数关系：

$$K_r = (a + bT^m)(c + dW^n) \tag{7-21}$$

式中 $m$，$n$ ——待定参数；

$a$，$b$，$c$，$d$——回归系数；

$K_r$ ——地区系数；

$T$ ——年平均气温；

$W$ ——潮湿系数。

采用前述数据标定方程(7-21)，可得：

$$K_{r\alpha} = (0.2868 - 0.0493W)(3.5297 + 0.0393T) \tag{7-22}$$

相关系数 $R=0.9947$，检验值 $F=252.4$

$$K_{r\beta} = (0.2992 - 0.0559W)(3.6373 + 0.0126T) \tag{7-23}$$

相关系数 $R=0.9250$，检验值 $F=17.456$

从式(7-22)和式(7-23)可知：

(1) 当潮湿系数 $W$ 不变时，随着年平均气温的增大，地区系数 $K_{r\alpha}$ 和 $K_{r\beta}$ 都随之增加，即预测方程中($\alpha$，$\beta$) 两参数都将增大，路面损坏较慢，路面使用寿命较长。

(2) 当年平均气温不变时，随着潮湿系数 $W$ 增大，$K_{r\alpha}$ 和 $K_{r\beta}$ 都随之减小，路面损坏较快，路面使用寿命较短，即越潮湿对路面的使用越不利。

对式(7-23)进行变形可得：

$$K_{r\beta} = 1.0883 + 0.0038T - 0.2033W - 0.0007WT \tag{7-24}$$

从式(7-24)可以看出，潮湿系数 $W$ 的回归系数比年平均气温 $T$ 的回归系数要大得多，约为 54 倍；而一般情况下 $T$ 值只是 $W$ 值的 5～20 倍，说明 $W$ 对 $K_{r\beta}$ 的影响比 $T$ 要大。分析式(7-22)也可以得到同样的结果。

这一结果大概基于以下几方面的原因：潮湿系数对路面使用性能的影响比年平均气温大；潮湿系数与年平均气温在这五个地区中存在某种关系，并非完全独立，而潮湿系数与地区系数间的线性关系要好于年平均气温，这使得回归结果偏重潮湿系数；在计算潮湿系数时，对平均气温已做了简要考虑，即潮湿系数中已包含了一部分平均气温的影响。

鉴于潮湿系数对地区系数的影响较大，在气候资料不全，如只有《公路自然区划标准》(JTJ 003—1986)提供的潮湿系数而没有年平均气温，或对于计算精度要求不高时，可以采用单参数(潮湿系数)方程式(7-25)和式(7-26)来计算地区系数。

$$K_{r\alpha} = 1.1370 - 0.1666W,\ R = 0.9498,\ F = 74.589 \tag{7-25}$$

$$K_{r\beta}=1.1306-0.2024W,\ R=0.9712,\ F=135.98 \tag{7-26}$$

各地区的年平均气温、潮湿系数和地区系数如表 7-13 所列。

表 7-13 各地区年平均气温、潮湿系数、地区系数一览表

| 地区 | 年平均气温/℃ | 潮湿系数 | $K_{r\alpha}$ | | | $K_{r\beta}$ | | |
|---|---|---|---|---|---|---|---|---|
| | | | 统计值 | 双参数 | 单参数 | 统计值 | 双参数 | 单参数 |
| 北京 | 11.5 | 0.7080 | 1 | 1.0030 | 1.0190 | 1 | 0.9819 | 0.9873 |
| 济南 | 14.2 | 0.7287 | 1.0287 | 1.0255 | 1.0156 | 0.9660 | 0.9864 | 0.9831 |
| 南昌 | 17.5 | 1.9709 | 0.7948 | 0.7998 | 0.8086 | 0.7439 | 0.7292 | 0.7317 |
| 杭州 | 16.2 | 2.0274 | 0.7834 | 0.7785 | 0.7992 | 0.6943 | 0.7140 | 0.7203 |
| 广州 | 21.8 | 1.7647 | 0.8757 | 0.8764 | 0.8430 | 0.7915 | 0.7845 | 0.7734 |

环境因素不仅使路面使用性能发生了变化，而且在环境条件较差的地区，它也是造成路面早期损坏的原因之一，尤其是造成路面非疲劳性的早期损坏。地区系数与其他因素（交通量等级、基层类型、面层厚度）的不相关说明，在目前常用的道路材料、施工工艺、管理方法下，环境因素的影响始终存在而无法消除。

## 7.5 综合方程

考虑了环境因素和沥青材料影响后的路面结构行为方程的形式如式(7-27)所示：

$$PCI=PCI_0\left\{1-\exp\left[-\left(\frac{\alpha}{y}\right)^{\beta}\right]\right\} \tag{7-27}$$

其中，

$$\alpha=K_{r\alpha}K_{m\alpha}\lambda\left[1-\exp\left(-\left(\frac{\eta}{l_0}\right)^{\zeta}\right)\right] \tag{7-28}$$

$$\lambda=a_1h^{b_1}ESAL^{c_1}$$

$$\eta=a_2h^{b_2}ESAL^{c_2}$$

$$\zeta=a_3h^{b_3}ESAL^{c_3}$$

$$\beta=K_{r\beta}K_{m\beta}a_4h^{b_4}ESAL^{c_4}l_0^{d} \tag{7-29}$$

式中 $K_{r\alpha}$，$K_{r\beta}$ ——环境影响系数，由式(7-22)和式(7-23)计算；

$K_{m\alpha}$，$K_{m\beta}$ ——沥青影响系数，见表 7-14。

表 7-14 沥青影响系数

| 沥青类型 | $K_{m\alpha}$ | $K_{m\beta}$ |
|---|---|---|
| 普通沥青 | 1.0 | 1.0 |
| 改性沥青 | 1.5 | 1.1 |

## 7.6 不同因素对路面性能的影响分析

采用前面所建立的路面结构行为方程，可以就某些因素对路面使用性能的影响做定量分析。

### 7.6.1 外部因素的影响

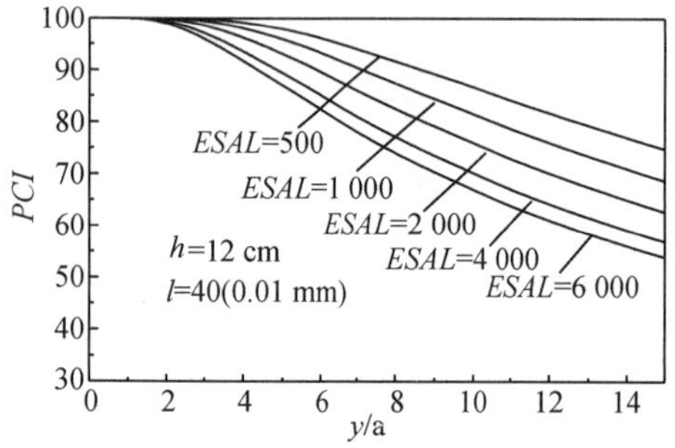


图 7-9 交通荷载对路面使用性能的影响

1. 交通荷载

交通荷载是导致路面使用性能衰变的外在决定因素。在交通荷载的反复作用下，路面总体结构性能下降，而且交通量越大，路面性能下降得越快，这是显然的结果。实际上，图 7-9 的定量结果还可以给我们带来新的启发，就是当交通量增大时，增加的交通量对路面性能衰变量的影响呈现出边际效应递减的规律，这说明实际上交通量越大，路面投资的费用效果比越低。

2. 环境因素

环境因素主要指温度和降雨（湿度），由于各地的温度、降雨量等气候因素存在差异，因此相应的路面使用性能的衰变规律也不尽相同。环境因素的作用途径一般有两条：直接影响路面材料的性能；通过与荷载的共同作用影响路面性能。与行车荷载相比，环境对路面性能的影响更为间接、隐蔽、变异性大，且往往与荷载作用交织在一起，故想要定量地解析环境因素的影响是相当困难的。

然而，根据前述所建立的路面结构行为方程，可以分析环境因素的影响。对于相同的路面结构和交通量，不同地区的路面使用性能如图 7-10 所示。可见，环境因素的影响是相当大的。

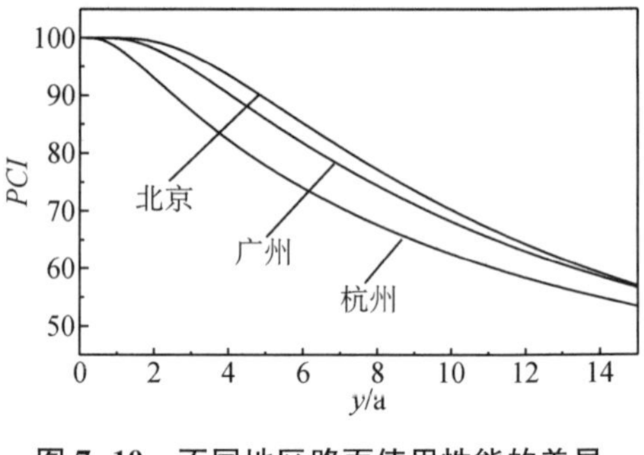


图 7-10 不同地区路面使用性能的差异

### 7.6.2 内部因素的影响

路面结构包括面层、基层、底基层以及土基等，它们是影响路面使用性能的内在决定因素。

1. 面层

面层直接同车轮和大气相接触，承受着行车荷载（竖直力、水平力和冲击力）的作用，同时还受到降雨侵蚀和气温变化的影响。所以，面层抗力直接影响着路面的使用品质。

如图 7-11 所示，面层厚度显著影响着路面结构性能的衰变模式。当面层厚度较薄时，路面使用性能下降速率较大；随着面层厚度的增加，面层的抗力得到了有效改善，结构承载能力增强，路面有能力承受较大的破坏力，不至于很快损坏，能在较长时期内保持良好的行车舒适性。所以，随着面层厚度的增加，曲线逐渐由凹形经直线变成凸形，即损坏速率由快到慢；面层厚度对路面使用性能的影响不仅在早期，而且在全寿命演化过程中都是显著的。

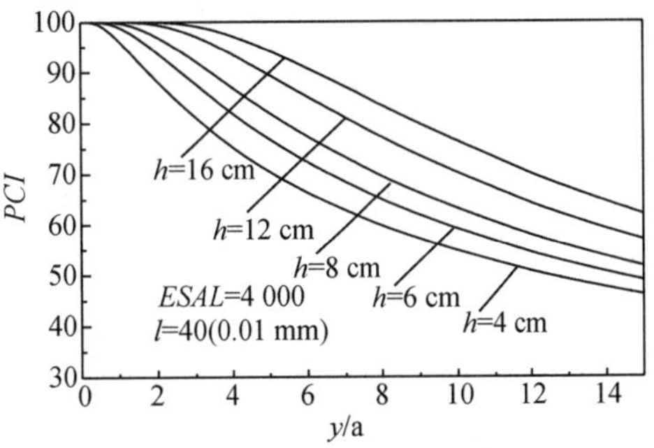


图 7-11 面层厚度对路面使用性能的影响(BZZ-100 kN)

2. 基层

基层主要承受由面层传递下来的车辆垂直荷载，并把它扩散到垫层或土基中去。具有足够强度和刚度的基层是路面拥有良好使用性能的必要保证。

根据我国的道路使用经验，基层可分为半刚性基层和碎砾石基层。由于这两类基层的强度相差较大，所以分别以这两类材料为基层的路面在相同的荷载条件下，损坏情况相差较大。而以同一类基层(如半刚性)中的不同材料(如石灰稳定和水泥稳定类)为基层的路段，它们的损坏状况没有明显差别。半刚性基层材料由于掺入了无机结合料，因而比碎砾石基层材料具有更大的刚度和更强的抗变形能力，同时，其板体性也较强，能有效减小路表回弹弯沉，减小面层底面弯拉应力，以及减小对土基的单位压力，进而延缓路面使用性能的衰变进程，如图 7-12 所示。因此，本书在考虑基层对使用性能的影响时，主要考虑基层类型的影响，而基层厚度的影响则通过弯沉的影响加以体现。

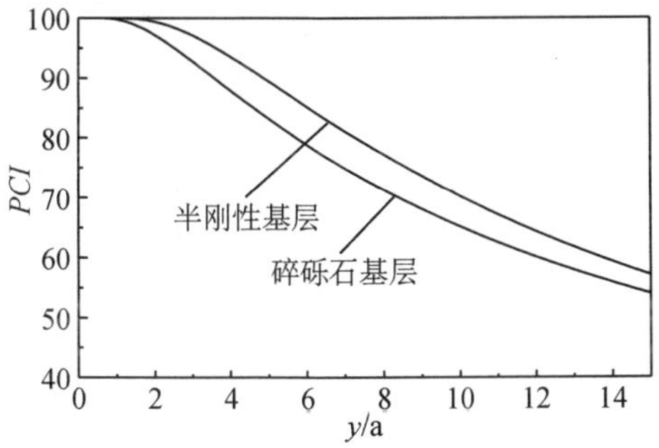


图 7-12 基层类型对路面使用性能的影响

3. 结构抗力

通常，人们利用路表回弹弯沉来衡量路面结构的强弱。弯沉越大，结构越弱；弯沉越小，结构越强。一定的结构强度是路面具有良好使用性能的必要保证。

结构抗力受多种因素的影响，如土基模量、路面各层厚度和模量等。当面层厚度作为独立变量时，可以认为弯沉近似反映了土基和基层厚度等因素对路面使用性能的影响，因而对这些因素就不再单独分析了。

从图 7-13 可见，结构抗力对路面的衰变过程具有显著影响。不过，这种影响在路面使用性能初期表现得不明显，随着路龄的增加，路面弯沉的作用则越来越大，即路面弯沉的作用主要体现在路面使用性能的后期。

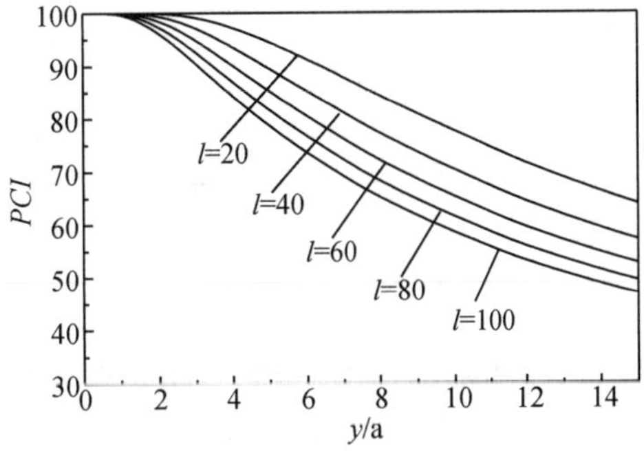


图 7-13 结构抗力对路面使用性能的影响($l$ 表示路面弯沉，BZZ-100 kN)

这一结论与图 7-11 所示结果有所不同。面层厚度对路面使用性能的整个过程都有显著影响。所以，就路面初期的使用性能而言，面层的厚度和质量起着决定性的作用。

综合图 7-11 和图 7-13 及本书第 2 章的分析结果可知，面层质量是保证路面初期使用性能的关键，而路面弯沉是保证路面中后期使用性能的另一个关键。这一结论就可以解释为何我国高等级公路沥青路面的弯沉虽然很小，但初期损坏较严重，究其原因是面层的综合质量较差。

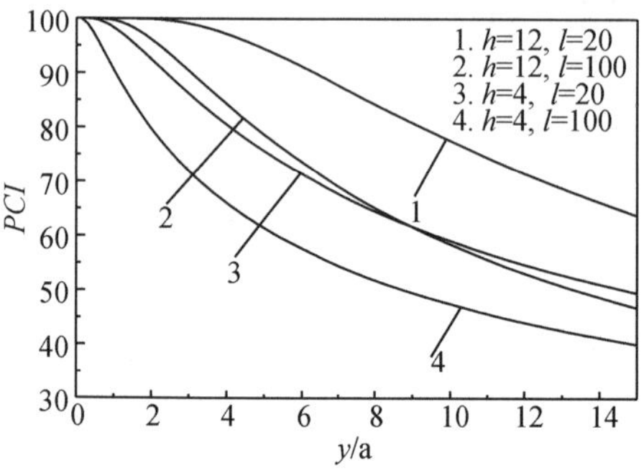


图 7-14　路面结构组合对路面使用性能的影响

4. 结构组合对路面使用性能的影响

具有不同结构组合的路面其使用性能表现出了不同的发展趋势。面层厚、结构抗力高的路面，其使用性能变化较为缓慢；面层薄、抗力低的路面，其使用性能衰变较快。比较面层厚、抗力低和面层薄、抗力高的路面可以发现：厚面层路面的早期性能较好而面层薄、抗力高的路面后期性能较好。这同样也说明，面层厚度对路面初期使用性能影响较大，而结构抗力决定了路面后期使用性能的发展状况。图 7-14 表明了不同路面结构组合对路面使用性能的影响，也表明了精心进行路面结构组合设计的必要性。

5. 材料特性

材料是道路路面结构的物质基础，材料质量的优劣，选用是否合理、是否得当，都将直接影响道路质量。由于材料品种繁多、性能多样、变异性大，在荷载作用下反应又很复杂，因此，研究材料对路面使用性能的影响相当困难。笔者从较为宏观的角度，根据有限的调查结果考虑了改性沥青（PS 改性沥青，即 PE、SBR 复方改性沥青）和普通沥青对路面使用性能的不同影响，即在路面结构行为方程式（7-28）和式（7-29）中记入沥青材料影响系数 $K_{m\alpha}$ 和 $K_{m\beta}$。图 7-15 表明了在其他条件都相同时，普通沥青与改性沥青的性能差异。结果表明，改性沥青路用性能的优越性显而易见，路面使用寿命可延长 50%左右。由于这方面的调查数据极为有限，此结论的可靠性有待进一步证实。

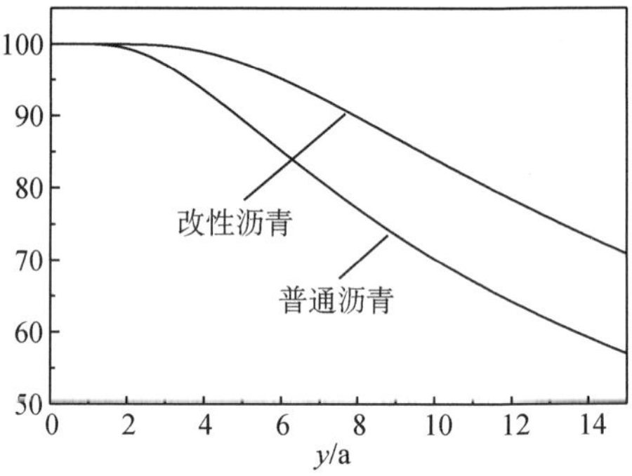


图 7-15　改性沥青与普通沥青性能对比

## 7.7　路面结构行为图

### 7.7.1　行为图的含义

影响路面使用性能的不同要素之间是相互作用的，它们共同构成了一个有机整体。路面在使用过程中，其承载能力逐渐下降，损坏逐渐增加。而损坏的发展又导致了承载能力进一步下降。当路面损坏较为严重时，就必须采取改建措施（如罩面或设置加铺层等）以恢复或提高其承载能力。研究表明，$PCI$、结构抗力（弯沉）和累计轴载作用次数之间存在着定量关系，这种关系可用路面结构行为图来表达。同样地，*RQI*、结构抗力和累计轴载作用次数之间也存在着定量关系，这种关系仍可用图来表达。

路面的损坏状况直接反映了路面结构的完好性，其发展规律与路面结构组成、弯沉、荷载和环境有着直接关系。但由于这种依赖关系的复杂性、变异性以及实际数据采集较为困难，研究工作大多集中在路面损坏状况的预测方面，而对 *PCI*、弯沉和累计轴载作用次数之间相互作用规律的研究较少。英国的研究人员观测了路面弯沉的发展规律[21]，却仅限于几种典型结构，但更为主要的是他们未能给出其对路面损坏状况的影响。

本节根据已建立的路面结构行为方程，研究了沥青路面行为函数的图形表达。

### 7.7.2 行为函数曲线作法

式(7-6)表明了 *PCI* 随交通量和路面结构组成的变化，而式(7-12)表明了路面弯沉随 *PCI* 的变化。将两式相结合，便可得出任何路面结构的行为曲线。具体步骤如下：

(1) 选定需要分析的路面结构，了解该路面结构所处的地理环境；

(2) 计算路面初始弯沉 $l_0$；

(3) 假定 *PCI*＝90，80，…，50 或 *RQI*＝4.5，4.0，…，3.0，由式(7-6)和式(7-9)计算路龄；

(4) 计算相应的累计标准轴载作用次数 $\sum ESAL$；

(5) 计算相应于 *PCI*＝90，80，…，50 时弯沉 $l$ 的大小；

(6) 在 $l$-$\sum ESAL$ 图上点绘出弯沉变化曲线和 *PCI*(或 *RQI*) 的等值线。

图 7-16 和图 7-17 是面层厚度为 10 cm 的路面结构行为曲线。图中不同的弯沉曲线代表着不同的路面基层厚度，与之交叉的曲线为 *PCI*(或 *RQI*)等值线。可以看出，对于特定的路面结构而言，两图表示了路面主要参数的变化规律，揭示了路面使用性能衰变过程中主要参数之间同步相互作用的过程，只要知道其中任意两个参数，便可对另一参数做出估计，继而对路面状态做出判断，并对其将来的发展趋势做出预测，从而在路面使用性能、弯沉、结构组合和所处环境等因素之间建立起了定量关系。因此，路面行为曲线为路面评价、预测、设计、管理和性能分析，为合理的路面结构组合设计，为路面早期损坏原因诊断均提供了简便手段。

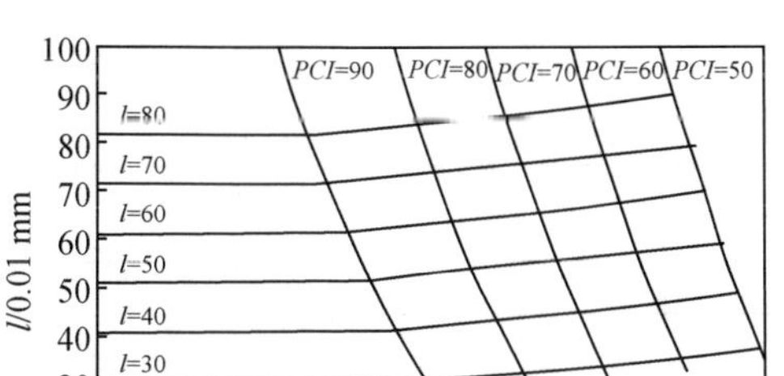


**图 7-16 路面结构行为曲线(*PCI*)**

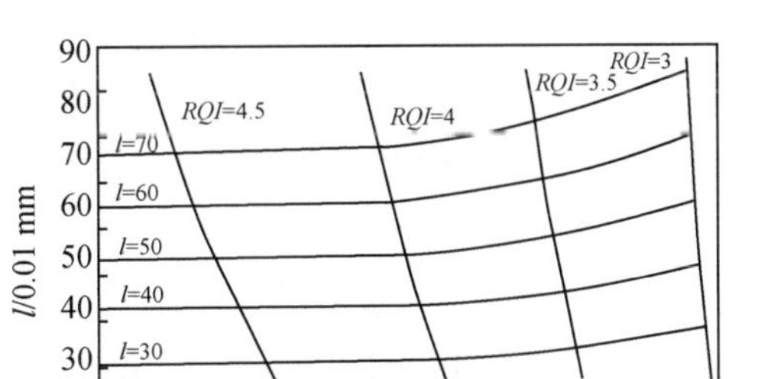


**图 7-17 路面结构行为曲线(*RQI*)**

从前面的研究可知，半刚性基层和碎砾石基层沥青路面的结构性能相差较大。为了方便比较，下面分别按这两种基层类型和两种轴载等级给出华东地区面层厚度为 18 cm 的路面结构行为函数曲线的示例(标准轴载为 BZZ-100)。

由图 7-18(a)和图 7-18(b)可见，选用不同坐标绘图对弯沉变化曲线的形状影响较大。当采用常规坐标时，弯沉的变化较为均匀，随累计标准轴载作用次数的增加呈微凸形趋势增长；当采用半对数坐标时，起初弯沉变化得非常缓慢，但当累计标准轴载作用次数达到一定数值后，呈较快速率增长(曲线呈凹形)，这比较符合人们的心理和习惯，但这种形状掩盖了弯沉的真实变化趋势。

对比图 7-18 和图 7-19 可知，不同交通轴载等级(年平均日标准轴次)对路面结构行为函数曲线形状的影响不大。

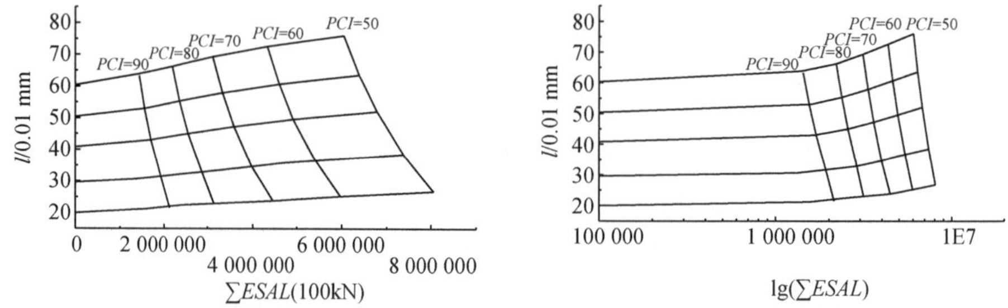

(a) 常规坐标 (b) 半对数坐标

**图 7-18　半刚性基层结构行为函数曲线($ESAL=1\ 200$)**

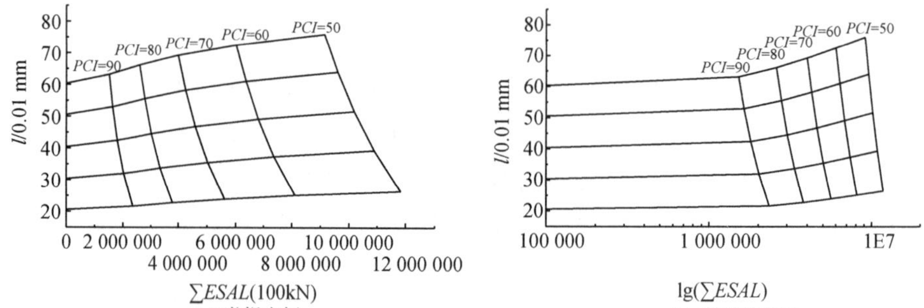

(a) 常规坐标 (b) 半对数坐标

**图 7-19　半刚性基层结构行为函数曲线($ESAL=2\ 200$)**

图 7-20 和图 7-21 为碎砾石柔性基层结构行为函数曲线。对比半刚性基层和碎砾石柔性基层的结构行为函数曲线可见，碎砾石柔性基层的弯沉增长较半刚性基层要快，达到相同损坏状态时所受的累计标准轴载作用次数较半刚性基层要少。这与以往的研究结果相吻合。

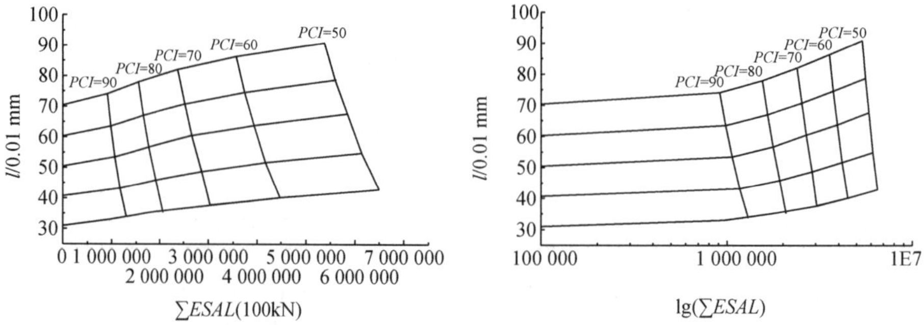

(a) 常规坐标 (b) 半对数坐标

**图 7-20　碎砾石柔性基层结构行为函数曲线($ESAL=1\ 200$)**

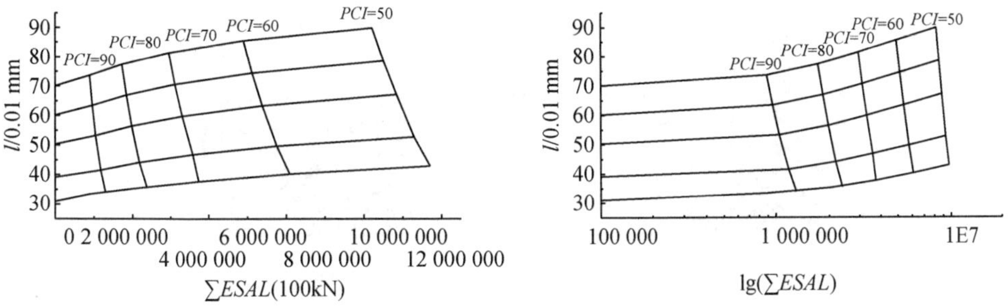


(a) 常规坐标　　　　(b) 半对数坐标

**图 7-21　碎砾石柔性基层结构行为函数曲线（*ESAL*＝2 200）**

# 7.8　复合沥青层的耦合行为

罩面后或沥青层铣刨更新后的路面结构整体性能演化依然符合结构行为方程，但原沥青层毕竟是损伤后的结构层，与全新的结构不同。刘黎萍等[22]利用北京各级公路的使用性能数据和罩面数据，研究了复合沥青层路面的结构行为，并建立了复合沥青层的耦合行为模型。

## 7.8.1　复合沥青层的结构行为模型

与新路面相比，影响复合沥青层路面结构行为的因素要更为复杂。除了与新路面结构相同的因素外，还与新、旧沥青层结构的耦合作用有关。这种复合面层的等效作用既与罩面层的厚度、材料质量有关，也与旧面层的完好状况、新旧面层间的黏结条件，即耦合作用能力有关。

由于层间接触条件的复杂性，造成新旧面层的相互作用关系十分复杂，要准确、定量地描述这种耦合作用是非常困难的。我们虽可以像针对新建路面结构分析时那样，假定二者间的结合既不是完全连续也不是完全光滑，但不同的接触状态会带来不同的耦合效果，因此没有确切的方法能决定耦合作用的大小。再加上原有路面层完好性的影响，使这种着眼于层间接触条件的研究难以获得满意的效果。

对于复合沥青层路面结构而言，也可以建立诸如式(7-6)的方程。不过，新建路面和复合沥青层路面使用性能衰变方程的区别主要体现在沥青层的厚度上。由于新旧面层的耦合作用，罩面厚度不等同于复合结构的面层厚度，因此不能直接代入方程。所以，原沥青面层厚度在新的路面结构中的作用及其有效厚度是研究的关键所在。

这里采用的耦合模型如图 7-22 所示，考虑复合路面结构的等效面层厚度，即按照复合面层的实际耦合效果来确定一个与之性能等效的新面层。

图 7-22 中，等效结构的基层、垫层厚度与原路面结构保持一致，其作用可以通过弯沉、基层类型等参数在结构行为方程中体现；等效结构中的面层厚度与罩面层、原面层及其接触条件有关，为了方便起见，其表达式为[22]

$$h = h_1 + f h_0 \tag{7-30}$$

式中　$h$ ——等效面层厚度；

　　　$h_1$　罩面层厚度；

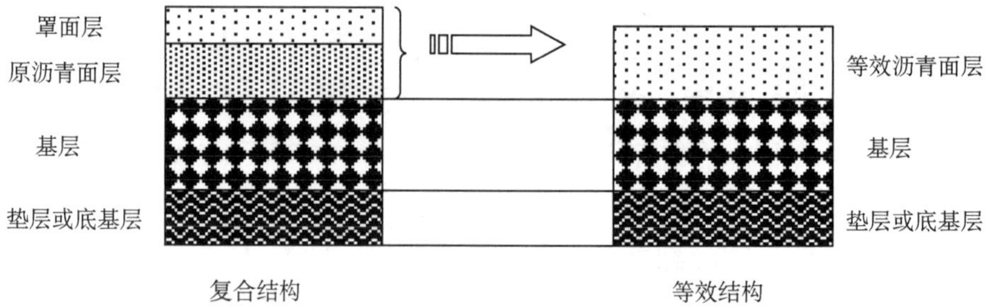


**图 7-22　复合面层结构的耦合模型**

$h_0$——原路面面层厚度；

$f$——原路面面层的有效厚度系数。

利用路面性能数据，在确定了 $f$ 后，就可以使用前述建立的路面结构行为方程分析复合面层路面结构行为的变化。

### 7.8.2　有效厚度系数的反算和建模

首先，根据所积累的数据，按照式(7-6)的方程形式，反演出路面的等效面层厚度，再按照式(7-30)计算出有效厚度系数 $f$。具体步骤如下[22]：

(1) 根据各路段罩面后历年的 $PCI$ 值回归得到式(7-6)中的参数 $\alpha$ 和 $\beta$；

(2) 由 $\alpha$，$ESAL$，$l_0$ 通过式(7-7)计算得到等效面层厚度 $h$；

(3) 有了等效面层厚度 $h$，再根据罩面厚度 $h_1$、原沥青面层厚度 $h_0$，利用式(7-30) 即可计算出有效厚度系数 $f$。

要建立有效厚度系数 $f$ 的预测模型，首先应对影响 $f$ 的因素进行分析，找出影响 $f$ 的关键(显著性)因素。通过方差分析并结合实际工程经验来确定关键影响因素，取舍变量。

1. 影响因素分析

1) 分布轴载 $ESAL$ 的影响

对于特定路段，$ESAL$ 对有效厚度系数的影响已经体现在 $f$ 的计算过程中了。而对于不同的路段，$ESAL$ 对 $f$ 的变化规律无显著影响，表 7-15 和表 7-16 是方差分析结果。

**表 7-15　*ESAL* 方差计算表**

| 分布轴载 ESAL | 有效厚度系数 $f$ | | | | | | | | | 样本数 | 均值 |
|---|---|---|---|---|---|---|---|---|---|---|---|
| <2 000 | 0.212 | 0.342 | 0.447 | 0.678 | 0.297 | 0.518 | 0.703 | 0.459 | 0.499 | 9 | 0.462 |
| 2 000～4 000 | 0.248 | 0.535 | 0.644 | 0.727 | 0.207 | 0.406 | | | | 6 | 0.461 |
| 4 000～6 000 | 0.084 | 0.135 | 0.421 | 0.599 | 0.425 | | | | | 5 | 0.333 |
| 6 000～9 000 | 0.068 | 0.703 | 0.262 | 0.393 | | | | | | 4 | 0.357 |
| >9 000 | 0.142 | 0.339 | 0.177 | 0.285 | 0.322 | 0.640 | 0.136 | 0.248 | 0.335 | 9 | 0.292 |
| 合计 | | | | | | | | | | 33 | — |
| 均值 | | | | | | | | | | — | 0.381 |

表 7-16　　$ESAL$ 方差分析表

| 方差来源 | 平方和 | 自由度 | 均方和 | $F$ 值 |
|---|---|---|---|---|
| $ESAL$ | 0.1826 | 4 | 0.0456 | 1.243 |
| 误差 | 1.027 | 28 | 0.0367 | |
| 总和 | | 32 | | |

取显著性水平 $\alpha=0.01$，临界值 $F_{0.99}(4,28)=4.07$，显见，$F=1.243<4.07$；若取较大的显著性水平 $\alpha=0.10$，则临界值 $F_{0.90}(4,28)=2.16$，显见，$F=1.243<2.16$。所以，可认为分布荷载 $ESAL$ 对有效厚度系数 $f$ 无显著影响。

2）罩面前 $PCI_t$ 的影响

以部分路面的计算结果为例，对 $PCI_t$ 进行方差计算和分析，结果如表 7-17 和表 7-18 所列。

表 7-17　　$PCI_t$ 方差计算表

| 罩面前 $PCI_t$ | 有效厚度系数 $f$ | 样本 | 均值 |
|---|---|---|---|
| <60 | 0.212　0.248　0.068　0.142　0.084　0.177 | 6 | 0.155 |
| 60～70 | 0.342　0.535　0.339　0.297　0.207　0.135　0.285　0.262　0.136 | 9 | 0.282 |
| 70～80 | 0.447　0.644　0.703　0.518　0.406　0.421　0.322　0.459　0.393　0.248 | 10 | 0.456 |
| >80 | 0.678　0.727　0.703　0.599　0.640　0.499　0.425　0.335 | 8 | 0.576 |
| 合计 | | 33 | — |
| 均值 | | — | 0.367 |

表 7-18　　$PCI_t$ 方差分析表

| 方差来源 | 平方和 | 自由度 | 均方和 | $F$ 值 |
|---|---|---|---|---|
| $PCI_t$ | 0.763 | 3 | 0.254 | 19.56 |
| 误差 | 0.380 | 29 | 0.013 | |
| 总和 | | 32 | | |

取显著性水平 $\alpha=0.01$，临界值 $F_{0.99}(3,29)=4.54$，显见 $F=19.56>4.54$，$PCI_t$ 对有效厚度系数 $f$ 具有显著影响。事实上也不难理解，$PCI_t$ 反映了罩面前路面的损坏状况，路面损坏越严重，则老面层厚度折减得越多，有效厚度系数 $f$ 就越小；反之，老面层厚度折减得越少，有效厚度系数 $f$ 就越大。

3）原沥青面层厚度 $h_0$ 的影响

仍以部分路段的计算结果为例进行方差分析，结果如表 7-19 和表 7-20 所列。

表 7-19 原沥青面层厚度 $h_0$ 方差计算表

| 原沥青面层厚度 | 有效厚度系数 $f$ | 样本 | 均值 |
|---|---|---|---|
| <4 cm | 0.342　0.535　0.339　0.447　0.644　0.703　0.678　0.727 | 8 | 0.552 |
| 4～8 cm | 0.297　0.207　0.135　0.285　0.518　0.406　0.421　0.322　0.703　0.599　0.640 | 11 | 0.412 |
| >8 cm | 0.262　0.136　0.459　0.393　0.248　0.499　0.425　0.335 | 8 | 0.345 |
| 合计 | | 27 | — |
| 均值 | | — | 0.436 |

表 7-20 原沥青面层厚度 $h_0$ 方差分析表

| 方差来源 | 平方和 | 自由度 | 均方和 | $F$ 值 |
|---|---|---|---|---|
| $h_0$ | 0.180 | 2 | 0.09 | 3.358 |
| 误差 | 0.644 | 24 | 0.0268 | |
| 总和 | | 26 | | |

取显著性水平 $\alpha=0.01$，临界值 $F_{0.99}(2, 24)=5.16$，显见 $F=3.358<5.16$；若取显著性水平 $\alpha=0.10$，临界值 $F_{0.90}=(2, 24)=2.54$，显见 $F=3.358>2.54$。可以看出，在某些情况下，显著性水平 $\alpha$ 的选取对自变量的选择具有决定性的作用。如果选取较大的显著性水平，即临界值 $F_{1-\alpha}(m, n)$ 较小，那么最终会入选较多的自变量；反之，则会导致一些重要的自变量被剔除。从本章的分析来看，原沥青面层厚度对有效厚度系数确实存在一定的影响，随着原沥青面层厚度的增加，有效厚度系数 $f$ 有减小的趋势。因此，可取显著性水平 $\alpha=0.10$，则临界值 $F_{0.90}=(2, 24)=2.54$，小于 $F=3.358$，即认为原沥青面层厚度对有效厚度系数 $f$ 具有显著影响。

4）罩面后初始弯沉的影响

分析中发现，对单个路段来说，罩面后初始弯沉的大小对有效厚度系数 $f$ 的反算有很大影响，但当考虑众多路段时，它对 $f$ 的变化规律的影响从定性的角度又很难说明，表 7-21 为方差分析结果。

表 7-21 初始弯沉方差分析表

| 方差来源 | 平方和 | 自由度 | 均方和 | $F$ 值 |
|---|---|---|---|---|
| $l_0$ | 0.004 | 4 | 0.001 | 0.024 |
| 误差 | 1.222 | 29 | 0.042 | |
| 总和 | | 33 | | |

取显著性水平 $\alpha=0.10$，临界值 $F_{0.90}(4,29)=2.15$，显然，$F=0.024<2.15$，说明罩面后初始弯沉对有效厚度系数 $f$ 的影响不显著，建模时不予考虑。

综合上述分析，对某一特定的路段来说，轴载 $ESAL$、初始弯沉 $l_0$、罩面厚度 $h_1$、原沥青

面层厚度 $h_0$ 的数值对有效厚度系数 $f$ 的反算都有影响，但当考虑众多路段时，除了罩面前 $PCI_t$ 和原沥青面层厚 $h_0$ 以外，其他参数对 $f$ 的影响并无明显规律。从方差分析结果来看，罩面前 $PCI_t$ 的影响比原沥青面层厚度 $h_0$ 的影响要更显著，这与实际情况相吻合。

2. $f$ 预测模型

由于已经确定了影响有效厚度系数的显著性因素，所以，将数据重新按罩面前 $PCI_t$ 和原沥青面层厚度 $h_0$ 这两个因素进行分组。此时，为了保证精度，将原沥青面层厚度 $h_0$ 分级调整如下：① <3.0 cm；② 3.0～4.5 cm；③ 4.5～8.0 cm；④ >8.0 cm。

根据数据特点，采用线性回归模型及指数回归模型进行多次尝试后，最终采用的方程形式为[22]

$$f=\lambda PCI_t^{\mu}h_0^{\nu} \tag{7-31}$$

式中的系数如表 7-22 所列。

表 7-22 式(7-31)的参数值及拟合相关系数 $R$

| 基层类型 | $\lambda$ | $\mu$ | $\nu$ | $R$ |
|---|---|---|---|---|
| 半刚性基层 | 0.000034 | 2.3564 | −0.4207 | 0.9799 |
| 碎砾石基层 | 0.000002 | 2.8764 | −0.2528 | 0.9898 |

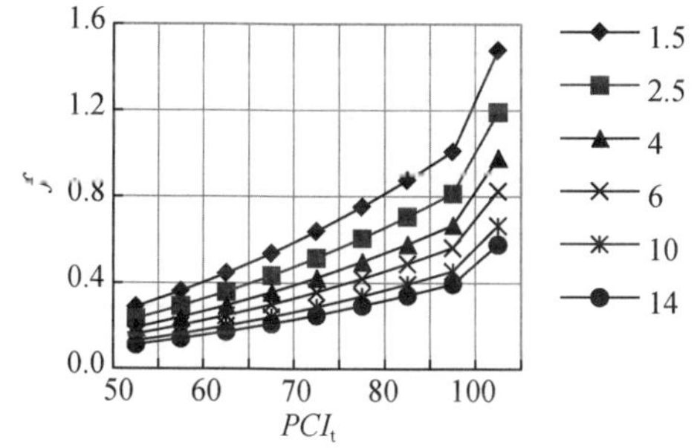


图 7-23 有效厚度系数变化规律(半刚性基层)

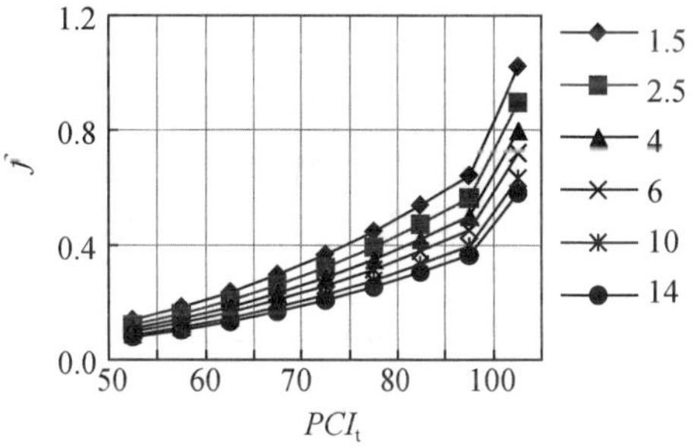


图 7-24 有效厚度系数变化规律(碎砾石基层)

图 7-23、图 7-24 给出了针对不同基层路面结构的面层有效厚度系数 $f$ 随 $PCI_t$ 的变化规律，可以看出，因未对 $PCI_t=90$，95 分时的 $f$ 值进行预测，所以，在 $PCI_t=85$ 和 100 之间的折线看上去有些突变。事实上，我们更关心 $PCI_t\leqslant 85$ 时的数据，当路况很好时，罩面的可能性很小。这里列出 $PCI_t=100$ 分的值也只是观察模型的边界条件，并无实际意义。从图 7-23 和图 7-24 可以看出，无论是半刚性基层还是碎砾石基层，当原沥青面层厚度相近(位于同一组)时，随着 $PCI_t$ 的增大，有效厚度系数 $f$ 增大，有效厚度也增大；半刚性基层有效厚度系数随 $h_0$ 的变化幅度比碎砾石基层要大，说明随着面层厚度的增加，半刚性基层的作用发挥得越好。但同时也可以看出，当面层厚度相同时，碎砾石基层的有效厚度系数随 $PCI_t$ 的变化幅度并不亚于半刚性基层，在面层厚度较厚时更为明显；由图 7-23 和图 7-24 可见，对于相同等级的损坏状况，随着原沥青面层厚度的增加，尽管有效厚度系数减小，但其有效厚度还是增大的；当 $PCI_t$ 较小时，原沥青面层厚度对 $f$ 的影响差别并不显著，但随着 $PCI_t$ 的

增加，原沥青面层厚度对 $f$ 的影响差别越来越大。说明在路况较差时罩面，老面层的作用很小，其厚度影响不明显。

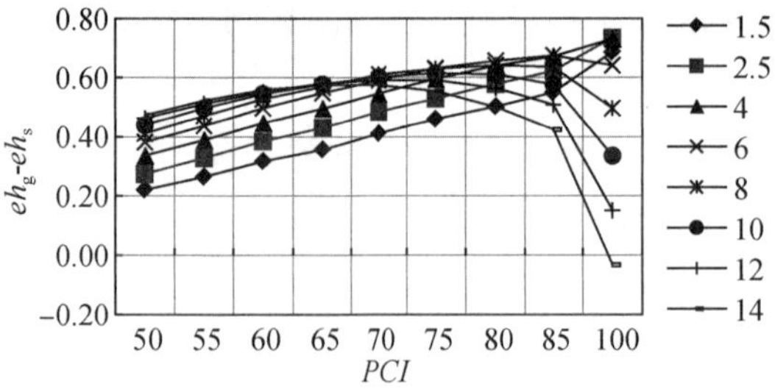


图 7-25 半刚性基层与碎砾石基层有效厚度差值变化规律

对比半刚性基层和碎砾石基层的有效厚度(图 7-25)，当原沥青面层厚度较薄(≤4.0 cm)时，随着 $PCI_t$ 的增大，两种基层路面的有效厚度的差值随原沥青面层厚度的增加而逐渐增大。当原沥青面层厚度大于 4.0 cm 时，随原沥青层厚度的增加且 $PCI_t$ 较大时，两种基层路面有效厚度的差值逐渐减小，即两种基层的有效厚度系数开始接近；当原沥青面层厚度等于或大于 14 cm 时，碎砾石基层的有效厚度超过了半刚性基层的有效厚度。这可能是因为面层厚度较小时，基层的作用比较明显，显示了半刚性基层的优越性；而当面层厚度较大时，面层起了相当的承载作用，这时两类基层的差距就逐渐缩小，特别是当路况较好时，两类基层对有效厚度系数的影响趋于一致。当面层很厚时，碎砾石基层的有效厚度甚至超过了半刚性基层的有效厚度。

3. 模型的比较

美国 AASHTO 路面结构设计指南中[7]，对于新旧路面均有关于层系数的经验值，可以通过新旧路面面层系数的对比，求出类似于式(7-31)的有效厚度系数 $f$，以此进行比较。

沥青混凝土面层的层系数是根据弹性模量确定的，对于新建路面一般采用的数值为 0.44[7]。旧路面的层系数数值选取及与式(7-31)结果的对比情况见表 7-23。

表 7-23　有效厚度系数 $f$ 横向对比表

| 美国 AASHTO 法 | | | 式(7-31) | |
|---|---|---|---|---|
| 损坏状况 | 面层层系数 $\alpha_1$ | 相当的 $f$ | 相当的 $PCI$ | $f$ |
| 良好 | 0.34 | 0.773 | >80 | 0.652 |
| 一般 | 0.25 | 0.568 | 70～80 | 0.417 |
| 较差 | 0.15 | 0.341 | <65 | 0.268 |

美国 AASHTO 路面结构设计指南中还给出了一个更详细的根据损坏状况确定面层层系数 $\alpha_1$ 的参考表，见表 7-24。

表 7-24　AASHTO 面层层系数 $\alpha_1$ 及相当的 $f$ 参考表

| 表面状况 | 相当的 $PCI$ | 面层层系数 $\alpha_1$ | 相当的 $f$ | 式(7-31) |
|---|---|---|---|---|
| 几乎无龟裂或只有轻微横向裂缝 | 82～92 | 0.35～0.40 | 0.795～0.91 | 0.40～0.90 |
| <10%轻微龟裂或<5%中、高度横向裂缝 | 72～82 | 0.25～0.35 | 0.568～0.795 | 0.29～0.75 |
| >10%轻微龟裂或<10%中度龟裂或>5%～10%中、高度横向裂缝 | 60～70 | 0.20～0.30 | 0.45～0.68 | 0.21～0.64 |

（续表）

| 表面状况 | 相当的 *PCI* | 面层层系数 $\alpha_1$ | 相当的 *f* | 式(7-31) |
|---|---|---|---|---|
| >10%中度龟裂或<10%高度龟裂或>10%中、高度横向裂缝 | 55～65 | 0.14～0.20 | 0.32～0.45 | 0.18～0.44 |
| >10%高度龟裂或>10%高度横向裂缝 | <55 | 0.08～0.15 | 0.18～0.34 | 0.11～0.29 |

AASHTO 法只考虑了损坏状况（而且只有裂缝）一个因素，式(7-31)还考虑了原沥青面层厚及基层类型的影响。由表 7-24 可见，AASHTO 法经验值略高于本研究的预测值，但大体范围还是相当的。当然，模型的最终检验应当在今后的应用中不断进行，还需不断对模型进行标定和更新。

根据上面的研究，罩面后原沥青路面面层有效厚度模型可用式(7-32)表示[22]：

$$eh = \lambda PCI_t^{\mu} h_0^{\nu+1} \tag{7-32}$$

## 7.9 路面结构的全寿命设计

路面结构行为方程反映了不同因素对路面性能衰变过程的影响，也提供了这样一种可能，即根据路面性能要求进行路面结构设计。目前，采用力学-经验法进行路面结构设计是必要的，但依然是不充分的。所以，从设计上引入新的理念和理论、从建设上引入新的技术是提高路面质量的关键。罗芳艳等[23]做了初探，刘黎萍[24]进行了全面深入的研究。

要确保路面的使用寿命，应该考虑路面五方面的因素，即"结构、材料、荷载、环境和经济"，而最终的判别标准则是路面的使用性能。路面力学特性虽然保证了结构的整体抗力，但与使用性能之间缺乏明确的联系，无法给出设计的结构组成和力学强度所能提供的路面使用性能，而结构行为方程可以很好地弥补这一不足。路面设计也不应仅仅计及初期修建费和该路面结构的使用寿命，而应考虑预定分析期内可能采用的各种维修方案，以进行全寿命设计。路面的全寿命包括多个功能寿命或几个结构寿命，要视路面的具体养护维修方式来定。从原则上来说，一条路可以无限期地使用下去，但路面结构是有寿命的，重建意味着原路面寿命的终结。

### 7.9.1 设计指标、标准和流程

根据路面性能可实现任意标准的沥青路面结构厚度优化设计。例如，可根据不同的设计寿命（如功能寿命、结构寿命）选取不同的设计标准。和一般的力学-经验设计方法相比，进行路面全寿命设计时所涉及的因素要多得多，通常包括路面体系、分析期长度、环境因素、交通荷载、材料因素、结构选型、设计标准、成本价格、养护方案以及贴现率等。

可作为路面使用性能的指标有多个，如路面损坏状况指数(*PCI*)、路面行驶质量指数(*RQI*)、弯沉($l$)等。*PCI* 既能反映材料损坏，是反映路面各种损坏现象的一个综合性指标，又与弯沉有关，是一个比较直观的控制指标，也是养护部门制订养护维修计划的主要指标之一。

路面设计标准应包括三方面，即性能标准、力学标准和费用标准。

1．性能标准

*PCI* 作为路面结构设计的性能指标，其控制标准就是指路面使用性能末期道路用户所能接受的路况最低水平，应根据道路等级、交通轴载、当地经济发展水平和人们对道路服务水平的接受能力等因素来确定。根据目前的情况，拟采用三级典型标准：

(1) 高标准：使用末期 $PCI_t=70$，适用于高等级、重交通道路路面的结构厚度设计；

(2) 中标准：使用末期 $PCI_t=65$，适用于次高级、次重交通道路路面的结构厚度设计；

(3) 低标准：使用末期 $PCI_t=60$，适用于一般道路路面的结构厚度设计。

2．力学标准

设计结果应满足规范中的力学验算要求。

3．费用标准

从管理部门角度考虑采用道路的总造价(初期修建费、养护费、改建费、残值)，从整个社会效益角度考虑采用道路的总费用(初期修建费、养护费、改建费、用户费用、残值等)。为满足不同方面的需求且便于比较，可提供这两种经济优化标准的优化结果。

沥青路面的全寿命结构设计方法不仅考虑新建沥青路面在整个寿命期内结构厚度的优化，而且考虑整个寿命期内罩面厚度的优化，另外，还可以提供不同设计标准下最佳罩面时机和最佳罩面厚度的选择。图 7-26 为新建沥青路面全寿命设计路面结构厚度优化流程。

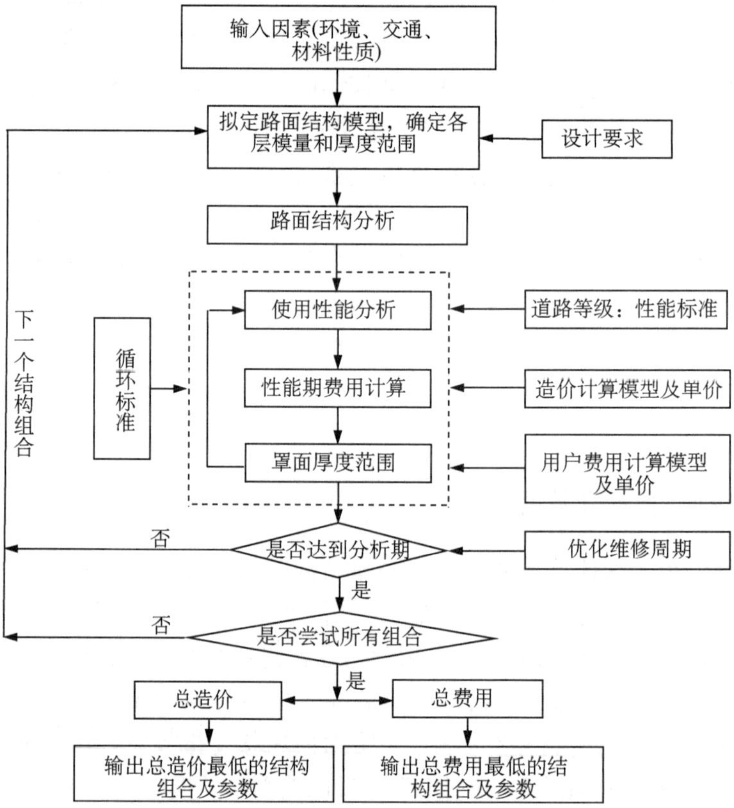


**图 7-26　全寿命设计路面结构厚度优化流程**

### 7.9.2 全寿命费用计算

作为示例，考虑的费用组成见图 7-27，图中带 * 号的表示与路面使用性能指标直接相关的费用，修建费和改建费按当地材料价格计算，其他几项费用按有关模型计算。

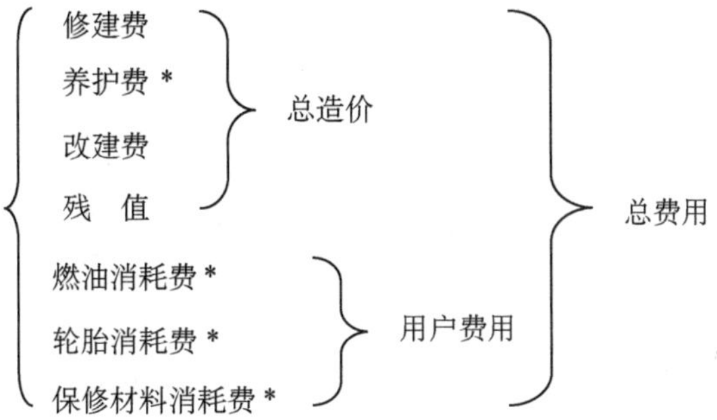


图 7-27　全寿命费用组成

1. 养护费

养护费是指为了将路面使用性能保持在预定水平上而进行的日常养护和预防性保养所需的费用。路面养护费用的多少取决于养护水平的高低，而养护水平又与路面使用性能密切相关。养护费还与公路等级、交通量、采取的养护措施类型和各地的养护管理方式等因素有关。所以，养护费在寿命周期费用分析中是一项难以准确估算的费用。本示例中采用的养护费用模型如式(7-33)所示，各地可根据实际情况对其进行适当修正[23]：

$$MC_i = 0.34 + 3.44 \times 10^{-6} \times (100 - PCI_i) AADT_i \tag{7-33}$$

式中 $MC_i$ ——第 $i$ 年养护费(元/m$^2$)；

$AADT_i$ ——第 $i$ 年平均日交通量；

$PCI_i$ ——第 $i$ 年路况指数。

2. 用户费用

用户费用是指用户在使用道路时所支出的费用，包括车辆运营费、延误费、行程时间费和事故费等，是寿命周期费用中最大的组成部分。当交通量较大时，它在总费用中所占的比例可高达 90%以上。根据我国的研究，与道路状况关系最密切、受其他因素影响较小的是其中的车辆运营费，而受路况影响的主要是其中的可变部分，包括燃料消耗、轮胎磨耗以及保修材料等资源消耗的费用，它们通常占可变成本的 80%以上，这三项费用可根据下面的模型和相应的单价计算。

1) 油耗模型

参照世界银行在巴西的油耗试验方法和成果，同济大学的姚祖康等曾在广东汕头和浙江杭州进行了油耗试验。试验考虑了车型、路面平整度和速度三个变量，通过分析与标定最终确定了车辆的油耗-平整度关系模型为[12, 25]

$$FL = a + b \times IRI \tag{7-34}$$

式中 $FL$ ——百公里油耗(1/100 km)；

$IRI$ ——国际平整度指数(m/km)；

$a$，$b$——回归系数，见表 7-25。

表 7-25 油耗-平整度关系式的回归系数

| 系数 | 小汽车（汽） | 面包车（汽） | 大客车（汽） | 轻货车（汽） | 轻货车（柴） | 中货车（柴） | 重型车（柴） | 铰接车（柴） |
|---|---|---|---|---|---|---|---|---|
| $a$ | 9.78 | 14.87 | 23.80 | 17.42 | 8.03 | 23.00 | 19.00 | 35.39 |
| $b/(\times 10^{-2})$ | 18.200 | 23.439 | 29.367 | 56.849 | 24.219 | 43.407 | 29.848 | 89.258 |

2）轮耗模型

轮耗是车辆运营费的主要组成部分之一。1989—1992 年，同济大学的姚祖康、王忠仁等曾根据我国的调查数据对世界银行 HDM-Ⅲ 中的轮耗模型进行了标定[26]。笔者补充了新的调查资料，进行了重新标定，结果如下：

$$TC = NT\left[\frac{(1+RREC\times NR)\times TWT\times k_1}{(1+k_2 NR)\times VOL}+0.002\right] \tag{7-35}$$

式中 $TC$ ——轮耗；

$NT$ ——轮数；

$RREC$——翻新与新轮胎的价格比；

$NR$ ——翻新次数；

$TWT$ ——轮胎磨耗($dm^3$/胎·km)；

$VOL$ ——胎面可磨耗体积；

$k_1$ ——回归系数，如表 7-26 所列；

$k_2$ ——轮胎系数，$k_2=0.77$。

表 7-26 轮耗模型参数

| 轮胎类型 | 系数 $k_1$ | |
|---|---|---|
| | 南方 | 北方 |
| 9.00/20 （卡车） | 0.417 | 0.352 |
| 10.00/20 （卡车） | | 0.320 |
| 11.00/20 （卡车） | 0.814 | 1.262 |
| 9.00/20 （客车） | | 0.280 |

对于小型客车，仍采用 KDM-Ⅲ 中的模型[26]，即：

$$TC = NT(0.01165+0.001781\times IRI) \tag{7-36}$$

3）保修材料消耗模型

汽车保修费用包括车辆维修的材料费和人工费等。车辆的损坏主要与车辆运行时道路平整度引起的应力和道路几何线形引起的应力有关。前者主要通过重复作用使受力部件（如车辆驾驶系、悬挂系等其他部件）产生疲劳及损坏，后者则因车辆运行状态的改变（转弯、爬坡等）直接使发动机受力，从而造成车辆驱动系、制动系的磨损。车辆行驶时，这两种应力交互地或同时作用于车辆各个部分，共同造成车辆的损坏。

20 世纪 90 年代初，同济大学的姚祖康等采用我国车辆用户运营成本的实际调查数据，标定了 HDM-Ⅲ中的料耗费模型参数[12, 26]，之后笔者又根据价格和经济体系的变化，重新修正了汽车保修费用模型，如式(7-37)、式(7-38)所示：

$$\text{客车}\quad PC = e \cdot k \cdot \exp(f \cdot IRI)CKM^{K_p} \tag{7-37}$$

$$\text{卡车}\quad PC = e \cdot k \cdot (1 + f \cdot IRI)CKM^{K_p} \tag{7-38}$$

式中 $PC$ ——千车公里的维修费用与该种车型当时的新车价格的比值；

$e$，$f$ ——模型的回归系数，见表 7-27；

$k$ ——维修费系数，见表 7-27；

$K_p$ ——车龄指数或车辆老化系数，见表 7-27；

$CKM$ ——车辆的累计行驶里程；

$IRI$ ——道路平整度指数。

**表 7-27　我国的维修费用模型系数**

| 车型 | $k$ | $e/(\times 10^{-6})$ | $f/(\times 10^{-2})$ | $K_p$ |
|---|---|---|---|---|
| 小汽车、面包车 | 1.54 | 32.49 | 17.81 | 0.308 |
| 大客车 | 2.86 | 1.77 | 4.63 | 0.483 |
| 轻货车 | 2.86 | 1.49 | 327.33 | 0.371 |
| 中货车 | 2.86 | 1.49 | 327.33 | 0.371 |
| 重货车 | 1.43 | 8.61 | 45.90 | 0.371 |
| 铰接车 | 1.43 | 13.94 | 45.90 | 0.371 |

4）残值模型

到路面的寿命周期末或分析期末，路面使用性能可能还没有降到所规定的最低可接受水平，即还有剩余寿命可继续承受车辆荷载作用，这部分剩余寿命所具有的价值就是残值，可按剩余寿命占其预期使用寿命的比例来确定[12]，见式(7-39)。

$$SV = \left(1 - \frac{L_A}{L_E}\right)C_r \tag{7-39}$$

式中 $SV$——路面残值；

$L_A$ ——最后一次改建的施工年份到寿命周期末的年数；

$L_E$——该改建措施的预期使用寿命；

$C_r$——该项改建措施的修建费用。

5）其他

用户费用模型中的国际平整度指数 $IRI$ 与路况指数 $PCI$ 的转换关系式可采用式(7-40)和式(7-41)[23]：

$$PSI = 3.5 \times (PCI - 50)/50 + 1.5 \tag{7-40}$$

$$IRI = 2 - 5.6 \times [\lg(0.2) + \lg(PSI)] \tag{7-41}$$

式中，$PSI$ 为现时服务能力指数。

### 7.9.3 厚度设计示例

1. 只考虑一次设计寿命，不考虑全寿命费用时

按照路面设计的高、中、低标准和上海地区的材料、费用等参数，可以绘出路面结构厚度设计的诺谟图[24, 27, 28]，如图 7-28—图 7-32 所示。

1）低标准($PCI_t$=60)设计诺谟图

当设计年限为 12 年时，低标准设计诺谟图如图 7-28 所示。

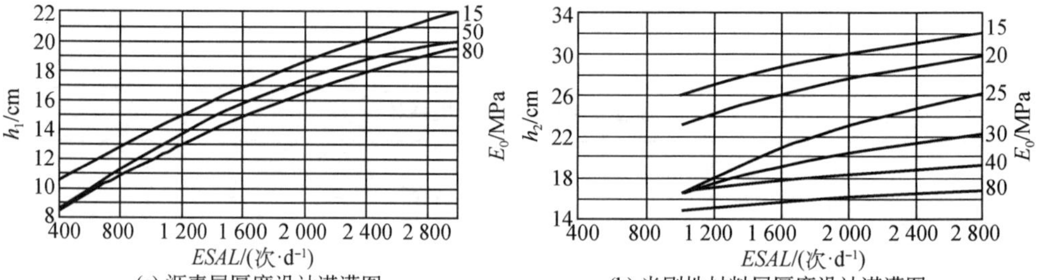


(a) 沥青层厚度设计诺谟图　　(b) 半刚性材料层厚度设计诺谟图

**图 7-28　设计年限为 12 年时，低标准设计诺谟图**

当设计年限为 15 年时，低标准设计诺谟图如图 7-29 所示。

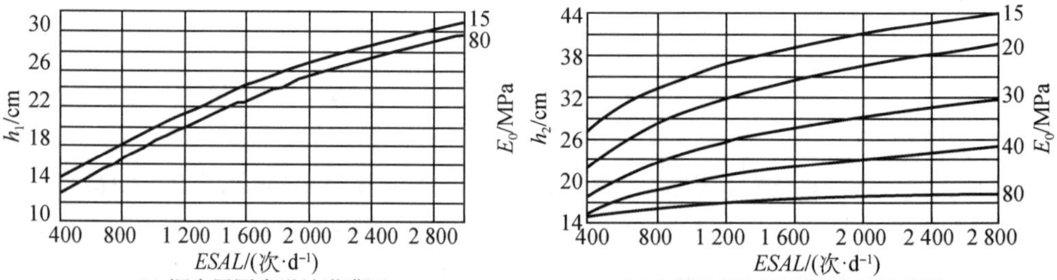


(a) 沥青层厚度设计诺谟图　　(b) 半刚性材料层厚度设计诺谟图

**图 7-29　设计年限为 15 年时，低标准设计诺谟图**

2）中标准($PCI_t$=65)设计诺谟图

当设计年限为 12 年时，中标准设计诺谟图如图 7-30 所示。当设计年限为 15 年时，中标准设计诺谟图如图 7-31 所示。

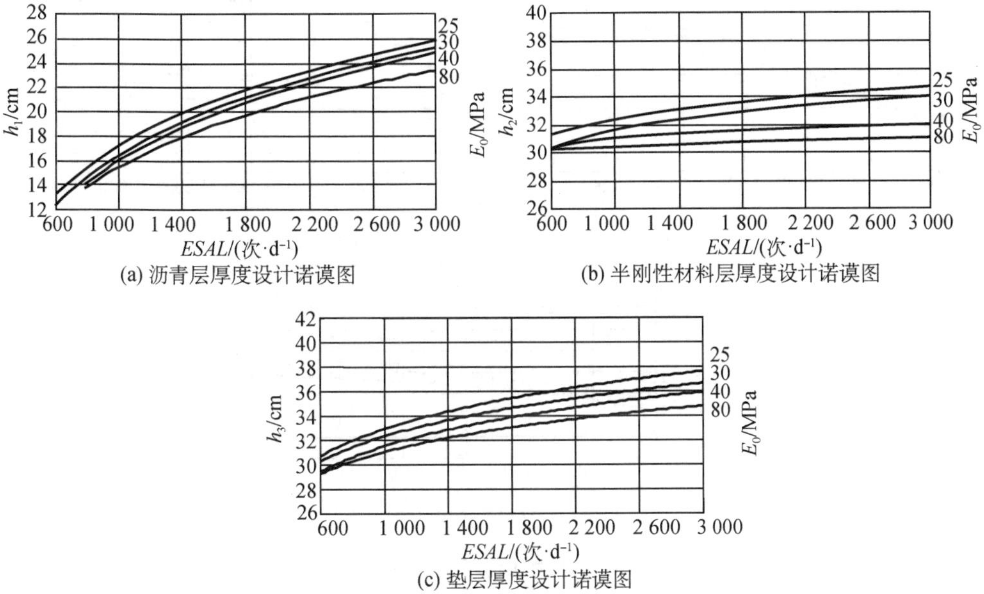


(a) 沥青层厚度设计诺谟图

(b) 半刚性材料层厚度设计诺谟图

(c) 垫层厚度设计诺谟图

**图 7-30　设计年限为 12 年时，中标准设计诺谟图**

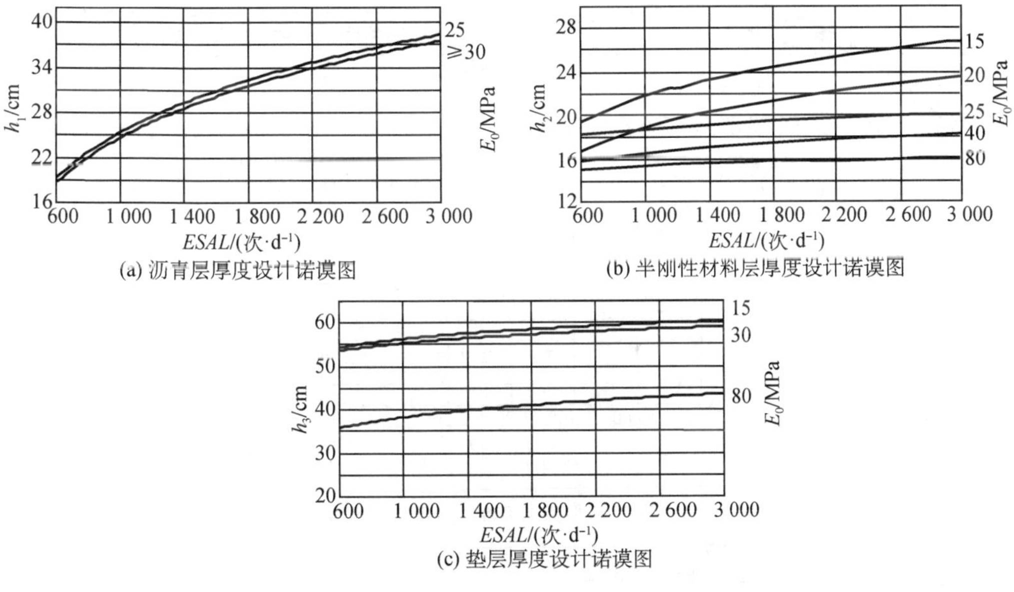


(a) 沥青层厚度设计诺谟图

(b) 半刚性材料层厚度设计诺谟图

(c) 垫层厚度设计诺谟图

**图 7-31　设计年限为 15 年时，中标准设计诺谟图**

3）高标准（$PCI_t=70$）设计诺谟图

当设计年限为 12 年时，高标准设计诺谟图如图 7-32 所示。

为了提供更多的设计选择，下面给出 $PCI_t=75$，设计年限为 8 年时的高标准设计诺谟图，如图 7-33 所示。

在各诺谟图中，土基模量作为已知参数输入；当采用处置土基时，除模量应采用处置后的模量外，费用也应同时计入，与路面结构费用进行叠加后再进行经济比较。

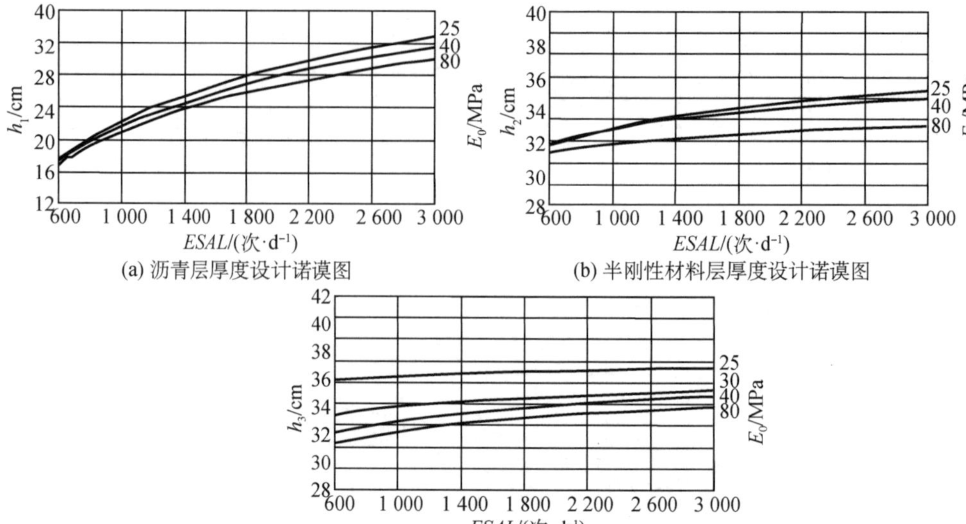


(a) 沥青层厚度设计诺谟图　(b) 半刚性材料层厚度设计诺谟图　(c) 垫层厚度设计诺谟图

**图 7-32　设计年限为 12 年时，高标准设计诺谟图**

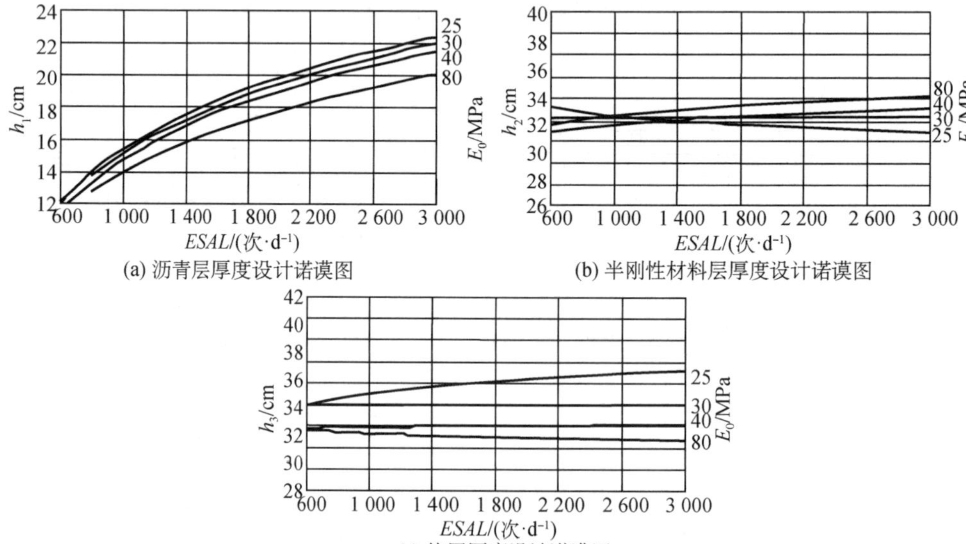


(a) 沥青层厚度设计诺谟图　(b) 半刚性材料层厚度设计诺谟图　(c) 垫层厚度设计诺谟图

**图 7-33　设计年限为 8 年时，高标准设计诺谟图**

2. 考虑寿命周期费用分析时[24,28]

假设分析期为 25 年，基层材料为二灰碎石，折现率为 0.10，垫层材料为二灰土，$AADT$=800～4 500，$ESAL$=400～3 600，交通增长率为 0.07，年均温度为 16.2 ℃，平均湿度为 2.027，土基模量为 15～80 MPa，$PCI_t$=60，65，70。

（1）当不限制第一维修期长度（即修建后的使用时间）时，路面结构的全寿命设计结果不仅为不同结构层的厚度组合，还应当包括不同性能期的罩面厚度组合。当不限制第一维修期长度时，按照本示例的设计条件，优化结果具有以下特点：

① 不论是按总造价优化还是按总费用优化，低标准和中标准条件下面层和基层厚度基

本都维持在设计初始值，不同荷载作用次数的影响主要体现在垫层厚度和未来的罩面厚度组合上，随着荷载的增大，垫层厚度逐渐增加或未来的罩面组合方案逐渐增强。

② 按高标准设计的面层厚度随交通轴载的增加而增大，基层厚度基本无变化，不同荷载的影响也主要体现在垫层厚度和未来的罩面厚度组合上，由于设计参数的多元化及其相互影响，使得某一方面设计结果的规律并不明显。

③ 总体上，按总费用优化的路面结构厚度和罩面厚度组合要大于按总造价优化的厚度组合，这是因为结构越强，性能越好，总费用就越低，尤其在交通量大时表现得较为明显。

④ 不论按什么设计标准，随着轴载作用次数的增大，总养护费、总用户费、总造价和总费用均呈上升趋势。但随着设计标准的提高，相同交通水平下的总造价增加而总费用降低，这是因为设计标准的提高意味着性能水平的提高，也就意味着养护费和用户费用的减少，从而意味着总费用的降低。

⑤ 图 7-34 给出了不同设计标准下两种经济优化标准在分析期内的性能曲线对比。可以看出，当不限制第一维修期长度时，优化结果的第一维修期长度都较短，并随着设计标准的提高，第一维修期长度不断缩短，而不同经济优化标准之间的差别不大。

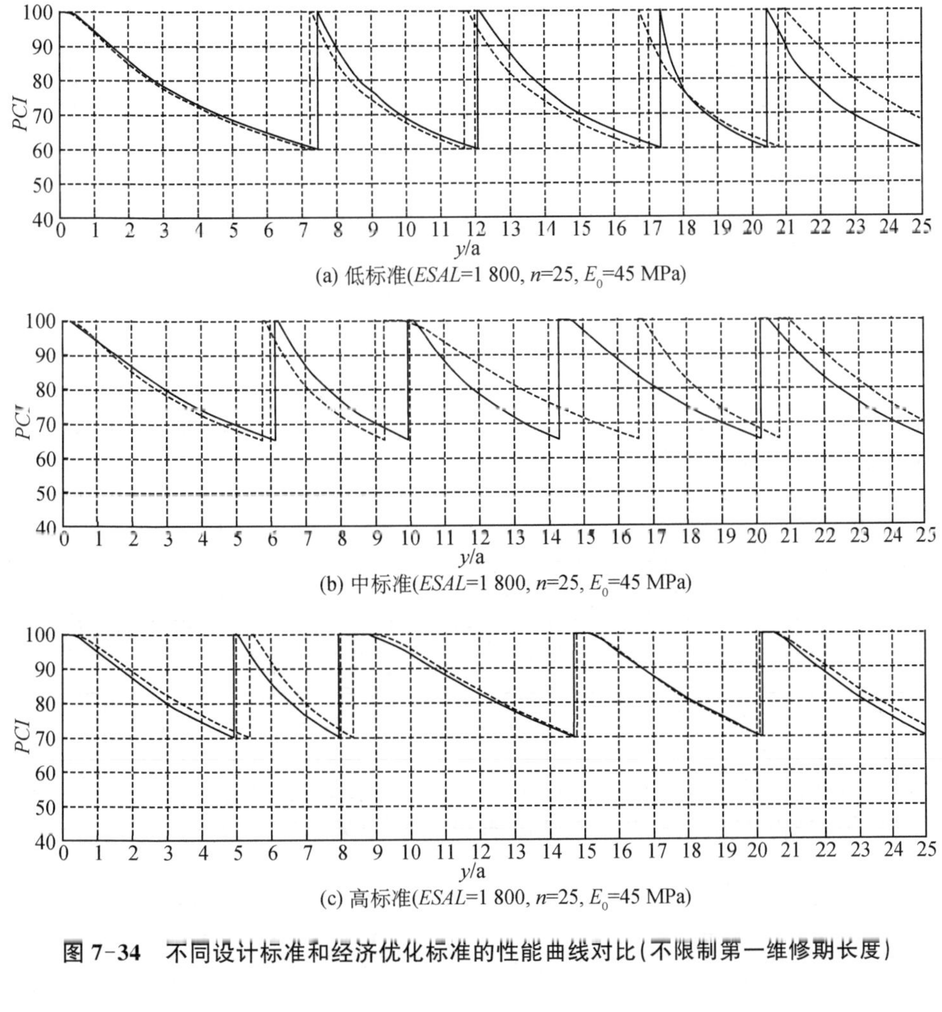

(a) 低标准($ESAL$=1 800, $n$=25, $E_0$=45 MPa)


(b) 中标准($ESAL$=1 800, $n$=25, $E_0$=45 MPa)


(c) 高标准($ESAL$=1 800, $n$=25, $E_0$=45 MPa)

**图 7-34 不同设计标准和经济优化标准的性能曲线对比(不限制第一维修期长度)**

（2）当限制第一维修期长度不小于 10 年时，即间接控制了使用性能的衰变过程，那么不满足该条件的方案将被淘汰，参与优化比选的厚度组合方案数量就会减少。与不限制维修期长度的优化结果对比，面层厚度明显增大，总体性能明显增强，在相同的分析期内维修期数减少，维修期长度增加。其他规律与不限制第一维修期长度时基本一致。图 7-35 给出了在限制第一维修期长度条件下，不同设计标准的两种经济优化标准在分析期内的性能曲线对比情况；可以看出，当限制第一维修期长度不小于 10 年时，优化结果的第一维修期长度基本都略大于或等于 10 年，不同经济优化标准的差别主要体现在未来的罩面或改建活动上。

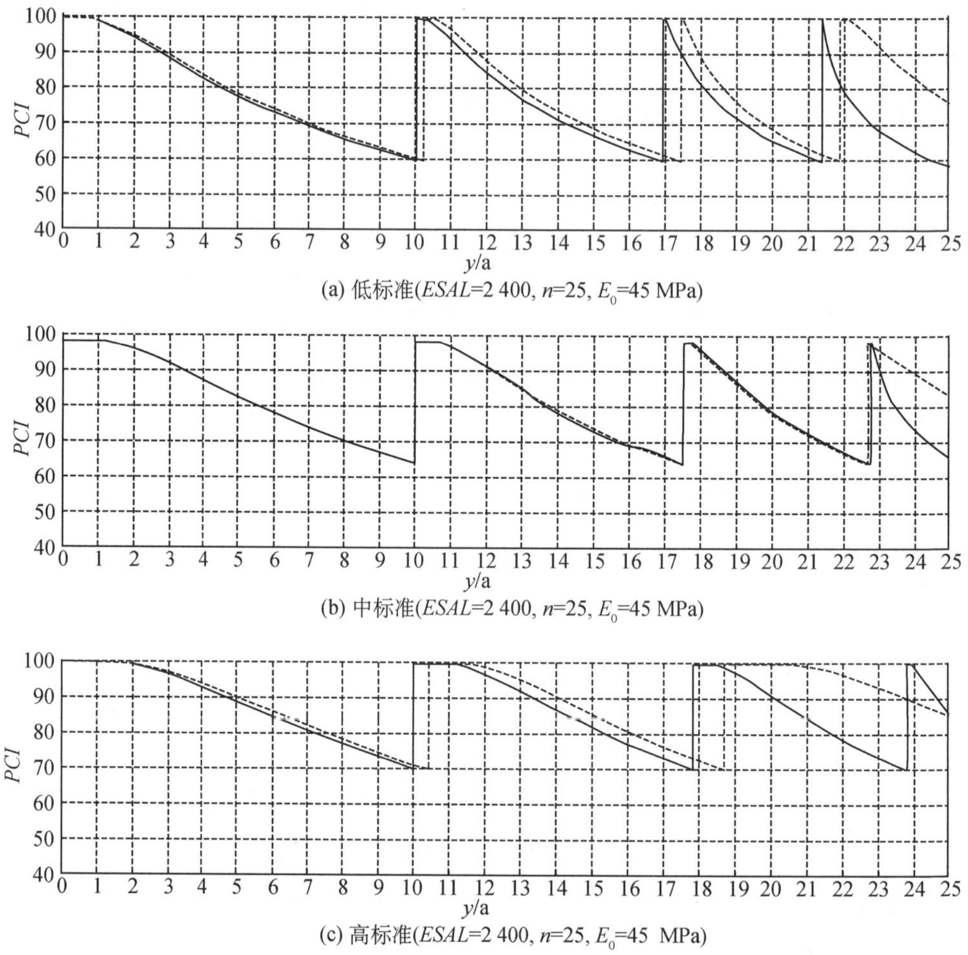


**图 7-35　不同设计标准和经济优化标准的性能曲线对比（限制第一维修期长度）**

影响优化设计结果的因素还有很多，如分析期、折现率、优化选择范围、未来的罩面组合方案、环境因素、材料价格、土基状况和基层类型等，这里不再一一列出。

## 参考文献

［1］孙立军.智能型路面管理系统的建立方法［D］.上海：同济大学，1989.

[2] 孙立军,姚祖康.沥青路面损坏状况评价的系统化方法[J].华东公路.1991(1):37-43.

[3] 孙立军,等.路面养护决策支持系统研究论文集[R].上海:同济大学道路与交通工程系,1993.

[4] 姚祖康,孙立军,胡东明,等.沥青路面使用性能评价[J].土木工程学报,1989,22(3):13-22.

[5] 孙立军,姚祖康.沥青路面使用性能评价和对策确定的 FUZZY 方法[J].同济大学学报,1990(2):167-176.

[6] AASHTO. AASHTO guide for design of pavement structures[R].US:Washington D.C., 1986.

[7] AASHTO. AASHTO guide for design of pavement structures[R].US:Washington,1993.

[8] KARAN M A, CHRISTISON T J, CHEETHAM A, et al. Development and implementation of alberta's pavement information and needs system[J]. Transportation Research Record, 1983(938): 11-20.

[9] BEIN P, COX J B, CHURSINOFF R W, et al. Application of HDMS pavement deterioration model in saskatchewan pavement management information system[J]. Transportation Research Record, 1989(1215):60-69.

[10] GEORGE K P, RAJAGOPAL A S, LIMA L K. Models for predicting pavement deterioration[J]. Transportation Research Record Journal of the Transportation Research Board,1989(1215):25-32.

[11] LECTERC R V, NELSON T L. Washington State's pavement management system [R]. Transportation Research Board, 1981.

[12] 姚祖康.路面管理系统[M].北京:人民交通出版社,1993.

[13] MANNISTO V, TAPIO R, KYYRA T. Is bearing capacity information needed? [C]//Proceedings of 4th International Conference, Bearing Capacity of Roads and Airfields, 1994.

[14] SHAHIN M Y. Pavement management for airports, roads, and parking lots[M]. New York:Chapman and Hall,1994.

[15] 孙立军,等.道路与机场设施管理学[M].北京:人民交通出版社,2009.

[16] 孙立军,刘喜平.路面使用性能的标准衰变方程[J].同济大学学报:自然科学版,1995,23(5):512-518.

[17] 刘喜平.环境因素对路面使用性能的影响[D].上海:同济大学,1993.

[18] 许志军.沥青路面结构性能模拟[D].上海:同济大学,1994.

[19] 陈子建.沥青路面行驶质量研究[D].上海:同济大学,1996.

[20] 交通部公路规划设计院.公路自然区划标准:JTJ 003—1986[S].北京:中国标准出版社,1986.

[21] KENNEDY C K, LISTER N W. Prediction of pavement performance and the design of overlays [R]. United Kingdom,Berkshire,Wokingham.Transport and Road Research Laboratory, 1978.

[22] 刘黎萍,孙立军.旧沥青路面面层有效厚度模型研究[J].道路工程,2001,18(6):9-12,16.

[23] 罗芳艳,孙立军.基于使用性能的沥青路面结构设计方法研究[J].道路工程,2001,14(z1):35-38.

[24] 刘黎萍.基于使用性能的沥青路面全寿命结构设计方法研究[D].上海:同济大学,2003.

[25] 王忠仁.路面管理系统的车辆运营费用模型[D].上海:同济大学,1992.

[26] WALLS Ⅲ J, SMITH M R. Life-cycle cost analysis in pavement design: interim technical bulletin [R].US:Washington D.C., Department of Transportation Federal Highway Administration,1998.

[27] 孙立军,等.半刚性基层沥青路面结构组合与厚度研究[R].上海:同济大学道路与交通工程系,2001.

[28] 孙立军,等.沥青路面结构行为学[M].上海:同济大学出版社,2013.

# 8 力学性能与损伤行为

本书第 7 章根据路面的演变规律和实测数据建立了路面结构行为方程，该方程能够描述路面结构和材料、交通荷载和环境等多个因素对路面使用性能的影响，并在路面使用性能定量分析方面表现出很好的普适性。不过，这个方程和路面设计中采用的疲劳方程是很不一样的。不同的路面方程具有不同的侧重点。疲劳方程是力学-经验设计体系的核心方程，反映了路面的疲劳性能，间接控制了路面使用性能的衰减速度；路面结构行为方程则反映了路面使用性能的演变过程及不同因素的影响，它体现了路面使用性能的衰减过程，但未能显式地或直接地反映路面力学响应对路面使用性能的影响。二者截然不同。不仅路面疲劳方程和结构行为方程如此不同，即便同是疲劳方程，也没有两个方程是完全等同的。

如果深入分析一下不同方程的建立过程，可以发现所使用的基本理念或前提假定是一致的，即荷载的重复作用和环境因素的综合作用是决定路面寿命或影响性能衰减的主要外因，而路面的力学响应是决定路面行为演化的关键内因。在理念和前提一致的条件下，不同国家和机构建立的方程却不相同，这是一种偶然还是必然？这些孤立的方程是矛盾的、彼此毫无关系的，还是在多样表面的背后其本质是相容的、一致的，只是结果不同？路面结构行为方程刻画了路面性能演变过程及其与不同因素之间的关系，它与路面疲劳方程之间是什么关系，本质上是一致的吗？能够彼此变换吗？

本书的重要任务就是试图把路面分析理论变为一门精确科学。作为一门精确科学，其本质规律应该具有内在的一致性，彼此应该能够进行推演变换；存在的差异也应该是有原因的，应该是能定量解释的。否则，路面技术只能停留在经验方法的层面上，难以形成系统化的科学理论。

从精确科学的角度，本书 1.6 节将路面分析中的力学问题归结为两个方面，即响应计算问题和行为演化问题。本书第 2～4 章讨论了路面力学响应的精确计算问题，给出了多层复合结构力学的基本框架。第 5 章分析了路面损坏的原因和过程，第 6 章讨论了路面损伤过程(衍生过程)和基本方程，第 7 章讨论了路面性能演变过程。本章的目的就是试图去寻找第 6 章和第 7 章中方程之间的内在一致性，寻找造成差别的原因，并把它们统一起来，完成路面损伤、损坏行为分析理论的综合。

## 8.1 “桥渡原理”——在经验方程间推演的基本原理

表征路面损伤的核心方程，即力学-经验法的核心方程，是沥青层底面的弯拉疲劳方程和路基顶面的压缩疲劳方程，或以弯沉表征的疲劳方程，反映了特定应力、应变或弯沉条件下路面的疲劳性能；而路面结构行为方程反映了路面的使用性能。这是两类彼此孤立的方程,需要寻求一种方法来研究二者的一致性或统一性,这既是不同方程之间的统一,也是使用性能与力学性能之间的统一。

### 8.1.1 方法和流程

寻求不同类型方程的统一是一项十分困难的任务,尤其是对于采用回归分析法而非严格的推演得出的孤立的路面方程而言。要从一个回归方程推导出另一个回归方程是十分困难的,甚至是不可能的,因为这样的方程不严格、不精确,所依据的前提往往是不完全相同的。为了分析不同方程之间的内在一致性,需要在研究方法上有所突破。为此,简要回顾、归纳一下本书第 7 章的内容,作为方程统一的起点。

本书第 7 章的内容可以表述为,通过路面结构行为方程和费用(建设费、养护费和用户费)模型,根据设定的路面性能标准,可以设计出路面各结构层的厚度。而且,通过优化,设计出的各结构层厚度是唯一的,如图 7-28—图 7-33 所示。这个过程可以简单地表示为图 8-1[1]。

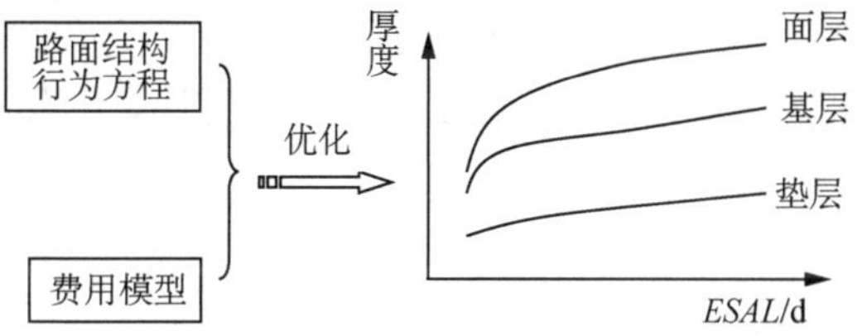


**图 8-1 路面结构厚度优化**

从图 8-1 可知,通过优化,可以得出基于路面结构行为方程的唯一的路面结构设计结果。由于这个结果是由路面结构行为方程优化而来的,而优化时采用的路面性能标准是一致的,所以可以得出一个反过来表述的推论,即达到路面寿命时路面的损坏标准是相同的,路面损坏之前的荷载作用次数(寿命)具有可比性。这是该设计结果一个至关重要的特征。

根据这个特征,可以采用图 8-2 所示的基本方法建立路面疲劳方程[1, 2],这样建立的疲劳方程是现场疲劳方程。由于路面损坏标准是相同的,路面寿命的不同表明路面结构抗力的不同,而路面结构抗力可以采用其力学响应特征值来表征。对于沥青路面结构而言,常用的力学响应特征值就是沥青层底面的弯拉应变。如果我们在弯拉应变和路面使用寿命之间建立起对应关系,那就是路面结构疲劳方程。实际上,这应该相当于力学-经验设计体系中的核心设计方程。

图 8-2 所示的基本原理的技术步骤如下:

(1) 具有同样设计标准的路面结构 $i$ 可从图 8-1 所示的过程中获得,即图 7-28—图 7-33 的设计诺谟图所示结果。对于从该设计诺谟图中获得的每一个路面结构 $i$ 都可看作是一个试验路面的观测结果,并回溯其累计轴载作用次数,也可根据结构行为方程和路面损坏标准重新计算其寿命(累计轴次)。

(2) 采用多层弹性体系理论或有限元方法对路面结构 $i$ 进行力学计算,得出沥青层底面、路基顶面的应变和路表面的弯沉。

(3) 建立应变、弯沉与路面寿命之间的关系,即为路面疲劳方程。

将这样得出的结果与国际上主流的疲劳方程进行比较,就可以分析其异同。

图 8-2 的过程被称为桥渡原理(又称桥介原理或桥结构变换原理)。该原理图示了一种从路面结构行为方程导出路面结构疲劳方程的新方法。这个方法的关键点是根据路面结构行为方程优化得出具有相同损坏标准的路面结构(图 8-1),以这个结构为桥梁,建立路面结

构疲劳方程。相应于这个原理,我们将这个方法命名为“桥渡法”“桥介法”“桥接法”或“介质变换”法,这里以路面结构为桥或桥渡介质,变换至疲劳方程,从而解决了直接从路面结构行为方程推演疲劳方程的难题。因此,这个方法具有重要的意义。

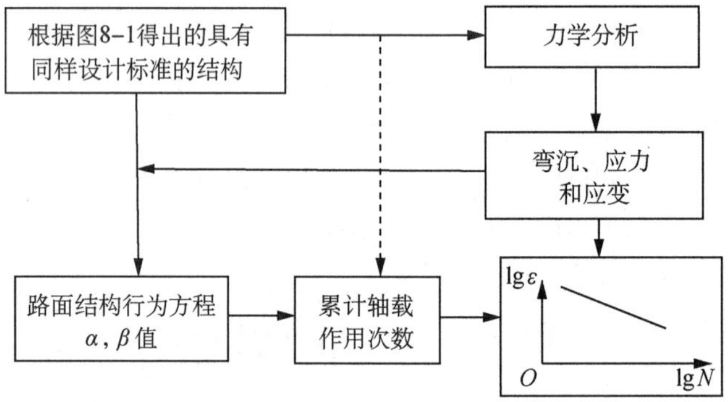


**图 8-2 桥渡原理**

### 8.1.2 疲劳方程的建立与比较

按照图 8-2 所示的基本原理,从图 7-18—图 7-20 中选取若干路面结构作为上述桥渡法中的桥渡介质(上海地区环境条件),如表 8-1 所列,以建立路面结构的疲劳方程。

**表 8-1 用于建立疲劳方程的路面桥结构**

| 结构编号 | 沥青层厚度/cm | 基层厚度/cm | 垫层厚度/cm | 土基模量/MPa | *ESAL*/d |
|---|---|---|---|---|---|
| 1 | 15 | 27 | 30 | 15 | 1 200 |
| 2 | 17 | 29 | 30 | 15 | 1 600 |
| 3 | 18.5 | 30 | 30 | 15 | 2 000 |
| 4 | 20 | 31 | 30 | 15 | 2 400 |
| 5 | 21.5 | 32 | 30 | 15 | 2 800 |
| 6 | 13.7 | 17 | 30 | 50 | 1 200 |
| 7 | 15.7 | 17.5 | 30 | 50 | 1 600 |
| 8 | 17.5 | 18 | 30 | 50 | 2 000 |
| 9 | 18.8 | 18 | 30 | 50 | 2 400 |
| 10 | 19.5 | 18.5 | 30 | 50 | 2 800 |
| 11 | 13 | 15 | 30 | 80 | 1 200 |
| 12 | 15 | 16 | 30 | 80 | 1 600 |
| 13 | 16.5 | 16 | 30 | 80 | 2 000 |
| 14 | 18 | 16.5 | 30 | 80 | 2 400 |
| 15 | 19 | 17 | 30 | 80 | 2 800 |

对表 8-1 中所示的路面结构进行力学计算，建立疲劳方程，路面现场疲劳关系如图 8-3 所示。

采用这种以路面结构为中介的桥渡原理，可以建立不同设计（损坏）标准（低标准、中标准和高标准）条件下的路面疲劳关系，采用回归分析方法可求得疲劳方程，如表 8-2 所列。

为了与国外有代表性的结果进行比较，将表 8-2 的结果与 Shell、AI 等典型结果绘制在一张图上，如图 8-4 所示。

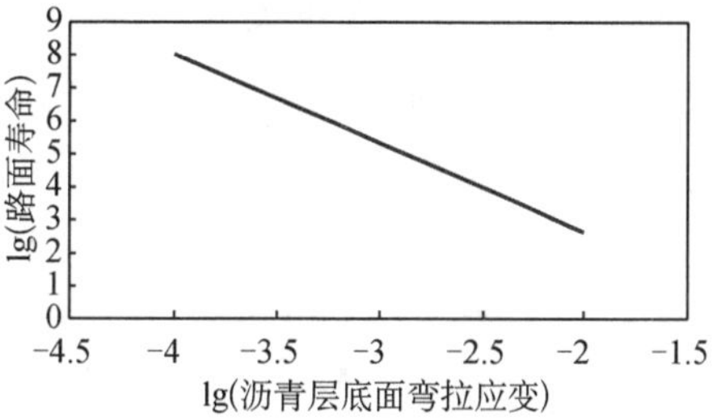


**图 8-3　路面现场疲劳关系**

**表 8-2　　不同设计标准下的路面疲劳方程**

| 设计标准 | 低标准（$PCI_t=60$） | 中标准（$PCI_t=65$） | 高标准（$PCI_t=70$） |
|---|---|---|---|
| 沥青层底面弯拉应变 | $\varepsilon_r=0.0957N^{-0.371}$ | $\varepsilon_r=0.071N^{-0.365}$ | $\varepsilon_r=0.0478N^{-0.357}$ |
| 路基顶面压应变 | $\varepsilon_z=0.0284N^{-0.268}$ | $\varepsilon_z=0.0098N^{-0.228}$ | $\varepsilon_z=0.0063N^{-0.211}$ |

图 8-4 的结果表明，我国路面表现出来的疲劳特性与国外路面有很好的一致性，甚至基本重合。结果的相符程度令人惊讶，也十分耐人寻味。我们一直强调我国特色以及与国外的差异，但这里采用完全不同的方法、由不同的人在不同年代导出的针对不同路面的疲劳方程却表现出了如此高度的相符性，其相符程度堪比同一种材料两次室内平行试验的结果。这似乎可以说明这里导出的疲劳方程和国外代表性的疲劳方程都是正确的，同时也说明我们所建立的结构行为方程是可靠的[2]。

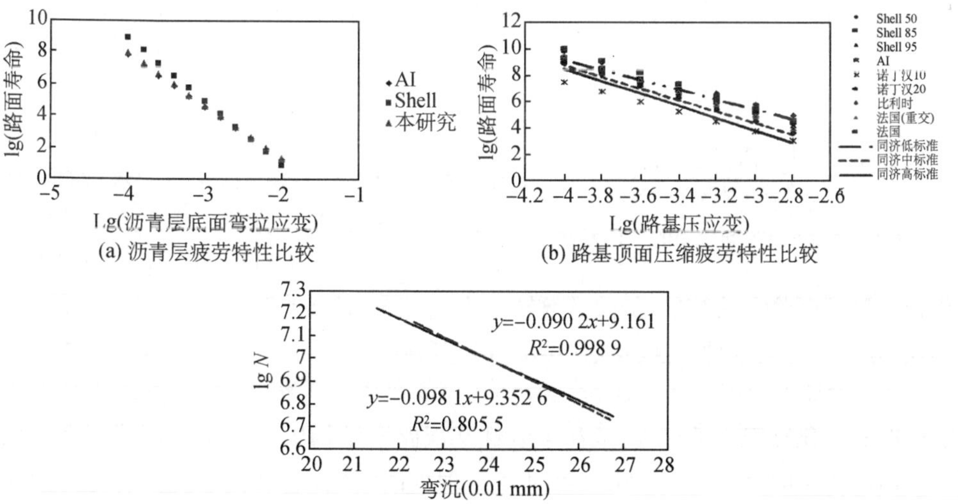


(a) 沥青层疲劳特性比较　(b) 路基顶面压缩疲劳特性比较

(c) 与1997年版设计规范方程比较

**图 8-4　国内外现场疲劳特性比较**

这个结果的一致性不仅表明了两个结果的正确性，还可以理解为同一个客体两个不同侧面的性能——使用性能和力学(疲劳)性能——本应具有的内在一致性。事实上，这里作为“桥渡介质”的路面结构原本就来自结构行为方程，这个“桥”一端连接着结构行为方程，另一端连接着结构疲劳方程，而这个结构疲劳方程又与国外代表性的结构疲劳方程一致，体现了科学理论内禀自洽的特征。这个特征表明，我们可以采用桥渡法方便地完成从结构行为方程向结构疲劳方程的变换。

这个变换至关重要。由于这种变换保持了结构行为方程自身的规律，所以作为变换结果的疲劳方程(具体指应变值)也可以作为一个“桥渡介质”，将结构设计与材料设计连接在一起，实现结构设计与材料设计的统一，详见本书 8.3 节和 8.4 节。

顺便指出，此处采用应变的绝对数值作为桥渡(介质)变量并不是最好的选择，而本书 9.2.2 节中采用的无量纲变量可能是更好的选择。因为采用基于无量纲相对值的桥渡原理，既可以准确反映车辙产生的机理，又能消除计算的系统误差，回避路面材料的“粒子”效应对计算结果的干扰和可能存在的误差。

采用同样的方法，可以与我国曾经使用的弯沉表达的疲劳关系进行比较，如图8-4(c)所示。

由图 8-4(c)可见，按本书的结构行为方程所推导的路面初始弯沉与疲劳寿命的关系曲线和我国路面设计规范中的设计弯沉与累计标准轴载作用次数的关系曲线非常接近，这从另外一个角度说明了本书的路面结构行为方程具有广泛的适应性。

不管在理论上还是在工程应用上，这种一致性都具有重大的意义。这说明路面结构行为方程能够覆盖目前的路面结构疲劳方程。

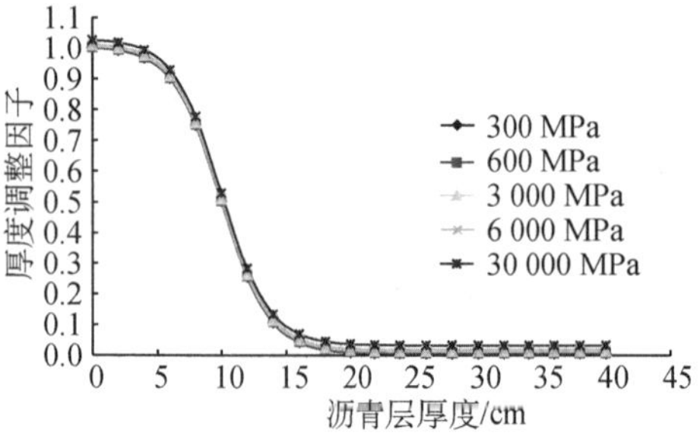


**图 8-5　应力控制、应变控制之间的内插系数**

在美国 ME 设计方法中，其疲劳方程是根据室内应力控制、应变控制所得的疲劳试验结果内插而得的，内插方法如图 8-5 所示。

该方法采用 Monismith 早期的疲劳研究结果，即认为当路面结构中沥青层的厚度较薄(≤5 cm)时，其疲劳寿命符合应变控制的试验结果；当沥青层厚度>20 cm 时，其疲劳寿命符合应力控制的试验结果。对于介于二者之间的厚度，采用图 8-5 所示的方法进行内插。这种做法得出的疲劳方程依然只是试验室的结果，仍然需要转换为现场的结构疲劳方程。

不仅如此，上述的这种内插方式还可能存在其他问题：

(1) 关于内插。采用图 8-5 所示的内插法可能带来的一个问题是，路面的疲劳寿命对沥青层厚度的变化过于不敏感，甚至在半刚性基层路面结构中可能出现疲劳寿命随沥青层厚度的增加而减小的反常现象。出现这种反常现象的原因在于内插的依据，即试验室应力控制和应变控制的试验结果，这个结果没有考虑结构的综合作用。一方面，由于应力控制的疲劳寿命小于应变控制的疲劳寿命，所以当结构中沥青层的厚度在 5～20 cm 之间且逐渐增大时，结构中沥青层底面的应变将减小，这将使其疲劳寿命增大；另一方面由于沥青层厚度增大后更接近 20 cm，即更接近应力控制的试验模式，这将使疲劳寿命变小。综合结果就是路面的寿命随沥青层厚度的变化在 5～20 cm 的厚度之间很不敏感，甚至出现反常现象。

(2) 关于应力控制、应变控制试验模式的假定。关于厚沥青层的疲劳符合应力控制试验模式的假定与目前的实践经验相悖。按照这个假定,在长寿命路面结构中,沥青底部结构层应选择在应力控制模式下寿命更长的混合料,即刚度较大的混合料,这与目前实践中采用软沥青的做法不一致。

上面这些问题值得我们进一步研究。而采用桥渡原理得出的路面结构疲劳方程则避开了这些问题。

### 8.1.3 基层类型的影响

对于不同类型基层的路面结构,我们分别提出了不同的设计标准。上面导出的沥青材料的现场疲劳方程反映了沥青材料在结构中的特性,它是否受路面基层类型的影响?换言之,沥青层底面的弯拉应变指标是否已经反映了基层力学性能的影响?

按照上面的方法,采用不同基层类型(碎砾石基层和半刚性基层)的路面结构,建立疲劳方程,结果如图 8-6 所示。

由图 8-6 可见,尽管不同设计标准的半刚性基层和碎砾石基层的疲劳关系有所差别,但相同标准下两类基层的疲劳关系非常接近。说明尽管路面结构不同,但只要沥青混合料层底的弯拉应变相同,其疲劳寿命就是相近的,甚至可以认为是相同的。这个结果也表明,沥青层底的弯拉应变也是一个较好的沥青路面结构的力学特征指标。

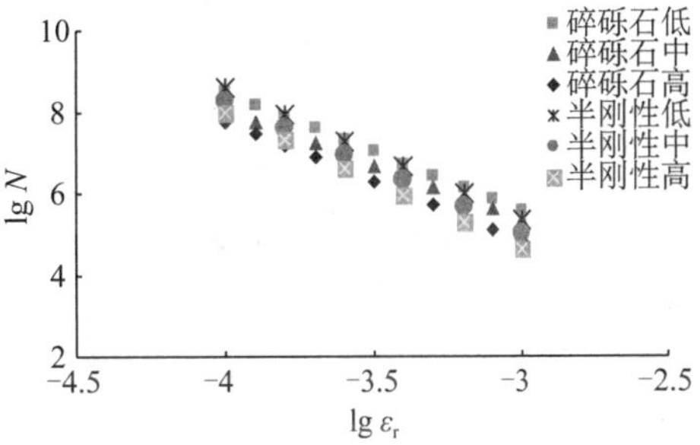


图 8-6 不同基层在低、中、高设计标准下疲劳方程的对比

### 8.1.4 路面分析理论的综合

路面结构行为方程是反映路面性能与各影响因素之间行为规律的方程,它与国外众多性能方程的主要区别在于它能把路面性能与路面结构组成直接关联起来。我们从路面结构行为方程出发,导出了路面现场疲劳方程,把它与国内外设计方法中采用的疲劳方程进行对比,进一步说明了结构行为分析法与国际现行的设计方法具有内在的一致性。可以说,各国使用的疲劳方程只是本书结构行为方程的特例,结构行为方程可以覆盖目前国际上主流的设计方程,它统一了目前使用的不同类型的设计方程和设计分析理论,实现了路面力学性能与使用性能的统一。

结构行为方程反映了路面的使用性能,结构行为方程中的弯沉、沥青层厚度和结构疲劳方程中的弯拉应变结合在一起反映了结构的力学性能,而疲劳方程能够更为准确地反映沥青材料在结构中的表现。所以,采用两个方程,即结构行为方程和结构疲劳方程,就可以全面描述路面的结构性能和演变机理。

实际上,国外众多的现场疲劳方程也不完全相同,有些甚至相差较大。根据本节的研究可以推论:除了离散性、误差等因素外,造成这种差异的主要原因是路面损坏的标准不同以及道路所处地区的气候状况不同。

同时,研究结果还表明,不管是我国的道路结构还是其他国家的道路结构,其内在的料学规律是一致的,实践中过多地强调不同国家的差别和我国的特色可能会影响我们对研究结果判断的客观性和科学性。

综上所述,路面结构行为方程反映了路面的使用性能,疲劳方程反映了路面的力学性能,而本书第 9 章的路面变形模型可以帮助我们掌握路面功能的变化。实际上,这也是路面使用性能的一部分。我们将这三个内禀自洽的方程看作一个方程组,它可以控制路面结构的性能,可以解释路面性能变化的主要机理,是路面分析设计理论的综合。这个综合使得沥青路面技术逐渐摆脱了经验的色彩,具备了科学的特征。可以说,路面分析由此从经验方法趋近科学理论。本节将这个方程组命名为沥青路面结构行为方程组,或路面性能主方程、主模型。

$$PCI = PCI_0 \cdot \left[1 - \exp\left(\frac{\alpha}{y}\right)^{\beta}\right] \tag{8-1(a)}$$

$$\varepsilon = a \cdot N^b \tag{8-1(b)}$$

$$RD = c(1 + L_{\mathrm{p}}) \sum_{i=1}^{n} T^{\xi} \left(\frac{N}{V^{\rho}}\right)^{\lambda\left(\frac{\tau_i}{[\tau]_i}\right)^{\eta}} \tag{8-1(c)}$$

考虑到桥渡原理的使用,式[8-1(b)]及疲劳方程是不独立的,并不是必需的。

更广泛地看,工程方法中存在着大量的针对某个具体问题而建立的回归方程式,在一个点上孤立地、就事论事地解释一个具体的现象,可以满足解决该具体问题的需要。每个环节都建立了自己的定量关系式,且彼此独立。实际应用时到了哪个环节,就采用哪个关系式,之间的不一致甚至矛盾便由各个环节技术标准的宽限或工程师的经验来调和,体现了浓厚的工程和经验色彩。这些关系式一般不严格、不唯一且精度不高,所依据的前提和参数也都不同,没有内在的一致性,要从一个关系式推演到另一个是十分困难的,甚至是不可能的。而桥渡原理给出了一种在这类关系式之间进行演绎的方法,能够帮助人们对这些孤立的关系式进行彼此间的推演和校准,形成内禀一致的系统性科学理论。从这个意义上来说,桥渡原理是工程理论研究中的一般原理。

## 8.2 材料、环境因素对疲劳特性的影响

### 8.2.1 技术路线

材料性能对路面性能有显著影响。本书 7.5 节中虽然给出了特定改性沥青的影响系数,但就沥青材料而言尚缺少一般性。国外采用的疲劳方程中仅仅考虑了沥青混合料劲度对疲劳寿命的影响,这并不能反映改性沥青的性能,也没有明确考虑环境因素的影响,因此具有很大的局限性。

在众多影响因素中,要分离出材料性能对路面使用性能的影响是比较困难的。因为影响路面使用性能的因素繁多且相互耦合,且材料性能的变异性又太大,所以采用传统方法难以解耦材料的影响。但在统一了路面分析理论之后,就有可能解决这个问题,刘黎萍[3]借助桥渡原理,采用一个类似递归的过程,其基本原理如图 8-7 所示。

在图 8-7 中,$\alpha$,$\beta$ 为路面的寿命因子和形状因子;$f_2$,$f_5$ 表示环境因素的影响、$f_3$,$f_6$

表示结构和荷载的影响，$\alpha = f_2(E) \times f_3(S, ESAL)$ 就是式(7-6)，$\beta = f_5(E) \times f_6(S, ESAL)$ 就是式(7-12)；$f_1$，$f_4$ 表示沥青混合料性能对路面性能的影响系数，即为式(7-28)中的 $K_{m\alpha}$ 和式(7-29)中的 $K_{m\beta}$。进行材料性能影响分析的基本原理是：

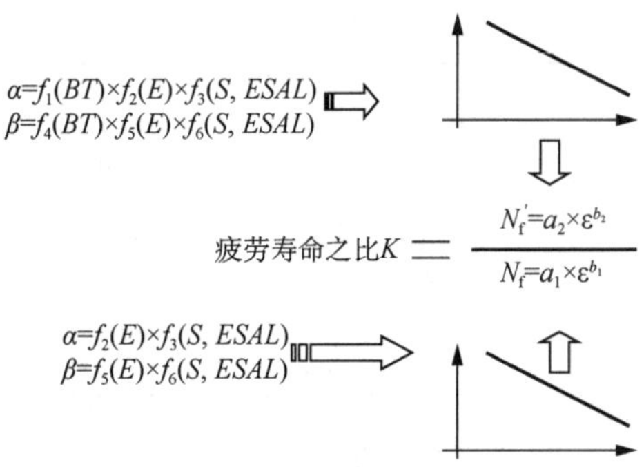

图 8-7 解析材料性能影响的技术路线

(1) 对于常规的沥青混合料，根据式(6-46)、式(6-50)和本书 8.1 节中的桥渡原理，建立路面结构疲劳方程 $N_f = a_1 \cdot \varepsilon^{b_1}$。

(2) 对于不同性质的沥青混合料，假定不同的 $f_1$，$f_4$ 数值，采用桥渡原理建立结构疲劳方程 $N'_f = a_2 \times \varepsilon^{b_2}$。

(3) 令 $K = \dfrac{N'_f}{N_f}$ 表示结构疲劳寿命之比。$K$ 可以理解为不同沥青混合料现场疲劳寿命之比，并假定该比值与混合料室内疲劳寿命之比相等。当应变大小相等时，假定混合料室内疲劳寿命之比与混合料现场疲劳寿命(结构疲劳寿命)之比相等是一个可以接受的、合理的假设。显然，这个 $K$ 值是无量纲变量。

(4) 建立 $K$ 与 $f_1$，$f_4$ 的相关关系。

据此，根据混合料室内疲劳寿命之比，就可以推算其对路面使用性能的影响。

### 8.2.2 材料性能影响系数

假定不同的 $f_1$，$f_4$ 数值，可以得到不同的 $K$ 值。表 8-3 是通过大量计算和回归得到的材料影响系数 $f_1$，$f_4$ 与沥青混合料疲劳寿命比 $K$ 的关系表(应变取 200 $\mu\varepsilon$)。可以看出，随着 $f_1$ 的不同，$K$ 值有明显的变化；当 $f_1$ 不变时，$K$ 值受 $f_4$ 的影响却微乎其微，故可以忽略不计。这与结构行为方程中的参数 $\alpha$ 和 $\beta$ 的物理含义有关，$\alpha$ 反映的是路面寿命，$\beta$ 反映的是衰变模式。所以，材料系数 $K_{m\alpha}$ 对寿命的敏感程度比 $K_{m\beta}$ 大得多。对于改性沥青混合料而言，可以统一取 $f_4 = 1.1$。

表 8-3 改性沥青影响系数与沥青混合料疲劳寿命比的关系

| $f_1$ \ $f_4$ | | $f_4$ | | | | |
|---|---|---|---|---|---|---|
| | | 1.1 | 1.2 | 1.3 | 1.4 | 1.5 |
| $f_1$ | 1.1 | 1.690 | 1.676 | 1.665 | 1.656 | 1.648 |
| | 1.2 | 1.907 | 1.892 | 1.880 | 1.870 | 1.861 |
| | 1.3 | 2.140 | 2.123 | 2.108 | 2.095 | 2.084 |
| | 1.4 | 2.387 | 2.367 | 2.350 | 2.336 | 2.325 |
| | 1.5 | 2.648 | 2.627 | 2.608 | 2.589 | 2.577 |
| | 1.6 | 2.927 | 2.903 | 2.880 | 2.862 | 2.847 |
| | 1.7 | 3.226 | 3.195 | 3.171 | 3.151 | 3.133 |

（续表）

| $f_1$ \ $f_4$ | | $f_4$ | | | | |
|---|---|---|---|---|---|---|
| | | 1.1 | 1.2 | 1.3 | 1.4 | 1.5 |
| $f_1$ | 1.8 | 3.542 | 3.507 | 3.482 | 3.458 | 3.435 |
| | 1.9 | 3.876 | 3.840 | 3.808 | 3.783 | 3.758 |
| | 2.0 | 4.233 | 4.190 | 4.156 | 4.126 | 4.100 |

图 8-8 是根据表 8-3 数据绘制的材料影响系数与沥青混合料疲劳寿命比的关系曲线。

为了应用方便，将 $K_{m\beta}$（即 $f_4$）统一取为 1（对于普通沥青混合料）和 1.1（对于改性沥青混合料）。这样，疲劳寿命比与材料系数的关系就表现为 $K$ 与 $K_{m\alpha}$ 之间的关系，如图 8-9 所示。

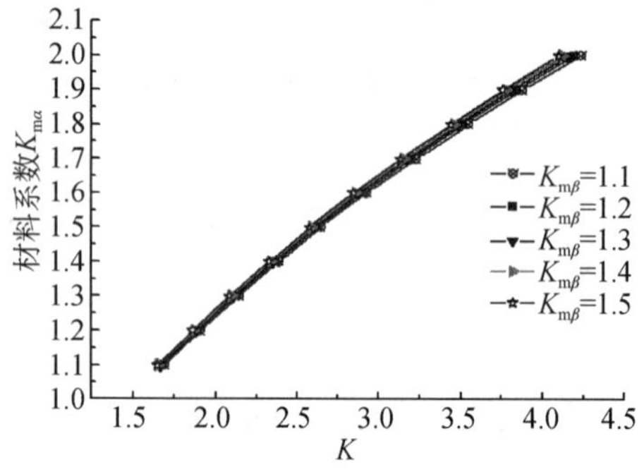


**图 8-8　材料系数 $K_{m\alpha}$ 与沥青混合料疲劳寿命比 $K$ 的关系**

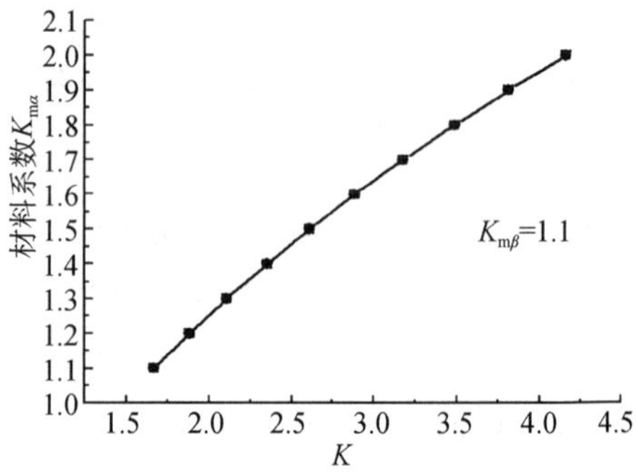


**图 8-9　疲劳寿命比 $K$ 与材料系数 $K_{m\alpha}$ 的关系**

图 8-9 可以写成式(8-2)：

$$K_{m\alpha}=0.7907K^{0.6501} \tag{8-2}$$

研究表明，改性沥青混合料和普通沥青混合料的室内疲劳寿命比一般在 2～4，取 $K=3$，此时 $K_{m\alpha}=1.6$。对比表 7-15 来自实际观测的结果，说明本研究推导得出的结果与这有限的观测结果是吻合的。

根据 $K$ 值的大小，可以将该沥青混合料的疲劳方程写成如下形式，即式(8-3)：

$$N'_{f}=K\times N_{f}=K\times a_{1}\varepsilon_{1}^{b_{1}} \tag{8-3}$$

式中，$N_{f}=a_{1}\varepsilon_{1}^{b_{1}}$ 为常用普通沥青混合料路面的现场疲劳方程。

这里得出的结果，即式(8-2)和式(8-3)是非常有意义的。长期以来，沥青混合料的疲劳试验结果在路面结构设计中无法得到应用，使材料研究与结构设计长期处于相互独立的“双轨”状态，究其根本原因是结构设计方程中无法考虑材料性能的影响，这是一个很大的结构性缺陷。借助本小节的结果，我们能够分析材料性能对路面性能的影响，从而可以实现材料研究与结构研究、材料设计与结构设计的“并轨”，实现路面结构-材料的一体化设计。

### 8.2.3　环境因素的影响

在路面结构行为方程中，已经考虑了环境因素对路面使用性能的影响。但在路面疲劳方程中，环境因素的影响没有得到很好的考虑。在国外的主流设计方法中，环境因素这块对温度的考虑比较具体，而对湿度的考虑则非常薄弱，一般仅考虑了湿度造成的路面力学参数的变化，并由此推及对路面响应的影响；ME 设计指南也是如此。实际上，湿度的影响远不止于此，它对路面性能的影响更为直接和显著。

采用与上面类似的过程，可以根据结构行为方程中环境的影响，推导出环境对疲劳方程的影响，以此作为对目前路面结构疲劳方程的补充。

假定北京地区的环境系数为 1，以按照北京地区环境条件导出的疲劳方程为基准，推算环境因素变化而造成的疲劳寿命的变化（疲劳寿命与基准疲劳寿命的比值），即：

$$N_f = f(T, W) \times (a\varepsilon^b) \tag{8-4}$$

式中 $f(T, W)$ ——环境影响函数；

$a\varepsilon^b$ ——基准地区的路面疲劳方程。

$f(T, W)$ 的计算结果如表 8-4 所列。

**表 8-4 影响疲劳寿命的环境影响系数的计算结果**

| T/℃ \ W | 0.1 | 0.4 | 0.7 | 1.0 | 1.3 | 1.6 | 1.9 | 2.2 | 2.5 |
|---|---|---|---|---|---|---|---|---|---|
| 1 | 0.671 | 0.457 | 0.487 | 0.374 | 0.272 | 0.202 | 0.143 | 0.119 | 0.086 |
| 4 | 0.702 | 0.629 | 0.503 | 0.371 | 0.271 | 0.212 | 0.172 | 0.128 | 0.095 |
| 7 | 0.978 | 0.688 | 0.555 | 0.395 | 0.321 | 0.239 | 0.182 | 0.144 | 0.110 |
| 10 | 1.569 | 0.919 | 0.757 | 0.472 | 0.344 | 0.281 | 0.193 | 0.155 | 0.129 |
| 13 | 1.234 | 1.546 | 0.731 | 0.507 | 0.395 | 0.325 | 0.231 | 0.179 | 0.134 |
| 16 | 2.505 | 1.656 | 0.766 | 0.564 | 0.499 | 0.343 | 0.260 | 0.192 | 0.158 |
| 19 | 4.100 | 1.604 | 1.133 | 0.717 | 0.535 | 0.393 | 0.284 | 0.221 | 0.167 |
| 22 | 3.763 | 3.721 | 1.179 | 0.894 | 0.810 | 0.465 | 0.337 | 0.247 | 0.187 |
| 25 | 6.824 | 2.537 | 1.300 | 1.119 | 0.832 | 0.541 | 0.391 | 0.265 | 0.213 |

为了直观起见，把表 8-4 的结果表示在图上，如图 8-10 所示。

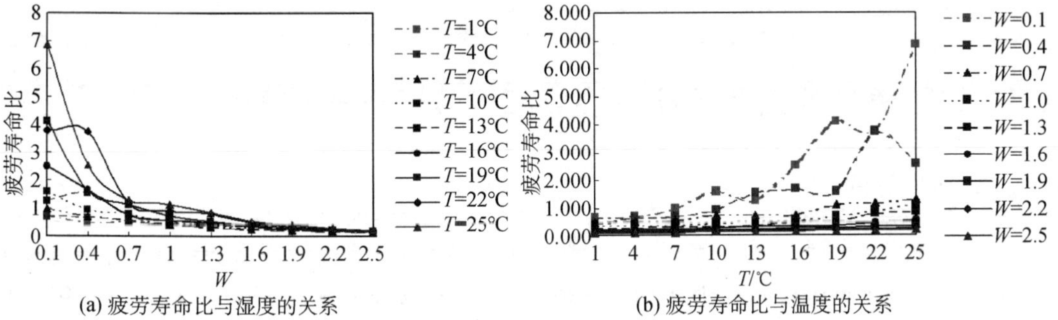


(a) 疲劳寿命比与湿度的关系　　(b) 疲劳寿命比与温度的关系

**图 8-10 疲劳寿命比与温度和湿度的关系**

由图 8-10(a)可以看出，当温度相同时，随着湿度的增加，疲劳寿命比是呈下降趋势的，而且潮湿系数在 0.1～2.5 范围内变化，幅度也较大(尤其在温度较高时)。当湿度较小时，温度对疲劳寿命比的影响较大，但随着湿度增加，温度的影响越来越小。

由图 8-10(b)可以看出，当湿度相同时，随着温度的增加，其疲劳寿命比基本呈上升趋势(有起伏)，而且年均温度在 1～25 ℃范围内变化，幅度也较大(尤其在湿度较低时)。当温度较低时，湿度对疲劳寿命比值的影响较小，但随着温度上升，湿度的影响越来越大。

由此，我们可以得出这样的结论：环境因素(尤其是湿度)对路面疲劳寿命的影响是显著的。这也可以解释为什么同样的结构在不同地区表现的行为不一样，在同等荷载条件下，相对干燥的地区比潮湿多雨地区的路面性能要好，疲劳寿命要长。

为了更直观地表示环境系数和疲劳寿命比的关系，将温度和湿度换算为环境系数，并绘出疲劳寿命比与环境系数的关系，如图 8-11 所示。由图 8-11 可以看出，环境系数与疲劳寿命比的相关性较好。通过回归，可得：

$$f_7(T, W) = 0.0032e^{5.4949K_{\tau\alpha}} = 0.0032e^{5.4949\times(0.2868-0.0493W)\times(3.529+0.0393T)} \tag{8-5}$$

按照类似的方法，可以建立 $f_8$ 与环境系数的关系。

最终可写为

$$N_f = f_7(T, W) \times (a\varepsilon_t^b) \tag{8-6}$$

$$N_f = f_8(T, W) \times (a\varepsilon_z^b) \tag{8-7}$$

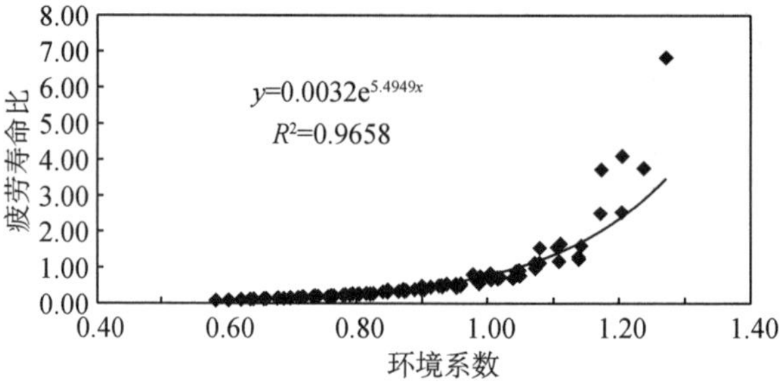


**图 8-11　疲劳寿命比与环境系数的关系**

有了这个结果，就可以在进行路面疲劳分析时考虑环境因素的影响，使路面设计时的力学经验法更为完善。

## 8.3　试验室材料疲劳寿命与现场结构疲劳寿命的关系

### 8.3.1　技术路线

考虑材料性能的另一个方案是直接建立材料疲劳性能(室内疲劳试验结果)与结构疲劳性能(现场疲劳性能)的关系。长期以来，人们无法确知这种关系，更何况这种关系在很大程度上受环境因素的影响。

实际上，除了上述因素外，试验室疲劳寿命与现场疲劳寿命的差异还与疲劳试验的方法有关。Shell[4]的研究认为，考虑到实际道路上荷载间歇和混合料裂缝的愈合作用，室内试验得到的疲劳寿命必须乘以 2～10 的倍数。而倍数的取值与混合料的类型有关，开级配、低沥青用量取低限，密级配、高沥青用量取高限。考虑到轮迹横向分布系数的影响，室内疲劳寿命必须乘以修正系数 2.5。由于沥青层内温度变化的差异，还必须乘以 1～3 的修正系数。综合这些因素，室内疲劳寿命的修正系数为 10～20。Shell 的疲劳方程中已经考虑了修正系数，取为 10。

诺丁汉大学的研究认为[5]，临界状态时的路面疲劳寿命为试验室试验结果的 77 倍，破坏状态时的路面疲劳寿命为试验室试验结果的 440 倍，其中包括间歇期差异 20 倍、裂缝扩展 3.5 倍(临界状态)或 20 倍(破坏状态)和轮迹横向分布 1.1 倍。

澳大利亚的路面设计指南采用了 Shell 的疲劳预估模型。在近年的修订过程中发现，道路上实际观测到的沥青路面疲劳寿命一般均比预估寿命长，因而综合修正系数达到 50～100[6]。

由上述分析可知，目前室内、现场疲劳寿命的关系是经验性的，且不准确。因此建立并确定这种关系的定量的系统化方法无疑十分必要。借助桥渡原理，可以采用如图 8-12 所示的技术路线。

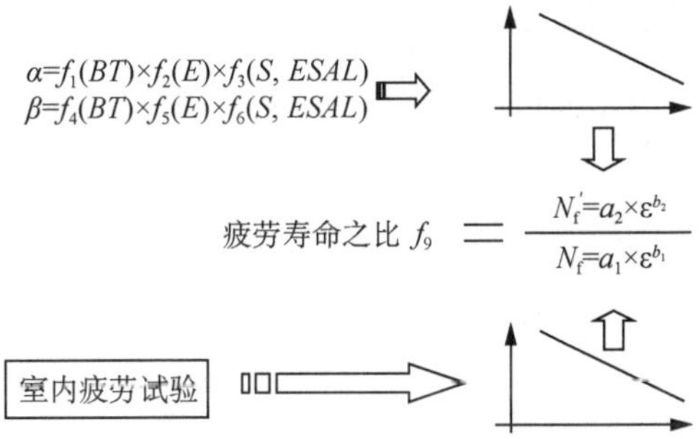


**图 8-12　室内外疲劳寿命差异分析的技术路线**

## 8.3.2　室内疲劳方程

在路面使用特性各单项指标的研究中，对于疲劳的研究是历时最久的。早在 1942 年，美国加州工程师 O.J. Porter 就意识到了荷载作用下的路面疲劳现象。1955 年，加州另一工程师 Hveem 发表了有关路面疲劳的论文，从而引发了研究者们对于路面疲劳长期而大量的研究。20 世纪 70 年代初，关于疲劳特性的认识已经比较明确了。1971 年 C.L. Monismith、1973 年 P. S. Pell 都提出了沥青混合料的经典疲劳规律，即疲劳寿命与其所承受的应变(应力)在双对数坐标系中呈直线关系；1985 年，C. L. Monismith 又在方程中引入了劲度参数，使混合料的疲劳方程更加完善。这一结果被 Shell、AI 以及 ME 方法所采用。

与大家对疲劳规律的认识较为不同的是，疲劳试验结果的差异是非常大的。造成很大差异的原因，一方面是混合料自身的变异性很大；另一方面，不同的试验方法，甚至同一试验方法使用不同的试验仪器都会导致疲劳试验结果相差很大，而不同的加载频率、不同的荷载波形也会有很大的影响。常用的疲劳试验方法包括 3 点或 4 点等截面弯曲梁试验、梯形悬臂梁试验、弹性基础梁试验、间接拉伸试验等。经过 SHRP 计划的研究和评价，目前比较倾向于采用 4 点等截面弯曲梁应变控制试验方法。

实际上，这里所说的室内疲劳方程应该是指相应于路面结构行为方程的那些路面所采用的混合料的室内疲劳方程。由于设备的限制，国内关于疲劳的研究相对较晚也较少。1993—1994 年，笔者在美国伯克利加州大学从事访问研究时，开展了部分有关疲劳的研究工作，表 8-5 是当时的部分试验结果，所用材料的级配如表 8-6 所列[7]。

**表 8-5　疲劳试验结果**

| 试件编号 | 空隙率 | 平均微应变 | 劲度 $(N_f50)$/psi | 相位角 $(N_f50)$/(°) | 疲劳寿命 | 能耗 $(N_f50)$ | 累计能耗/psi | 温度/℃ |
|---|---|---|---|---|---|---|---|---|
| V40w1-1b | 6.1% | 299 | 1 695 952 | 26.9 | 17 969 | 0.04986 | 792.0 | 20 |
| V40w1-1c | 6.0% | 146 | 1 509 071 | 19.8 | 195 256 | 0.00883 | 1 780.9 | |
| V40w1-1d | 5.6% | 298 | 1 429 125 | 20.0 | 14 509 | 0.03444 | 420.2 | |
| V40w1-1e | 5.7% | 147 | 1 610 710 | 21.7 | 170 587 | 0.00960 | 1 667.1 | |
| V40w1-1f | 5.6% | 148 | 1 595 536 | 20.8 | 159 942 | 0.00970 | 1 513.5 | |
| V40w1-1g | 6.1% | 296 | 1 375 020 | 21.2 | 13 542 | 0.03359 | 390.5 | |
| V45w2-1b | 7.3% | 148 | 1 137 126 | 23.7 | 124 999 | 0.00700 | 771.4 | 22 |
| V45w2-1c | 7.0% | 146 | 999 286 | 23.8 | 171 041 | 0.00701 | 998.5 | |
| V45w2-1d | 6.9% | 296 | 1 058 325 | 23.6 | 17 257 | 0.02895 | 428.9 | |
| V45w2-1e | 7.5% | 295 | 978 718 | 25.4 | 24 835 | 0.02738 | 555.2 | |
| V45w2-1f | 7.6% | 146 | 911 853 | 24.7 | 209 163 | 0.00663 | 1 083.4 | |
| V45w2-1g | 7.7% | 294 | 869 724 | 26.0 | 8 173 | 0.02611 | 171.0 | |
| V50w1-1a | 3.8% | 295 | 1 478 240 | 24.4 | 34 995 | 0.03970 | 1 196.1 | 20 |
| V50w1-1b | 3.0% | 296 | 1 512 222 | 20.0 | 37 681 | 0.03579 | 1 171.7 | |
| V50w1-1c | 3.5% | 297 | 1 569 086 | 26.6 | 34 970 | 0.04983 | 1 223.8 | |
| V50w1-1d | 3.4% | 148 | 1 573 947 | 29.9 | 152 164 | 0.01328 | 1 850.7 | |
| V50w1-1e | 3.7% | 148 | 1 719 375 | 22.1 | 440 055 | 0.01128 | 4 214.7 | |
| V50w1-1g | 3.8% | 147 | 1673 653 | 20.1 | 469 683 | 0.00950 | 4 553.4 | |
| V50w1-1f | 6.4% | 300 | 793 150 | 27.05 | 1 579 | 0.02552 | 26.2 | 22 |
| V50w2-1a | 6.8% | 297 | 1 033 419 | 24.7 | 25 018 | 0.03292 | 615.5 | |
| V50w2-1b | 6.1% | 146 | 1 213 770 | 23.4 | 124 214 | 0.00861 | 846.3 | |
| V50w2-1c | 6.8% | 148 | 1 143 163 | 24.5 | 249 096 | 0.00935 | 1 690.0 | |
| V50w2-1e | 6.5% | 296 | 993 383 | 26.0 | 24 496 | 0.03028 | 576.5 | |
| V50w2-1f | 6.9% | 147 | 1 006 638 | 26.9 | 466 947 | 0.00761 | 2 725.1 | |
| V50w2-2a | 9.3% | 296 | 616 245 | 29.8 | 9 999 | 0.02135 | 154.0 | 22 |
| V50w2-2c | 9.2% | 297 | 782 929 | 27.6 | 18 565 | 0.02512 | 355.3 | |
| V50w2-2d | 9.5% | 147 | 778 325 | 26.9 | 112 384 | 0.00593 | 528.2 | |
| V50w2-2e | 9.6% | 295 | 736 964 | 26.6 | 10 485 | 0.02162 | 190.0 | |
| V50w2-2f | 9.7% | 147 | 820 598 | 25.9 | 118 771 | 0.00606 | 566.8 | |
| V50w2-2g | 9.0% | 147 | 1 040 167 | 22.0 | 199 335 | 0.00697 | 1 085.4 | |

（续表）

| 试件编号 | 空隙率 | 平均微应变 | 劲度($N_f$50)/psi | 相位角($N_f$50)/(°) | 疲劳寿命 | 能耗($N_f$50) | 累计能耗/psi | 温度/℃ |
|---|---|---|---|---|---|---|---|---|
| V55w2a | 1.5% | 147 | 1 467 065 | 24.4 | 953 412 | 0.01051 | 8 038.5 | 22 |
| V55w2b | 1.7% | 298 | 1 234 954 | 27.8 | 56 310 | 0.03940 | 1 780.1 | |
| V55w2c | 1.6% | 296 | 1 136 863 | 29.4 | 83 132 | 0.03722 | 2 509.0 | |
| V55w2d | 1.4% | 298 | 1 202 656 | 29.6 | 92 166 | 0.04329 | 2 883.2 | |
| V55w2f | 1.6% | 147 | 1 333 546 | 26.9 | 924 998 | 0.00976 | 7 634.4 | |
| V55w2g | 1.6% | 148 | 1 217 689 | 28.8 | 1 845 372 | 0.00886 | 14 729.1 | |
| V55w-1a | 3.9% | 147 | 1 390 504 | 26.2 | 77 604 | 0.01097 | 1 623.5 | 20 |
| V55w-1b | 3.2% | 146 | 1 545 906 | 24.9 | 209 514 | 0.01108 | 2 049.3 | |
| V55w-1c | 3.7% | 295 | 1 382 808 | 26.2 | 30 505 | 0.04431 | 1 108.4 | |
| V55w-1d | 4.0% | 147 | 1 320 936 | 27.2 | 706 782 | 0.01011 | 6 885.4 | |
| V55w-1e | 4.0% | 296 | 1 330 699 | 23.8 | 41 571 | 0.03566 | 1 410.6 | |
| V55w-1f | 3.7% | | | | | | | |
| V55w3a | 6.2% | 147 | 775 828 | 30.6 | 256 897 | 0.00643 | 1 386.5 | 22 |
| V55w3b | 6.5% | 147 | 888 448 | 27.5 | 255 066 | 0.00692 | 1 450.7 | |
| V55w3c | 6.1% | 148 | 793 273 | 27.6 | 586 568 | 0.00687 | 2 968.4 | |
| V55w3d | 6.1% | 296 | 822 009 | 29.8 | 36 454 | 0.02763 | 775.0 | |
| V55w3e | 6.9% | 298 | 845 041 | 28.2 | 38 465 | 0.02855 | 825.4 | |
| V55w3f | 6.4% | 294 | 847 239 | 27.9 | 43 233 | 0.02709 | 916.7 | |
| V55w3g | 7.0% | 297 | 791 226 | 29.6 | 24 195 | 0.02725 | 487.8 | |
| V60w1a | 5.1% | 295 | 1 014 949 | 30.2 | 27 533 | 0.03578 | 671.2 | 20 |
| V60w1b | 6.1% | 146 | 933 941 | 34.2 | 158 776 | 0.00906 | 946.1 | |
| V60w1c | 7.2% | | | | | | | |
| V60w1d | 5.6% | 147 | 706 389 | 33.2 | 249 998 | 0.00665 | 1 250.3 | |
| V60w1e | 6.1% | 294 | 797 455 | 29.3 | 31 362 | 0.02715 | 663.8 | |
| V60w1f | 5.3% | 174 | 937 913 | 28.4 | 139 602 | 0.01161 | 1 204.1 | |
| V60w2-1a | 6.9% | 296 | 896 876 | 26.3 | 59 999 | 0.02878 | 1 304.7 | 21 |
| V60w2-1b | 6.9% | 146 | 1 131 446 | 22.3 | 274 999 | 0.00714 | 1 711.8 | |
| V60w2-1c | 6.5% | 295 | 870 073 | 28.1 | 60 598 | 0.02923 | 1 304.7 | |
| V60w2-1d | 6.0% | 146 | 872 829 | 27.5 | 817 866 | 0.00713 | 4 439.5 | |
| V60w2-1e | 6.1% | 295 | 1 020 585 | 24.8 | 46 305 | 0.03014 | 1 097.5 | |
| V60w2-1g | 6.0% | 146 | 880 380 | 27.4 | 752 707 | 0.00651 | 3 979.3 | |

表 8-6 试验所用材料的级配

| 筛孔尺寸 | 通过百分率 | 筛孔尺寸 | 通过百分率 |
|---|---|---|---|
| 1 in | 100% | No. 16 | 25% |
| 3/4 in | 95% | No. 30 | 17% |
| 1/2 in | 80% | No. 50 | 12% |
| 3/8 in | 68% | No. 100 | 8% |
| No. 4 | 48% | No. 200 | 5.5% |
| No. 8 | 35% | | |

注：1 in=25.4 mm。

从表 8-5 中，选择常用的空隙率范围(3%～6%)，建立沥青混合料疲劳方程，如式(8-8)所示。

$$N_f = 7.1829 \times 10^{-8} \times \varepsilon^{-3.2944} \tag{8-8}$$

### 8.3.3 室内外疲劳寿命比较

以北京地区的环境条件为基准建立的现场疲劳方程如式(8-9)所示：

$$N_{f现场} = (a\varepsilon^b) = 2.25 \times 10^{-7} \varepsilon^{-3.8828} \tag{8-9}$$

通过比较式(8-8)和式(8-9)，可以得出室内外疲劳寿命的差别。以 $\varepsilon = 150 \sim 300\ \mu\varepsilon$ 为例，按低标准设计，室内外的疲劳寿命修正系数 $f_9$ 为 556.66～370.22；若按中标准设计，则 $f_9$ 为 83.58～155.84；若按高标准设计，则 $f_9$ 为 62.15～85.07。当然，对于不同地区，该修正系数并不相同。这里给出的是室内外疲劳寿命的直接换算结果，而本书 8.2 节给出的是间接转换结果。

### 8.3.4 路面结构综合疲劳方程

至此，我们可以根据实验室得出的沥青混合料疲劳方程或疲劳寿命估计路面现场的疲劳方程或疲劳寿命，如式(8-10)所示。

$$\begin{aligned} N_{f现场} &= f_7(T, W) \times f_9 \times N'_f \\ &= f_7(T, W) \times f_9 \times K \times N_f \end{aligned} \tag{8-10}$$

式中 $N_{f现场}$ ——路面现场疲劳寿命或现场疲劳方程；

$N'_f$ ——特定沥青混合料的室内疲劳寿命或室内疲劳方程；

$N_f$ ——常规使用的普通沥青混合料的室内疲劳寿命或疲劳方程；

$f(T, W)$ ——环境系数；

$f_9$ ——室内外修正系数；

$K$ ——材料系数。

从路面结构行为方程出发，采用桥渡原理经过一系列推导，最终得到了式(8-10)。上述一系列过程不仅在路面的使用性能和力学性能之间架起了桥梁，明确了材料性能对路面使用性能的影响，完成了路面理论的大综合，而且为国外路面现场疲劳方程补充了新的因素，为根据材料的室内疲劳特性推求现场疲劳方程提供了新的途径。同时，也展示了桥渡原理作为一种新的路面研究原理起到的关键作用。

## 8.4 基于 SBE 的反分析和无损诊断

路面实践中曾遇到过这样一个问题，路面性能的衰变比正常路面快，甚至非常明显，这体现在实测的路面性能演变过程与路面结构行为方程(SBE)预测的结果不相符，却难以找出具体原因，故实践中常常会不假思索地将其归结为模型的适用性问题。

而路面结构行为方程表现出了很好的普适性和分析精度，这在多年的研究和实践中被一再证实。既然路面结构行为方程是一个高精度模型，那么能否像物理学定律一样，假定路面性能的演变一定符合这个模型，当衍化过程不符合这个模型的规律时，一定是有其他原因的。如果能找到这个原因，将会有助于深化对路面性能演化的认识。

借助桥渡原理，可以对损伤原因进行更深入的定量分析。

### 8.4.1 技术路线

针对不同的问题，相应的技术路线可能有所不同，图 8-13 只是一个案例，展示了解决该类问题的技术路线。

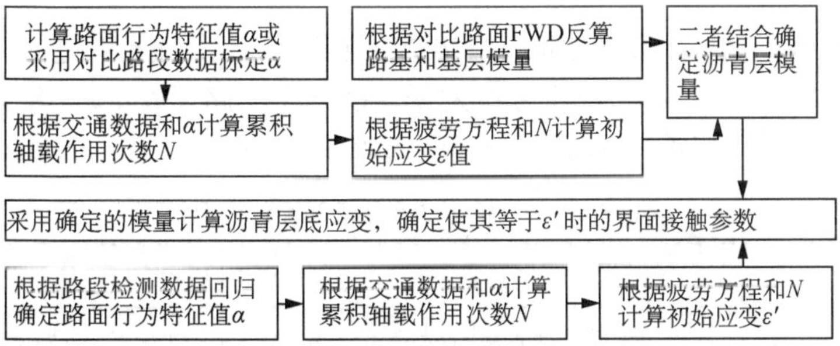


**图 8-13 界面连续性分析的技术路线**

图 8-13 所示的技术路线分为如下三个步骤。

步骤一：确定正常路面结构层的模量

对于需要分析的路面结构对象，可以计算出该路面的结构行为特征参数 $\alpha$，或者采用正常使用的路面段作为对比路段，根据对比段路面的损坏状况检测数据标定 SBE，确定结构行为特征参数 $\alpha$。

根据该分析对象路面的交通数据和确定的特征参数 $\alpha$，计算路面在 $\alpha$ 时间段中的累积荷载作用次数 $N_{\alpha}$。

根据桥渡原理建立适用于该路面的疲劳方程，或选定适用的疲劳方程。根据该疲劳方程和 $N_{\alpha}$，计算该路面沥青层底的拉应变 $\varepsilon$。

对于对比段的路面进行 FWD 检测，根据 FWD 检测结果和本书第 3 章的方法反演路面结构层的模量。这样反演得到的模量是现时模量。

假定路基和基层在使用过程中的模量基本稳定，根据计算所得的沥青层底面的拉应变 $\varepsilon$ 来确定沥青层的模量。

至此，确定了对比段路面结构层的模量参数。

步骤二：确定分析对象沥青层的应变值

对于对比段路面，根据路面损坏状况的检测数据回归得到路面结构行为特征参数 $\alpha'$。

根据该路面的交通数据和确定的特征参数 $\alpha'$，计算路面在 $\alpha'$ 时间段中的累积荷载作用次数 $N_{\alpha'}$。

采用与对比段路面相同的疲劳方程，根据 $N_{\alpha'}$ 计算该路面沥青层底面的拉应变 $\varepsilon'$。

步骤三：确定层间接触界面的连续性系数

根据确定的路面结构模量，假定不同的层间界面系数，计算沥青层底面的拉应变。当计算的拉应变等于 $\varepsilon'$ 时，相应的层间界面连续系数即作为路面实际的层间连续系数。

根据该系数的大小可以定量地分析、评估层间界面的连续状态及其对路面性能的影响。

### 8.4.2 分析示例

某公路路面损坏严重，几乎每年都会对其采取罩面、铣刨加罩等工程措施，该公路的使用寿命极短，且一直未能找到导致损坏的原因和有效的维修措施，不仅经济代价高昂，而且社会影响不良。故先采用上述方法对该路面进行分析诊断。

1. 分析过程

该公路里程很长，长期维修造成其结构类型十分复杂，这里仅以结构 1 和结构 2（即 K313＋800—K325＋200）为例，说明分析过程。该路段的路面在 2005 年进行过大修，在 2013 年又进行了中修。目前，该路段的路面结构如表 8-7 所列。

**表 8-7　K313＋800—K325＋200 路段路面结构现状**

| 序号 | 起止桩号 | 路面结构现状 |
|---|---|---|
| 1 | 313＋800/321＋000 | 1 cm 橡胶沥青碎石封层＋3 cm AC-10 型 SBS 改性沥青混凝土＋4 cm 中粒式沥青混凝土（AC-16I）＋20 cm 水泥混凝土路面 |
| 2 | 321＋ 000/325＋200 | 1 cm 橡胶沥青碎石封层＋3 cm AC-10 型 SBS 改性沥青混凝土＋4 cm 中粒式沥青混凝土（AC-16I）＋20 cm 水泥稳定砂砾＋20 cm 天然砂砾 |

根据路面结构行为方程和路段内交通量、沥青层厚度、环境参数、材料参数等数据，对该路段内各公里的历年 *PCI* 进行预测，并与实测 *PCI* 进行对比，具体结果如图 8-14 和图 8-15 所示。

对比图 8-14 和图 8-15 可以看出，在中修时间和措施、大修时间和措施以及交通量等环境因素均相同的情况下，存在着两种结果：一种是部分路面的历年 *PCI* 实测结果与预测结果较为一致，符合 SBE 正常衰变规律；另一种是部分路面的历年 *PCI* 实测结果与预测结果相差甚大，不符合 SBE 正常衰变规律，且中修后性能衰变得更快。为此需要分析具体原因。

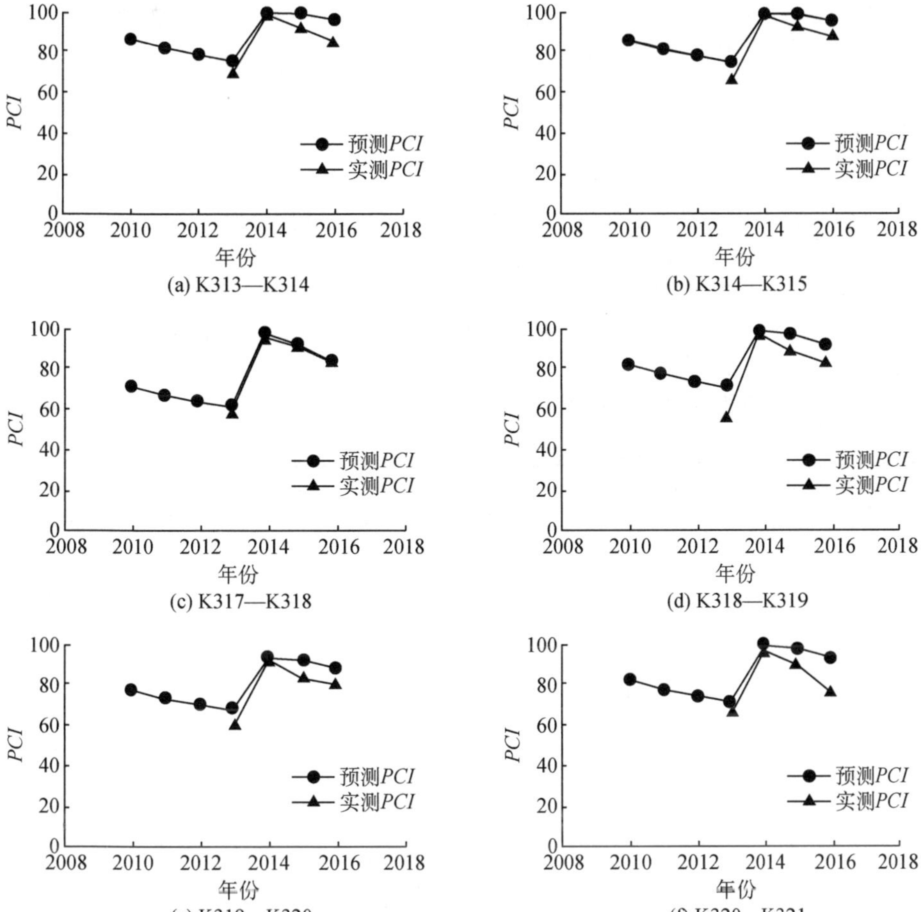


(a) K313—K314　(b) K314—K315

(c) K317—K318　(d) K318—K319

(e) K319—K320　(f) K320—K321

**图 8-14　历年 *PCI* 实测结果基本符合 SBE 正常衰变规律的情况**

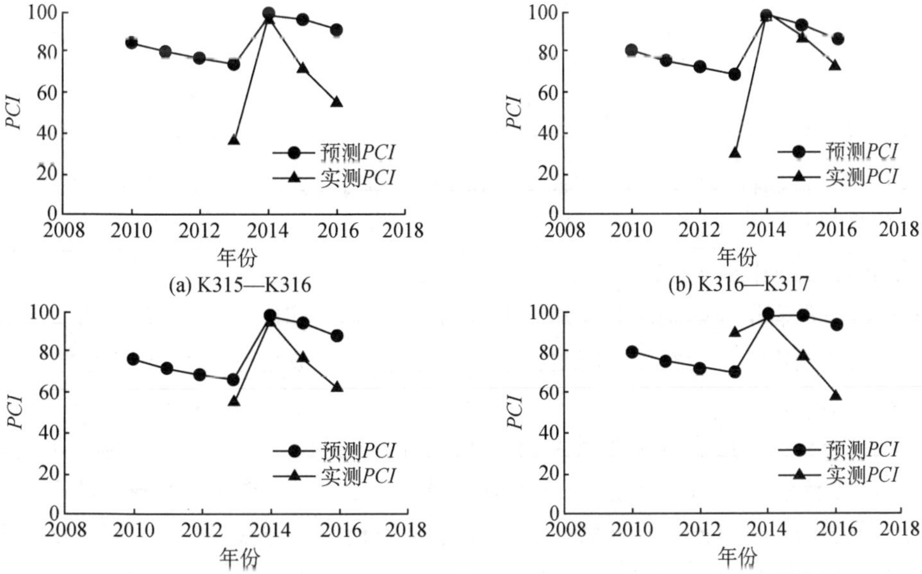


(a) K315—K316　(b) K316—K317

(c) K321—K322　(d) K322—K323

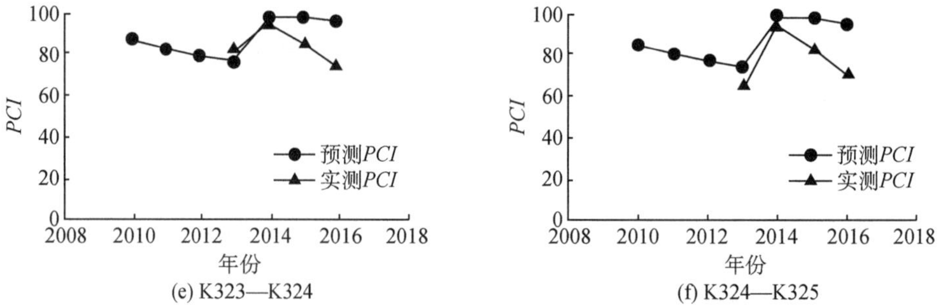


**图 8-15 历年 PCI 实测结果不符合 SBE 正常衰变规律的情况**

首先，对比各公里的弯沉，见表 8-8。

**表 8-8　　K313＋800—K325＋200 路段内各公里弯沉对比**

| 序号 | 桩号 | 弯沉/(0.01 mm) | PCI 衰变是否符合预测 |
|---|---|---|---|
| 1 | K313—K314 | 13.39 | 是 |
| 2 | K314—K315 | 16.67 | 是 |
| 3 | K315—K316 | 16.33 | 否 |
| 4 | K316—K317 | 29.52 | 否 |
| 5 | K317—K318 | 69.36 | 是 |
| 6 | K318—K319 | 25.53 | 是 |
| 7 | K319—K320 | 24.65 | 是 |
| 8 | K320—K321 | 25.86 | 是 |
| 9 | K321—K322 | 41.68 | 否 |
| 10 | K322—K323 | 30.94 | 否 |
| 11 | K323—K324 | 11.61 | 否 |
| 12 | K324—K325 | 14.85 | 否 |

从表 8-8 可以看出，虽然部分路面的弯沉较大，例如 K317—K318，但其 *PCI* 的衰变较慢；而部分路面的弯沉虽较小，例如 K323—K324，但其 *PCI* 的衰变反而较快。因此，弯沉大小并不是造成路面损伤的主要原因。

另外，考虑沥青层与基层之间的黏结失效问题。对于结构 1 和结构 2，利用 BISAR 软件进行力学计算，当沥青层与基层之间改变连续状态时，沥青层底拉应变从连续时的 $\varepsilon=24$ 增大到部分滑动时的 $\varepsilon=258$，变化较大。以 K315—K316 为例，当考虑沥青层与基层之间 75%连续状态时，沥青层底拉应变增大到 $\varepsilon=45$。而对于 K316—K317，当考虑沥青层与基层之间 90%连续状态时，沥青层底拉应变增大到 $\varepsilon=32$。根据路面结构行为方程和路段内交通量、沥青层厚度、环境参数、材料参数等数据，对这两公里路段的历年 *PCI* 进行预测，并与实测 *PCI* 进行对比，结果如图 8-16 所示。

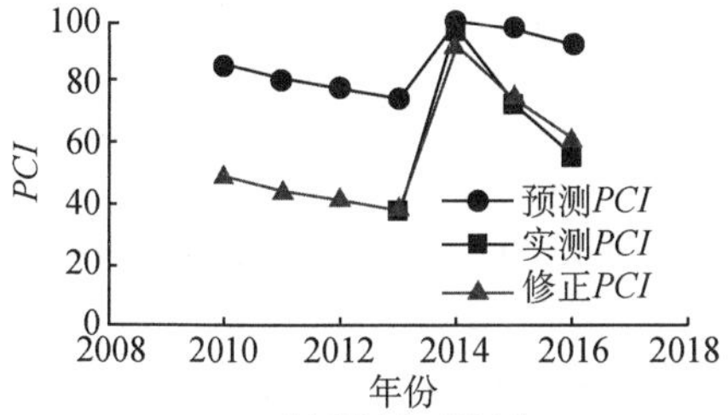

(a) K315—K316

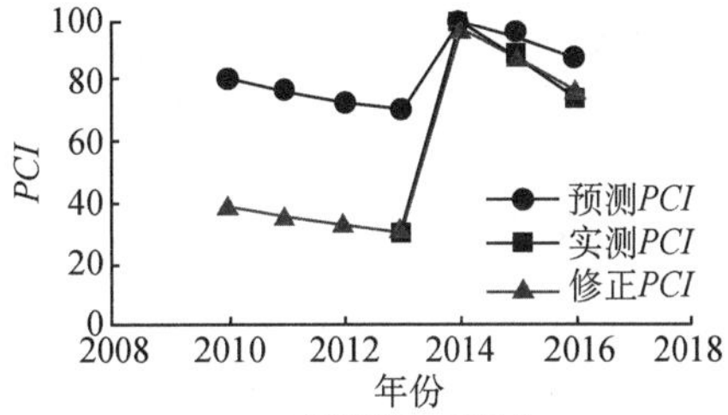

(b) K316—K317

**图 8-16 考虑层间黏结失效后 *PCI* 预测结果**

从图 8-16 中可以发现，首先考虑沥青层与基层之间黏结部分失效后，根据路面结构行为方程预测的 *PCI* 与历年实测的 *PCI* 较为一致。因此，可以说明，路面性能对层间黏结十分敏感。其次，在产生滑动的沥青层上罩面，并不能产生很好的效果，沥青路面性能仍然衰变得较快。

上述分析结果经现场取芯调查结果所证实。

2. 主要启示

以上案例给予我们的研究和实践一个很好的启示。在路面领域，通常人们在研究中所建立的模型大多没有进行过充分的检验，许多模型没有在实际工程实践中大量使用，可能对所建模型的精度也没信心。当实测数据与模型结果不符时，总是不假思索地认为是模型的问题。可能在大部分场合的确是这样的情况，但这个案例告诉我们，也许我们应该有另一种认识、做另一种假定，并通过深入分析找出真正的问题所在。桥渡原理为我们提供了开展这类研究工作的技术路线，不仅可以像这个示例一样和实际观测数据进行比较分析，还可以在多个既有模型之间推演，相互进行校准、求精和优化。

我们应该创新建模方式，尽可能地提高模型的精度和普适性。实际上，路面结构行为方程的建模过程超越了常规的拟合试验数据的建模方法，它是根据路面性能的衍化特点分析构思的模型，并用观测数据进行标定，我们曾将这种建模方法称之为“分析-标定”法。多年的实践不断检验着该模型的适用性。路面结构行为方程已经达到了较高的精度，我们可以尝试将其像物理定律一样使用，不仅能预测路面性能的衍化，还能根据理论预测和实际之间的差异，借助桥渡原理去寻找未知的影响因素。

这个结果也使我们重新认识了观测数据的变异性。根据在役路面观测数据进行建模通常是困难的，因为这样的数据变异性大，常常看不出变化规律。人们通常将这种变异性看成本就如此，是观测误差，抑或是由结构、材料、荷载、环境变化中难以察觉的因素造成的。上面的案例启示我们，除了观测误差、数据错误等随机因素以外，也许当我们将上述难以察觉的因素考虑在内时，真实情况就是如此，它们都将符合路面结构行为方程。这样，我们甚至可以认为路面性能的衍化就是遵守路面结构行为方程的。

不过，目前用于标定结构行为方程参数的路面都是 20 世纪 60—90 年代的路面，距今已很久远，如今的路面结构和所用材料都已发生了很大的变化。因此，如果能够积累足够多的高质量数据，并对结构行为方程的参数进行重新标定，其精度将会得到显著提高。

## 参考文献


[1] 孙立军.沥青路面结构行为学[M].上海:同济大学出版社,2013.

[2] 孙立军,刘黎萍,邵敏华,等.沥青路面的疲劳设计标准[M]//中国公路学会道路工程分会.2004年道路工程学术交流会论文集.北京:人民交通出版社,2004.

[3] 刘黎萍,孙立军.沥青路面结构行为方程中材料影响系数的确定方法[J].公路交通科技,2006,23(12):6-9.

[4] Shell International Petroleum Co. Ltd.. Shell pavement design manual:asphalt pavements and overlays for road traffic[S]. London:[s.n.], 1978.

[5] BROWN J F, BRUNTON J M, PELL P S. The development and implementation of analytical pavement design for British conditions[C]//Proceedings of 5th International Conference on Asphalt Pavements, Ann Arbor: ISAP, 1982.

[6] JAMESON G, SHARP K, POTTER D. New guidelines for the design of flexible pavements for Australia conditions [C]//Proceedings of 9th International Conference on Asphalt Pavements, Copenhangen: ISAP, 2002.

[7] SUN Lijun, HARVEY J, TSAI B, et al. Studies to effects of asphalt and air void content on fatigue life [R]. Berkeley, California, 1994.

# 9 路面变形行为

路面变形或车辙是路面的一类重要病害类型，会使沥青路面使用性能大大降低，严重影响路面的使用质量和服务寿命。具体表现为：雨天时路表排水不畅，车辆易发生漂滑而影响高速行车的安全，在寒冷地区辙槽会被冰雪所覆盖，致使路面抗滑能力下降；当车辙较深时，车辆变道难以控制；影响了路面的平整度，导致行车舒适性降低；轮迹带沥青层厚度减薄，降低了面层以及路面结构的整体强度，由此进一步引起裂缝、坑槽等其他路面破坏。

实际上，变形或车辙的预估和控制是路面中继疲劳之后的另一个关键，多年来人们已经对此开展了大量研究。1962 年，美国通过 AASHO[1]试验路研究认为，在基层提供足够支撑的前提下，车辙只局限于沥青层；车辙产生的主要原因不是压密变形而是剪切流动变形。20 世纪 70 年代，R. D. Barksdale[2]和 Romain 在第三届国际沥青路面设计会议上提出了车辙预估的层应变法，把沥青层的变形看成是若干个亚层变形的叠加，F. Finn 等[3]，AIM. Claessen 等[4]和 W. J. Kenis[5]也开展了大量研究。之后，路面车辙的研究重点逐渐转移到沥青面层上来，J. Uzan[6]，C. L. Monismith 等[7]，J. Eisenmann 和 A. Hilmer[8]基于多种试验研究发现车辙主要是由塑性流动变形引起的。

1989 年，R. B. Leahy[9]采用单轴蠕变试验对沥青混凝土的变形规律及影响因素进行了系统研究，并提出了永久变形预估方程。1991 年，C. L. Monismith 等[10]对影响车辙的因素进行了总结，并且评价了已有的车辙预估方法和车辙试验方法，认为层应变法夸大了轮载下方的永久应变；理论上非线性的车辙预估模型更接近路面的实际状态，但是由于黏弹性理论参数测试的复杂性，实际应用时并不一定比层应变法精确；合理的车辙预估方法应该考虑轮载边缘的剪应力。

1992 年，美国国家沥青技术研究中心（National Center of Asphalt Technology，NCAT）对美国 14 个州的 42 条主干道进行了调查，结果表明美国的厚沥青层路面（柔性基层）车辙主要发生在沥青面层，且大多集中在顶部 0～100 mm 的范围。[11] 1994 年，美国 SHRP 计划[12]在沥青结合料路用性能规范中提出采用动态剪切流变仪（Dynamic Shear Rheometer，DSR）对原样沥青及 RTFOT 后残留沥青试样分别进行两次动态剪切试验，以 $G^*/\sin\delta$ 作为评价沥青结合料高温性能指标的车辙因子。J. A. Epps 等[13]对美国 WesTrack 试验路进行了长期的观察研究，Harvey 采用三轴试验和恒高度简单剪切试验进一步讨论了车辙的产生机理及其影响因素。2004 年，美国把沥青混合料永久变形的发展过程分成了三个阶段[14]。

反观路面车辙的各种预估方法，对于影响车辙发展的因素的考虑不够完备，甚至遗漏了导致车辙的主要因素，对外界因素的考虑也比较简单。为了了解沥青路面的变形行为，鲁正兰[15]、苏凯[16]、周刚[17]、汤文[18]、刘黎萍等[19]和王翼[20]对此先后开展了系统研究，根据这些研究，本章主要阐述车辙深度演变模型的建立过程。

## 9.1 预估模型的基本结构

### 9.1.1 目前的车辙预估模型

多年来，人们建立了多种形式的车辙预估模型，国内外具有代表性的车辙预估模型如表9-1所列，可为构建新模型提供参考。

表 9-1 国内外代表性的车辙预估模型

| 研发者和时间 | 模型 | 参数说明 |
|---|---|---|
| Shell[21]，1972—1976 | $\Delta h = C_m \times Z_0 \times \sum_{i=1}^{n}\left(\frac{\sigma_{av}}{S_{mix,\eta}}\right)\times h_i$，$S_{mix,\eta} = \frac{3\eta}{N \cdot t}$ | $\Delta h$：车辙深度；$C_m$：修正系数；$Z_0$：构造因子；$\sigma_{av}$：第 $i$ 层内平均压应力；$S_{mix,\eta}$：第 $i$ 层沥青混合料劲度；$N$：累计荷载作用次数；$t$：荷载每次作用时间；$h_i$：第 $i$ 分层厚度 |
| S. Huschek[22]，1977 | $\Delta h = \int_0^t\int_0^h \frac{\sigma(z,t)}{\eta(t)}\mathrm{d}z\mathrm{d}t$ | $\sigma(z,t)$：面层深度为 $z$ 处的竖向压应力；$\eta(t)$：黏壶元件的黏度；$t$：加载时间 |
| J. Verstraeten 等[23]，1982 | $\varepsilon_p = A\frac{\sigma_1-\sigma_3}{E^*}\left(\frac{N}{1\,000f}\right)^{b_{AC}}$ | $\sigma_1$，$\sigma_3$：轴向应力；$E^*$：复合模量；$f$：荷载频率 |
| R. B. Leahy[9]，1989 | $\lg\frac{\varepsilon_p}{\varepsilon_r} = -0.505+0.25\lg N+0.11\lg\sigma_d+0.93\lg V_{beff}+0.501\lg V_a$ | $\varepsilon_p$，$\varepsilon_r$：塑性、弹性应变；$\sigma_d$：偏应力；$V_{beff}$，$V_a$：有效沥青体积比和空隙率 |
| 徐世发、朱照宏[24]，1990；许志鸿、林绣贤[25]，1992；林绣贤[26]，1989 | $RD = \sum_{1}^{n}\{W_{t1,i}-W_{t2,i}\}$ | $W_{t1,i}$：第 $i$ 级荷载加载时的总变形；$W_{t2,i}$：第 $i$ 级荷载卸载后的回弹变形 |
| SHRP[27,28]，1993、1994 | $\lg\varepsilon_p(N) = \lg\varepsilon_p(1)+S\lg N$ | $\varepsilon_p(N)$：累积应变；$S$：曲线斜率；$\varepsilon_p(1)$：一次荷载产生的永久应变 |
| 俞建荣，李一鸣[29]，1992 | $\Delta H = \frac{5.924N^{0.222}K^{0.592}\sigma^{(0.0282-1520N^{-1})}}{DS^{0.464}}$ | $K$：流动动力参数，是沥青混合料中剪应力和平均法向应力的函数；$N$：轴载作用次数；$DS$：动稳定度；$\sigma$：行车横向分布 |
| J. B. Sousa 等[30]，1994（WesTrack 方法） | $RD = \mu\gamma_{max}$，$\gamma_{max} = a\mathrm{e}^{b\tau}\gamma_e N^c$ | $RD$：车辙深度；$\gamma_{max}$：永久剪应变；$\gamma_e$：弹性剪应变；$\tau$：剪应力；$\mu$：系数 |
| H. Shami 等[31]，1997 | $[R/R_0] = [T/T_0]^{\alpha}[N/N_0]^{\beta}$ | $R$：预估车辙深度；$R_0$：$T_0$ 及 $N_0$ 条件下车辙深度 |
| K. E. Kaloush，M. W. Witczak[32]，2000 | $\varepsilon_p = \varepsilon_r K_Z\beta_{r1}10^{kr1}(T)^{kr2\beta r2}(N)^{kr3\beta r3}$ | $\varepsilon_p$：塑性应变；$\varepsilon_r$：弹性应变；$K_Z$：深度系数；$k_r$，$\beta_r$：常数；$T$：亚层温度；$N$：荷载次数 |

（续表）

| 研发者和时间 | 模型 | 参数说明 |
|---|---|---|
| A. R. Archilla[33]，2000 | $RD_{it}=\beta_{i10}+a_iN_{it}^{b_i}$ | $RD_{it}$：$t$ 时断面 $i$ 车辙深度；$\beta_{i10}$：断面 $i$ 竣工时车辙深度；$a_i$，$b_i$：路面特性函数；$N_{it}$：$t$ 时断面 $i$ 上累积交通量 |
| Witczak[14]，2004（ME 方法） | $\frac{\varepsilon_p}{\varepsilon_r}=\alpha\times(\beta_{r1}\times10^{-3.15552}\times N^{0.39937\beta_{r2}}\times T^{1.734\beta_{r3}})$ | $\varepsilon_p$：塑性应变；$\varepsilon_r$：弹性应变；$\beta_{r1}\sim\beta_{r3}$：系数；$N$：轴载作用次数；$T$：温度；$\alpha$：综合修正系数 |

以上模型有些只考虑了荷载作用次数的影响，更多的则是考虑了材料性能和荷载作用次数的影响；还有些采用了线弹性的参数和方法，而有些直接采用流变学的方法。这些模型一般没有考虑车辙产生的直接因素——剪应力的影响，因而也无法反映整个路面结构组成对车辙的影响；同时，以上模型也没有考虑行车速度，即荷载作用时间的影响。再加上车辙预估过程的复杂性，这些方法的预估效果和适用性都不是很好，因此难以作为设计模型来控制结构和材料设计。

### 9.1.2 预估模型的基本形式

上节中虽然给出了多种车辙预估方法，但近年来各位研究者所建立的模型大都采用分层变形叠加法。在具体模型方面，如 Shell 及 ME 等方法都是根据分层弹性压应变进行计算的，采用的计算式原理相同，具体如下：

$$PD=\sum\varepsilon_{pi}h_i=\sum k\varepsilon_{ri}T_i^xN^yh_i \tag{9-1}$$

式中 $\varepsilon_p$，$\varepsilon_r$ —— 各沥青亚层的塑性应变和弹性压应变；

$h$，$T$，$N$ —— 各沥青亚层的厚度、温度和累计荷载作用次数。

式(9-1)是根据压应力或压应变来估计车辙大小的。所以，按照式(9-1)得出的结论是车辙主要来自上面层，设计中主要应该加强上面层而不是中面层以抵抗车辙。前面的研究指出，车辙产生于剪切，而路面中的压应力、压应变分布与剪应力、剪应变分布有所不同，尤其是在沥青层中下部或层间接触不连续的情况下，如图 9-1 所示。所以，C. L. Monismith 和 J. B. Sousa 认为层应变方法夸大了轮载下方的永久应变，预测结果可能与实际观测结果不符。实际上这与层应变法无关，而是与方程中采用的力学指标有关。这种模型适用于预估压密型车辙，但无法很好地预估剪切型车辙，因此不利于指导路面和材料的设计。

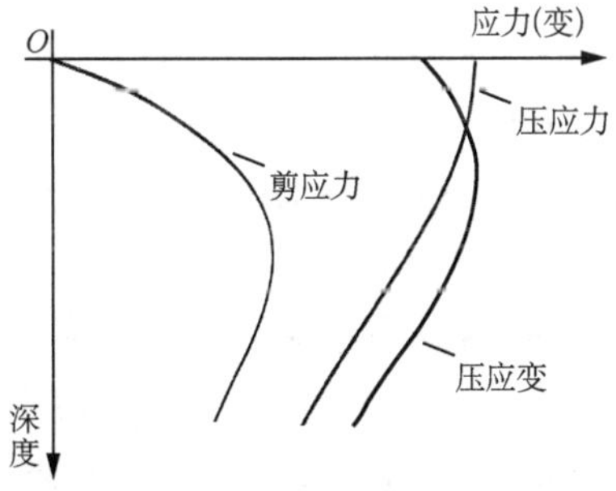


**图 9-1 剪应力(变)与压应力(变)沿深度的分布**

笔者曾根据影响路面车辙发展的主要因素，给出了车辙深度预估的基本概念[34]：

$$RD=RD\left(\frac{\tau}{[\tau]},\ T,\ h,\ N,\ V\right) \tag{9-2}$$

式中 $\tau$ ——路面结构中的剪应力；

$[\tau]$——沥青混合料的抗剪强度；

$T$ ——路面等效温度；

$h$ ——沥青层厚度；

$N$ ——累计标准荷载作用次数；

$V$ ——行车速度。

车辙是重复荷载作用下永久变形累积的结果。就荷载作用而言，它造成了路面材料的不可恢复变形，在微观上表现为材料颗粒之间的不可恢复位移。这是由路面材料所固有的颗粒性决定的，我们戏称为“量子效应”。采用常规弹性理论无法计算这种颗粒效应。式(9-2)中的参数项 $\frac{\tau}{[\tau]}$ 是一个无量纲量，$\tau$ 反映了路面结构组成及其对剪应力的影响，$[\tau]$ 反映了材料的抗力，$\frac{\tau}{[\tau]}$ 则反映了材料所受应力与其抗力的比值，反映了结构与材料的相互作用。同时，根据桥渡原理，采用比值的形式消除了力学计算中的系统误差，使得我们可以足够精确地采用弹性分析结果来反映路面复杂的非弹性问题和材料的颗粒效应。这也是桥渡原理的另一种使用方法。行车速度反映了荷载作用时间的影响，这在本书 5.6.4 节中已有分析。

## 9.2 模型形式确定

### 9.2.1 室内轮辙试验

首先进行了大量室内永久变形试验，根据试验结果来确定变形模型的形式。

1. 轮辙试验的改进

轮辙试验是一种室内车辙模拟试验，可以较迅速、经济地预估和评价沥青混合料的抗车辙性能。我国的轮辙试验仪是一种标准轮辙仪，只能做一种厚度和一种压力的轮辙试验。本研究根据试验需要，在国内轮辙仪的基础上进行了一些改进，使其可以进行不同温度、不同厚度和不同压力的轮辙试验。主要改进包括如下几个方面。

1）轮辙试件导模和配重块的制作

标准轮辙试件导模内尺寸是 300 mm×300 mm×50 mm。为了能够成型不同厚度的轮辙试件，根据轮辙试件导模的强度、刚度等要求，制作了另外两种尺寸的轮辙试件导模，分别是 300 mm×300 mm×40 mm 和 300 mm×300 mm×60 mm。另外，标准的轮辙试验只有 0.7 MPa 轮压的配重块，为了满足不同压强的轮辙试验，研究中专门制作了 0.5 MPa 和 1.2 MPa两种防锈的铁质配重块，如图 9-2 所示。

2）轮辙仪轮压测定

轮压与橡胶轮的接触面积有关，而接触面积又与橡胶轮外形尺寸及橡胶硬度有很大关系。对于同一橡胶轮下接触面积的变化范围受沥青混合料类型的影响一般不太大。所以，研究中统一采用由 AC-13 沥青混合料成型的轮辙试件以及统一的橡胶轮，通过改变配重块来进行轮辙仪轮压的测定，具体测量方法如图 9-3 所示，测量结果见表 9-2 所列。

0.5 MPa　　0.7 MPa　　1.2 MPa

**图 9-2　轮辙仪配重块**

**图 9-3　轮压测量**

**表 9-2　轮辙仪轮压测量结果**

| 编号 | 测量荷载/kN | 接触面积/mm$^2$ | 轮胎接地压强/MPa |
|---|---|---|---|
| 1 | 0.440 | 781.1474 | 0.5638 |
| 2 | 0.659 | 911.9850 | 0.7230 |
| 3 | 1.242 | 1 124.4402 | 1.1049 |

实测的橡胶轮接触面积为不规则形状，但为了便于有限元计算模型的建立，对橡胶轮接触面积的形状进行了简化，简化后的接触面积为一个规则的矩形，如表 9-3 所列。

**表 9-3　轮压接触面模型尺寸**　　单位：mm

| 编号 | 1 | 2 | 3 |
|---|---|---|---|
| a | 15.622 | 18.240 | 22.489 |
| b | 50 | 50 | 50 |

2. 试验结果

采用马歇尔试验方法确定的混合料最佳油石比为 4.5%，此时沥青混合料的空隙率为 4%。轮辙试验采用轮辙仪进行，加载速率为 42 次/min，试验条件如下：

(1) 试件厚度：4 cm，5 cm，6 cm；

(2) 温度：20 ℃，40 ℃，60 ℃；

(3) 轮胎接地压强：0.5638 MPa，0.7230 MPa，1.1049 MPa；

(4) 试验时间：1 h。

为了分析沥青混合料内的剪应力，就必须测定沥青混合料的模量。采用 MTS 加载装置，按照《公路工程沥青及沥青混合料试验规程》(JTG E20—2011) 中 T0702—2011 沥青混合料试件制作方法(击实法)，在 20 ℃下进行抗压回弹模量试验，结果如表 9-4 所列。同时，还进行了单轴贯入试验，试验温度为 60 ℃，测得的混合料抗剪强度为 1.0626 MPa。

**表 9-4　抗压回弹模量试验结果**

| 编号 | 1 | 2 | 3 | 4 | 5 | 平均值 |
|---|---|---|---|---|---|---|
| 抗压回弹模量/MPa | 1 739.13 | 1 782.53 | 1 872.66 | 1 754.39 | 1 787.19 | 1 787.18 |

### 9.2.2　室内轮辙试验数据的处理方法

1. 压密变形与剪切变形的区分

为了提高模型的精度，有必要区分压密主导的变形和由剪切引起的变形。针对永久变形三阶段的区分方法，周富杰等[35]在对 FHWA 加速加载试验数据分析的基础上，验证了沥青混凝土的三阶段变形特性，提出了基于沥青混凝土三阶段变形的永久变形预估模型，同时对加速加载试验路数据进行了分析，提出了三阶段模型中两个分界点的计算方法。本研究采用的室内轮辙试验及环道试验通常只能观测到永久变形的前两个阶段，没有发现第三阶段。因此，这里仅考虑区分沥青混合料永久变形第一阶段及第二阶段的方法，即区分沥青混合料压密主导的变形和剪切主导的变形。在变形预估模型的建立过程中将排除压密变形数据的影响，以提高剪切引起的变形预估模型的精度。

根据国内外已有的研究，第二阶段的永久变形可以用幂函数 $RD = a \times N^b$ 表示，而永久变形第一阶段的函数形式即便也用幂函数表示，但其系数和指数也将有所不同。因此，在由永久变形和荷载作用次数组成的双对数坐标图中，永久变形的第二阶段表现为一条直线，第一阶段表现为曲线或为与第二阶段直线斜率不同的直线。基于这种认识，汤文[18]采用以下方法来区分沥青混合料的压密变形：

步骤一：将永久变形与荷载作用次数关系转化为双对数形式，即 $(RD,\ N) \rightarrow (\lg RD,\ \lg N)$。

步骤二：假定 30～60 min 的轮辙数据是比较稳定的，此时的变形增量是由剪切主导的，采用线性回归方法对 $(\lg RD,\ \lg N)$ 进行回归，可以得到回归系数 $(a,\ b)$，即：$\lg(RD) = a\lg N + b$。

步骤三：判定区分点。采用偏差率 $k = (RD_{预测} - RD)/RD$ 作为判断指标。当偏差率大于设定的标准偏差率时，认为对应的沥青混合料的永久变形阶段为压密主导的变形阶段。

步骤四：轮辙数据处理。假定得到的压密主导的变形阶段的终点为 $(RD_t,\ N_t)$，则在今后的车辙分析中不考虑 $(RD_t,\ N_t)$ 之前的压密主导变形数据。

采用 AC-13 沥青混合料进行了 10 次轮辙试验，计算偏差率随荷载作用次数的变化曲线，其典型结果如图 9-4 所示。可以看出，永久变形的偏差率随荷载作用次数的增加显著降低，并逐渐趋于稳定。对 AC-16 及 AC-20 的轮辙曲线进行分析，可以得到相同的规律。

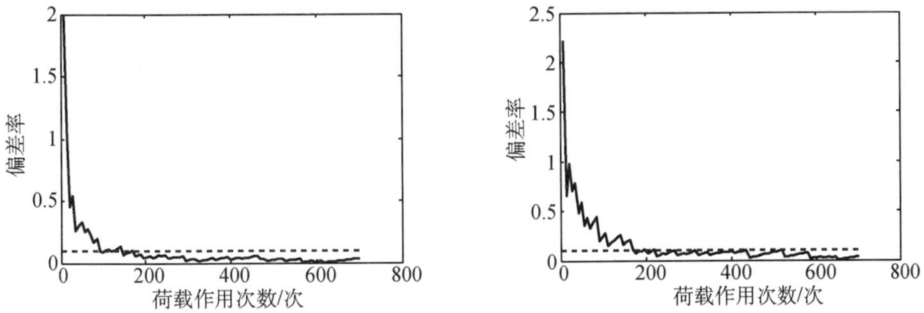


**图 9-4　典型偏差率随荷载作用次数的变化曲线**

采用不同的偏差率标准对轮辙实验永久变形数据进行处理，可获得不同偏差率标准对应的压密-剪切变形区分点的荷载作用次数。排除该区分点之前的试验数据，再对变形数据进行拟合，然后采用平均误差式(9-3)、平均偏差率式(9-4)和区分点荷载作用次数的平均值这三种指标对拟合结果进行分析。

$$\text{平均误差}\quad \sum_{i=1}^{n} abs(Rut_{\text{回归}} - Rut_{\text{实测}})/n; \tag{9-3}$$

$$\text{平均偏差率}\quad \sum_{i=1}^{n} abs(Rut_{\text{回归}} - Rut_{\text{实测}})/(Rut_{\text{实测}} \cdot n); \tag{9-4}$$

分析结果表明，在三种不同级配条件下，回归结果的平均误差和平均偏差率随着偏差率标准的提高而逐渐降低，表明采用偏差率作为标准对永久变形数据进行处理可以提高回归结果的精度，而采用区分点荷载作用次数平均值的效果不佳。

综合以上分析结果，数据处理时将选择偏差率作为指标，采用的标准定为 10%。

2. 轮辙试件中剪应力的计算

根据测定的轮辙仪参数数据以及沥青混合料的模量，对轮辙试件进行三维有限元分析，以计算轮辙试件处于各种荷载及不同厚度条件下轮辙试件内的剪应力分布状况。将实测的橡胶轮胎荷载简化为均布矩形荷载，荷载大小依据橡胶轮与轮辙试件的接触面积来确定。计算结果见表 9-5。

**表 9-5　轮辙板内剪应力计算结果**　　单位：MPa

| 轮辙板厚度/cm | 亚层/cm | 接地压强/MPa | | |
|---|---|---|---|---|
| | | 0.56 | 0.72 | 1.10 |
| 4 | 0～1 | 0.2044 | 0.2475 | 0.3558 |
| | 1～2 | 0.1554 | 0.2264 | 0.3821 |
| | 2～3 | 0.1083 | 0.1626 | 0.2890 |
| | 3～4 | 0.0882 | 0.1335 | 0.2411 |
| 5 | 0～1 | 0.1993 | 0.2395 | 0.3414 |
| | 1～2 | 0.1502 | 0.2104 | 0.3070 |

（续表）

| 轮辙板厚度/cm | 亚层/cm | 接地压强/MPa | | |
|---|---|---|---|---|
| | | 0.56 | 0.72 | 1.10 |
| 5 | 2～3 | 0.0999 | 0.1498 | 0.2662 |
| | 3～4 | 0.0735 | 0.1114 | 0.2017 |
| | 4～5 | 0.0623 | 0.0948 | 0.1729 |
| 6 | 0～1 | 0.1963 | 0.2348 | 0.3327 |
| | 1～2 | 0.1474 | 0.2140 | 0.3597 |
| | 2～3 | 0.0960 | 0.1438 | 0.2552 |
| | 3～4 | 0.0673 | 0.1019 | 0.1845 |
| | 4～5 | 0.0522 | 0.0795 | 0.1453 |
| | 5～6 | 0.0457 | 0.0698 | 0.1281 |

### 9.2.3 变形模型形式的确定

1. 模型形式的初步选择和评估

采用“层变形叠加法”作为变形模型的基本框架，选择的模型形式如下：

$$PD=\sum_{i=1}^{n}\Delta RD_i=\sum_{i=1}^{n}\alpha\times T_i^{\beta_1}\times N^{\beta_2}\left(\frac{\tau_i}{[\tau]_i}\right)^{\beta_3} \tag{9-5}$$

式中 $PD$ ——沥青层总变形(mm)；

$\Delta RD_i$ ——某一沥青亚层的变形(mm)；

$\tau_i$ ——$i$ 亚层的剪应力(MPa)；

$[\tau]_i$ ——$i$ 亚层材料的抗剪强度(MPa)；

$T_i$ ——$i$ 亚层的实际温度(℃)；

$n$ ——划分亚层的个数，本研究中沥青亚层的厚度均为 1 cm。

综合轮辙试验结果、单轴贯入试验结果和剪应力计算结果等相关数据，可以回归确定式(9-5)中的相关系数。

在确定参数的过程中有两点需要考虑[36]：第一，偏差也就是预估值和测量值之间的差异，它反映的是预估值和测量值之间的系统偏差；第二，精确度也就是预估值和测量值之间数据离散性的一种衡量，它反映的是整个预估系统的精确性。

图 9-5 为预估结果与试验值比较时可能会出现的四种情况，其中图 9-5(a)的方案为最优方案，它满足两个基本条件：一是预估值和实测值之间相差不大；二是预估值和实测值均匀分布在 45°线的两侧，离散性较小。用数学语言来描述，即应满足两个基本条件：①残差的平方和最小；②残差之和接近于零。因此，就可以把确定永久变形方程相关参数的系数看作是纯粹的数学问题。

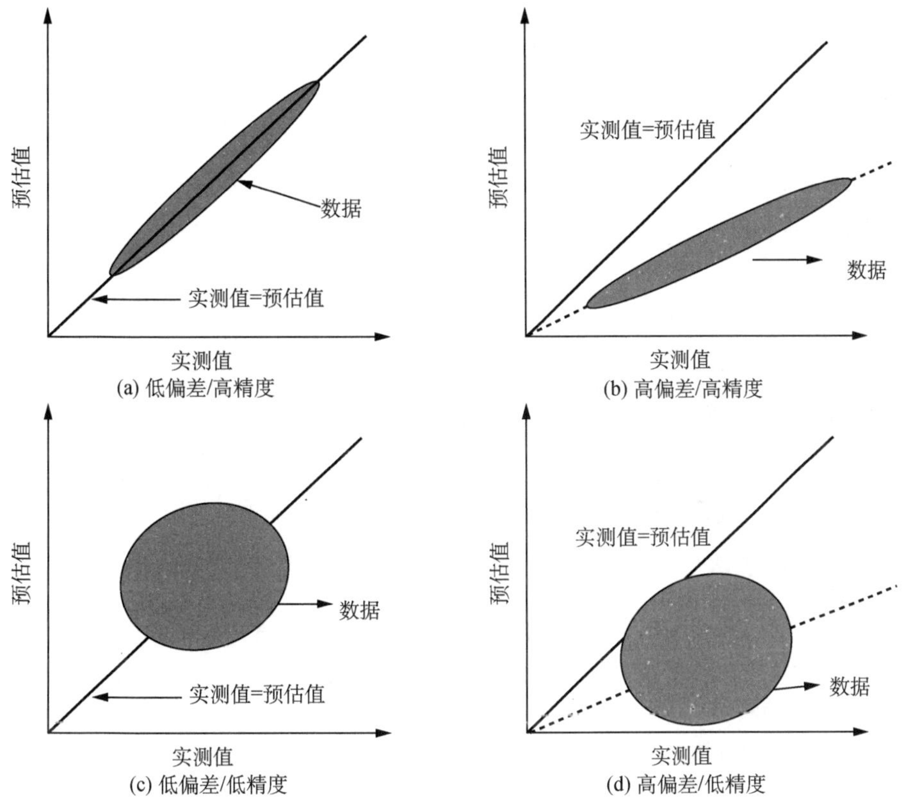


**图 9-5　偏差和精度示意**

研究中苏凯[16]采用了最优化方法，优化模型如下：

(1) 模型变量：温度、作用次数、剪应力与抗剪强度比；

(2) 目标函数

$$\left.\begin{aligned}&\sum\left(\sum_{i=1}^{n}\Delta RD_i - Rut_{\text{实测}}\right)^2 \rightarrow \min \Big|_{n\rightarrow\infty}\\&\sum\left(\sum_{i=1}^{n}\Delta RD_i - Rut_{\text{实测}}\right)\rightarrow 0\Big|_{n\rightarrow\infty}\end{aligned}\right\}\tag{9-6}$$

其中：

$$\Delta RD_i = \sum_{i=1}^{n}\alpha\times T_i^{\beta_1}\times N^{\beta_2}\times\left(\frac{\tau_i}{[\tau]_i}\right)^{\beta_3}\tag{9-7}$$

式中，$Rut_{\text{实测}}$ 为轮辙试验实测的永久变形。

(3) 约束：根据经验，令 $0<\alpha<1$；$0<\beta_1, \beta_2, \beta_3<3$。

将轮辙试验数据进行相应的分组，具体按照轮辙试验每 10 s 取一组数据，在每组数据中，一个轮辙深度对应一个温度 $T$、一种剪应力与抗剪强度的比值 $\frac{\tau}{[\tau]}$ 和一个作用次数 $N$。初步试验中共进行了 18 组不同工况的轮辙试验，将数据代入优化程序，最后确定的模型相关系数如表 9-6 所列。

表 9-6　　模型相关系数和指数计算结果

| 变量名 | 系数或指数名称 | 系数或指数值 |
|---|---|---|
| 综合系数 | $\alpha$ | $10^{-4.617}$ |
| 温度指数 | $\beta_1$ | 2.30 |
| 轴载次数指数 | $\beta_2$ | 0.487 |
| 抗剪参数指数 | $\beta_3$ | 1.28 |
| 判定系数 | $R^2$ | 0.907 |

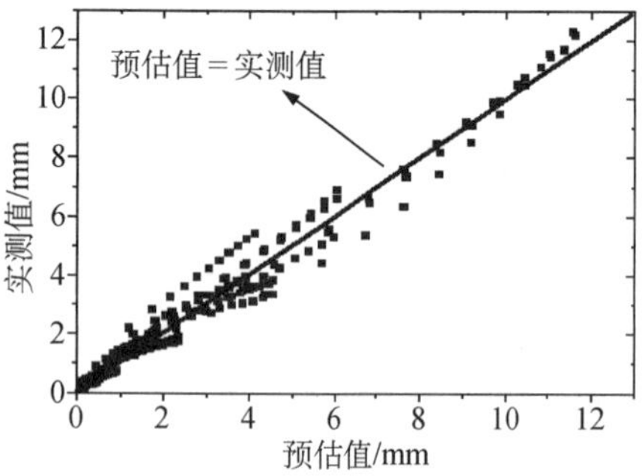

图 9-6　预估值和实测值的比较

模型预估值和轮辙试验永久变形实测值的比较如图 9-6 所示，按照图 9-5 的评价标准可知该模型的拟合效果还是可以接受的。

经试验验证，对于上述混合料同类型的沥青混合料，式(9-5)的适用性较好。为了进一步验证，选用四种不同的矿料级配进行进一步的试验，试验条件：温度为 40 ℃和 60 ℃；轴载为标准荷载。沥青仍然采用上述壳牌 70＃沥青，选用的混合料级配及材料类型如下：AC-13A、AC-13B、AC-16，三种级配的沥青混合料石料均采用石灰岩；SMA-13 混合料的沥青采用 SBS 改性沥青；粗集料采用玄武岩、细集料采用石灰岩；纤维采用矿物纤维，含量为 0.4%。轮辙试验实测值与预估值的比较如图 9-7 所示。

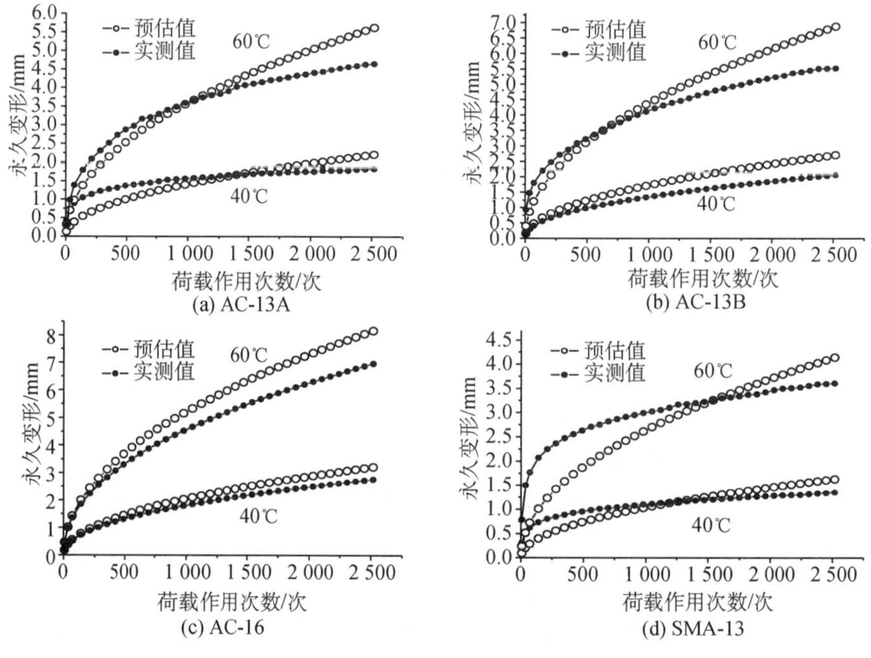

图 9-7　各种混合料级配及材料类型下预估值和实测值的比较

由图 9-7 可知，在 40 ℃时各种级配沥青混合料的轮辙试验结果与预估结果较为接近，偏差平方和均值也比较小；但是在 60 ℃时预估结果明显大于轮辙试验结果。综合几次验证结果可以认为：式(9-5)虽然对 AC-13 这种沥青混合料基本上是合适的，但对其他几种不同的混合料适用性较差，因此不具备良好的通用性。

分析不同的沥青混合料类型，式(9-5)后期永久变形预估值明显偏大。从试验结果可以发现，不同沥青混合料的永久变形随荷载作用次数的增长速率是不同的，这说明如果采用幂函数表示永久变形同荷载作用次数的关系，则不同混合料的 $N$ 的指数 $\beta_2$ 应不相同。

2. 模型形式的改进

结合环道试验数据，对式(9-5)进行改进。图 9-8 为环道试验中轮辙变形随荷载作用次数的变化；图 9-9 为新加坡国立大学的 T. F. Fwa 等利用改进的轮辙仪得到的永久变形随温度的变化规律。从图 9-8 和图 9-9 曲线拟合的结果来看，变形同荷载作用次数和温度均呈幂函数关系，这与已有研究所得的结果是一致的。所以，先考虑不同应力水平下永久变形同温度、荷载作用次数的关系，采用如下模型形式：

$$RD = \sum_{i=1}^{n} \Delta RD_i = \sum_{i=1}^{n} \alpha \times T_i^{\beta_1} \times N_i^{\beta_2} \tag{9-8}$$

根据上述室内试验结果确定待定系数，计算结果如表 9-7 所列。

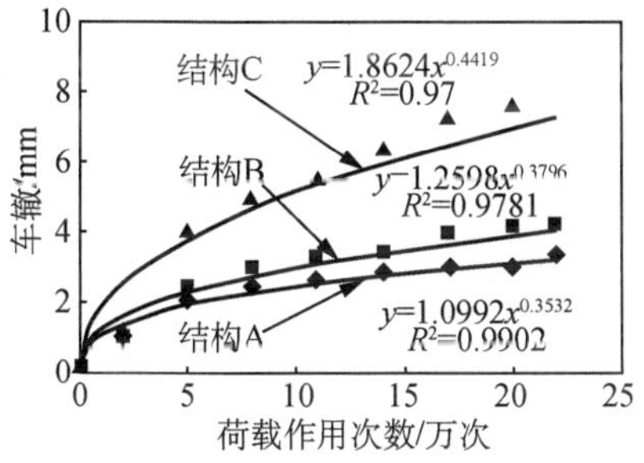


图 9-8 环道试验结果[37]

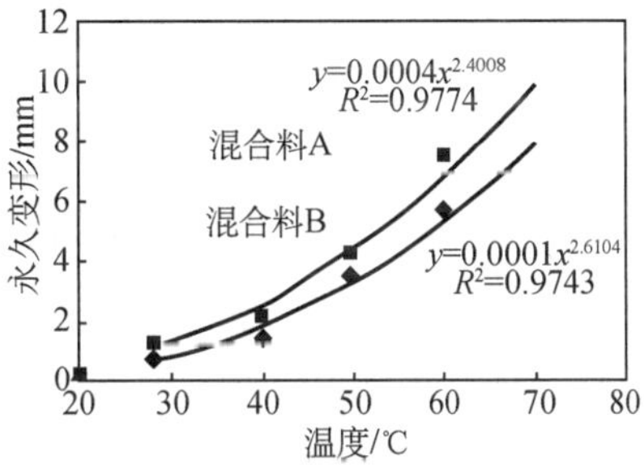


图 9-9 轮辙试验结果[38]

表 9-7 预估模型参数系数计算结果

| 应力水平 | | 0.56 MPa | 0.72 MPa | 1.10 MPa |
|---|---|---|---|---|
| 模型系数 | $\alpha$ | 7.43E-06 | 7.52E-06 | 7.24E-06 |
| | $\beta_1$ | 2.217 | 2.168 | 2.112 |
| | $\beta_2$ | 0.337 | 0.393 | 0.506 |
| 判定系数 $R^2$ | | 0.857 | 0.886 | 0.843 |

对模型的各个参数进行分析可以发现：不同应力水平下温度的指数 $\beta_1$ 基本恒定，说明不同应力水平下永久变形随温度的变化速率基本一致；而不同应力水平下荷载作用次数 $N$ 的指数 $\beta_2$ 变化较大，说明不同应力水平下永久变形随荷载作用次数 $N$ 的变化速率不一致，指数 $\beta_2$ 同所受的应力大小有关。

根据以上分析及表 9-7 的计算结果，对 $\beta_2$ 与应力水平的关系做进一步分析，结果如图 9-10 所示，$\beta_2$ 与应力也呈幂函数关系。

对于标准轮辙试验而言，沥青层内剪应力的大小由所受的应力决定，剪应力随荷载变化而变化，因而 $N$ 的指数 $\beta_2$ 实际上与所受剪应力 $\tau$ 的大小有关。同时，由图 9-7 可知，不同类型沥青混合料的永久变形随荷载作用次数的变化趋势也存在较大差异，说明 $N$ 的指数 $\beta_2$ 还与材料本身的抗剪强度$[\tau]$有直接关系。因此，对 $\beta_2$ 与 $\tau/[\tau]$ 的关系进行分析，结果如图 9-11 所示，可见 $\beta_2$ 与 $\tau/[\tau]$ 也呈幂函数关系。

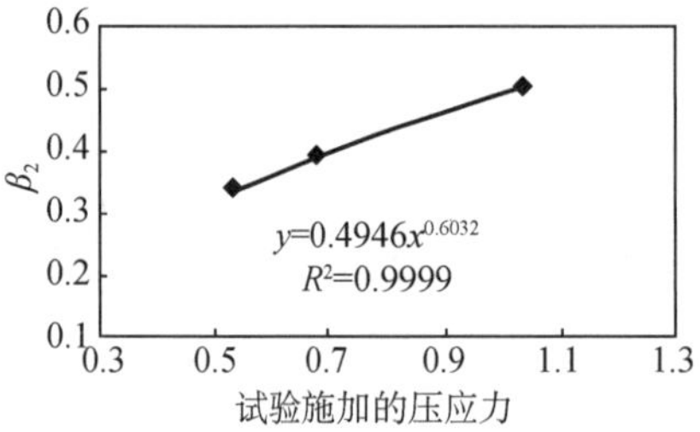


图 9-10　$\beta_2$ 与压应力的关系

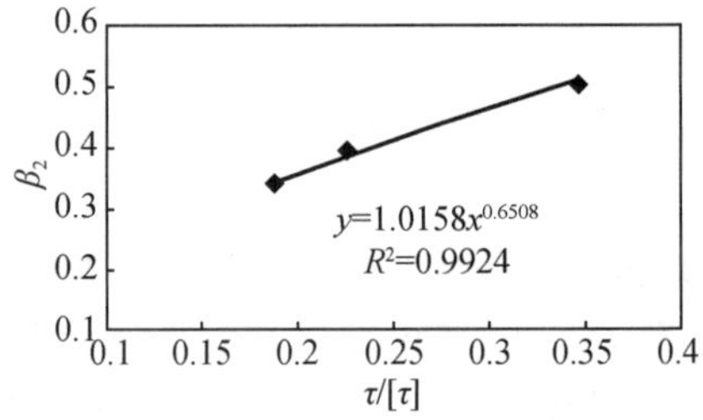


图 9-11　$\beta_2$ 与 $\tau/[\tau]$的关系

综上所述，不同应力水平下温度的指数 $\beta_1$ 基本恒定，荷载作用次数 $N$ 的指数$\beta_2$ 与应力水平及材料本身的抗剪强度有关，$\beta_2$ 与 $\tau/[\tau]$ 呈幂函数关系，改进后的变形模型见式(9-9)。

$$RD = \sum_{i=1}^{n} \Delta RD_i = \sum_{i=1}^{n} \alpha \times T_i^{\beta_1} \times \langle N \rangle^{\beta_\theta \left(\frac{\tau_i}{[\tau]_i}\right)^{\theta}} \tag{9-9}$$

利用试验结果确定式(9-9)中的参数，结果如表 9-8 所列。

表 9-8　　模型相关系数或指数计算结果

| 变量名 | 系数或指数名称 | 系数或指数值 | 判定系数 $R^2$ |
|---|---|---|---|
| 综合系数 | $\alpha$ | $10^{-5.542}$ | 0.918 |
| 温度指数 | $\beta_1$ | 2.524 | |
| 轴载次数指数 | $\beta_\theta$ | 0.752 | |
| 抗剪参数指数 | $\theta$ | 0.468 | |

因此，所得永久变形预估模型如下：

$$RD = \sum_{i=1}^{n} \Delta RD_i = \sum_{i=1}^{n} 10^{-5.542} \times T_i^{2.524} \times \langle N \rangle^{0.752 \left(\frac{\tau_i}{[\tau]_i}\right)^{0.468}} \tag{9-10}$$

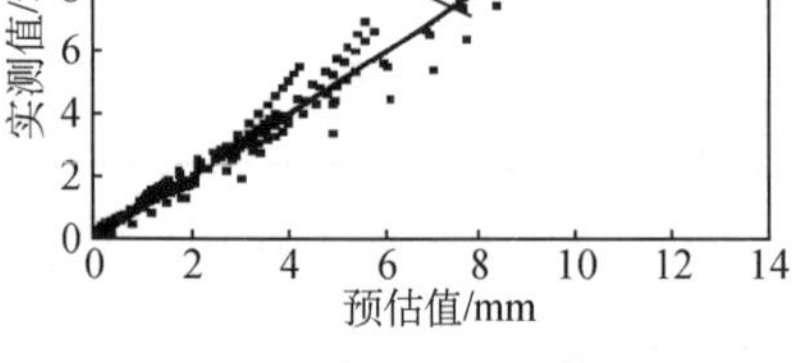


图 9-12　式(9-10)预估值和实测值的比较

由图 9-12 可见，预估值和实测值均匀分布于 45°线的两侧，总体来看该模型的预估效果较好，并且判定系数 $R^2$ 达到了 0.918，高于只包含温度和荷载作用次数两个因子的预估模型的判定系数，体现了 $\tau/[\tau]$ 这一因子的必要性。

用多种混合料的试验结果对式(9-10)变形模型进行验证，结果表明除 AC-13 沥青混凝土在 1.10 MPa、60 ℃试验条件外，其他混合料均获得了较高的预估精度，模型体现出了较好的适用性。

### 9.2.4 预估模型参数的敏感性分析

下面对式(9-2)中所包含的 4 个基本参数(即温度、剪应力、混合料抗剪强度和行车速度)进行敏感性分析。除特别标明外，荷载工况均为标准轴载、60 ℃、5 cm 轮辙板。分析结果表明：

(1) 永久变形随温度的变化呈指数型增长，温度越高曲线越陡；

(2) 永久变形随荷载的变化不如随温度的变化那么明显，但随着荷载压力的增大，变形速率加快，这与试验结果一致；

(3) 当抗剪强度大于 1.0 MPa 时，总体来看变形较小，永久变形随强度变化较缓；当抗剪强度小于 1.0 MPa 时，永久变形随抗剪强度变化较快，变形曲线趋势变陡；

(4) 当速度>60 km/h 时，永久变形随速度的变化不明显；当速度<60 km/h 时，永久变形随速度的变化很明显，这与现场观察到的结果是一致的：一般长上坡顶部的行车速度只有 20～40 km/h，其车辙约为正常路段(行车速度为 80 km/h)的 2～3 倍，与预测结果趋势一致。

## 9.3 预估模型

通过上述工作可以基本确定模型的形式。将进一步对永久变形预估模型进行研究，利用环道试验测定的多种路面结构在不同荷载作用次数下的永久变形数据、室内轮辙试验数据以及预估模型必需的其他材料参数和力学参数建立变形和车辙预估模型。

### 9.3.1 环道试验

首先，采用重庆交通科学研究院完成的环道加速加载试验结果[37]进行分析，以进一步模拟实际的沥青路面永久变形规律。

1. 环道试验系统

重庆交通科学研究院的室内大型环道试验系统的主要技术参数：环形试槽宽 3.5 m、深 2 m，中心线直径为 10.5 m；加载试验机为双臂机，旋转臂每端最大荷载为 6.5 t；车轮两端线速度为 0～60 km/h；能在 5～70 ℃范围内有效控制室温和路面温度；爬坡能力为 0～6%；可模拟车轮横向移动，横向移动宽度为±50 cm，横向移动速度为 100 mm/min。

试验中采用的位移传感器是重庆交通科研设计院自行研发的沥青路面专用单点位移计，在同一层位埋设多个位移计，采用各测点位移的平均值作为该层的位移。该试验采用的温度传感器为 PT100 铂电阻温度传感器，通过采用不锈钢外壳、环氧封装、高温屏蔽导线等措施，使温度传感器适应沥青混合料施工中的温度和高温荷载，以保证传感器的稳定性。温度传感器埋设在沥青层底面和抗滑表层以下 2 cm 的位置。

2. 环道路面结构及材料

重庆交通科学研究院针对沪宁高速公路江苏段研究课题中拟定的三种沥青路面结构形

式进行了环道试验，以验证三种路面结构的路用性能[17]。三种沥青路面结构形式都采用厚沥青层作为面层，其中包括两种半刚性基层路面结构以及一种柔性基层沥青路面结构，三种路面结构的形式如下：

1）路面结构 A

上面层为 4 cm SMA-13、中面层为 8 cm SUP-20、下面层为 8 cm SUP-25、上基层为 20 cm LSM-25、下基层为 20 cm 的水稳碎石(水泥掺量 5%)。

2）路面结构 B

上面层为 5 cm SMA-13、中面层为 16 cm SUP-20、下面层为 16 cm SUP-25、基层为 22 cm的级配碎石。

3）路面结构 C

上面层为 4 cm SMA-13、中面层为 8 cm SUP-20、下面层为 15 cm SUP-25、基层为 36 cm 的水稳碎石(水泥掺量 5%)，同时在半刚性基层与沥青层之间设置 1 cm 稀浆封层。

该环道试验中沥青层分别采用了 SMA-13，SUP-20，SUP-25 及 LSM-25 四种级配。其中，SMA-13 和 SUP-20 采用改性沥青，石料为玄武岩；SUP-25 和 LSM-25 采用普通沥青，石料为石灰岩；半刚性基层及柔性基层级配按照规范推荐范围选取，采用的石料均为石灰岩。根据 SMA 沥青混合料设计方法及 Superpave 沥青混合料设计方法来确定沥青混合料的最佳沥青用量，SMA-13，SUP-20，SUP-25 及 LSM-25 这四种沥青混合料的沥青用量分别为 5.7%，4.3%，3.9%和 3.7%。

3. 环道荷载

环道试验采用普通橡胶轮胎，轮胎胎压为 0.7 MPa，环道荷载为 110 kN，车轮移动速度为 35～40 km/h。由于本次环道实验中不考虑车轮的横向移动，因此，采用固定轮迹使车轮不做横向移动。假定轮胎的接地压力为均布荷载。为了计算实际的接地压力，测定了轮胎的实际接地面积。由于实际轮胎与路面的接触形状比较复杂，研究中将轮胎接地形状简化为双矩形，简化时保持轮胎接地面积不变，接地压强为 0.76 MPa，双轮中心距为 31.4 cm，轮胎接地长为 19.2 cm，宽为 18.6 cm。

4. 环道温度条件

环道试验过程中采用室内远红外加热温控系统来控制环境及路面温度，将路表温度控制在 50～60 ℃之间。试验过程中，采用温度传感器监测环道结构中不同位置的温度。忽略由于沥青材料差别而造成的温度差别，采用一种结构的温度与路面深度数据代表该环道各种不同的结构。表 9-9 为路面结构 A 各结构层不同位置的实测平均温度，采用 3 次多项式对所观测路面的温度与深度的关系进行回归，可以得到环道试验路的温度预估公式，判定系数 $R^2$ 为 0.9954。温度预估公式如式(9-11)所示，根据回归得到的温度预估公式，可以得到三种路面结构不同深度处的温度状况。

$$T = 0.003H^3 - 0.0169H^2 + 59.506 \tag{9-11}$$

式中 $T$——路面温度(℃)；

$H$——路面深度(cm)。

表 9-9　　路面结构 A 各结构层不同位置的实测平均温度

| 结构层位置 | SMA-13 中部 | SUP-20 底部 | SUP-25 底部 | LSM-25 底部 |
|---|---|---|---|---|
| 相应深度/cm | 2 | 12 | 20 | 40 |
| 平均温度/℃ | 59 | 55 | 51 | 45 |

5. 环道路面结构的永久变形

采用沥青路面位移计测定沥青层在荷载作用下的永久变形，位移计埋设在轮载作用带上，位于车轮中心以下各结构层顶面，按大约 50 cm 的间距随机选取多个断面分别埋设位移计。本次环道试验共加载 50 万次，环道加载装置采用固定轮迹，车轮不做横向移动。以相同结构中相同层位各断面变形平均值作为该结构对应层位的永久变形，各层永久变形的测定结果如表 9-10—表 9-12 所列。

对不同路面结构的结构层顶面永久变形的实测数据进行分析，发现永久变形主要发生在沥青层，以 50 万次荷载作用后的永久变形数据为例，三种路面结构中半刚性基层、级配碎石与土基的永久变形占路面结构永久变形的 2%以下。

表 9-10　　路面结构 A 各结构层顶面测得的变形　　单位：mm

| 加载次数/次 | SMA-13 | SUP-20 | SUP-25 | LSM-25 | 水稳碎石 |
|---|---|---|---|---|---|
| 1 000 | 1.86 | 1.85 | 0.62 | 0.16 | 0.02 |
| 2 500 | 2.8 | 2.51 | 0.87 | 0.25 | 0.01 |
| 5 000 | 3.48 | 3.41 | 1.04 | 0.29 | 0.01 |
| 10 000 | 4.25 | 3.9 | 1.28 | 0.37 | 0.01 |
| 20 000 | 5.74 | 4.96 | 1.87 | 0.72 | 0.02 |
| 50 040 | 8.89 | 7.82 | 3.61 | 1.43 | 0.04 |
| 70 000 | 10.14 | 9.12 | 4.32 | 1.78 | 0.04 |
| 100 000 | 10.98 | 10.15 | 4.94 | 2.00 | 0.05 |
| 125 000 | 11.42 | 10.74 | 5.29 | 2.21 | 0.04 |
| 148 982 | 12.04 | 11.20 | 5.71 | 2.41 | 0.06 |
| 175 000 | 12.44 | 11.46 | 5.78 | 2.58 | 0.07 |
| 250 000 | 13.05 | 12.19 | 6.32 | 2.94 | 0.09 |
| 298 818 | 13.55 | 12.81 | 6.77 | 3.16 | 0.1 |
| 350 000 | 13.91 | 13.05 | 6.99 | 3.33 | 0.12 |
| 500 000 | 15.09 | 13.45 | 7.48 | 3.59 | 0.19 |

表 9-11　　路面结构 B 各结构层顶面测得的变形　　单位:mm

| 加载次数/次 | SMA-13 | SUP-20 | SUP-25 | 级配碎石 |
|---|---|---|---|---|
| 1 000 | 2.51 | 2.49 | 0.51 | 0.01 |
| 2 500 | 3.40 | 3.2 | 0.61 | 0.02 |
| 5 000 | 4.13 | 3.84 | 0.71 | 0.02 |
| 10 000 | 5.12 | 4.63 | 0.73 | 0.02 |
| 20 000 | 6.62 | 5.91 | 1.78 | 0.02 |
| 50 040 | 9.69 | 8.71 | 2.01 | 0.04 |
| 70 000 | 10.64 | 9.75 | 2.12 | 0.05 |
| 100 000 | 11.32 | 10.48 | 2.7 | 0.07 |
| 148 982 | 12.10 | 11.37 | 3.28 | 0.08 |
| 250 000 | 12.88 | 12.09 | 3.45 | 0.11 |
| 298 818 | 13.21 | 12.46 | 3.45 | 0.13 |
| 350 000 | 13.47 | 12.69 | 3.54 | 0.14 |
| 450 000 | 13.72 | 12.85 | 4.07 | 0.15 |
| 500 000 | 14.02 | 13.22 | 4.24 | 0.14 |

表 9-12　　路面结构 C 各结构层顶面测得的变形　　单位:mm

| 加载次数/次 | SMA-13 | SUP-20 | SUP-25 | 水稳碎石 |
|---|---|---|---|---|
| 1 000 | 1.29 | 1.42 | 0.39 | 0.05 |
| 2 500 | 2.42 | 2.09 | 0.82 | 0.06 |
| 5 000 | 3.05 | 2.65 | 1.06 | 0.07 |
| 10 000 | 3.85 | 3.22 | 1.35 | 0.07 |
| 20 000 | 5.99 | 4.39 | 1.85 | 0.09 |
| 50 040 | 8.45 | 7.3 | 4.33 | 0.14 |
| 70 000 | 9.61 | 8.78 | 5.26 | 0.15 |
| 125 000 | 10.28 | 10.24 | 5.97 | 0.14 |
| 148 982 | 10.65 | 10.65 | 6.24 | 0.17 |
| 175 000 | 11.21 | 11.25 | 6.46 | 0.2 |
| 250 000 | 12.01 | 11.53 | 7.08 | 0.23 |
| 298 818 | 12.72 | 11.98 | 7.52 | 0.28 |
| 350 000 | 13.21 | 12.22 | 7.92 | 0.31 |
| 500 000 | 14.15 | 12.52 | 8.07 | 0.38 |

6. 材料的抗剪强度和模量

采用单轴贯入试验测定环道试验中各种沥青混合料的抗剪强度。试验中 SMA-13 采用 100 mm×100 mm 圆柱体试件，其他沥青混合料采用 150 mm×100 mm 圆柱体试件，试件采用旋转压实成型，密度为马歇尔试件密度的 100%。抗剪强度试验结果如表 9-13 所列。

为了分析路面结构内的应力分布状态，计算路面结构内的剪应力分布，必须对路面结构中采用的各种材料的模量及泊松比进行测定。沥青混合料的模量采用 MTS 试验仪进行测定，按照《公路工程沥青及沥青混合料试验规程》(JTG E20—2011)中 T0702—2011 沥青混合料试件制作方法(击实法)，在 20 ℃下进行抗压回弹模量试验；水泥稳定碎石及级配碎石的模量按路面结构的实际弯沉进行反算；其他结构层的模量按规范推荐取值，模量参数及泊松比如表 9-14 所列。

**表 9-13　　单轴贯入试验结果**　　单位：MPa

| 路面结构 | SMA-13 | SUP-20 | SUP-25 | LSM-25 |
|---|---|---|---|---|
| A | 1.152 | 0.881 | 0.812 | 0.640 |
| B | 1.256 | 0.912 | 0.797 | |
| C | 1.261 | 0.943 | 0.732 | |

**表 9-14　　路面材料模量及泊松比**

| 材料 | SMA-13 | SUP-20 | SUP-25 | LSM-25 | 水稳碎石 | 级配碎石 | 土基 |
|---|---|---|---|---|---|---|---|
| 模量/MPa | 2084.5 | 1873.2 | 2226.7 | 2457.8 | 15 000 | 350 | 45 |
| 泊松比 | 0.35 | 0.35 | 0.35 | 0.35 | 0.20 | 0.35 | 0.4 |

## 9.3.2 环道永久变形预估模型的确定

采用三维有限元模型计算三种路面结构不同亚层内的剪应力，路面荷载为由实测荷载经过简化后得到的双矩形均布荷载，路面单元划分过程中沥青层竖向单元宽度为 0.5 cm。计算时，首先确定沥青层内最大剪应力的位置；然后，计算最大剪应力位置处路面结构内剪应力沿深度的分布。

将环道路面结构的永久变形、沥青路面结构内的温度、沥青混合料的抗剪强度以及路面结构内的剪应力计算结果作为已知值，编写永久变形预估模型参数求解程序并进行参数计算，最终得到的参数值如表 9-15 所列。

**表 9-15　　模型参数**

| 变量名 | 参数名称 | 约束条件 | 计算数值 | 判定系数 $R^2$ |
|---|---|---|---|---|
| 综合系数 | $\alpha$ | $10^{-9}\sim10^{-4}$ | $10^{-5.881}$ | 0.9716 |
| 温度系数 | $\beta$ | 0～5 | 2.512 | |
| 轴次系数 | $\lambda$ | 0～5 | 0.743 | |
| 抗剪系数 | $\eta$ | 0～5 | 0.472 | |

由环道试验数据回归得到的模型如式(9-12)所示，将三种路面结构的试验实测值与永久变形预估值进行比较，结果如图 9-13 所示。

$$
\begin{aligned}
RD &= \sum_{i=1}^{n} \Delta RD_i \\
&= \sum_{i=1}^{n} 10^{-5.881} \times T_i^{2.512} \times N_V^{0.743\left(\frac{\tau i}{[\tau i]}\right)^{0.472}}
\end{aligned}
\tag{9-12}
$$

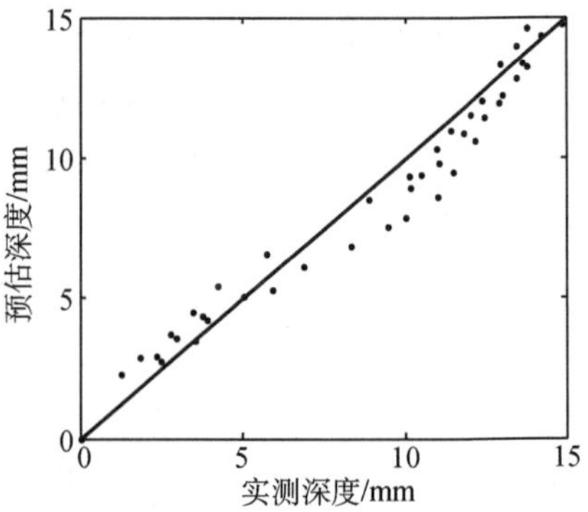


**图 9-13　车辙预估方程中预估深度与实测深度对比**

对比由室内轮辙试验得到的永久变形预估模型以及由环道车辙试验结果得到的永久变形预估模型，发现温度系数 $\beta$ 比较接近，而轴次系数 $\lambda$ 与抗剪系数 $\eta$ 相差较大。这一方面是因为环道试验和室内轮辙试验的结构形式不一致，环道试验中的应力分布更接近路面的实际状况；另一方面，一个更重要的原因是车轮速度的差距较大。之前确定的永久变形预估模型并没有考虑车轮速度的影响，这必然导致模型回归参数的显著差异。

在室内轮辙试验及环道车辙试验中，车轮的运行速度是一个非常重要的实验条件。单次车轮荷载在路面横断面上的作用时间取决于车辆的行车速度及车轮接地区域的长度。普渡大学通过基于时间硬化的蠕变模型得到了基于时间变量的沥青混合料永久变形计算公式[18]：

$$
D_{\text{rut}} = \frac{3}{2} C \times \frac{A}{m+1} \times t^{m+1} \tag{9-13}
$$

将 $t = N \times \frac{L}{V}$ 代入式(9-13)，可以得到基于车速的永久变形的计算公式：

$$
D_{\text{rut}} = \frac{3}{2} C \times \frac{A}{m+1} \times \left(N \times \frac{L}{V}\right)^{m+1} = \left[\frac{3}{2} C \times \frac{A}{m+1} \times (N \times L)^{m+1}\right] \times V^{-(m+1)} \tag{9-14}
$$

式中　$D_{\text{rut}}$ ——沥青混合料永久变形；

$C,\ A,\ m$ ——沥青混合料的蠕变参数；

$t$ ——荷载作用时间；

$V$ ——行车速度。

通过式(9-14)可以得到不同行车速度下的永久变形转换公式：

$$
\frac{D_{\text{rut}}}{D_{\text{rut0}}} = \left(\frac{v}{v_0}\right)^{-(m+1)} \tag{9-15}
$$

式中，$D_{\text{rut}}$ 是行车速度为 $v$ 时的永久变形。

根据式(9-15)，可以看到行车速度对沥青混合料永久变形的影响。沥青混合料的永久变形随着行车速度的增大而降低，蠕变参数 $m$ 决定了行车速度的影响程度。但这种换算关系是建立在一个假设前提下的，即不同行车速度下，沥青混合料的蠕变参数 $C,\ A,\ m$ 都是相同的。当行车速度相差较大时，沥青混合料的蠕变参数会有较大不同，换算效果可能并不理想，这主要取决于蠕变参数对行车速度的敏感性。

考虑到行车速度与沥青路面永久变形呈反比关系，将式(9-10)、式(9-12)进行变换，写成式(9-16)所示的形式：

$$RD=\sum_{i=1}^{n}\left[\alpha\times T_i^{\beta}\times\left(\frac{N}{V^{\rho}}\right)^{\lambda\left(\frac{\tau i}{[\tau]_i}\right)^{\eta}}\right] \tag{9-16}$$

要确定式(9-16)中的系数，必须要有不同行车速度下的永久变形数据。室内轮辙试验的轮速为 42 次/min，轮迹长度为 24 cm，假定车轮速度是匀速变化的，则在轮迹中点处，车轮速度为 1.21 km/h。环道试验车轮运行速度控制在 35～40 km/h，取 37.5 km/h。模型参数计算结果如表 9-16所列。改进后的车辙预估模型如式(9-17)所示，将三种路面结构的试验实测值与永久变形预估值进行比较，结果如图 9-14 所示，可见预估结果与试验实测值非常接近。

**表 9-16　模型参数计算结果**

| 变量名 | 参数名称 | 约束条件 | 计算数值 | 判定系数 $R^2$ |
|---|---|---|---|---|
| 综合系数 | $\alpha$ | $10^{-9}\sim10^{-4}$ | $10^{-7.4927}$ | 0.9794 |
| 温度系数 | $\beta$ | 0～5 | 3.6950 | |
| 轴次系数 | $\lambda$ | 0～5 | 0.7449 | |
| 抗剪系数 | $\eta$ | 0～5 | 0.5630 | |
| 速度系数 | $\rho$ | 0～3 | 1.7243 | |

$$RD=\sum_{i=1}^{n}10^{-7.4927}\times T_i^{3.6950}\times\left(\frac{N}{V^{1.7243}}\right)^{0.7449\left(\frac{\tau i}{[\tau i]}\right)^{0.5630}} \tag{9-17}$$

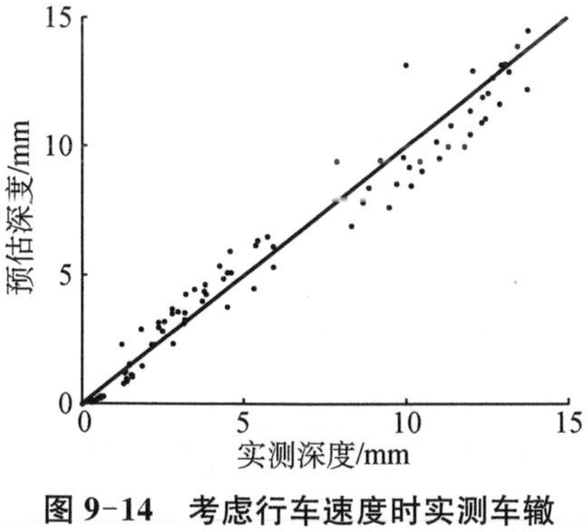


**图 9-14　考虑行车速度时实测车辙深度与预估深度对比**

### 9.3.3　变形模型向车辙模型的转换

前面建立的模型都是针对沥青路面永久变形的，但在衡量沥青路面的使用性能时一般采用车辙作为指标。车辙不仅包括向下的永久变形，还包括向上的隆起变形。在行车荷载反复作用下，竖直方向不可恢复变形累积，通常轮迹带的沥青面层在压缩的同时，两侧伴随着隆起，呈“W”形，二者组合起来构成车辙。

关于车辙深度，这里采用《公路路基路面现场测试规程》(JTG 3450—2019)中的定义，如图 9-15 所示。从轮迹带最低点引出垂直于地平面的直线，与两侧隆起点的连线相交，最低点至该交点的直线长度即为“车辙”深度。路面的侧向隆起高度为车辙深度的一部分，它随轮迹分布和材料特性等的变化而变化，在理论上很难精确把握。

所以，要将变形转换为车辙深度，需要考虑两个因素：一是隆起变形量，二是实际路面的修正。

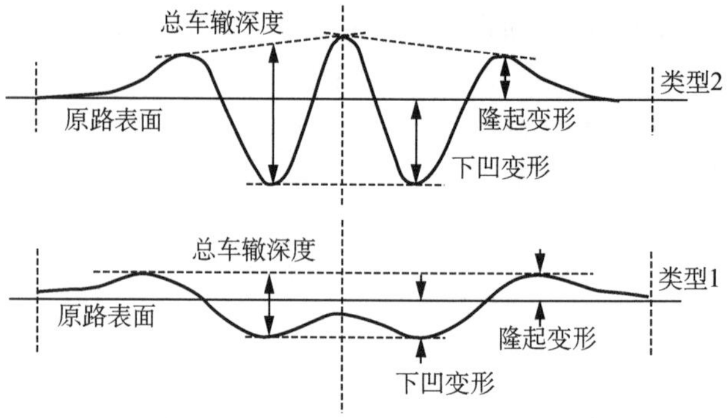


**图 9-15　沥青路面的车辙和永久变形示意**

1. 隆起系数的试验测定

在环道试验中按照大约 50 cm 的间距随机选取了 52 个断面，分别测量了加载 30 万次和 50 万次后不同断面的车辙和永久变形。将隆起高度与下凹深度的比值定义为隆起系数，根据测量结果计算得到的隆起系数如表 9-17 所列。

**表 9-17　　车辙隆起系数计算结果**

| 加载次数/万次 | 路面结构 | 变形类型 | 平均 | 车辙/永久变形 | 隆起系数 $L_p$ |
|---|---|---|---|---|---|
| 30 | A | 车辙 | 20.43 | 1.513 | 0.513 |
| | | 永久变形 | 13.50 | | |
| | B | 车辙 | 15.36 | 1.138 | 0.138 |
| | | 永久变形 | 13.50 | | |
| | C | 车辙 | 19.07 | 1.502 | 0.502 |
| | | 永久变形 | 12.70 | | |
| 50 | A | 车辙 | 21.69 | 1.436 | 0.436 |
| | | 永久变形 | 15.10 | | |
| | B | 车辙 | 15.49 | 1.047 | 0.047 |
| | | 永久变形 | 14.80 | | |
| | C | 车辙 | 20.09 | 1.415 | 0.415 |
| | | 永久变形 | 14.20 | | |

由表 9-17 可见，路面结构 A 和路面结构 C 为半刚性基层路面，隆起系数基本一致，约在 0.4～0.5，因此将路面结构 A 和路面结构 C 隆起系数的平均值作为半刚性沥青路面车辙隆起系数的推荐值，即 $L_p=0.467$。路面结构 B 为级配碎石基层路面，隆起系数较小，体现了不同基层的不同剪切效应。所以，考虑隆起系数的车辙预估模型如下：

$$RD=(1+L_p)\sum_{i=1}^{n}10^{-7.4927}T_i^{3.6950}\left(\frac{N}{V^{1.7243}}\right)^{0.7449}\left(\frac{\tau_i}{[\tau_i]}\right)^{0.5630} \tag{9-18}$$

式中，$L_p$ 为隆起系数，根据环道试验得到的隆起系数：半刚性基层沥青路面取 0.505，柔性基层沥青路面取 0.330。

2. 隆起系数的数值仿真

由于环道试验的试验量很少，路面结构类型也有限，因此为了分析不同路面结构的隆起系数，汤文[18]采用力学仿真的方法。其采用的二维有限元模型的边界条件为：模型左侧及右侧无水平方向位移，模型底部无竖向位移。图9-16为经过离散化之后生成的路面结构有限元模型示意图。

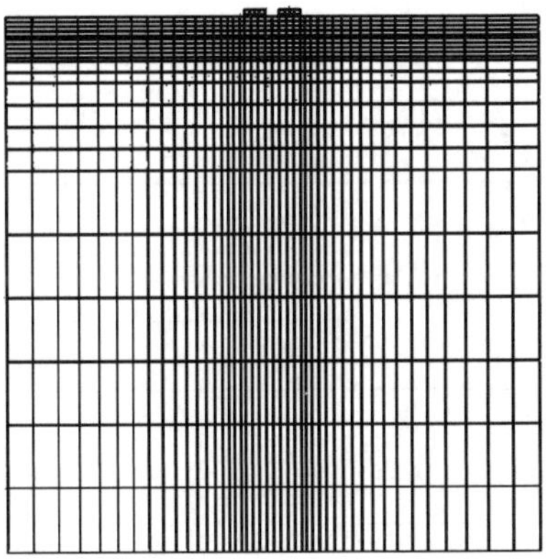

**图 9-16　路面结构有限元模型示意**

1) 材料的蠕变行为及参数

路面结构中水泥稳定碎石基层、底基层及土基的材料参数按照线弹性模型选取，需要测定其弹性参数；对于面层及沥青稳定碎石基层则考虑材料的蠕变特性，需要测定其弹性参数及蠕变参数。沥青混合料的蠕变性质由基于蠕变应变率的蠕变模型来定义，如式(9-19)所示：

$$\varepsilon'_{cr}=C_1\sigma^{C_2}t^{C_3} \tag{9-19}$$

式中 $\varepsilon'_{cr}$ ——蠕变应变率；

$\sigma$ ——等效应力；

$t$ ——阶段终止时间；

$C_1$，$C_2$，$C_3$ ——与材料蠕变性质相关的参数。

要确定沥青混凝土的蠕变模型参数 $C_1$，$C_2$ 和 $C_3$，就需要通过等时长多级蠕变试验得到应力、蠕变应变和时间的关系，然后通过多元线性回归方法求解。蠕变试验在 MTS 试验机上进行，在同一试件上分别按加载 60 s、卸载 350 s 的时间序列，根据五级荷载水平 0.1 MPa，0.2 MPa，0.3 MPa，0.4 MPa 和 0.5 MPa 逐级加载。

由于环道结构的温度场和实际路面的温度场有较大的不同，所以两种场景下材料的蠕变参数也存在很大差异。环道沥青混合料的材料参数在环道实测温度条件下测定，实际路面结构沥青混合料的参数在野外等效车辙温度条件下测定，各种条件下的路面材料参数如表 9-18 和表 9-19 所列。其他材料的弹性参数如表 9-20 所列。

**表 9-18　计算采用的环道沥青混合料蠕变参数和弹性参数**

| 路面结构 | 材料类型 | 温度/℃ | $C_1$ | $C_2$ | $C_3$ | 回弹模量/MPa | 泊松比 |
|---|---|---|---|---|---|---|---|
| A | SMA-13 | 59 | 3.25E-07 | 0.481 | −0.649 | 526 | 0.35 |
| | SUP-20 | 57 | 4.52E-08 | 0.703 | −0.548 | 440 | 0.35 |
| | SUP-25 | 53 | 1.39E-06 | 0.432 | −0.561 | 420 | 0.35 |
| | LSM-25 | 48 | 1.07E-07 | 0.59 | −0.447 | 446 | 0.35 |
| B | SMA-13 | 59 | 3.25E-07 | 0.481 | −0.649 | 526 | 0.35 |
| | SUP-20 | 55 | 1.34E-06 | 0.399 | 0.533 | 474 | 0.35 |
| | SUP-25 | 48 | 3.37E-06 | 0.166 | 0.539 | 461 | 0.35 |

（续表）

| 路面结构 | 材料类型 | 温度/℃ | $C_1$ | $C_2$ | $C_3$ | 回弹模量/MPa | 泊松比 |
|---|---|---|---|---|---|---|---|
| C | SMA-13 | 59 | 3.25E-07 | 0.481 | 0.649 | 526 | 0.35 |
| | SUP-20 | 57 | 3.02E-08 | 0.782 | 0.544 | 440 | 0.35 |
| | SUP-25 | 51 | 9.53E-09 | 0.82 | 0.548 | 500 | 0.35 |

**表 9-19　计算采用的实际路面沥青混合料蠕变参数和弹性参数**

| 路面结构 | 材料类型 | 温度/℃ | $C_1$ | $C_2$ | $C_3$ | 回弹模量/MPa | 泊松比 |
|---|---|---|---|---|---|---|---|
| A | SMA-13 | 43 | 1.942E-08 | 0.721 | −0.878 | 554 | 0.35 |
| | SUP-20 | 36 | 2.369E-11 | 1.287 | −0.673 | 600 | 0.35 |
| | SUP-25 | 27 | 2.958E-07 | 0.525 | −0.658 | 900 | 0.35 |
| | LSM-25 | 10 | 2.735E-09 | 0.810 | −0.662 | 2 200 | 0.35 |
| B | SMA-13 | 43 | 1.942E-08 | 0.721 | −0.878 | 554 | 0.35 |
| | SUP-20 | 30 | 5.601E-08 | 0.648 | −0.744 | 752 | 0.35 |
| | SUP-25 | 11 | 2.301E-07 | 0.449 | −0.646 | 2 200 | 0.35 |
| C | SMA-13 | 43 | 1.942E-08 | 0.721 | −0.878 | 554 | 0.35 |
| | SUP-20 | 36 | 2.369E-11 | 1.287 | −0.673 | 600 | 0.35 |
| | SUP-25 | 22 | 1.509E-06 | 0.356 | −0.659 | 1031 | 0.35 |

**表 9-20　其他材料弹性参数**

| 弹性参数 | 级配碎石 | 水泥稳定碎石 | 土基(上层) | 土基(下层) |
|---|---|---|---|---|
| 回弹模量/MPa | 350 | 15 000 | 200 | 45 |
| 泊松比 | 0.35 | 0.20 | 0.30 | 0.40 |

2）荷载作用时间

荷载作用时间采用叠加原则，即荷载作用时间为荷载作用次数乘以一次轮载作用在路面结构上的时间，而一次轮载作用在路面结构上的时间根据轮载接地长度 $L$ 和行车速度 $V$ 确定，即与式(9-13)中的时间取值方法相同。

3）路面车辙断面的数值模拟

针对室内环道车辙试验和实际路面工况进行数值模拟。室内环道实验中荷载的移动速度为 35 km/h，单次荷载在有限元模型上的作用时间为 0.02016 s，计算荷载作用次数为 100 万次，则总的荷载作用时间为 $2.016\times10^4$ s，通过数值仿真获得的路面断面如图 9-17 所示。

实际路面行车速度取 80 km/h，单次荷载在有限元模型上的作用时间为 0.00945 s，计算荷载作用次数为 4 000 万次，则总的荷载作用时间为 3.78×$10^5$ s，通过数值仿真获得的路面断面如图 9-18 所示。

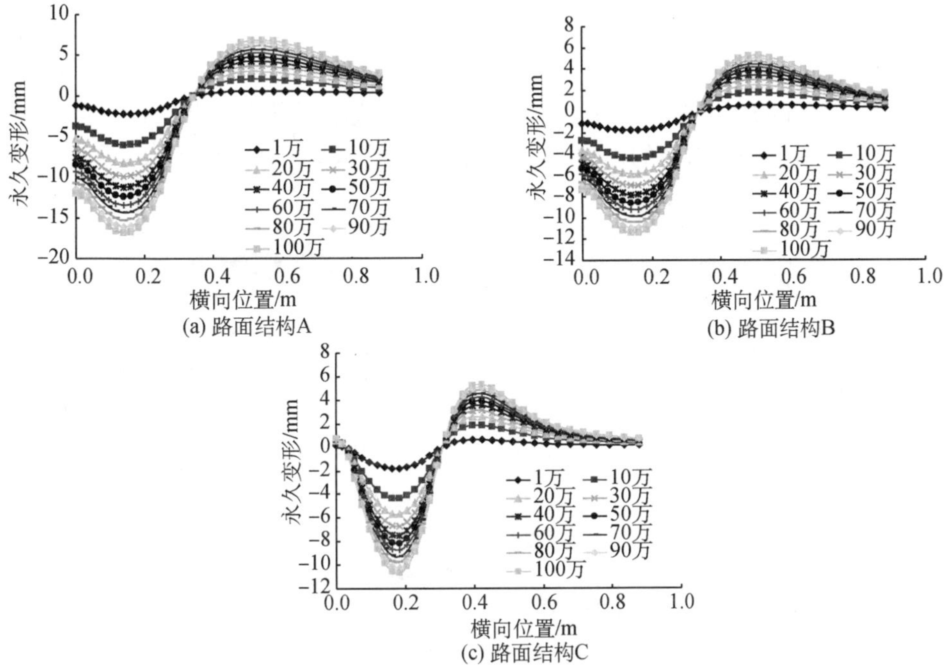


图 9-17　环道试验工况下的路表变形

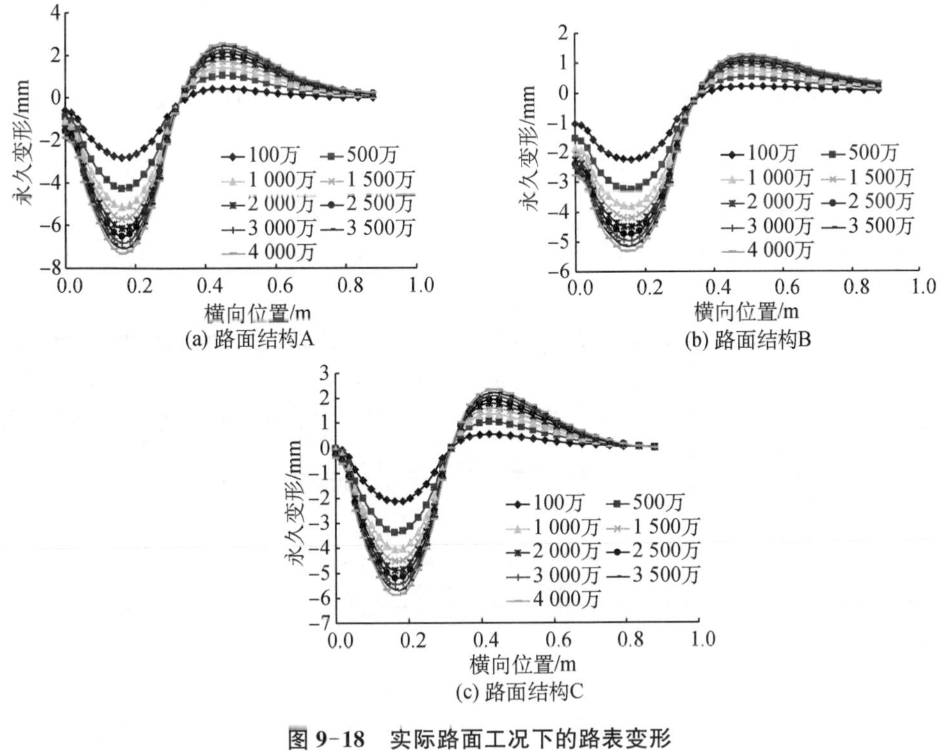


图 9-18　实际路面工况下的路表变形

从图 9-17 和图 9-18 可知，加载初期的隆起系数都较小，随着荷载作用次数的增加，隆起系数随之增加，并逐步趋于稳定。对于实际路面来说，当荷载作用次数在 2 000 万次至 4 000万次时，半刚性基层路面的隆起系数在 0.34～0.37 之间，柔性基层路面的隆起系数在 0.22～0.24 之间。对于环道试验路面来说，当荷载作用次数在 50 万次至 100 万次时，半刚性基层路面的隆起系数在 0.43～0.45 之间，柔性基层路面的隆起系数在 0.44～0.45 之间。可以看出，实际路面的变形隆起系数小于环道试验路面的变形隆起系数。

当考虑荷载横向分布系数的影响时，数值仿真结果如图 9-19 所示。

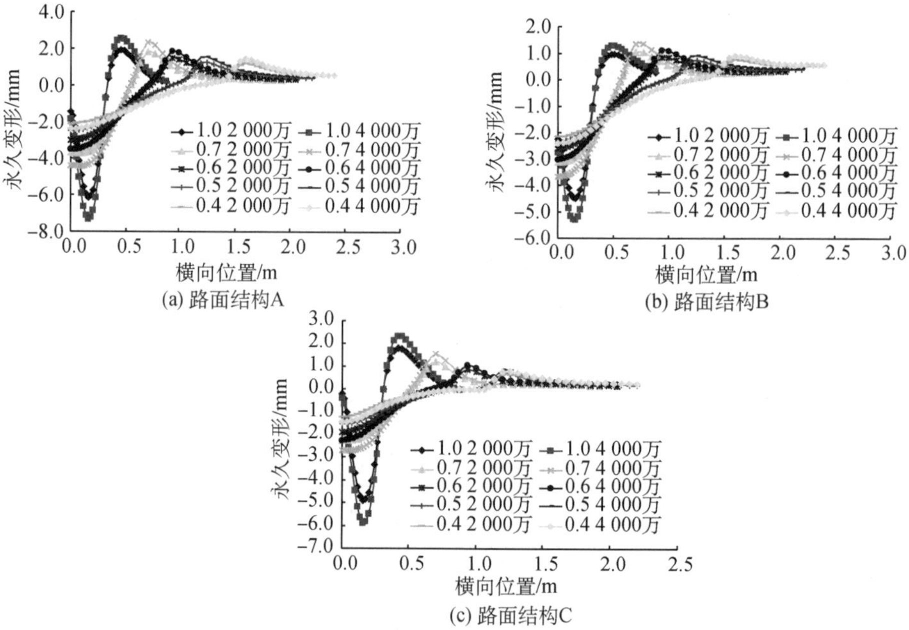


**图 9-19 实际路面工况下考虑不同荷载横向分布系数时的路表变形**

当考虑荷载横向分布系数时，荷载最大隆起变形与最大永久变形的位置显著不同。随着荷载横向分布系数的增大，荷载作用范围逐渐减小，最大隆起变形位置逐渐向荷载中心靠近。此外，当考虑荷载横向分布系数时，最大永久变形发生在双轮荷载中心；不考虑荷载横向分布系数时，最大永久变形发生在单轮荷载中心附近。

荷载横向分布系数对三种结构的最大永久变形及隆起变形均有较大影响。随着荷载横向分布系数的增大，最大永久变形与最大隆起变形都逐渐增大。同时，当考虑荷载的横向分布时，路面最大永久变形显著低于不考虑车道内荷载横向分布时的永久变形，这种现象也验证了在对沥青路面的车辙进行分析时，考虑荷载横向分布的必要性。

3. 车辙预估

式(9-16)中的待定系数是基于试验室试验数据确定的，如式(9-17)、式(9-18)所示。考虑到与实际路面的差异，故还需采用实际路面观测数据对其进行校定。根据少量调查数据，初步结果如式(9-20)所示。

$$RD = 0.3996(1 + L_{\mathrm{p}}) \sum_{i=1}^{n} 10^{-7.4927} \times T_i^{3.6950} \times \left(\frac{N}{V^{1.7243}}\right)^{0.7449\left(\frac{\tau_i}{[\tau_i]}\right)^{0.5630}} \tag{9-20}$$

# 9.4 预估模型的改进与验证

## 9.4.1 变形模型的比较

为了进一步优化变形和车辙模型的形式，王翼[20]重点考察了改进的 Leahy 模型、Kaloush 模型、Verstraeten 模型、WesTrack 模型和式(9-20)这五个模型。

1. 总变形量的比较

1) 级配碎石基层路面

2012 年，NCHRP 将改进的 Leahy 模型、Kaloush 模型、Verstraeten 模型和 WesTrack 模型加入了 MEPDG 设计软件，根据 NCAT 试验路的典型结构，分别验算了不同沥青层厚度的车辙预估值，如图 9-20 所示[6]。

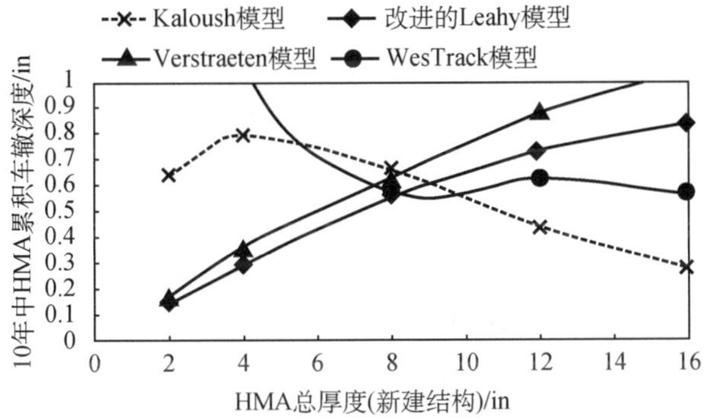


**图 9-20 MEPDG 软件计算不同沥青层厚度的车辙预估值**

该研究认为，沥青层厚度的增加对车辙的影响不显著，以压应变为参数的 Kaloush 模型高估了沥青层厚度的增加对车辙的防治作用。相反地，以偏应力为力学参数的 Verstraeten 模型和改进的 Leahy 模型必然会得到沥青层越厚、车辙越大的结论。WesTrack 模型和 LTPP 的研究成果吻合得最好。研究还就沥青层厚度、温度和材料类型对各车辙预估模型的影响进行了比较。

采用式(9-20)进行同样的计算，与 MEPDG 的计算结果相比，不同模型采用车辙等效温度及相应的动态模量作为输入参数得到的预估结果在变化趋势和规律上各有异同。Kaloush 模型与 Verstraeten 模型随沥青层厚度和温度的变化规律与 MEPDG 的计算结果之间差异明显；改进的 Leahy 模型虽然与 MEPDG 的计算结果变化趋势一致，但该趋势与 LTPP 的观测结果不符；WesTrack 模型和式(9-20)给出了合理的变化趋势。

2) 半刚性基层路面

采用典型半刚性基层路面结构，分析不同车辙深度随沥青层厚度、基层模量和温度等因素变化的预估效果。结果表明，Kaloush 模型、Verstraeten 模型的预估结果随沥青层厚度的变化趋势与级配碎石基层路面结构时的趋势基本一致，即随着沥青层厚度的增加，车辙深度不断减小，这一变化趋势与半刚性基层路面的观测结果不符。相比之下，改进的 Leahy 模型、WesTrack 模型和式(9-20)则较好地反映了半刚性路面的车辙变化规律。

但 WesTrack 模型与式(9-20)的预估结果仍然存在明显瑕疵。例如,WesTrack 模型的预估结果对于基层厚度和模量的变化不敏感,且随着沥青层厚度的增大呈线性增大的趋势;式(9-20)的预估结果则随基层厚度和模量的变化规律彼此相反,不能对于基层整体刚度变化对车辙的影响做出一致解释。

2. 分层变形量的比较

基于总变形量的分析可能导致一些不尽合理的结果,即便总变形预估正确,但通常不能准确预估各层材料的变形,也就无法据此对各层材料提出合理的抗车辙性能设计标准。

因为 WesTrack 模型是通过经验厚度换算系数预估沥青层的总变形,所以不具备分析沥青层内变形分布的能力,这里仅对其他四个模型进行分析比较。

1) 碎砾石基层路面

不同模型预估结果是否合理? 选用文献[38]中的观测结果作为评价依据。由于该文献未给出有关沥青混合料动态模量的详细数据,因此参考 2003 NCAT 试验段的材料模量参数确定两种结构进行计算分析。

分析表明,Kaloush 模型和 Verstraeten 模型对上面层变形的预估值明显大于中面层,改进的 Leahy 模型和式(9-20)对中面层变形的预估值明显大于上面层,这与观测结果较为一致。当中面层由普通沥青混合料变为改性沥青混合料时,不同模型的预估值均有所降低。

同时,Kaloush 模型和 Verstraeten 模型均认为沥青层内 2～4 cm 深度范围是最易产生变形的位置;改进的 Leahy 模型的变形预估极大值出现在约 4.5 cm 和 13.5 cm 深度位置,即认为各沥青材料层底部是形成车辙的临界位置,这一结论与观测结果不符;式(9-20)的结果表明沥青层 1.5 cm 深度处和下部沥青层顶部的变形值最大,并且对于下部沥青层顶部易产生变形的这一判断与观测结果一致。

2) 半刚性基层路面

参照文献[39]拟定用于比较分析的半刚性基层路面结构。分析表明,四个模型对下面层变形的预估结果均较小;除式(9-20)外的其他三个模型对中面层的变形预估结果和上面层基本持平,这一结论与实际观测结果之间存在差异;式(9-20)的结果表明车辙主要产生于中面层,这与实际观测结果一致。

当中面层由普通沥青混合料变为改性沥青混合料后,式(9-20)对中面层的变形预估值降幅最大,而其他模型对中面层材料变化的反应不够敏感。

3. 材料类型影响

从文献分析可知,当材料温度高于 20 ℃时,动态模量并不能充分反映不同沥青混合料之间的差异。除式(9-20)以外的其余四个模型均以动态模量作为反映沥青混合料抗变形能力的指标,故无法准确预估和解释改性沥青混合料对于路面抗车辙性能的改善作用。此外,NCHRP 的研究结果表明,动态模量不能解释沥青混合料的体积参数对车辙的影响[40]。因此,车辙预估模型中需要包括能够反映不同沥青混合料高温抗变形能力的指标。

### 9.4.2 模型的改进

1. 最大剪应力沿深度分布的计算

本书 2.3 节对剪应力的分布特性进行了分析。式(9-20)所示的路面变形分析方法采用的是层应变法，需要进一步明确最大剪应力沿深度的分布。所以，针对路面车辙变形的特点，对结构中剪应力沿深度的分布需采取进一步分析。

将双圆荷载简化为双矩形荷载。如图 9-21 所示，考虑结构的对称性，共选取 4 个横断面进行分析，横断面间距约为 55 mm；每个横断面上共选取 9 个最大剪应力计算点，间距约为 40 mm。其中，横断面 1 上各点包括双矩形荷载对称中心、单矩形荷载的形心和内外边缘点。

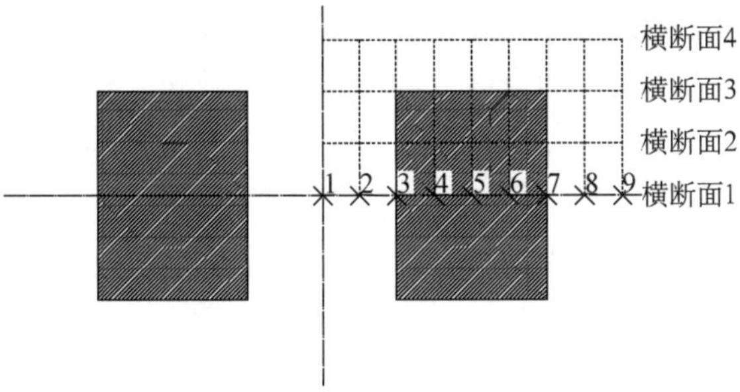


**图 9-21　计算横断面的选取**

王翼[20]的分析表明，横断面 1 的最大剪应力总体上最大，因而横断面 1 可以作为路面结构中最大剪应力的分析断面。荷载作用区下方的最大剪应力总体大于其他位置，路面结构内最大剪应力峰值出现在荷载外边缘的垂线上。最大剪应力峰值的出现位置并不是产生车辙的主要位置，如横断面 1 上位于荷载外边缘（点 7）下方 1.5 cm 处的最大剪应力值为整个路面结构内各点的最大剪应力峰值，但该峰值出现和影响的范围较小，在曲面图上仅为一个凸点，而荷载下方 4～10 cm 深度范围的最大剪应力虽然为次高值，但该次高值的覆盖区域较大。正是这种剪应力分布特征导致了中面层成为车辙产生的主要区域。

为了使计算结果能反映车辙沿深度的分布，对图 9-21 中横断面 1 上点 3 至点 7 进行不同深度剪应力的计算。如图 9-22 所示，点 3 和点 7 的最大剪应力分布比较接近，且上面层剪应力较大；其他三点比较接近，且中面层剪应力较大。点 3 与点 7 相比，点 7 处剪应力更大；点 4、点 5、点 6 之间，点 5、点 6 处剪应力更大。因此，单独选择点 3 或点 7，或单独选择点 4、点 5、点 6 均只能片面地反映局部最大车辙产生的位置。因此，采用点 5、点 6、点 7 同一深度处最大剪应力的平均值作为该深度处最大剪应力的代表值，典型结果如图 9-23 所示。

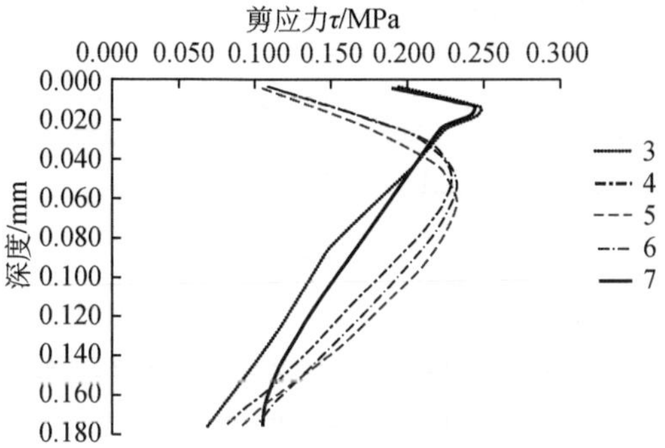


**图 9-22　最大剪应力沿深度分布**

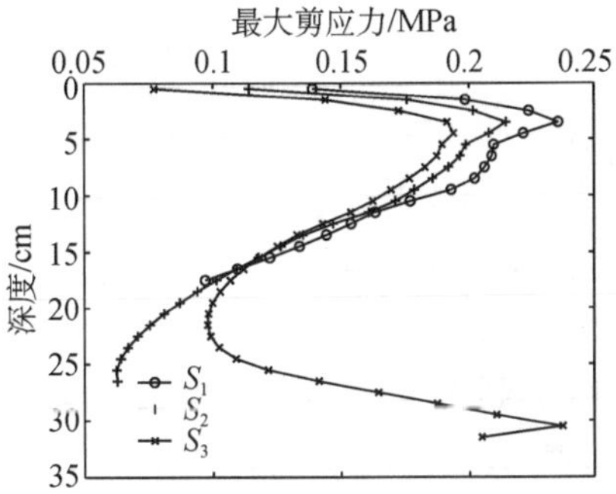


**图 9-23　半刚性基层 $S_1$、半刚半柔基层 $S_2$ 和柔性基层 $S_3$ 中的最大剪应力值**

从图 9-23 可以看出，在 0～10 cm 深度范围，半刚性结构的剪应力最大，半刚半柔结构次之，柔性结构最小；4～10 cm 深度范围(中面层)的平均剪应力较高，这也有效解释了为何中面层易产生车辙。这种计算方法可以作为车辙分析时剪应力计算的标准化方法。

2. 模型的标定

选择Ⅳ7 区京珠南高速、Ⅱ4 区滨大高速、Ⅲ1 区太旧高速和祁临高速、Ⅳ7 区渝湛高速和Ⅳ1a 区沿江高速、汾灌高速、省道 327(S327)、省道 303(S303)、216 国道(G216)、奎克高速、赛果高速、G30 吐鲁番到火焰山段等涵盖多个气候区的道路数据对式(9-20)进行标定和验证。考虑到实地勘察数据获得的速度数据样本较多，故引入速度综合系数 $(1+\delta V^{\rho})$ 以克服式(9-20) 在 $V=0$ 时的数学奇点，车辙预估模型的最终形式即为式(9-21)。

$$RD=\varphi(1+L_p)\sum_{i=1}^{n}\alpha\times T_i^{\beta}\times\left(\frac{N}{1+\delta V^{\rho}}\right)^{\gamma\left(\frac{\tau_i}{[\tau_i]}\right)^{\lambda}} \tag{9-21}$$

由于各地年平均气温的不同会造成沥青层内车辙等效温度沿深度的分布存在地区差异，因此各亚层相应的材料模量取值和剪应力计算都较为烦琐。对此，需要根据一定的方法选取动态模量的代表值作为沥青层的等效模量以用于剪应力的计算。

沥青层等效模量的计算方法如式(9-22)所示。其中，沥青层各亚层的剪应力值及其权重值反映了路面结构对等效模量的影响。

$$\left.\begin{aligned}E_{\text{eff}}^{*}&=\sum_{i=1}^{n}E_i^{*}\omega_i\\ \omega_i&=\frac{\tau_i}{\sum_{j=1}^{n}\tau_j}\end{aligned}\right\} \tag{9-22}$$

式中 $E_{\text{eff}}^{*}$ ——沥青层等效模量(MPa)；

$\tau_i$ ——沥青层亚层 $i$ 中的剪应力值(MPa)；

$\omega_i$ ——沥青层亚层 $i$ 在沥青层抗剪中的作用权重；

$n$ ——沥青层亚层总数。

拟合得出车辙预估模型如式(9-23)所示。

$$RD=0.4888(1+L_p)\sum_{i=1}^{n}10^{-7.6422}\times T_i^{3.7586}\times\left(\frac{N}{1+5.5572V^{1.2219}}\right)^{0.8358\left(\frac{\tau_i}{[\tau_i]}\right)^{0.6256}} \tag{9-23}$$

各车辙深度的预估值为对应实测位置附近横断面 3 或横断面 4 车辙深度最大值的平均值。通过最小二乘法拟合得到线性修正系数 $\phi=0.4888$。比较预估值与实测值的散点图如图 9-24 所示，拟合相关系数 $R=0.7666$。

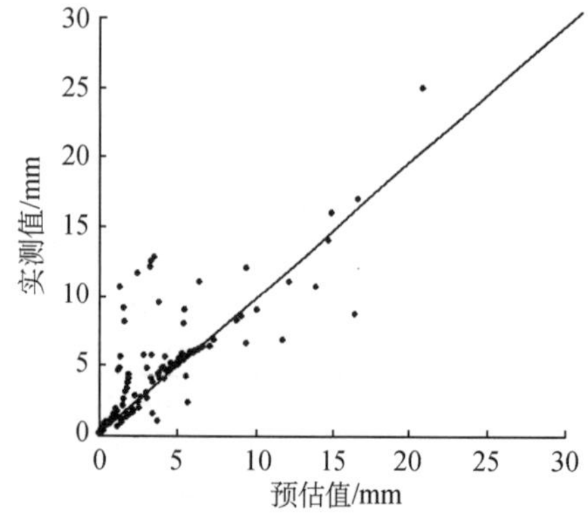


**图 9-24 实地车辙实测值与预估值的比较**

3. 预估结果对比

采用本书 9.4.1 节中用以比较的路面结构、材料和温度参数，王翼[20]对式(9-23)进行了检验，如图 9-25 所示。

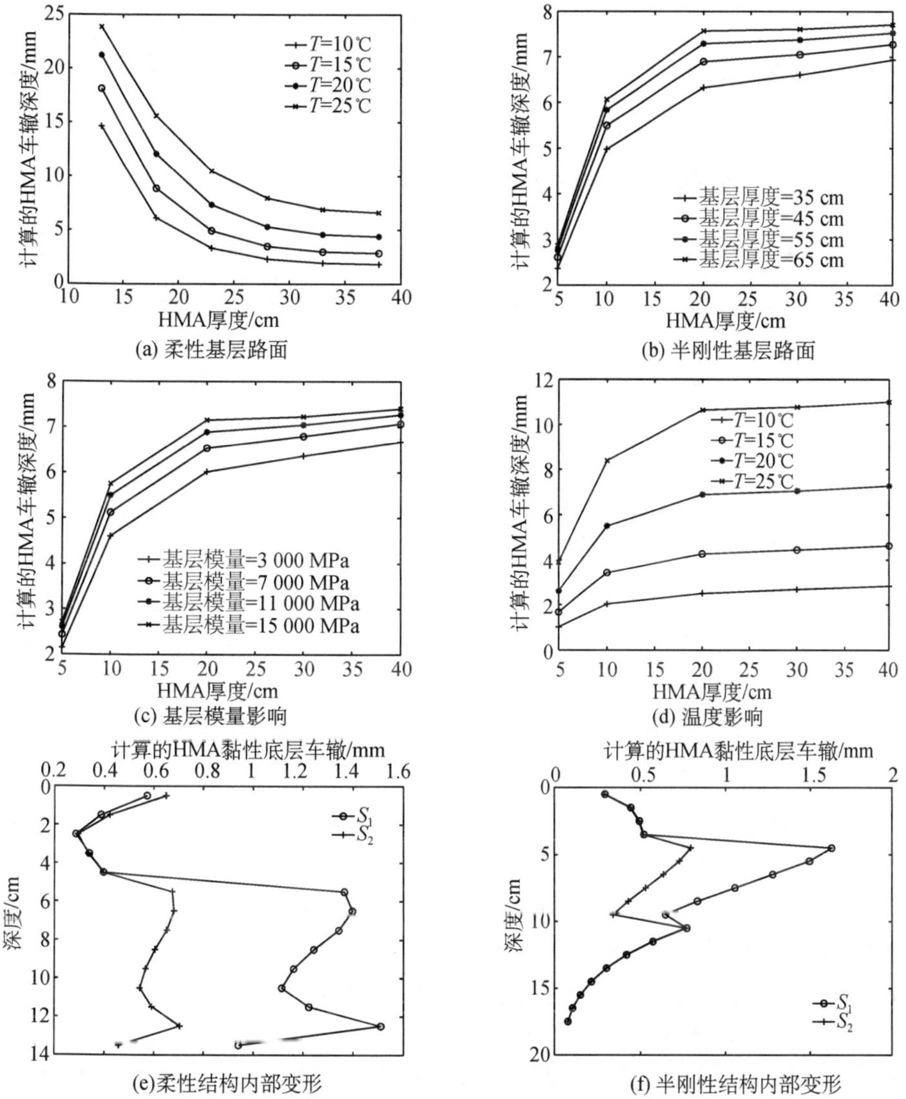


**图 9-25　预测和实测变形的比较**

从图 9-25(a)可以看出，随着沥青层厚度的增加，对于柔性基层路面而言，沥青层总变形的预估结果与观测结果较为一致。由图 9-25(b)～(d)可知，随着沥青层厚度的增加，沥青层内车辙逐渐增大，但增速逐渐放缓，与文献[41]～[46]中的观测结果一致；基层厚度和模量的增大均导致基层刚度的增大，进而导致车辙的增加。由图 9-25(e)可知，柔性基层结构沥青层内的变形主要产生在 4～10 cm 深度，与 HVS 试验结构沥青层内的变形特征相吻合。图 9-25(f)表明，半刚性路面沥青层的变形以中面层为主，中面层顶部变形最为明显；当中面层采用普通沥青混合料时，中面层变形占上面层、中面层总变形的 79%，当中面层采用改性沥青混合料时，中面层变形占上面层、中面层总变形的67%，这与文献[39]的试验结果一致。

## 9.5 模型的简化

上述方程在形式上仍然较为复杂，求解最大剪应力时还需使用专门的软件。为了简化求解过程，提高求解速度和效率，刘黎萍等[19, 47]，许严[48]对车辙预估模型的形式做了简化处理。

### 9.5.1 路面剪应力的简化计算方法

1. 路面各结构参数对路面剪应力的影响分析

为了便于简化，对沥青路面各结构参数在常用范围内选取不同的值，计算各结构参数对沥青层剪应力的影响。

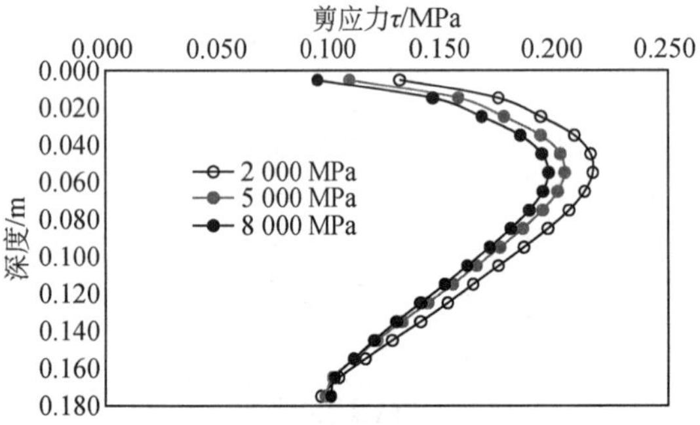


图 9-26 面层模量对剪应力的影响

首先，对于面层模量对剪应力的影响进行了分析。面层模量分别选取2 000 MPa、5 000 MPa和8 000 MPa，其他结构参数：面层厚度为18 cm、基层厚度为45 cm、垫层厚度为20 cm，基层模量为12 000 MPa、垫层模量为350 MPa、土基模量为40 MPa。图9-26为不同面层模量的路面结构的剪应力分布。由图9-26可见，沥青层同一深度处的剪应力随着面层模量的增大而减小，且减小的幅度也是递减的。

类似地，对面层厚度、基层模量、基层厚度、垫层模量和土基模量等因素的影响进行了详细分析。结果表明，沥青层同一深度处的剪应力随着面层厚度的增大而增大，且增幅递减；沥青层同一深度处的剪应力随着基层模量和基层厚度的增大而增大，且增幅递减；垫层模量对剪应力的影响不大，虽然随着土基模量的增大而增大，但增幅很小。

根据上述分析可以认为，面层模量、面层厚度、基层模量、基层厚度这四个参数对沥青层剪应力的影响较大，而垫层模量和土基模量对沥青层剪应力的影响较小。剪应力曲线总是呈偏态分布形状，结构参数的变化对曲线形状没有太大影响。这一方面反映出用点5、点6、点7处剪应力的平均值作为车辙研究的剪应力取值具有较高的稳定性，另一方面也给剪应力曲线的数学规律表达提供了可能性。

2. 路面剪应力简化计算模型的建立

如上所述，沥青层剪应力沿深度方向的分布曲线形状很稳定，呈偏态分布形状。许严经过对多种函数图像的研究发现，伽马分布的密度函数能很好地反映这一规律。

对于连续型随机变量 $x$，如果它的概率密度分布函数 $f(x)$ 符合如下分布：

$$f(x)=\frac{x^{a-1}\mathrm{e}^{-x/b}}{b^{a}\Gamma(a)} \tag{9-24}$$

式中，$x \geqslant 0$，$a > 0$，$b > 0$；$\Gamma(a) = \int_0^{\infty} x^{a-1} e^{-x} dx$。

这个概率密度函数被称为伽马分布，即皮尔逊Ⅲ型分布。其分布特点是曲线有一个峰值，且左右不对称。如果变量的下限不是 0，而是另外一个有限值 $\lambda$，那么它仅影响分布函数在 $x$ 坐标中的位置而不影响函数的形状。式(9-24) 中 $a$ 为形状参数，不同的值可以产生不同形状的曲线，$b$ 为单元的尺度。图 9-27 为伽马分布密度函数的典型图形。

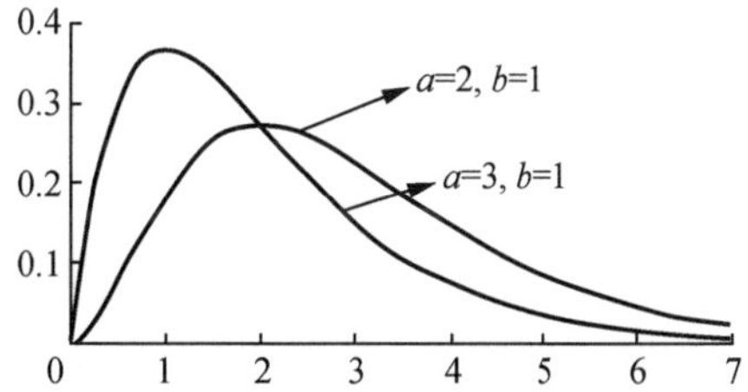

**图 9-27　伽马分布概率密度函数图形**

按照表 9-21 中的参数取值范围，共计算了 486 种结构的剪应力，作为建立简化模型的基本数据，并选取其中一种典型结构作为建立简化模型的基本结构。

**表 9-21　路面结构参数取值**

| 结构参数 | 参数值 | 基本结构的参数取值 |
| --- | --- | --- |
| 面层模量/MPa | 2 000，5 000，8 000 | 2 000 |
| 面层厚度/cm | 10，18，25 | 18 |
| 基层模量/MPa | 4 000，12 000，20 000 | 12 000 |
| 基层厚度/cm | 30，45，60 | 45 |
| 垫层模量/MPa | 350，500 | 350 |
| 垫层厚度/cm | 20 | 20 |
| 土基模量/MPa | 40，120，200 | 40 |

参考伽马分布密度函数，设定函数 $f(x) = \dfrac{(x/d)^{a-1} e^{-(x/d)/b}}{b^a \Gamma(a)} + c$ 为简化模型的基本形式，对所选取的每个结构确定未知的 $a$，$b$，$c$，$d$ 的值，然后以基本结构的未知数取值为基础，统计确定剪应力简化模型的最终形式如下：

$$f(h) = \frac{0.505 h^{0.5} e^{-\frac{h}{5b}}}{b^{1.5}} + c \tag{9-25}$$

式中　$f(h)$—— 沥青层深度为 $h$ 处的剪应力(MPa)；

$h$ ——沥青层深度(cm)；

$b$，$c$ ——不同路面结构参数的系数。

$$b = 1.95 k_1 k_2 k_3 k_4 k_5 k_6 \tag{9-26}$$

$$c = 0.066 r_2^3 - 0.260 r_2^2 + 0.352 r_2 - 0.189 \tag{9-27}$$

其中：

$$k_1 = -0.004 r_1^2 + 0.053 r_1 + 0.951，r_1 = \frac{m_1}{2\ 000}$$

$$k_2 = 0.219r_2^3 - 0.778r_2^2 + 0.994r_2 + 0.560,\ r_2 = \frac{h_1}{18}$$

$$k_3 = 0.023r_3^2 - 0.100r_3 + 1.076,\ r_3 = \frac{m_2}{12\,000}$$

$$k_4 = 0.069r_4^2 - 0.253r_4 + 1.184,\ r_4 = \frac{h_2}{45}$$

$$k_5 = r_5^{0.02},\ r_5 = \frac{m_3}{350}$$

$$k_6 = r_6^{0.02},\ r_6 = \frac{m_0}{40} \tag{9-28}$$

式中 $m_1$——面层模量(MPa);

$h_1$——面层厚度(cm);

$m_2$——基层模量(MPa);

$h_2$——基层厚度(cm);

$m_3$——垫层模量(MPa);

$m_0$——土基模量(MPa)。

沥青路面的车辙主要发生在气温较高的季节,所以沥青面层的模量相对较小;沥青面层的常见厚度在 10～30 cm 之间,基层和垫层的厚度则相对固定,基层模量因材料的不同其取值范围较大;垫层和土基的模量变化对沥青层剪应力的影响非常小,所以对于简化计算模型的验证选取以下六个结构,如表 9-22 所列。

**表 9-22　验证所用的沥青路面结构**

| 结构参数 | 结构一 | 结构二 | 结构三 | 结构四 | 结构五 | 结构六 |
|---|---|---|---|---|---|---|
| 面层模量/MPa | 2 200 | 2 200 | 2 200 | 2 200 | 2 200 | 2 200 |
| 面层厚度/cm | 10 | 20 | 30 | 10 | 20 | 30 |
| 基层模量/MPa | 11 000 | 11 000 | 11 000 | 3 000 | 3 000 | 3 000 |
| 基层厚度/cm | 45 | 45 | 45 | 45 | 45 | 45 |
| 垫层模量/MPa | 350 | 350 | 350 | 350 | 350 | 350 |
| 垫层厚度/cm | 20 | 20 | 20 | 20 | 20 | 20 |
| 土基模量/MPa | 40 | 40 | 40 | 40 | 40 | 40 |

分别对以上六个结构的剪应力进行简化计算和有限元计算,可以看出简化计算模型具有较高的精确度,仅在沥青层较薄时 0.5 cm 深度处有较大的偏差。

由表 9-23 可知,选取的六个结构的平均偏差都不超过 8%,在面层厚度为 10 cm 和 20 cm 时,平均偏差(除掉 0.5 cm 深度处)均不超过 4%;由于 0.5 cm 深度处的剪应力偏差稍大,当不考虑此处的剪应力偏差时,六个结构的平均偏差会进一步减小。所以,本书得出的沥青路面剪应力简化计算方法具有较高的精确度。

表 9-23　验证结构的误差分析结果

| 验证结构 | 平均偏差 | 平均偏差(除掉 0.5 cm 深度处) |
|---|---|---|
| 结构一 | 7.96% | 3.74% |
| 结构二 | 2.27% | 1.08% |
| 结构三 | 7.02% | 6.52% |
| 结构四 | 5.48% | 3.14% |
| 结构五 | 3.16% | 2.65% |
| 结构六 | 7.07% | 6.74% |

## 9.5.2 车辙预估模型的简化

1. 典型路面结构的预估模型简化

为了建立一个简化的车辙预估模型，首先确定一个典型结构，在此典型结构的基础上对车辙预估模型进行形式简化。典型结构如表 9-24 所列。

表 9-24　用于方程简化的典型结构

| 结构层 | 参数 |
|---|---|
| 沥青层 | $h_1=0.20$ m, $E_1=2\ 200$ MPa, $\mu_1=0.35$ |
| 基层 | $h_2=0.45$ m, $E_2=11\ 000$ MPa, $\mu_2=0.35$ |
| 碎石层 | $h_3=0.20$ m, $E_3=350$ MPa, $\mu_3=0.4$ |
| 土基 | $E_0=40$ MPa, $\mu_0=0.4$ |

典型结构下的车辙预估模型简化形式如式(9-29)。

$$RD=10^{\alpha}\times T^{\beta}\times\left(\frac{N}{V^{\rho}}\right)^{\lambda[\tau]^{\eta}} \tag{9-29}$$

式中　$RD$ ——沥青层永久变形(mm)；

$\alpha$, $\beta$, $\lambda$, $\eta$, $\rho$ ——待定模型参数；

$T$ ——所在地区年平均气温(℃)；

$N$ ——轴载作用次数；

$V$ ——行车速度(km/h)。

$[\tau]$ ——沥青层综合抗剪强度(MPa)；

其中，沥青层综合抗剪强度的计算见式(9-30)。

$$\left.\begin{aligned}[\tau]&=\sum_{i=1}^{n}[\tau]_i\cdot\omega_i\\ \omega_i&=\frac{\overline{\tau_i}}{\sum\limits_{i=1}^{n}\overline{\tau_i}}\end{aligned}\right\} \tag{9-30}$$

式中 $n$ ——组成沥青层的不同材料层层数；

$\overline{\tau_i}$ —— 沥青材料层 $i$ 中最大剪应力分析值沿深度的平均值，最大剪应力分析值的确定方法同本书 4.2.3 节；

$\omega_i$ —— 材料层 $i$ 在沥青层抗剪中的作用权重。

简化方程的参数拟合涉及各材料层抗剪强度、行车速度、轴载作用次数和地区年平均气温，具体取值见表 9-25，通过 512 组数据拟合后得到的简化方程见式(9-31)，回归相关系数 $R=0.9948$。典型结构下的简化计算公式的结果与车辙预估方程的预估结果吻合得很好，如图 9-28 所示。

**表 9-25　典型结构下的方程简化计算参数**

| | | | | | | | | | |
|---|---|---|---|---|---|---|---|---|---|
| [τ]/MPa | 上面层 | 0.6 | 0.8 | 1.0 | 1.3 | 0.5 | 0.6 | 0.8 | 1.2 |
| | 中面层 | 0.5 | 0.6 | 0.8 | 1.2 | 0.6 | 0.8 | 1.0 | 1.3 |
| | 下面层 | 0.3 | 0.4 | 0.6 | 0.7 | 0.3 | 0.4 | 0.6 | 0.7 |
| $V/(\mathrm{km\cdot h^{-1}})$ | | 20, 40, 60, 80 | | | | | | | |
| $N$/次 | | 500, 2 000, 3500, 5 000 | | | | | | | |
| $T$/℃ | | 10, 15, 20, 25 | | | | | | | |

$$RD=10^{-3.9394}\times T^{1.4985}\times(V^{-0.9326}\times N)^{0.4751[\tau]^{-0.3724}} \tag{9-31}$$

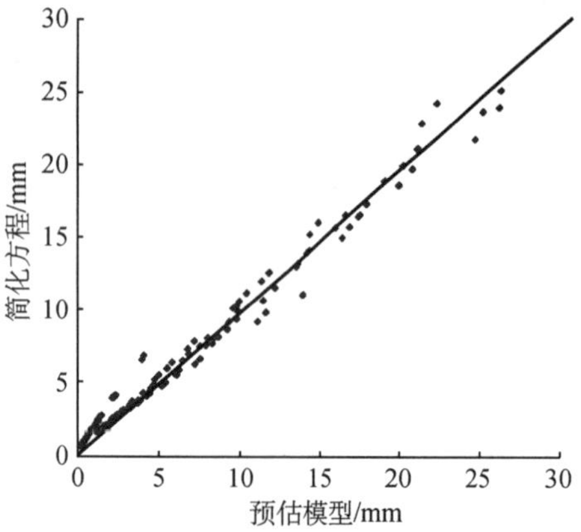


**图 9-28　简化方程与车辙预估方程预估值的比较**

2. 考虑不同结构的车辙预估简化方程

沥青层厚度、基层模量与基层厚度均对沥青层内最大剪应力的分布有着较大影响，而实际的路面结构与上节提出的典型结构相比，沥青层厚度及基层模量往往差异较为明显。因此，车辙预估简化方程须考虑不同的沥青层厚度、基层模量和基层厚度的影响。

经对比分析发现，沥青层厚度与基层模量对沥青层内最大剪应力的影响并不是独立的。所以，在典型结构下的简化方程上需加入一个能够同时反映沥青层厚度与基层模量的综合修正系数 $\psi$，如式(9-32)所示。综合修正系数拟合计算参数当中，地区温度、行车速度、加载次数和沥青层综合抗剪强度均与之前相同，加入沥青层厚度与基层模量两个变量，如表 9-26 所列，拟合得到 $\psi$ 的表达式如式(9-33)所示。

**表 9-26　综合修正系数计算参数**

| | | | | | | | | | |
|---|---|---|---|---|---|---|---|---|---|
| [τ]/MPa | 上面层 | 0.6 | 0.8 | 1.0 | 1.3 | 0.5 | 0.6 | 0.8 | 1.2 |
| | 中面层 | 0.5 | 0.6 | 0.8 | 1.2 | 0.6 | 0.8 | 1.0 | 1.3 |
| | 下面层 | 0.3 | 0.4 | 0.6 | 0.7 | 0.3 | 0.4 | 0.6 | 0.7 |
| $V/(\mathrm{km\cdot h^{-1}})$ | | 20, 40, 60, 80 | | | | | | | |

(续表)

| | |
|---|---|
| $N$/次 | 500，2 000，3 500，5 000 |
| $T$/℃ | 10，15，20，25 |
| $h_1$/m | 0.10，0.15，0.20，0.25，0.30 |
| $E_2$/MPa | 3 000，6 000，9 000，11 000，15 000 |

$$RD = 3.4048 \times 10^{-3} \times \psi(h_1, h_2, E_2) \times T^{1.3109} \times (V^{-1.2375} \times N)^{0.3050 \times [\tau]^{-0.5367}} \quad (9\text{-}32)$$

$$\psi(h_1, h_2, E_2) = (0.4897 h_1^{-0.0029} - 14.2082 h_2^{-1.3196}) \times E_2^{0.1026} \quad (9\text{-}33)$$

式中 $h_1$ ——沥青层厚度(cm)；
$h_2$ ——基层厚度(cm)；
$T$ ——月平均气温大于 0 ℃的各月份气温平均值；
$E_2$——基层模量(MPa)。

**参考文献**


[1] AASHO. The AASHO road test: history and description of the project[R]. Special Report 61 A, Highway Research Board, Washington D C, 1961.

[2] BARKSDALE R D. Laboratory evaluation of rutting in base course materials[C]//Proceedings of 3rd International Conference on the Structural Design of Asphalt Pavements. London: University of Michigan, 1972.

[3] FINN F, SARAF C, KULKARNI R, et al. The use of distress prediction subsystems for the design of pavement structures[C]//Proceedings of the 4th International Conference onthe Structural Design of Asphalt Pavements, Ann Arbor, Michigan,1977.

[4] CLAESSEN AIM, EDWARDS J M, SOMMER P, et al. Asphalt pavement design: the shell method [C]//Proceedings of the 4th International Conference on tire Structural Design of Asphalt Pavements, Ann Arbor, Michigan,1977.

[5] KENIS W J. Predictive design procedures: a design method for flexible pavements using the vesys structural subsystem[C]//Proceedings of 4th International Conference on the Structural Design of Asphalt Pavements,Ann Arbor, Michigan,1977.

[6] UZAN J. Permanent deformation in pavement design and evaluation [C]//Proceedings of the International Symposium on Bearing Capacity of Roads and Airfields, 1982.

[7] MONISMITH C L,EPPS J A,FINN F N. Improved asphalt mix design[C]//Proceedings of Asphalt Paving Technologists,San Antonio,Texas, 1985.

[8] EISENMANN J, HILMER A. Influence of wheel load and inflation pressure on the rutting effect at asphalt pavement experiments and theoretical investigations [C]//Proceedings of the International Conference on the Structural Design,1987.

[9] LEAHY R B. Permanent deformation characteristics of asphalt concrete[D]. University of Maryland, College Park, 1989.

[10] SOUSA J B, CRAUS J, MONIMITH C L. Summary report on permanent deformation inasphalt conrete [R]. SHRP-A-318, Strategic Highway Research Program, National Research Council.

WashingtonDC,1991.
[11] BROWN E R, CROSS S A. A national study of rutting in hot mix asphalt pavement[J].Journal of the Association of Asphalt Paving Technologists, 1992,61:535-582.
[12] University of California at Berkeley, Oregom state university, Austin research engineers, Inc., et al. Stage 1 validation of the relationship between asphalt properties and asphalt aggregate mix performance[R]. Strategic higheay research program, reportNo. SHRP-A-398, National research council,Washington D C,1994.
[13] EPPS J A, MONISMITH C L, SEEDS S B, et al. WesTrack performance: interim findings[C]// Proceedings of the Association of Asphalt Paving Technologists Technical Sessions, Boston, Massachusetts, USA, 1998.
[14] NCHRP. Guide for mechanistic-empirical design of new and rehabilitated pavement structures[R]. NCHRP, TRB,2004.
[15] 鲁正兰.沥青路面车辙预估方法的研究[D].上海:同济大学,2006.
[16] 苏凯.沥青路面车辙产生机理及预估方法研究[D].上海:同济大学,2007.
[17] 周刚.高速公路沥青路面结构环道试验研究[D].上海:同济大学,2008.
[18] 汤文.沥青路面车辙预估方法研究[D].上海:同济大学,2009.
[19] 刘黎萍,孙立军,等.沥青混合料抗剪性能评价与路面车辙控制方法研究[R].江苏省高速公路建设指挥部,同济大学,2009.
[20] 王翼.基于剪切的沥青路面车辙预估模型的优化与简化[D].上海:同济大学,2013.
[21] Shell pavement design manual-asphalt pavements and overlays for road traffic[R]. Shell International Petroleum Company,London,1978.
[22] HUSCHEK S. Evaluation of rutting due to viscous flow in asphalt pavements[C]//Proceedings of 4th International Conference on Structural Design of Asphalt Pavements, Ann Arbor, Michigan,1977.
[23] VERSTRAETEN J, VEVERKA V, FRANCKEN L. Rational and practical designs of asphalt pavements to avoid cracking and rutting[C]//Proceedings of the 5th International Conference on the Structural Design of Asphalt Pavements,1982.
[24] 徐世法,朱照宏.按黏弹性理论预估沥青路面车辙[J].同济大学学报:自然科学版,1990, 18(3): 299-305.
[25] 许志鸿,林绣贤.高等级公路沥青路面车辙深度预估和简化方法[J].华东公路,1992(1):4-11.
[26] 林绣贤.沥青层永久变形计算中有关参数的确定方法[J].中国公路学报,1989(2):8-18.
[27] LYTTON R L, UZAN J, FERNANDO E G, et al. Development and validation of performance prediction models and specifications for asphalt binders and paving mixes[R]. Strategic Highway Research Program National Research Council, Washington D C,1993.
[28] VON QUINTUS H L. Performance prediction models in the superpave mix design system[R]. Strategic Highway Research Program National Research Counci, Washington D C,1994.
[29] 俞建荣,李一鸣.轮辙试验的车辙预估模型探讨[J].中国公路学报,1992,5(3):22-27.
[30] SOUSA J B, WEISSMAN S L, DEACON J A, et al. Permanent pavement deformation response of asphalt aggregate mixes[R]. Washington D C: SHRP, National Research Council, 1994.
[31] SHAMI H, LAI J, D'ANGELO J, et al. Development of temperature-effect model for predicting rutting of asphalt mixtures using georgia loaded wheel tester[J]. Journal of the Transportation Research Board,1997, 1590(1): 17-22.

[32] KALOUSH K E, WITCZAK M W. Development of a permanent to elastic strain ratio model for asphalt mixtures[R].Development of the 2002 Guide for the Design of New and Rehabilitated Pavement Structures, NCHRP 1-37 A, Inter Team Technical Report, 2000.
[33] ARCHILLA A R, MEDANAT S. Development of asphalt pavement rutting model from experimental data[C]//Proceedings of the 79th Annual TBR Meeting, 2000.
[34] 孙立军等.沥青路面结构行为理论[M].北京:人民交通出版社,2005.
[35] ZHOU Fujie, SCULLION T, SUN Lijun. Verification and modeling of three-stage permanent deformation behavior of asphalt mixes[J]. Journal of Transportation Engineering, 2004, 130(4): 486-494.
[36] EI-BASYOUNYM M.Calibration and validation of asphalt concrete pavement distress modes for 2002 design guide[D]. Tempe: Arizona State University, 2004.
[37] 周进川,周刚.沪宁高速公路扩建工程沥青路面环道试验研究报告[R].重庆:重庆交通科研设计院,2005.
[38] FWA T F, TAN S A, ZHU L Y. Rutting prediction of asphalt pavement layer using c-$\phi$ model [J]. Journal of Transportation Engineering, 2004, 130(5):675-683.
[39] 杨军,崔娟,万军,等.基于结构层贡献率的沥青路面抗车辙措施[J].东南大学学报:自然科学版,2007,37(2):350-354.
[40] VON QUINTUS H L, MALLELA J, BONAQUISt R, et al. Calibration of rutting models for structural and mix design[R]. NCHRP Report 719. National Research Council, Transportation Research Board. Washington, D. C, 2012.
[41] 杜群乐.沥青路面损坏分析及 GTM 混合料设计方法的研究[D].上海:同济大学,2006.
[42] 付凯敏.沥青路面结构车辙模拟及抗车辙性能研究[D].南京:东南大学,2008.
[43] 邓小华.广深高速公路路面结构使用效果评价[J].中外公路,2003,23(5):53-55.
[44] 苏凯,孙立军,王永新,等.行车荷载及路面结构对车辙影响的有限元分析[J].同济大学学报:自然科学版,2007,35(2):187-192.
[45] 胡萌,张久鹏,黄晓明.半刚性基层沥青路面车辙特性分析[J].公路交通科技,2011, 28(6):14-18,46.
[46] 张睿卓,凌天清,袁明,等.半刚性基层模量对路面结构受力的影响[J].重庆交通大学学报:自然科学版,2011,30(4):755-758,863.
[47] 孙立军,刘黎萍,等.路面规范研究课题:沥青混合料抗剪试验标准和车模型的简化[R].同济大学,2012.
[48] 许严.沥青混合料复方冷再生技术及结构设计方法研究[D].上海:同济大学,2014.

# 10 结构行为方程动力学形式探讨

## 10.1 引言

### 10.1.1 问题与挑战

本书第 6～9 章给出了路面行为演化的基本规律和模型。这些模型是为了满足工程应用某个环节的需要，根据大量试验和观测数据的分析分别建立的，虽已具有很好的普适性，但建立过程具有浓厚的经验色彩。另外，通过桥渡原理虽可以获得各模型彼此之间的关系，但精确性不够，且未能形成统一的方程。

实际上，结构行为的演化问题是路面这类工程结构所关注的重点或核心，也是迄今为止路面设计理论区别于其他工程结构设计理论的关键方面和科技难点。正如本书序言中所谈到的，目前的力学理论，包括损伤力学和断裂力学，其核心内容与路面的实际需求之间有较大的不同或错位，因此不能为这种演变过程分析提供直接的理论工具，且未能覆盖从结构层损伤、损坏、损坏累积到结构功能失效的整个过程，如图 10-1 所示。

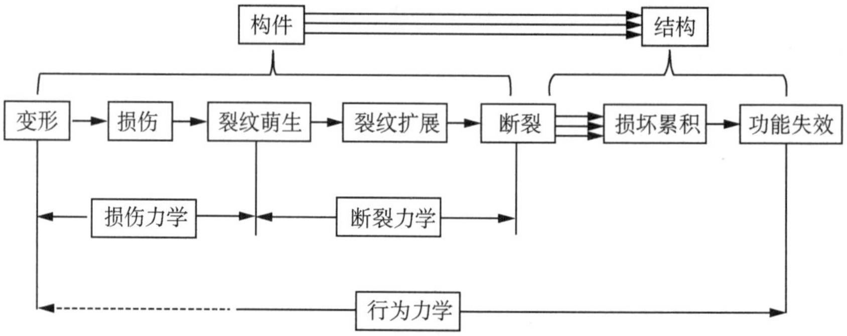


**图 10-1 损伤力学、断裂力学与行为力学所关注的重点**

损伤力学关注的是材料或构件的损伤随变形演化至裂纹萌生的力学规律，描述了材料启裂前疲劳的发生、发展过程；断裂力学研究的是材料启裂后裂纹扩展至构件表面的过程，而路面结构关注的是从响应、损伤、损坏、损坏累积到结构功能失效的完整衍化过程。路面行为在时间维度上的演化与其空间维度上的力学响应直接相关，但除此之外，演化过程还与荷载的重复作用、材料特性、温度和湿度、老化以及愈合等诸多因素的长期综合作用有关，从损伤的累积到损坏、从损坏的累积到功能失效，具有十分复杂的宏观表现，也是一个漫长的过程。其他结构工程出于结构安全的保守考虑，只考虑开裂之前的过程，将开裂定义为失效，而不关注开裂之后的演化过程。但路面则不同，从 AASHO 试验开始，路面研究和设计所关注的重点就是性能,即路面行为的演化过程。路面开始损坏(即裂缝扩展到结构表面)时的使用时间仅占路面寿命的 1/3 左右,从损坏到失效的时间却占寿命的 2/3 左右,甚至更长。因此,若忽略路面损坏到失效的这个过程,则不能覆盖路面宏观表现的整个周期,也难以反映这类工程结构的行为特点,如图 10-2 所示。

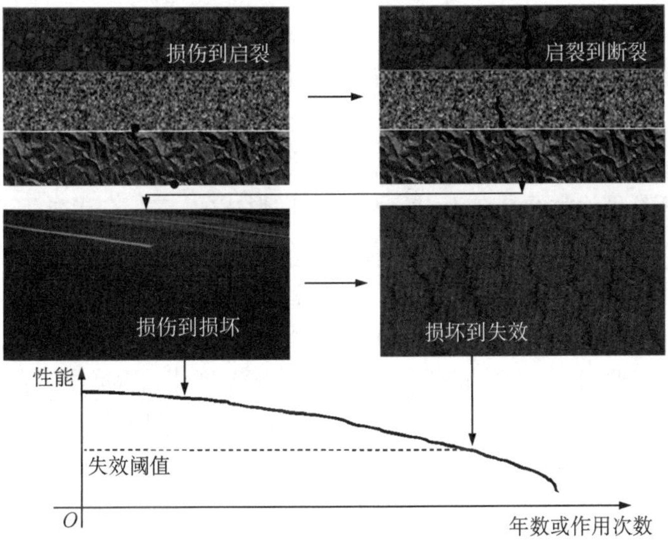


**图 10-2 路面结构损坏的衍化过程**

从路面行为的宏观表现特征,即 *PCI* 的衰变规律出发,我们构建了路面结构行为方程。该方程虽然有很好的普适性,但是用工程语言、工程参数描述的,能否采用精确表达方法,并将其纳入现代力学的体系?如何纳入这个体系?

### 10.1.2 研究背景

为了便于这个工作的开展,我们简要回顾一下路面损伤、损坏的研究历程,厘清发展脉络。1955 年,F. N. Hveem[1] 发现路面损坏与疲劳有关,便将疲劳损伤概念引入路面研究,整个过程几乎伴随着损伤力学的产生和发展。自 20 世纪六七十年代以来,以 C. L. Monismith[2] 和 P. S. Pell[3] 为代表的学者们进行了大量的路面疲劳试验研究,他们根据材料的疲劳寿命变化规律,提出了如式(10-1)所示的沥青混合料疲劳方程[4];之后考虑了路面结构的实际差异,对材料的疲劳寿命又进行了修正,并以此作为路面结构的设计标准。20 世纪 90 年代,美国的 SUPERPAVE 设计法[5]、加拿大的 OPAC 设计法、澳大利亚的 Austroads 2001 设计法[6] 相继完成,疲劳设计标准都采用了这个形式,并根据各自的实际经验确定了回归参数值。我国《公路沥青路面设计规范》(JTG D50—2017)也采用了类似的形式。

$$N_f = a_1 \times (1/\varepsilon_t)^{b_1} S_m^{c_1} \tag{10-1}$$

式中 $S_m$ ——沥青材料的劲度模量;

$a_1$, $b_1$, $c_1$——常数。

2003 年，美国颁布的力学-经验（Mechanistic-Empirical, ME）设计指南[7]中，采用的疲劳方程是在式（10-1）的基础上进行修正后的形式，其考虑了传统的自下而上（Bottom-Up）开裂和新型的自上而下（Top-Down）开裂。

除了上述基于唯象学的研究，用于道路材料疲劳分析的理论还包括耗散能理论、黏弹性连续介质损伤理论（VECD）以及断裂力学方法。耗散能理论假设疲劳寿命取决于各加载周期的耗散能累计值，损伤状态与两次加载的耗散能变化速率有关。黏弹性连续介质损伤理论的疲劳模型则忽略了具体的微观行为，而是根据宏观尺度的材料特征、扩展原则、势能理论和时温等效原则进行建模[8]。不过，Nguyen 等认为连续介质损伤模型只适用于裂缝产生过程的建模，要描述裂缝的发展则需要采用断裂力学方法[9]。

现代线弹性断裂理论大约是在 1948—1957 年间形成的，它是在当时生产实践需求的强烈推动下，在经典 Griffith 理论的基础上发展起来的，20 世纪 60 年代是其大发展时期。围绕应力强度因子（Stress Intensity Factor, SIF）等概念，建立了以 SIF 为参量的裂纹扩展准则；继而发展出了弹塑性断裂力学和断裂动力学等力学方法。其基本研究内容包括：裂纹的萌生条件；裂纹在外部载荷和（或）其他因素作用下的扩展过程；裂纹扩展到什么程度物体会发生断裂。

在道路领域，1972 年 Y. M. Salam 和 C. L. Monismith 采用断裂力学方法研究了道路结构裂缝的扩展性能[10]，断裂力学原理可表示为

$$G=\frac{1}{2}F^2\frac{\mathrm{d}J}{\mathrm{d}a} \tag{10-2}$$

式中 $G$ ——能量比；

$F$ ——作用力；

$J$ ——柔量；

$a$ ——裂缝长度。

据此，裂缝扩展所释放的能量只是作用力和柔量变化对裂缝长度变化的比值的函数，$G$ 值并不依赖于荷载条件（如果应变是线性的），$\frac{\mathrm{d}J}{\mathrm{d}a}$ 值可根据量测不同裂缝长度的 $J$ 所决定的柔量标定来确定。道路材料的疲劳寿命可以根据应力强度因子由 Paris 定律确定：

$$\frac{\mathrm{d}a}{\mathrm{d}N}=AK_I^n \tag{10-3}$$

K. Majidzadeh 等则认为 Paris 定律不足以描述黏弹性道路材料裂缝的扩展规律，需要引入更多的数据项[11]：

$$\frac{\mathrm{d}c}{\mathrm{d}N}=A_IK_I+A_2K^2+A_3K^4+A_4K^6 \tag{10-4}$$

1975 年，R. A. Schapery 认为道路材料具有明显的黏性行为，如果采用与 Paris 完全相同的方程式，则其中的 $A$ 应为[12, 13]

$$A=\frac{\pi}{6\sigma_t^2I_1^2}\times\left[\frac{(1-\mu^2)D_2}{2\Gamma}\right]^{\frac{1}{m}}\times\int_0^{\Delta t}w(t)^{2\left(1+\frac{1}{m}\right)}\,\mathrm{d}t \tag{10-5}$$

式中 $I_1$ ——取决于裂缝尖端应力条件、断裂应力和断裂区长度的因数；

$D_2$ ——$t=1\text{s}$ 时的柔量；

$\mu$ ——泊松比；

$\Gamma$ ——产生单位裂缝表面积所需的能量；

$w(t)$ ——应力轻度因子的脉冲形状；

$m$ ——拉伸蠕变柔量曲线的斜率；

$\sigma_t$ ——最大拉伸轻度。

Schapery 方程中的 $A$ 取决于温度和荷载水平，这与 Majidzadeh 方程不同；随着温度和荷载水平的增大，蠕变柔量曲线的斜率将发生改变[13]。1983 年，荷兰 Delft 大学的 Molenaar、美国 A&M 大学的 Lytton 通过常规试验方法建立了 $A$ 的估计式[12]。

对于裂缝发展阶段的描述，除了上面采用应力强度因子 $K$ 外，也可以利用 $J$ 积分来代替 Paris 规律中的应力强度因子。$J$ 积分的含义是单位开裂面积增长对应的应变能耗改变速率。对于简单应力状态下的线弹性材料，$J$ 积分和应力强度因子有如下关系[14]：

$$J=\frac{K^2}{E}(1-\mu^2) \tag{10-6}$$

式中 $K$—— 应力强度因子；

$E$—— 杨氏模量；

$\mu$—— 泊松比。

利用 $J$ 积分的 Paris 定律对于非线弹性道路材料也是有效的：

$$\frac{\mathrm{d}c}{\mathrm{d}N}=A'(J)^{n'} \tag{10-7}$$

对于黏弹性道路材料而言，可以用虚 $J$ 积分形式的 Paris 规律描述开裂的发展。黏弹性虚 $J$ 积分随着加载时间而改变，其含义是单位开裂面积增长对应的虚应变耗散能改变速率。

$$J_R=\frac{\partial W}{\partial s} \tag{10-8}$$

式中 $J_R$ ——虚 $J$ 积分；

$W$ ——累计虚应变耗散能，其计算公式为 $W=a+bN$；

$s$ ——平均开裂增长面积。

B. S. Underwood 等[15]对断裂力学和连续介质损伤理论进行了对比，认为连续介质损伤理论是由断裂力学发展而来的。这两种理论所采用的公式的形式有很大的相似性，如表 10-1 所列。

**表 10-1　　断裂力学和连续介质损伤理论的比较**

| 方法 | 断裂力学 | 连续介质损伤理论 |
| --- | --- | --- |
| 开裂/损坏驱动力 | $G=-\frac{\partial W}{\partial a}$ | $f=-\frac{\partial W}{\partial S}$ |
| 开裂/损坏抵抗力 | $G_c=-\frac{\partial W_c}{\partial a}$ | $f_s=-\frac{\partial W_s}{\partial S}$ |

（续表）

| 方法 | 断裂力学 | 连续介质损伤理论 |
| --- | --- | --- |
| 弹性体损坏发展规律 | $G=G_c$ | $f=f_s$ |
| 黏弹性体损坏发展规律 | $\dot{a}=C(G)^n$<br>$\dot{a}=A(J_v)^k$ | $S=A(f)^\alpha$ |

表 10-1 中，$a$ 是开裂长度；$W$ 是应变能；$W_c$ 是耗散能；$n$ 和 $k$ 是损坏发展速率；$S$ 是内部状态变量；$\alpha$ 是损坏发展速率。

不过，上述研究大多是探讨采用断裂力学分析路面裂缝的扩展，依然不能反映路面损坏演化的特点。为了研究路面损坏的演化过程，国内外都开展了相关研究，试图建立路面从损伤到失效的演化过程，具体内容已在本书第 7 章中阐述，我们也在这些研究的基础上建立了路面结构行为方程，但这些多数是就事论事的研究，通常普适性较差。

而路面结构行为方程似乎是某种例外，已被大量案例证明具有很好的普适性，不仅可以用于路面行为的预测和分析，还能像物理科学定律那样根据所观测的现象进行未知原因的分析。坦率地说，这大大超出了我们在方程建立之初的预期。采用路面结构行为方程和桥渡原理已经可以实现全过程、全寿命的路面分析了。但从科学的视角来看，一方面，像材料、环境等的影响，方程中只是建立了彼此间的宏观关联，实现了对最终结果的拟合，但这一链条中的各个环节在指标和方法上仍是独立的；路面性能分析、路面结构设计和路面评价的指标和方法都是孤立的，作为不同的研究方向彼此之间甚至不可互通；各环节之间的转换过程不得不借助桥渡原理，因此缺少了浑然天成的一致性。另一方面，路面行为方程中采用的是宏观变量和函数型的模型形式，如果我们希望分析每周、每天、每小时甚至更短期的路面行为变化，预测精度恐怕难以保证。要想对路面性能变化进行即时分析，最好是采用动力学的方程形式。

不过，正如前面章节所阐释的，由于路面性能的变化规律十分复杂，重新建立动力学方程的难度很大，并且早期积累的数据，其完整性无法支撑动力学方程的建立，若要重新积累新的数据则需要很长的时间，而且一些参数（如材料和结构的模量等）还没有标准化的测定方法。但是，路面结构行为方程的使用效果给我们提供了一个很好的启示，既然其适用性如此之好，背后一定隐藏着某种科学道理。如果以路面结构行为方程为切入点来建立动力学方程，可能会是一个便捷的思路，或许也有助于我们去探索那隐藏在背后的科学原理。

因此，本章以路面行为方程为基础，探索精确的力学指标以建立路面行为的动力学方程。

## 10.2 基本构思

### 10.2.1 现状问题

路面结构行为方程除了上面谈到的科学问题外，使用中还遇到了一些较难处理的现实问题，包括：

(1) *PCI* 指标。*PCI* 是一种来自专家评分试验的指标值，本身精度不高，测定的变异性大。

(2) *PCI* 是表征路面表观损坏的指标。实际上，在使用早期，很长一段时间内路面都没有表观损坏，*PCI* 等于 100 或接近 100，这个阶段用 *PCI* 无法刻画路面行为的演化。实际上路面结构的损伤一直在累积，但 *PCI* 无法准确刻画这种累积。

(3) *PCI* 作为路面表观损坏指标，可以表征新的、未维修路面的损坏性能的变化过程，且非常直观。但当路面进行罩面、哪怕只是简单的预防性微表处封层后，尽管内部损坏依旧，但改变了表面的损坏状况，直观的 *PCI* 指标却无法准确表达路面的内部损伤，哪怕仅是沥青层的内部损伤。

(4) *PCI* 是路面损坏的综合反映，不能准确反映基层等其他层次的损伤和损坏状况。

要将路面从经验科学变为精确科学，就需要从基本参数指标开始。鉴于 *PCI* 的上述问题，继续采用 *PCI* 指标将难以满足精确科学的要求，因此要么采用较高精度的指标，要么提高 *PCI* 自身的精度。

### 10.2.2 指标选择

在进行路面行为指标选择时，需要考虑如下因素：

(1) 能够反映材料的性能及其变化；

(2) 便于评价，能够根据该指标的变化来评价结构或结构层的损伤或损坏的基本状态；

(3) 便于设计，将行为分析和结构设计、材料设计融为一体。

如果能找到这样的指标，就能采用一个基本方程式将材料、设计、评价和行为有机地结合成一个整体，以克服需要在各方程之间进行转换的问题。

那么什么指标能满足上述要求？

*PCI* 反映的是路面损坏状况的绝对值。在能够反映路面基本性能状况且可通过仪器设备准确测定的力学指标中，模量是一个可行的选择。不过，由于不同材料、不同结构的初始模量不同，模量的绝对值难以反映路面的损坏或损伤状况。不过，模量与损伤有关，模量比可以定义损伤，因此模量或模量比，即损伤，应能成为一个可行的路面行为指标。

将本书第 7 章中式(7-6)中的 *PCI* 以模量 $E$ 代替，可得：

$$E=E_0\left[1-\mathrm{e}^{-\left(\frac{\alpha}{y}\right)^{\beta}}\right] \tag{10-9}$$

式中，$E_0$ 为初始模量值。

如上所述，由于模量并不能准确表达结构和材料的状况，故将式(10-9)变形为 $1-\frac{E}{E_0}=\mathrm{c}^{-\left(\frac{\alpha}{y}\right)^{\beta}}$，将损伤度 $D$ 定义如下：

$$D=1-\frac{E}{E_0}=\frac{\Delta E}{E_0} \tag{10-10}$$

则可得

$$D=\mathrm{e}^{-\left(\frac{\alpha}{y}\right)^{\beta}}$$

这样导出的结果实际上反映了路面结构损伤状态的衰变规律。$E$ 是准确的力学指标，和

$PCI$ 指标相比，这个指标克服了本书 10.2.1 节中提到的大部分问题。由于反映的是结构损伤，着眼于路面整个结构，故将路面损伤度记为 $D_s$。

$$D_s = e^{-\left(\frac{\alpha}{y}\right)^{\beta}} \tag{10-11}$$

在沥青混合料的研究中，对于材料模量的衰变，目前国际上大多采用美国加利福尼亚大学伯克利分校的研究成果，即用韦布尔生存函数来表达，如式(10-12)所示：

$$\frac{S}{S_0} = e^{-\lambda N^{\gamma}} \tag{10-12}$$

式中 $S$，$S_0$—— 沥青混合料的劲度模量和初始劲度模量；

$N$ —— 荷载累计作用次数；

$\lambda$，$\gamma$ ——待定常数。

式(10-12)关于材料行为的表达与式(10-10)中结构行为的表达是一致的。

在路面结构评价方面，面层一般直接采用 $PCI$ 指标，既代表了路面结构整体的损坏状况，也代表了沥青层的损坏状况。对于基层，目前关于基层损伤状况的定量评价研究开展得很少，尚未有普遍采用的系统化方法。不过，余欢[16]、臧国帅[17]先后开展了半刚性基层损坏状况评价方法的研究，评价的依据是采用基层的在役(反算)模量和其初始模量的比值，进行损坏状况评级的划分。这种对基层行为的表达也与式(10-10)中结构行为的表达是一致的。

不过，在路面设计时，采用损伤指标表达是否方便实际使用？在目前的力学-经验设计法中，当采用 Miner 定律作为疲劳叠加律时，实际上就是计算结构的疲劳损伤，该疲劳损伤是由荷载作用次数定义的：

$$D = \frac{n_i}{N_i} \tag{10-13}$$

式中，$n_i$ 和 $N_i$ 分别为荷载 $i$ 的累计作用次数和该荷载作用下的疲劳寿命。该定义与式(10-10)中的定义有所不同。

式(10-13)看上去简单明了，但在实际使用时会遇到一些困难。要准确计算损伤，需要准确确定 $N_i$，而 $N_i$ 是由疲劳试验确定的。在进行疲劳试验时，目前普遍采用控制应变的试验方法，试验时试件的破坏标准不明确，采用的多种试件破坏判定标准都无法准确判定试件的破坏状态和临界时点，并且给出的疲劳寿命也相差很大。这使得采用式(10-13)计算路面的疲劳损伤变得较为困难。实际上，这也是目前疲劳试验中一个尚未解决的问题。

既然如此，笔者建议在路面设计时也采用式(10-10)来计算路面结构的损伤，这样可以避开判别试件破坏点这一难题，只需记录混合料劲度模量的衰变过程或建立式(10-12)就可以了。此时，结构设计的定量准则变为

$$D = \sum D_i = \sum \frac{\Delta E_i}{E_0} \leqslant C \tag{10-14}$$

式中，$C$ 为根据工程状况和经验确定的常数。这样一来，设计中采用的行为指标与式

(10-10)中结构行为的表达必然是一致的,如此则便于将设计和养护管理等工作中的路面行为演化过程用同一个方程表示。

不过,和 $PCI$ 指标相比,式(10-10)的表达方法不够直观,不便于工程师使用。因此,可以建立如下关系:

$$PCI = f(D),\text{和 } RQI = g(D) \tag{10-15}$$

这个关系也许不仅仅是为了使力学指标更为直观,可能还可以进一步考虑其他变量。对于改性沥青而言,由于其种类繁多,式(10-11)和式(10-15)的分析结果能否准确反映改性沥青路面结构的损坏状况?环境因素的影响能否通过模量变化和损伤变化用式(10-11)和式(10-15)来准确反映?目前,这些都还没有相关结果可以参考。所以,更一般的情况是会将式(10-15)写成如下形式:

$$PCI = f(D,\ \text{Material},\ \text{Environ.})\ \text{和}\ RQI = g(D,\ \text{Material},\ \text{Environ.})$$

如此,我们就有可能将路面的不同环节,包括材料、结构设计、结构评价和养护管理等方面,从理论上统一起来,构建一个具有统一行为方程的基础性理论架构,如图 10-3 所示,而在主流线上也不需要再基于桥渡原理进行转换。

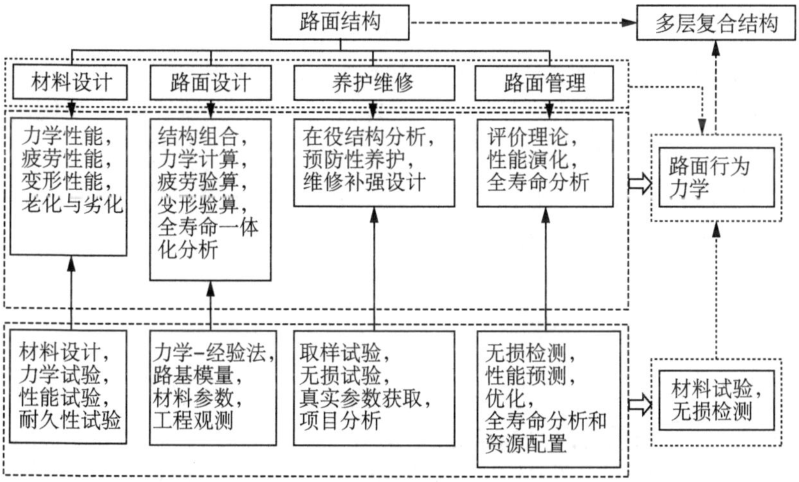


**图 10-3　路面分析过程的变化**

这就是本书 1.6 节谈到的路面领域中的第二类科学问题。当然,这样做的前提是需要模量有准确自洽的定义,正如本书第 3、4 章所述。

## 10.3　路面疲劳损伤动力学方程的构建

### 10.3.1　动力学方程的构建

那么,如何在路面结构行为方程的基础上构建其动力学的统一模型呢?路面结构行为方程已经提供了一个适用性很好的案例,因此可以从对这个方程的进一步分析入手。

路面结构行为方程形如式(10-11)，其中参数$\alpha$，$\beta$如本书第7章的式(7-7)所示。为了方便讨论和后续推导，将日等效轴载作用次数$ESAL$代之以$n$重写如下：

$$\alpha=\lambda\left[1-\exp\left(-\frac{\eta}{l_0}\right)^{\zeta}\right] \tag{10-16(a)}$$

$$\lambda=a_1h^{b_1}n^{c_1} \tag{10-16(b)}$$

$$\eta=a_2h^{b_2}n^{c_2} \tag{10-16(c)}$$

$$\zeta=a_3h^{b_3}n^{c_3} \tag{10-16(d)}$$

$$\beta=a_4h^{b_4}n^{c_4}l_0^{d} \tag{10-16(e)}$$

在路面行为分析中，结构和材料演化是分析的主体。上述方程反映了结构行为的演化过程，那么如何考虑材料的作用？

**图 10-4　路面材料行为的典型演化过程**

材料行为的演化过程如图10-4所示，表明了劲度模量随荷载累计作用次数的变化。这个演变规律与式(10-11)并不在一个一致的维度上。式(10-11)是结构行为随使用时间的演变，体现了结构、材料、荷载、环境、老化以及愈合等多因素耦合作用的影响，图10-4则是特定荷载和温度下材料行为随荷载重复作用次数的演变。如何将材料行为随荷载重复作用次数的演化过程嵌入到结构行为随时间的演化过程中去？这是新方程构建过程中的一个主要难题。

图10-4的结果一般采用式(10-12)来描述。最近的研究表明[18, 19]，也可以采用结构行为方程的形式来描述，这甚至可以给出更准确的结果。此时，式(10-12)可写成如下形式：

$$D_{\mathrm{m}}=1-\frac{S}{S_0}=1-\frac{E_{\mathrm{m}}}{E_{\mathrm{m0}}}=\mathrm{e}^{-\left(\frac{\alpha'}{n}\right)^{\beta'}} \tag{10-17}$$

式中　$D_{\mathrm{m}}$ —— 材料的损伤度；

$E_{\mathrm{m}}$，$E_{\mathrm{m0}}$ ——材料的现时和初始模量。

至此，可以对$(\alpha, \beta)$表达式采取进一步的分析。在式(10-16)中，参数$\alpha$和$\beta$的表达式中的关键项是一致的，即都为$ah^bn^c$。其中，$h$为沥青层厚度，$n$为每天累计标准荷载作用次数。

如何从本质上理解每天累计标准荷载作用次数$n$的含义呢？实际上，这个看似十分明白无误的问题却是至关重要的。$n$表示每天累计标准荷载的作用次数，而每作用一次荷载，意味着对材料的一次损伤，荷载作用$n$次实际上就可看作荷载每天对材料的$n$次损伤。这是一个关键的新视角、新解释。

基于这个新视角，假设荷载每作用一次，在路面材料中造成的损伤是$\Delta D_{\mathrm{m}}$，则此时$n$与$n\times\Delta D_{\mathrm{m}}$是等价的。根据这个等价性假设，采用$n\times\Delta D_{\mathrm{m}}$代替$n$，即：$ah^bn^c$等价于$ah^b(n\times\Delta D_{\mathrm{m}})^c$。在参数$\alpha$和$\beta$的表达式中均可做相应替换。

此时，$n\times\Delta D_{\mathrm{m}}$可定义为材料的日损伤率(量)。

参数 $\alpha$ 可以写成

$$\begin{aligned}\alpha &= \lambda\left[1-e^{-\left(\frac{\eta}{l_0}\right)^{\zeta}}\right]=a_1' h^{b_1}(n\times\Delta D_{\mathrm{m}})^{c_1}\times\left[1-e^{-\left(\frac{\eta}{l_0}\right)^{\zeta}}\right]\\ &= a_1'\times(n\times\Delta D_{\mathrm{m}})^{c_1}\times h^{b_1}\left[1-e^{-\left(\frac{\eta}{l_0}\right)^{\zeta}}\right]\end{aligned} \tag{10-18}$$

式(10-18)中，$(n\times\Delta D_{\mathrm{m}})^{c_1}$ 表示材料的日损伤率对路面寿命的影响；$h^{b_1}\left[1-e^{-\left(\frac{\eta}{l_0}\right)^{\zeta}}\right]$ 则表示结构组成对路面寿命的影响，也是日损伤率的函数。

那么，$\Delta D_{\mathrm{m}}$ 如何表达及计算？基于图 10-4，可以根据材料模量的变化规律计算出损伤的变化，再计算不同加载阶段每次荷载造成的损伤，如图 10-5 所示，也可直接根据式(10-12)或式(10-17)计算，求得 $\frac{\mathrm{d}D_{\mathrm{m}}}{\mathrm{d}n}$。

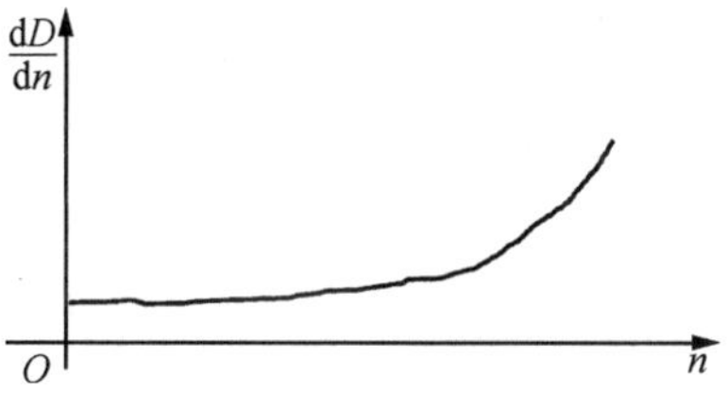


**图 10-5　材料损伤率的变化过程**

以 $\frac{\mathrm{d}D_{\mathrm{m}}}{\mathrm{d}n}$ 代替式(10-18) 中的 $\Delta D_{\mathrm{m}}$，可得式[10-19(a)]，同样地可得式(10-20)：

$$\alpha = a_1\times(n\times\Delta D_{\mathrm{m}})^{c_1}\times h^{b_1}\left[1-e^{-\left(\frac{\eta}{l_0}\right)^{\zeta}}\right]=a_1\times\left(n\times\frac{\mathrm{d}D_{\mathrm{m}}}{\mathrm{d}n}\right)^{c_1}\times\varphi \tag{10-19(a)}$$

$$\varphi = h^{b_1}\left[1-e^{-\left(\frac{\eta}{l_0}\right)^{\zeta}}\right] \tag{10-19(b)}$$

$$\eta = a_2 h^{b_2}\left(n\times\frac{\mathrm{d}D_{\mathrm{m}}}{\mathrm{d}n}\right)^{c_2} \tag{10-19(c)}$$

$$\zeta = a_3 h^{b_3}\left(n\times\frac{\mathrm{d}D_{\mathrm{m}}}{\mathrm{d}n}\right)^{c_3} \tag{10-19(d)}$$

$$\beta = a_4\times(n\times\Delta D_{\mathrm{m}})^{c_4}\times h^{b_4} l_0^{d_4} = a_4\times\left(n\times\frac{\mathrm{d}D_{\mathrm{m}}}{\mathrm{d}n}\right)^{c_4}\times h^{b_4} l_0^{d} \tag{10-20}$$

将式(10-20)代入式(10-11)，可得：

$$D_{n} = e^{-\left(\frac{\alpha}{y}\right)^{\beta}} = f\left(\frac{\mathrm{d}D_{\mathrm{m}}}{\mathrm{d}n}\right) \text{ 或 } D_{\varepsilon} = e^{-\left(\frac{\alpha}{y}\right)^{\beta}} = f\left(\frac{\mathrm{d}D_{\mathrm{m}}}{\mathrm{d}n},\ y\right) \tag{10-21}$$

实际上，$\frac{\mathrm{d}D_{\mathrm{m}}}{\mathrm{d}n}$ 并非简单的斜率，还与所施加的荷载大小、试验温度等因素有关，所以一般 $\frac{\mathrm{d}D_{\mathrm{m}}}{\mathrm{d}n}$ 应写为

$$\frac{\mathrm{d}D_{\mathrm{m}}}{\mathrm{d}n} = \frac{\partial D_{\mathrm{m}}(T,\ \varepsilon,\ n)}{\partial n} \tag{10-22}$$

式中　$T$—— 温度；

$\varepsilon$ ——所施加的应变值。

将式(10-22)带入式(10-21)可得：

$$D_{s}=e^{-\left(\frac{\alpha}{y}\right)^{\beta}}=f\left[\frac{\partial D_{m}(T, \varepsilon, n)}{\partial n}\right] \text{或} D_{s}=e^{-\left(\frac{\alpha}{y}\right)^{\beta}}=f\left[\frac{\partial D_{m}(T, \varepsilon, n)}{\partial n}, y\right] \tag{10-23}$$

进一步对式(10-23)求偏导,可得:

$$\frac{\partial D_{s}}{\partial y}=\frac{\partial\left[e^{-\left(\frac{\alpha}{y}\right)^{\beta}}\right]}{\partial y}=\frac{\beta \times \alpha^{\beta}}{y^{\beta+1}} e^{-\left(\frac{\alpha}{y}\right)^{\beta}}=\frac{\beta \times \alpha^{\beta}}{y^{\beta+1}} D_{s} \tag{10-24}$$

式(10-24)表明,路面损伤的年增量(年损伤率)与现时的路面损伤程度有关,这应该是一个合理的结果。

综合考虑式(10-23)和式(10-24),可得:

$$\frac{\partial D_{s}}{\partial y}=\frac{\beta \times \alpha^{\beta}}{y^{\beta+1}} D_{s}=\frac{\beta \times \alpha^{\beta}}{y^{\beta+1}} \times f\left[\frac{\partial D_{m}(T, \varepsilon, n)}{\partial n}\right]=F\left(\frac{\partial D_{m}}{\partial n}\right)$$

$$\text{或} \frac{\partial D_{s}}{\partial y}=F\left(\frac{\partial D_{m}}{\partial n}, y\right) \tag{10-25}$$

$$\alpha=a_{1} \times\left(n \times \frac{\partial D_{m}}{\partial n}\right)^{c_{1}} \times \varphi \tag{10-26(a)}$$

$$\beta=a_{4} \times\left(n \times \frac{\partial D_{m}}{\partial n}\right)^{c_{4}} \times h^{b_{4}} l_{0}^{d} \tag{10-26(b)}$$

$$\varphi=h^{b_{1}}\left[1-e^{-\left(\frac{\eta}{l_{0}}\right)^{\zeta}}\right] \tag{10-26(c)}$$

$$\eta=a_{2} h^{b_{2}}\left(n \times \frac{\partial D_{m}}{\partial n}\right)^{c_{2}} \tag{10-26(d)}$$

$$\zeta=a_{3} h^{b_{3}}\left(n \times \frac{\partial D_{m}}{\partial n}\right)^{c_{3}} \tag{10-26(e)}$$

式(10-25)是一个完整的路面行为动力学表达式,该式将材料性能的演化过程嵌入路面行为的演化过程中,将结构和材料天然地融合成一体,表明路面结构损伤的年增长率是材料的荷载损伤率或日损伤率的函数,与材料对荷载重复作用的抗力有关。式(10-25)可称为结构行为动力学(Structural Behavior Dynamics, SBD)方程或结构行为演化方程。

按照式(10-25)的表达方法,材料损伤和模量的定义与路面结构损伤和模量的定义可以是相同的,也可以是不同的。

### 10.3.2 方程的意义

路面结构是一个复杂的结构,以至于过去人们既无法准确计算出路面结构的力学响应,又无法准确分析出其未来行为的演变,换言之,基于试验室试验和理论分析的路面研究结果无法反映工程的实际情况,因此试验室试验和理论分析常常被认为参考价值不大,直接研究工程本身反而被认为是路面研究最有效的方法。这虽然也能有效地解决一些显性的科技问题,但难以精细地探索确切的原因和本质因素。现场研究影响因素复杂,周期长、成本高,且无法获得大量的试验结果,因而研究进展慢,同时可比性差、结果的通用性差。形成这种局面的原因是试验室试验不反映实体工程的特征，理论分析未能成为连接试验室和工程的桥梁。现在，情况不同了，有了基本的理论基础就可以分析结构性能、材料性能、环境因素等对路面性能的影响，这样就可以将研究的主战场拉回试验室，使试验室成果走向工程。

## 10.4 有关参数的进一步讨论

### 10.4.1 关于 $D_s$ 与 $D_m$

首先要讨论的是 $D_s$ 与 $D_m$。$D_s$ 是路面结构或路面某一结构层的损伤度，$D_m$ 是某一结构层材料的损伤度，一般常常指沥青混合料层的损伤度。回到图 10-1 中，$D_m$ 是指一个构件的材料损伤度随荷载重复作用次数而变化的函数，是构件材料的试验室试验结果。而 $D_s$ 是整个结构的损伤度，但整个结构是由多种材料组成的复合结构，$D_s$ 又该如何解释？

$D_s$ 可以定义为整个结构的整体损伤度，它反映了该层材料的综合结果，既反映了疲劳损伤，又反映了某些层局部损坏导致的模量衰减，是一个综合反映，体现了荷载的重复作用，环境的长期作用，以及荷载-环境的长期耦合作用。

$D_s$ 还可以指某一层的损伤度，如本书 10.5.3 节所述。此时依然是指该层在路面结构整体受力状况下的结构整体损伤度，同样地，既反映了该层在结构中的疲劳损伤，又反映了该层内的局部损坏导致的模量衰减，是该层损伤的综合反映，体现了荷载的重复作用，也体现了环境的长期作用，以及荷载-环境的长期耦合作用。

### 10.4.2 关于日损伤率

路面是一种多层复合结构，即便是沥青层，也是由多个层次组成的，在同一荷载作用下，不同层次、不同深度处的损伤都不相同，那么其日损伤率如何取值？对此，大概有三种可能的取值方法：

(1) 找到临界点的位置，根据该点材料性能确定损伤率 $\frac{\partial D_m}{\partial n}$。

(2) 对路面深度上的每一点，根据该点的材料性能计算其损伤率 $\frac{\partial D_m}{\partial n}$，取深度上各点损伤率的最大值作为该路面的代表性损伤率。

(3) 直接用多层复合结构做试验测定。

当考虑整个路面断面上的损伤时，似乎还有更多因素需要考虑。一般认为临界点是拉伸疲劳损伤；当考虑整个断面时，在路面顶部区域起控制作用的是剪切疲劳损伤，而底部区域是弯拉疲劳损伤，对此我们又该如何考虑？剪切和拉伸的分界点在哪里？还是需要同时考虑两种损伤类型的叠加？若考虑的话，不同类型应力/应变造成的损伤又该如何叠加，这是一个新问题。

损伤率 $\frac{\partial D_m(T, \varepsilon, n)}{\partial n}$ 实际上反映了材料的抗力。这个表达方法能否恰如其分地反映材料性能的差异，取决于材料模量的定义或测定方法能否准确反映这个差异。模量变化应该能够反映材料力学性能的变化，但能否反映裂缝、变形等损坏发展的过程目前尚不清楚。

如果不能，是否还需要引入能够反映这种差异的新方法，如采用式(10-16)所示的方法。

另外，材料的损伤率 $\frac{\partial D_{\mathrm{m}}(T,\varepsilon,n)}{\partial n}$ 与试验温度有关。如何考虑温度的影响？是模拟温度变化，还是取标准温度以简化问题？在温度较高时，动态模量对改性沥青和普通沥青的区分度较低，而采用标准温度则能更好地反映改性沥青与普通沥青的区别，也便于简化问题。另一个可行的方法是根据不同地域的气候，分别选取代表性温度。

损伤率还与所受荷载作用的大小 $\varepsilon$ 有关。在实际路面结构中，$\varepsilon$ 反映了结构组成的影响，而式[10-26($a$)]中的 $\varphi$ 也反映了结构的影响，二者是否有重叠，或者彼此间并不独立？抑或二者是否有必要同时存在？

对于 $n\times\frac{\partial D_{\mathrm{m}}(T,\varepsilon,n)}{\partial n}$，脱胎于 SBE 中的 $ESAL$，是日损伤率，也可以按小时或年计。当按小时计时，能够准确模拟路面行为的变化，但很烦琐；当按年计时则比较简单，此时正好覆盖了温度的一个完整周期，$T$ 在一个地点应为常量，这样便可以大大简化过程。按日或按小时计，都能够将材料行为的整个过程——一条完整的变化曲线，完全反映在结构行为的变化过程中。

### 10.4.3　关于结构影响函数 $\boldsymbol{\varphi}$

$\varphi$ 中第一项 $h^{b_1}$ 是关于沥青层厚度的，是一个对结构行为影响很显著的参数项。如此显著影响的原因是什么？我们认为应该与层间的刚度或变形协调性有关，沥青层厚度这个指标既直接反映了沥青层厚度自身的影响，还间接地反映了结构层间变形协调性的影响。$h$ 越小，沥青层变形越大，与基层的变形协调性就越差；反之，$h$ 越大，变形协调性就越好。而且，当考虑温度影响时，$h$ 越大，沥青层底面的温度越低，沥青层与基层之间的黏结力越强，此时路面结构更接近于连续体系；$h$ 越小，层间界面受温度尤其是高温的影响越大，高温时层间难以保持有效的黏结，结构越接近于滑动状态。

这样一来，$h^{b_1}$ 与 $\frac{\partial D_{\mathrm{m}}(T,\varepsilon,n)}{\partial n}$ 中的 $\varepsilon$ 可能具有重叠效应，对此应该如何取舍？一种方法是考虑层间变形协调性与温度或沥青层厚度之间的关系，然后由 $\varepsilon$ 来反映厚度的影响；另一种方法是 $\frac{\partial D_{\mathrm{m}}(T,\varepsilon,n)}{\partial n}$ 中的 $\varepsilon$ 统一采用连续体系时的计算值，此时 $h^{b_1}$ 项则继续保留，以反映厚度不同导致的层间变形协调条件的不同。这样似乎比较简单，但不够简洁。

结构影响函数 $\varphi$ 中的另外一项 $[1-\mathrm{e}^{-\left(\frac{\eta}{l_0}\right)^{\zeta}}]$ 反映了什么？这一项也与材料的损伤率有关，但似乎主要反映路面结构组成的影响。

综合以上考虑，参数 $\alpha$ 在式[10-26(a)]的基础上可以有如下可能的表达方式：

(1) 如式[10-26(a)]所示，脱胎于 SBE 的表达方式；

(2) $\alpha=a_1'\times\left[n\times\frac{\partial D_{\mathrm{m}}(T,\varepsilon,n)}{\partial n}\right]^{c_1}\times h^{b_1}$，即取 $\varphi=h^{b_1}$；

(3) $\alpha=a_1'\times\left[n\times\frac{\partial D_{\mathrm{m}}(T,\varepsilon,n)}{\partial n}\right]^{c_1}\times[1-\mathrm{e}^{-\left(\frac{\eta}{l_0}\right)^{\zeta}}]$，即取 $\varphi=1-\mathrm{e}^{-\left(\frac{\eta}{l_0}\right)^{\zeta}}$；

(4) $\alpha = a_1' \times \left[ n \times \frac{\partial D_{\mathrm{m}}(T, \varepsilon, n)}{\partial n} \right]^{c_1}$。

第(1)种形式脱胎于 SBE,应该是可行的。第(4)种形式最简洁、干脆,也最理想,此时所有结构对路面行为的影响都能由 $\frac{\partial D_{\mathrm{m}}(T, \varepsilon, n)}{\partial n}$ 中的 $\varepsilon$ 来反映。不过,由于路面行为的复杂性,目前不能排除另外两种表达式的可能性,从理论上较难给出准确的判断,需要借助实际观测数据的分析,才能做最后的取舍。

实际上,对于式[10-26(b)]所示的 $\beta$ 的表达式,也可以采用和式[10-26(a)]一样的形式。

### 10.4.4 关于参数 $\eta$ 和 $\zeta$

参数 $\eta$ 和 $\zeta$ 的表达式如式[10-26(d)]、式[10-26(e)]或式[10-16(c)]、式[10-16(d)]所示,具有形式相同的结构。在这两个式子中,从表 7-6 可知,$b_2$ 和 $c_2$、$b_3$ 和 $c_3$ 几乎是相等的,甚至可以假设,$b_2 = c_2 = b_3 = c_3$,这样 $\eta$ 和 $\zeta$ 的表达式还可以再简化。

更简单地,由于 $\eta$ 和 $\zeta$ 只影响 $[1 - \mathrm{e}^{-\left(\frac{\eta}{t_0}\right)^{\zeta}}]$,而这是一个小于 1 的数,变化量不是很大,所以也可以保留 $\eta$ 和 $\zeta$ 的原始表达形式,将其处理成不与 $\frac{\partial D_{\mathrm{m}}(T, \varepsilon, n)}{\partial n}$ 相关。

## 10.5 有关动力学方程的进一步讨论

### 10.5.1 损伤函数

式(10-24)是从结构行为方程(SBE)发展而来的。当从 SBE 发展至式(10-21)的形式时,完成了将路面的结构与材料有机地融为一体的工作,即可以根据材料损伤行为的变化推演路面结构损伤行为的变化。这个过程和 SBE 相比有了很大的进步,但推演的还是整体性的变化过程。只有当方程发展成式(10-24)、式(10-25)所示的形式时,才发生了本质性的变化,即超越了 SBE 的功能,变成了动力学方程,可以获知结构损伤行为随材料损伤行为和使用时间的即时变化。

式(10-24)、式(10-25)是从 SBE 发展而来的,其中结构损伤行为采用式(10-11)的形式表达,材料损伤行为采用式(10-12)的形式表达,也可采用式(10-17)的形式表达。当采用式(10-17)时,形式上与式(10-11)完全一致。所以,这里将式(10-27)称为路面行为函数或路面损伤函数或路面损伤演化主函数或路面行为本构方程。

$$D = \mathrm{e}^{-\left(\frac{\alpha}{y或n}\right)^{\beta}} \tag{10-27}$$

由此,损伤代替疲劳成为结构和材料的核心概念,统一了从性能、材料、设计到评价的各个环节以及从损伤、损坏到失效的整个过程,形成了完整的全新范式。

### 10.5.2 湿度影响

湿度显然是路面行为的另一个不可忽略的影响因素,但式(10-25)这个 SBD 方程中并没有考虑湿度的影响,只是在材料损伤率函数 $\frac{\partial D_{\mathrm{m}}(T, \varepsilon, n)}{\partial n}$ 中考虑了温度的影响。为了更好地反映环境因素的影响，可将湿度考虑在内，如中国工程院的崔俊芝院士建议将温度参数 $T$ 解释为包括温度和湿度的影响变量，而不仅仅指温度。

通过环境对材料损伤率的影响能否准确反映环境对路面行为的影响，对此目前还难以判断，可能还需要式(10-16)的帮助。

现在看来，构建形如式(10-16)功能的关系式具有很好的作用。$PCI$ 和 $RQI$ 等工程中使用的路面使用性能宏观指标比较直观，但难以精确计量，且受外部短期环境的影响较大，不稳定，规律难以把握；但式(10-25)所示的 SBD 方程能够反映路面行为长期稳定的演化规律，以便于科学方程的建立。现将二者分离开来，前者依然保留其直观、方便使用的工程化特点，后者则可以构建精确的方程，体现其科学的本质。式(10-16)既是二者之间的桥渡方程，起到理论联系实际的作用，又补充并还原了短期因素对稳定演化行为的叠加影响，成为直观的工程指标。在整个体系中，正因为有了式(10-16)的存在，才使所建立的 SBD 方程有更好的精确性和稳定性。

### 10.5.3 方程的求解

式(10-25)所示的 SBD 方程是从 SBE 发展而来的，是一个建构过程，这不同于常规的工程建模方法。如果抛开式(10-27)以及之前的推导过程，我们得到了式(10-28)所示的关于 SBD 的概念模型。这个概念模型具有普适性以及合理的结构，且不依赖于结构行为方程，可以比结构行为方程更好地定性解释路面行为的各种演化过程。

$$\frac{\partial D_{\mathrm{s}}}{\partial y}=F\left(\frac{\partial D_{\mathrm{m}}}{\partial n},\ y\right) \text{ 或 } \frac{\partial D_{\mathrm{s}}}{\partial y}=F\left(\frac{\partial D_{\mathrm{m}}}{\partial n}\right) \tag{10-28}$$

换言之，从理论上来说，对于形如式(10-28)的动力学方程，并不需要路面损伤行为服从式(10-27)所示的损伤主函数，而服从式(10-27)损伤主函数的结果只能看作式(10-28)的一个可行解，其他解的形式也是允许的。但是，相比于式(10-25)，这个概念模型过于抽象，如何定量地求出其他形式的解是一大难题。

另外，虽然我们前面谈到了路面结构是一个多层复合结构，但还是把它作为一个整体来宏观考虑的。如果进一步分析每个结构层的行为，式(10-28)或式(10-25)是否还适用?

实际上，对于每个结构层，式(10-28)或式(10-25)的方程形式依然是适用的。此时，$D_{\mathrm{s}}$ 表示该层材料在路面结构中的损伤行为，$D_{\mathrm{m}}$ 表示该层材料在试验条件下的损伤行为，且式(10-28)或式(10-25)可以写成

$$\left.\begin{array}{l}
\dfrac{\partial D_{\mathrm{s1}}}{\partial y}=F\left(\dfrac{\partial D_{\mathrm{m1}}}{\partial n},\ y\right) \text{ 或 } \dfrac{\partial D_{\mathrm{s1}}}{\partial y}=F\left(\dfrac{\partial D_{\mathrm{m1}}}{\partial n}\right) \\
\dfrac{\partial D_{\mathrm{s2}}}{\partial y}=F\left(\dfrac{\partial D_{\mathrm{m2}}}{\partial n},\ y\right) \text{ 或 } \dfrac{\partial D_{\mathrm{s2}}}{\partial y}=F\left(\dfrac{\partial D_{\mathrm{m2}}}{\partial n}\right) \\
\cdots\cdots \\
\dfrac{\partial D_{\mathrm{s}i}}{\partial y}=F\left(\dfrac{\partial D_{\mathrm{m}i}}{\partial n},\ y\right) \text{ 或 } \dfrac{\partial D_{\mathrm{s}i}}{\partial y}=F\left(\dfrac{\partial D_{\mathrm{m}i}}{\partial n}\right)
\end{array}\right\} \tag{10-29}$$

式中，1, 2, …, $i$ 为结构层编号。

## 10.6 变形模型的动力学形式

对于变形，如何构建其动力学模型？

### 10.6.1 基于车辙预估模型的新预估方程

本书第 9 章中建立的路面在荷载重复作用下的车辙预估模型如式(9-21)所示，为了便于讨论，重新定义如下：

$$RD = C \times \sum_{i=1}^{nL} T_i^{\xi} \times \left(\frac{N}{1+\theta V^{\rho}}\right)^{\delta\left(\frac{\tau i}{[\tau i]}\right)^{\kappa}} \tag{10-30}$$

在式(10-25)的建立过程中，定义了日损伤率 $n \times \frac{\partial D_{\mathrm{m}}(T,\ \varepsilon,\ n)}{\partial n}$，那么在变形方程的构建中是否也需要？若需要，又该如何考虑这个变量？

参照前面的思路，式(10-30)中的 $N$ 可以理解为总损伤，可以等价地表示为 $N \times \overline{\frac{\partial D_{\mathrm{m}}(T,\ \tau,\ n)}{\partial n}}$。这里，$\overline{\frac{\partial D_{\mathrm{m}}(T,\ \tau,\ n)}{\partial n}}$ 是平均剪切损伤率。

$N \times \overline{\frac{\partial D_{\mathrm{m}}(T,\ \tau,\ n)}{\partial n}}$ 中采用了平均剪切损伤率来计算总的损伤率，因而较为粗略。根据 Miner 定律，可将总损伤量分解为日损伤或年损伤之和，因此就有：

$$N \times \overline{\frac{\partial D_{\mathrm{m}}(T,\ \tau,\ n)}{\partial n}} = \sum_{j=1}^{nn} n_j \times \frac{\partial D_{\mathrm{m}j}(T,\ \tau,\ n)}{\partial n} \tag{10-31}$$

式中，$j$ 和 $nn$ 表示时间单元和时间单元的周期数，可以用日、月或年作为分析时间单元。

将式(10-31)代入式(10-30)，可得：

$$RD = C' \times \sum_{i=1}^{nL} T_i^{\xi} \times \left[\frac{\sum_{j=1}^{nn} n_j \times \frac{\partial D_{\mathrm{m}j}(T,\ \tau,\ n)}{\partial n}}{1+\theta V^{\rho}}\right]^{\delta\left(\frac{\tau i}{[\tau i]}\right)^{\kappa}} \tag{10-32}$$

式(10-32)中，$[\tau_i]$ 是材料的剪切抗力，是一次荷载作用下的剪切抗力，即抗剪强度；$\frac{\partial D_{\mathrm{m}j}(T,\ \tau,\ n)}{\partial n}$ 为材料的剪切疲劳损伤率，实际上也反映了材料的抗力。这两个参数是否重叠，是否需要同时存在？

如果只保留 $\frac{\partial D_{\mathrm{m}j}(T,\ \tau,\ n)}{\partial n}$ 项，$[\tau_i]$ 的作用可由 $\frac{\partial D_{\mathrm{m}j}(T,\ \tau,\ n)}{\partial n}$ 代替，则式(10-32)可变为

$$RD = C' \times \sum_{i=1}^{nL} T_i^{\xi} \times \left[\frac{\sum_{j=1}^{nn} n_j \times \frac{\partial D_{\mathrm{m}j}(T,\ \tau,\ n)}{\partial n}}{1+\theta V^{\rho}}\right]^{\delta(\tau_i)^{\kappa}} \tag{10-33}$$

式中，$nL$ 为车辙计算时划分的亚层数。

式(10-33)只是根据原车辙公式(10-30)推导的，可以更精确地考虑使用过程中环境和材料性能变化所造成的车辙变形演化过程。能否构建新的方程式呢？

### 10.6.2 新方程的构建

假设路面车辙行为服从式(10-34)所示基本规律：

$$RD = RD_{\infty} \times e^{-\left(\frac{\alpha}{y}\right)^{\beta}} \tag{10-34}$$

式中，$RD_{\infty}$ 为路面最大或最终车辙深度。

$\alpha$ 反映的是路面达到特定车辙深度的时间，而式(10-34)表示不同时间达到的车辙深度，所以 $\alpha$ 的表达式应该可以在式(10-34)的基础上获得，但为反函数。故假定：

$$\alpha = C'' \sum_{i=1}^{nL} T_i^{-\xi} \cdot \left[ \frac{\sum_{j=1}^{nm} n_j \cdot \frac{\partial D_{mj}(T,\ \tau,\ n)}{\partial n}}{1+\theta V^{\rho}} \right]^{-\delta \cdot (\tau_i)^{\kappa}} \tag{10-35}$$

这只是一个初步的概念，应该可以构造出更简洁的表达式。$\beta$ 也可做类似的考虑。

令 $\dfrac{RD}{RD_{\infty}} = D_{\mathrm{d}}$，定义为变形损伤度，则此时式(10-34)可以写为

$$D_{\mathrm{d}} = \frac{RD}{RD_{\infty}} = e^{-\left(\frac{\alpha}{y}\right)^{\beta}} \tag{10-36}$$

式(10-36)形式上与式(10-23)完全相同，所以也可以得出完全相同的表达形式，即：

$$\frac{\partial D_{\mathrm{d}}}{\partial y} = F\left(\frac{\partial D_{\mathrm{m}}}{\partial n},\ y\right) \tag{10-37}$$

不过，关于变形的结果，还需要从头认真思考。

#### 参考文献

[1] HVEEM F N. Pavement deflections and fatigue failures[J]. Highway Research Board Bulletin, 1955 (114).

[2] MONISMITH C L, TANGELLA R, CRAUS J, et al. Summary report on fatigue response of asphalt aggregate mixtures[R]. Report No. SHRP-A-003-A, National Research Council, 1990.

[3] PELL P S. Characterization of fatigue behavior[R]. Highway Research Board Special Report, 1973.

[4] MONISMITH C L. Fatigue characteristics of asphalt paving mixtures and their use in pavement design [C]//Proceedings of the18th Paving Conference, University of New Mexico, 1985.

[5] DEACON J, TAYEBALI A A, COPLANTZ J, et al. Fatigue response of asphalt-aggregate mixes, part Ⅲ—mix design and analysis[R]. Strategic Highway Research Program, Report No SHRP-A-404, National Research Council, Washington D C, 1994.

[6] FERNE B. Long-life pavements-a european study by ELLPAG[J]. International Journal of Pavement Engineering, 2006, 7(2): 91-100.

[7] Applied Research Associates. Guide for mechanistic-empirical pavement design[R]. Washington DC, NCHRP, Project1-37A, Transportation Research Board, 2004.

[8] ROUQUE R, ZOU J, HERNANDO D. Cracking mechanisms in asphalt mixtures[M]//Shin-Che Huang, Herve Di Benedetto. Advances in Asphalt Materials. Woodhead Publishing, 2015.

[9] HOPMAN P C, KUNSTPA J C, PRONK A C. A renewed interpretation method for fatigue measurements, verification of Miner's rule[C]//Proceedings of the 4th Eurobitume Symposium, Madrid, Spain, 1989.

[10] SALAM Y M, MONISMITH C L. Fracture characteristics of asphalt concrete[C]//Proceedings of the Association of Asphalt Paving Technologists, 1972.

[11] MAJIDZADEH K, KAUFMANN E M, RAMSAMOOJ D V. Application of fracture mechanics in the analysis of pavement fatigue[C]//Proceedings of the Association of Asphalt Paving Technologists, 1971.

[12] ROWE G M. Application of the dissipated energy concept to fatigue cracking in asphalt pavements[D] United Kingdom: University of Nottingham, 1996.

[13] SCHAPERY R A. A theory of crack initiation and growth in viscoelastic media[J]. International Journal of Fracture, 1975, 11(1): 141-159.

[14] KENNEDY T W. Characterization of asphalt pavement materials using the indirect tensile test[C]// Proceedings of the Association of Asphalt Paving Technologists, 1977.

[15] UNDERWOOD B S, SAVADATTI S, KIM Y R, et al. Response and fatigue performance modeling of ALF pavements using 3D finiteelement analysis and a simplified viscoelastic continuum damage model [J]. Asphalt Paving Technology, 2009, 78: 829-868.

[16] 余欢.沥青路面半刚性基层损坏评价及刚性下卧层深度设置[D].上海:同济大学,2015.

[17] 臧国帅.基于特征点的沥青路面结构参数反演方法[D].上海:同济大学,2018.

[18] 马泽欣.现役路面沥青混合料疲劳性能分析和剩余寿命预估方法研究[D].上海:同济学,2018.

[19] LI Yi, LIU Liping, SUN Lijun. Temperature predictions for asphalt pavement with thick asphalt layer [J]. Construction and Building Materials. 2018, 160: 802-809.

# 11 单轴贯入剪切试验

对于重载路面或长寿命路面而言，剪切都是十分重要的分析和设计指标。路面设计中对于剪切性能的控制可从两方面着手：一是从路面结构组成设计的角度来控制剪应力的大小；二是从材料设计角度来控制其强度。本章内容涉及后者，主要讨论抗剪强度的测定方法。

在早期的研究中，抗剪性能一直被认为是沥青混合料的一个重要性能。20 世纪 30—60 年代，N. W. Mcleod[1]阐述了当时沥青混合料试验和设计方法的不足，指出马歇尔方法只是一种经验方法，不足以描述路面的实际受力状态（如剪切），也不能表明路面的使用性能，因此需要寻找一种能够反映混合料本质力学性能的试验方法。N. W. Mcleod 把轮胎的接地分布压力图融入路面力学分析中，根据轮胎接地压强分布不均匀的特性，提出了不同的设计标准。

L. W. Nijboer[2]利用三轴试验测得的数据进行混合料设计，并采用 Prandtl 公式对混合料进行了评估。1949 年，V. R. Smith[3, 4]利用弹性理论系统地阐述了道路的剪切受力状态，给出了三轴试验方法所适用的类型和不同荷载条件下混合料应达到的抗剪要求及诺谟图。W. H. Goetz和 C. C. Chen[5, 6]改进了三轴试验仪，并在不同条件下对不同沥青混合料进行了抗剪性能试验。W. S. Housel[7, 8]则基于三轴试验，指出粒料的真实受力特性是一种拱联效应。

之后，B. H. Subbaraju[9]，W. L. Helwitt[10]和 E. S. Barber[11]都进行了有益的探索。M. Ameri-Gaznon 和 D. N. Little[12]利用八面体剪应力指标对刚性基层上的沥青罩面层进行了研究，给出了利用八面体剪应力分析混合料力学性能的方法，并与 Mcleod 方法进行了比较。G. N. Kiryukhin[13]在第八届 ICAP 会议上提出了基于剪切和裂缝控制的路面设计方法，但并没有给出具体的试验方法和标准。

上述研究目前并没有得到广泛使用，只有美国加州的路面设计规范中采用了抗剪指标，其目的是用来验证基层厚度是否满足使用要求。回顾这个历程，可以使我们对设计控制指标的变化过程具有更明晰的认识。在现代路面的初期阶段，路面结构很弱，剪切起主导作用，而随着路面结构越来越强，剪切不再是主要因素，结构层底部的弯拉成了主要问题和设计控制指标；当荷载越来越大或考虑路面长寿命设计时，尤其是轮地接触压强较大时，沥青层上部的剪切重新成为必须考虑的主要因素，正如本书 2.3 节、2.4 节、5.2 节、5.3 节和 6.5.3 节所分析的那样。这不仅体现出路面性能的复杂性，也反映了人们对路面性能认识和研究的螺旋式过程。

## 11.1 抗剪试验方案设计

### 11.1.1 试验方案设计

如前所述，对于沥青混合料剪切特性的测定一般采用三轴试验，这是土力学中常用的方法。但该方法不仅较为复杂，也可能并不适用于路面中沥青混合料抗剪性能的测试。

笔者认为，研究抗剪试验方法时，应考虑如下几个原则：

(1) 与路面结构的受力具有相似性，即试件的受力状态应与路面结构的受力状态相似；

(2) 试件的损坏过程能够反映该类材料强度的本质特点，即应能反映强度形成和损坏机理；

(3) 除了能够测得抗剪强度外，最好还能评价沥青和集料的性能；

(4) 试验过程简单，试验参数容易确定。

能用来作为抗剪试验的试验方法有三轴试验和直接剪切试验，以及笔者所带领的团队提出的单轴贯入剪切试验，简称单轴贯入试验或贯入试验。毕玉峰[14]、崔鹏[15]和刘黎萍[16]等对此进行了深入研究。

路面结构内的剪应力分布如图 2-26 所示，而三轴试验试件内的剪应力分布为常数，与路面结构内的剪应力分布完全不同，不仅如此，更困难的是无法确定侧压力(围压)的大小。在路面结构中，材料之所以具有抗剪切能力是因为沥青的黏结力、集料之间的嵌锁力和周围材料的侧向约束力，所产生的侧向力大小因沥青及沥青混合料性能的不同而不同，也因荷载大小的不同而不同，因此侧向力在试验中是不断变化的，如何模拟侧向力的施加就成了一件难事。

实际上，剪应力是复杂应力状态的简洁表达。试验中人为地施加了围压，实际上抵消了沥青黏结带来的侧向约束作用，因此就无法评价沥青的作用，试件的损坏过程也就无法反映沥青混合料的强度机理。

直接剪切试验的受力状况与路面结构的实际受力状况也不一致，故直接剪切试验比较适合于测试具有明确滑动面的结构的抗剪特性。同样地，正压力的大小也是难以确定的试验参数。

鉴于上述不足，笔者在研究过程中放弃了三轴试验和直接剪切试验方法，另外设计了一种单轴贯入剪切试验方法，如图 11-1 所示。

图 11-1 抗剪强度的单轴贯入试验方法

单轴贯入试验能较好地满足上面提到的抗剪试验的 4 个原则。首先，在单轴贯入试验中，试件内产生的剪应力分布与实际路面在车轮荷载作用下产生的剪应力分布相似，甚至相同。其次，由于压头直径远小于试件直径，在加载过程中周边的材料将形成对压头下圆柱体的侧向约束，试件的破坏意味着约束的破坏，这反映了沥青混合料抗剪强度的形成机理。再次，侧向约束的大小与沥青性能和混合料性能密切相关。实际上，贯入压力不同，所受到的侧向约束也不同。在这个过程中，竖向压力是主动的，侧向压力是被动的；竖向压力不同，侧向约束也随之不同。这个过程与实际路面相同，因而可以较为真实地评价沥青和集料的作用。最后，试验十分简单。所以，最终采用单轴贯入试验进行沥青混合料抗剪强度的测定。

与三轴试验相比，单轴贯入试验可以直接测出路面结构中沥青混合料的抗剪强度，而三轴试验只能测出内聚力($C$)和内摩擦角($\varphi$)，却无法直接测出抗剪强度。

不过，采用单轴贯入试验虽然可以测出抗剪强度，但无法得出混合料的 ($C$, $\varphi$) 值。就以算抗剪强度而言,($C$, $\varphi$) 值已没有什么意义,但这里希望通过 $\varphi$ 值的测定来达到评价集料表面纹理特性、控制集料质量的目的。这样便可为集料表面纹理特性评价提供一个定量指标。

为此,我们将目前的单轴贯入试验理解为具有特定围压的三轴试验,即可得出一个试件破坏时的莫尔圆;同时,补充一个单轴压缩试验(图 11-2),我们将其理解为围压为"零"的三轴试验,即可得出另一个试件破坏时的莫尔圆,如图 11-3 所示,由此可算出内聚力 ($C$) 和内摩擦角($\varphi$)。

图 11-2　单轴压缩试验

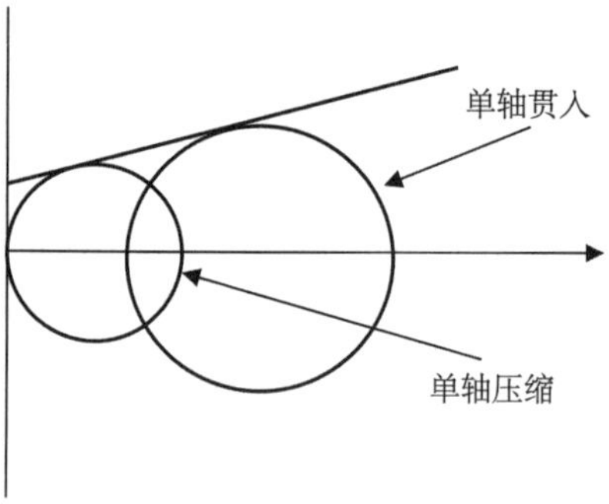


图 11-3　内聚力和内摩擦角的计算

### 11.1.2　试验参数的初步确定

单轴贯入试验是一种全新的试验方法,没有资料可以借鉴。因此,确定该试验方法的具体参数是我们进行研究的第一步。为了分析以及确定试验方法,我们把该问题划分为如下几个方面[14]:

(1) 试件大小的确定。该试验方法采用多大的试件合适,包括试件形状的选择(方形还是圆形)以及试件尺寸的选择。对于圆形试件,采用多大的直径和高度,其径高比为多少;对于方形试件,采用的长和宽以及厚度分别是多少。

(2) 压头大小的确定。对于单轴贯入试验而言,贯入压头是关键部件之一。根据以往试验的经验,初步拟定出三种压头尺寸,直径分别为 19 mm, 28.5 mm 和 38 mm。拟定的依据是分别为 AK-13 级配 9.5 粒径的 2 倍、3 倍和 4 倍。

单轴贯入试验类似于浇筑式沥青试验或 CBR 试验,在试件上通过一钢压头加压,压头直径小于试件直径。用 $r/R$ 表示两个物体直径的比值,其中 $r$ 为压头直径,$R$ 为试件直径。通过这个试验来模拟路面的实际受力状态,然后通过力学计算或推导,得到混合料的抗剪性能。应该说,$r/R$ 的比值越小,越能模拟荷载作用在路面上的实际情况。但是,压头又不能太小,否则试验数据会出现较大的变异性,另外,压头的大小还受集料尺寸的影响。因此,在初步拟定出压头大小后,应该尽量增大试件的直径。但是,试件的直径又不能太大,因为直径过大,试件成型就会有困难,整个试验在将来的应用中就会比较复杂,这就违背了该试验的初衷。因此,对于采用多大的 $r/R$ 值,应该首先采用力学分析进行比较,以确定一个初步合理的比值,然后通过试验进行验证。

1. 单轴贯入试验的力学状态分析

为了了解单轴贯入试验的力学状态,毕玉峰通过三维有限元对单轴贯入试验的受力状况与道路中的受力状况进行分析并加以比较，看其剪应力和其他内力的分布是否与实际路面结构中的分布一致[14]。

首先，分析路面实际受力状态。假定路面的尺寸足够大，为了应用方便，对于轮胎荷载的简化仍然采用圆形。在实际道路受力分析中，我们采用了七种不同的道路结构形式。这七种形式基本上涵盖了目前我国道路的结构组成。在分析中，采用8结点等参元，边界条件假设为：底面上 $z$ 方向位移、左右两面 $x$ 方向位移以及前后两侧 $y$ 方向位移为零，层间完全连续。路面结构形式列于表11-1。

为了进行比较，采用三种不同的加载方式：

(1) 单圆荷载。建模时，各结构层采用表11-1的路面结构和表11-2的路面结构参数，尺寸采用2.5 m×2.5 m全模型建模。荷载采用半径为21.3 cm的圆形均布荷载。

(2) 双圆荷载。采用标准的双轮组荷载。荷载半径为10.65 cm，两轮间隙为10.65 cm。

(3) 双轮矩形均布荷载。采用标准车尺寸。轮胎尺寸为293 mm×1 085 mm，为了便于胎压比较，采用0.7 MPa标准胎压。两轮中心间距346 mm。

**表11-1　计算用路面结构组成**

| 路名 | 济青高速 | 京津塘 | 首都机场 | 成渝高速 | 武昌公路 | 平西高速 | 山东二级 |
|---|---|---|---|---|---|---|---|
| 上面层 | 中粒式沥青混凝土 | 中粒式沥青混凝土 | SMA沥青马蹄脂碎石 | 中粒式沥青混凝土 | 中粒式沥青混凝土 | 中粒式沥青混凝土 | 沥青碎石混合料 |
| 中面层 | 粗粒式沥青混凝土 | 粗粒式沥青混凝土 | 粗粒式沥青混凝土（PE改性） | 粗粒式沥青混凝土 | 沥青贯入 | 粗粒式沥青混凝土 | |
| 下面层 | 沥青碎石 | 沥青碎石 | 粗粒式沥青混凝土 | | | 沥青稳定碎石 | |
| 上基层 | 二灰碎石 | 水泥稳定砂砾 | 水泥砂砾 | 二灰碎石 | 水泥稳定砂砾 | 级配碎石 | 水泥灰土砂 |
| 下基层 | 石灰土 | 石灰土 | 二灰砂砾 | 级配碎石 | 砂砾 | 天然砂砾 | 石灰土 |

**表11-2　计算用路面结构参数**

| 结构类型 | 轴载/MPa | 上面层/(cm/MPa) | 中面层/(cm/MPa) | 下面层/(cm/MPa) | 上基层/(cm/MPa) | 下基层/(cm/MPa) | 土基/MPa |
|---|---|---|---|---|---|---|---|
| 济青高速 | 0.7 | 4/1 200(350) | 5/1 000(500) | 6/700 | 34/1 500 | 18/550 | 35 |
| 首都机场 | 0.7 | 4/1 300(350) | 6/1 100(500) | 8/700 | 18/1 500 | 31/1 500 | 35 |
| 成渝高速 | 0.7 | 5/1 200(350) | 7/1 000(500) | | 20/1 500 | 32/225 | 35 |
| 京津塘 | 0.7 | 4/1 200(350) | 6/1 000(500) | 13/700 | 20/1 500 | 30/550 | 35 |
| 武昌公路 | 0.7 | 4/1 200 | 8/500 | | 20/1 500 | 20/350 | 35 |
| 平西高速 | 0.7 | 4/1 200(350) | 7/1 200(500) | 14/1 000 | 25/300 | 15/180 | 30 |
| 山东二级 | 0.7 | 5/700 | | | 18/1 000 | 20/275 | 50 |

注：括号中的模量是温度为60 ℃时采用的值。

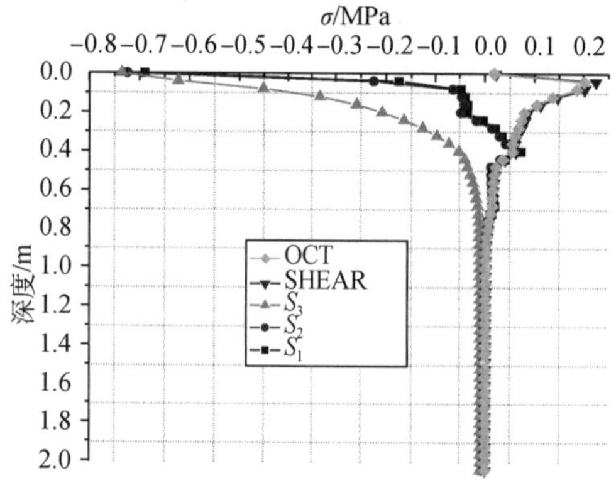


图 11-4　深度方向剪应力分布

如图 11-4 所示为京津塘高速公路路面结构计算所得的沿深度方向各应力的分布图，图中 $S_1$ 代表第一主应力；$S_2$ 代表第二主应力；$S_3$ 代表第三主应力；SHEAR 代表剪应力；OCT 代表八面体剪应力。图 11-5 为水平方向剪应力分布，其位置在 $z=-0.045$ m 处的平面上；横线表示沿道路横断面的剪应力分布，纵线表示沿道路纵断面的剪应力分布。

可以看出，当道路受不同形式的荷载作用时，如果不考虑荷载的非均布性以及超载作用，60 ℃时在双圆荷载作用下产生的剪应力相差不大，平均值为 0.224 MPa。不同之处在于，受双轮矩形均布荷载作用时，最大剪应力所在位置为 2～3 cm 深度处；受圆形均布荷载作用时，其最大剪应力的作用位置不定，不同的路面结构形式，其作用位置相差较大，但是有 2/3 的道路其最大剪应力发生的位置都在表面层的顶部。

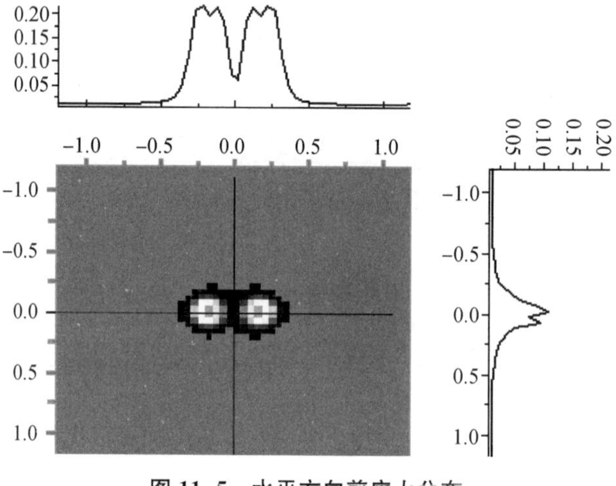


图 11 5　水平方向剪应力分布

据此，可以将图 11-6(a)所示路面模型简化为一定尺寸的圆柱体，施加一定的荷载[图 11-6(b)]。当图 11-6(b)中的 $r/R$ 值适当时，其受力状态应与路面的实际状况完全一致。因此，采用单轴贯入试验来评价沥青混合料的抗剪强度是合理的，一方面受力模式与路

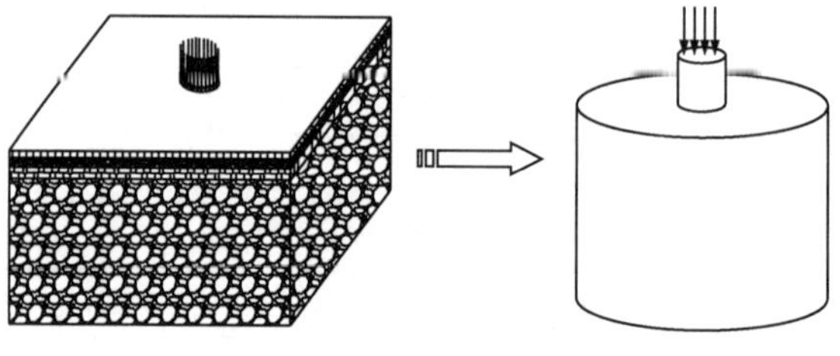

(a) 路面模型　　(b) 简化后的路面受荷模型

图 11-6　模型的简化

面一致；另一方面试验方法易操作，设备简单，适合工程应用。

为了进一步了解简化模型[图 11-6(b)]的受力情况，我们进行了应力分析，分别给出了沿深度方向和水平方向的应力分布图。在进行分析时，采用的试件尺寸为 $D\times H=100\ \text{mm}\times100\ \text{mm}$，$D\times H=100\ \text{mm}\times63.5\ \text{mm}$，$D\times H=100\ \text{mm}\times150\ \text{mm}$($D$ 和 $H$ 分别为试件的直径和高度)；压头采用钢制压头，其尺寸为直径 28.5 mm、高 20 mm。

通过分析和计算，得出在荷载中心处沿竖向的各应力状况分布图，以及在试件顶部沿横向的各应力状况分布图，如图 11-7 所示。比较道路中的受力分布和试件中的受力分布可以看出，两种受力方式的应力分布规律相似，最大剪应力的大小也基本相同，其他各应力如 $S_1$(第一主应力)、$S_3$(第三主应力)、$S_x$($x$ 方向应力)、$S_y$($y$ 方向应力)、OCT(八面体剪应力)等，其最大值发生在荷载作用范围内，在水平方向靠近荷载边缘。从以上分析可以看出，用单轴贯入试验有可能可以较好地模拟道路上的实际受力状况。

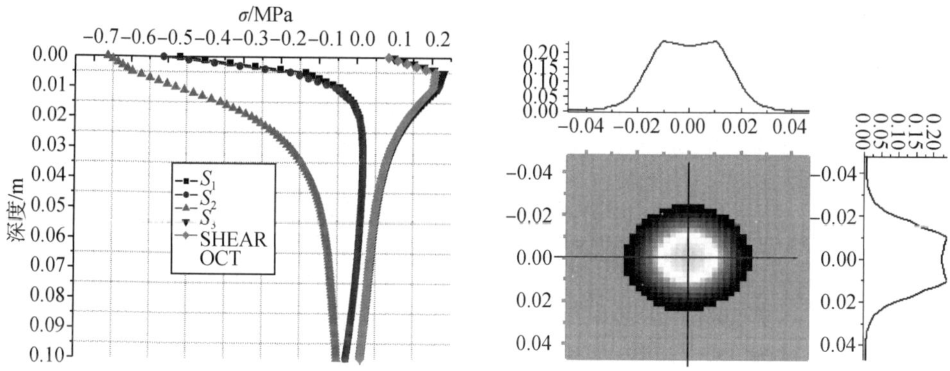


**图 11-7　路面模型简化后得出的荷载中心处沿竖向及在试件顶部沿横向的各应力状况分布**

2. 压头和试件尺寸分析

1) 试件尺寸为 $D\times H=100\ \text{mm}\times100\ \text{mm}$ 的圆柱体试件

在压头直径分别为 19 mm，28.5 mm 和 38 mm 的加载作用下，试件内的应力分布是相似的，如图 11-8 所示是压头直径为 28.5 mm 时的结果。分析发现，最大剪应力出现的竖向位置并没有随压头直径的增大而持续增加，在压头直径由 19 mm 变为 28.5 mm 时，最大剪应力所处的深

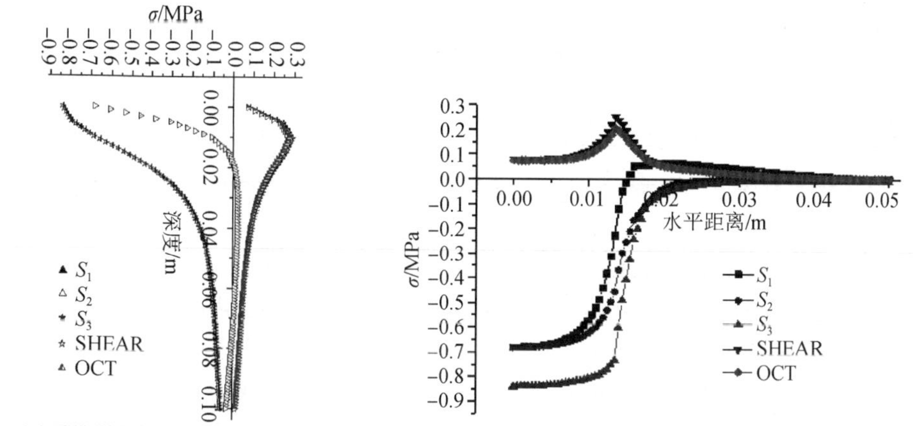


(a) 试件内沿深度方向的应力分布　　(b) 试件内沿水平方向的应力分布

**图 11-8　试件内的应力分布(压头直径为 28.5 mm)**

度由 0.0025 m 变至 0.0075 m 处；但当压头直径继续增至 38 mm 时，最大剪应力所处深度仍为 0.0075 m；沿径向各应力在距荷载中心 0.05 m 处基本为 0，可以说，用直径为 100 mm 的试件，基本上可以提供足够的侧向力支持。如图 11-8 所示，在竖向，压头直径为 38 mm 时，试件底部应力偏离 0 值大些，但是也可以看出，最大剪应力作用的位置不会超过 10 cm 的深度范围。

汇总最大剪应力位置处的各主应力，如表 11-3 所列。

**表 11-3　　各压头计算应力及坐标**

| 压头直径/mm | $S_1$/MPa | $S_3$/MPa | $\tau_{max}$/MPa | $x$/m | $y$/m | $z$/m |
|---|---|---|---|---|---|---|
| 19 | 0.052 | 0.514 | 0.231 | 0.0068 | 0.0063 | −0.0025 |
| 28.5 | 0.061 | 0.535 | 0.237 | 0.0073 | 0.0078 | −0.0075 |
| 38 | 0.0591 | 0.551 | 0.246 | 0.0088 | 0.013 | −0.0075 |

从表 11-3 可以看出，不同尺寸的压头作用在 100 mm×100 mm 试件上时，其最大剪应力值相差不大，在作用深度方面，28.5 mm 和 38 mm 压头完全相同。距荷载中心 0.05 m 处各主应力值汇总如表 11-4 所列，可以看出应力值非常小，由此可以推测在试件边缘时，各应力值已趋于 0。这说明试件直径为 100 mm 基本可以提供足够的侧向力支持。

**表 11-4　　$r$=0.05 m 处各压头计算应力**　　单位：MPa

| 压头直径/mm | $S_1$ | $S_2$ | $S_3$ | SHEAR | OCT |
|---|---|---|---|---|---|
| 19 | 0.000825 | 0.000264 | 0.00264 | 0.00173 | 0.00152 |
| 28.5 | 0.00189 | 0.00061 | 0.00541 | 0.00365 | 0.00318 |
| 38 | 0.00358 | 0.00114 | 0.00813 | 0.00586 | 0.00504 |

2）试件尺寸为 $D\times H$=100 mm×150 mm，$D\times H$=100 mm×63.5 mm 的圆柱体试件

通过计算可以得出高度分别为 150 mm 和 63.5 mm 的试件内部的应力分布，规律与图 11-8 相同。表 11-5—表 11-8 分别列出了对不同高度的试件采用不同压头施压时的应力计算结果及距荷载中心 0.05 m 处各主应力值。

**表 11-5　　$H$=150 mm 试件计算应力及坐标**

| 压头直径/mm | $S_1$/MPa | $S_3$/MPa | $\tau_{max}$/MPa | $x$/m | $y$/m | $z$/m |
|---|---|---|---|---|---|---|
| 19 | 0.083 | 0.519 | 0.216 | 0.0017 | 0.0017 | −0.0075 |
| 28.5 | 0.078 | 0.553 | 0.237 | 0.0075 | 0.0063 | −0.0075 |
| 38 | 0.061 | 0.554 | 0.246 | 0.0097 | 0.012 | −0.0075 |

**表 11-6　　$r$=0.05 m 处各压头计算应力（$H$=150 mm）**　　单位：MPa

| 压头直径/mm | $S_1$ | $S_2$ | $S_3$ | SHEAR | OCT |
|---|---|---|---|---|---|
| 19 | 0.000320 | 0.000260 | 0.00269 | 0.00151 | 0.00136 |
| 28.5 | 0.00686 | 0.00562 | 0.00668 | 0.00368 | 0.00325 |
| 38 | 0.00120 | 0.01052 | 0.01341 | 0.00730 | 0.00631 |

表 11-7　　**$H$=63.5 mm 试件计算应力及坐标**

| 压头直径/mm | $S_1$/MPa | $S_3$/MPa | $\tau_{max}$/MPa | $x$/m | $y$/m | $z$/m |
|---|---|---|---|---|---|---|
| 19 | 0.064 | 0.515 | 0.226 | 0.0043 | 0.0037 | −0.0064 |
| 28.5 | 0.048 | 0.530 | 0.241 | 0.0088 | 0.0073 | −0.0064 |
| 38 | 0.083 | 0.579 | 0.248 | 0.0097 | 0.012 | −0.00635 |

表 11-8　　**$r$=0.05 m 处各压头计算应力($H$=63.5 mm)**　　单位：MPa

| 压头直径/mm | $S_1$ | $S_2$ | $S_3$ | SHEAR | OCT |
|---|---|---|---|---|---|
| 19 | 0.000234 | 0.00023 | 0.00257 | 0.00140 | 0.00126 |
| 28.5 | 0.000512 | 0.00526 | 0.00638 | 0.00345 | 0.00302 |
| 38 | 0.00086 | 0.00967 | 0.01259 | 0.00672 | 0.00578 |

可以看出，对于 $H$=150 mm 的试件，用同样的压头来施加压力，其内部的剪应力并没有发生变化。因此，从成型试件方便的角度来说，利用 $H$=100 mm 的试件是合适的。

结合本书第 2 章轮胎实测接地压强的有限元计算结果，在 60 ℃时的半刚性基层路面中的剪应力平均值为 0.236 MPa，与压头直径为 28.5 mm 在试件尺寸为 100 mm×100 mm 时的应力计算值 0.237 MPa 基本一致。所以，建议试验时采用压头直径为 28.5 mm，试件尺寸为 100 mm×100 mm。图 11-9 为不同压头在不同尺寸试件中的剪应力与路面中剪应力均值的比较。

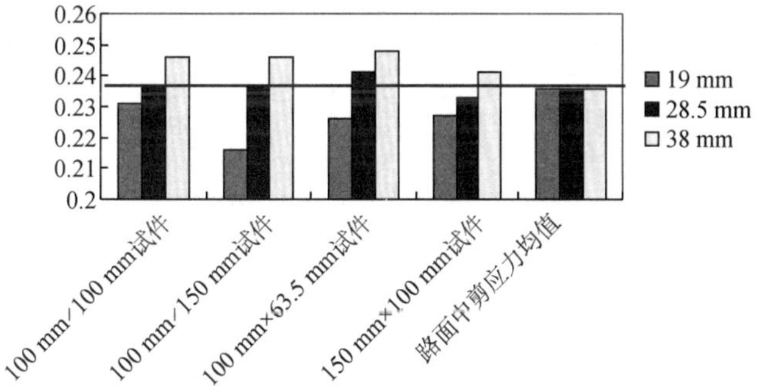


**图 11-9　不同压头在不同尺寸试件中的剪应力与路面中剪应力均值的比较**[14]

为了比较路面中与试件中的应力分布，把上文中的应力分布图综合到一张图上。对于路面中的应力分布，绘图时横坐标为“深度(cm)/荷载直径(cm)”，纵坐标为应力值；对于试件中的应力分布，绘图时横坐标为“深度(cm)/压头直径(cm)”，纵坐标为计算应力值，结果如图 11-10 所示。从图中可以看出，试件中的应力分布与实际路面中的应力分布是基本重合的。

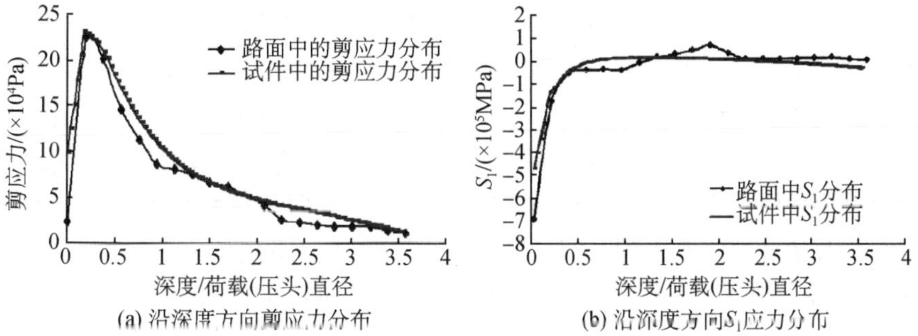


**图 11-10　剪应力、主应力分布**

## 11.2 试验数据处理

对于单轴贯入试验，试验数据处理可以根据土力学中的半无限体受圆形荷载作用时的理论，推导得出 $C$，$\varphi$，$\tau$ 值的计算式，也可以采用有限元方法，求出试件中最大剪应力处相应的 $\sigma$ 和 $\tau$，利用单轴贯入试验的结果，求出各主应力和剪应力的值。这里主要介绍后一种方法。

### 11.2.1 贯入试验模型的基本力学参数

试验中记录施加的荷载和产生的变形，绘出荷载-变形曲线，图 11-11 是一个典型的试验结果。从图 11-11 中可以得出破坏特征荷载，即损伤点、破坏拐点和极值点。在图 11-11 中把整个过程分为几个阶段，我们取直线段作为混合料的正常工作阶段，同时认为超过破坏拐点时混合料即进入了破坏阶段。[14]

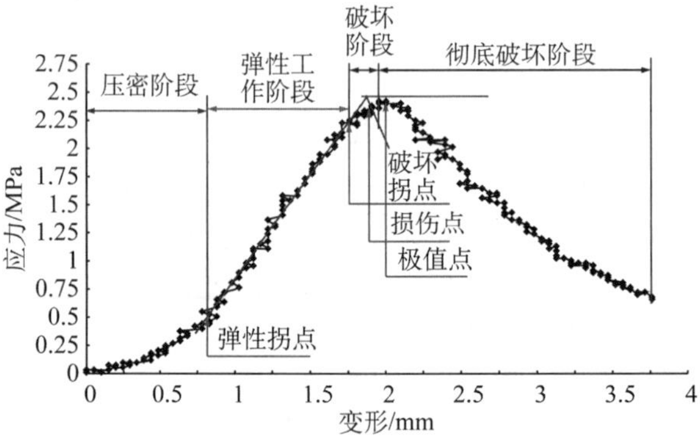


图 11-11 贯入(无侧限抗压)试验典型荷载-变形曲线

抗剪参数可通过有限元方法计算，首先算出当压头压强为 1 MPa 时，试件中最大剪应力处的主应力值，以此作为基本力学系数，如表 11-9 所列，再利用基本力学系数乘以贯入强度值，即可求出试件中的各主应力值和剪应力值。

表 11-9 有限元计算的基本抗剪强度系数

| | 泊松比 $\mu$ | $\sigma_1$ | $\sigma_3$ | $\tau_{max}$ |
|---|---|---|---|---|
| 所乘强度系数 | 0.35 | 0.7650 | 0.0872 | 0.3390 |

表 11-9 中的 $\sigma_1$，$\sigma_3$ 和 $\tau_{max}$ 是贯入压强为 1 MPa 时的结果，可以称为主应力系数和剪应力系数，分别记为 $f_{\sigma 1}$，$f_{\sigma 3}$ 和 $f_{\tau}$。

同时，为了求解混合料的黏聚力 $C$ 和内摩擦角 $\varphi$，需要再进行一组无侧限抗压强度试验。无侧限抗压强度可以看成是侧限为零的三轴试验，因此通过抗压试验的具体数值，即可定出莫尔圆中的主应力 $\sigma_1=\sigma_u$，$\sigma_3=0$。利用贯入试验和压缩试验这两组试验数据，便可绘出莫尔圆，并求出黏聚力 $C$ 和内摩擦角 $\varphi$，如图 11-12 所示。图中，$\sigma_u$ 表示无侧限抗压试验中试件的抗压强度，$\sigma_{1g}$ 和 $\sigma_{3g}$ 分别表示单轴贯入强度乘以抗剪强度系数 $f_{\tau}$ 后所得的第一和第三主应力，$C$ 和 $\varphi$ 就是混合料的黏聚力和内摩擦角。

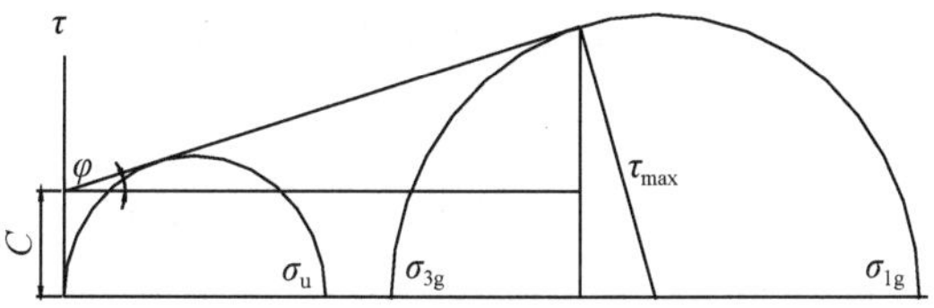


**图 11-12　本试验的莫尔圆**

利用简单的几何关系，可以推导出基于贯入试验和无侧限抗压试验的 $C$ 和 $\varphi$：

$$\left.\begin{aligned}&\frac{\sigma_u}{2}\cos\varphi-\frac{\sigma_u}{2}(1-\sin\varphi)\times\tan\varphi=C\\&\frac{\sigma_{1g}-\sigma_{3g}}{2}\cos\varphi-\left(\frac{\sigma_{3g}+\sigma_{1g}}{2}-\frac{\sigma_{1g}-\sigma_{3g}}{2}\times\sin\varphi\right)\times\tan\varphi=C\end{aligned}\right\}\tag{11-1}$$

由式(11-1)可得 $C$ 和 $\varphi$ 的计算式如下：

$$\left.\begin{aligned}&\varphi=\arcsin\left(\frac{\sigma_{1g}-\sigma_{3g}-\sigma_u}{\sigma_{1g}+\sigma_{3g}-\sigma_u}\right)\\&C=\frac{\sigma_u}{2}\times\left(\frac{1-\sin\varphi}{\cos\varphi}\right)\end{aligned}\right\}\tag{11-2}$$

例如，由单轴贯入试验得到试验曲线的拐点压强为 1.5 MPa，无侧限抗压强度为 0.5 MPa则：

$$\sigma_1=1.5\times0.765=1.1475\ \text{MPa};$$
$$\sigma_3=1.5\times0.0872=0.1308\ \text{MPa};$$
$$\tau_{max}=1.5\times0.339=0.5085\ \text{MPa}$$

由式(11-2)可求得：

$$\varphi=\arcsin\frac{1.1475-0.1308-0.5}{1.1475+0.1308-0.5}=41.6^\circ;$$
$$C=\frac{0.5}{2}\times\left[\frac{1-\sin(41.6)}{\cos(41.6)}\right]=0.1124\ \text{MPa}$$

### 11.2.2　试验参数确定

试验时还需要确定加载速率、试验温度等试验参数。在加载速率方面，在不考虑其他环境因素的情况下，加载速率愈慢，对混合料的作用也就愈充分。研究中采用的加载速率为 1 mm/min，2 mm/min，3 mm/min 和 4 mm/min。通过试验结果的比较，分析加载速率对试验结果的影响，找出推荐的加载速率。

试验中采用的粗集料为辉绿岩，细集料为石灰岩，AK-13I 型试件的最佳油石比为 4.3%，SMA-13A 型试件的最佳油石比为 5.5%。利用这些试件进行单轴贯入试验和无侧限抗压试验，结果如表 11-10 所列。

**表 11-10　不同加载速率下的抗剪强度参数试验数据**

| 加载速率/(mm·min$^{-1}$) | AK-13I | | | SMA-13A | | |
|---|---|---|---|---|---|---|
| | $C$/MPa | $\varphi$/(°) | $\tau$/MPa | $C$/MPa | $\varphi$/(°) | $\tau$/MPa |
| 1 | 0.0852 | 44.2858 | 0.4996 | 0.1031 | 44.1929 | 0.5982 |
| 2 | 0.0828 | 45.9929 | 0.6017 | 0.0977 | 46.9753 | 0.8247 |
| 3 | 0.0847 | 46.4646 | 0.6067 | 0.1037 | 46.6708 | 0.8335 |
| 4 | 0.0932 | 45.2734 | 0.6147 | 0.1116 | 46.4746 | 0.8699 |

从表 11-10 可以看出，随着加载速率的提升，混合料抗剪强度也随之提高。$C$ 值随着加载速率的增大而略有增大，$\varphi$ 值除了在加载速率为 1 mm/min 时略微小一些外，基本没有大的变化。这个结果与文献[17]的试验结果一致，如图 11-13 所示。

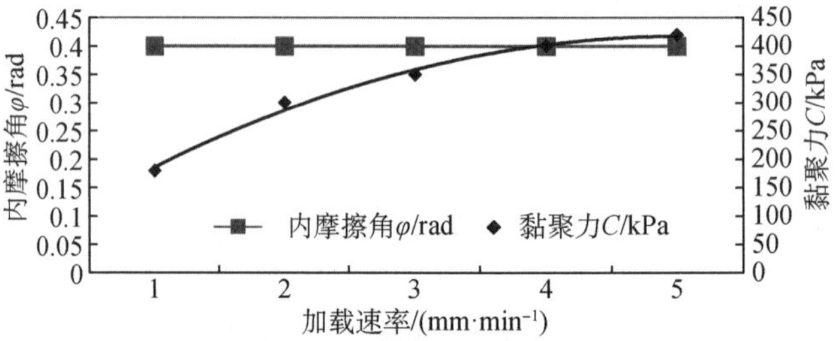


**图 11-13　加载速率与抗剪强度参数的关系**

鉴于此，为了与单轴压缩试验一致，选定加载速率为 1 mm/min。

从理论上来说，试验可以采用任何试验温度。不过，在进行高温性能评价时，建议采用 60 ℃。

### 11.2.3　试验变异性检验

上述试验分析主要是针对最大公称粒径为 13.2 mm 和 16 mm 的沥青混合料，在我国这两种粒径的混合料主要用于上面层。然而，大量研究表明，中面层是最易产生剪切变形的层位，下面层沥青混合料的抗剪特性有时也不容忽视。因此，实际工作中我们还需要评价最大公称粒径为 20 mm 和 26.5 mm 的沥青混合料的抗剪强度。为了检验该方法所确定的试件尺寸和压头尺寸对不同粒径混合料的适用性，汤文[18]对 SAC 系列和 AC 系列不同粒径混合料的贯入强度进行了测试，并分析了变异性，结果如表 11-11—表 11-13 所列。为了便于对比，表中也同时给出了抗压强度的测试和分析结果。

**表 11-11　SAC 系列不同粒径混合料的强度变异性**

| 编号 | 贯入试验 | | | 抗压试验 | | |
|---|---|---|---|---|---|---|
| | SAC-13 | SAC-16 | SAC-20 | SAC-13 | SAC-16 | SAC-20 |
| | 压强/MPa | 压强/MPa | 压强/MPa | 压强/MPa | 压强/MPa | 压强/MPa |
| 1 | 1.757 | 2.089 | 2.499 | 0.525 | 0.567 | 0.699 |

（续表）

| 编号 | 贯入试验 | | | 抗压试验 | | |
|---|---|---|---|---|---|---|
| | SAC-13 | SAC-16 | SAC-20 | SAC-13 | SAC-16 | SAC-20 |
| | 压强/MPa | 压强/MPa | 压强/MPa | 压强/MPa | 压强/MPa | 压强/MPa |
| 2 | 1.92 | 2.233 | 2.128 | 0.525 | 0.549 | 0.638 |
| 3 | 1.788 | 1.84 | 2.920 | 0.515 | 0.566 | 0.618 |
| 4 | 1.765 | 1.945 | 2.224 | 0.524 | 0.558 | 0.593 |
| 5 | 1.843 | 2.163 | 1.902 | 0.520 | 0.574 | 0.665 |
| 6 | 1.855 | 1.891 | 2.982 | 0.517 | 0.550 | 0.697 |
| 平均值 | 1.821 | 2.027 | 2.442 | 0.521 | 0.561 | 0.652 |
| 标准差 | 0.0629 | 0.1583 | 0.438 | 0.0045 | 0.0100 | 0.0430 |
| 变异系数 | 3.5% | 7.8% | 17.9% | 0.9% | 1.8% | 6.6% |

**表 11-12　　AC-F 系列不同粒径混合料的强度变异性**

| 编号 | 贯入试验 | | | 抗压试验 | | |
|---|---|---|---|---|---|---|
| | AC-F13 | AC-F16 | AC-F20 | AC-F13 | AC-F16 | AC-F20 |
| | 压强/MPa | 压强/MPa | 压强/MPa | 压强/MPa | 压强/MPa | 压强/MPa |
| 1 | 2.223 | 1.848 | 1.973 | 0.815 | 0.694 | 0.664 |
| 2 | 1.988 | 1.901 | 1.725 | 0.824 | 0.686 | 0.625 |
| 3 | 2.178 | 2.163 | 1.744 | 0.833 | 0.774 | 0.602 |
| 4 | 2.044 | 1.772 | 1.411 | 0.829 | 0.730 | 0.679 |
| 5 | 2.292 | 1.957 | 1.970 | 0.849 | 0.707 | 0.560 |
| 6 | 2.054 | 2.183 | 2.063 | 0.796 | 0.719 | 0.647 |
| 平均值 | 2.130 | 1.971 | 1.814 | 0.824 | 0.718 | 0.630 |
| 标准差 | 0.119 | 0.168 | 0.239 | 0.018 | 0.032 | 0.044 |
| 变异系数 | 5.6% | 8.5% | 13.2% | 2.2% | 4.4% | 7.0% |

**表 11-13　　AC-C 系列不同粒径混合料的强度变异性**

| 编号 | 贯入试验 | | | 抗压试验 | | |
|---|---|---|---|---|---|---|
| | AC-C13 | AC-C16 | AC-C20 | AC-C13 | AC-C16 | AC-C20 |
| | 压强/MPa | 压强/MPa | 压强/MPa | 压强/MPa | 压强/MPa | 压强/MPa |
| 1 | 2.048 | 1.987 | 1.971 | 0.654 | 0.505 | 0.563 |
| 2 | 2.243 | 2.084 | 1.934 | 0.608 | 0.584 | 0.476 |
| 3 | 2.131 | 1.929 | 1.378 | 0.634 | 0.521 | 0.479 |
| 4 | 2.107 | 1.812 | 1.961 | 0.606 | 0.486 | 0.528 |

（续表）

| 编号 | 贯入试验 | | | 抗压试验 | | |
|---|---|---|---|---|---|---|
| | AC-C13 | AC-C16 | AC-C20 | AC-C13 | AC-C16 | AC-C20 |
| | 压强/MPa | 压强/MPa | 压强/MPa | 压强/MPa | 压强/MPa | 压强/MPa |
| 5 | 2.129 | 2.254 | 1.289 | 0.637 | 0.574 | 0.547 |
| 6 | 2.138 | 1.934 | 2.034 | 0.653 | 0.550 | 0.443 |
| 平均值 | 2.133 | 2.000 | 1.761 | 0.632 | 0.537 | 0.506 |
| 标准差 | 0.064 | 0.153 | 0.334 | 0.021 | 0.039 | 0.047 |
| 变异系数 | 3.0% | 7.6% | 19.0% | 3.3% | 7.3% | 9.3% |

从表11-11—表11-13可以看出，随着最大公称粒径的增大，破坏强度的变异性随之增大，相对贯入试验而言，抗压试验的变异性要小一些。贯入试验中，当最大公称粒径大于16 mm时，强度变异性明显增大，如AC-C20型的贯入压强变异系数为19%，SAC20型的贯入压强变异系数为17.9%；对于抗压试验而言，最大公称粒径为20 mm的混合料的抗压强度的变异性小于10%。因此，原定的直径100 mm，高度100 mm的圆柱形试件尺寸和直径为28.5 mm的圆柱形刚性压头尺寸对于较大公称粒径混合料的适用性较差，需进行改进。

怎样改进试验的变异性？表11-14和表11-15是不同压头和试件尺寸下的贯入强度，结果表明增大压头直径可以改善试验的变异性。

**表11-14　　不同试件尺寸和压头尺寸下测试的贯入强度(AC-16)**

| AC-16，试件尺寸 $D \times H$=100 mm×100 mm | | | | |
|---|---|---|---|---|
| 压头直径/mm | 贯入强度/MPa | 平均值/MPa | 标准差/MPa | 变异系数 |
| 19 | 4.77 | 4.946 | 0.90 | 18.24% |
| | 4.03 | | | |
| | 5.84 | | | |
| | 4.16 | | | |
| | 5.93 | | | |
| 28.5 | 2.92 | 3.176 | 0.28 | 8.69% |
| | 3.32 | | | |
| | 3.11 | | | |
| | 3.58 | | | |
| | 2.95 | | | |
| 38 | 2.4 | 2.477 | 0.10 | 4.06% |
| | 2.63 | | | |
| | 2.50 | | | |

（续表）

| 压头直径/mm | 贯入强度/MPa | 平均值/MPa | 标准差/MPa | 变异系数 |
|---|---|---|---|---|
| 38 | 2.34 | 2.477 | 0.10 | 4.06% |
| | 2.52 | | | |
| | 2.47 | | | |

由表 11-14 可见，对于 $D \times H = 100\ mm \times 100\ mm$ 的试件，随着压头直径的增大，贯入强度的变异系数减小。当压头直径为 28.5 mm 时，贯入强度的变异系数小于 10%。因此，最大公称粒径为 16 mm 的混合料采用原定试验参数是基本能满足测试结果稳定性要求的。当压头直径采用 38 mm 时，贯入强度的变异系数小于 5%，更有利于减小试验结果的误差。

表 11-15 为 SAC-16 的贯入强度测试情况，采用了两种试件尺寸：$D \times H = 100\ mm \times 100\ mm$ 和 $D \times H = 150\ mm \times 100\ mm$。其中，对于 $D \times H = 150\ mm \times 100\ mm$ 的试件，采用了三种压头尺寸进行试验。

**表 11-15　不同试件尺寸和压头尺寸下测试的贯入强度(SAC-16)**

| SAC-16，试件尺寸 $D \times H = 100\ mm \times 100\ mm$ | | | | |
|---|---|---|---|---|
| 压头直径/mm | 贯入强度/MPa | 平均值/MPa | 标准差/MPa | 变异系数 |
| 28.5 | 2.4 | 2.227 | 0.233 | 10.47% |
| | 2.07 | | | |
| | 2.01 | | | |
| | 2.46 | | | |
| | 1.97 | | | |
| | 2.45 | | | |
| SAC-16，试件尺寸 $D \times H = 150\ mm \times 100\ mm$ | | | | |
| 压头直径/mm | 贯入强度/MPa | 平均值/MPa | 标准差/MPa | 变异系数 |
| 38 | 2.86 | 2.967 | 0.129 | 4.35% |
| | 2.82 | | | |
| | 3.04 | | | |
| | 3.04 | | | |
| | 3.15 | | | |
| | 2.89 | | | |
| 42① | 2.98 | 3.037 | 0.075 | 2.469% |
| | 3.05 | | | |
| | 3.08 | | | |
| | 2.97 | | | |
| | 3.16 | | | |
| | 2.98 | | | |

（续表）

| 压头直径/mm | 贯入强度/MPa | 平均值/MPa | 标准差/MPa | 变异系数 |
|---|---|---|---|---|
| 50 | 1.79 | 1.840 | 0.050 | 2.77% |
| | 1.86 | | | |
| | 1.9 | | | |
| | 1.84 | | | |
| | 1.88 | | | |
| | 1.77 | | | |

注：①压头直径为 42 mm 的混合料空隙率比另外两组（压头直径分别为 38 mm 和 50 mm）试件的空隙率小 1.5%。

由表 11-15 可见，对于 SAC-16 级配，采用试件尺寸为 $D\times H=100\ \text{mm}\times 100\ \text{mm}$ 和压头直径为 28.5 mm 得到的试验结果的变异系数为 10.47%，而随着试件直径增大以及压头尺寸增大，试验结果的变异系数减小，当压头尺寸为 38 mm 时，变异系数为 4.35%，当采用 42 mm 和 50 mm 的压头时，二者的变异系数相差较小。

从表 11-14 和表 11-15 还可以发现，保持试件直径不变，随着压头尺寸的增大，混合料的抗力减小。这表明，随着试件相对直径的减小，混合料受到的侧向约束减小，因此，实测的强度值偏低。所以，试验的改进不仅需要减少变异性，还需要使不同试件尺寸和压头尺寸下实测的抗剪强度与本书 11.1 节中的测试结果具有一致性。为此，下面对不同试件尺寸和压头尺寸下混合料的剪应力系数进行分析，以期建立更合适的抗剪试验参数，来满足不同最大公称粒径混合料的抗剪测试需求。

## 11.3　不同尺寸试件的抗剪试验参数

### 11.3.1　不同尺寸试件模型的有限元分析

为了得到不同模型尺寸下剪应力系数的变化规律，崔鹏[15]采用有限元方法对不同试件高度、试件直径和压头直径下的剪应力系数进行分析。

1. 试件直径为 15 cm 时

图 11-14 和图 11-15 是试件直径为 15 cm 时，剪应力系数随压头直径和试件高度的变化规律。

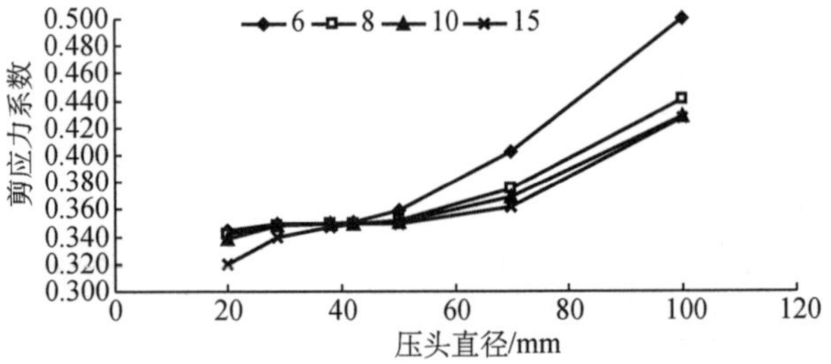


**图 11-14　15 cm 直径下剪应力系数随压头直径的变化**

注：图中四种数据系列代表 6 cm，8 cm，10 cm，15 cm 四种试件高度。

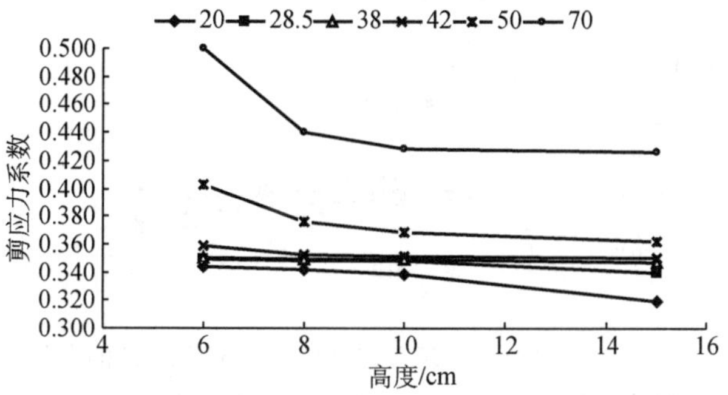


**图 11-15 15 cm 直径下剪应力系数随试件高度的变化**

注:图中六种数据系列代表 20 mm, 28.5 mm, 38 mm, 42 mm, 50 mm, 70 mm 六种压头直径。

从图 11-14 和图 11-15 可知,当试件直径为 15 cm 时,随着压头直径的增大,剪应力系数也在增大;当压头直径在 28.5～50 mm 之间时,除了试件高度为 15 cm 时剪应力系数变化较大外,其他不同高度的试件的剪应力系数差别较小。因此,如果从剪应力系数稳定性角度来确定压头直径时,取直径为 28.5～50 mm 较为合理。

类似地,随着试件高度的增大,剪应力系数在逐渐减小,当试件高度大于 10 cm 后,压头直径为 38～50 mm 的剪应力系数随试件高度的变化较小。因此,对于试件直径为 15 cm 的情况,压头直径为 38～50 mm 则有利于剪应力系数的稳定,高度取 10 cm 也具有代表性。因此,标准试件尺寸可以取直径 15 cm,高度 10 cm 的试件;对于非标准高度试件,当采用的压头直径为 38～50 mm 时,也能保证测试的剪切强度具有可比性。

2. 试件直径为 20 cm

图 11-16 和图 11-17 是试件直径为 20 cm 时,剪应力系数随压头直径和试件高度的变化规律。

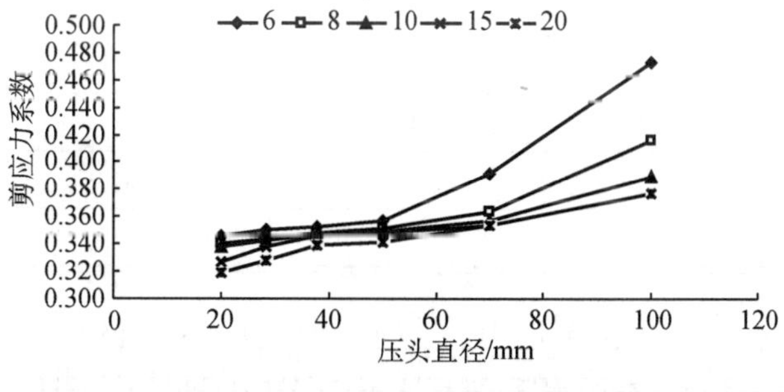


**图 11-16 20 cm 直径下剪应力系数随压头直径的变化**

注:图中五种数据系列代表 6 cm, 8 cm, 10 cm, 15 cm, 20 cm 五种试件高度。

可以看出,图 11-16 和图 11-17 具有与图 11-14 和图 11-15 相似的规律。比较15 cm 和 20 cm 两种试件直径下的剪应力系数,标准试件高度可取 10 cm。为了使试验结果与本书 11.1 节中的结果一致,试件直径采用 15 cm,压头直径采用 42 mm,剪应力系数为 0.35。

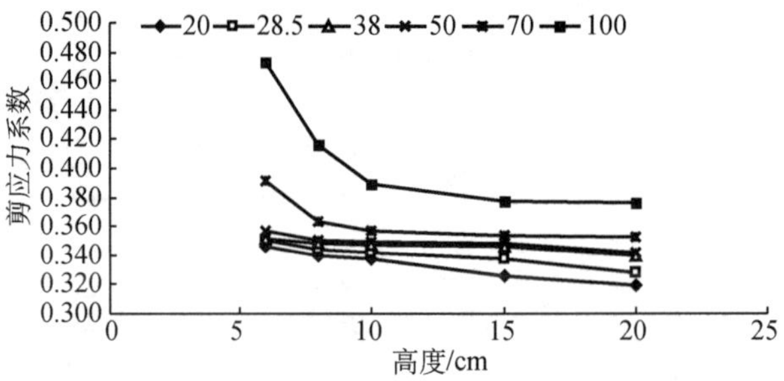


**图 11-17　20 cm 直径下剪应力系数随试件高度的变化**

注：图中六种数据系列代表 20 mm，28.5 mm，38 mm，50 mm，70 mm，100 mm 六种压头直径。

3. 试验检验

为了检验上面两种试件试验结果的一致性，采用改性沥青成型不同尺寸的 SAC-16 混合料，实测空隙率为 4%。采用直径为 28.5 mm 和 42 mm 的压头进行试验，结果如表 11-16所列。

**表 11-16　　改性沥青 SAC-16 抗剪强度对比**

| 编号 | 压头直径 | |
|---|---|---|
| | 28.5 mm | 42 mm |
| | ϕ100 mm×100 mm | ϕ150 mm×100 mm |
| 1 | 3.03 | 2.93 |
| 2 | 3.12 | 2.92 |
| 3 | 2.69 | 2.99 |
| 4 | 2.77 | 2.66 |
| 5 | 2.60 | 2.81 |
| 6 | 3.21 | 2.62 |
| 压强平均值/MPa | 2.904 | 2.790 |
| 剪应力系数 | 0.339 | 0.350 |
| 抗剪强度/MPa | 0.984 | 0.978 |
| 抗剪强度比值 | 1 | 0.994 |

两种尺寸下测得的抗剪强度比值约为 0.994，可以说两种方法的结果是相同的。表 11-17是另一组试验结果，采用 70＃沥青成型 SAC-16 试件，实测空隙率为 3%。

**表 11-17　　空隙率为 3%的 SAC-16 抗剪强度对比**

| 编号 | 压头直径 | |
|---|---|---|
| | 28.5 mm | 42 mm |
| | ϕ100 mm×100 mm | ϕ150 mm×100 mm |
| 1 | 2.98 | 2.98 |
| 2 | 2.95 | 3.05 |

（续表）

| 编号 | 压头直径 | |
|---|---|---|
| | 28.5 mm | 42 mm |
| | ϕ100 mm×100 mm | ϕ150 mm×100 mm |
| 3 | 3.01 | 3.08 |
| 4 | 3.35 | 2.97 |
| 5 | 2.72 | 3.16 |
| 6 | 3.42 | 2.98 |
| 压强平均值/MPa | 3.072 | 3.037 |
| 剪应力系数 | 0.339 | 0.350 |
| 抗剪强度/MPa | 1.041 | 1.060 |
| 抗剪强度比值 | 1 | 1.018 |

从表 11-16 和表 11-17 可以看出，随着空隙率的减小，混合料的抗剪强度增大，但两种方法得到的抗剪强度差值不大。

### 11.3.2 非标准高度试件的剪应力系数

现场钻芯的试件高度往往小于标准高度（10 cm），尤其我国路面各沥青层厚度一般小于 8 cm。因此，为了对厚度小于 10 cm 的结构层的抗剪性能进行评价，刘黎萍等[16]研究了非标准高度下试件的抗剪参数。

1. 直径为 10 cm 的非标准高度试件的剪应力系数

图 11-18 是直径为 10 cm 的试件在不同高度和压头直径下的剪应力系数分布。

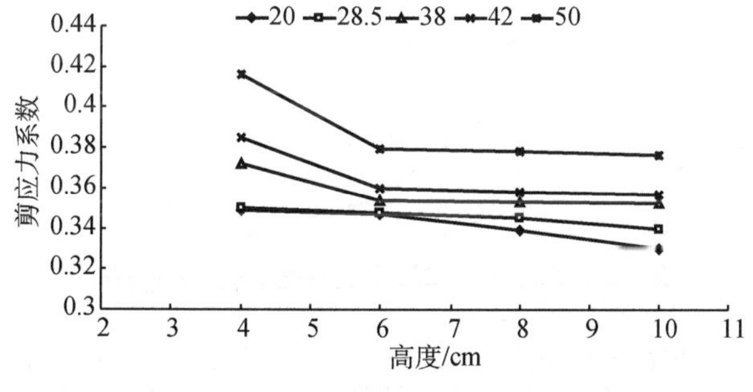


**图 11-18 直径为 10 cm 的非标准高度试件与剪应力系数关系**

注：图中五种数据系列代表 20 mm，28.5 mm，38 mm，42 mm，50 mm 五种压头直径。

从图 11-18 可见，随着试件高度的增加，各压头尺寸下剪应力系数随之减小，试件高度从 4 cm 增加到 6 cm，压头直径在 38～50 mm 时，剪应力系数有较大变化，而压头直径为 28.5 mm 和 20 mm 时，剪应力系数较为稳定。当试件高度大于 6 cm 时，压头直径为 20 mm 时，剪应力系数仍显著减小，压头直径为 28.5 mm 时，剪应力系数也有一定程度减小，其他压头尺寸下剪应力系数基本稳定。

比较 10 cm 直径试件在 5 种压头直径下剪应力系数随试件高度变化的规律(图 11-18)，压头直径为 28.5 mm 时，剪应力系数与试件高度的线性相关性最好，且直径为 28.5 mm 也是 10 cm 直径标准试件的标准压头，因此依然采用直径为 28.5 mm 的压头进行抗剪强度测试。

用石灰岩、70＃沥青成型得到不同高度的试件，每组 6 个试件。然后对这些试件进行 60 ℃单轴贯入试验，得到不同高度下试件的抗剪强度，结果如表 11-18 所列。

**表 11-18　　不同高度混合料抗剪强度对比(直径 10 cm 试件)**

| 高度/cm | 贯入强度/MPa | 剪应力系数 | 抗剪强度/MPa |
|---|---|---|---|
| 10 | 1.898 | 0.339 | 0.644 |
| 5.4 | 2.353 | 0.347 | 0.817 |
| 4.3 | 2.486 | 0.349 | 0.868 |

从表 11-18 可见，随着试件高度的减小，剪应力系数增大，同时抗剪强度也增大。而对于同样的混合料，抗剪强度应该具有一致性。因此，需要对非标准高度试件的抗剪强度评价进行统一化处理，即将非标准高度下的强度转化为标准高度下的强度，这样方便不同混合料之间的对比。

根据表 11-18 中不同高度实测抗剪强度数据，可以得到相应标准试件高度时的抗剪强度系数 $f_\tau$，即：

$$f_\tau = 0.012h + 0.22,\ R^2 = 0.9999 \tag{11-3}$$

式中，$h$ 为试件高度(cm)。

2. 直径为 15 cm 的非标准高度试件的剪应力系数

图 11-19 是直径为 15 cm 的试件在不同高度和压头直径下的剪应力系数分布。

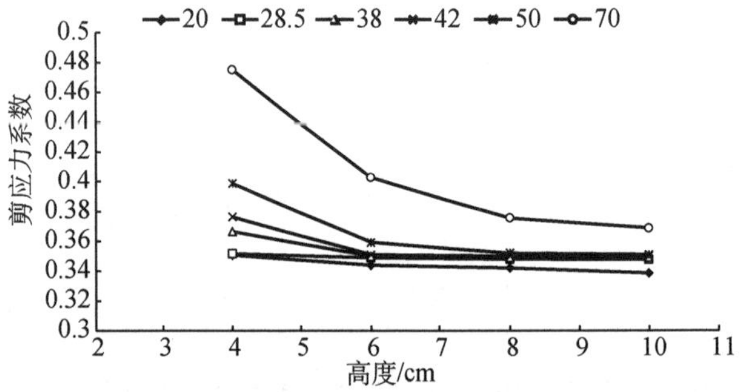


**图 11-19　直径为 15 cm 的非标准高度试件与剪应力系数关系**

注：图中六种数据系列代表 20 mm，28.5 mm，38 mm，42 mm，50 mm，70 mm 六种压头直径。

类似地，直径为 15 cm 的试件，试验压头的直径采用 42 mm。用石灰岩、70＃沥青成型不同高度的试件，每种高度 6 个平行试件。然后对这些试件进行 60 ℃单轴贯入试验，得到不同高度下试件的抗剪强度，结果如表 11-19 所列。据此可以得到相应标准试件高度时的抗剪强度系数 $f_\tau$，如式(11-4)所示。

表 11-19 不同高度混合料抗剪强度对比(直径 15 cm 试件)

| 高度/cm | 贯入强度/MPa | 剪应力系数 | 抗剪强度/MPa |
|---|---|---|---|
| 10.0 | 2.884 | 0.35 | 1.009 |
| 8.12 | 3.569 | 0.35 | 1.249 |
| 5.50 | 4.335 | 0.357 | 1.548 |
| 4.10 | 4.594 | 0.375 | 1.722 |

$$f_{\tau}=0.023h+0.12,\ R^2=0.9999 \tag{11-4}$$

3. 非标准高度试件剪应力系数的检验

采用 70#沥青分别成型 10 cm 高的 AC-C16(直径 100 mm),AC-C20(直径 150 mm)和 AC-F16(直径 100 mm 和 150 mm)三种不同的沥青混合料试件,对不同高度和直径的试件进行单轴贯入试验。抗剪强度测试及分析数据见表 11-20。

表 11-20 不同尺寸试件的抗剪强度

| 混合料类型 | 试件直径/mm | 压头直径/mm | 高度/mm | 压强/MPa | 抗剪强度/MPa | 相对误差 |
|---|---|---|---|---|---|---|
| AC-C16 | 100 | 28.5 | 39.8 | 2.60 | 0.6798 | 1.15% |
| | | | 55.2 | 2.35 | 0.6640 | 3.45% |
| | | | 80.8 | 2.19 | 0.6890 | 0.19% |
| | | | 100.0 | 2.03 | 0.6877 | 0.00 |
| AC-C20 | 150 | 42 | 41.0 | 2.78 | 0.6102 | 0.68% |
| | | | 54.1 | 2.65 | 0.6151 | 1.48% |
| | | | 82.6 | 2.01 | 0.6114 | 0.87% |
| | | | 100.0 | 1.73 | 0.6061 | 0.00 |
| AC-F16 | 100 | 28.5 | 41.4 | 4.00 | 1.0562 | 5.21% |
| | | | 55.9 | 3.49 | 0.9874 | 1.64% |
| | | | 79.3 | 3.23 | 1.0121 | 0.82% |
| | | | 100.0 | 2.96 | 1.0039 | 0.00 |
| | 150 | 42 | 41.4 | 4.59 | 1.0090 | 0.04% |
| | | | 55.1 | 4.34 | 1.0091 | 0.03% |
| | | | 81.3 | 3.49 | 1.0490 | 3.92% |
| | | | 100.0 | 2.88 | 1.0094 | 0.00 |

由表 11-20 可见,所得抗剪强度非常接近,误差很小。另外也说明,较大的试件和压头尺寸对减小误差是有利的,尤其当试件高度较小时。

## 11.4 单轴贯入试验参数小结

1. 单轴贯入试验参数

确定的贯入试验参数如下：

(1) 对于最大公称粒径小于等于 16 mm 的混合料：

试件尺寸：直径为 10 cm 或 15 cm，高度为 10 cm 的圆柱形试件；

压头尺寸：直径为 28.5 mm 或 42 mm 的圆柱形刚性压头；

加载速率：1 mm/min；

试验温度：60 ℃；

剪应力系数 $f_\tau$：0.339(试件直径为 10 cm)或 0.350(试件直径为 15 cm)。

(2) 对于最大公称粒径大于 16 mm 的混合料：

试件尺寸：直径为 15 cm，高度为 10 cm 的圆柱形试件；

压头尺寸：直径为 42 mm 的圆柱形刚性压头；

加载速率：1 mm/min；

试验温度：60 ℃；

剪应力系数 $f_\tau$：0.350。

(3) 对于非标准高度的最大公称粒径小于等于 16 mm 的混合料：

试件尺寸：直径为 10 cm 或 15 cm，高度为 $h$ 的圆柱形试件；

压头尺寸：直径为 28.5 mm 的圆柱形刚性压头；

加载速率：1 mm/min；

试验温度：60 ℃；

剪应力系数 $f_\tau = 0.012h + 0.22$(试件直径为 10 cm)

或 $f_\tau = 0.023h + 0.12$(试件直径为 15 cm)。

(4) 对于非标准高度的最大公称粒径大于 16 mm 的混合料：

试件尺寸：直径为 15 cm，高度为 $h$ 的圆柱形试件；

压头尺寸：直径为 42 mm 的圆柱形刚性压头；

加载速率：1 mm/min；

试验温度：60 ℃；

剪应力系数 $f_\tau = 0.023h + 0.12$。

2. 抗剪强度的计算

通过单轴贯入试验可得到混合料的贯入强度，计算公式如下：

$$\sigma_p = \frac{F}{A} \tag{11-5}$$

式中 $\sigma_p$ ——破坏时压头的压应力，即贯入强度(MPa)；

$F$ ——施加的荷载值(kN)；

$A$ ——钢压头横截面面积。

贯入强度与剪应力系数的乘积即为抗剪强度，即：

$$[\tau]=f_{\tau}\times\sigma_{p} \tag{11-6}$$

式中 $[\tau]$——抗剪强度(MPa)；

$f_{\tau}$ ——剪应力系数。

3. 试验结果的变异性比较

试验结果的变异性是衡量试验方法优劣的重要依据。可以将单轴贯入试验与常用的轮辙试验方法的变异性进行对比，结果如表 11-21—表 11-24 所列。

表 11-21　　轮辙试验结果平均值的标准差

| 类型 | 指标 | 不同试验重复次数下平均值的标准差 | | | | | | |
|---|---|---|---|---|---|---|---|---|
| | | 1 | 2 | 3 | 4 | 5 | 6 | 7 |
| AC-13 | 永久变形/mm | 0.792 | 0.560 | 0.457 | 0.396 | 0.354 | 0.323 | 0.299 |
| | 动稳定度/(次·$mm^{-1}$) | 327.2 | 231.4 | 188.9 | 163.6 | 146.3 | 133.6 | 123.7 |
| AC-16 | 永久变形/mm | 0.401 | 0.283 | 0.231 | 0.200 | 0.179 | 0.164 | 0.152 |
| | 动稳定度/(次·$mm^{-1}$) | 342.8 | 242.4 | 197.9 | 171.4 | 153.3 | 139.9 | 129.6 |
| AC-20 | 永久变形/mm | 0.519 | 0.367 | 0.300 | 0.260 | 0.232 | 0.212 | 0.196 |
| | 动稳定度/(次·$mm^{-1}$) | 466.9 | 330.1 | 269.6 | 233.4 | 208.8 | 190.6 | 176.5 |

表 11-22　　轮辙试验结果平均值的变异系数

| 类型 | 指标 | 不同试验重复次数下平均值的变异系数 | | | | | | |
|---|---|---|---|---|---|---|---|---|
| | | 1 | 2 | 3 | 4 | 5 | 6 | 7 |
| AC-13 | 永久变形 | 23.83% | 16.85% | 13.76% | 11.91% | 10.66% | 9.73% | 9.01% |
| | 动稳定度 | 15.02% | 10.62% | 8.67% | 7.51% | 6.72% | 6.13% | 5.68% |
| AC-16 | 永久变形 | 8.71% | 6.16% | 5.03% | 4.36% | 3.90% | 3.56% | 3.29% |
| | 动稳定度 | 23.28% | 16.46% | 13.44% | 11.64% | 10.41% | 9.51% | 8.80% |
| AC-20 | 永久变形 | 11.88% | 8.40% | 6.86% | 5.94% | 5.31% | 4.85% | 4.49% |
| | 动稳定度 | 26.17% | 18.50% | 15.11% | 13.08% | 11.70% | 10.68% | 9.89% |

表 11-23　　单轴贯入试验结果平均值的标准差

| 类型 | 指标 | 不同试验重复次数下平均值的标准差 | | | | | | |
|---|---|---|---|---|---|---|---|---|
| | | 1 | 2 | 3 | 4 | 5 | 6 | 7 |
| AC-13 | 抗剪强度/MPa | 0.073 | 0.052 | 0.042 | 0.037 | 0.033 | 0.030 | 0.028 |
| | 破坏变形/mm | 0.129 | 0.091 | 0.074 | 0.064 | 0.058 | 0.053 | 0.049 |
| AC-16 | 抗剪强度/MPa | 0.037 | 0.026 | 0.022 | 0.019 | 0.017 | 0.015 | 0.014 |
| | 破坏变形/mm | 0.097 | 0.069 | 0.056 | 0.049 | 0.044 | 0.040 | 0.037 |

（续表）

| 类型 | 指标 | 不同试验重复次数下平均值的标准差 | | | | | | |
|---|---|---|---|---|---|---|---|---|
| | | 1 | 2 | 3 | 4 | 5 | 6 | 7 |
| AC-20 | 抗剪强度/MPa | 0.051 | 0.036 | 0.030 | 0.026 | 0.023 | 0.021 | 0.019 |
| | 破坏变形/mm | 0.070 | 0.049 | 0.040 | 0.035 | 0.031 | 0.029 | 0.026 |

**表 11-24　　单轴贯入试验结果平均值的变异系数**

| 类型 | 指标 | 不同试验重复次数下平均值的变异系数 | | | | | | |
|---|---|---|---|---|---|---|---|---|
| | | 1 | 2 | 3 | 4 | 5 | 6 | 7 |
| AC-13 | 抗剪强度 | 8.90% | 6.29% | 5.14% | 4.45% | 3.98% | 3.63% | 3.36% |
| | 破坏变形 | 8.76% | 6.20% | 5.06% | 4.38% | 3.92% | 3.58% | 3.31% |
| AC-16 | 抗剪强度 | 5.44% | 3.85% | 3.14% | 2.72% | 2.43% | 2.22% | 2.06% |
| | 破坏变形 | 6.13% | 4.33% | 3.54% | 3.06% | 2.74% | 2.50% | 2.32% |
| AC-20 | 抗剪强度 | 6.58% | 4.65% | 3.80% | 3.29% | 2.94% | 2.68% | 2.49% |
| | 破坏变形 | 4.60% | 3.25% | 2.66% | 2.30% | 2.06% | 1.88% | 1.74% |

可以看出单轴贯入试验的变异性要小得多。根据表 11-21—表 11-24 的结果，可以得到某一指标要达到一定精度时需要进行的平行试验次数。对于单轴贯入试验而言，当平行试验次数为 4 次时，三种沥青混合料的抗剪强度及破坏变形的变异系数均小于 5%。因此，将单轴贯入试验的试验次数定为 3～4 次是比较合理的。

对于轮辙试验的动稳定度，当试验重复次数为 4 次时，AC-13 的变异系数为 7.51%，AC-16 的变异系数为 11.64%，AC-20 的变异系数为 13.08%，此时三种沥青混合料动稳定度的变异系数均大于 5%。而要使动稳定度的变异系数小于 5%，至少需要进行 9 次重复试验。这表明与动稳定度相比，抗剪强度更适合作为车辙预估模型中沥青混合料的抗力指标。

对于轮辙试验的永久变形而言，三种沥青混合料永久变形的变异系数差别很大，AC-16 及 AC-20 的变异系数较小，而 AC-13 的变异系数较大。要使永久变形的变异系数小于 5%，AC-20 的试验次数为 6 次，AC-16 的试验次数为 4 次，而 AC-13 的试验次数要求更高，这样试验量显然很大。

## 11.5　单轴贯入剪切试验比较

### 11.5.1　冲压模问题的屈服条件

在某一宽度的均布荷载 $q$ 作用下，半无限平面理想弹塑性体的屈服条件分析，即冲压模问题，是塑性力学中的经典问题。可将本章提出的单轴贯入试验与该压模问题进行对比分析。

Tresca 于 1864 年提出最大剪应力屈服准则，即 Tresca 屈服条件：[19]

$$\left.\begin{aligned}\sigma_1-\sigma_2&=2\tau_s\\\sigma_2-\sigma_3&=2\tau_s\\\sigma_1-\sigma_3&=2\tau_s\end{aligned}\right\}\tag{11-7}$$

上述冲压模模型的半无限平面体内附加应力的两个主应力 $\sigma_1$ 和 $\sigma_3$ 的计算式为：

$$\sigma_1=\frac{q}{\pi}(2\alpha+\sin 2\alpha),\ \sigma_3=\frac{q}{\pi}(2\alpha-\sin 2\alpha)\tag{11-8}$$

式中，$\alpha$ 为分析点与均布荷载边缘连线的夹角。

由式(11-8)屈服条件可得任一点处于极限状态时，其主应力 $\sigma_1$ 和 $\sigma_3$ 须满足如下条件[19]：

$$\sigma_1-\sigma_3=\frac{2q}{\pi}\sin 2\alpha=2k\tag{11-9}$$

由这个关系可以推得：

$$\frac{\sigma_1-\sigma_3}{2}=\frac{q}{\pi}\sin 2\alpha\tag{11-10}$$

由于 $\frac{\sigma_1-\sigma_3}{2}=\tau$（剪应力），所以式(11-10)变为

$$\tau=\frac{q}{\pi}\sin 2\alpha\tag{11-11}$$

其最大剪应力，即抗剪强度 $[\tau]=\max(\tau)=\max\left(\frac{q}{\pi}\sin 2\alpha\right)=\frac{q}{\pi}\cdot\max(\sin 2\alpha)=\frac{q}{\pi}$。

一方面，正如前面所说，Tresca 极限条件就是一种剪切平衡条件，其最大剪应力为 $\frac{q}{\pi}=0.318q$，与本书 11.4 节中给出的剪应力系数值 0.35 或 0.339 非常接近，但又不完全相同，不同的原因是冲压模问题的解采用的是平面应变解，而单轴贯入试验采用的是三维有限元解。

另一方面，式(11-9)或式(11-11)的屈服条件只与所施加的荷载的集度有关，这是结构某一点的屈服条件；而对于整个结构来说，其屈服条件与荷载大小有关。当荷载达到屈服极限荷载时，半无限平面体首先在荷载边缘点产生屈服，再逐渐扩展，直至屈服区连成一片，形成弧形滑动面，结构的承载力随之达到极限。这属于结构失稳，是大变形条件下的结果。

### 11.5.2 双冲模试验

双冲模试验采用圆柱试件，通过圆柱试件轴向上下表面中心处的两个钢冲模施加压力荷载，如图 11-20 所示。双冲模试验是在 20 世纪 70 年代提出的，目前在水泥混凝土、岩石和土壤强度测定方面有较为广泛的应用[19]。

图 11-20 给出了圆柱试件的双冲模试验的假想破坏机构，它由多条径向张开和冲模正

下方的两锥形破裂面组成。锥形做刚体运动时，周围材料产生横向水平位移。双冲模试件的拉伸强度计算式为[19]

$$f_t = \frac{P}{\pi(khb - a^2)} \tag{11-12}$$

系数 $k$ 值对双冲模试验所用试件和压模尺寸不太敏感，对于 $f_c/f_t=10$，$\varphi=30°$ 的典型值，且假设 $2a=38$ mm，$2b=150$ mm，$h=200$ mm，得到 $a_{min}=10°$，$k=1.19$。必须指出，当 $b/a>5$ 或 $h/2a>5$ 时，锥体顶部裂缝下穿扩展将起主导作用。在测试混凝土强度时，建议试件尺寸 $2a=38$ mm，$2b=150$ mm，$h=150$ mm，$k$ 取 1.20；测试岩石强度时，$b/h=1$，$a/b=1/4$，$k$ 取 1.20；测试土体强度时，可用 CBR 试件，$k$ 取 1.0。

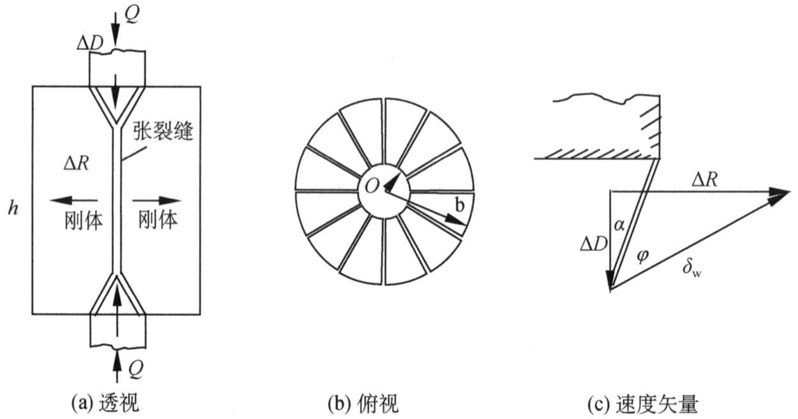


**图 11-20　双冲模试验**

图 11-20 说明压头附件的楔形区域是受剪区域，两个楔形尖端之间是受拉区域。实际上，该试验方法中试件中间的拉应力是很小的，所以由双冲模试验得到的强度总是低于劈裂试验得到的强度。对于沥青混合料而言，如果采用钢压头，首先产生的是剪切破坏。

采用双冲模压头的原因，是使试件的两个端部都不接触承载或加载面，以免产生水平摩擦力。这个水平摩擦力会形成向内的径向约束力，改变试件的受力状态。当一端有向内的径向约束力存在时，图 11-20 所示的受力状态即改变为单轴贯入试验，受剪切的楔形区域范围大大增加，从而产生剪切破坏。

图 11-20 所示的双冲模试验更适用于岩石、水泥混凝土等材料，对于高温下的沥青混合料，其抗剪切能力很差，试件的破坏是由剪应力控制的。

### 11.5.3　劈裂试验

劈裂试验如图 11-21 所示。该试验的力学解采用平面应变模型假设[19]，如图 11-22 所示。图 11-23 是劈裂试验破坏图，由两个刚性楔形区 $ABC$ 及裂缝 $CC$ 相连构成的破坏机构组成。这个楔形区 $ABC$ 显然是剪切导致的破坏。可以说劈裂试验时将产生两种破坏，一种是压头附近的剪切破坏，另一种是中部的拉伸破坏。这里没有考虑应力集中问题，在实际试验时，需在圆柱体试件上下面放置一宽度 $2a<1/12d$ 的垫条，可保证在圆心的 3/4 直径范围

内处于均匀拉应力 $\sigma_\theta$ 状态，垫条附近处于压应力状态，最大值为 $18\sigma_\theta$。采用垫条的目的就是减小压头与试件的接触应力，保证压头附近不产生剪切破坏，此时试件的破坏才是拉伸破坏。所以，压条最好采用木条，如图 11-21 所示。不过，实际试验中，依然经常会产生压头附近的剪切破坏，参见图 6-23 所示的试件破坏照片。

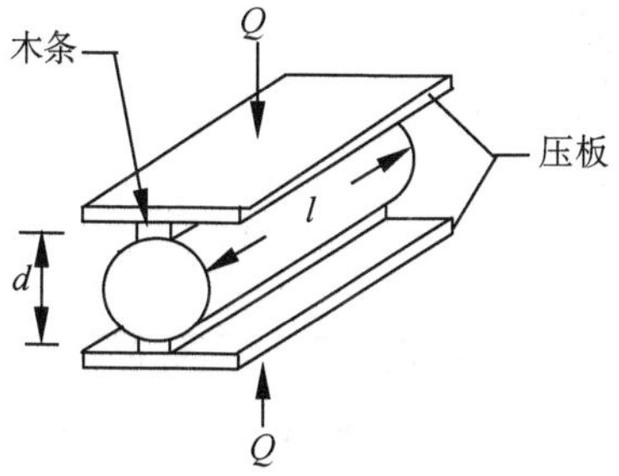


图 11-21　劈裂试验

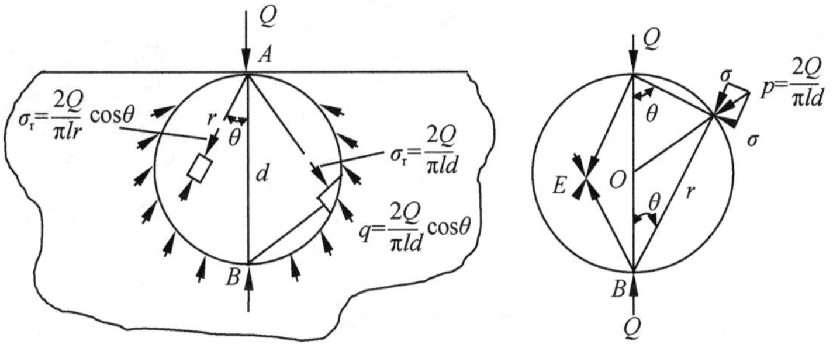


(a) 平面应变半平面体在集中荷载作用下的受力图　(b) 直径为$d$的圆形脱离体

图 11-22　试件内的应力

对于沥青混合料而言，采用的垫条宽度并不是 $1/12d=8$ mm，而是采用 0.5 in(12.7 mm)或 1 in (25.4 mm)。即便这样，试件经常在压头附近破坏。这就是 Monismith 等经过评估推荐采用小梁试验而不是劈裂试验进行疲劳试验的原因。在贯入试验中测定的是剪切破坏，所以采用钢压头，由于试件直径不大，剪切破坏一旦产生，试件就发生明显破坏，试验就结束了。这就是我们说的整体性损坏与局部损坏的关系。

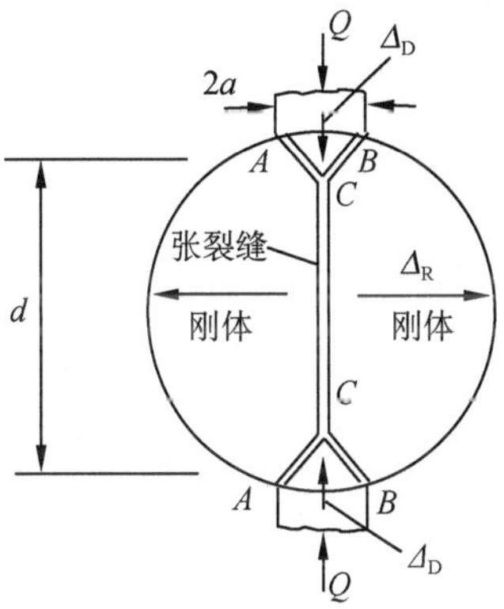


图 11-23　劈裂试验破坏图

实际上，我们可以粗略地估算一下压头附近的最大剪应力。垫条附近处于压应力状态，最大值为 $18\sigma_\theta$，$\sigma_\theta$ 为试件的拉应力，则最大剪应力为

$$\sigma_\theta=\frac{2P}{\pi d} \tag{11-13}$$

$$\tau=\frac{\sigma_1-\sigma_3}{2}=\frac{18\sigma_\theta-(-\sigma_\theta)}{2}=\frac{19}{\pi d}P \tag{11-14}$$

取 $d=10$ cm，$P=q\times$垫条宽度$=(1.27\sim2.54)q$，则最大剪应力为$\frac{19q}{(12.7\sim25.4)\pi}$，当采用的垫条宽度为 19 mm 时，剪应力为 $\frac{q}{\pi}$。

## 11.5.4　压缩试验

压缩试验是最常用的试验之一，对压缩试验的讨论将有助于对多种试验方法本质的理解。图 11-24 是一般压缩试验中试件的破坏示意图。

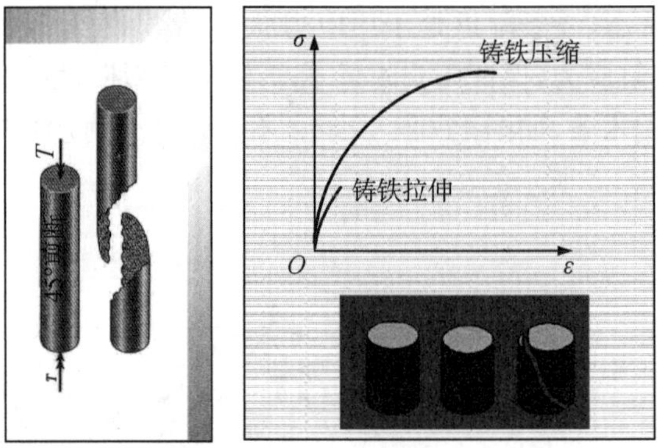


**图 11-24 压缩试验中试件的破坏示意**

(图片来源:https://max.book118.com/html/2017/0805/126002551.shtm.)

从图 11-24 可以看出,对于脆性材料,如铸铁、陶瓷等,由于试样内部微裂纹不像拉伸那样被张开而是被闭合,因此断裂不易发生,通常还会出现塑性变形,如灰铸铁试样压缩后会略变成鼓形,最后沿着与轴线约成 55°的斜面剪断。虽然施加的是压缩荷载,但破坏却是典型的剪切破坏。破坏时施加荷载的强度被称为压缩强度,实际上不是真正的压缩破坏,而是以压缩强度表征的剪切破坏。这在某些情况下大大低估了材料的抗压能力。

图 11-25 是教科书中混凝土块压缩试件破坏时的压缩曲线和破坏形态,可以看出其中的不同。

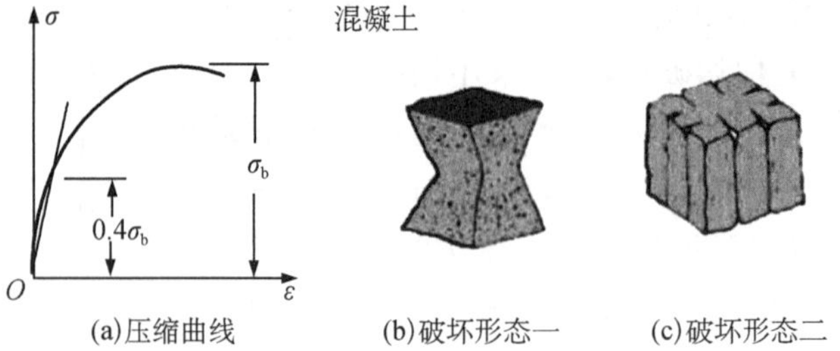


**图 11-25 混凝土试块压缩试件破坏时的压缩曲线和破坏形态**

图 11-25 中试件为什么会有两种破坏形态?图 11-25(b)是试件两端没有涂润滑油的试验工况,此时端部具有水平向摩擦力,形成侧向变形约束,与压应力一起产生剪应力,造成了上下两个楔形破坏区域。图 11-25(c)是试件两端涂润滑油的试验工况,此时产生多条垂直的裂缝。可见端部摩擦约束大大改变了试件的受力状态,仅仅根据试件形状、加载方式来判断破坏原因是完全不够的。

两端涂油工况下单轴压缩试件呈现多条竖向裂缝的破坏形态具有一般性,如图 11-26 所示。产生这种现象的原因,一般是从材料成型的微观过程来解释的,即认为是硬化后的混凝土在未受外力作用之前,水泥水化造成的化学收缩和物理收缩引起砂浆体积的变化,在粗骨料与砂浆界面上产生了分布极不均匀的拉应力,它足以破坏粗骨料与砂浆的界面,形成许多分布很乱的界面裂缝。另外,还因为混凝土成型后的泌水作用,某些上升的水分被粗骨料颗粒所阻止,因而积聚在粗骨料的下缘,硬化后就形成界面裂缝。混凝土受到外力时,其内部产生了应力,很容易在具有几何形状为楔形的微裂缝顶部形成应力集中,导致微裂缝进一步延伸、汇合、扩大,最后形成几条清晰可见的裂缝。

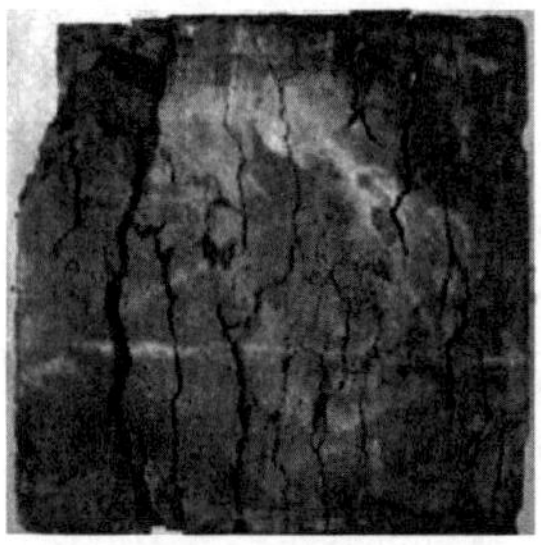

图 11-26 单轴压缩试件破坏形态

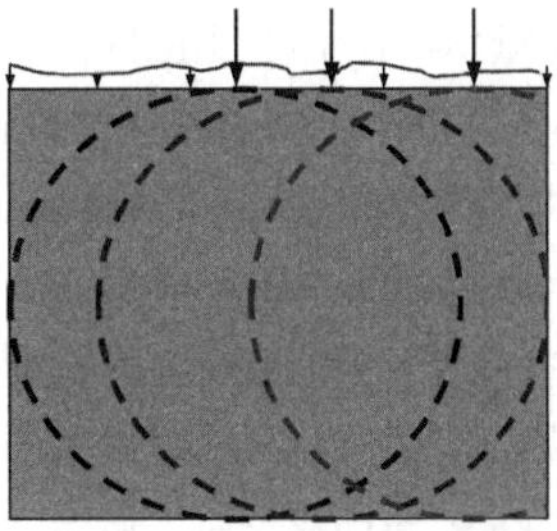

图 11-27 压缩破坏的一种解释

按照这个解释似乎裂缝应该是随机或均匀的,那么为什么一般都是竖向裂缝?如图 11-27所示,混凝土块承受压力时,接触面上一些点受力,另一些点也许不受力或受力较小。对于受力点或受力较大的点,产生了多个类似劈裂试验的过程,因而产生多条竖向裂缝。这时试件应该是拉伸破坏,此时的抗压强度应该被解释为以拉伸破坏时的压缩应力表征的强度。这个猜测还有待进一步的论证。

从上述分析可知,任何试件中都有多种应力,产生什么样的破坏形态不仅与试件的形状有关,还与加载方式、约束条件、材料性能和试验温度有关,我们不能简单地认为某种形状的试件就一定是某类破坏,对力学和试验的理解应该与时俱进。这种进展也许算不上新发现,只是一种新感悟,但确实需要进一步深入思考。

**参考文献**


[1] MCLEOD N W. A rational approach to the design of bituminous paving mixture[R]. A. S. T. M, 1951.

[2] NIJBOER L W. Plasticity as a factor in the design of dense bituminous road carpets[M]. Elsevier Publishing CO., INC., Amsterdam, New York, London, Brussels,1948.

[3] SMITH V R. Triaxial stability method for flexible pavements design [C]//Proceedings of the association of asphalt paving technologists, 1949.

[4] SMITH V R. Triaxial stability method for flexible pavement design[C]//Proceedings of the A. A. P.T.,1950.

[5] GOETZ W H, CHEN C C. Vacuum triaxial technique applied to bituminous aggregate mixtures[C]//Proceedings of the association of asphalt paving technologists, 1950.

[6] GOETZ B. Asphalt pavement resistance to rutting[J]. Bitumens,1999:24-28.

[7] HOUSEL W S. Internal stability of granular materials[C]//Proceedings of the A.S.T.M.,1936.

[8] HOUSEL W S. Interpretation of triaxial compression tests on granular mixture[M]//in Davis H, Holtz W, Housel W S ed. Triaxial Testing of Soils and Bitminous Mixtures,1951.

[9] SUBBARAJU B H. Model study of stress in asphalt pavemnet[C]//Proceedings of the International Conference on the Structural Design of Asphalt Pavements, 1965.

[10] HELWITT W L. Continuation of study on the theoretical design of flexible pavement based on shear strength[C]//Proceedings of the International Conference on the Structural Design of Asphalt Pavements, 1962.

[11] BARBER E S. Shear load of pavement[C]//Proceedings of the International Conference on the Structural Design of Asphalt Pavements, 1962.
[12] AMERI-GAZNON M, LITTLE D N. Octahedral shear stress analyses of an ACP overlay on a rigid base[C]//Proceedings of the Association of Asphalt Paving Technologists(AAPT), 19890.
[13] KIRYUKHIN G N. Influence of rheological of asphalt concrete and interlayer bitumen on the formation of reflective cracks in pavements[C]//Proceedings of soyuzdornii,2001.
[14] 毕玉峰.沥青混合料抗剪实验方法及抗剪参数研究[D].上海:同济大学,2004.
[15] 崔鹏.长寿命路面设计方法研究[D].上海:同济大学,2007.
[16] 刘黎萍,孙立军,等.路面规范研究课题:沥青混合料抗剪试验标准和车辙模型的简化[R].上海,同济大学,2012.
[17] MCLEOD N W. A Rational Approach to the Design of Bituminous Paving Mixture[R]AAPT,1951.
[18] 汤文,孙立军.不同温度下沥青混合料的抗剪性能及其评价指标[J].公路,2012(3):191-195.
[19] 谈至明.铺面力学[M].上海:同济大学出版社,2018.